復旦博學
語言學系列

SERIES
OF
LINGUISTICS

古代漢語教程

（第四版）

主　編　張世祿
副主編　嚴　修　楊劍橋
編撰者（按姓氏筆畫爲序）
　　　　林之豐　孫錫信　梁銀峰
　　　　董建交　楊劍橋　嚴　修

復旦大學出版社

前　　言

——關於文言文的教學和閱讀問題

一、文言文的特點

　　文言文是古代的書面語。我們知道，語言中的基本詞彙和語法構造是語言的基礎，文言文裏，有很多詞語、詞義、虛詞用法、結構形式是屬於古代漢語的，這就是文言文的本質特點。我們對於文言文的教學，往往是在熟練現代語言的基礎上來進行的，因之文言文教學當中要克服的一個突出矛盾，就是現代漢語和古代漢語之間的差別。

　　我們從文言文的教材當中摘錄出一些詞句，再把它們翻譯成爲白話文，兩相對照一下，就會看出文言文的一些特點。文言文的作品，儘管有的年代相差很遠，可是它們的語言基礎相同，就有許多共同的特點。舉例説明如下。

　　1. 單音節詞比現代漢語多。文言文裏許多單音節詞，到白話文裏往往變成雙音節詞。例如：

　　　　屠暴起，以刀劈狼首，又數刀斃之。(《聊齋志異·狼》)

這裏的"屠"相當於"屠户"，"暴"相當於"突然"，"起"相當於"躍起"。這些都是單音節和雙音節的不同。

　　2. 有些詞語的意義，和現代漢語所用的不完全相同。例如"受業"的"受"，現代漢語衹是表示"承受"、"接受"的意義，但《師説》"師者，所以傳道、受業、解惑也"一句裏的"受"，却用來表示"傳授"、"教授"的意義。又如"所以"，原來是一種"所"字結構，到了現代漢語衹是表示因果關係，《師説》的這一句裏却表示動作行爲的方式，作"用它來"或"用來"講。

　　3. 詞性活用的現象也比現代漢語多。例如：

　　　　吴王勇而輕，若啓之，將親門。(《左傳·襄公二十五年》)

1

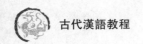

　　　　州綽門于東閭。(《左傳·襄公十八年》)

這裏的"門"是名詞用作動詞,作"進入城門、攻打城門"講。可見在一個狀語後或者在一個補語前的名詞,可以用作動詞。又如"又數刀斃之"的"斃"是不及物動詞用作及物動詞,作"結果了(它)"講。又如:

　　　　君將哀而生之乎?(柳宗元《捕蛇者說》)

這裏的"生"作"使活下去"講。在賓語前的不及物動詞用作及物動詞。

　　4. 文言文的"之"、"於"、"者"、"也"等虛詞形式顯然與白話文不同;而虛詞用法也複雜得多。有些文言虛詞有幾種不同的語法意義。例如:

　　　　少時,一狼徑去;其一犬坐於前。(《聊齋志異·狼》)

這裏"坐於前"的"於"是補充說明地點。又如:

　　　　學不可以已。青,取之於藍而青於藍;冰,水爲之而寒於水。(《荀子·勸學》)

這裏"取之於藍"的"於",是補充說明地點;"青於藍"、"寒於水"的"於",是引出比較的對象。此外,"於"的用法還有好多種,如表示對向、時間、被動,等等。到了現代漢語,有些用法已經爲別的詞語或結構所代替,有些已經分化爲"對於"、"由於"、"關於"、"在於"等,意義趨於專一化。"於"的本身,也逐漸成爲帶有對向意味的一種詞綴。

　　5. 文言文裏,句法結構當中的詞序往往有不少例外的情況。例如:

　　　　碩鼠碩鼠,無食我黍!三歲貫女,莫我肯顧。(《詩經·魏風·碩鼠》)

這裏用了三個動賓結構,祇有第三個"莫我肯顧",其中賓語放在動詞前,不說成"莫肯顧我"。因爲第一個動賓結構,前面有否定副詞"無(毋)",而用名詞"黍"作賓語;第二個動賓結構裏,代詞"女(汝)"作賓語,可是前面沒有否定副詞;祇有第三個動賓結構,前面有否定副詞"莫",又用代詞"我"作賓語,兩種條件齊備,所以賓語放在動詞前。我們從中得出這樣一條規律:動賓結構裏代詞作賓語,前面又有否定副詞,賓語就往往放在動詞前。這是古漢語語法的一條特殊規律,現代漢語裏不管這一套。

　　以上舉出的文言文的特點,雖然祇是代表古代漢語詞彙、語法上部分的特點,可是已經足以使我們明確地認識到現代漢語和古代漢語之間的矛盾。那麼文言文和白話文既然有這麼多的差異,我們爲甚麼一定要學習文言文呢?

二、學習文言文的目的和意義

關於學習文言文的目的和意義，可以分三個方面來説。

第一，爲了批判地繼承和吸收古代文化的遺產，一定要掌握文言文這個工具。大家知道，祇有用人類創造的全部知識財富來豐富自己的頭腦，纔能成爲社會的棟樑。所以，我們要"古爲今用"，批判地繼承和吸收古代文化的遺產。我們要研究中國的社會發展史、文學史、科學史等，就必須閲讀古書，掌握古代漢語。

第二，爲了探討現代漢語的由來，必須研究古代漢語。現代漢語的詞彙、語法是古代漢語詞彙、語法發展變化的結果，是經過千百年演變和積累而成的。古代漢語和現代漢語的關係，是"源"和"流"的關係；兩者之間，一方面有矛盾性，另一方面又有同一性。這可以根據下列的幾種事實來説明。

1. 現代語裏仍然保存着古代語裏沿用下來的許多最基本的單音節詞。例如上文所舉《荀子‧勸學》篇裏的"學"、"不"、"青"、"出"、"藍"、"冰"、"水"、"寒"等單音節基本詞，現代語裏繼續保存不變。這可以證明語言中基本詞彙的穩固性。同樣，語法構造在古今語的比較上，也有很多的一致性。語法結構裏各種成分的次序，除了少數特殊的情況，如上文舉出的賓語位置有差異以外，多數是古今語相同的。這也證明了語言中語法構造的穩固性。

2. 現代語裏有很多雙音節的複合詞，是用古代語裏的單音節詞作爲構成的詞素的。例如文言文裏"圖謀"的"圖"，現代語裏不單用了，而在"企圖"、"希圖"、"妄圖"、"力圖"等複合詞裏保存着；"手足"的"足"，現代語裏不單用了，而在"足跡"、"足下"、"失足"、"足球"等複合詞裏保存着；"首尾"的"首"，現代語裏也不單用了，而在"首領"、"首飾"、"首肯"等複合詞裏保存着。這種現象，表明了漢語詞彙雙音節化和複合化的趨勢，也表明了現代語對於古代語的繼承性。

3. 現代語裏有很多常用詞，是採取古代熟語、成語、諺語、警句當中的成分而凝結起來的。例如"啓發"，語出《論語‧述而》"不憤不啓，不悱不發"；"琢磨"，語出《詩經‧衛風‧淇奧》"如切如磋，如琢如磨"；"矛盾"，語出《韓非子‧説難》"以子之矛，陷子之盾"。這種現象，也表明了現代語對於古代語的繼承性。

4. 現代語裏有許多常用的虛詞，粗看起來，好像書寫形式與文言虛詞截然不同，一經仔細研究，就可以知道它們原來就是古代語虛詞發展變化的結果。例如"逝者如斯夫"(《論語‧子罕》)，這句裏的"夫"表示感嘆和揣測的語氣，就是現代語裏的"吧"。"古之學者必有師"(韓愈《師説》)，這句裏的"之"表示一種修飾關係，就是現代語裏的"的"。又如"技止此耳"(柳宗元《黔之驢》)，這句裏的"耳"

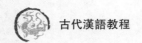

是"而已"的合音詞,表示一種"僅然(僅僅如此)"的直陳語氣,相當於現代語的"罷了",實際就是現代語的"呢",祇是用法上有所發展變化罷了。這些原來同一的詞,而在古今書寫的形式上截然不同,是由於古今讀音變化的結果;我們根據古今讀音變化的規律來斷定,古代漢語和現代漢語的虛詞用法有很多是"源"和"流"的關係,因而更加明確地認識古代語和現代語之間的同一性。

根據上面列舉的一些事實,就可以知道我們要探討現代漢語的來源,要徹底搞通現代語的詞彙、語法,就必須研究漢語發展的歷史,就必須學好文言文。

第三,為了提高寫作的能力,應用一些古代語裏很精練的、到今天還有生氣的詞語和結構,使得我們的語言更為準確、鮮明、生動。魯迅的著作當中運用文言詞語和古漢語結構的很多。例如《記念劉和珍君》這篇著名作品中運用了不少文言詞語,使我們在莊嚴沉鬱的氣氛中,感受到無限的悲憤,甚至有不忍卒讀之感。例如:

　　我將深味這非人間的濃黑的悲涼……
　　真的猛士,敢於直面慘淡的人生,敢於正視淋漓的鮮血。

內中"深味"的"味"和"直面"的"面",都是名詞活用作動詞,各自與跟隨在後頭的賓語構成動賓結構,這也是吸收古漢語,用以增進語言的莊嚴和精練。由此可知,要使我們的語言更為準確、鮮明、生動,必須吸收古人語言中有生命的詞語和結構,使得歷代的文言文成為豐富現代漢語的一種源泉。

總之,我們要批判地繼承祖國的文化遺產,要研究漢語發展的歷史,要加強我們語言的表現力,就必須學好、教好文言文。

三、文言文的教學方法

文言文的教材,是多種多樣的,學生的情況,也各不相同,因此文言文的教學方法,必須是機動靈活的。但是,無論採取甚麼方法,總是離不了教材本身的語言分析。這裏祇就教材的語言分析上應當注意的地方提出下列三點來談。

第一點,最重要的,是要揭示古今語言的矛盾性,也就是揭示古代漢語和現代漢語之間的差異。我們可採用比較的方法,從文言文教材和白話譯文的對照中揭示出古漢語的種種特點,從中看出古今語言在詞彙形式、詞義內容、詞類活用、虛詞用法、語法結構等方面的變異。

第二點,在揭示古今語言矛盾的同時,又必須指出現代語對於古代語的同一性和繼承性。因為在教學上,如果祇注意古今漢語相矛盾的一面,或者過分誇大兩者之間的矛盾性，就容易使學生對學習文言文產生畏難的心理。爲祛除這種畏難心理，必須指出現代語的詞彙和語法裏，有很多保存或沿用古代語的成分。而且有些現代白話文的名著中，往往因應用了文言詞語和結構，而增強了語言的表達力。這樣可以使學生瞭解古代語和現代語原來是一脈相承、不可分割的。

第三點，進一步的要求，根據文言文的教材，引導學生從古今語言的變異上，去探求語言的規律性。文言文教學當中有關的這種規律性，可以分作兩類：一類是代表古漢語的特點的，就是古漢語的特殊規律；另一類是代表古今語言變異的趨勢的，就是漢語發展的規律。認識古漢語的規律，對於我們理解古文有很大的幫助。如古漢語中同一個動詞往往可以表示主動，也可以表示被動，這就是關於古漢語的一條規律。我們從文言文的教材當中，類集一些用詞相同、結構相同的詞句，歸納成種種格式，並且求得其確切的解釋，這就是規律的運用。例如《列子·湯問》裏如下的詞句：

　　以君之力，曾不能損魁父之丘，如太形、王屋何？
　　以殘年餘力，曾不能毀山之一毛，其如土石何？
　　汝心之固，固不可徹，曾不若孀妻弱子。

這裏的"曾"，講作"尚"，就是現代語的"還"；"曾不能"、"曾不若"，就是"還不能"、"還不及"。這可以認爲是一種格式。這裏的"如……何"，也是古代語的一種格式，講作"把……怎麽樣"、"拿……怎麽辦"，表示反問的語氣。這樣的格式，就是古文的"辭例"，也就是古漢語的特殊規律。拿這些古漢語的規律來跟現代漢語相比較，就可以從古今語言的變異上看出漢語發展的種種趨勢，因而認識了整個漢語發展的種種規律。這在上文所說的當中也約略可以看出一些，如詞彙的雙音節化和複合化、詞義的明確化、詞性的確定化、虛詞用法的專一化、語法結構裏詞序的規則化，等等。這些內容，文言文的教學上須要接觸到一些。當然，這些畢竟屬於整個漢語史的問題，說來話長，這裏祇得從略了。

四、怎樣閱讀古典作品

這裏所說的古典作品，祇是指周漢時代所留給後人的一些普通的讀物。這些讀物對於後代語言的發展，具有很大的影響，文言文就是從這些讀物的語言基礎上產生出來的。怎樣來閱讀這些古典作品？這個問題對於漢語和文學、歷史等的教學、研究，都是有重大的意義的。

要讀懂古典作品，不單單涉及語文知識方面的問題，還涉及古代的歷史、作

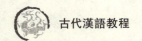

者的生活和思想等方面的問題。形式和內容是不能分割的。我們從語文方面來認識作品所記敘的事實、所表達的思想感情等；同時，對於作品的內容事實、思想感情等的瞭解，也促進我們在語文方面更透徹的瞭解。

關於怎樣閱讀古典作品，這裏祇就語文方面提出幾個要點來談談。

要讀懂古典作品，首先必須打破文字的障礙。漢字給我們保存了幾千年來無比豐富的文獻，這是它的主要功績之一。可是，漢字對於歷代語言的記錄，並不是很完善的工具。它的一個一個的字體，既不能反映語言的變化，也不能表示語詞的單位。漢字雖然說是表意文字，似乎可以利用形體來表明詞義的分別，但是在實際上它廣泛地應用了"假借"的方法，祇要字音上相同或相近，就可以互相借用。這樣，在實際留傳的作品當中，就形成了"同言異字"和"同字異言"的現象。這就是說，同一個語詞可以用不同的字體把它寫出來，同一個字體也可以用來代表不同的語詞。

同一個語詞用不同的字體來寫的，例如"若"、"女"、"汝"、"而"、"爾"等字，都可以用來代表"你"這個代詞：

> 吾翁即若翁，必欲烹而翁，則幸分我一盃羹！（《史記·項羽本紀》）
> 吾乃與而君言，汝何爲者也！（《史記·平原君虞卿列傳》）
> 商！女何無罪也？吾與女事夫子於洙泗之間，退而老於西河之上，使西河之民疑女於夫子，爾罪一也。喪爾親，使民未有聞焉，爾罪二也。喪爾子，喪爾明，爾罪三也。（《禮記·檀弓上》）

不同的語詞，用同一個字體來寫的，例如一個"若"字，除了代表"你"這個代詞以外，還有用來代表"如果"、"如同"、"如此"等意義的，或作語助，相當於"然"：

> 若愛重傷，則如勿傷。（《左傳·僖公二十二年》）
> 有若無，實若虛。（《論語·泰伯》）
> 以若所爲，求若所欲，猶緣木而求魚也。（《孟子·梁惠王上》）
> 桑之未落，其葉沃若。（《詩經·衛風·氓》）

其他如"女"、"汝"、"而"、"爾"等字，除了代表"你"以外，也都多多少少地代表了別的詞。例如"爾"字，還有用來代表"那樣"、"那裏"、"呢"等意義：

> "如或知爾，則何以哉？"子路率爾而對曰：……（《論語·先進》）
> 出乎爾者，反乎爾者也。（《孟子·梁惠王下》）
> 便便言，唯謹爾。（《論語·鄉黨》）

古典作品的原文裏，這樣同言異字和同字異言的現象是很普遍的。如果我們在閱讀的時候没有透過字面,没有進到語言的底層來認識作品裏一個一個的語詞,那麼就很容易被這種文字造成的現象所迷惑,而得不到它的真正的意思和正確的解釋了。所以要把古典作品讀懂,首先必須把這種文字造成的迷惑分辨清楚,就是打破漢字在記録語言時所給我們的一重障礙。這是應該注意的第一個要點。

其次,又必須掌握古代語言裏常用的詞語。認識了作品裏所包含的一個個的詞,必定會發現古代語和現代語詞語的異同,古典作品裏有許多常用的詞語,是現代語裏所不用或少用的。例如"社稷"、"庶人"、"干戈"、"黍稷"、"諸侯"、"卿"、"大夫"、"玉帛"等,由於社會的發展,已經成爲歷史性的詞語了。還有一些古典作品裏常用的詞語,在現代普通話當中有不同的名稱或另外的說法。例如"飲"、"食"是現代普通話的"喝"、"吃","冠"、"履"是現代普通話的"帽子"、"鞋子","舉"是現代語的"提起","遣"是現代語的"打發",等等。"子"這個詞,古典作品裏常常作爲對稱代詞的尊稱用的,和現代語裏"先生"、"尊長"、"您"等有相同的意味。例如:"子之哭也,壹似重有憂者?"(《禮記·檀弓下》)這裏的"子"和現代語的"您"很相近。又如:"寡君聞吾子將步師出於敝邑。"(《左傳·僖公三十三年》)這裏的"子"和現代語的"先生"很相近。還有一些古典作品裏常用的詞,它們的意義在現代普通話裏已經改變了。例如"走",現代是"行走"的意思,在古典作品裏原來是"奔跑"的意思;"湯",現代一般是指湯菜,在古典作品裏原來是指開水,等等。此外,還有一些古典作品裏常用的成語或熟語,也是應該注意的。例如"二三子"是"諸位"、"諸君"的意思,"無傷"是"無妨"、"不要緊"的意思,"不弔"、"不淑"是"不幸"、"不祥"、"不善"的意思,等等。至於當時那些常用的虛詞,它們的功用,更是我們所應當注意的。這是關於閱讀古典作品的第二個要點。

再其次,我們又必須熟悉古代語裏運用詞語的方法。要掌握古代語裏所有的詞語,不但須要明確地認識它們的意義,而且還須熟悉它們在實際作品中怎樣運用。古代語裏詞類活用的現象,比現代語要顯著得多。例如:"及齊,齊桓公妻之。有馬二十乘,公子安之。"(《左傳·僖公二十三年》)這裏的"妻之",是"把女兒配給他爲妻"的意思;這裏的"安之",是"認爲這裏很安樂"的意思。又如:"秦師遂東。"(《左傳·僖公三十二年》)"項梁乃以八千人渡江而西。"(《史記·項羽本紀》)這裏的"東"、"西",表示了進行的方向,也包括進行的動作在内。這樣把名詞或形容詞作爲動詞來用,在現代語裏是不容易見到的。詞語的活用,有時也是由於修辭的需要。例如:"叔在藪,火烈具阜。"(《詩經·小雅·大叔于田》)"阜"原來是指"土山",這裏用來表示"盛大"的意思。"前有賓客,弟子駿作。"(《管子·弟子職》)"駿"原來是指"跑得快的馬",這裏用來表示"很快"的意思,

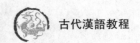

"駿作"是說"很快地起來"。這樣的用法,可以說是修辭上的隱喻。我們要把古典作品讀懂,必須熟悉古代語裏這些運用詞語的方法。這是應該注意的第三個要點。

又其次,我們還必須學會分析古代語的語法結構。要認定許多詞語在實際作品當中怎樣運用,不可能不聯繫到語法結構,所以分析古代語的語法結構,也是閱讀古典作品所應該注意的一個要點。古代語裏有許多和現代語不相同的語法結構。例如"事之以皮幣"、"事之以犬馬"、"事之以珠玉"(《孟子·梁惠王下》),這是把"以"這個介詞和它所介的對象放置在動詞"事"的後面的。又如"良人未之知也"(《孟子·離婁下》),這是把代詞賓語"之"放在動詞"知"的前面,這種情形在否定句中是常見的。又如:"子行三軍,則誰與?"(《論語·述而》)這是把疑問代詞賓語"誰"放在動詞"與"的前面,"誰與"是"跟誰在一起"的意思。又如:"戎狄是膺,荊舒是懲。"(《詩經·魯頌·閟宮》)這是把賓語"戎狄"、"荊舒"放在動詞"膺"、"懲"的前面而中間又加進一個"是"字。這些和現代語不相同的結構,在分析語法的時候,應該特別加以注意。這是第四個要點。

最後,還要認清古典作品裏一些交錯變化的辭句。古人所寫的文章中,常常有上下文相互交錯變化,並不十分整齊的。例如:"不患寡而患不均,不患貧而患不安。蓋均無貧,和無寡,安無傾。"(《論語·季氏》)這裏如果依據文章後面的意思,那麼,這幾句話應該是"不患貧而患不均,不患寡而患不和,不患傾而患不安"。這是古文辭句交互錯綜的現象。其他還有"省略句法"、"重複句法"等等的辭例,都應該加以注意。這是第五個要點。

以上幾點,是就語文方面有關的來說一說怎樣閱讀古典作品的這個問題。古典作品是古代語言的一種記錄,是當時一般口頭語言的投影,我們要讀懂古典作品,必須要有掌握古代語言的能力。

張世祿

目　　錄

上編　通　論

第一章　文字 ··· 3
　第一節　漢字的起源和漢字的性質 ······················· 3
　第二節　漢字形體的演變及其基本規律 ·················· 9
　第三節　漢字的結構類型 ································ 23
　　　　　練習一 ··· 39
　第四節　漢字的常用部首與字義 ························ 40
　第五節　古今字、異體字、繁簡字 ······················ 47
　第六節　本字和通假字 ··································· 58
　第七節　文字方面的常用工具書 ························ 64
　　　　　練習二 ··· 76

第二章　詞彙 ·· 78
　第一節　古漢語的單純詞與合成詞 ······················ 78
　第二節　古今詞義的異同 ································ 96
　第三節　詞的本義和引申義 ······························ 106
　　　　　練習三 ··· 116
　第四節　同義詞、同源詞、類義詞 ······················ 117
　第五節　詞彙方面的常用工具書 ························ 127
　　　　　練習四 ··· 134

第三章　語法 …………………………………… 136
第一節　古漢語的詞類(上) …………………… 136
第二節　古漢語的詞類(下) …………………… 155
第三節　結構成分和結構類型 ………………… 170
練習五 …………………………………… 185
第四節　古漢語的詞序和省略 ………………… 186
第五節　詞類活用和特殊的動賓結構 ………… 191
第六節　判斷句和被動句 ……………………… 199
第七節　古漢語的稱數法 ……………………… 202
第八節　關於虛詞的常用工具書 ……………… 207
練習六 …………………………………… 221

第四章　音韻 …………………………………… 223
第一節　漢字讀音的演變 ……………………… 223
第二節　中古漢語的聲、韻、調及其應用 …… 225
第三節　上古漢語的聲、韻、調及其應用 …… 234
第四節　古書中的特殊讀音 …………………… 244
練習七 …………………………………… 250
第五節　古代詩歌的格律 ……………………… 252
第六節　音韻方面的常用工具書 ……………… 265
練習八 …………………………………… 271

下編　文　選

第五章　先秦歷史散文 ………………………… 275
鄭伯克段于鄢 ……………………《左傳》 275
齊伐楚盟于召陵 …………………《左傳》 279
子魚論戰 …………………………《左傳》 280
晉公子重耳之亡 …………………《左傳》 282
燭之武退秦師 ……………………《左傳》 287
晉靈公不君 ………………………《左傳》 289

齊晉鞌之戰	《左傳》	292
練習九		294
邵公諫弭謗	《國語》	296
句踐滅吳	《國語》	298
范雎説秦昭王	《戰國策》	302
齊宣王見顔斶	《戰國策》	307
趙威后問齊使	《戰國策》	310
莊辛説楚襄王	《戰國策》	311
燕昭王求士	《戰國策》	314
練習十		317

第六章　先秦哲理散文　　318

顔淵季路侍	《論語》	318
季康子問仲由	《論語》	319
子謂顔淵	《論語》	319
季氏將伐顓臾	《論語》	320
寡人之於國也	《孟子》	321
有託其妻子於其友而之楚遊者	《孟子》	323
湯放桀	《孟子》	324
鄒與魯鬨	《孟子》	324
夫子當路於齊	《孟子》	325
無或乎王之不智也	《孟子》	327
孔子登東山而小魯	《孟子》	328
民爲貴	《孟子》	328
練習十一		329
非相(節録)	《荀子》	331
天論(節録)	《荀子》	333
逍遥遊(節録)	《莊子》	335
達生(節録)	《莊子》	338
至樂(節録)	《莊子》	340
五蠹(節録)	《韓非子》	342

練習十二 348

第七章　兩漢文 350
刺客列傳（節録）..《史記》350
淮陰侯列傳 ....《史記》360
　　練習十三 378
蘇武傳 ....《漢書》379
治安策 ....賈　誼 388
獄中上梁王書 ....鄒　陽 393
報孫會宗書 ....楊　惲 399
　　練習十四 402

第八章　三國魏晉南北朝文 405
與曹操論盛孝章書 ....孔　融 405
讓縣自明本志令 ....曹　操 407
典論・論文 ....曹　丕 410
求自試表 ....曹　植 413
陳情表 ....李　密 418
與山巨源絶交書 ....嵇　康 420
蘭亭集序 ....王羲之 426
歸去來兮辭（并序）..陶　潛 427
五柳先生傳 ....陶　潛 430
　　練習十五 431
世説新語（八則）..劉義慶 433
　　華歆、王朗俱乘船避難（德行門）
　　管寧、華歆共園中鋤菜（德行門）
　　孔文舉年十歲（言語門）
　　魏武常言（假譎門）
　　温公喪婦（假譎門）
　　石崇與王愷争豪（汰侈門）
　　魏文帝忌弟任城王驍壯（尤悔門）
　　韓壽美姿容（惑溺門）

華佗傳 …………………………………… 范　曄　438
　　　　練習十六 ……………………………………… 441

第九章　唐宋文 ………………………………………… 443
　　答李翊書 …………………………………… 韓　愈　443
　　送李愿歸盤谷序 …………………………… 韓　愈　445
　　與崔羣書 …………………………………… 韓　愈　447
　　石渠記 ……………………………………… 柳宗元　450
　　答韋中立論師道書 ………………………… 柳宗元　452
　　蝜蝂傳 ……………………………………… 柳宗元　455
　　　　練習十七 ……………………………………… 456
　　與高司諫書 ………………………………… 歐陽修　457
　　送孫正之序 ………………………………… 王安石　461
　　原過 ………………………………………… 王安石　463
　　訓儉示康 …………………………………… 司馬光　464
　　張巡守睢陽 ………………………………… 司馬光　468
　　超然臺記 …………………………………… 蘇　軾　473
　　賈誼論 ……………………………………… 蘇　軾　475
　　答謝民師書 ………………………………… 蘇　軾　477
　　　　練習十八 ……………………………………… 479

第十章　韻文 …………………………………………… 481
　　漢廣 ………………………………………《詩經》　481
　　靜女 ………………………………………《詩經》　482
　　柏舟 ………………………………………《詩經》　483
　　木瓜 ………………………………………《詩經》　483
　　將仲子 ……………………………………《詩經》　484
　　子衿 ………………………………………《詩經》　484
　　陟岵 ………………………………………《詩經》　485
　　鴇羽 ………………………………………《詩經》　486
　　黃鳥 ………………………………………《詩經》　486

伐木	《詩經》	487
國殤	屈原	488
橘頌	屈原	490
卜居	屈原	491
練習十九		493
戰城南	樂府民歌	494
有所思	樂府民歌	495
行行重行行	《古詩十九首》	496
短歌行	曹操	496
步出夏門行	曹操	497
悲憤詩	蔡琰	498
燕歌行	曹丕	501
贈白馬王彪	曹植	502
乞食	陶潛	504
詠荆軻	陶潛	505
練習二十		506
送別	王維	506
酬張少府	王維	507
古風	李白	507
把酒問月	李白	509
登金陵鳳皇臺	李白	510
無家別	杜甫	510
古柏行	杜甫	512
天末懷李白	杜甫	513
輪臺歌奉送封大夫出師西征	岑參	513
逢入京使	岑參	514
新豐折臂翁	白居易	515
輕肥	白居易	517
藍橋驛見元九詩	白居易	517
蟬	李商隱	518
淚	李商隱	519

  練習二十一 ·· 520
 鳳棲梧(竚倚危樓風細細) ················· 柳　永 521
 夜半樂(凍雲黯淡天氣) ···················· 柳　永 522
 滿江紅(寄鄂州朱使君壽昌) ·············· 蘇　軾 522
 定風波(莫聽穿林打葉聲) ·················· 蘇　軾 524
 江城子(西城楊柳弄春柔) ·················· 秦　觀 524
 千秋歲(水邊沙外) ··························· 秦　觀 525
 一翦梅(紅藕香殘玉簟秋) ·················· 李清照 526
 武陵春(風住塵香花已盡) ·················· 李清照 527
 漢宮春(初自南鄭來成都作) ·············· 陸　游 527
 訴衷情(當年萬里覓封侯) ·················· 陸　游 528
 破陣子(爲陳同甫賦壯詞以寄之) ······ 辛棄疾 529
 南鄉子(登京口北固亭有懷) ············· 辛棄疾 530
  練習二十二 ·· 530

後記 ··· 532

修訂本後記 ··· 533

重訂本後記 ··· 534

第四版後記 ··· 535

上編　通　論

第一章 文　　字

第一節　漢字的起源和漢字的性質

一、漢字的起源

　　文字是記錄人類語言的一種符號，文字的產生是人類社會進入文明階段的一個標誌。一般來說，祇有當一個社會發展到迫切需要文字來記錄語言、傳遞信息，並且有能力獨立創造文字的時候，這個社會纔有可能產生自己的文字。就目前所知，世界上較古老的幾種文字都產生於當地的原始社會末期或奴隸社會初期，在這個歷史階段，文字的產生既有必要，也有可能了。

　　文字是形、音、義三個要素相結合的符號，當人們用來記錄和交流的符號與語言中詞語的聲音和意義相聯繫，並且其書面形體基本固定，這樣的符號就是文字了。文字的產生、發展直至成熟是一個長期的過程，最早出現的原始文字數量很少，不足以逐詞記錄語言，祇能籠統地記錄語言中的要點或主要語詞。隨着人類社會的生產、活動的日益豐富複雜，人們對文字記錄語言的要求也日漸提高，於是文字的數量激增，終於發展到能夠依據語法規則逐詞逐句記錄語言的程度，最後進入到體系文字階段。

　　現代考古學和人類學的資料表明，世界上不受其他文明影響而獨立產生並發展成熟的較早的體系文字，主要有兩河流域古蘇美爾人的楔形文字、尼羅河流域古埃及的聖書字和黃河流域華夏民族的古漢字。而其中，古蘇美爾楔形文字和古埃及聖書字早已消亡不再使用，祇有古漢字經過一系列字形演變，一直沿用至今。

　　漢字是記錄漢語的文字，討論漢字的起源，實際上包含這樣幾個相關的問題：漢字是什麼時候在什麼地方產生的？漢字是在什麼條件下怎樣產生的？漢字是怎樣從原始文字發展爲體系文字的？我們現在所能見到的最早的大批量漢字,是距今三千多年的商代後期的甲骨文,甲骨文能夠比較完整地記錄語言,已經是一種體系文字。由於從原始文字階段到體系文字階段需要經過長期的歷史演變,所以可以肯定,漢字的起源遠在甲骨文產生之前,在此之前,漢字一定經過了一個從產生到發展到成熟的漫長過程。但是由於考古資料缺乏,歷史文獻不足,我們現在無法完全瞭解並理清這一過程,這裏祇能藉助人類學和民族學的資料、文字發展的一般規律,作一個大致的探討。

　　世界範圍内的考古發現表明,在原始文字產生之前,古人曾經採用了各種各樣的幫助記憶、傳遞信息的輔助方法,"結繩"和"刻木"就是許多民族使用過的兩種方法,我國古代文獻中也不乏這方面的記載。《易·繫辭下》:"上古結繩而治,後世聖人易之以書契,百官以治,萬民以察。"東漢鄭玄注:"結繩爲約,事大大結其繩,事小小結其繩。"唐李鼎祚《周易集解》引《九家易》:"古者無文字,其有約誓之事,事大大結其繩,事小小結其繩。繩之多少,隨物衆寡。各執以相考,亦足以相治也。"結繩不敷應用,則進而採用書寫和鍥刻。《釋名·釋書契》:"契,刻也。刻識其數也。"《隋書·突厥傳》:突厥"無文字,刻木爲契"。《舊唐書·吐蕃傳》:吐蕃"無文字,刻木結繩爲約"。直到20世紀中期,我國西南地區少數民族如傈僳族、獨龍族、瑶族、景頗族、哈尼族等還保留着用結繩或刻木來記事、計數、傳信的習慣①。正因爲如此,許多學者認爲有部分漢字可能繼承自原始刻劃符號。如表示數詞的"一、二、三、亖(四)、ㄨ(五)、∧(六)、十(七)、)(（八)、丨(十)",義爲"方"和"圓"的字符"囗、〇"等。一些學者主張漢字起源中指事的產生先於象形,就是鑑於從原始刻劃符號演變來的漢字而言的②。

　　當然,這種漢字的數量是有限的。更爲重要的是,雖然結繩和刻木都是用一定的形象或符號來代表特定意義,傳遞信息,其原理與文字是一致的;但是實際上原始刻木或結繩記事符號與文字還是有着本質的區別。刻木或結繩符號不與語言中的詞相對應,不能完整記錄語言,祇是起幫助記憶的作用。比如刻劃四道橫綫或打四個繩結,可能代表四個人、四件東西、四段時間或是四次事件,它並非僅僅代表語言中的"四"這個數詞。所以説,結繩和刻木並不能認爲是漢字的起源,它們祇是對漢字的起源產生過一定的影響。

　　研究表明,與文字起源有直接關係的應當是原始圖畫。大約在舊石器時代,原始人類已經能用簡單圖畫描述狩獵等場景。圖畫與文字一樣,能夠表達一定的意義,有時圖畫的表意功能甚至不遜於文字。當然,這個時候圖畫符號還沒有

---

① 見李家瑞《雲南幾個民族記事和表意的方法》,《文物》1962年第1期。
② 郭沫若《古代文字之辯證的發展》,《考古》1972年第3期。

跟語言發生直接的對應關係,它並不代表語言中的詞,沒有固定的讀音。以後,原始圖畫演變爲圖畫文字。圖畫文字所記錄的思想內容雖然還不夠清晰,但是已經可以解釋;圖畫文字的符號雖然尚未定型,但是已經逐步與有聲語言相聯繫,記錄了語言中部分詞的聲音和意義。例如我國納西族的東巴文就是一種圖畫文字,下圖是東巴巫師的一段創世經文:

圖中左邊一人手拿一個蛋。圖正中的圓圈也是蛋,蛋兩邊各三條曲線是風,曲線上方的"币"形符號諧音"白",黑圓點表示"黑",連起來分別意謂白風和黑風。下面是湖。右邊是山峰,山峰右下方有一個雞頭形符號諧音"撞"。山峰和黑風之間的蛋有四道光芒,表示金光燦爛。經文的意思是:拋卵在湖中,卷起黑白風。狂浪沖聖卵,卵擊高山峰。一道金光發,天路自此通。值得注意的是,這段經文中有兩個符號,分別諧音"白"和"撞",這其實就是借形表音,記錄了語言中另外的詞。

由圖畫文字再往前進一步,就形成了真正的文字。雖然我們至今還沒有發現古代中國的圖畫文字,但是如果比較一下蘇美爾楔形文字、埃及聖書字和漢字甲骨文金文中的許多象形字,它們是如此地相像,這就足以表明漢字和楔形文字、聖書字一樣,也是起源於圖畫的。

字義	蘇美爾	蘇美爾	巴比倫	亞述	字義	蘇美爾	蘇美爾	巴比倫	亞述
鳥					穀物				
魚					果樹林				
山					犁				
牛					回飛棒				
太陽					足				

(楔形文字的演变)

禿鷹	足	布匹	套繩	手	蘆葦葉
有角毒蛇	壺座	院子	蘆葦葉	眼鏡蛇	籃子
獅子	猫頭鷹	水	結繩	墊子	山坡
嘴	水池	麵包	鵪鶉	女	男

（埃及聖書字的字母）

那麼，漢字究竟產生於何時，又於何時形成完整的文字體系呢？二十世紀六七十年代以來，在我國新石器時代的遺址和墓葬裏，出土了不少刻有或繪有符號的陶器和陶片，這對探索漢字的起源問題提供了一些綫索。從形狀上看，這些陶器上的符號大致可分兩類，一類是相對簡單的幾何符號，一類是象實物之形的圖畫符號。前一類符號以仰韶文化早期西安半坡遺址和臨潼姜寨遺址出土最爲豐富：

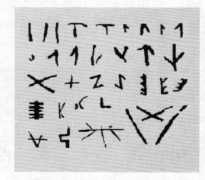

西安半坡陶器刻劃符號
（公元前 4800 年）

臨潼姜寨陶器刻劃符號
（公元前 4000 年）

這些符號大多是在陶器燒製之前刻劃而成，一般是單個刻劃在陶鉢外口緣的黑寬帶紋或黑色倒三角紋上，同樣的符號曾見於不同遺址的陶器上。這些符號有的可能固定代表某種特定的意義，但它們究竟代表什麼意義，是否與語言中的詞

第一章　文　字

有對應,學術界看法不一。郭沫若認爲:"彩陶上的那些刻劃符號,可以肯定地説就是中國文字的起源,或者中國原始文字的孑遺。"①于省吾也認爲這種陶器上的符號"是文字起源階段所産生的一些簡單文字",並把它們與商代文字相聯繫,認爲 X、十、𠂆、川、T、↑、丫、F 分别是"五、七、十、廿、示、矛、艸、阜"等字②。不過,現在大部分學者傾向於認爲這些刻劃符號並不是漢字,因爲"我們絲毫没有掌握它們已經被用來記録語言的證據",所以這類符號"還不是文字"③。高明也指出:這些符號大多數"衹能獨用不能組合",類似的符號在漢字形成以後還在長期使用,"也看不出有甚麽發展","從而可明顯看出,陶符同漢字不是同一體系"④。這樣的話,把漢字的産生上推到六千年以前,是没有充分證據的。

後一類符號主要發現於山東的大汶口文化晚期遺址,大汶口文化的年代約爲公元前 4300 年至前 2400 年,而陶器上的刻劃符號一般在公元前 2500 年左右開始出現。其中尤爲引人注意的陶符共有 18 個,主要有以下四種:

A　　　　B　　　　C　　　　D

這些符號一般刻在大口陶器的外壁上,通常一個陶器衹刻一個符號。這些符號十分規整象形,能夠依照殷周古文字的規律來分析,因此多數學者認爲它們就是早期漢字,並進行了釋讀。符號 A,于省吾釋爲"旦",唐蘭釋爲"炅";符號 B,唐蘭認爲是 A"炅"的繁體,李學勤釋爲"炅山"合文;符號 C,唐蘭釋爲"斤";符號 D,唐蘭釋爲"戊"或"戌"。大汶口文化的這些刻劃符號,在地域相毗連的良渚文化中也有發現。良渚文化分佈在江蘇南部和浙江北部,年代同大汶口文化中晚期相當。相似的符號在兩種文化中能夠相通,標誌着這些符號應該是最早的漢字,也就是説,漢字的産生當在公元前 3000 年左右。

我們至今還没有發現確鑿無疑的夏朝文字,而商朝後期的甲骨文在表意、形聲和假借上方法齊備,已經能夠完整地記録語言。《尚書·多士》云:"惟殷先人,有典有册,殷革夏命。"這説明,殷代先人已經在典册上記載殷革夏命的歷史。

---

① 郭沫若《古代文字之辯證的發展》,《考古學報》1972 年第 1 期。
② 于省吾《關於古文字研究的若干問題》,《文物》1973 年第 2 期。
③ 裘錫圭《文字學概要》(修訂本),商務印書館,2013 年。
④ 高明《中國古文字學通論》,北京大學出版社,1996 年。

《論語·八佾》:"夏禮吾能言之,杞不足徵也;殷禮吾能言之,宋不足徵也。文獻不足故也,足則吾能徵之矣。"這似乎也表明,文獻不是沒有,祇是"不足",孔子多少是接觸過夏和殷的文獻。據此我們可以推測,成湯滅夏、建立商王朝之時,漢字就已經進入了體系文字階段。

二、漢字的性質

長期以來,人們總是把漢字稱爲象形文字,這是因爲早期漢字中有許多是描畫事物形象的,比如"虎"字就畫一隻老虎,"車"字就畫一輛馬車;人們又把漢字稱爲表意文字,這是因爲"日、月"一類字實際上已經不再象形,祇是表示所代表的詞的意義。那麼,漢字究竟是什麼性質的文字呢?

(1) 從字符的表形、表意、表音作用來看漢字的性質。

根據字符的表形、表意或表音作用,可以把文字劃分爲象形文字、表意文字和表音文字。所謂象形文字是指描畫事物形象的文字,這是剛從圖畫文字發展而來的文字,但已經與語言中的詞相聯繫,有固定的讀音和意義;所謂表意文字,是指用一定體系的象徵性符號表示語義的文字,有一定的讀音,但不單純表示語音;所謂表音文字,是指用字母表示語音進而表示語言的文字。按照這樣的標準來看漢字,那麼,漢字在甲骨文、金文階段有相當一部分象形程度較高,確實可以稱爲象形文字;不僅漢字,蘇美爾楔形文字和埃及聖書字在早期也有相當一部分是象形文字。但是隨着書寫工具和材料的變化,以及爲了書寫方便和迅速,漢字對於實物的描畫一般祇保存一個輪廓,減少了形象性,增加了符號性,尤其是秦漢時代隸變以後更加面目全非,再説漢字是象形文字就名不副實了。這個時候的漢字,基本上是使用表意和表音符號的文字,可以叫作"意音文字"。傳統文字學把漢字區分爲"六書",其中象形、指事、會意都使用了表意的字符,如"人、日","刃、本"中的"刀、木","休、初"中的"人、木、衣、刀"等,此外,形聲字的形符也是表意的字符。與此同時,假借字則是把其他漢字當作表音符號來使用的,即借用已有的字形來表示音同音近的另一個詞,通常兩者意義上沒有聯繫。如借用本義爲簸箕的象形字 ᛝ 來表示語氣詞和代詞的"其",這時 ᛝ 祇有表音作用,所以是表音符號。此外,形聲字的聲符也是表音的字符。漢字中還有少數文字符號,如 ᛝ(五)、ᛝ(六)、十(七)、)(八)等數字,它們的字形既不能表音也不能表意,祇是約定俗成的記號。這樣的字數量極少,並不影響漢字的意音文字的性質。

(2) 從字符表示的語言單位的層級來看漢字的性質。

語言系統的構造層級,由低到高可分爲音位、音節、語素、詞等語言單位,根據字符所表示的不同層級的語言單位,可以把文字分爲音位文字、音節文字和語素文字。採用表音素或音位的字母來書寫語言的就是音位文字,如英文、法文等就是以拉丁字母爲字符的音位文字。採用表音節的字母來書寫語言的就是音節文字,如日文的假名就是音節文字。採用表示語素的字符來書寫語言的就是語素文字。按照這樣的標準來看漢字,那麼漢字中有許多是與語言中最小的音義結合體——語素相對應的,而跟音位、音節這兩個層次没有關係。例如"人、手、口、刀、美、紅、好、跑、打、叫"等,這些都是可以獨立成詞的語素,"們(我們)、第(第一)、者(仁者)、所(所殺)"等,這些都是不能獨立成詞的語素,但是不管怎樣,一個漢字總是與一個語素相對應。漢字中另有不少與層級低於語素的音節相對應,它們不但不能單獨成詞,而且必須與其他音節結合在一起纔能表意,例如"躊(躊躇)、枇(枇杷)、玫(玫瑰)、徘(徘徊)、淙(淙淙)、潺(潺潺)"等等。有鑑於此,我們認爲漢字應該屬於"語素-音節文字"。

第二節　漢字形體的演變及其基本規律

　　從商代甲骨文到現今通行的楷書,漢字形體發生了一系列演變,特別是秦漢之際由秦篆向隸書的演變最爲劇烈,一般以此爲界,把漢字的形體分爲古文字階段和隸楷階段兩大階段。古文字階段包括殷商的甲骨文、金文、戰國文字等,而以秦篆爲殿軍,隸楷階段以隸書的出現爲開端,以後又包含楷書、草書和行書等。字體的演變往往是一個漸變的過程,這裏所說的兩大階段之間也不是截然分開的,而是逐漸過渡的。早期的隸書在古文字階段的末尾已經在秦國出現,而隸楷階段初期即西漢初的瓦當和漆器上一般仍然是篆文,同時即使在後來成熟的隸書中,也還保留不少篆文的寫法,所以,可以把戰國晚期至西漢早期看作古文字階段和隸楷階段之間的過渡時期。

　　漢字形體的發展演變有一定的規律,其中的主流是趨簡趨易,表現爲圖形的綫條化、構形部件的減省、綫條的筆畫化等,經過一系列變化,古漢字的象形程度大大降低了。當然,與此同時也有爲了區別近似的字形等而形體加繁的情況,不過這樣的字祇是很小一部分,繁化的程度也很輕微。

一、漢字形體的演變

　　(一)古文字階段
　　(1)商代文字。我們的先人在殷商時代已經使用毛筆在竹木製成的簡册上進行書寫了,這一點可以從《尚書·多士》"惟殷先人,有册有典,殷革夏命",甲骨文中有"册"字(寫作⦀、⦀,象編連竹簡爲書册)、"典"字(寫作⦀、⦀,象手捧簡册形),以及考古發現殷代甲骨和玉器上有毛筆書寫的漢字等得到證明。不過,由於簡册用竹木等製成,容易腐爛,所以,考古界至今未能發現殷商的簡册實物。現在已經發現的商代文字資料中,數量最多的是甲骨文,其次是金文,以及少數陶器、玉器和石器上的文字。

甲骨文是鍥刻在占卜用的龜甲和獸骨上的文字,一般用以記錄占卜過程,也有少部分是與占卜無關的記事刻辭。商代甲骨文發現於商王朝後期的都城遺址——殷墟(今河南安陽市西北)。大約在公元前14世紀前後,商王盤庚遷都於殷。此後一直到公元前11世紀商紂亡國,商王朝經歷了七世十二王,始終以殷爲都。商代甲骨文絕大多數是商代統治者占卜的記錄,所以常被稱爲"殷墟卜辭"。除殷墟以外,鄭州二里崗、濟南大辛莊等商代遺址也曾出土帶字的甲骨。至今經過公私發掘出土的有字甲骨已有十多萬片,單字約有五千個。

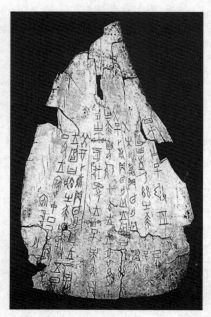

殷人非常迷信,遇事都要占卜,諸如農業、漁獵、天文、氣象、戰爭、疾病、生育、祭祀等内容在甲骨卜辭中均有反映。左圖是《甲骨文合集》編號爲10405的一片卜甲。

釋文爲:

癸酉卜,㱿貞,旬亡囧(咎)?王二曰:勻。王占曰:騂,屮(有)祟屮(有)夢。五日丁丑,王賓中丁聞陞,在𠬝阜,十月。

癸巳卜,㱿貞,旬亡囧(咎)?王占曰:乃兹亦屮(有)祟。若偁,甲午王往逐兕,小臣古車馬硪馭王車,子央亦隊(墜)。

癸未卜,㱿貞,旬亡囧(咎)?王占曰:往,乃兹屮(有)祟。六日戊子,子弢囚,一月。①

---

① 這是加了界劃的三條卜辭,按左、中、右次序閱讀。大意是:(左辭)癸酉日占卜,貞人㱿進行貞卜:來旬没有災禍嗎?商王看了卜兆説:啊,有災禍有惡夢。五日丁丑,王祭祀中丁時摔跤了。(中辭)癸巳日占卜,貞人㱿進行貞卜:來旬没有災禍嗎?商王看了卜兆説:現在也有災禍。果然,甲午日王追逐犀牛,小臣古的車馬撞壞王的車,王子子央也墜車了。(右辭)癸未日占卜,貞人㱿進行貞卜:來旬没有災禍嗎?商王看了卜兆説:現在有災禍。六日戊子,王子子弢死了。右辭之下另有"己卯媚子寞入宜羌十",與上述卜辭無關。

從文字構形看,甲骨文具備了象形、會意、指事、形聲等基本構形方式;從文字運用看,同音假借的情況十分普遍,能夠比較完整地記錄語言。需要注意的是,甲骨卜辭是一種有特殊用途的文體,並不反映商代書面語言的全貌,也不是當時已有漢字的全部。當時的書面語不論在文章篇幅上,還是在表情達意、敘事技巧上都應該高於甲骨文所顯示的水準。甲骨文祇是占卜的記錄,其他許多重要的文章、文件應當是記載在典册上的。例如一般公認的商代文獻《尚書·盤庚》,字數多達三千個以上,描寫和記叙水準甚高,其中許多字也不見於商代甲骨文。另外,因受鍥刻材料等的限制,甲骨文也是當時一種不太正規的字體,當時更爲正規的字體應該是金文。

金文是鑄在銅器上的銘文。先秦把金、銀、銅、鐵、錫統稱爲金,所以後人把青銅器上的文字稱爲"金文",或以常見的青銅鐘、鼎爲代表,稱爲"鐘鼎文"。中國很早就已經有青銅器了,甘肅馬家窑文化遺址出土的單刃青銅刀是目前已知的我國最古老青銅器,距今大約已經五千年,但是有銘文的青銅器大都作於商代盤庚遷殷以後。商代早期青銅器銘文字數很少,多記載作器者的族名和所紀念的先人的稱號。晚期開始出現篇幅較長的銘文,一般在三四十餘字,內容主要是作器者因某事受王或上司的賞賜,而作祭器表示榮耀和紀念。右圖是小臣艅尊(《殷周金文集成》05990號)的拓片。

釋文爲:

> 丁巳,王省夔寅(京),王易(賜)小臣艅夔貝。隹(唯)王來正(征)人方,隹(唯)王十祀又五,彡(肜)日。①

可以看出,商代金文的字形和書寫風格與甲骨文有所不同,這主要是因書寫工具和材料的不同而造成的。金文是範鑄而成的,製作鑄範時先以毛筆書寫,然後經過精雕細刻,基本上保持了商人平時毛筆書寫的面貌,筆畫粗壯圓轉,有波磔,顯得雄渾有力;甲骨文一般以刀代筆,直接在堅硬的龜甲獸骨上刻出來,點畫纖細方折,鋒芒畢露,有瘦硬峻拔之風。相對金文來説,甲骨文字形主要表現在改圓筆爲方筆,如"日",金文作⊖,甲骨文作⊟;改填實爲勾廓,如"丁",金文

---

① 大意是:丁巳日,王省視夔京,王賜給小臣艅以夔地之貝。王征伐东夷人方歸來,時在王十五年肜日祭的那天。

作⬚,甲骨文作⬚,"王",金文作王,甲骨文作大;改粗筆爲細筆,如"巳",金文作⬚,甲骨文作⬚,等等。

商代文字儘管與圖畫文字已經有了較大的距離,但是總體上來看,其象形程度仍然非常高。正因如此,所以許多字祇要把它們所象事物的特徵表示出來,就可以用於交際;這樣一來,不少文字的筆畫構成和字形方向就相當地不固定。例如"車"字寫作⬚、⬚、⬚,重要的是車輪,其他可多可少;"漁"字寫作⬚、⬚,其中的魚可以是一條,也可以是三條四條;"象"字寫成⬚、⬚,鼻子和腿脚的方向不定;"女"字寫成⬚、⬚,既可以朝左,也可以朝右;"酒"字寫成⬚、⬚,三點水既可在左,也可以在右;"侯"字寫成⬚、⬚、⬚,既可以是正的,也可以是反的,還可以是倒的;"救"字寫成⬚、⬚,偏旁既可以是支,也可以是戈;"牢"字寫成⬚、⬚,牢籠裏的動物可以是牛,也可以是羊;"春"字寫成⬚、⬚,既可以從日,也可以從月。這種情況在商周以後逐漸減少,到秦漢以後就基本上絕跡了。

(2) 西周文字。西周是中國歷史上金文鼎盛的時期。與商代金文相比,西周金文篇幅較長,百字以上的銘文很常見,如西周前期的大盂鼎銘文有291字,後期的散氏盤有350字,毛公鼎多達497字。西周青銅器數量眾多,上面的金文記事內容宏富,諸如分封、任命、賞賜、記功、戰争、祭祀、訴訟等皆有涉及,具有書史的性質。

西周青銅器大多是周王室貴族、臣僚所作,字形比較統一,基本上没有地域差異,據此可以觀察字形隨時代不同而產生的變化。西周初,武王、成王時的銘文字體明顯承襲商代晚期金文的風格,筆畫粗重,有波磔,象形程度也較高。康王、昭王、穆王時期的字形漸趨方正,排列整齊;晚期恭王、懿王時開始變化明顯,筆畫粗細若一,綫條逐漸平直,象形程度大爲降低。這裏舉西周早期和晚期金文各一例,以見一般。

利簋 這是目前所見最早的西周時期青銅器,腹内底部鑄有銘文4行32字,銘文保存了武王伐紂的珍貴史料。釋文爲:

  武王征商,隹(唯)甲子朝,歲鼎(當),克聞夙,又(有)商。辛未王才(在)闌𠂤(師),易(賜)又(右)史利金,用作 𣥎公寶 䵼彝。①

---

① 大意是:周武王征討商紂,在甲子日早晨,歲星正當其位,戰勝了昏庸腐舊,獲得商國。辛未日武王在闌師,賜給右史利青銅,利因而製作了祭祀先人𣥎公的寶器。

虢季子白盤　西周晚期宣王時器,盤底有銘文 8 行 111 字,記載虢季子白征伐玁狁,受到周天子嘉獎賞賜事。

釋文爲:

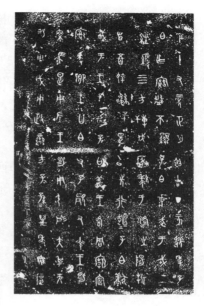

　　隹(唯)十又二年,正月初吉丁亥,虢季子白乍(作)寶盤。 丕顯子白,壯武於戎工,經維四方。 搏伐厰敔(玁狁),于洛之陽。折首五百,執訊五十,是以先行。趄趄子白,獻聝于王,王孔加子白義。王各(格)周廟宣樹,爰饗。王曰:"白父,孔顯又(有)光。"王賜(賜)乘馬,是用左(佐)王;賜(賜)用弓彤矢,其央;賜(賜)用戉(鉞),用政(征)䜌(蠻)方。子子孫孫,萬年無疆。

西周時期還有用甲骨文記錄占卜過程的習慣。1977 年,陝西岐山縣鳳雛村出土大量甲骨碎片,學術界稱爲"周原甲骨",其中近三百片爲有字甲骨。2003 年至 2008 年在岐山周公廟遺址又發現甲骨共七千多片,其中有刻辭的甲骨 688 片。西周甲骨文應是周王室的占卜記錄,其時代一部分屬於西周前期,一部分早至周滅商紂之前,字體跟殷墟商代晚期卜辭相當接近。

(3) 春秋戰國文字。春秋文字仍以金文爲主,當時的銅器幾乎都是諸侯各國所作。就字形而言,春秋前期金文字體仍沿襲西周末期的風格,並且各地區字形差別並不很大;到春秋晚期開始顯現地域差異,戰國時期秦系文字和六國文字的差異由此開始顯露端倪。

春秋戰國之際,社會發生了劇烈的變動。周王室名存實亡,諸侯各自爲政,互相征伐。政治上的分裂加劇了文字異形的局面,在相對封閉的區域內,各地區的文字逐漸發展出獨特的面貌。王國維《戰國時秦用籀文六國用古文說》指出:"古文、籀文者,乃戰國時東西二土文字之異名,其源皆出於殷周古文。而秦居宗周故地,其文字猶有豐鎬之遺,故籀文與自籀文出之篆文,其去殷周古文反較東方文字爲近。"王氏認爲《說文》所收籀文是"春秋戰國之間,秦人作之以教學童"之書,這是有問題的,後來的學者已經確認所謂"籀文"當是西周晚期周宣王時的文字;但是他指出戰國文字應分爲西土文字與東土文字兩系,東土文字即漢代所謂的"古文",這個見解則已爲考古資料所證實。

戉(越)王鳩淺(句踐)自乍(作)用鎗(劍)

東土文字 東土文字是指東方六國的文字。東土文字源出於晚期西周文字。春秋早期東土各國的金文在字形構造上差別不大,到晚期逐漸呈現出不同的書寫風格,尤其是有些國家的金文字形出現了美術化的傾向,字形狹長,筆畫故作屈曲宛轉之狀。如主要流行於楚、宋、蔡、越等國的鳥蟲書,在文字上附有鳥形、蟲形紋飾。(見左圖)不過,這種美術化的字形並不是正規的常用字體。

1965 年在山西侯馬的晉國都城遺址中發現大量寫有盟誓之辭的石片、玉片,研究者稱爲"侯馬盟書"。盟書的時代大致爲春秋晚期或戰國早期,上面的文字都是用毛筆書寫的,呈現出明顯的筆鋒變化,反映了當時晉國手寫體的真實形態。(見下圖)

釋文爲:

其子孫、赾(通)趹之子孫、史酪及其子孫、司寇職之子孫、司寇結及子孫,于晉邦之墜(地)者,及群虜(罉)明(盟)者,歔(吾)君其明亟(殛)覞(視)之,麻夷非是。

至於戰國時期的東土文字,則主要有銅器銘文、簡帛文字,以及璽印、貨幣、兵器、陶器上的文字。戰國時期,銅器的重要性大大下降,傳統的長篇青銅銘文顯著減少;不過 1957 年安徽壽縣出土的鄂君啓節有錯金銘文 164 字,1974 年河北省平山縣中山王墓出土的鼎銘有 469 字,方壺銘文有 450 字,1978 年湖北隨縣(現隨州市)出土的戰國初年曾侯乙墓編鐘銘文,更多達兩千八百來字。戰國中期以後兵器刻辭等大量出現,這類銘文內容一般是"物勒工名",記錄作器年份、主管官吏和作器工名等,字數較少,字體也較簡率。另外,許慎《說文解字》中收有古文 479 字,其主要來源是西漢時孔子故宅牆壁裏發現的以及張蒼等人所獻的、用戰國古文書寫的儒家經典;曹魏正始年間用古文、小篆、隸書三種書體書寫的三體石經,雖然原物已毀,但殘石所保留的戰國文字與《說文》所收古文十分相似。戰國文字數量最多的是簡帛文字,1942 年長沙子彈庫戰國中晚期楚墓出土一件帛書,後流入美國,上有墨書 900 餘字。20 世紀 50 年代以來,在湖南長沙、常德,湖北江陵、荊門,河南信陽、新蔡等地陸續發現大批戰國楚簡;後來出土的郭店楚簡,以及上海博物館和清華大學收藏的楚簡數量

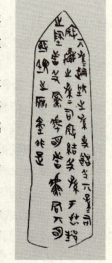

更爲龐大，内容皆爲古代典籍，有些可以與傳世文獻對讀，其重要性不言而喻。右圖爲上海博物館藏戰國楚簡《魯邦大旱》。

釋文爲：

　　魯邦大旱，哀公胃（謂）孔子："不爲我圖之？"孔子答曰："邦大旱，毋乃避者（失諸）型（刑）與德虖？"唯……

戰國時期，列國之間"田疇異畝，車塗異軌，律令異法，衣冠異制，言語異聲，文字異形"（許慎《説文解字·叙》）。相較於商周、西周文字，東土文字最主要的特點，一是劇烈的簡化，有的甚至到了面目全非的地步；二是俗體廣爲流行，而且即使同爲東土文字，各國之間的俗體，甚至各國内部的俗體也不盡相同，同一個字往往有不同的寫法。東土文字大體可以分爲齊系文字、楚系文字、燕系文字、晉系文字等，從下表可以看出東土"文字異形"之一斑，爲方便比較，表中也列出了秦系文字和小篆字形：

	齊系	楚系	燕系	晉系	秦系	小篆
安						
昌						
者						
乘						
馬						

由於秦始皇掃滅六國以後，迅速用小篆統一了全中國的文字，東土文字與秦系文字不同者被全部廢除，以後東方六國的文字也就没有承續下來。

秦系文字　秦系文字是主要在秦國通行的文字。戰國時代秦國的金文多見於兵器、權量、虎符等器物上，石刻文字有石鼓文、詛楚文等，簡牘文字則見於二十世紀七八十年代出土的湖北雲夢睡虎地秦簡等。秦國本是西部邊陲小國，春秋時偏居於宗周故地，與東方國家來往不多，文字字形基本承襲了西周晚期規整勻稱的面貌，呈現出保守的特點。下圖是春秋時期的秦武公鐘銘文（局部）：

15

釋文爲：

……允義,翼受明德,以康奠協朕或(國),盜(延)百繺(蠻)具(俱)即其服。作㫊(厥)龢鐘,靈音鎗雔,以匽(宴)皇公,以受大福。

可以看出,春秋時期的秦系文字基本繼承了西周晚期虢季子白盤那種規整匀稱的字形,除了筆畫綫條化、平直化以外,字形變化不大。

春秋晚期秦國石刻文字的代表是石鼓文。唐初在天興縣(今陝西鳳翔縣)發現十個石碣,因形狀似鼓,一般稱爲"石鼓"。石鼓上分刻四言詩十首,內容記載秦國君田獵遊樂之盛。現存最早的石鼓文拓本是宋代的,存490餘字。石鼓文的時代大概屬於春秋晚期秦景公時期,文字的形體與西周晚期金文有明顯的傳承關係,但是更趨規整化。下圖是石鼓文(局部)。

釋文爲：

遴(吾)車既工,遴(吾)馬既同,遴(吾)車既好,遴(吾)馬既駝(駒)。君子員邋(云獵),員邋(云獵)員斿(云遊)。麀鹿……

戰國晚期,小篆已經在秦國得到廣泛應用。秦孝公十八年(公元前344年)的商鞅方升、秦統一中國前夕的新郪虎符上的文字,與秦統一中國以後的小篆字形基本一致。許慎《說文解字·叙》說："秦始皇帝初兼天下,丞相李斯乃奏同之,罷其不與秦文合者。斯作《倉頡篇》,中車府令趙高作《爰歷篇》,太史令胡毋敬作《博學篇》,皆取史籀大篆,或頗省改,所謂小篆者也。"實際上,李斯等人衹是對已有的小篆字形作了整理,並不是直接從"史籀大篆"省改而創造出小篆字體的。

隸書的萌發也是在那個時候。戰國中期,秦國的俗體字常用方折筆法改變正規篆文的圓轉筆畫,開始具有隸書的意味。如秦惠文王十三年(公元前325年)相邦義戈上的"義"字所從之"羊"寫作羊(正規篆文作羊)。雲夢睡虎地秦簡上的文字也與篆文有明顯的區別，如：

單 字	小 篆	秦 簡	偏 旁	小 篆	秦 簡
女			辵（辶）		
之			水（氵）		
者			邑（阝右）		
九			阜（阝左）		
西			手（扌）		
長			宀		

這些秦簡文字已經脫離小篆，成爲一種新的字體，與後來的隸書很接近，它就是早期的隸書，也稱爲"古隸"。早期隸書是一種新興的俗體，主要在下層文吏中使用，在正式場合一般仍使用篆書。但是因爲書寫簡便快速，隸書很快就流行起來了。

（4）秦代文字。秦統一中國以後，推行"書同文"的政策，對已經基本定型的小篆進行整理，用這種正體文字統一全國文字，廢除與秦篆不合的六國文字。小篆是秦代正式場合使用的主要字體，秦始皇巡行天下，在嶧山、泰山、琅琊台等處刻石紀功都使用這種字體。與石鼓文相比，小篆字形有兩種明顯的變化：一是字形規整化，象形程度進一步降低；二是部分字形簡化。

經過秦代的規範整理，漢字字形趨於固定。從此，小篆確立的字體規範在歷史上一直沿續下來，後來的隸書雖然在字形簡化方面有所發展，但基本結構是按照小篆的原則來確定的。不過，由於官府事務日繁，社會需求大增，便於書寫的隸書迅速成爲主要的書寫字體，小篆不但退出了日常的書寫領域，而且在政府公文等正式場合也逐漸地被放棄了，漢字的古文字階段至此宣告結束。

（二）隸楷階段

隸楷階段的起始時間，我們一般確定在西漢

嶧山刻石（局部）

時代。兩漢時代通行的字體主要是隸書,輔助的字體是早期草書。大約到東漢晚期,在隸書和草書的基礎上產生了行書,然後在漢魏之際,又在行書的基礎上形成了楷書。經過魏晉時代長達二百年左右的時間,楷書成爲書寫領域佔統治地位的主要字體,一直延續到今天。下面按照隸書、草書、行書、楷書等不同字體的形成時間依次分述。

(1) 隸書。隸書一般分爲古隸和今隸。古隸也叫"秦隸",是秦國至西漢初期的早期隸書。長沙馬王堆漢墓出土的竹簡帛書、臨沂銀雀山漢墓竹簡等都是西漢初年抄寫的,使用的大多是這種字體。古隸是在戰國晚期秦國篆文俗體的基礎上形成的,這是一種不太成熟的隸書,有些字形構造仍接近篆文,結體豎長,在寫法上還沒有出現成熟漢隸的波磔和挑法。

曹全碑(局部)

漢武帝中期以後,古隸開始逐漸向成熟漢隸發展。漢隸字形徹底地破壞了小篆的象形結構,宣告了古文字階段的結束和隸楷階段的開始。漢隸的形體已經是抽象的字符,字形構造比之小篆來大爲簡約,結體上趨於扁方;同時,漢隸的筆畫形態則比小篆豐富得多,有所謂蠶頭燕尾和波磔的醒目特徵。這種成熟的漢隸就是"今隸",古人又稱"八分"。從敦煌漢簡、居延漢簡上可以看出這種書體逐漸形成的過程。傳世的東漢時期的漢碑如《曹全碑》、《史晨前後碑》、《張遷碑》、《韓仁銘》及《熹平石經》等都是典型的今隸。

(2) 草書。作爲漢字字體的草書是從漢代古隸的草體演變來的。秦漢之際的古隸草體中已有草書的萌芽,敦煌、居延漢簡中屬於西漢中後期的一些簡牘上則已經是相當純粹的草書。這種脫胎於古隸草體的草書,漢代稱爲"章草"。魏晉時代書法家喜歡用章草來書寫史游的《急就篇》,流傳至今有三國吳國皇象書寫的本子,這是我們現在能見到的最系統的章草資料,其字形與考古發現的漢代草書基本一致。草書對古隸的改造主要是省略部件、以點畫代替部分字形、省併筆畫、改變筆法等。

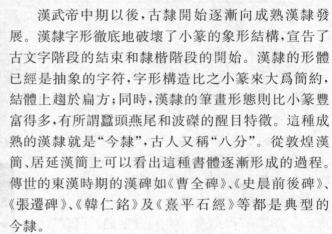

到魏晉時代,由於受到早期行書和楷書的影響,章草發展爲今草。今草拋棄了章草尚存的隸書筆

三國吳皇象書《急就章》(局部)

意，不但大量採用簡單筆畫代替複雜結構，而且多有連筆，甚至字與字之間也經常牽絲相連，因而字形欹側多姿，飛揚流動。今草比章草更便於書寫，但却帶來了難以辨認的問題，因此今草尤其是後來的狂草，大致祇是作爲一種書法藝術，而在實際社會生活中很少使用。

（3）行書。東漢晚期在今隸和草書的基礎上形成了行書。早期行書風格比較古拙，還有隸書的筆意，樓蘭遺址出土的魏晉簡、紙上的文字和傳世的王羲之《姨母帖》等就是這種字體，它不像後來成熟行書那樣筆畫變化多端、字形流美舒展。隨着今草和楷書的逐步形成，在王羲之等人手裏，行書字體發展爲介於今草和楷書之間的字體。這種字體既便於書寫又不像今草那樣難認，具有很高的實用價值，逐漸成爲人們日常書寫的常用字體。

（4）楷書。楷書也叫"真書"、"正書"，這是相對於"行書"、"草書"而言的。漢魏之際，在早期行書的基礎上形成了楷書，早期行書如果寫得規整端莊，就接近於楷書的面

王羲之行書《蘭亭集序》摹本（局部）

貌。現在所能見到的最早楷書是三國時期魏國鍾繇的《宣示表》帖，另外還有王羲之、王獻之父子的楷書法帖等。進入南北朝以後，楷書成爲中國通行的主要字體。到唐初，鍾王風格的楷書發展成熟，成爲筆力遒勁、法度森嚴的唐楷，其典型的形態見於歐陽詢的《九成宫醴泉銘》、顔真卿的《顔勤禮碑》、柳公權的《玄秘塔碑》等。

此外，在南北朝時曾流行另一種楷書字體，多用於北魏碑誌，後人稱爲"魏碑"。它是在鍾王楷書的影響下，由漢隸草體演變來的，筆法略帶八分的意味，面貌比鍾王楷書古拙。唐楷形成以後，魏碑體基本退出歷史舞臺。

漢字進入楷書階段以後，雖然字形上也有某些簡化，但是字體基本上不再出現大的變化，能夠有的祇是書寫風格上的多樣化罷了。

二、漢字形體演變的基本規律

從商代後期的甲骨文開始算起，漢字經過了三千多年的發展演變。漢字形體演變的現象紛繁複雜，但是其中基本的規律就是不斷地簡化，由象形性很強的圖形和綫條符號逐漸演變爲抽象筆畫組成的符號。

漢字在古文字階段的演變，主要表現在筆畫的綫條化和構形部件的減省兩

個方面。

（1）圖形的綫條化。早期古文字有許多是比較象形的"隨體詰詘"的圖形，後來爲了書寫簡便，捨棄了描摹事物外部特徵的複雜圖形，而代之以簡單抽象的綫條。例如：

	甲骨文	金 文		小篆	甲骨文	金 文		小篆
馬					魚			

表中，甲骨文和金文的"馬"字接近於象形圖畫，金文前一字形更爲形象，馬的頭、耳、尾、足畢具。小篆字形變爲圓轉延綿的綫條，不再注重象形，鬃毛與頭部筆畫相連，足部與尾部也難以區分。"魚"字甲骨文和金文都比較象形，小篆完全綫條化，象形性大大降低，尾部與"火"同形。

（2）構形部件的減省。早期古文字大多具有較爲複雜的構形部件，爲了書寫的便利，這些構形部件往往會被減省。這種減省可以分爲減去原字一部分、刪去原字重複部分、簡單偏旁替換複雜偏旁、筆畫偏旁借用等幾種情況。

① 減去原字一部分。例如：

	甲骨文		金 文		小篆	金 文		小篆
車						灋		

甲骨文和早期金文中"車"的形體比較複雜，象有雙輪、車轅、車衡、車軛及車轄之形，金文中字形方向發生變化，晚期金文祇截取一個車輪形，小篆繼承了這個字形。"灋"字，《說文解字》解釋其字形説："平之如水，从水；廌，所以觸不直者；去之，从去。"也就是説，它有三個部件，小篆第二字形省去了一個部件"廌"。

② 刪去原字重複部分。例如：

	甲骨文		金 文		小 篆		金 文	小篆
星						則		

早期甲骨文"星"字中的（生）爲聲符，前一字形中五個○代表繁星，後一字形有所簡化，小篆第二字形也刪減了重複部分。"則"，金文前一字形從二鼎從刀，表示以上面一鼎爲典則，下面一鼎效法上面一鼎。後一字形有所刪減，小篆繼承這種字形，同時"鼎"訛爲"貝"。

③ 簡單偏旁替換複雜偏旁。例如：

	西周金文	戰國金文	小　篆		西周金文	戰國金文	小　篆
城				翼			

西周金文"城"字左旁爲"𩫖"，戰國金文改爲"土"，小篆繼承了簡化的字形。西周金文"翼"字形旁爲"飛"，戰國金文改爲"羽"，小篆繼承了簡化的字形。

④ 筆畫偏旁借用。例如：

	商代金文	西周金文	小　篆		甲骨文	西周金文	戰國金文	小　篆
重				疒				

"重"字，商代金文象人背負囊橐，意爲沉重；西周金文"人"形與"東"形上下重疊，中畫合而爲一；小篆字形"人"形下加"土"，許慎《説文》誤解爲"从壬"。用作偏旁的"疒"，甲骨文字形表示人有疾病躺在牀上，戰國金文"人"的身體部分與爿的豎畫重疊共用，小篆沿襲這種寫法。

漢字在隸楷階段演變的主流也是簡化。漢字由小篆向隸書的轉變傳統上稱爲"隸變"，這在漢字發展過程中是更爲重要的一次簡化。隸變主要是爲便於書寫而"解散篆體"，用橫、豎、撇、捺、折、點等筆畫的組合代替小篆的圓轉綫條，這可以稱爲"綫條的筆畫化"。這一點上文"秦系文字"部分在談到隸書的萌發時已經指出。同時，隸變過程還伴隨着構形部件的減省，以及偏旁的分化和混同。

（1）構形部件的減省。構形部件的減省主要表現在減去篆文的部分構件和把複雜筆畫省併爲簡單筆畫兩個方面。

① 減去篆文的部分構件。例如：

	小　篆	隸　書		小　篆	隸　書
雷			曹		
屈			夏		

"雷"字小篆從"畾"，隸書減去兩個"田"。"曹"字小篆從兩個"東"，隸書減去一個"東"，留下的"東"也有所減損。"屈"字小篆從"尾"，《説文》云："無尾也。从尾，出聲。"隸書省去了"尾"中的部件"毛"。"夏"字，小篆從"𦣻"，隸書省從"百"。

② 把複雜筆畫省併爲簡單筆畫。例如：

	小篆	隸書		小篆	隸書
襄	襄	襄	遷	遷	遷
展	展	展	衰	衰	衰

"襄"字，《説文》云："解衣而耕謂之襄。从衣，𧮫聲。"聲符中的 ▨ 過於複雜，省併爲"𠦒"。"遷"字右上的 ▨ 省併爲"覀"。"展"字中間的 ▨ 省併爲"𠦒"。"衰"字中間的 ▨ 省併爲 ▨。可以看出，省併比較劇烈的一般是字的中部，這樣做的結果是保留了原字的輪廓框架，容易讓人看出隸變的字與原字的聯繫。

（2）偏旁的分化和混同。就合體字來説，在古文字階段，不同偏旁的形態區別較爲明顯，隸變以後這種情况遭到破壞，主要表現在同一偏旁分化爲不同的寫法，以及不同偏旁混合爲相同的寫法。

① 同一偏旁分化爲不同的寫法。例如：

	燔	焚	然	赤	光	尉
小篆	燔	焚	然	赤	光	尉
隸書	燔	焚	然	赤	光	尉

表中，同一個偏旁"火"分爲六種不同的寫法，尤其是後面四種，與原來的"火"字形態相距較遠。

② 不同偏旁混合爲相同的寫法。例如：

	朝	肘	腎	望	青
小篆	朝	肘	腎	望	青
隸書	朝	肘	腎	望	青

小篆"朝"從"舟"、"肘"和"腎"從"肉"、"望"從"月"、"青"從"丹"，隸書在寫法上都混合爲相同的"月"。甚至有一個篆文中多個構形部件被隸書認作一個偏旁，而與其他偏旁混合的。例如：

	春	奉	奏	泰	舂
小篆					
隸書	春	奉	奏	泰	舂

表中,"春"字上部原來是從午從𦥑,"奉"字上部原來是從𦥑、丰聲,"奏"字上部原來是從𦥑從中,"泰"字上部原來是從𦥑、大聲,"舂"字上部原來是從艸、屯聲,隸書都混合爲相同的"夫"了。

當然,在漢字的發展過程中也存在一定的繁化現象。這種繁化有的是爲了區別字形,避免混淆。如"王""玉"二字小篆分別作王和王,區別僅在於中間橫畫的位置高低不同,極易弄錯;隸書在王右下加點寫作"玉",以爲區別。有的是爲了字形更加勻稱美觀。如"帝"字本義是花蒂,甲骨文寫作朿,後來在長橫畫上部加短橫,寫作帝;又如"保"字商代保父丁簋寫作𠌯,表示人把孩子揹在背上,由此引申爲保護,後來字形變爲𠈃,原先的手臂變成右下方的一撇,到春秋時期在左邊添加了對稱的一筆,小篆沿襲爲保。這些都是純粹的飾筆,而且僅涉及一小部分字。

此外,漢字的繁化也跟字詞的引申和分化有關。如"梁"字本義是橋樑,後來借爲國名地名,原字遂繁化爲"樑"字表示橋樑;"取"字從耳從又,表示割取耳朵,詞的本義是取得,後來引申爲娶妻,於是"取"字加女,繁化爲"娶"。在漢字發展史上,這樣的情況是大量產生的。不過,這屬於漢字字種的增加,並不是單字字形的繁化,因此漢字字形演變的總的規律,仍然是簡化。

第三節 漢字的結構類型

漢字的字形結構看似紛繁複雜,沒有頭緒,但實際上是有規律可循的。早在先秦時代,我們的先人在運用和研究漢字的長期實踐中,就已經注意到漢字形體的結構規律,將其歸納爲"六書"理論。"六書"一說,最早見於《周禮·地官·保氏》:

> 保氏掌諫王惡,而養國子以道,乃教之六藝:一曰五禮,二曰六樂,三曰五射,四曰五馭,五曰六書,六曰九數。

不過,《周禮》沒有列出"六書"的細目,也沒有作進一步的解說,我們無從知曉其具體內涵。直到東漢,鄭衆《周禮·地官·保氏》注、班固《漢書·藝文志》和許慎《說文解字·叙》都列出了六書的名稱,許慎還分別給六書下了定義,舉了例字。三家的名稱細目和排列次序如下:

班固	1 象形	2 象事	3 象意	4 象聲	5 轉注	6 假借
鄭衆	1 象形	2 會意	3 轉注	4 處事	5 假借	6 諧聲
許慎	1 指事	2 象形	3 形聲	4 會意	5 轉注	6 假借

班固、鄭衆、許慎的"六書"理論都是依據古文經學派的經典《周禮》來立說的,而三家的學術淵源都可追溯到古文經學大師劉歆。班固《漢書·藝文志》是根據劉歆《七略》改編而成的,鄭衆之父鄭興是劉歆的學生,許慎是賈逵的弟子,而賈逵之父賈徽也是劉歆的學生;所以班、鄭、許三家的六書理論基本一致就不奇怪了。班固所說的象事、象意、象聲就是許慎的指事、會意、形聲;鄭衆所說的處事、諧聲就是許慎的指事、形聲。

當然,目前尚無充分證據表明,《周禮》中的"六書"與漢代學者說的"六書"就是同一回事,所以我們退一步,說分析漢字形體結構的"六書"理論起始於漢代,這應該是完全沒有疑義的。

一、六書釋義

由於祇有許慎《說文解字》給六書下了定義、舉了例字,並運用"六書"理論對以小篆為主的古文字構形成功地進行了分析,所以後人講"六書"一般都以許慎的說法為依據①。由於較古的漢字保留了較原始的形體結構和古人的造字理據,所以,我們分析漢字的形體結構也主要利用甲骨文、金文等古漢字。下面依照象形、指事、會意、形聲、轉注、假借的次序分別作一介紹。

(1)象形。

象形是描繪具體事物的形狀或主要特徵的造字方法。許慎《說文解字·叙》云:"象形者,畫成其物,隨體詰詘,'日''月'是也。"意思是說,描繪事物的具體形象,筆畫隨着物體的彎曲而變化,"日""月"二字就是象形字。《說文解字》收錄象形字三百多個,一般用"象形"、"象某某"、"象某某之形"來作說解,表明被釋字屬於象形。

---

① 許慎把指事排在"六書"之首,與班固、鄭衆不同,這可能暗含了他對於漢字起源的看法,即認為首先出現的是指事字。後人多認為"六書"次序以班固所編為優,名目和內容則以許慎所定為長。

第一章 文字

象形字大致可以分爲描繪事物的整體形象或局部特徵、在事物整體形象上附加相關形體兩類。

① 描繪事物的整體形象或局部特徵。

典型的象形字是描繪事物的整體形象的。下列象形字取自商周甲骨文和金文：

日	月	山	水	晶	禾	木
首	目	自	止	足	口	耳
象	虎	犬	豕	鹿	魚	龜
豆	鼎	皿	車	矢	網	衣

以上字形與所象事物的整體形象聯繫較爲明顯，當然作爲經過一定抽象的文字符號，象形不是寫生繪畫，不可能描繪出事物的全部外表，祇能抓住大致的形象。比如"日"（太陽）就沒有寫出太陽光，"月"（月亮）也祇是新月或殘月，不是滿月。有時物體外形相近，尤其要通過特徵來區別，如長尾上卷的是"犬"，短尾下垂的是"豕"。

有少數象形字描繪的並不是事物整體之形，而祇是局部特徵。如牛和羊都是四足動物，"牛""羊"二字祇從頭角部分的特徵來互相區別，甲骨文分別寫作 ψ、ψ 和 ψ、ψ。

還有一類表示屬性、狀態、動作等抽象意義的詞，古人也用象形的辦法爲它們制定記錄符號。例如形容詞"高低"的"高"寫作 髙，用具體的高大亭觀形來表示；形容詞"大小"的"大"寫作 大，用一個已經長大的成年人形象來表示；動詞"負荷"的"荷"最早寫作"何"（《詩經·曹風·候人》："彼候人兮，何戈與祋。"），甲骨文作 何，象人肩荷一物，表示負荷。

② 在事物整體形象上附加相關形體。

有時所象之物本身難以單獨表現，或是所象之物本身與其他事物形狀十分相似，因而必須藉助附加形體纔能顯明。王筠《說文釋例》云："其形不能顯白，因加同類以顯之。"比如"眉"字金文作〔字形〕,不僅描摹出眉毛的形狀,而且把眉毛下面的目也一併畫出。又如果子和瓜都是圓形的,直接爲它們造象形字就難以區分,所以"果"字金文作〔字形〕,在圓果下附加相關的"木"形,表示結在樹上的是果子;而"瓜"字小篆作〔字形〕,在圓瓜上附加相關的藤蔓形,表示長在藤上的是瓜。其他例子如:

〔字形〕 州　"州"是"洲"的初文。字中間的小圓圈表示水中可居之地,外面附加流水形。

〔字形〕 齒　"齒"字指口中之齒,字形裏面上下四個方塊表示牙齒,外面附加張口形。

〔字形〕 須　"須"是"鬚"的初文,字的左旁三撇象鬍鬚,右旁附加"頁"(人頭)。

〔字形〕 身　"身"的本義是肚子,字形當中的小圈表示肚子,附加畫出人形。

〔字形〕 元　"元"的本義是人頭,字形上部圓點表示頭部,附加畫出人身。

〔字形〕 食　"食"字義爲盛在食器中的食物,爲了表現這個意思,附加畫出裝食物的簋。字形最上面三角形是簋蓋,簋當中的小短橫表示食物。

〔字形〕 枼　"枼"是"葉"(樹葉)的初文,樹葉難以單獨象形,附加"木"(樹木)。

段玉裁把這些字稱爲"合體象形",實際上這些並不是典型的合體字,拆開以後至少有一部分不成字,它們是不可分割的,所以"合體象形"的説法不科學。

(2) 指事。

指事是用象徵性符號來標指抽象的事物和概念的造字方法。許慎爲指事下的定義是:"指事者,視而可識,察而見意,'上''下'是也。"[①]意思是説,初視字形便能辨識其結構,仔細觀察就可瞭解字義,"上""下"二字就是指事字。這個定義有點籠統,有人覺得用於象形和會意似乎也可以。不過,從許慎所舉的例字來看,上、下是比較抽象的方位概念,很難形象地表示出來;而"上"字甲骨文作〔字形〕,"下"字甲骨文作〔字形〕,把短橫或小點放在長綫之上就是"上",放在長綫之下就是"下",這説明我們的先人正是用象徵性符號來表示抽象意義的,指事的含義正在於此。

指事也可以分爲兩類,一類是純粹用象徵性符號,一類是在象形字的基礎上添加指示符號。

---

① 大徐本作"視而可識,察而可見",段玉裁據《漢書·藝文志》顏師古注認爲應作"視而可識,察而見意"。

① 純粹用象徵性符號。

這類指事字由純粹符號構成，不包含其他象形符號。除"上""下"以外，其他例子如：

回　"回"的本義是"迴旋"，字形以迴旋的綫條來表示。《説文》引古文作⊡，與甲骨文、金文相似。

丩　《説文》："丩，相糾繚也。"因此"丩"是"糾"的初文。小篆作𠃚，與甲骨文相似，字形用兩條曲綫相糾纏表示。

叕　《説文》："叕，綴聯也。"小篆字形用連綴的綫條表示。

小　"小"的本義是微小，金文、甲骨文都用三個小點來表示。

□（方）　"□"是方圓之"方"的本字，金文、甲骨文都用方形表示。後來假借"方"字表示。

○（圓）　"○"是方圓之"圓"的初文，金文、甲骨文都用圓形表示。

這些都是表示抽象概念的由純粹符號構成的字，許慎所説的指事字是指這類字而言。"指事"的"事"是指抽象概念，與象形所描摹的具體的"物"相對。古文字中這類指事字數量很少，後起的"凹""凸"（首見於《集韻》）等字也可以算是這一類的字。

② 在象形字的基礎上添加指示符號。

南唐徐鍇《説文解字繫傳》把"本""末""朱""刃"等字注爲指事，可見他是把在象形字上添加指示符號也算作指事字。這可能是符合許慎原意的，甲骨文"上""下"兩字中的短橫或小點或許就是指示符號。這一類的字舉例如下：

本　"本"的本義是樹根，用短橫符號加在"木"（樹）的根部來表示。

末　"末"的本義是樹梢，用短橫符號加在"木"（樹）的末端來表示。

朱　"朱"，《説文》云："赤心木，松柏屬。"用一圓點加在"木"（樹）的中心來表示。

刃　"刃"是刀刃，用圓點符號加在刀口上，表示刀刃所在。

亦　"亦"是"腋"的初文，在正面人形腋下加兩點指示部位所在。

叉　《説文》："叉，手足甲也。"字形在"又"（手）的指端加兩筆，指示指甲所在部位。後來假借"爪"字表示。

厷　"厷"是"肱"的初文，在右手臂上加小圈指示部位所在。

面　"面"的本義是臉面。甲骨文從"首"，並以曲筆符號指示面部。

判定指事字的關鍵是有無抽象符號。不論是前一類純粹符號構成的指事字還是在象形字上附加符號構成的指事字,都有不代表實物之形的抽象符號。指事字一般是獨體字,不能拆分成兩個或幾個獨立成字的部分,若强行拆分,其中至少有一部分不成字。

(3) 會意。

會意是會合兩個或兩個以上的字及其字義而形成一個新字及其新義的造字方法。許慎《説文解字·叙》云:"會意者,比類合誼,以見指撝,'武''信'是也。"意思是説,把字組合起來,把它們的意義聯繫起來,就可以知道説的是什麽了,例如"武"字從止從戈,表示用武力止息干戈;"信"字從人從言,表示人説話以誠信爲貴①。

古文字中常見的會意字是會合兩個或兩個以上帶有圖畫意義的形符,來表達一個新的意義的字,字形有直觀的圖畫意味。會意字形符之間的關係及示意方式多種多樣,主要有以下四種。

① 用兩個或兩個以上形符構成一個整體性符號來示意。例如:

  立 字形從大從一,表示人站立在地上,"一"象地面。
  至 字形從倒置的矢、從一,表示箭射至某處。
  休 人倚靠在"木"(樹)旁休息,表示"休息"義。
  宿 字形從宀從囚從人,意爲人睡在屋中簟席上,表示"住宿"義。
  雧 "雧"是"集"的初文,意爲停留、聚集。用幾隻鳥棲止在樹木上表示。
  隻 "隻"是"獲"的初文,意爲獲得。用人手抓獲一隻鳥表示。
  莫 "莫"是"暮"的本字,用太陽(日)落在叢林或草莽之中來表示。
  益 "益"是"溢"的初文,意爲滿溢。用水溢出器皿來表示。
  盥 《説文》:"澡手也,从臼、水,臨皿。"表示用水洗手。
  祭 《説文》:"祭祀也。从示,以手持肉。"表示手持肉放在神主前祭祀。

② 在主體形象基礎上突出身體器官示意。例如:

  見 本義是看見,在跪坐的人形上端突出眼睛來表示。
  欠 本義是張口舒氣,在跪坐的人形上端突出張大的嘴巴來表示。

---

① 許慎對"武""信"二字的理解是不對的。《説文》:"武,楚莊王曰:'夫武,定功戢兵,故止戈爲武。'"許慎認爲"武"字所從的"止"是"止息"義;但是"武"甲骨文作🦶,從"止"從"戈","止"象脚趾形,表示行進,所以"武"字正是執戈有所征討之義。《説文》:"信,誠也。从人从言會意。"許慎認爲此字是從人從言的會意字,但據現代學者研究,"信"字應該是從"言"、"人"聲的形聲字。

企　本義是踮起脚跟遠望，在站立的人形下部加"止"（脚）來表示。

歓　字形表示人俯首張口飲酒尊裏的酒，尤其突出張口吐舌狀來表示。

臭　"臭"是"嗅"的初文，犬的嗅覺靈敏，因而在"犬"字上特別加上"自"（鼻子）來表示。

觢　"觢"是"觸"的初文，牛喜以角相觸，因而在"牛"字上特別加上"角"來表示。

③ 通過形符的相對位置和朝向示意。例如：

从　"从"是"從"字的初文。從兩"人"，後一人在前一人的背後，表示跟從。

北　"北"是"背"的初文，從兩"人"相背。後來"北"用作方位義，原字另加"肉"寫成"背"表示本義。

出　字形從止從凵，"止"（脚）的脚趾朝外，離開"凵"（居所），表示外出。

各　"各"是"佫"（來到）的初文。字形中"止"（脚）的脚趾朝向居所，表示來到。

即　《説文》："即，即食也。"從皀（食器）從卪（跪坐的人），人形面向食器，表示人就食。

既　字形從皀（食器）從卪（跪坐的人），突出人口不向着食器而轉向身後，表示飲食完畢。

陟　《説文》："陟，登也。""𨸏"象山阜形，兩脚脚趾朝上，表示登高。

降　《説文》："降，下也。""𨸏"象山阜形，兩脚脚趾朝下，表示往下走。

杲　《説文》："明也。""杲"的本義是日出光明，把"日"字放在"木"之上來表示。

杳　《説文》："冥也。""杳"的本義是昏暗，把"日"字放在"木"之下來表示。

④ 通過重疊形符示意。例如：

玨　《説文》："二玉相合爲一玨。"後來寫作"珏"。

林　樹木叢生爲林，從二"木"。

多　《説文》："多，重也。"字形從二"肉"，表示多少之"多"。

森　《説文》："木多皃。"從三"木"。

麤　《説文》："行超遠也。从三鹿。"此字古書中多假借爲粗細的"粗"。

猋　《説文》："犬走皃，从三犬。"後寫作"飆"。

羴　《説文》:"羊臭也。从三羊。"後寫作"羶"。
茻　《説文》:"衆艸也。从四屮。"

會意字組合成分之間的關係是古人約定俗成的,不可隨意解釋,例如"兵"從斤從雙手,祇表示武器,不能理解爲斧頭砍手;"走"從大從止,祇表示奔跑,不能理解爲人的腳。

會意字有"省形"之例,即形符太複雜的話就可能加以簡省。例如"孝",《説文》:"善事父母者。从老省、从子。""耊",《説文》:"年八十曰耊。从老省、从至。""隶",《説文》:"及也。从又、从尾省。又,持尾者从後及之也。"會意字還有"會意兼形聲"之例,即會意字的某一組成部分兼表讀音。例如"娶",《説文》:"取婦也。从女、从取,取亦聲。""娣",《説文》:"女弟也。从女、从弟,弟亦聲。""忘",《説文》:"不識也。从心、从亡,亡亦聲。"

在實際辨識中,會意和象形容易發生混淆,不過象形必定是獨體字,如果強行分拆,其中至少有一部分不成字。

(4) 形聲。

形聲是由表事義的形符和比方讀音的聲符相結合而形成新字的造字方法。許慎《説文解字·叙》云:"形聲者,以事爲名,取譬相成,'江''河'是也。"意思是説,根據事義來決定形符,取讀音相同相近的字來做聲符,例如語言中有兩個詞的意義與水有關,就用"氵"爲形符,讀音像"工"、"可",就取"工"、"可"爲聲符,造出來的字就是"江"、"河"。

早期形聲字主要有在象形字會意字上加注聲符、在象形字會意字上加注形符、把象形字會意字的一部分改成聲符三種構成方式。

① 在象形字、會意字上加注聲符,以明確讀音,原字則作爲形符。例如:

雞　本爲象形字,後加聲符"奚",成爲形聲字。再後象雞的形符類化改爲"隹"。

鳳　本爲象形字,後加聲符"凡",成爲形聲字。再後象鳳的形符類化爲"鳥",小篆寫成鳳。

星　本爲象形字,象天上繁星。後加聲符"生",成爲形聲字。再後形符簡化,寫作星。

寶　本爲會意字,表示室內有寶物貝與玉。後加聲符"缶",成爲形聲字。

耤　本爲會意字,表示人持耒耕田。後加聲符"昔",成爲形聲字。再後簡化爲從耒、昔聲的形聲字,小篆寫作耤。

埜　埜　野　"埜"是"野"的初文,從林從土會意,後加聲符"予",成爲形聲字"埜"。後來小篆㙒改爲從田、土,予聲,最後寫作野(野)。

② 在象形字、會意字上加注形符,以明確字義,原字則作爲聲符。例如:

且　祖　"且"是"祖"的初文,象形字,甲骨文借指男性祖先,後加表示神主的形符"示",成爲形聲字"祖"。

要　腰　"要"是"腰"的初文,《說文》:"要,身中也。"象手叉腰間形。後加形符"月"(肉),成爲形聲字"腰"。

縣　懸　"縣"是"懸"的初文,字形從系從倒首會意。後加形符"心",成爲形聲字"懸"。

原　源　"原"是"源"的初文,從厂從泉會意,《說文》:"原,水泉本也。"後加形符"氵",成爲形聲字"源"。

昏　婚　"昏"是從日從氐(低)的會意字,引申有婚姻義,後加形符"女",成爲形聲字"婚",表示婚姻義。

取　娶　"取"是從耳從又(右手)的會意字,引申有娶妻義,後加形符"女",成爲形聲字"娶",表示娶妻義。

解　懈　"解"是從刀從牛從角的會意字,引申有鬆懈義,後加形符"忄",成爲形聲字"懈",表示鬆懈義。

隹　唯　"隹"是短尾鳥的象形,假借爲語氣詞,後加形符"口"以表示語氣詞,成爲形聲字"唯"。

③ 把象形字、會意字的一部分改成聲符。例如:

何　"何"是"荷"的本字,象人肩上負荷一物。後來表示所荷之物的一改爲形近的"可",就變成從"亻"、"可"聲的形聲字了。

羞　"羞"的本義是進獻食物,從又持羊會意。後來"又"改爲形近的丑(丑),就變成從"羊"、"丑"聲的形聲字了。

弦　"弦"本義是弓弦,字形象用物絞緊弓弦。漢印改成從弓從糸的弜,是會意字。後來"糸"訛爲聲符"玄",就成爲形聲字了。

囿　"園囿"之"囿"本來是一個大園子中有許多草木的象形,後來字形中四個"木"改爲聲符"有",就變成形聲字了。

到了後期,許多形聲字是直接把形符和聲符結合起來構成的,這類形聲字在戰國秦漢以後大量產生。如"松、柏、桐、楊、柳"這類語詞很難用純表意符號加以區分,就直接採取形符"木"分別加上不同的聲符來表示。用這種辦法記錄語詞,

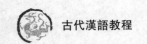

不必在表意方面花費太多心思，就能把不同讀音的類義詞從文字上區分開來，因此具有優越性，是最能産的造字方法。

形聲字的形符表示事義，其實衹是表明事義的類屬或關係，不能精確完整地表現字義。例如"桃、李、梅、橘"，形符"木"衹表示樹木，並不詳細指明是否果樹和哪一種果樹。形聲字的讀音在造字之初與其聲符的讀音必定相同相近，但由於語音的歷史演變，到後代不少形聲字的讀音與其聲符的讀音有了相當的距離。比如"江"與聲符"工"的讀音、"河"與聲符"可"的讀音，在現代已經明顯不同。

形聲字在甲骨文中所佔的比例不算高，到《説文》小篆中已佔到總數的百分之八十以上。漢字進入隸楷階段以後，新增的表意字較少，而新形聲字則大量産生，同時不少舊的象形、指事、會意字也被改造成形聲字，所以現代漢字中形聲字已佔到百分之九十以上。

形聲字都是合體字，其形符和聲符的位置關係比較複雜，除了常見的左形右聲（"江""河"）、左聲右形（"鳩""鴿"）、上形下聲（"草""藻"）、上聲下形（"婆""娑"）之外，還有外形内聲，如"國"（從囗、或聲）、"閣"（從門、各聲）、"衷"（從衣、中聲）、"衙"（從行、吾聲）；内形外聲，如"辯"（從言、辡聲）、"聞"（從耳、門聲）、"哀"（從口、衣聲）、"衡"（從角、從大、行聲）等。還有少數形聲字的形符或聲符衹佔據形聲字的一角，一般較難判斷，例如：

雜　《説文》："五采相合也。从衣、集聲。"形符"衣"略有變形，在字的左上角。它的異體字"襍"是左形右聲。

穎　《説文》："禾末也。从禾、頃聲。"形符"禾"在字的左下角。

騰　《説文》："傳也。从馬、朕聲。"形符"馬"在字的右下角。

修　《説文》："飾也。从彡、攸聲。"形符"彡"在字的右下角。

新　《説文》："取木也。从斤、亲聲。"段玉裁注："當作從斤、木，辛聲。"依段注，聲符"辛"在左上角。

聽　《説文》："聆也。从耳、悳，壬聲。"聲符"壬"在左下角。

旗　《説文》："从㫃，其聲。"聲符"其"在右下角。

形聲字有所謂"省聲"之例，這是説如果形聲字的聲符太複雜，就可能省去聲符的一部分；形聲字又有所謂"省形"之例，這是説如果形聲字的形符太複雜，就可能省去形符的一部分。《説文》的"从某、某省聲"就是指省聲，"从某省、某聲"就是指省形。例如：

疫　《説文》："民皆疾也。从疒、役省聲。"

裹　《説文》："絝也。从衣、寒省聲。"

融　《説文》:"炊氣上出也。从鬲、蟲省聲。"
弑　《説文》:"臣殺君也……。从殺省、式聲。"
屨　《説文》:"履也。从履省、婁聲。"
星　《説文》:"曐,萬物之精上爲列星。从晶、生聲。……星,曐或省。"

　　形聲字的聲符和形符有時會合用部分相同的筆畫或偏旁,這種情況本來是介於省聲和省形之間的,《説文》一般分析爲省聲。例如"齋",《説文》:"戒絜也。从示、齊省聲。"段玉裁注:"謂減'齊'之二畫,使其字不緐重也。"實際上"二"是形符"示"和聲符"齊"共用的筆畫。"黎",《説文》:"履黏也。从黍、称省聲。""禾"旁是形符"黍"和聲符"称"共用的偏旁①。

　　形聲字還有"形聲兼會意"之例,就是形聲字的聲符不但表音而且表意。《説文》多以"从某、从某,某亦聲"來説明。下面的例子取自《説文》:

禮,履也,所以事神致福也。从示、从豊,豊亦聲。
誼,人所宜也。从言、宜,宜亦聲也。
婢,女之卑者也。从女、卑,卑亦聲。
餽,吴人謂祭曰餽。从食、从鬼,鬼亦聲。

"會意兼形聲"是著眼於意兼聲,"形聲兼會意"是著眼於聲兼意,兩種説法著眼點不同,但它們的本質並無二致。

　　有的字雖然《説文》未注明"亦聲",實際上也屬於"形聲兼會意"。例如《説文》:"苷,甘草也。从艸、甘聲。"段玉裁注:"此以形聲包會意。"又:"馴,馬順也。从馬、川聲。"段玉裁注:"此舉形聲包會意。"這就是説,形聲字的聲符有一些不但是表音的,而且也是表意的,正因爲這樣,所以宋人纔有"右文説"的理論。

　　(5) 轉注。

　　轉注是六書中最難理解的。許慎給轉注下的定義是:"轉注者,建類一首,同意相受,'考''老'是也。"這個定義過於簡略,同時《説文》正文中也沒有一字注明屬於轉注,因此除了"考""老"二字,再沒有其他材料能夠幫助我們理解"建類一首,同意相受"了。長期以來,對於六書"轉注"的實質衆説紛紜,莫衷一是,到現在也沒有定論。由於"考""老"二字之間在形、音、義三個方面都有一定的關係,

---

① 《説文》對省聲、省形的説解有些並不可靠。例如𥂈(監)本是從人從目從皿的會意字,象人在水盆上照臉,《説文》却錯析爲"从臥、䘓省聲";𥪕(龍)本是象形字,《説文》誤解爲"从肉、飛之形,童省聲";𦥮(舂),《説文》:"擣粟也。从廾持杵臨臼上。午,杵省也。"實際上,此字甲骨文作𦥔、𦥯,象兩手持一木杵舂米狀,則"午"是"杵"的初文,所以並不存在"杵"省形的問題。段玉裁也曾在《説文》"哭"字下對此類説法提出批評:"許書言省聲多有可疑者。取一偏旁,不載全字,指爲某字之省,若'家'之爲豭省、'哭'之從獄省,皆不可信。"

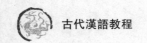

所以各家對於"轉注"基本上都以形、音、義爲考察的出發點,較有影響的觀點可總結爲以下幾種。

① 轉注形義説。此説簡稱"形轉",以南唐徐鍇、清代江聲等爲代表。徐鍇《説文解字繫傳》卷一"上"字下云:

> 轉注者,建類一首,同意相受,謂老之別名,有"耆"、有"耋"、有"壽"、有"耄",又"孝,子養老"是也。一首者,謂此"孝"等諸字皆取類於老,則皆從"老";若"松、柏"等皆木之別名,皆同受意於"木",故皆從"木"。"轉注"之言,若水之出源,分歧別派爲江爲漢,各受其名,而本同主於一水也。

江聲《六書説》云:

> 立"老"字以爲部首,即所謂"建類一首"。"考"與"老"同意,故受"老"字而"老"省;"老"字之外,如"耆、耋、耇"之類,凡與"老"同意者,皆從"老"省而屬於"老",是取一字之意以概數字,所謂"同意相受"。叔重但言"考"者,舉一以例其餘爾。由此推之,則《説文解字》一書,凡分五百四十部,其分部即"建類"也;其始一終亥五百四十部之首,即所謂"一首"也;下云"凡某之屬皆從某",即"同意相受"也。此皆轉注之説也。

此説專注於字形,有一定的道理,但是《説文》中同一部首的字並非全都意義相同相近,而且照此説法,則《説文》當中幾乎所有的字都是轉注字,那麽轉注與象形、指事、會意等又是什麽關係呢?

② 轉注互訓説。此説簡稱"義轉",以清代戴震、段玉裁等爲代表。戴震《答江慎修先生論小學書》云:

> 震謂"考""老"二字屬諧聲、會意者,字之體;引之言轉注者,字之用。轉注之云,古人以其語言立爲名類,通以今人語言,猶曰"互訓"云爾。"轉相爲注"、"互相爲訓",古今語也。《説文》於"考"字訓之曰"老也",於"老"字訓之曰"考也",是以《叙》中論轉注舉之。《爾雅·釋詁》有多至四十字共一義,其六書轉注之法與?別俗異言,古雅殊語,轉注而可知,故曰"建類一首,同意相受"。……數字共一用者,如"初、哉、首、基"之皆爲"始","卬、吾、台、予"之皆爲"我",其義轉相爲注,曰"轉注"。

段玉裁《説文解字·叙》注:

> 建類一首,謂分立其義之類而一其首,如《爾雅·釋詁》第一條説"始"是

也。同意相受,謂無慮諸字意旨略同,認可互受,相灌注而歸於一首,如"初、哉、首、基、肇、祖、元、胎、俶、落、權輿",其於義或近或遠,皆可互相訓釋,而同謂之"始"是也。

此説專注於字義,認爲"建類一首"就是分別事物名稱的義類,每類以一字訓釋;"同義相受",就是同一義類的字,均可互訓。但是這樣一來,所謂"轉注"就是指同義字互訓了,而同義互訓屬於訓詁學範疇,並不是造字法,這是無法納入文字學的"六書"範疇的。

③ 轉注同族説。此説簡稱"音轉",以近人章炳麟、黃侃爲代表。章氏《國故論衡·轉注假借説》云:

> 蓋字者孳乳而浸多,字之未造,語言先之矣,以文字代語言,各循其聲,方語有殊,名義一也。其音或雙聲相轉,疊韻相迤,則爲更製一字,此所謂轉注也。……類謂聲類……以聲韻爲類。……首者,今所謂語基。

黃侃《文字學筆記》亦云:

> 同聲同義而異字,即轉注也。其或聲音小變,或義界稍異,亦得謂之轉注。

這就是説,所謂"類"是指聲韻之類,所謂"首"是指語根,因此所謂"轉注"就是指聲音相通相近、字義相類的同族字。此説專注於字音,有一定道理,但是章氏以"建類一首"之"類"爲聲韻之類,與許慎"分別部居"之旨並不相合,而且因"方語有殊"而創造出來的字,其字形結構也難以做到"一首",因而此説仍有缺點。

④ 清代朱駿聲則抛開許慎的定義和例字,另起爐竈,爲轉注賦予新的意義。朱氏《説文通訓定聲》卷首云:

> 轉注一法,許實誤解,正有不必爲前賢諱者。……余故曰:轉注者,體不改造,引意相受,"令""長"是也。叚借者,本無其意,依聲託字,"朋""來"是也。凡一意之貫注,因其可通而通之,爲轉注;一聲之近似,非其所有而有之,爲叚借。就本字本訓,而因以展轉引申爲他訓者,曰轉注;無展轉引申,而別有本字本訓可指名者,曰叚借。

朱氏的意思是,凡是字義的引申就屬於轉注,轉注字的字形並不改變;凡是依據聲音相同相近而借用意義無關的另一個字,就屬於假借,假借字本來並不具有假借義。如由"號令"之"令"引申出"縣令"之"令",由"長幼"之"長"引申出"縣長"

之"長",這是轉注;借用"鳳鳥"之"朋"來表示"朋黨"之"朋",借用"來麰"之"來"來表示"來去"之"來"①,這是假借。朱駿聲的意見從理論上把轉注和假借完全清楚地分開了,獲得了許多學者的贊同,本教材也同意這一意見。不過,此說改動了許慎的原文,許慎的原意究竟如何,仍然值得探討。

（6）假借。

許慎《說文解字·叙》云:"假借者,本無其字,依聲託事,'令''長'是也。"一般認為,許慎給假借下的定義是正確的,但所舉例字則不合適。所謂"本無其字,依聲託事"是指這樣一種情況,即語言中的某個語詞沒有自己的專造字,但是必須進入書面語,於是就借用一個已有的音同音近的字來代表。這實際上是一種借形記音的造字方法,特別是語言中一些代表抽象概念的語詞,以及沒有詞彙意義、祇有語法意義的虛詞,很難用表意的方法替它們造出字來,借用音同音近的字應該是一種有效的方法。從文字發展史來看,假借字的出現是原始文字發展到成熟體系文字的重要標誌,而在漢字史上,商代甲骨文中假借的使用已經很普遍了。漢字假借字的例子如:

又　《說文》:"手也,象形。"假借為"又亦"義的"又"。

亦　《說文》:"人之臂亦也。从大,象兩亦之形。"假借為"又亦"義的"亦",本義臂亦另造形聲字"腋"來表示。

而　《說文》:"頰毛也,象毛之形。"假借為虛詞"而",本義頰毛另造形聲字"髵"來表示。

其　商代甲骨文作 ，金文作 ，為簸箕象形。假借為語氣詞、代詞"其",本義簸箕另造形聲字"箕"來表示。

豆　《說文》:"古食肉器也。从口,象形。"古文字"豆"象有高圈足的盛食器,許慎認作"从口"有誤。假借為"菽豆"之"豆"。

東　《說文》引官溥云:"从日在木中。"誤。甲骨文作 ,象兩端紮口的口袋,假借為方位名詞"東"。

我　商代甲骨文作 ,金文作 ,為兵器象形。假借為第一人稱代詞。

難　《說文》:"鳥也。"假借為"難易"之"難"。

從今天的認識來看,許慎所舉的"令""長"二字與"本無其字,依聲託事"的定

---

① 《說文》"鳳"字下說: 是古"鳳"字,後來用作"朋黨"之"朋"。實際上,許慎所說的古文確實是"鳳"字,但與"朋"字無關;甲骨文、金文"朋"作 、 ,是用貝殼做成的頸飾象形,連貝為朋,以後引申為"朋黨"字。"來麰",也作"來牟",來是小麥,麰是大麥。

義有矛盾。《説文》："令，發號也"、"長，久遠也"①，而在漢代"令""長"又是縣級行政長官的名稱，管轄萬户以上的稱"令"，萬户以下的稱"長"。《説文解字·叙》段玉裁注："縣令、縣長本無字，而由'發號'、'久遠'之義引申展轉而爲之，是謂叚借。"由此可見，許慎所舉的兩個例字應該是詞義引申現象，引申義與本義在意義上是有聯繫的，而"本無其字，依聲託事"的假借字與被假借的本字袛在讀音上有聯繫，在意義上是没有聯繫的，這就自相矛盾了。而且許慎在《説文》正文的説解中，往往把本無其字的假借當作引申，牽强附會地找出意義之間的聯繫，如"⻄（西），鳥在巢上。象形。日在西方而鳥棲，故因以爲東西之西"、"來，周所受瑞麥來麰，一來二縫（鋒），象芒束之形。天所來也，故爲行來之來"。方位詞"西"本無專字，借用本義是"鳥棲"的"西"字來記錄；往來之"來"本無專字，借用本義是一種麥子的"來"字來表示，這無疑是"本無其字，依聲託事"的假借，許慎却找出了"日在西方而鳥棲"、"天所來也"這樣的引申途徑。這樣的話，許慎關於"假借"的本意究竟如何，倒是值得研究了。

由於許慎關於"假借"的定義和例字的矛盾，所以後代有些學者把字的引申義用法和本無其字的假借用法都歸入"假借"之中。而清代朱駿聲《説文通訓定聲》則把假借重新定義爲"本無其意，依聲託字，'朋''來'是也"，這就明確地認識到二者的本質不同。我們同意朱氏的意見，也就是說，字義的引申並不屬於假借之例。

本無其字的假借，有的始終袛用假借字表示，如前面提到的"又亦"義的"又"、虛詞"而"、語氣詞"其"、人稱代詞"我"等；有的則本來用假借字表示，後來爲了區別又爲它造了"後起本字"。例如：

栗→慄，戰慄義的"慄"本來假借栗樹的"栗"表示（《論語·八佾》："使民戰栗。"），後來用後起本字"慄"表示。

戚→慼，憂慼義的"慼"本來假借義爲斧類兵器的"戚"字表示（《詩經·小雅·小明》："自詒伊戚。"《論語·述而》："小人長戚戚。"），後來用後起本字"慼"（《説文》作"慽"）表示。

來→徠，往來義的"徠"本來假借義爲麥子的"來"字表示（甲骨文"來"作 ，爲麥子象形，《詩經·周頌·思文》："貽我來牟。"），後來文獻曾用後起本字"徠"表示。

師→獅，獅子是漢代從西域傳入中土的，本來假借義爲徒衆、軍隊的

---

① "長"字甲骨文作 、 ，金文作 ，象一人的頭髮很長，所以字的本義應該是"長短"之"長"，引申爲"久遠"，又引申爲"生長"、"長幼"等。

"師"字表示(《漢書·西域傳上》:"有桃拔、師子、犀牛。"),後來用後起本字"獅"表示。

以上討論的是本無其字的假借,是借形記音方法的一種情況。在古代文獻中還存在另一種情況,就是語言中某個詞,放着本來已經爲它造的專字而不用,卻借用其他音同音近的字來記録。如《荀子·非相》:"伊尹之狀,面無須麋。"這裏"須麋"的"麋",本字應該是"眉"。相對於"本無其字"的假借而言,這是"本有其字"的假借。現在一般把前者稱爲"六書的假借",把後者稱爲"用字的假借",或者徑稱前者爲"假借",後者爲"通假"。

六書是在對漢字形體結構進行分析以後歸納出來的六種條例,班固認爲六書是"造字之本也"。清代戴震在《答江慎修先生論小學書》中則提出"四體二用"之説,認爲指事、象形、諧聲、會意"四者,書之體止此矣",轉注、假借是"所以用文字者"。王筠《説文釋例》説得更明白:"象形、指事、會意、諧聲,四者爲經,造字之法也;轉注、假借爲緯,用字之法也。"這就是説,六書中僅象形、指事、會意、形聲這四書與漢字形體結構有關,可以視爲漢字的造字之法,而轉注、假借祇是用字之法,與漢字的形體結構並無關係。"四體二用"之説有一定的道理,現已爲人們普遍接受;不過,有人認爲轉注和假借也是造字之法,因爲字義引申到一定程度,也會促進新字的産生,比如由"取"字生出"娶"字、由"解"字生出"懈"字,等等;而假借的結果也往往形成新的形聲字,比如由"然"字生出"燃"字、由"莫"字生出"暮"字,等等。

二、六書理論的缺陷與"三書説"

我國古代有倉頡造字的傳説,《荀子·解蔽》云:"好書者衆矣,而倉頡獨傳者壹也。"漢字是一個很大規模的文字體系,漢字的創造是許多人參加的群衆性活動,並非一個人或少數幾個人所能完成,而且也不是短短數年或數十年時間所能完成的。因此,在漢字初創之時,不可能預先制定幾條造字的原則供大家遵從施行。漢字造字在先,六書歸納在後,這就勢必會有一些漢字無法納入六書體系之中。六書理論的缺陷首先在於此。無法納入六書的字例如:

白→百　　甲骨文ᗺ(百)是在ᗤ(白)字中間加一折角形成的,但仍以"白"爲聲符。

言→音　　金文𠯋(音)是在"言"字下部"口"中加一小横畫而造成的。

片→木　　《説文》:"片,判木也。从半木。"木片由樹木剖析而成,所以片

	(片)字取👤(木)字的右半而形成。
史→吏	甲骨文👤(吏)字是把👤(史)字上端的豎畫變爲兩叉形而造成的。
可→叵	《説文》："不可也。从反可。"表示"不可"的"叵"是反寫的"可"字。
母→毋	古文字本來假借"母"表示否定詞"毋",戰國時代把"母"中間的兩點連成一畫,造"毋"字專表否定詞。
子→孑孓	《説文》："孑,無右臂也。""孓,無左臂也。""孑孓"二字是把"子"字中間的橫畫各截一半形成的。

至於後代的字,如東漢以後的"宲"(寂)是把"家"字中的"豕"去掉右邊"人"形的一撇一捺而形成的,表示家中無人而寂寥,現代的"乒乓"二字是分别去掉"兵"字下面的右點和左點而造成的,方言中表示没有的"冇"字是去掉"有"的中間兩畫而造成的,等等,這些更是六書所無法解釋的。

其次,六書理論本身也存在一些問題,比如象形、指事、會意三類之間的界限實際上並不明確。上文提到的一部分表示屬性、狀態、動作等抽象意義的詞,古人用象形的辦法爲它們造字("高、大"等),這類字代表的是抽象的"事",把它們歸入指事字似乎也並無不可。我們歸入指事的"叕"字,《説文》注爲象形;《説文》歸爲指事的"上、下"二字,南宋鄭樵《通志·六書略》歸入象形;《説文》歸爲會意的"步、立"二字,鄭樵《通志·六書略》則歸入象形。許慎當時所見的古文字資料有限,在甲骨文、金文、简帛文字等考古資料大量發現並得到深入研究的今天,六書理論能否順利解釋小篆以前的古文字確實是一個問題。

現代學者對傳統六書理論作了重新思考,指出了其中不合理的地方,並探索新的漢字構形分類理論。20世紀30年代,唐蘭在《古文字學導論》中提出了"三書説",認爲漢字的結構應該分爲象形、象意、形聲三類。50年代,陳夢家的《殷虚卜辭綜述》又把唐蘭的象形、象意合併爲象形,把假借包括進來,提出了象形、形聲、假借三書説。以後,裘錫圭的《文字學概要》又把陳夢家的象形改爲象意,把漢字分爲象意、形聲、假借三類,表意字祇使用意符,假借字祇使用音符,形聲字同時使用意符和音符。應該説,三書説吸收了傳統六書理論的合理內核,減少了六書理論的一些不足之處,在漢字形體結構的探討研究方面有了新的收穫。

練習一

一、有人認爲,漢字既起源於圖畫,又起源於鍥刻,你的意見如何？爲什麽？

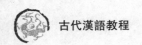

二、什麼叫六書？什麼叫"四體二用"？

三、《說文解字》云："鳳，神鳥也。……从鳥，凡聲。䳨，古文鳳，象形。鳳飛，群鳥从以萬數，故以爲朋黨字。"談談你對許慎這段說解的看法。

四、查閱《說文解字》和相關的工具書，說明下列漢字屬於"六書"前四書的哪一書？

  珥　采　豆　面　寸　男　融　耆　朱　林
  雖　亦　並　騰　雜　益　婢　至　降　初
  隶　婚　睡　相　雀

五、《說文解字》的部首制與《康熙字典》有何不同？

第四節　漢字的常用部首與字義

  在造字之初，漢字中的表意符號與漢字所記錄的漢語詞的意義之間有一定聯繫，後代的人們正可以通過分析古文字字形和古文字辭例，來探索漢語詞在造字時代的意義。例如 𦣹（自），《說文》："鼻也，象鼻形。"甲骨文作 𦣹，也象鼻形，字形與小篆相似。傳世文獻中"自"沒有用作鼻義的例子，但是甲骨文中有，《殷墟文字乙編》第6385片："貞，㞢（有）疾自，隹（唯）㞢（有）蛊。""疾自"就是鼻病。由此可見，"自"是"鼻"字的初文，後來用作己身代詞當是引申用法。又如"元"字較早的古文字作 𠁅，象人形，突出表現其頭部，因此本義應該是人首。《左傳·僖公三十三年》"（先軫）免胄入狄師，死焉；狄人歸其元，面如生"、《孟子·滕文公下》"勇士不忘喪其元"，兩句中的"元"字用的就是本義。《說文》把"元"解釋爲"始也"，顯然已經不是本義，"元"的開始義是從人首義引申而來的。又如《說文》"追"、"逐"二字互訓，在傳世文獻中兩字的用法也沒有什麼區別。楊樹達《積微居甲文說·釋追逐》一文指出兩字在卜辭中用法不同：凡是說到追逐敵人，一定用"追"，如"追羌"、"追寇"等；凡是說到追逐野獸，一定用"逐"，如"逐豕"、"逐鹿"等。在字形上，"追"字甲骨文作 𨒋，從人追 𨸏，𨸏（𠂤）甲骨文用作"師衆"之"師"；"逐"則從豕，本義是逐獸，兩字到周秦時代纔混而不分。又如《詩經·小雅·小旻》："不敢暴虎，不敢馮河。"毛傳："徒涉曰馮河，徒搏曰暴虎。"《詩經·鄭風·大叔于田》："襢裼暴虎，獻於公所。"毛傳："暴虎，空手以搏之。"裘錫圭《說"玄衣朱襮袡"——兼釋甲骨文"䖃"字》指出，通常認作"暴"的異體字的"䖃"字，從"武"從"虎"，其實是"暴虎"的"暴"的本字，甲骨文作 𩇡，表示用戈搏虎。可見"暴虎"應是徒步搏虎，暴虎可以使用兵杖，並不是空手搏虎。古代盛行車獵，不乘田車而徒步搏殺猛獸已經很危險，不用兵杖更是不可想象的行爲。毛亨把"徒搏"理解爲徒手不執兵器搏虎,說明西漢人已經不明"徒"字的本義。這裏涉及對"徒"的本義的理解,《說文》:"徒,步行也。从辵、土聲。"許慎從字形入手,釋義還是比較正確的。

許慎《說文解字》根據小篆字形,設立五百四十部,把九千多個漢字據形系聯,歸入這五百四十部,每部第一個字就是部首,其他的字都是與部首意義相關的。瞭解一些漢字常用部首的形、音、義,對於探索文字所代表的詞的本義是很有幫助的,下面舉例加以說明。

人部 甲骨文"人"字作 ,象側面站立的人形。作爲偏旁,"人"大多在字的左旁,一般寫作"亻",如"休、伯、仲、仁"等;在字的上部則作"𠆢",如"企、介"等;在字的下部,小篆作 ,隸變作"儿",如"兄、見、元、兒"等。人部的字大都與人相關,有的雖然似乎與人無關,但分析下來還是可以發現其中的聯繫。如"偏",《說文》:"頗也。"段玉裁注:"頗,頭偏也。引申爲凡偏之偁,故以'頗'釋'偏'。"可見"偏"的本義是人頭歪斜的樣子。形符"人"與"女"常相通用,如"偷"和"婾"、"侮"和"姆"分別構成異體字。古文字中"人"與"女"也互相代用,如"毓"甲骨文作 ,從每,象婦人產子形,又作 ,從女;作 ,從人。

大部 甲骨文"大"字作 ,象人正面之形。古文字中從"大"的字大都與人相關,如"亦",《說文》:" ,从大,象兩亦之形。"即"腋"的本字。又如"夾",《說文》:" ,持也。从大夾二人。""奚",甲骨文作 ,金文作 ,象以爪牽人髮辮(或縛於頸項上的繩索)之形,本義是奴隸。從"大"與從"人"也可通用,如"奚"字甲骨文也從人寫作 。

卩部 甲骨文"卩"作 ,象人跪坐之形。《說文》小篆作 ,解作"瑞信也。……象相合之形",是以"卩"爲"符節"之"節"的初文,不確。從"卩"的字,如"印",甲骨文作 ,象人手按住跪坐之人,應是"抑"的初文。"𠬝",甲骨文作 ,從卩、從又,會制服之意,是"制服、服從"的"服"的初文,後加"舟"旁造"服"字,表示"服事"之"服"。"令"甲骨文作 ,下從卩,上從倒口,"象口發號,人跽伏以聽也"(林義光說);"命"則是在"令"字上加"口"形成的今字。

尸部 "尸",《說文》:" ,陳也,象橫臥之形。"甲骨文作 ,金文作 ,象屈體人形。尸部的字也多與人相關。如"尼",小篆字形作 ,《說文》解釋爲"從後近之。从尸、匕聲"。但是甲骨文作 ,象一人坐於另一人背上(于省吾說)。人坐於另一人的背上,則上下二人接近,故字的本義爲"近,親昵"。《說文》"尼"下段玉裁注:"尼訓近,故古以爲親暱字。《高宗肜日》曰:'典祀無豐于尼。'《尸子》云:'不避遠尼。'……自天寶間衛包改經'尼'爲'昵',開寶間陳諤又改釋文'尼'爲'昵',而賈氏《群經音辨》所載猶未誤也。"又如"尾",甲骨文作 ,是在人形後加尾形，《説文》："㞑，从到（倒）毛在尸後。古人或飾系尾，西南夷亦然。"此字古籍僅有"動物尾巴"義，引申爲"末端、末梢"等，本義"人飾系尾"則未見用例，許慎所云或説明商周時代確有此事。又如"凥"，《説文》："凥，處也。从尸得几而止。《孝經》曰：'仲尼凥。'凥，謂閒居如此。"本象人垂足坐於几上之形，引申爲"居處"義，此義後來寫作"居"。而"居"字，《説文》解釋爲"蹲也。从尸、古聲"，段玉裁説，"居"本爲"蹲踞"義，即"足底著地，而下其脾（臀）、聳其膝"的動作，"居"後來被人藉以表示"居處"義，之後另造"踞"字表示"蹲踞"義，"凥"字就廢棄不用了。

頁部 "頁"，《説文》："頭也。从𦣻、从儿。"甲骨文寫作𩑋，上象人首，下從卩，爲跪坐的人形；但字形突出人首，則本義還是許慎所説的"頭也"。此字《廣韻》音胡結切，當讀爲 xié，用爲"書頁"之"頁"是假借，本字是"葉"。從"頁"的字大都與人頭有關。例如"題"，《説文》："額也。从頁、是聲。"本義是額頭（如《楚辭·招魂》"雕題黑齒"），引申爲"居前之偁"（《説文》段注），《孟子·盡心下》"堂高數仞，榱題數尺"，即用此義，又引申爲"標題"、"題目"等義。又如"頌"，《説文》："皃也。"本義爲"容貌"，《漢書·儒林傳》"徐生以頌爲禮官大夫"，即用其本義。但傳世古書大都借本義爲"盛受"義的"容"爲"頌"，"頌"字又借爲"歌頌"之"頌"。又如"顧"，《説文》："還視也。"本義是回頭看。"領"，《説文》："項也。"段玉裁認爲當作"頸也"，本義是脏子，《詩經·衛風·碩人》"領如蝤蠐"即用爲本義。

目部 《説文》："目，人眼也。象形。"甲骨文"目"作𩑋，正象眼目之形。從"目"之字多與眼目、省視、察看有關。例如"相"，《説文》釋爲"省視"，即細看。甲骨文作𣏟，字形通過以目觀察樹木會省視之意。《詩經·鄘風·相鼠》"相鼠有皮"的"相"，即用如本義，引申有"輔相"之義等。又如"盼"，《説文》："《詩》曰：'美目盼兮。'从目、分聲。"王筠《説文句讀》依玄應所引，補"盼，目白黑分也"。段玉裁注："此形聲包會意。"則"盼"的本義爲眼睛黑白分明。"睦"，《説文》："目順也。从目、坴聲。"本義是目順，引申爲"和順"、"親睦"等義。"直"，《説文》："正見也。"甲骨文作𣏟，從目、從｜，表示以目測量材料，不彎曲。所以其本義是不彎曲，引申爲"正直"、"伸直"等。《荀子·勸學》"木受繩則直"的"直"即用本義。

自部 《説文》："自，鼻也。象鼻形。"甲骨文作𣏟，正象鼻形。"自"引申爲"自家"義，後加畀聲造"鼻"字表示本義，《説文》："鼻，所以引气自畀也。从自、畀。"誤把後起的形聲字解釋成會意字。傳世文獻中没有用"自"爲鼻義的，但有幾個以"自"爲偏旁的字，都與鼻子有關。《説文》"自"字下段玉裁注："凡从自之字，如尸部'眉，臥息也'、言部'詯，膽气滿聲在人上也'，亦皆於鼻息會意。"另外，如"臭"、"息"也與鼻子相關。

耳部 《説文》："耳，主聽也。象形。"甲骨文作𣏟、𣏟等，象耳之形。耳部字都與耳朵和聽覺義有關。例如"取",甲骨文作⿰,《說文》:"捕取也。从又、从耳。《周禮》:'獲者取左耳。'《司馬法》曰:'載獻聝。'聝者,耳也。"古代在戰場上割取敵人左耳以計功,以此字形會取得之義。"聖",《說文》:"通也。从耳,呈聲。"甲骨文有近似的⿰字,字形從人、耳、從口,應是"聽"的初文,則"聖"應該是從⿰派生的詞,本義近於"聰"。李孝定《甲骨文字集釋》說:"聖之初誼爲聽覺官能之敏銳,故引申訓'通',聖賢之義,又其引申也。"金文作⿰、⿰等形,下部人形變爲"壬",小篆作⿰,《說文》誤解爲從耳、呈聲。

肉部 《說文》:"肉,胾肉。象形。"甲骨文作⿰,和"月"字形體很像。隸變之後,作爲偏旁,除了在字的下部的"腐、胔、臠"等字以外,形體都與"日月"的"月"混同了。不過從《說文》起,一般字書都對"肉"、"月"兩部作了明確的區分。從"肉"的字,其意義大致可分爲三類:(1)名詞,包括肉類的名稱,人和動物身體部位的名稱。如肉類名稱"脯"(乾肉)、"脩"(乾肉)、"胙"(祭祀用肉)、"隋"(祭祀的餘肉)等,身體部位名稱"肝"、"肘"、"背"、"股"等。由於祭祀要用到肉,所以一些祭名也從肉,如"膢"、"臘"等。(2)形容詞,表示人或動物的身體特徵。如"肥"、"脂"(《說文》:"牛羊曰肥,豕曰脂。")、"腫"等。(3)動詞,如"脭"(把肉煮熟)、"膳"(準備食物)等。

又部 "又",小篆作⿰,《說文》:"手也。象形。三指者,手之列多,略不過三也。"甲骨文寫作⿰,象右手形,與小篆字形相近。從"又"的字與手部握持動作相關。例如"及",甲骨文作⿰,象後面的人追及、逮住前面的人,本義是追及、逮住,引申爲"至"、"追"等義。《國語·晉語》"往言不可及"的"及"是"追及"的意思。西周中期後金文中的"及"字又有連詞的用法。"隻",《說文》:"鳥一枚也。从又持隹。持一隹曰隻,二隹曰雙。"甲骨文作⿰,以手捕鳥會意,用作捕獲義,應是"獲"的初文。後來用作與"雙"相對的"隻"(只),與表示"獲"的"隻"是假借關係,《說文》的解釋不是本義。"秉",《說文》:"⿰,禾束也。从又持禾。"甲骨文作⿰,金文作⿰。"兼",小篆作⿰,從手持二禾會意,《說文》:"并也。从又持秝。兼持二禾,秉持一禾。"春秋戰國時期,"又"字下常加飾筆成爲"寸",成爲尺寸之"寸"的同形字。這樣,許多從寸的字其實都是從又的,如"尊、封、射、尉"等字。

爪部 《說文》:"爪,丮也。覆手曰爪。"甲骨文作⿰,象覆手之形。作爲偏旁,在字的上部寫作"⺥"。例如"采",甲骨文作⿰,本義是採摘。"爲",甲骨文作⿰,表示人手役象勞作,本義是"作爲",動詞。"受",《說文》:"物落也。上下相付也。从爪、又。讀若《詩》'摽有梅'。"段玉裁注:"以覆手與之,以手受之,象上下相付。凡物侈落皆如是觀。""受",《說文》"相付也。从叐,舟省聲。"甲骨文作⿰,"舟"不省,本義是"授予,接受"。後爲了表意清晰,爲"授予"義另造"授"字。

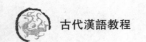

"爭",《説文》:"🈳,引也。从受、厂。"甲骨文作🈳,象上下兩手爭奪一物,本義是"爭奪"。

𠬢部　《説文》:"🈳,竦手也。从屮、从又……🈳,楊雄説:廾从兩手。"甲骨文作🈳,象左右兩手相對,隸定作"𠬢"。作爲偏旁,在字的下部一般寫作"廾"。例如"弄"從廾玩玉,所以有"玩弄"義;"弈"從廾、亦聲,本義是下棋;"戒"從廾持戈會意,所以有"警戒"義。在其他不同位置有不同的變形。例如"奉",金文作🈳,本義是兩手捧物,小篆作🈳,下部增加一手形。"承",甲骨文作🈳,金文作🈳,象用雙手承托人;小篆增加一手形,《説文》:"🈳,奉也,受也。从手、从卩、从𠬢。""兵",《説文》:"🈳,械也。从廾持斤,并力之皃。"甲骨文作🈳、🈳等。與本部有聯繫的是舁部,《説文》:"🈳,共舉也。从臼、从廾。"象上下四手共同勞作。舁部的字如"興",甲骨文作🈳,從舁、從凡,字形表示四手抬起架子之類的東西;後在"凡"下加口形,字變爲從"同"。

攴部　《説文》:"🈳,小擊也。从又、卜聲。"甲骨文作🈳,象手持棍棒撲擊,則"攴"是會意字,同時"卜"兼聲。作爲偏旁,在字的右邊一般寫成"攵",俗稱"反文"。例如"牧",甲骨文作🈳、🈳等,或從羊作🈳,象人手持鞭放牧。"寇",金文作🈳,從宀、從元、從攴,象人在房屋中,另有人撲擊其頭。其他如"數、教、敦、敗"等字都從攴。

殳部　《説文》:"以杸殊人也。……从又、几聲。"甲骨文作🈳,金文作🈳,象手持工具形,所持之物或爲殳或爲棰。"殳"應是一種撞擊兵器,如《詩經·衛風·伯兮》"伯也執殳,爲王前驅",毛傳:"殳,長丈二而無刃。"從"殳"之字多與"擊"義相關,如《説文》:"毆,捶擊物。""毃,擊頭。"古文字中手持工具形多類化爲"殳",如"段",《説文》:"🈳,椎物也。从殳,耑省聲。"金文作🈳,象手持工具捶石鍛煉,即"碬"、"鍛"之初文,《説文》以爲耑省聲,不確。古文字中"殳"旁有時與"攴"旁通用,如"般",甲骨文作🈳,從凡、從攴,是"盤"的初文,金文作🈳,從凡、從殳,《説文》古文作🈳,右旁從攴,左旁訛作"舟"。

丮部　《説文》:"🈳,持也。象手有所丮據也。"甲骨文作🈳、🈳等形,象人跪坐伸兩手勞作之形,金文作🈳、🈳等形,隸定作"丮"。"丮"作偏旁時寫作"丸"。例如"埶",甲骨文作🈳、🈳等形,象手持屮或木種植,《説文》:"🈳,種也。从坴,丮持亟種之。《詩》曰:我埶黍稷。"此字本義是種植草木,後來字寫作"蓺"、"藝"。段玉裁注:"唐人樹埶字作'蓺',六埶字作'藝'……然'蓺'、'藝'字皆不見於《説文》,周時六藝字蓋亦作'埶'。"又如"孰",甲骨文作🈳、🈳等形,從𩫖、從丮,象於𩫖(祭享建築)前獻祭之形,獻祭要用熟物,所以有"熟"義,後加火旁成爲今字"熟"。

彳部 "行"甲骨文作 ⾏,象十字路口,本義是道路,引申爲行走。"行"作爲偏旁時省作⼻,就是彳旁。《説文》:"⼻,小步也。象人脛三屬相連也。"這是根據訛變後的字形所作的錯誤解釋。從"彳"的字往往與道路、行走有關。例如"復",《説文》:"往來也。"字與行走的動作有關,是在"复"(《説文》:"行故道也。")字上加"彳"旁而成的字。"得",甲骨文作 ⾏,從又持貝,表示得到財貨;《説文》"貝"訛爲"見"作"䙷",釋爲"取也";甲骨文或加"彳"作 ⾏,《説文》作"得",釋爲"行有所得也",即"得"字,表示在行道時得到。又如"德",《説文》以爲是從彳、㥁聲的形聲字,本義是"升也",段玉裁認爲"升當作登",所以從彳;《説文》又有"㥁"字,从心、从直,"直"亦聲,這應該是"道德"的"德"的本字。從古文字看,"德"的初文作 ⾏(甲骨文)、⾏(金文),此字《説文》不收,徐中舒認爲從彳、從 ⾏, ⾏即"直"字,當是巡行視察之義,隸定爲"徝";這樣看來,"德"應該是從心、徝聲,這可能是"㥁"字的另一種寫法。

辵部 甲骨文有 ⾏字,從行、從止(趾),象人行於道上。此字作爲偏旁,省作"辵"。《説文》"辵,乍行乍止也。从彳、从止",這是把形符"止"誤解成了停止義。作爲偏旁的"辵"後來隸變爲"辶"。從辵(辶)旁的字一般與道路、行走有關。例如"道",《説文》:"所行道也。从辵、从首。一達謂之道。"段玉裁注:"首亦聲。"金文或從行從首作 ⾏,或從行從首從止作 ⾏,石鼓文、郭店楚簡作"衜",從人在行中,從人與從首同意,是"道"字的異體。又如"逆",《説文》:"迎也。从辵、屰聲。關東曰逆,關西曰迎。"甲骨文有 ⾏字,象倒人形,表示不順的意思,是"順逆"之"逆"的本字,隸定爲"屰";"迎逆"義是從"屰"的本義引申來的,字形上加辵旁成爲"逆"。作爲偏旁,辵旁又常與彳旁通用,如"後"和"逡"、"遍"和"徧"、"退"和"復"分別互爲異體。

欠部 "欠",小篆寫作 ⾏。《説文》釋爲"張口气悟也。象气从人上出之形",段玉裁以爲此字即"呵欠"之"欠":"今俗曰呵欠。又欠者,气不足也,故引伸爲欠少字。"甲骨文寫作 ⾏,人形上部加橫口,表示張口吐氣。《説文》小篆上部口形發生訛變,與"气"字形近,許慎誤解爲"气从人上出之形"。從"欠"之字大都跟張口有關,如"吹、飲、歎、歐、歌"等字。"欠"又多與"口"、"言"相通,如"歐",《説文》"吐也。从欠、區聲",今作"嘔","歎"和"嘆"、"歌"和"謌"、"歡"和"讙"、"唏"和"欷"、"嘘"和"歔"、"嘯"和"歗"分別互爲異體。

言部 甲骨文"言"作 ⾏,字形是在"舌"字上加一橫。發言是舌的主要功能,所以在"舌"字的基礎上造"言"字。《説文》以爲"从口,辛聲",誤。從"言"的字與言語有關。如"訂",《説文》:"平議也。"《論衡·案書》"兩刃相割,利鈍乃知;兩論相訂,是非乃見"即用本義。"訪",《説文》:"汎謀曰訪。"本義是廣泛地諮詢,段玉裁注:"'方'與'旁'古通用,溥也。"據此則聲旁"方"也有表義作用。《左傳·僖公三十二年》:"穆公訪諸蹇叔。"《尚書·洪範》:"王訪於箕子。""訪"都用爲本義。又如"諒",《說文》"信也",本義是誠信。《論語·季氏》:"友直,友諒,友多聞,益矣。"《楚辭·離騷》:"惟此黨人之不諒兮。""諒"都用爲本義。"讓",《說文》:"相責讓。"《左傳·僖公五年》:"夷吾訴之,公使讓之。"即用本義。

斤部 《說文》:"斤,斫木也。象形。"甲骨文作𠂆,象曲柄斧斤形,金文作斤、斤等形,象形意味漸失。從"斤"之字如"析",《說文》:"破木也,一曰折也。从木,从斤。"甲骨文作析,表示以斤破木。《詩經·齊風·南山》"析薪如之何?匪斧不克"即用本義。引申爲"分析"義等。"折",小篆作𣂚,《說文》:"斷也。"甲骨文作𣂚,象以斤斷木。後來斷木形變爲兩個"屮",作折,於是許慎采譚長說釋爲"从斤斷艸",已經偏離原字形體了。字再隸變,斷艸變爲"扌"。此字春秋金文作𣂚,在𣂚之間加兩短橫表示斷木處,即《說文》籀文𣂚的來源。"析"和"折"本義的區別在於,"析"爲縱剖,"折"爲橫斷。

阜部 "阜"小篆寫作𨸏,《說文》:"大陸也,山無石者。象形。"甲骨文作𨸏、𨸏等形,象山崖陡峭而有阪級形。隸定爲"阜"或"𨸏"。此字作爲偏旁,在字左旁寫作"阝"。從"阜"之字多與山崖或升降有關。如"陟",《說文》:"登也。"甲骨文作陟,象兩脚登阜。"降",《說文》:"下也。"甲骨文作降,象兩脚下阜。《說文》解作"从𨸏、夆聲",不確。其他如"陰、陽、陵、隊"等字都從阜。

邑部 《說文》:"邑,國也。从囗,先王之制,尊卑有大小,从卪。"甲骨文作𨚫,上從"囗"(圍),表示人所居的範圍,下象跽坐的人形。許慎認爲從"卪"體現尊卑之制,是根據封建禮制而作出的錯誤說解。字的本義爲"城邑"、"都邑"。此字作爲偏旁,在字右旁寫作"阝"。從"邑"之字多與城邑、都邑有關,很多地名也從邑,如"邦、郡、都、邢"等。

㫃部 《說文》:"㫃,旌旗之游㫃蹇之皃。从屮,曲而下垂,㫃相出入也。"甲骨文作㫃、㫃等,象旌旗之形。小篆有訛變,右旁訛同"人",許慎附會爲"㫃相出入"。從"㫃"之字多與旌旗有關。如"旅",《說文》:"軍之五百人爲旅。从㫃,从从。从,俱也。"甲骨文作旅,金文作旅,或加車形作旅,字形表示士兵集結於旗下,本義爲軍旅。"族",甲骨文作族,從㫃、從矢。丁山認爲:"矢所以殺敵,㫃所以標衆,其本誼應是軍旅的組織。"《說文》解作"矢鋒也",是誤以"鏃"釋"族"。

以上所舉的偏旁多是與人或人的活動有關的,從這些例子可以看出,熟悉漢字基本偏旁的構形及意義,對於分析漢字所記錄的詞的本義及引申義有重要作用,能夠起到以簡馭繁的效果。

第五節　古今字、異體字、繁簡字

　　漢字是用來記録漢語詞的,由於流傳歷史悠久、通行地域寬廣、使用人數衆多,再加上意音文字的局限,漢字與漢語詞的對應逐漸形成了極其複雜的局面。這種複雜局面的表現之一,就是古代文獻中經常出現"同字異詞"(一個字記録多個詞)或"異字同詞"(不同的字記録同一個詞)的現象,今天的人們要讀懂讀通古代文獻,就必須對這一現象有深切的瞭解。關於同字異詞和異字同詞,大體可以從古今字、異體字和繁簡字三個方面來討論。

一、古今字

　　所謂"古今字",是説某多義字的幾個意義中,有一個意義後世用另一個字來表示,這個多義字就是"古字",後世所用的另一個字就是"今字",而在這一個意義上它們又形成一對"古今字"。一般來説,一個字在其創製之初,大多是爲了記録某個詞而專造的;但是語言中的詞的意義常常會發生引申,有時引申義與本義之間差别明顯,人們就會另外爲引申義造一個字;這樣原來的字與新造的字就形成一對古今字。例如"解"原爲解剖義,引申爲鬆散義,後來另造"懈"字表示鬆散義,在鬆散義上"解"和"懈"就是一對古今字。同時,一個字創製出來以後,在使用過程中也可能發生假借,被用來記録音同音近的另一個詞;後來爲了區别這個字的本義和假借義,人們又爲本義另造一字;這樣原來的字與新造的字又形成了一對古今字。例如"莫"原爲日暮義,假借爲否定副詞後,另造"暮"字表示日暮義,在日暮義上"莫"和"暮"又是一對古今字。有時,爲了區别一個字的本義和假借義,人們也可能爲假借義另造一字。例如"師"原來是徒衆、軍隊義,假借爲獅子字後,另造"獅"字表示獅子義,在獅子義上"師"和"獅"就是一對古今字。

　　需要指出的是,上面幾個例子中的今字都是新造的,實際上也有今字不是新造的,而是借用當時已有的字。例如"歬"和"前"。我們熟悉的前進義的"前"字,《説文》的解釋是:"齊斷也。从刀,歬聲。"字從刀旁,則其本義當是"剪斷"。而"歬"字,《説文》云:"不行而進謂之歬,从止在舟上。"可見,"歬"字的本義纔是"前進"。這樣,在前進義上"歬"和"前"是一對古今字,但是"前"並不是爲前進義新造的,而是借用了一個現成的義爲剪斷的字。

　　多義字的幾個意義可以分爲本義、引申義和假借義三種,那麼根據古字和今字分别表示本义、引申义或假借义的情况,我们可以把古今字的类型分为下述两类四种。

(一) 古字产生引申义,用今字表示本义或引申义。

1. 古字表示引申义,今字表示古字的本义。例如:

【州——洲】"州"的本义是水中可居之地,后引申为州县之"州"。最初这两个意义都用"州"表示,如《淮南子·时则训》"以息壤堙洪水之州"用的是本义,《礼记·曲礼上》"州闾乡党称其孝也"用的是引申义。后另造"洲"字表示本义,在"水中可居之地"意义上"州"和"洲"构成一对古今字。

【衰——蓑】"衰"的本义是"蓑衣",《说文》:"衰,艸雨衣。……从衣,象形。"此字金文作 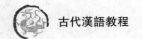,小篆作 ,就是草编雨衣的象形。《说文》"衰"字下段玉裁注:"以艸为雨衣,必层次编之,故引伸为等衰。"由"等衰"而再引申为"衰弱"、"衰败"等。以后为本义专造"蓑"字,在"蓑衣"义上"衰"和"蓑"为一对古今字。

【禽——擒】"禽"的本义是"捕获"。此字甲骨文作 ,象手持长柄网具状,以示"捕捉"之意(金文作 、 ,小篆作 ,字上添加了声符"今")。引申为"捕获之物"、"禽兽"等。《左传·僖公二十二年》"君子不重伤,不禽二毛"用的是本义;后来"禽"字多用作引申义,许慎《说文》将其本义误释为"走兽总名"。汉魏时另造"擒"字表示本义(《说文》写作"捦",重文"撳")。在"擒获"义上"禽"和"擒"为一对古今字。

【内——纳】"内",《说文》的解释是:"入也。从冂、入,自外而入也。"段玉裁注:"今人谓所入之处为内,乃以其引伸之义为本义也。"则"内"的本义是"纳入","内外"之"内"是其引申义,如《孟子·万章上》"思天下之民匹夫匹妇有不被尧舜之泽者,若己推而内之沟中"用的是本义,《论语·颜渊》"四海之内,皆兄弟也"用的是引申义。以后,"内"多用作引申义,另用"纳"字表示本义,在"纳入"义上"内"和"纳"是一对古今字。但是"纳"字从糸、内声,《说文》:"纳,丝湿纳纳也。""纳"显然是"丝湿"义的本字,"纳入"义是其假借用法。

同类的例子还有:

    止——趾 益——溢 要——腰 北——背 兽——狩
    居——踞 厌——餍 臭——嗅 自——鼻 监——鉴

2. 古字表示本义,今字表示古字的引申义。例如:

【反——返】《说文》:"反,覆也。"段玉裁注:"'反,覆'者,倒易其上下。"因此"反"的本义是"反面"。引申而有返回义,本来也写作"反",如《左传·僖公二十三年》:"夫子必反其国,反其国,必得志于诸侯。"战国时另造"返"字来表示。在

"返回"義上"反"和"返"成爲一對古今字。

【賈—價】"賈"本義是做買賣,《説文》:"賈,市也。从貝,襾聲。"引申爲"價格,價值"之義。這兩個意義最初都用"賈"表示,如《韓非子·五蠹》"長袖善舞,多錢善賈"用的是本義,《漢書·食貨志下》"復申下金銀龜貝之貨,頗增減其賈直"用的是引申義。魏晉以後另造"價"字表示引申義。

【竟—境】"竟"的本義是"樂曲終止",《説文》:"竟,樂曲盡爲竟。从音从人。"段玉裁注:"曲之所止也。引伸之,凡事之所止、土地之所止皆曰竟。"本義和引申義原來都用"竟"來表示,如《周禮·春官·樂師》:"凡樂成則告備。"東漢鄭玄注:"成,謂所奏一竟。"這是用本義。《禮記·曲禮上》:"入竟而問禁。"這是用引申義。這一引申義漢魏時寫作"境",在"國境,邊境"義上"竟"與"境"爲一對古今字。

【見—現】"見"的本義是"看見",引申爲"顯現"義。最初這兩個意義都用"見"表示,如《論語·季氏》"見善如不及,見不善如探湯"用的是本義,《戰國策·燕策三》"圖窮而匕首見"用的是引申義。魏晉以後借用現成的義爲"玉光"的"現"字來表示引申義,在"顯現"義上"見"和"現"爲一對古今字。

同類的例子還有:

取——娶　道——導　景——影　戰——顫　赴——訃
解——懈　食——飼　寫——瀉　張——帳　舍——捨
坐——座　陳——陣　辨——辦　綿——棉　奉——俸

(二)古字產生假借義,用今字表示本義或假借義。

1. 古字表示假借義,今字表示古字的本義。例如:

【莫—暮】"莫"的本義是"日暮",《説文》:"莫,日且冥也。从日在茻中。"假借爲否定詞。最初這兩個意義都由"莫"表示,如《禮記·聘義》"日莫人倦"用的是本義,《詩經·邶風·北門》"終窶且貧,莫知我艱"用的是假借義。"暮"字《説文》不載,大約產生於漢末魏晉時,用來表示本義,如《廣雅·釋詁四》:"暮,夜也。"

【然—燃】"然"的本義是"燃燒",《説文》:"然,燒也。"假借爲代詞、連詞等。最初這兩個意義都由"然"表示,如《孟子·公孫丑上》"若火之始然"用的是本義,《孟子·梁惠王上》"河東凶亦然"用的是假借義。"燃"字《説文》不載,大約魏晉以後出現"燃"字,表示本義。

【孰—熟】"孰"的本義是"食物熟",假借爲疑問代詞。最初這兩個意義都由"孰"表示,《左傳·宣公二年》"宰夫胹熊蹯不孰"用的是本義,《論語·雍也》"弟子孰爲好學"用的是假借義。《説文》"孰"字下段玉裁注:"後人乃分别'熟'爲'生

49

熟','孰'爲'誰孰'矣。曹憲曰:'顧野王《玉篇》始有"熟"字。'""熟"字產生以後表示本義,"孰"字表示假借義。

【何—荷】"何"本義是"負荷",假借爲疑問代詞。最初這兩個意義都由"何"表示,《詩經·曹風·候人》"彼候人兮,何戈與祋"用的是本義,《左傳·僖公四年》"以此攻城,何城不克"用的是假借義。後來借用表示"荷花"的"荷"字表示本義(《說文》:"荷,芙蕖葉。"),如東漢張衡《東京賦》:"荷天下之重任。"在"負荷"這個意義上"何"與"荷"構成一對古今字。

同類的例子還有:

止——趾	女——汝	其——箕	須——鬚	采——採
西——棲	孚——俘	韋——違	暴——曝	氣——餼
亦——腋	云——雲	而——胹	嘗——嚐	康——糠

2. 古字表示本義,今字表示古字的假借義。例如:

【戚—慼】"戚",本義指斧鉞一類的兵器,《說文》:"戚,戉也。"假借而有"憂愁,憂傷"之義。最初這兩個意義都由"戚"表示,如《禮記·明堂位》:"朱干玉戚,冕而舞大武。"鄭玄注:"戚,斧也。"《詩經·小雅·小明》:"心之憂矣,自詒伊戚。"毛亨傳:"戚,憂也。"後造"慼"字(《說文》作"慽")表示"憂愁,憂傷"義。

【母—毋】"母"的本義是"母親,女性",假借爲否定詞。最初這兩個意義都由"母"表示,如《尚書·堯典》:"父頑,母嚚,象傲,克諧。"金文陳侯午敦:"永葆(世)母忘。"戰國時出現"毋"字,專表"母"的假借義,如湖北雲夢睡虎地秦簡:"嬰兒之毋母者各半石。"

【馮—憑】"馮"的本義指馬奔跑的樣子,《說文》:"馮,馬行疾也。從馬,仌聲。"假借爲"凭依"之"凭"(《說文》:"凭,依几也。從几從任。"),如《左傳·僖公二十八年》:"請與君之士戲,君馮軾而觀之。"後另造"憑"字表示這個假借義,如《尚書·顧命》:"憑玉几。"

【麤—粗】"麤"字本義是"跳躍遠行",《說文》:"麤,行超遠也。從三鹿。"以後假借爲"粗大,粗魯"義,如《禮記·王制》:"布帛精麤不中數。"後借用義爲糙米的"粗"字表示這個假借義,如《禮記·月令》:"其器高以粗。"

同類的例子還有:

謝——榭	采——彩	牟——䩉	佳——唯	栗——慄
巳——已	或——惑	師——獅	耆——嗜	茶——搽
鮮——尠	蘇——甦	刀——刁	刀——叼	辟——避

以上我們把古今字分爲兩類四種，但由於漢字歷史漫長，有些字詞的發展脈絡已經不清楚，所以究竟屬於哪一類很難確定。如"縣"字本義是"懸掛"，雖然後來新造"懸"字表示本義這一點是清楚的，但是用"縣"字來表示"州縣"之"縣"，這是由於假借還是由於引申，學者們則有不同看法。又如"要"的本義是"身中也"（《説文》），由此義引申出"中道邀約"之義，後來今字寫作"邀"；但也有人認爲"要"是假借爲"邀請"義，後來寫作"邀"的。究竟孰是孰非，還有待深入研究。

"古"和"今"是相對而言的，段玉裁在《説文解字》"誼"字下注："古今無定時，周時爲古，則漢爲今，漢爲古，則晉宋爲今，隨時異用者謂之古今字。"例如《荀子·天論》："繁啓蕃長於春夏，畜積收臧於秋冬。"《漢書·禮樂志》："臧於理官。"唐顏師古注："古書懷藏之字本皆作'臧'，《漢書》例爲'臧'耳。"這是説，相對於"臧"，"藏"是今字。而《周禮·天官·疾醫》："参之以九藏之動。"東漢鄭玄注："正藏五，又有胃、旁胱、大腸、小腸。"《漢書·王吉傳》："吸新吐故以練藏。"顏師古注："藏，五藏。""九藏""五藏"的"藏"字後代作"臟"。這是説，相對於"臟"，"藏"又是古字了。又如上文所説的"歬"在前進義上是古字，"前"是今字；而"前"的本義是"剪斷"，古書中這一意義多用"翦"字（《詩經·召南·甘棠》："蔽芾甘棠，勿翦勿伐。"《左傳·成公二年》："余姑翦滅此而朝食！"），《説文》："翦，羽生也。一曰矢羽。从羽，歬聲。"那麼在剪斷義上，"前"又是古字，"翦"則是今字。到魏晉時代又造了新字"剪"，那麼在剪斷義上，"翦"又成爲古字，"剪"是今字了。更有甚者，許慎《説文》"綫"字下收有古文"線"，那麼，"線"是古字而"綫"是今字，但是《漢書·高惠高后文功臣表》"稍益衰微，不絶如綫"句顏師古注引晉代晉灼説："綫，今線縷字也。"這就是"線"又成了今字而"綫"變成古字了。所以，《説文》"線"字下段玉裁云："許時古'線'今'綫'，晉時則爲古'綫'今'線'，蓋文字古今轉移無定如此。"

今字爲分擔古字的某個意義而産生，有時古字承擔的多項意義到後代都各有專職的今字，那麼與古字對應的今字就不止一個。如"采"的本義是"採摘"，假借爲"彩色"義，《孟子·梁惠王上》："抑爲采色不足視於目與？"即用假借義。這一假借義又引申指彩色的織物，《漢書·貨殖傳》："文采千匹。"顏師古注："帛之有色者曰采。"後來造"彩"和"綵"二字分別表示這兩個意義，又造"採"字專表本義"採摘"。這樣"采"的今字就有"彩"、"綵"、"採"三個了。

需要注意的是，古人所用的"古今字"概念，有時也包括異體字在內。例如《漢書·貢禹傳》："衣服履綺刀劍亂於主上。"唐顏師古注："綺，古袴字。"《史記·五帝本紀》："（顓頊）依鬼神以制義。"唐張守節正義："制，古制字。""綺"和"制"字分別是"袴"和"制"的異體字。甚至包括古今用字不同的現象，如《禮記·曲禮

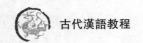

下》："君天下曰天子,朝諸侯,分職授政任功,曰予一人。"東漢鄭玄注："余、予,古今字。"《說文》"余"字段玉裁注："凡言古今字者,主謂同音而古用彼今用此異字。若《禮經》古文用'余一人',《禮記》用'予一人','余'、'予'本異字異義,非謂'予'、'余'本即一字也。"這些情況跟我們上文所說的古今字是不相同的。

在漢字數千年的流傳使用中,古今字現象是長期存在的。但是後人往往會發現較早的文獻使用今字,而較晚的文獻反而用古字,甚至同一部文獻也存在古字和今字並用的現象。其中一個原因在於,當今字出現以後,某些作者在寫作中仍然喜歡使用古字,比如楊雄喜用奇字、班固喜用古字。另一個原因是,有相當多的古代文獻在流傳過程中或多或少遭到了後人的修訂篡改,正如《說文》"何"字下段玉裁注云："何,俗作'荷'。……凡經典作'荷'者,皆後人所竄改。"

二、異體字

所謂"異體字",是指兩個或兩個以上音義相同而字形構造不同的字。一般來說,由於異體字的意義、用法完全相同,所以它們在任何情況下都是可以互相替代的,例如"山峰"也可以寫作"山峯","村莊"也可以寫作"邨莊"①。

漢字在各個時代都存在異體現象,古文、或體、重文、俗字等都屬於異體字範圍。由於字形尚未完全定形,古漢字階段如甲骨文、金文、戰國文字中異體特別繁多,不勝枚舉;這裏從閱讀、理解傳世古籍文獻角度出發,主要介紹隸楷階段的異體字。隸楷階段的異體字,根據字形之間的差異可以分爲以下八類。

(1) 象形、會意、形聲等造字方法不同。例如:

  泪——淚 看——翰 艷——豔 羴——羶 鬲——䰛
  斌——彬 朢——望 飲——歙

以上各組中前字爲象形或會意字,後字則爲形聲字。如"泪"從目從水,會意;"淚"從水,戾聲,形聲。"看"從手從目,會意;"翰"從目、倝(hàn)聲,形聲。"鬲"象形;"䰛"從瓦、厤聲,形聲。

(2) 古字加不加偏旁的不同。例如:

  皃——貌 匜——簠 酓——噆 凳——櫈 韭——韮

(3) 同爲形聲字而形符不同。例如:

---

① 從規範化的角度出發,則並不是"任何情況下都是可以互相替代的",如唐代有《五經文字》、《新加九經字樣》等,就規定使用正體字,排斥俗體字。

詠——咏　　諱——嘩　　歎——嘆　　睹——覩　　暖——煖
猪——豬　　猫——貓　　蛙——鼃　　雞——鷄　　絝——袴
瓶——缾　　悴——顇　　腭——齶　　唇——脣　　愧——媿
敕——勅　　碗——椀　　迹——跡　　磚——塼——甎
歡——懽　　驢——劫——刼　　杯——桮——盃

(4) 同爲形聲字而聲符不同。例如：

猿——猨　　螾——蚓　　褲——袴　　饙——餽　　線——綫
梅——楳　　噉——啖　　泄——洩　　涃——混　　笋——筍
搗——擣　　韵——韻　　跡——蹟　　靴——鞾　　臝——裸

(5) 同爲形聲字，而聲符、形符都不同。例如：

村——邨　　炮——礮　　帆——颿　　呼——謼　　賸——賸
刱——創　　糍——餈　　輓——挽　　蚤——蚊　　瓮——罋

(6) 同爲會意字而偏旁有所不同。例如：

塵——尘　　尟——尠　　羴——羯　　躰——体　　朙——明
咲——笑　　弃——棄　　躲——射　　犇——奔　　贊——賛

(7) 偏旁相同，但位置不同。例如：

拿——舒　　豉——翅　　棋——棋　　鑑——鑒　　够——夠
群——羣　　縣——綿　　峰——峯　　峨——峩　　慙——慚
秌——秋　　鄰——隣　　裏——裡　　雜——襍　　胸——肳
鵝——䳘——鶩

(8) 保留古代字形或因訛變造成的不同。例如：

矦——侯　　弔——吊　　虗——虛　　丛——並　　歪——走
宎——叟　　暜——普　　呪——咒　　叓——更　　椉——乘
冐——肯　　㓞——列　　秊——年　　夶——死　　活——活
復——退　　散——散　　恵——德　　靐——雷　　㠯——以
展——展　　䀹——視　　屮——塊　　灮——光　　㡭——絕

以上所说的異體字大多是嚴格意義上的異體字，即音義全同，在任何情況下都可以互相替代；也有一些字在部分音義上相同，而在其他音義上並不相同，人們認爲它們在部分音義上也屬於異體字。例如：

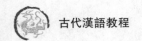

【豆—荳】"豆"在古代有① 一種器皿、② 豆類植物、③ 容量單位等義項,而"荳"祇是在義項②上與"豆"音義相同,在這個義項上與"豆"成爲一對異體字。

【参—蓡】在古代,"参"讀 sān 時有"三"一個義項,讀 cān 時有① 参加、② 参乘、③ 檢驗、④ 猜測、⑤ 彈劾等義項,讀 shēn 時有① 星宿名、② 人参等義項,而"蓡"字祇是在"人参"義上與"参"音義相同,成爲一對異體字。

【周—週】"周"在古代有① 周密、② 環繞、③ 周遍、④ 周濟、⑤ 周期等義項,而"週"祇是在②、⑤兩個義項上與"周"音義相同,在這兩項上與"周"成爲一對異體字。

【志—誌】"志"在古代有① 心意、② 記住、③ 記載等義項,而"誌"在古代有① 記住、② 記載、③ 標誌等義項,"誌"在義項②、③上與"志"音義相同,成爲一對異體字。

【賛—讚】"賛"在古代有① 輔助、② 稱讚、③ 一種文體等義項,而"讚"在義項②、③上與"賛"音義相同,成爲一對異體字。

【背—揹】"背"在古代讀 bèi 時有① 脊背、② 背面、③ 背對、④ 違背、⑤ 背誦等義項,讀 bēi 時有"用脊背馱"義項,"揹"字在這個義項上與"背"是一對異體字。

【託—托】"託"在古代有① 寄託、② 託付、③ 推託等義項,"托"字宋代產生,有① 用手舉物、② 寄託、③ 託付、④ 推託、⑤ 襯托等義項,在"寄託"、"託付"和"推託"義上"託"和"托"是一對異體字,如果義爲用手舉物,絕不寫作"託"。

【淼—渺】"淼"在古代義爲"水浩大的樣子","渺"有① 水浩大的樣子、② 遙遠、③ 渺小等義項,在"水浩大的樣子"義項上,"淼"和"渺"爲異體字,如果是渺小義,絕不寫作"淼"。

【殷—慇】"殷"在古代有① 盛大、② 衆多、③ 富足、④ 情意深厚、⑤ 憂傷貌等義項,"慇"的義項有① 情意深厚、② 憂傷貌,在最後兩個義項上"殷"和"慇"爲一對異體字,如"殷勤"也寫作"慇懃"。

【照—炤—昭】在古代"照"有① 照耀、② 明亮、③ 日光、④ 圖像等義項,"昭"有① 明亮、② 明白、③ 顯示等義項,而"炤"義項①與"照"義項①音義相同,成爲一對異體字,義項②與"昭"義項②音義相同,成爲一對異體字。

【餒—餧—餵】"餒"在古代讀 něi 時有① 飢餓、② 魚腐敗等義項,在這兩個義項上與"餧"是一對異體字,讀 wèi 時有"餵養"義,在這一義項上與"餵"是一對異體字。

以上這樣的異體字在古代文獻中大量存在,其間的關係也十分複雜,需要我們在學習古代漢語時注意辨別區分。

異體字的大量存在顯然會造成人們使用上的很大不便,這就需要進行整理、統一的工作。秦始皇的"書同文字"、漢代的刊刻石經、唐宋以後歷代編寫字書韻書,都起到了整理異體字的作用。這種整理主要的做法是在幾個異體字中選擇一個作爲正體字,在社會上推行使用,其他的字則看作與正體相對的異體。新中國成立以後,也曾於1955年發佈《第一批異體字整理表》,淘汰了一批重複多餘的異體字。

三、繁簡字

"繁簡字"指的是繁體字和簡化字。漢字的簡化在古文字階段就已經開始,甲骨文、金文中很多字都有繁簡多種寫法,呈現出異體繁多的狀態;小篆是經過整理的文字,一般採取較簡的寫法。到隸楷階段,漢字字形的簡化更是前後相繼,源源不絕。

隸楷階段出現的簡化字一般都產生、流傳於民間,官方則視爲俗字,較少給予正式承認。清代末年,先知先覺的進步人士發起了漢字改革運動,大力提倡使用簡化字。到民國時期,1935年,國民政府公佈了《第一批簡體字表》,但旋即廢止。中華人民共和國成立以後,漢字簡化工作得以正常開展,1956年,國務院發佈了《漢字簡化方案》,分批推行517個簡化漢字和54個簡化偏旁。1964年,中國文字改革委員會編印《簡化字總表》,共收簡化字2 300多個。1986年,國家語委重新發表《簡化字總表》,作了進一步修訂。現在,簡化字已經成爲國家標準通用漢字,除編印古籍和其他特殊場合以外,一般情況下都使用簡化字。

從秦漢以來,尤其是宋元以來廣大人民群衆簡化漢字的實踐,以及新中國成立以來簡化漢字的工作來看,漢字簡化的方法主要有以下八種:

(1) 用繁體字的特徵或輪廓代替全字。如:

雖/虽　聲/声　習/习　飛/飞　鑿/凿　鄉/乡
醫/医　滅/灭　廠/厂　掃/扫　務/务　開/开(以上爲特徵)
尋/寻　瘧/疟　奮/奋　滙/汇　傘/伞　齒/齿(以上爲輪廓)

(2) 用形體簡單的同音字或近音字替代。如:

穀/谷　薑/姜　醜/丑　齣/出　範/范　豐/丰(同音字替代)
鬥/斗　彆/別　葉/叶　價/价　蔔/卜　灑/洒(近音字替代)

"斗"原來讀dǒu,替代"鬥"以後新增dòu音;"別"原來讀bié,替代"彆"以後

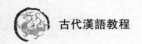

新增 biè 音;"叶"原來讀 xié 和 shè,替代"葉"以後新增 yè 音。"价"、"卜"、"洒"的情況類似。同時,無論是同音替代還是近音替代,替代字本來沒有的被替代字的音義,新增了讀音以後,其字義也隨之增加。

(3) 草書楷化,即用楷書的筆法來寫繁體字草體。如:

東/东　當/当　齊/齐　爲/为　樂/乐　學/学
導/导　臨/临　夢/梦　實/实　圖/图　書/书
會/会　專/专　盡/尽　堯/尧　貝/贝　婁/娄

另外,許多可以類推使用的簡化偏旁,如"言/讠"、"食/饣"、"糸/纟"、"金/钅"、"罨/罕"等也是草書楷化的結果。

(4) 把合體字的繁複部分換成簡單符號。如:

難/难　觀/观　戲/戏　對/对　鷄/鸡　鄧/邓
僅/仅　鳳/凤　攙/搀　聶/聂　轟/轰　師/师
歸/归　懷/怀　風/风　趙/赵　辦/办　協/协

(5) 把形聲字中的複雜偏旁改成簡單偏旁。如:

擁/拥　襖/袄　種/种　懼/惧　遞/递　補/补
墳/坟　釀/酿　蘆/芦　溝/沟　遷/迁　鑽/钻(以上改聲符)
骯/肮　願/愿　執/执　鮑/鲍　幫/帮　報/报(以上改形符)

(6) 用讀音不同但形體簡單的僻字替代。如:

聽/听　廣/广　獵/猎　蠶/蚕　獸/兽　壞/坏

"听"字見於《說文》,釋爲"笑皃。从口,斤聲",《廣韻》宜引切,讀爲 yǐn。但此字古籍中很少使用,元明以來被借作"聽"的俗字。"广"字見於《說文》,意思是依山崖建造的房屋,《廣韻》魚儉切,讀爲 yǎn。但此字古代較少使用,現代借來作爲"廣"的簡化字。"猎"是古代傳說中的獸名,《山海經·大荒北經》:"有黑蟲如熊狀,名曰猎猎。"《廣韻》秦昔切,讀爲 xī。此字古代罕用,現代借來作爲"獵"的簡化字。"蚕"、"兽"、"坏"的情況類似。

(7) 用會意或形聲的方法另造新字。如:

叢/丛　慶/庆　陰/阴　筆/笔　國/国　雙/双
竈/灶　隊/队　塵/尘　巖/岩　莊/庄　嗒/咱(以上新造会意字)
護/护　驚/惊　響/响　憂/忧　畢/毕　廳/厅(以上新造形声字)

（8）採用形體簡單的古字。如：

雲/云　網/网　啓/启　禮/礼　無/无　災/灾
壘/垒　電/电　豐/丰　達/达　纔/才　淚/泪

"雲"的古字就是"云"，甲骨文作☲，橫畫象天上橫向的雲，彎鈎象卷狀的雲，《說文》古文作☲。後來"云"假借爲言說義，另造"雲"字表本義。簡化字用"云"字是恢復本原。"啓"，甲骨文作☲，即"启"字，又作☲，即"啓"字，都是開門之義。簡化字選用筆畫較少的"启"字。"礼"、"无"、"灾"、"垒"等字情況類似。

在簡化過程中，有時會把上述兩三個方法結合起來使用。如"雜"字，是從衣、集聲的形聲字；魏晉人寫成☲，左上角"衣"簡化爲"九"字形，現代又簡化爲"杂"；也就是說，簡化時先把複雜偏旁改成簡單偏旁，後又取特徵代替全字。又如"罷"字，宋人行草寫作☲，楷化寫作"罷"，清人取其上部和右下部，寫作"罢"；也就是說，簡化時先是草書楷化，然後採用特徵代替全字，最後定爲"罢"。又如"發"字，魏晉以後草書寫作☲，現代簡化爲"发"，同時因"髪"與"發"音近，所以又用"发"替代"髪"；也就是說，簡化時先是草書楷化，然後採用近音字替代法。又如"勝"字，《說文》："任也。从力，朕聲。"現代簡化爲"胜"，是先取原字的特徵"月"，然後右半部加聲符"生"，從而形成新的形聲字；同時，《說文》原有"胜"字，釋爲："犬膏臭也。从肉，生聲。"但此字罕用，現代簡化時也可能是借用了這個僻字，來替代"勝"字。

簡化字與繁體字的對應，大多是"一對一"的關係，如"边"的繁體是"邊"、"沟"的繁體是"溝"、"头"的繁體是"頭"，也有一些是"一簡對多繁"。這主要是因爲，採用同音或近音字替代法時，用來替代的字與被替代的繁體字原來是意義有別的不同的字，簡化後混而爲一；採用古字替代繁體字時，古字與繁體字也是意義有別的，簡化後混而爲一了。例如（破折號左邊是簡化字，右邊是原來的字和被替代的字及其用例）：

冲──① 冲：冲洗、韶山冲。② 衝：交通要衝、衝撞、衝鋒。
丑──① 丑：子丑寅卯、公孫丑。② 醜：醜陋、出醜。
斗──① 斗：升斗、漏斗、氣冲斗牛。② 鬥：鬥爭、鬥智鬥勇。
发──① 發：收發、發言、出發、發現。② 髪：頭髪。
丰──① 丰：丰采、丰姿。② 豐：豐收、豐盛、豐功偉績。
干──① 干：干戈、干涉、若干、干求、天干地支。② 乾：乾燥、餅乾、乾娘。③ 幹：樹幹、幹部、才幹、幹練。
谷──① 谷：山谷。② 穀：稻穀、穀旦、不穀。

后——① 后：帝后、皇后、皇天后土。② 後：前後、後嗣。
获——① 獲：捕獲、獲得。② 穫：收穫。
几——① 几：茶几、几案。② 幾：幾個、幾何、幾乎。
尽——① 盡：完盡、盡力。② 儘：儘管、儘量。
里——① 里：故里、鄰里、一里地。② 裏：裏外、那裏、哪裏。
历——① 歷：經歷、歷史。② 曆：日曆、陰曆。
蒙——① 蒙：啓蒙、蒙蔽、蒙難、蒙古。② 矇：矇騙。③ 濛：空濛、濛濛。④ 懞：懞直。
面——① 面：面孔、面談、海平面。② 麵：麵條、麵粉。
仆——① 仆：前仆後繼。② 僕：僕人。
曲——① 曲：歌曲、彎曲、曲解、姓曲。② 麯：酒麯、大麯。
松——① 松：松樹、武松。② 鬆：鬆開、鬆緊、肉鬆。
台——① 台：台州、兄台、台鑒。② 臺：講臺、戲臺。③ 檯：檯子。④ 颱：颱風。
团——① 團：團扇、團聚、文工團。② 糰：湯糰。
系——① 系：系統、直系親屬、中文系。② 係：確係實情、拘係、關係。③ 繫：繫牲口、聯繫、關繫，繫鞋帶。
咸——① 咸：少長咸集、咸豐。② 鹹：鹹鹽鹹味。
御——① 御：御用、駕御。② 禦：防禦、禦寒。
云——① 云：子曰詩云、人云亦云。② 雲：雲彩、雲集。
征——① 征：征伐、長征、征稅。① 徵：徵求、特徵。
钟——① 鍾：酒鍾、鍾愛。② 鐘：鐘鼓、鐘錶。
准——① 准：批准、准許。② 準：水準、標準、準確、準備。

注意繁簡字之間的聯繫和區別，尤其注意"一簡對多繁"的情況，對於學習古代漢語具有十分重要的意義；同時，這對於瞭解現代漢字的來源，以及正確運用現代漢語也是很有幫助的。

第六節 本字和通假字

上文我們在談到"六書"假借一例時曾經指出，相對於"本無其字"的假借，另有一種"本有其字"的假借，習慣上稱爲"通假"。什麽叫"通假"？這裏先看兩個例子。

（1）《史記·刺客列傳》："樊於期偏袒搤捥而進曰：'此臣之日夜切齒腐心也，乃今得聞教！'"唐司馬貞《索隱》："切齒，齒相磨切也。……腐音輔，腐亦爛也，猶今人事不可忍，云'腐爛'然，皆奮怒之意。"清王念孫《讀書雜志·史記五》指出："腐讀爲拊。《爾雅》曰：辟，拊心也。郭注：謂椎胸也。《燕策》正作'拊心'。《索隱》訓'腐'爲'爛'，非是。"

（2）《漢書·楚元王傳》："臣幸得託肺附，誠見陰陽不調，不敢不通所聞。"唐顏師古注："舊解云：肺附謂肝肺相附著，猶言心膂也。一說，肺謂斫木之肺札也，自言於帝室猶肺札附於大材木也。"王念孫《讀書雜志·漢書八》指出："一說近之。然既言附，又言託，則語意重出。余謂'肺附'皆謂木皮。《說文》曰：'朴，木皮也。''柿，削木札朴也。'作'肺'者，假借字耳。《後漢書·方術傳》'風吹削肺'是也。《小雅·角弓》箋曰：'附，木桴也。'正義曰：'桴，謂木表之麤皮也。''桴''附''朴'聲並相近，'肺附'，語之轉耳。言己爲帝室微末之親，如木皮之託於木也。下文云'臣幸得託末屬'是其證矣。《田蚡傳》曰'蚡以肺附爲相'、《中山靖王傳》曰'得蒙肺附'、《衛青傳》曰'青幸得以肺附待罪行間'……義並同也。若以'肺'爲肺肝之肺，則義不可通。"

第一例的"腐心"，從上下文看，表現樊於期的憤激之情，當然以王念孫解釋爲"拊心"（即搥胸）爲好。那麼根據《說文》，"腐"的本義是"腐爛"，"拊"的本義是"拍擊"，顯然，作爲搥胸義，應該用本字"拊"，但是原文却用了一個音同義不同的"腐"字。第二例的"肺附"，從上下文看，表現說話人是帝王的遠親支屬，當然以王念孫解釋爲"木皮"爲好。那麼根據《說文》，"肺"的本義是"肺臟"，"柿"的本義是"木皮"，"附"的本義是"小土山"，"朴"的本義也是"木皮"，顯然，作爲木皮義，應該用本字"柿""朴"，但是原文却用了音同義不同的"肺附"二字。由此可見，所謂"通假"，是說語言中的某個詞，放着本來已經爲它造的本字而不用，却借用其他音同音近的字來記錄。通假現象是在本字和通假字之間發生的，這裏所說借用的其他音同音近的字就是"通假字"。

通假現象在商代甲骨文中就已經存在，西周和春秋、戰國文字材料中也很多，人們接觸更多的是傳世上古文獻中的文字通假。由於本字與通假字之間只是音同音近的關係，它們的意義一般並不相同，因此在發生通假的句子中，閱讀古書的人若不明通假，用通假字本身的意義來理解句子意思，就難免望文生義。這時候正確的做法就是破除通假字而以本字讀之。例如《詩經·豳風·七月》："八月剝棗，十月穫稻。"西漢毛傳："剝，擊也。"唐孔穎達正義："棗須撲擊之，所以

'剝'爲'擊'也。"唐陸德明《經典釋文》："剝,普卜反。"從音義分析,此句的"剝"字無疑不是本字。但是宋王安石《詩經新義》不從毛傳,反而泥於字形,強爲之解："剝者,剝其皮而進之,所以養老也。"這就犯了望文生義的錯誤。《説文》："攴,小擊也。从又、卜聲。"段玉裁注："'又'者手也,經典隸變作'扑'。……《豳風》'八月剝棗',假'剝'爲'攴'。"清阮元《十三經校勘記》："剝棗即今之撲棗也。'剝'讀爲'撲',觀《釋文》自明,'撲'者'扑'之俗,'扑'者'攴'之變。"經過段玉裁、阮元的考證,"剝棗"的意思纔算徹底清楚①。又如《左傳·隱公元年》:"莊公寤生,驚姜氏,故名曰寤生,遂惡之。"晉杜預注："寐寤而莊公已生。"孔穎達正義："武姜寐時生莊公,至寤時始覺其生。"兩人都認爲姜氏在睡眠中生下了莊公,這是用"寤"的字義(《説文》："寤,寐覺而有言曰寤。")來解釋此句。明代焦竑《焦氏筆乘》引吳元滿的話則説："據文理,'寤'當作'逜',音同而字訛。逜者,逆也。凡婦人産子,首先出者爲順,足先出者爲逆。莊公蓋逆生,所以驚姜氏。"清代黃生《義府》也指出："寤而已生,此正産之極易者,何必反驚而惡之。余謂'寤'當與'牾'通,牾,逆也。凡生子首出爲順,足出爲逆,至有手及臂先出者,此等皆不利於父母,或其子不祥,故世俗惡之。莊公寤生,是逆生也。逆生則産必難,其母之驚且惡也宜矣。"《史記·鄭世家》敘述這段歷史説："生太子寤生,生之難,及生,夫人弗愛。"結合"生之難"的説法來看,把"寤生"的"寤"解釋爲通"牾逆"之"牾"纔是正解。正如清王引之《經義述聞·自序》所引其父王念孫的話説："詁訓之指,存乎聲音。字之聲同聲近者,經傳往往假借。學者以聲求義,破其假借之字,而讀以本字,則渙然冰釋;如其假借之字而強爲之解,則詰籟爲病矣。"這是清儒治學的經驗之談。清代乾嘉學派在解讀、發明古代經典方面取得了極大的成就,一個重要原因就在於他們能夠認識到古書中通假現象的本質,以古音爲綫索,正確找出通假字的本字或通行字。

不過上面説所謂"通假"是"放着本來已經爲它造的本字而不用",實際上我們也經常發現,有的通假現象中被通假的並不是本字。例如《史記·李斯列傳》:"夫以秦之彊,大王之賢,由竈上騷除,足以滅諸侯成帝業。"這裏"由"通"猶",義爲"猶如",但是《説文》説:"猶,玃屬。从犬、酋聲。"顯然,"猶"不是義爲"猶如"的動詞的本字。又如《孟子·滕文公上》:"聖人有憂之,使契爲司徒,教以人倫。"這裏"有"通"又",是義爲"重複、繼續"的副詞,但是《説文》説:"又,手也。象形。"顯然,"又"也不是義爲"重複、繼續"的副詞的本字。其實,我們的先人始終沒有給

---

① 南宋洪邁《容齋續筆》卷十五"注書難"條云:"(王安石)後從蔣山郊步至民家,問其翁安在。曰:'去撲棗。'始悟前非。即具奏乞除去十三字,故今本無之。"此事可能屬實,可惜"剝棗"爲何就是"撲棗",並未説明。

義爲"猶如"的動詞創造一個本字,也没有給義爲"重複,繼續"的副詞創造一個本字,在古代書面語中通行的始終就是"猶"和"又",它們是本無其字的假借,人們把它們視同本字。這樣看來,更加嚴密、確切的表述,上文"通假"的定義應該修改爲:所謂"通假",是指古代漢語書面語中,有本字或通行字而不用,却用另一個音同或音近的字來代替。

古書中爲什麽會有文字通假現象?某些詞明明有現成的書寫符號,爲什麽還要借用其他音同音近的字來表示?應該説,通假字實質上就是同音别字,但是後來在一定範圍内約定俗成,具有了社會性,就不再屬於個人偶然的用字錯誤。陸德明《經典釋文·敍録》引東漢鄭玄説:"其始書之也,倉卒無其字,或以音類比方假借爲之,趣於近之而已。受之者非一邦之人,人用其鄉,同言異字,同字異言,於兹遂生矣。"也就是説,通假字最初産生的原因是倉促之間寫了同音别字,後來得到各地人們的承認,就成了普遍通行的通假字。

古代文獻中的文字通假雖然普遍,但也不是一眼就能看出來的,那麽我們應該怎樣來判斷通假字呢?這裏先看兩個實例。(一)《莊子·逍遥遊》:"風之積也不厚,則其負大翼也無力。故九萬里,則風斯在下矣,而後乃今培風。"唐陸德明《經典釋文》:"培,重也。本或作陪。"王念孫《讀書雜志·餘編上》"培風"條云:

> 培之言馮也。馮,乘也。風在鵬下,故言"負";鵬在風上,故言"馮"。必九萬里而後在風之上,在風之上而後能馮風,故曰"而後乃今培風"。若訓"培"爲"重",則與上文了不相涉。"馮"與"培"聲相近,故義亦相通。《漢書·周緤傳》"更封緤爲鄜侯",顔師古曰:"鄜,吕忱音陪。"而《楚漢春秋》作"馮城侯","陪""馮"聲相近,是其證也。("馮"字古音在蒸部,"陪"字古音在之部,之部之音與蒸部相近,故"陪""馮"聲亦相近。《説文》曰:"陪,滿也。"王注《離騷》曰:"馮,滿也。""陪""馮"聲相近,故皆訓爲"滿"。文穎注《漢書·文帝紀》曰:"陪,輔也。"張晏注《百官公卿表》曰:"馮,輔也。"《説文》曰:"倗,輔也。""陪""馮""倗"聲相近,故皆訓爲"輔"。《説文》曰:"倗,從人朋聲,讀若陪位。""鄜,從邑崩聲,讀若陪。"《漢書·王尊傳》"南山群盜倗宗等",蘇林曰:"倗音朋。"晉灼曰:"音倍。"《墨子·尚賢篇》"守城則倍畔",《非命篇》"倍"作"崩",皆其例也。)

陸德明把"培"字解作"重",王念孫注意到,"培風"句是承接"負大翼也無力"句來説的,上句説風在鵬下,下句説鵬在風上,顯然"培"不應該釋爲"重","負"和"馮"纔是相反相對的。同時,他注意到古書中"培""陪"多與"馮""鄜"等相通,它們古音相近。最後得出結論,"培風"的"培"是通假字,本字應該是"馮風"之"馮"。

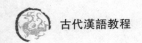

(二)《詩經·唐風·鴇羽》:"王事靡盬,不能蓺稷黍。"《小雅·四牡》:"王事靡盬,我心傷悲。"《杕杜》:"王事靡盬,繼嗣我日。"其中"王事靡盬"的"盬",毛傳、鄭箋都解釋爲"不堅固也"。王引之《經義述聞》卷五"王事靡盬"條云:

> 如毛、鄭所解,則是王事無不堅固,是以勞苦不息。勞苦不息,是以不得養父母。"王事靡盬"之下,須先述其勞苦不息,而後繼之以"不能蓺稷黍"云云,殆盡失之迂矣。今案盬者,息也。"王事靡盬"者,王事靡有止息也。王事靡息,故不能蓺稷黍也;王事靡息,故不遑啓處、不遑將父母也;王事靡息,故我心傷悲也;王事靡息,故繼嗣我日也。《爾雅》曰:"棲遲、憩休、苦,息也。""苦"讀與"靡盬"之"盬"同。《周官·鹽人》"共其苦鹽",杜子春讀"苦"爲"盬",謂出鹽直用不凍治。《典婦》"功辨其苦良",鄭司農讀"苦"爲"盬",謂分别其縑帛與布紵之麤細。……是"盬"與"苦"通。"良盬"之"盬"通作"苦",猶"靡盬"之"盬"通作"苦"也。

毛傳、鄭箋把"盬"解釋爲"不堅固",王引之注意到這種解釋過於迂曲,有增字解經之嫌。他指出"盬"與《爾雅》"苦,息也"之"苦"相通,爲"止息"義;同時,在古書中也有"苦"通作"盬"的先例。最後得出結論:"'王事靡盬'者,王事靡有止息也。"王引之在《經義述聞》"經文假借"條中曾說:

> 經典古字聲近而通,則有不限於無字之假借者,往往本字見存,而古本則不用本字,而用同聲之字。學者改本字讀之,則怡然理順;依借字解之,則以文害辭。是以漢世經師作注,有"讀爲"之例,有"當作"之條,皆由聲同聲近者,以意逆之,而得其本字,所謂好學深思,心知其意也。然亦有改之不盡者。迄今考之文義,參之古音,猶得更而正之,以求一心之安,而補前人之闕。

這就是說,識別通假字,推求本字,其方法先是"考之文義"。從上下文、從語境看,前人對於句中字詞的解釋是否合理? 如果不合理,則推測可能存在通假。然後"參之古音",尋找"聲同聲近者",推求符合上下文和語境的音義貼切的本字或通行字。最後,在古書中找出同樣通假的例子,作爲旁證。這裏最重要的前面兩點,如有最後的旁證,則論證更爲完美。由於清代學者採用了這樣一種科學而嚴格的方法,所以他們所揭示的通假現象大都比較可信,解讀古代文獻也比較成功。

在清代學者之前,漢代經學家在爲古書作箋注時,已經能從聲同聲近關係出發,來推求本字,疏通訓詁。如《詩經·豳風·七月》"七月食瓜,八月斷壺",毛傳

"壸,瓠也"就是用本字"瓠"來解釋通假字"壸"。《詩經·召南·甘棠》"蔽芾甘棠,勿翦勿拜",鄭箋"拜之言拔也"就是讀"拜"爲"拔"。《尚書·舜典》"汝后稷,播時百穀",鄭玄注"時,讀曰蒔"就是指"時"通"蒔"。漢代經學家使用"讀爲"、"讀如"、"讀曰"、"當爲"、"之言"等術語,有不少是用來表示通假的。漢代以後的訓詁學家對本字和通假字關係的辨析更加深入透徹,所使用的術語,除了以上"讀爲"、"讀如"等以外,還有"讀破"、"破"、"音"、"易字"、"通作"、"通",等等。如《史記·晉世家》"更令梁繇靡御,虢射爲右,輅秦繆公",唐司馬貞索隱"輅,音五嫁反"就是指"輅"通"迓"。又如《戰國策·齊策》"徹其環瑱,至老不嫁,以養父母",南宋鮑彪注"撤,去也,通作徹"就是指"徹"通"撤"。

　　文字通假是以音同音近爲樞紐的,判斷上古文獻中的通假字需要"參之古音",即必須以上古音相同或相近爲條件。比如上面的"壸"通"瓠",兩字上古都是匣母魚部字,它們是同音字;"拜"通"拔",兩字上古都是祭部字,前字幫母,後字並母,它們是近音字。同時,判斷古音的相同相近必須聲韻兼顧,有人提出"雙聲通假"、"疊韻通假"之說,認爲兩個字祗要聲或韻一方相同相近即可通假,這是不可取的。所謂"雙聲通假"的證據之一是《詩經》"素絲祝之,良馬六之","祝"通"織";但是上古"祝"是章母覺部字,"織"是章母職部字,覺職旁轉,兩字不但聲母相同,韻部也是相近的。所謂"疊韻通假"的證據之一是《詩經·小雅·蓼蕭》"既見君子,鞗革忡忡","革"通"勒";但是上古"革"、"勒"都是職部字,同時"革"是中古見母麥韻二等字,上古聲母爲*kr-,"勒"是中古來母字,上古聲母爲*r-,因此"革"和"勒"不但韻部相同,聲母也相近。"雙聲通假"、"疊韻通假"這種錯誤意見之所以會產生,還是因爲站在後代語音的角度來觀察上古的語言現象。

　　在漢字整個系統中,音同音近的字實在太多,如果漫無標準,則幾乎無不可通,很容易導致"濫言通假"的錯誤,這是我們在閱讀、理解古書中要注意避免的。《詩經·魏風·伐檀》"不稼不穡,胡取禾三百廛兮"、"不稼不穡,胡取禾三百億兮"、"不稼不穡,胡取禾三百囷兮",清代俞樾《群經平議》卷九說"廛"通"纏"、"億"通"繶"、"囷"通"稇"。爲什麼詩人在句中同樣的位置,一連使用三個通假字呢?爲什麼這樣的通假,舉不出其他旁證材料呢?因此,俞樾的說法很難令人置信。對"廛、億、囷"三個字的解釋,毛傳"一夫之居曰廛"、孔穎達正義"胡取禾三百夫之田穀",鄭箋"十萬曰億,三百億,禾秉之數",毛傳"圓者爲囷",本來完全講得通,是根本不必用通假來無事生非的。

　　在通假現象中,有些通假字產生後,長期爲人們所慣用,甚至取代或幾乎取代本字的地位,成爲通行字。例如"草木"的"草",本字是"艸"(《說文》:"艸,百卉也。从二屮。""卉,艸之總名也。从艸屮。"),但是傳世的古代文獻卻大都借用本義是草斗的"草"(《説文》:"草,草斗,櫟實也。")來表示①。《周禮·秋官·庶氏》"嘉草攻之",唐陸德明《經典釋文》所見版本作"艸",云:"艸,音草,本亦作'草'。"清阮元《十三經注疏校勘記》:"據此知經中草木皆本作'艸'也。"又如"居處"的"居",本字是"凥",但是傳世文獻又大都借用本義爲"蹲"的"居"來表示。屈原《楚辭·天問》:"崑崙縣圃,其凥安在?"宋洪興祖補注:"凥,與居同。"《説文》"凥"字下段玉裁注:"以蹲居之字代'凥',別製'踞'爲蹲居字,乃致'居'行而'凥'廢矣。"又如"善良美好"義的"淑",本字是"俶"(《説文》:"俶,善也。从人、叔聲。"),但是古代文獻又多借用本義是水清的"淑"(《説文》:"淑,清湛也。从水、叔聲。")來表示。《詩經·周南·關雎》:"窈窕淑女,君子好逑。"《爾雅·釋詁》:"淑,善也。"《説文》"俶"下段玉裁注:"《釋詁》、毛傳皆曰'淑,善也',蓋假借之字,其正字則'俶'也。……自'淑'行而'俶'之本義廢矣。"又如"容貌"的"容"字,本字是"頌"(《説文》:"頌,皃也。从頁、公聲。"),但是許多古籍却借用本義是"容受"的"容"(《説文》:"容,盛也。从宀、谷。")來表示。宋王觀國《學林》卷一:"字書'頌'字亦音'容',……有形容之義。故《詩序》曰:'頌者,美盛德之形容。'《史記》用'容'字,《漢書》用'頌'字,其義一也。"像上述這些字,人們習慣上祇用通假字,幾乎不用本字,書寫者十分自然,閱讀者也不覺生疏。那麼從讀懂讀通古代文獻的角度來看,對於這樣的通假字不做辨析也無大礙,所以一般情況下,注家也就不再注明它們是通假字了。

第七節　文字方面的常用工具書

閱讀或研究古代文獻,經常會遇到文字障礙,這就需要參考一些文字方面的工具書。這方面的工具書主要有《説文解字》、《説文解字注》、《説文通訓定聲》和《康熙字典》等。

一、許慎《説文解字》

東漢許慎所作的《説文解字》是第一部以分析漢字字形、解釋漢字本義爲宗旨的字書,在中國語言學史上具有十分重要的地位。據《後漢書·儒林傳》本傳

---

① 《説文》"艸"字下段玉裁注:"俗以'草'爲'艸',乃別以'皂'爲'草'。"宋王觀國《學林》卷九:"《説文》曰:草,自保切,櫟實。可以染帛爲黑,故黑色曰草。後世既用'皂'字,故'草'字用爲草木之字。"

記載，許慎字叔重，汝南召陵（今屬河南省漯河市）人，少年時就博通經籍，曾經做過郡功曹，舉孝廉，再遷除洨（古縣名，故治在安徽省靈璧縣南）長。他的兒子許沖在《上説文表》中説他還擔任過太尉南閣祭酒，當是任洨長之前的事。在作太尉南閣祭酒時，許慎開始跟從古文經學大師賈逵學習古文經，時人稱許他"五經無雙許叔重"。除了《説文解字》，許慎還撰有《五經異義》、《淮南鴻烈間詁》等，但均已散佚，僅有《説文解字》流傳下來。

《説文解字》大約草創於漢和帝永元八年（96），於永元十二年（100）完成初稿。此後許慎又用二十一年時間補充修訂，直到漢安帝建光元年（121），許慎病重，遣其子許沖把這部書上奏給皇帝。由此可見作爲首創之作，作者撰述的不易和治學的謹嚴。

漢代經學有"今文經"和"古文經"兩大派別，許慎當時正是兩大派別爭勝的時代。今文經是漢初儒生口耳相授，並用當時通行的文字隸書記錄下來的儒家典籍。漢武帝時陸續發現了戰國時候用六國古文書寫的古文經，古文經甫一出現就受到今文經學派的極力排斥，他們毁非古文，視篆、籀、古文爲向壁虛造的"不可知之書"（《説文解字·敍》），妄稱隸書是古帝先王之書，並根據後代字形牽強附會地解説文字，如"馬頭人爲長，人持十爲斗"（《説文解字·敍》）之類。許慎有感於這些説解"不合孔氏古文，謬於史籀"，爲了駁斥今文經學家的謬説，維護古文經學的地位，創作了《説文解字》一書。

許慎《説文解字·敍》云："倉頡之初作書，蓋依類象形，故謂之'文'，其後形聲相益，即謂之'字'，字者，言孳乳而浸多也。"這就告訴我們，許書的宗旨就是説解漢字的。正如清王筠《説文釋例》所説："此書名以'説文解字'者，説其文、解其字也。《通志》曰'獨體爲文，合體爲字'是也。"

《説文解字》一書共十五卷（今本每卷分上下，共三十卷），包括正文共十四篇，以及書後"敍目"一篇。全書共收 9 353 字，重文 1 163 字，分屬五百四十部。每部立一字爲部首，統率部中之字。五百四十部首的次序，根據漢代陰陽五行家"萬物生於一，畢終於亥"的思想，以"一"爲第一部，"亥"爲最後一部，其他部首則根據"據形系聯"的原則，把形體相近的部首依次排列在一起，如"王、玉、玨"等在一起，"走、止、步、此、正、是"等在一起。而部中之字，又根據"以類相从，不相雜越"的原則，把意義相近相關的放在一起，如"竽、笙、簧、簫、筒、籟、管、笛"等在一起，"訕、譏、諆、誹、謗"等在一起。本書以小篆爲依據説解字形，所以每個字頭都採用小篆，如果某字的古文、籀文字形與小篆不同，就在説解中另外列出，並加説明，或體、俗體也作同樣的處理。這些古文、籀文、或體、俗體統稱爲"重文"。書中每部之後標明本部所收正文、重文的數量，如"一"部收有"一、元、天、丕、吏"五字,"一"字有古文弌,所以部後注明"文五、重一"。

正文每個字頭先列小篆,然後加以説解。一般先解釋字義,指出字的本義,然後分析字的形體結構,有的字則列出重文,加注讀音,收錄異解,引用古書例證。分析字形,凡象形字則曰"象形"、"象某某之形",指事字則曰"指事",會意字則曰"从某、从某"或"从某、某",形聲字則曰"从某、某聲"。如果聲符或形符有所減省,則曰"某省聲"或"某省",如果是會意兼形聲,則曰"从某、从某,某亦聲"。注音用"讀若"等方式。下面舉例説明:

丌 下基也。(解釋字義)薦物之丌,象形。(依六書條例分析字形結構)凡丌之屬皆从丌。("丌"是部首,"凡某之屬皆从某"是説明部首的用語,表明本部字都以此爲形符)讀若箕同。(用直音法注明當時的讀音)

沫 洒面也。(解釋字義)从水、未聲。(从某、某聲,説明形聲字的形符和聲符)頮,古文沫从頁。(注明與小篆不同的重文及其字形結構)

詵 致言也。(解釋字義)从言、从先,先亦聲。(从某、从某,某亦聲,説明會意兼形聲)《詩》曰:螽斯羽,詵詵兮。(引用《詩經》例證)

嫌 不平於心也。(解釋字義)从女、兼聲。(从某、某聲,説明形聲字的形符和聲符)一曰:疑也。(收錄另一種字義解釋)

有少數字的説解,必須承上篆文連讀纔能理解它的意義。如"離":"離黄,倉庚也。""昧":"昧爽,旦明也。""烽":"烽燧,候表也。""參":"參商,星也。"這種情況後人稱之爲"連篆讀"、"連篆爲句"。另外,今本《説文》每字説解後的反切是後人所加,南唐徐鍇《説文解字繫傳》(小徐本)中的反切是南唐朱翶所加,徐鍇之兄徐鉉校訂的《説文》(大徐本)中的反切是根據唐代孫愐《唐韻》加上去的。

許慎《説文解字》的價值和貢獻主要體現在以下幾個方面。

一、確立六書理論。許慎之前的漢代學者如班固、鄭衆等已經提出了六書理論,但他們著作中都只列出六書的名目,未作深入説明。許慎《説文解字·敍》首次爲六書作了定義,並舉例字加以説明。同時,在《説文》正文中又把六書理論運用於漢字構形分析的實踐中。可以説,漢代古文經學家的文字學體系是由《説文》的出現而建立起來的,《説文》開創了古文字研究的先河。清代段玉裁在《説文解字注》中説:"以字形爲書,俾學者因形以考音與義,實始於許,功莫大焉。"這個評價是確當的。

二、創立文字學原則的部首系統。《説文》創立五百四十部首,依照漢字的形符把9 353字分歸五百四十部,使極其紛繁複雜的漢字得以各從其類、井然有序。這是許慎的一個創造發明,既反映了漢字形體構造的規律,又便於檢索和教學,也爲後世的字書編纂開闢了正確的體例。從晉吕忱《字林》、南朝梁顧野王《玉篇》,再到宋代《類篇》、明代梅膺祚《字彙》、清代《康熙字典》,乃至現代的各種漢語字典詞典,基本上都採用了《説文》的部首系統,衹是越到後代删併越是多一點罷了。

三、保存小篆、古文、籀文的字形。《説文》系統記録了九千多字的小篆字形,是保存秦篆最爲完備的一部字典。許慎所見的小篆不全是秦篆的原貌,有些已經發生訛變,但大部分是可靠的。有了小篆這個橋樑,一方面可以上溯漢字的源頭,釋讀甲骨文、金文和戰國古文字,另一方面可以下辨隸、行、真、草形成和遞變的軌跡。除了小篆,許慎還記録了他當時所見到的古文、籀文等先秦古文字,爲後人的古文字釋讀提供了極爲寶貴的參照。例如《説文》説"載,乘也。从車、𢦒聲","𢦒,傷也。从戈、才聲",後人由此確定中山王壺銘文"因𢦒所美"中的𢦒即"載"字;《説文》記載"育"字重文作𠫓,後人由此確定甲骨文 、 就是"毓"字;《説文》説"聞"的古文從昏,作 ,後人由此確認戰國中山王鼎 字正是"聞"字。可以説,如果没有《説文》,想要深入研究古文字幾乎是不可能的。

四、保存漢以前古訓、古音。《説文》記録了漢代以前的訓詁材料,所説字義往往與先秦典籍用法相合,爲我們研究上古漢語詞彙、解讀先秦典籍,乃至瞭解先秦兩漢的風俗、名物、制度等提供了重要的參考資料。如《説文》説"砅,履石渡水也,从水、从石。《詩》曰:深則砅",後人由此知道《詩經·邶風·匏有苦葉》"深則厲,淺則揭"中"厲"的意思;《説文》説"而,頰毛也。象毛之形",由此後人知道《周禮·考工記·梓人》"必深其爪,出其目,作其麟之而"中"而"字的意思;《説文》説"叔,拾也。从又、朩聲",由此後人知道《詩經·豳風·七月》"九月叔苴"中"叔"字義爲"拾取";《説文》説"秉,禾束也。从又持禾",由此後人知道《詩經·小雅·大田》"彼有遺秉,此有滯穗"中"秉"字義爲"禾束"。同時,《説文》還提供了漢字諧聲、讀若和聲訓材料,我們根據這些材料可以研究上古的聲母和韻部。段玉裁説:"許叔重作《説文解字》時,未有反語,但云某聲某聲,即以爲韻書可也。"例如《説文》"廒讀若藍",用"讀若"注音的字必定音同音近,這説明"藍"字上古有kl-複輔音聲母。

當然,由於時代和學術發展的局限,許慎《説文》也存在一些缺陷和錯誤。首先,許慎由於受到當時儒家思想和陰陽五行學説的影響,因此往往附會、歪曲字詞的本義。如把"一"解釋爲"惟初太始,道立於一,造分天地,化成萬物",把"三"解釋爲"數名,天、地、人之道也",把"王"解釋爲"天下所歸往也",把"婦"解釋爲"服也。从女持帚,灑掃也"等,都是陳舊腐朽没有科學依據的思想觀點。其次,由於受到歷史條件的限制,許慎未能見到更早的字形,所以對某些字的形體的理解分析有誤。如"爲"字,甲骨文象手牽大象勞作之形,許慎却釋爲"母猴也,其爲禽好爪,下腹爲母猴形";"虎"字,甲骨文金文象老虎形,許慎却釋爲"从虍,虎足象人足,象形";"行"字,甲骨文金文象十字街道形,許慎則釋爲"人之步趨也。从彳,从亍";"奔"字,金文從人從三止,以示人飛跑,應爲會意字,許慎則理解爲形聲字,說它是"从夭,賁省聲"。再次,許慎所創立的部首系統雖然有利於漢字的編排檢索,但是仍有許多不合理的地方。雖然有"據形系聯"的原則,但是"走"部排在"吅"部"哭"部之後、"竹"部排在"角"部之後、"喜"部排在"號"部"虧"部之後,都說不出什麼道理,而"杲"字釋爲"明也。从日在木上",顯然主要與太陽有關,却歸入木部,"桑"雖然釋爲"蠶所食葉木",却不歸木部,反歸叒部。雖然有"以類相從,不相雜越"的原則,但是在分類較多的木部、水部、山部等部中,要檢得一字亦非容易。正如徐鉉所說:"偏旁奧密,不可意知;尋求一字,往往終卷。"

《說文》問世以後,一直傳習不衰。東漢鄭玄、應劭,南北朝顧野王、江式、顏之推、唐代顏師古、陸德明、孔穎達等在著述中曾多次引用《說文》,而晉代呂忱《字林》、北魏江式《古今文字》、梁朝顧野王《玉篇》等都是對《說文》一書的模仿、增補、改易之作。唐代乾元年間李陽冰刊定《說文》,爲專門研究《說文》一書的發端,以後有南唐徐鍇《說文解字繫傳》、宋代徐鉉校訂《說文解字》、林罕《字原偏旁小說》、元代周伯琦《說文字原》等,清代《說文》研究形成高潮,研究者多達二百多家,其中最爲著名的《說文》四大家是段玉裁的《說文解字注》、桂馥的《說文解字義證》、王筠的《說文句讀》和《說文釋例》、朱駿聲的《說文通訓定聲》。近人丁福保把研究著述彙編爲《說文解字詁林》,爲閱讀研究《說文》一書提供了極大的方便。現代學者研究《說文》的範圍更爲廣泛,內容更爲深刻,有專門研究其版本、部首、重文、諧聲、讀若的,也有研究其引書、引通人說、諸書引《說文》的,還有以甲骨文、金文來考訂《說文》的,成果累累,發明甚多。可以說,對於漢語漢字的研究者來說,《說文解字》是第一重要的書。

二、段玉裁《說文解字注》

段玉裁的《說文解字注》(簡稱《說文段注》)是清代最重要的《說文》注本。段玉裁,字若膺,號懋堂,生於雍正十三年(1735),卒於嘉慶二十年(1815)。早年師事戴震,乾隆年間中舉,曾任四川巫山縣知縣。一生著述三十餘種,《說文解字注》是他的代表作。段氏在乾隆四十五年(1780)開始注《說文》,先搜集資料,編纂長編性質的《說文解字讀》,共五百四十卷(每部一卷)。然後以此爲基礎,由博反約,錘煉精簡,於嘉慶十二年(1807)寫定爲《說文解字注》三十一卷,前後歷時近三十年。

　　清代以前，《説文解字》雖經徐鍇通釋、徐鉉校訂，但訛誤尚多；加之該書説解簡略，多古言古義，初學古漢語的人，還無法直接利用《説文》來解決文字障礙。"向來治《説文解字》者多不能通其條貫，考其文理。"（《説文解字注》卷十五下）段玉裁深通經學，熟稔古代典籍，又長於文字、音韻、訓詁和校勘之學，他用畢生精力和學養來注解《説文》，根基紮實，考證詳博，見解獨到，所以《説文解字注》一經問世便廣受贊譽，至今仍是公認的詮釋《説文》的權威著作。

　　該書對《説文解字》的説解逐條進行校訂、疏證，注釋内容十分豐富。總的來看，段氏所做的工作主要有以下幾個方面。

　　一、發明、詮釋《説文》的體例和術語。許慎在寫作《説文》時雖然遵循一定的體例，但是他並没有單獨列出昭示後人，他所用的術語也並不加以解説，這爲後人的研讀帶來一定的困難。段玉裁潛心研究，對原書中的許多體例和術語都給以歸納和疏通。如《説文》"元，始也。从一，兀聲"下，段玉裁注："凡言'从某、某聲'者，謂於六書爲形聲也。……凡篆一字，先訓其義，若'始也'、'顛也'是；次釋其形，若'从某、某聲'是；次釋其音，若'某聲'及'讀若某'是。合三者以完一篆。"這是闡明《説文》關於形聲字的説解方式，以及一般的訓釋次序。又如《説文》："𠕄，溥也。从二，闕，方聲。"段玉裁注："'闕'謂从冂之説未聞也。李陽冰曰：冂象旁達之形也。按自序云：'其於所不知，蓋闕如也。'凡言'闕'者，或謂形，或謂音，或謂義，分別讀之。"這是解釋許書中"闕"這一術語的意思。其他如"天"字下説聲訓、轉注、會意之例，"吏"字下説"亦聲"之例，"齋"字下説"省聲"之例，"禘"字、"祝"字下説"一曰"之例，"纛"字下説"讀若""讀爲"之例，"靈"字下説"複舉篆文"之例，"輒"字下説篆文難易排列順序之例，等等，諸如此類，對於讀者深刻理解《説文》都有重要幫助作用。

　　二、校訂、修正《説文》訛誤。《説文》一書流傳既久，版本衆多，魯魚亥豕必不能免，雖經大徐、小徐校訂，仍有漏落失校甚至改竄者。段玉裁根據此書體例和歷代文獻稱引，對其進行了大量的校訂、修正、補脱和删衍。如"獺"字的釋義，大徐本作"如小狗也"，小徐本作"小狗也"，段玉裁依《廣韻》改爲"水狗也"。又如"瓊"字的釋義各本作"赤玉也"，段玉裁根據《説文》"以類相从"原則，指出："倘是赤玉，當廁'璊''瑕'二篆間矣。"並據其他材料改"瓊"字釋義爲"亦玉也"。段氏未能見到甲骨文，也未見到《説文》古本，但其某些校改却爲後來出土的古文字及《説文》唐寫本木部殘卷所印證，令人歎爲觀止。如"栅"字釋義各本作"編樹木也"，段注改爲"編竪木也"，正與唐寫本木部殘卷相合。又如"上"字釋義云："丄，高也。此古文'上'，指事也。"段注據下文"帝、旁、示"諸字所從古文"上"作"二"

形,而改"⊥"爲"二",這正合於甲骨文"上"字的寫法。又如"焚"字小篆各本作"燓",解作"燒田也。从火、棥,棥亦聲",段注據《玉篇》、《廣韻》和玄應《一切經音義》改爲"焚,燒田也。从火、林",指出"經傳'焚'字不可枚舉,而未見有'燓'",商承祚《殷虛文字類編》:"今證之卜辭,亦從'林',不從'棥',可爲段說佐證。"

三、疏證、闡發《説文》的説解。許慎使用漢代語言,加上其説解較爲簡約,因而後人閱讀多有困難,段玉裁引用各種字書及古代典籍用例,對許書的説解作了詳細的疏通論證。同時段氏又寓作於述,把自己研究漢語漢字的大量成果融入到疏通論證中,從而大大提高了注釋的學術價值。如《説文》"糞,棄除也"條段注:"古謂除穢曰糞,今人直謂穢曰糞。此古義今義之別也。"在疏證許書的同時辨析古今詞義的變化。又如"疾,病也"條段注:"析言之則'病'爲疾加,渾言之則'疾'亦病也。"在疏證許書的同時辨析近義詞的詞義區別。又如《説文》"晤,明也"條段注:"'晤'者,啓之明也。心部之'悟',寢部之'寤'皆訓'覺','覺'亦明也,同聲之義必相近。"在疏證許書的同時闡發同源詞之間的音義關係。又如《説文》"福,祿也"條段注:"《詩》言'福'、'祿'多不別。《商頌》五篇,兩言'福',三言'祿',大旨不殊。《釋詁》、毛傳皆曰:'祿,福也。'此古義也。鄭《既醉》箋始爲分別之詞。"在疏證許書的同時考證了"福""祿"兩詞分合的準確時代。

四、標明各字的古韻,以便形、音、義三者互求。今本《説文》每字下都注有反切,但這些反切代表的是中古音,目的祇是告訴讀者中古的讀音。段氏標明的則是上古韻部,其目的一是與許慎所說的"某聲"、"讀若某"等相配合,二是有助於古音、古形、古義三者互求。如《説文》"龜,舊也"下,段注:"此以疊韻爲訓。……'舊'本'鴟舊'字,假借爲'故舊',即'久'字也。劉向曰:蓍之言耆,龜之言久。龜千歲而靈,蓍百年而神,以其長久,故能辨吉凶。"段氏注"龜"字古韻在第一部(之部),"舊"字古韻也在第一部(之部),由此讀者可以知道許慎這裏確爲疊韻爲訓,而"舊"、"久"音義相通,所以許慎纔説"龜,舊也"。

五、闡明許慎的文字學理論觀點。許慎在《説文解字·敘》中提出了許多文字學理論觀點,段氏一一加以闡述和發揚。如關於六書中的形聲一例,段氏就作了詳細的闡發:"其別於指事、象形者,指事、象形獨體,形聲合體。其別於會意者,會意合體主義,形聲合體主聲。聲或在左,或在右,或在上,或在下,或在中,或在外,亦有一字二聲者。有亦聲者,會意而兼形聲也。有省聲者,既非會意又不得其聲,則知其省某字爲之聲也。"

段氏《説文解字注》的成就是巨大的,但也存在一些缺點和不足之處。首先是對原文的校改有時過於主觀武斷。如《説文》:"本,木下曰本。从木,一在其下。"許慎的説法本來不誤,也符合甲骨文字形。段氏依《六書故》引唐本改作:

"本,木下曰本。从木、从丁。"把本爲指事字的"本"改成從木、丁(下)會意,反而改錯了。其次,間有穿鑿附會以證成許説者。由於時代的局限,許慎的説解本來就有一些牽強不實之處,段氏非但未能糾正,反而多所曲意維護。如《説文》:"天,顛也。至高無上,从一、大。"段注:"至高無上,是其大無有二也,故从一、大,於六書爲會意。"實際上"天"字是人頭象形,許慎的"从一、大"是依據後代字形而生出的誤解。又如《説文》:"用,可施行也。从卜、中,衞宏説。"段注:"卜中則可施行,故取以會意。"其實古文字"用"是木桶象形,不從卜中,許慎所引衞宏説没有根據。

三、朱駿聲《説文通訓定聲》

朱駿聲,字豐芑,號允倩,江蘇吴縣(今蘇州)人。生於乾隆五十三年(1788),卒於咸豐八年(1858)。十三歲受讀《説文解字》,十五歲爲諸生,師從錢大昕。錢氏奇其才,曾云:"吾衣缽之傳,將在子矣。"(朱鏡蓉《説文通訓定聲跋》)三十一歲中舉,官黟縣訓導,後薦主江陰暨陽書院講席。朱氏學問淵博,通經學,精曆算,尤長《説文》,《説文通訓定聲》十八卷是其傳世之作。

關於《説文通訓定聲》撰述之由,朱駿聲在給朝廷的奏呈中説:"不明六書,則字無由識;不知古韻,則六書亦無由通。專輯此書以苴《説文》轉注、假借之隱略,以稽覃經子史用字之通融。"從這一宗旨出發,全書內容大致包括三個部分:(1)"説文"。以許慎的説解爲基礎,釐定傳本訛誤,利用六書中象形、指事、會意、形聲四書,從字的形體構造來解釋字音、字義,考明字的本義。(2)"通訓"。通釋訓詁,即對字義的引申、古字的同音近音通假進行考訂説明,爲本書中最精彩的部分。(3)"定聲"。把所收的字按照聲符和古韻部進行分類,以便人們理解古書中的音韻現象和以聲音通訓詁。

本書在編排上,完全不按許慎原書五百四十部排列,而是把《説文》全書拆散,重新加以組織。先把1 137個諧聲聲符(朱氏稱爲"聲母")分列在取自《易經》卦名的"豐、升、臨、謙、頤、孚、小、需、豫、隨、解、履、泰、乾、屯、坤、鼎、壯"(即"東、蒸、侵緝、談葉、之職、幽覺、宵藥、侯屋、魚鐸、歌、支錫、脂質、祭月、元、文、真、耕、陽")十八個韻部中,然後按古韻把17 240個漢字列在各個聲符和韻部中。然後在每個字頭之下大致先列出《説文》原文,説明此字的本義,並引古書文句和傳注作爲例證,再分列"轉注"、"假借"、"別義"、"聲訓"、"古韻"、"轉音"等幾項。朱氏所謂的"轉注"和"假借"不同於許慎,他説:"轉注者,體不改造,引意相受,令長是也;假借者,本無其意,依聲托字,朋來是也。凡一意之貫注,因其可通而通之，爲轉注；一聲之近似，非其所有而有之，爲假借。就本字本訓，而因以展轉引申爲他訓者，曰轉注；無展轉引申，而別有本字本訓可指名者，曰叚借。"可見，朱氏的"轉注"是指字義的引申，朱氏的"假借"是指本無其字的假借和本有其字的假借(古音通假)。朱氏又認爲，假借從聲音上分析，可以分爲"同音"(聲韻俱同)、"疊韻"(韻同聲不同)、"雙聲"(聲同韻不同)、"合音"(兩字合爲一字)四種；從作用上分析，又可以分爲"同聲通寫字"(同音通假)、"託名標識字"(專有名詞)、"單辭形況字"(單音節詞根加詞尾的形容詞)、"重言形況字"(疊音字形容詞)、"疊韻連語"(疊韻聯綿詞)、"雙聲連語"(雙聲聯綿詞)、"助語之詞"(助詞)、"發聲之詞"(代詞)等。此外，朱氏還把本義稱爲"本訓"，因同字異詞而形成的另一字義稱爲"別義"，同韻部相押者稱爲"古韻"，鄰近韻部通押者稱爲"轉音"，以音同音近字訓釋字義者稱爲"聲訓"等。

現以本書"字"、"造"兩字爲例，説明朱氏具體的釋字方式及其作用(説明放在括弧中，原文無標點，"……"處原文有删節)：

字　乳也。从子在宀下。(引述《説文》原文)會意。(指明所屬六書種類，説明字形構造)子亦聲。(引述《説文》原文)按：人生子曰字，鳥曰孚，獸曰𤜸……(用當代語言解釋許慎所説該字的本義)《廣雅·釋詁一》："字，生也。"《易·屯》："女子貞不字。"虞注：妊娠也。《中山經》："服之不字。"注：生也。(引用古代文獻書證，證明本義) 轉注 《史記·平準書》："衆庶街巷有馬，阡陌之間成群，而乘字牝者儐而不得聚會。"按：字牝，孕字之牝也。(引用古代文獻書證，説明該字的引申義，由人生子義演變爲獸生子義，故爲引申。字牝，指母馬)……又《説文·敍》："倉頡之初作書，蓋依類象形，故謂之文。其後形聲相益，即謂之字。字者，言孳乳而浸多也。"按：指事、象形者曰文，會意、諧聲者曰字。(説明該字的又一引申義，由人生子義演變爲由文孳乳爲字，即"文字"之"字")…… 叚借 爲慈。《説文》鍇本："字，乳也，愛也。"《詩·生民》："牛羊腓字之。"傳：愛也。《左成四傳》："其肯字我乎？"(引用古代文獻書證，説明"字"通"慈"，兩字均屬頤部字)…… 聲訓 《春秋説題辭》："字者，飾也。"《孝經援神契》："字者，言滋乳浸多也。"(引用古代文獻中以聲訓解釋"字"的例子，"字"、"飾"都是頤部字) 古韻 《詩·生民》叶字、翼。《儀禮·士冠禮》叶備、字。(引用古代文獻中與"字"押韻的例子，這些字全是頤部字)

造　就也。从辵、告聲。譚長説：造上士也。……(引述《説文》原文)按：……《小爾雅·廣詁》："造，適也；造，進也。"《廣雅·釋言》："造，詣也。"此字從辵，本訓當爲至。(關於該字的本義，認爲許慎所説不妥，提出自己的意見)《書·盤庚》："咸造勿褻在王庭。"《周禮·司門》："凡四方之賓客造焉。"《儀禮·士喪禮》："造於西階下。"傳、注皆訓至。(引用古代文獻書證，證明本義)…… 叚借 爲就。《禮記·王制》："曰造士。"注：成也。《書·君奭》："耉造德不降。"鄭注：成也。（引用古代文獻書證，說明"造"通"就"，兩字均屬孚部字）……又爲橋。《詩·大明》："造舟爲梁。"《爾雅·釋天》："天子造舟。"孫注：比舟爲梁。按：以郭注"諸侯四船，大夫兩船，士單船"推之，天子當並七船，加板其上，如今浮橋是也。（引用古代文獻書證，說明"造"通"橋"，"橋"是小部字，與"造"音近）……又爲作。《爾雅·釋言》："造，爲也。"《易·乾》："大人造也。"鄭注：爲也。《詩·緇衣》："敝予又改造兮。"箋：爲也。（引用古代文獻書證，說明"造"通"作"，"作"是豫部字，與"造"音近）……又爲曹。《書·呂刑》："兩造具備。"（引用古代文獻書證，說明"造"通"曹"，兩字均屬孚部字）……又雙聲連語。《論語》："造次必於是。"馬注：急遽也。《左·隱四年》注："草次之期。"作草，亦同。（"造"是從母孚部字，"次"是清母履部字，從清雙聲，所以認爲雙聲聯綿詞。"草"是清母孚部字。）古韻《詩·緇衣》叶好、造。《兔爰》叶罦、造、憂、覺。《閔予小子》叶造、疚、老。《易·乾》叶道、咎、造、久、首。（引用古代文獻中與"造"押韻的例子，這些字全是孚部字）轉音《詩·思齊》叶造、士。（引用古代文獻中與"造"通押的例子，"士"是頤部字，與"造"韻部鄰近）

由此可見，《說文通訓定聲》在語言文字學上的貢獻主要有：（1）在字形構造和字的本義方面，對許慎的說解大多能夠提出進一步的疏通和例證，對許慎的誤釋則加以糾正；（2）突破許慎以來字義研究祇講本義的局限，把字義研究擴展到了引申義、假借義等範圍，揭示了漢字的多義性和字義的引申轉變規律，使經、史、子、集大量的故訓資料得以系統化；（3）提出了新的轉注說和假借說，清楚地區分了字詞意義的發展演變與文字的音同音近假借這兩種具有本質區別的語言現象，自成一家之言；（4）擺脫漢字字形的束縛，把大量漢字納入古韻系統之中，從而顯示了音同音近字之間的語義聯繫、假借關係，以及押韻、聲訓等表現。

《說文通訓定聲》的缺點主要有：（1）間有誤釋字形構造和字的本義，有時許慎本來無誤，朱氏反而糾正錯了。如"隶"字，許慎釋爲"及也。从又、从尾省"，並無不妥，古文字作 ，正象人手抓住獸尾形，義爲追及、逮住；朱氏却改爲"隶者，手相及也，从尾省聲"，反不符合古文字形體。又如"樹"字，許慎釋爲"生植之總名。从木、尌聲"，即本義是種植；但是朱氏替這一本義所引的書證却是《廣雅·釋詁三》"樹，本也"、《左昭二傳》"宿敢不封殖此樹"，也就是說，朱氏認爲本義是樹木，這就把引申義誤爲本義了。（2）認爲除託名標識字、重言形況字、連語等以外，凡假借都有本字，這樣朱氏就把大量的通行字都作爲後起本字的通假字，錯誤地把通行字和後起本字視爲共時的現象。如朱氏認爲"說"假借爲"悅"，但是《說文》未收"悅"字，連朱氏的附存字中也未收，可見"悅"字晚出，那麽"說"又如何假借爲"悅"呢？（3）"轉注"、"假借"、"別義"之間劃分標準不一，有交叉現

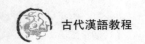

象。如"魚"字下,朱氏把良劍名"魚腸"之"魚"作爲轉注,實際上"魚腸"之"魚"仍是"魚"的本義,或可歸入託名標識字,朱氏又說"魚"字的打魚義是假借爲"漁",實際上打魚義是"魚"字的引申義,應該歸入轉注。又如朱氏認爲"能"字本義爲熊屬,有別義"三足鱉",實際上"三足鱉"義正是本無其字的假借。

四、《康熙字典》

《康熙字典》是清初的官修字典,也是中國現存第一部官修字典,張玉書、陳廷敬等奉敕編,成書於康熙五十五年(1716)。

明代梅膺祚爲方便檢字,把漢字部首簡化爲二百一十四部,編成《字彙》一書。與以前的字書相比,《字彙》具有通俗實用、檢字方便的優點,受到社會的歡迎。此外,明清之際通行的字書,還有張自烈仿照《字彙》體例編成的《正字通》。不過,到清康熙四十九年(1710),康熙皇帝在上諭中則認爲"《字彙》流於簡略,《正字通》則涉於泛濫",因而敕命廷臣張玉書、陳廷敬等三十人編撰一部"善兼美具,可奉爲典常而不易"的字書。六年以後書成,康熙皇帝親自作序,盛讚此書,並命名爲《字典》。後人因其成於康熙朝,一般稱之爲《康熙字典》。

《康熙字典》以楷書繁體爲字頭,沿用梅膺祚《字彙》的二百一十四部首,統攝全部字頭。二百一十四部以子、丑、寅、卯等十二地支標目,分爲十二集,每集又分上、中、下三卷,共四十二卷。部首的次序及每部中各字頭的編排,概以部首和字頭筆畫的多少順序排列。正文之前有"凡例"、"總目"、"檢字"、"辨似"、"等韻"等附錄,正文後附"補遺"和"備考","補遺"收錄不見於正文的冷僻字,"備考"收錄有音無義或音義全無之字。

《康熙字典》解釋各字,先注音後釋義。每字下先列《唐韻》[①]、《廣韻》、《集韻》、《韻會》和《正韻》等韻書的反切,並加注直音;如果上述韻書不載,就採用《玉篇》、《類篇》、《五音集韻》等書的反切或經傳、《史記》、《漢書》、《老子》、《莊子》諸書的音讀。廣輯韻書的反切和羣書的音讀來注音,分別異同,供讀者參考,這是《康熙字典》的首創。注音之後便是釋義,大抵先列本義或最常用義,再敍述其他義項;每個義項之下一般都徵引古書例句爲書證,所引書證多具書名、篇名,以經、史、子、集和時代先後爲次。字有別音別義,則先釋正音本義,後釋別音別義和古音。字有古體,則列在正字之下。《康熙字典》詳於音義而略於形體,解釋本義一般引《説文》作根據,講到字形,也總是以《説文》爲藍本。

[①] 《康熙字典》所引《唐韻》反切並非出自孫愐原書,而是從《説文》大徐本中摘出。

這裏列出《康熙字典》"伯"、"題"兩條,以見本書釋字方式和內容(原文無標點):

  伯 [唐韻] [集韻] [正韻] 丛博陌切,音百。[説文] 長也。[釋名] 父之兄曰伯父。伯,把也,把持家政也。 又兄曰伯。[詩小雅] 伯氏吹塤。 又第三等爵曰伯。又 [周禮春官] 大宗伯之職,以九儀之命,正邦國之位,九命作伯。[註] 上公有功德者,加命爲二伯,得征五侯九伯者。[疏]《公羊傳》自陝以東,周公主之;陝以西,召伯主之,是東西二伯也。言九伯九州有十八伯,各得九伯,故云九伯也。 又婦人目其夫曰伯。[詩衞風] 伯也執殳。 又馬祖,天駟,房星之神,曰伯。[詩小雅] 既伯既禱。[註] 以吉日祭馬祖而禱之。 又鳥名。[左傳昭十七年] 伯趙氏,司至者也。 又姓。益之後,春秋時有伯宗、伯州黎。 又同陌。[史記酷吏傳] 置伯格長。[註] 言阡陌村落皆置長也。 又 [正韻] 必駕切。同霸。五伯:齊桓、晉文、秦穆、宋襄、楚莊也。伯叔、伯長之義,後人恐與侯伯字溷,故借"霸"字別之。 又叶蒲各切,音博。[詩大雅] 王錫申伯,叶下蹻、濯。 又叶壁益切,音必。[史記敍傳] 維棄作稷,德盛西伯。 又叶博故切,音布。[揚雄解嘲] 子胥死而吳亡,種蠡存而越伯;五羖入而秦喜,樂毅出而燕懼。

  題 [廣韻] 杜溪切。[集韻] [韻會] 田黎切,丛音嗁。[説文] 額也。[小爾雅] 頭也。[禮王制] 南方曰蠻,雕題交阯。[爾雅釋言] 頯,題也。[註] 題,額也。[史記越世家] 雕題。[註] 謂刻其頯湟以丹青也。 又 [廣韻] 書題。[釋名] 書稱題。題,諦也,審諦其名號也。[正字通] 註疏有孟子題辭,所以題號孟子之書也。 又 [韻會] 椽頭玉飾曰琁題、玉題,亦名璧璫。 又題目也。[杜甫詩] 天老看題目。 又品題也。[李白上韓荆州書] 一作品題,便作佳士。 又國名。[南史裴子野傳] 有白題及滑骨入貢。 又縣名。[前漢功臣表] 題侯張富昌。 又 [釋名] 平題,鏑也。 又 [廣韻] 獨計切,音第。視也。[詩小雅] 題彼脊令。[傳] 題,視也。[孔子丘陵歌] 題彼泰山。

  《康熙字典》在漢語辭書史上佔有重要的地位,它繼承了《説文》以來的傳統,並孕育了20世紀初以來現代的漢語字典、詞典的編纂。它的優點主要在於收字豐富、釋義詳備、條理清楚、使用方便。《康熙字典》正文收字47 043個,加上"補遺"、"備考",共收單字四萬九千多個,許多僻字、奇字、俗字不見於其他字書的,在此書中往往能夠查到;它吸收了前代字書、韻書的大量內容,以及歷代學者文字、訓詁的研究成果,對各字在古書中的不同意義和用法搜羅殆盡,包括本義、引申義以及通假義,都列出書證,每個意義、用法都用"又"標明,以爲醒目;它沿用

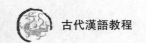

《字彙》所開創的檢字法部首,以便於檢索爲宗旨,簡化了漢字部首系統。《四庫全書簡明目錄》評價《康熙字典》說:"根據六書,搜羅百氏;每字詳其聲音訓詁,皆先今韻後古韻,先正義後旁義;又備載古文以遡其本,兼列俗體以訂其訛,義例精密,考證賅洽,自《說文》、《玉篇》以下歷代字書,此其總匯矣。"《康熙字典》至今仍被廣泛應用,與它的内容豐富、體例完善是分不開的。

當然,由於時代的局限和成於衆手,《康熙字典》的疏漏和錯誤也較多,主要表現在引書錯誤比比皆是。道光七年(1827),王引之奉皇帝命令主持校訂,作《字典考證》十二册,指出《康熙字典》引書錯誤 2 588 條,包括書名篇名錯誤、引文脱誤、臆改原文、斷句不當,以及誤經傳注疏爲正文等。《康熙字典》在音讀方面也有不少問題,當代學者王力作有《康熙字典音讀訂誤》一書。《康熙字典》還信從叶音之說,在許多條目釋義之末列出叶音,除誤導讀者以外,完全没有意義。今天我們在利用《康熙字典》時,應該加以注意。

練習二

一、從意義的角度看,古字和今字的關係可以分爲哪幾類?
二、簡化繁體漢字的方法可歸納爲哪幾種?
三、寫出下列句子中加點的古字的今字。
  (1) 弟子入則孝,出則弟。(《論語·學而》)
  (2) 失其所與,不知。(《左傳·僖公三十年》)
  (3) 天下雲合響應,赢糧而景從。(《漢書·陳勝項籍傳·贊》)
  (4) 夙夜匪解。(《詩經·大雅·烝民》)
  (5) 宴爾新昏,不我屑以。(《詩經·邶風·谷風》)
  (6) 臣願奉璧往使。(《史記·廉頗藺相如列傳》)
  (7) 鄭人有欲買履者,先自度其足而置之其坐。(《韓非子·外儲説左上》)
  (8) 成事之俎不嘗也,三臭之不食也。(《荀子·禮論》)
  (9) 文采千匹。(《漢書·貨殖傳》)
  (10) 君子之道,辟如行遠,必自邇。(《禮記·中庸》)
  (11) 友便辟,友善柔,友便佞,損矣。(《論語·季氏》)
  (12) 室如縣罄,野無青草,何恃而不恐?(《左傳·僖公二十六年》)
四、簡單敍述假借和通假的異同。
五、指出下列句子中的通假字,並寫出相應的本字。
  (1) 尺蠖之屈,以求信也。(《周易·繫辭下》)
  (2) 爲宫室之美,妻妾之奉,所識窮乏者得我與?(《孟子·告子上》)
  (3) 戮力攻秦。(《漢書·高帝紀上》)

(4) 寡助之至,親戚畔之。(《孟子·公孫丑下》)
(5) 義帝雖無功,故當分其地而王之。(《史記·項羽本紀》)
(6) 余懼不獲其利而離其難。(《左傳·文公五年》)
(7) 以齊王,由反手也。(《孟子·公孫丑上》)
(8) 見秦且滅六國,兵以臨易水。(《戰國策·燕策》)
(9) 今韓信兵號數萬,其實不過數千,能千里而襲我,亦已罷極。(《史記·淮陰侯列傳》)
(10) 狀與我童者,近而愛之;狀與我異者,疏而畏之。(《列子·黃帝》)
(11) 聖人非所與熙也。(《晏子春秋·內篇雜下》)
(12) 兵法:"右陪山陵,前左水澤。"(《史記·淮陰侯列傳》)
(13) 下無倍畔之心。(賈誼《治安策》)
(14) 亡農夫之苦,有仟佰之得。(晁錯《論貴粟疏》)
(15) 甚矣,汝之不惠!(《列子·湯問》)
(16) 公輸盤九設攻城之機變,子墨子九距之。(《墨子·公輸》)

六、寫出下面加點的簡化字的繁體。

奋勇　快乐　观看　拥戴　保护
工厂　生姜　应当　戏玩　坟墓
惊涛　担忧　讥讽　独身　抵御
惧怕　推辞　庐山　抛弃　打击
牵涉　变化　视听　斋戒　饥饿

第二章　詞　　彙

第一節　古漢語的單純詞與合成詞

　　詞彙是語言中與社會、歷史、文化等結合得最爲緊密的一種要素,它敏感地反映人和社會的一切活動領域的變化,研究歷史上各個時期的詞彙,不但有助於瞭解語言的歷史狀態和歷時演變,而且有助於瞭解社會、歷史、文化等的歷史面貌和發展軌跡。

　　古漢語的詞彙是古漢語的詞以及與詞等價的成語、俗語等慣用語的總匯。詞彙裏的詞並不都是同一種類的,而是各具不同性質和特徵的;爲了顯示這些各具性質和特徵的詞的系統性,必須根據一定的角度和原則把詞彙中的詞加以分類。古漢語的詞,從不同的角度和原則,可以分成不同的構成部分。比如從性質和功能出發,可以分爲基本詞和一般詞;從使用頻率出發,可以分爲常用詞和非常用詞;從使用範圍出發,可以分爲全民詞、方言詞和社會習慣語;從來源出發,可以分爲固有詞和外來詞;從語音出發,可以分爲單音節詞、雙音節詞和多音節詞;從造詞法出發,可以分爲單純詞和合成詞;從語法功能出發,可以分爲實詞和虛詞;從語義出發,可以分爲同義詞和反義詞,或者褒義詞、貶義詞和中性詞;從語體出發,可以分爲口語詞和書面語詞。本節主要從構詞法角度來敍述古漢語的單純詞和合成詞。

　　根據所包含的語素的多少,可以把古漢語的詞分爲單純詞和合成詞兩大類。單純詞由一個語素構成,合成詞由多個(一般是兩個)語素構成。單純詞主要指單音節詞、聯綿詞和外來的音譯詞。合成詞可分爲由一個實語素和一個虛語素構成的派生式合成詞,以及由兩個實語素構成的複合式合成詞。派生式合成詞簡稱"派生詞"。在結構方式上,派生詞可進一步分爲加詞頭、加詞尾兩小類。複合式合成詞簡稱"複合詞"。在結構方式上,複合詞可進一步分爲聯合式、偏正式、動賓式、主謂式四小類。重疊詞比較特殊,假如純粹從形式上看,重疊詞是由兩個相同的音節重疊構成的。但從意義上分析,重疊詞實際上有兩類:(1)疊音詞,即由兩個相同的音節、一個語素構成的詞,疊音詞的意義與其中任何一個音節成詞時所表現的意義毫無關係,因而實際上這類詞是單純詞;(2)重言詞,即由兩個相同的音節、兩個相同的語素構成的詞,其中的語素可以另外單獨使用,重言詞的意義與其中一個語素構成單音詞的意義基本相同,因而這類詞實際上是複合詞的一種特殊形式。不過考慮到重疊詞在形式上比較特殊,下面我們暫將重疊詞合併在一起進行描述。

這樣,古漢語的詞的分類可以圖示如下:

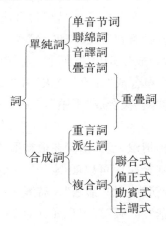

一、單音節詞

古漢語詞彙系統的基本面貌是以單音節詞為主,祇是到了中古以後,雙音節詞和多音節詞的比重纔越來越大,這是漢語詞彙演變的基本趨勢[①]。據統計,成書於戰國晚期的《孟子》,全書共用單音節詞 1 565 個,其中使用頻率 20 次以上的共 231 個,100 次以上的 51 個;全書共用雙音節詞 713 個,如果扣除人名、地名等專有名詞,普通詞語祇有 500 個左右,從使用頻率看,雙音節詞絕大多數在 10 次以下。從絕對數量看,《孟子》一書中的雙音節詞並不算少,但從使用頻率來看,單音節詞就占絕對優勢了。

---

① 漢語詞彙的雙音節化趨勢與語音的影響有很大關係。衆所周知,中古以後漢語的語音系統發生了簡化,諸如全濁聲母消失、入聲韻尾消失、元音的混同等,使得漢語詞語同音的概率大大增加。爲了區別詞義,漢語詞彙逐漸走向雙音節化。

與現代漢語相比較,古代漢語的單音節詞主要有三個特點:

(1) 使用與現代漢語完全不同的詞。如"目"對應"眼","足"對應"脚","冠"對應"帽","履"對應"鞋","日"對應"太陽","雉"對應"野雞","犢"對應"小牛","師"對應"軍隊","食"對應"吃","飲"對應"喝","擊"對應"打","引"對應"拉","異"對應"不同","殆"對應"危險","廉"對應"便宜"①。

(2) 不使用詞頭或詞尾。如"鼻"就是"鼻子","杯"就是"杯子","鼠"就是"老鼠","虎"就是"老虎","石"就是"石頭","骨"就是"骨頭"。

(3) 古代漢語的單音節同義詞、反義詞或意義相關的詞,到現代漢語複合化了。如"朋"和"友"複合成"朋友","道"和"路"複合成"道路","樹"和"木"複合成"樹木","聲"和"音"複合成"聲音","言"和"語"複合成"言語","恐"和"懼"複合成"恐懼","買"和"賣"複合成"買賣","動"和"静"複合成"動静","開"和"關"複合成"開關","忘"和"記"複合成"忘記","是"和"非"複合成"是非","好"和"歹"複合成"好歹";"兒"和"女"複合成"兒女","夫"和"妻"複合成"夫妻","骨"和"肉"複合成"骨肉","筆"和"墨"複合成"筆墨","斟"和"酌"複合成"斟酌","再"和"三"複合成"再三"。

最需要注意的是第三種情況,雙音節詞在最初形成時,前後兩個語素的獨立性還很強,屬於自由組合,甚至語序可以顛倒。也就是説,它們組合在一起時是複合詞,分開時又各是單音節詞。如"恭敬"(《詩經·小雅·小弁》),又作"敬恭"(《詩經·大雅·雲漢》),"恭"和"敬"還可以單用(《論語·子路》:"居處恭,執事敬,與人忠。"),這樣的情況在上古漢語中很常見。

同時,有些雙音節組合在上古漢語中是短語,句法上有多種結構關係,還没有複合成詞,意義上也與成詞以後有較大差别。例如:

　　　　舜南面而立,堯帥諸侯北面而朝之。瞽瞍亦北面而朝之。(《孟子·萬章上》)

　　　　爲義者則不然,始而相與,久而相信,卒而相親,後世以爲法程。(《吕氏春秋·慎行》)

　　　　故禍莫憯於欲利,悲莫大於傷心。(司馬遷《報任安書》)

　　　　三尺安出哉?前主所是著爲律,後主所是疏爲令;當時爲是,何古之法乎?(《漢書·杜周傳》)

---

① 這裏所説的對應,祇是就詞的一個義項來説的。實際上古漢語的單音節詞往往是多義的,比如"目"既有眼睛義,又有觀看義,還有網眼義,因此對應於現代漢語,不祇是"眼"一個詞。

古代漢語中,有一種特殊的語音學造詞法——合音造詞現象①。所謂"合音造詞",是指由前一字的聲母與後一字的韻母組合而成,這樣造出來的詞稱爲"合音詞"。關於合音詞,除了大家比較熟悉的"之乎(於)"合音爲"諸"、"之焉"合音爲"旃"、"何不"合音爲"盍"、"而已"合音爲"耳"、"三十"合音爲"卅"等例子以外②,還有如下一些例子。

丁寧>鉦。這是古代軍中使用的一種器具,形似鈴,鳴以收兵。"丁"、"鉦"在上古分別屬於端母、章母,準雙聲,"寧"、"鉦"均屬耕部,疊韻,所以語音相同相近。

是故伐備鐘鼓,聲其罪也;戰以錞于、丁寧,儆其民也。(《國語·晉語五》)

戎士介而揚揮,戴金鉦而建黄鉞。(張衡《東京賦》)

不可>叵。兩詞義爲不可以、不能够。《説文新附》:"叵,不可也。"徐灝注:"叵者,不可之合聲。"

象曰:無妄之藥,不可試也。(《周易·無妄》)

(吕)布目備曰:"大耳兒最叵信!"(《後漢書·吕布傳》)

扶摇>猋/飈。兩詞義爲旋風、暴風。《爾雅·釋天》:"扶摇謂之猋。"徐灝《説文注箋》:"飈者,扶摇之合聲也。"

鵬之徙於南冥也,水擊三千里,搏扶摇而上者九萬里。(《莊子·逍遥遊》)

然後揚節而上浮,陵驚風,歷駭猋。乘虛無,與神俱。(司馬相如《上林賦》)

蒺藜>茨/薺。這是一年生草本植物,蔓生細葉、小黄花,子有刺。《説文》:"薺,蒺藜也。"並引《詩經》"牆有茨"。徐灝《説文注箋》:"薺,蒺藜之合聲。"

困于石,據于蒺藜。入于其宫,不見其妻,凶。(《周易·困》)

---

① 造詞法可以分爲語音學造詞法(按照事物的聲音來造詞,如"精衛"、"關關")、詞法學造詞法(按照詞法規則來造詞,如"眸子"、"阿母")、句法學造詞法(按照句法規則來造詞,如"道路"、"春分")、修辭造詞法(按照修辭方法來造詞,如"虎狼"、"友于")等。

② "盍"是古入聲字,韻尾爲[p],所以實際上是用"何"的聲母和韻腹加"不"的聲母構成;"卅"是古入聲字,與"十"字同收[p]尾。近現代漢語的"不用"合音爲"甭"、"什麼"合音爲"甚"(韻尾原爲[m],後演變爲[n])、"自家"合音爲"咱"、"叔母"合音爲"嬸"(韻尾原爲[m],後演變爲[n])等也屬於此類現象。

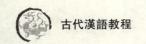

牆有茨,不可埽也。中冓之言,不可道也。(《詩經·鄘風·牆有茨》)

二、聯綿詞

聯綿詞是採用語音學造詞法構成的雙音節單純詞,古人稱爲"聯綿字"、"謰語"、"駢字"等①。其特點是所謂"聯綿詞不可分訓",即聯綿詞由兩個音節連綴成義,兩個音節在意義上不能再細分,祇有合在一起纔能表示一個概念;同時,其意義要從聲音上來考慮,不能望文生義。《漢書·高后紀》:"計猶豫,未有所決。"唐顔師古注:"猶,獸名也。《爾雅》曰:'猶,如麂,善登木。'此獸性多疑慮,常居山中,忽聞有聲,即恐有人且來害之,每豫上樹,久之無人,然後敢下,須臾又上,如此非一,故不決者稱'猶豫'焉。一曰,隴西俗謂犬子爲'猶',犬隨人行,每豫在前,待人不得,又來迎候,故云'猶豫'也。"顏氏的錯誤就在於緣詞生訓,所以清王念孫《廣雅疏證》卷六"躊躇,猶豫也"條批評説,"猶豫"又作"猶與"、"夷猶"、"容與","夫雙聲之字,本因聲以見義,不求諸聲而求諸字,固宜其説之多鑿也"。清王筠《毛詩雙聲疊韻説》也説:聯綿字"皆合兩字之聲,以成一事之意,故泥字則其義不倫,審聲則會心非遠,但當用《公羊傳》之耳治,必不可用其目治者也"。

在上古文獻中,聯綿詞大多出現在韻文作品中,《詩經》、《楚辭》聯綿詞出現尤多,這是因爲聯綿詞吟誦起來,音調鏗鏘,富於音樂美,有很強的感染力。秦漢以後的文獻中雖然也有一定的聯綿詞,但大多是沿用先秦典籍中的,新造的詞並不多,這説明聯綿詞主要是先秦的構詞法,後世就不太常用了。

需要注意的是,上古文獻中有些聯綿詞有被語氣詞隔開或者顛倒使用的情況,這可能是出於韻律的需要。如:

何草不黃,何日不行,何人不將,經營四方。何草不玄,何人不矜,哀我征夫,獨爲匪民。(《詩經·小雅·何草不黃》)

優哉游哉,亦是戾矣。(《詩經·小雅·采菽》)

---

① 北宋張有《復古編》一書附有"聯綿字"一節,較早使用了"聯綿字"這一術語。明楊慎《古音駢字》一書使用"駢字"這一術語,共收 1 200 條,不過其中有很多不是聯綿詞;方以智《通雅》卷三《謰語》,共收 345 條,其中也有不少是複合詞或短語,不是聯綿詞。王念孫《讀書雜志·漢書十六·連語下》云:"凡連語之字,皆上下同義,不可分訓。"王氏認爲"連語"必須"上下同義",他所舉的例子,很多是由同義單音節語素構成的,與我們今天所説的聯綿詞在內涵和外延方面均有一定的出入。

道之爲物，惟恍惟惚。惚兮恍兮，其中有象；恍兮惚兮，其中有物。（《老子》）①

　　構成聯綿詞的兩個音節一般有語音上的聯繫，如雙聲（上古聲母相同）和疊韻（上古韻腹和韻尾相同），少數聯綿詞既雙聲又疊韻，或者既非雙聲也非疊韻。有一些聯綿詞，在產生之初有雙聲或疊韻的關係，到了後世這種關係沒有了，這是因爲實際語音發生了變化。

　　（1）雙聲聯綿詞。例如：髣髴（均幫母字）、澎湃（均滂母字）、匍匐（均並母字）、靡蕪（均明母字）、蝃蝀（均端母字）、蜘蛛（均端母字）、饕餮（均透母字）、躊躇（均定母字）、慷慨（均溪母字）、參差（均清母字）、憔悴（均從母字）、蠨蛸（均心母字）、鴛鴦（均影母字）、猶豫（均以母字）、恍惚（均曉母字）、邂逅（均匣母字）、栗烈（均來母字）②。另外還有準雙聲的（即兩字的聲母略有不同，但發音部位相同），也可歸在這一類中。例如：仿佛（前字滂母陽部，後字並母物部）、恢惬（前字溪母之部，後字見母歌部）、喬詰（前字見母宵部，後字溪母質部）。

　　（2）疊韻聯綿詞。例如：苤苢（均之部字）、窈糾（均幽部字）、綢繆（均幽部字）、侏儒（均侯部字）、嗚呼（均魚部字）、扶疏（均魚部字）、逍遙（均宵部字）、婆娑（均歌部字）、披靡（均歌部字）、虺隤（均微部字）、崔嵬（均微部字）、從容（均東部字）、倉庚（均陽部字）、蜻蛉（均耕部字）、嬋媛（均元部字）。另外還有準疊韻的（即兩字的韻部不同，但具有旁轉的關係），也可歸在這一類中。例如：哀駘（前字影母微部，後字定母之部）、撲朔（前字滂母屋部，後字心母鐸部）、愷悌（前字溪母微部，後字定母脂部）③。

　　（3）既是雙聲又是疊韻的聯綿詞。例如：契闊（均溪母月部字）、繾綣（均溪母元部字）、輾轉（均端母元部字）、燕婉（均影母元部字）。另外還有準雙聲疊韻的，也可歸在這一類中。例如：繽紛（前字滂母真部，後字滂母文部）、蟋蟀（前字心母質部，後字心母物部）、恣睢（前字精母脂部，後字心母脂部）。

　　（4）既非雙聲又非疊韻的聯綿詞。例如：扶搖（前字並母魚部，後字以母宵部）、覬覦（前字見母微部，後字以母侯部）、鴟鴞（前字昌母脂部，後字匣母宵部）、梧桐（前字疑母魚部，後字定母東部）、麒麟（前字群母之部，後字來母真部）、翱翔

---

　　① "玄黃"不分開使用的例子，如《詩經·周南·卷耳》："陟彼高岡，我馬玄黃。""優游"不分開使用的例子，如《詩經·小雅·白駒》："慎爾優游，勉爾遁思。""恍惚"不分開使用的例子，如東漢王充《論衡·知實》："眽茫恍惚，無形之實。"
　　② "蜘蛛"，中古是知母字，上古歸端母；"躊躇"，中古是澄母字，上古歸定母。
　　③ 關於上古漢語的聲母和韻部，各家看法不盡相同，所以在確定某些字是否雙聲疊韻時，也會有所不同。如在脂微不分的古音學家看來，"伊威"（前字影母脂部，後字影母微部）不但雙聲，而且疊韻；在質月不分的古音學家看來，"栗烈"（前字來母質部，後字來母月部）不但雙聲，而且疊韻。

（前字疑母幽部，後字邪母陽部）、伉儷（前字溪母陽部，後字來母支部）、滂沱（前字滂母陽部，後字定母歌部）、鸚鵡（前字影母耕部，後字明母魚部）、珊瑚（前字心母元部，後字匣母魚部）、顛沛（前字端母真部，後字滂母月部）、狼藉（前字來母陽部，後字從母鐸部）。

  聯綿詞產生初期字形不固定，往往有好幾種寫法，後來纔大致固定一種寫法。如"猶豫"又寫作"猶預"、"猶與"、"尤豫"、"由豫"、"優與"、"由與"、"容與"、"猶予"，"倉猝"又寫作"倉踤"、"倉卒"、"蒼卒"、"怱卒"，"逶迤"又寫作"委蛇"、"委佗"、"逶蛇"、"逶移"、"逶夷"、"威夷"，"匍匐"又寫作"蒲服"、"匍伏"、"扶伏"、"扶服"、"扶匐"、"蒲伏"，"望洋"又寫作"望羊"、"望佯"、"望陽"、"盳羊"、"妄羊"、"盳洋"、"茫洋"。

  一般認爲，構成聯綿詞的兩個音節分開來沒有什麼意思，合起來纔有意義，但是從聯綿詞的形成來看，有些聯綿詞與單音節詞、重疊詞有淵源關係，所以其中一個音節可能是有意義的。如雙聲聯綿詞"斯須"和疊韻聯綿詞"須臾"都是片刻、一會兒的意思，它們大概來源於"須"字（《說文》寫作"頿"）。《荀子·王制》："賢能不待次而舉，罷不能不待須而廢。"楊倞注："須，須臾也。"《禮記·祭義》："禮樂不可斯須去身。"鄭玄注："斯須，猶須臾也。"由"須"的聲母延長，就變成"斯須"，由"須"的韻母延長，就變成"須臾"。這樣看來，"斯須"和"須臾"中的"須"是有意義的。又如《詩經·豳風·七月》："一之日觱發，二之日栗烈。"毛亨傳："觱發，風寒也。……栗烈，寒氣也。"《詩經·小雅·蓼莪》："南山烈烈，飄風發發。"鄭玄箋："飄風發發然，寒且疾也。"所以，聯綿詞"觱發"實際上是從重疊詞"發發"演變而來的。又《詩經·小雅·四月》："冬日烈烈，飄風發發。"鄭玄箋："烈烈，猶栗烈也。"所以聯綿詞"栗烈"實際上是從重疊詞"烈烈"演變而來的。我們這樣從歷時的角度來考察，對於正確而深入地認識聯綿詞無疑是有幫助的，不過不可否認，大多數聯綿詞已經是向着雙音節、單語素發展的結果，所以不能因此而否認聯綿詞的基本特點。尤其是許多聯綿詞，從它們的詞形本身已經看不出所由變化的淵源了。例如《莊子·逍遙遊》："水擊三千里，搏扶搖而上者九萬里。""扶搖"是旋風，從《爾雅·釋天》"扶搖謂之猋"和《說文》"飆，扶搖，風也"的記載，我們可以猜想聯綿詞"扶搖"應該是由單音節詞"猋（飆）"引延而成的。

三、音譯詞

  先秦時期的漢語當中外來詞不多，這主要是由於文獻不足，大多難以考證其來源。比如《爾雅·釋天》中的"攝提格"、"赤奮若"，《爾雅·釋地》中的"醫無間"、"珛玗琪",就不像漢語,很可能是外來詞。現在可以基本確定的音譯詞有"駱駝"(也作"橐馳"、"橐駝")、"師比"(也作"犀比"、"鮮卑"、"胥紕"、"犀毗")、"狻麑"(也作"狻猊")等有限的幾個,大多是北方的獫狁(漢時稱"匈奴")民族語的借詞或其他外族語的借詞。其中"駱駝"是匈奴語 dada 的音譯;"師比"是匈奴語 serbi 的音譯,是一種上有貙獸形象的金屬帶鉤;"狻麑"來源於梵語 siniba,一說來源於栗特語 šryw、šarys,漢代以後稱"師子"或"獅子"。

秦漢時期的外來詞主要來自西域。漢武帝時,張騫出使西域,曾到達大宛、康居(今中亞細亞錫爾河北岸、吉爾吉斯草原一帶)、大夏(今阿富汗北部),中西交通開始發達。由於中西文化的交流,漢語裏出現了許多反映外來事物的新詞語,這些新詞語大多是關於動植物、食品、用品、樂器等的名稱。下面舉例説明。

【苜蓿】也作"目宿"、"牧蓿"、"木粟",一種牧草和綠肥植物。《史記·大宛列傳》:"(大宛)俗嗜酒,馬嗜苜蓿。漢使取其實來,於是天子始種苜蓿、蒲陶肥饒地。"據考證,"苜蓿"是原始伊朗語 buksuk/buxsux/buxsuk 的音譯。

【琥珀】也作"虎魄",指松柏樹脂的化石,可入藥,也可作裝飾品。《漢書·西域傳》:"(罽賓國)出封牛、水牛、象、大狗、沐猴、孔爵、珠璣、珊瑚、虎魄、璧流離。""琥珀"是突厥語 xubix 或波斯語 kahrupāi 的音譯。

【葡萄】也作"蒲陶"、"蒲桃"、"蒲萄"、"葡陶",果樹及其果實名。《史記·大宛列傳》:"其俗土著,耕田,田稻麥,有蒲陶酒。""葡萄"是大宛語 bādaga 的音譯。

【石榴】"安石榴"的簡稱,也作"石留"、"若榴"、"若留",果樹及其果實名。漢張衡《南都賦》:"梬棗若留,穰橙鄧橘。"《初學記》卷二十八引張華《博物志》:"張騫使西域還,得安石榴、胡桃、蒲桃。""安石"是伊朗語 arsak 的音譯,為西域古國名,或即安息國。

【胭脂】也作"煙支"、"胭肢"、"焉支"、"燕支"、"臙脂"、"燕脂",花名,也指用這種花製成的顏料,婦女用來化妝。《史記·匈奴列傳》:"漢使驃騎將軍去病將萬騎出隴西,過焉支山千餘里,擊匈奴。"唐張守節正義引《括地志》:"焉支山……在甘州刪丹縣東南五十里。《西河故事》云:'匈奴失祁連、焉支二山,乃歌曰:"亡我祁連山,使我六畜不蕃息;失我焉支山,使我婦女無顏色。"其慜惜乃如此。'""胭脂"是匈奴語的音譯。

從上面這些例子也可以看出,由於音譯詞祇是採用漢字對譯外族語言的讀音,所以同一個音譯詞也經常會有幾種書面形式,到後來纔逐漸固定爲一種書面形式。例如"玻璃"另有"玻瓈"、"玻瓅"、"波梨"、"頗梨"、"頗黎"等形式,"和尚"另有"和上"、"和社"、"烏社"等形式,"浮圖"另有"浮屠"、"佛圖"、"佛陀"、"母馱"、"没度"等形式。

秦漢時期表示外來事物或人時還有一種構詞方式,那就是在漢語單音節語素前加一個"胡"字構成複音詞,不過這種複音詞不能算是音譯詞。如"胡餅"、"胡服"、"胡床"、"胡瓜"、"胡笳"、"胡椒"、"胡麻"、"胡琴"、"胡言"、"胡人"、"胡兒"①、"胡姬"、"胡僧"等。

四、重疊詞

重疊詞指由兩個相同的音節重疊而成的新詞。重疊式是一種構詞方式,重疊以後仍是詞。它不同於詞的疊用,詞的疊用祇是把原來的單音詞重疊使用,是一種語用或修辭現象,其目的是增加語氣、程度或普遍(有"每一"的意思)等意義,如"日日"、"年年"、"歲歲"、"子子"、"孫孫"等。

上古漢語的重疊詞多出現在《詩經》、《楚辭》等這類詩歌作品中,這是因爲重疊詞具有音韻優美的特點,讀起來朗朗上口,有很強的節奏感。

重疊詞可分爲疊音詞和重言詞兩類。

(1) 疊音詞

疊音詞主要指某些擬聲詞和某些名詞②。擬聲詞主要描寫人、動物或物體的聲音。如:

> 啓呱呱而泣。(《尚書·益稷》)
> 關關雎鳩,在河之洲。(《詩經·周南·關雎》)
> 螽斯羽,薨薨兮。(《詩經·周南·螽斯》)
> 坎坎伐檀兮,寘之河之干兮,河水清且漣猗。(《詩經·魏風·伐檀》)
> 四牡彭彭,八鸞鏘鏘。(《詩經·大雅·烝民》)
> 乘龍兮轔轔,高馳兮沖天。(屈原《九歌·大司命》)③

值得注意的是,有些擬聲詞是多義的。如《詩經·鄭風·風雨》"風雨淒淒,雞鳴喈喈"中的"喈喈"是描寫雞鳴聲,但這個詞也可以描寫鳥鳴聲和鐘鼓聲等其他聲音:

---

① "胡兒"是中原漢人對胡人的蔑稱。
② 除去這兩類以外,其他類型的疊音詞也有,不過數量很少。例如《詩經·衛風·氓》:"淇水湯湯,漸車帷裳。"湯湯,水大貌,與"湯水"的"湯"意義無關。《詩經·小雅·大東》:"契契寤歎,哀我憚人。"契契,愁苦貌,與"契約"的"契"意義無關。
③ 有少數重疊形式到底屬於疊音詞還是屬於重言詞,存有爭議。如《詩經·周南·螽斯》"螽斯羽,薨薨兮"中的"薨薨",毛傳釋爲"衆多貌",朱熹釋爲"群飛聲";《詩經·秦風·黃鳥》"交交黃鳥,止於棘"中的"交交",毛傳釋爲"小貌",清馬瑞辰釋爲"鳥聲"。

倉庚喈喈,采蘩祁祁。(《詩經‧小雅‧出車》)
鼓鐘喈喈,淮水湝湝。(《詩經‧小雅‧鼓鐘》)

上古漢語中,用作名詞的疊音詞數量很少,一般是鳥獸名。例如:

肉之美者,猩猩之唇,獾獾之炙。(《呂氏春秋‧本味》)
狒狒,如人,被髮,迅走,食人。(《爾雅‧釋獸》)
禺禺鮎鰡。(司相如《上林賦》)
蹴蛩蛩,驎距虛。(司馬相如《子虛賦》)

(2) 重言詞

從詞類上看,上古漢語的重言詞絕大多數是形容詞(即單音節狀態形容詞的重疊),也有少部分是動詞(一般是不及物動詞的重疊)。這類詞所表達的內容,主要是用以描繪形貌或動作。如:

悠悠蒼天,此何人哉?(《詩經‧王風‧黍離》)
汶水滔滔,行人儦儦。(《詩經‧齊風‧載驅》)
赳赳武夫,公侯干城。(《詩經‧周南‧兔罝》)
未見君子,憂心忡忡。(《詩經‧召南‧草蟲》)
風雨淒淒,雞鳴喈喈。(《詩經‧鄭風‧風雨》)
昔我往矣,楊柳依依。(《詩經‧小雅‧采薇》)
巍巍乎舜禹之有天下也而不與焉。(《論語‧泰伯》)

上面所舉都是形容詞的重言形式,動詞的重言形式也有,不過數量較少。如:

有客宿宿,有客信信。(《詩經‧周頌‧有客》)
京師之野,于時處處,于時廬旅,于時言言,于時語語。(《詩經‧大雅‧公劉》)

值得注意的是,同擬聲詞一樣,有些重言詞也是多義的。例如"遲遲"本指徐行貌,也可以引申指"距離長遠"、"時間久遠"、"舒緩貌",甚至"陽光溫暖、光綫充足貌"等多種意義:

行道遲遲,中心有違。(《詩經‧邶風‧穀風》)
行道遲遲,載渴載飢。(《詩經‧小雅‧采薇》)
昭假遲遲,上帝是祗。(《詩經‧商頌‧長發》)
無聲之樂,氣志不違;無體之禮,威儀遲遲。(《禮記‧孔子閒居》)
春日遲遲,采蘩祁祁。(《詩經‧豳風‧七月》)

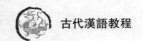

同時,同一個重言詞也往往會有多種書面形式。清王念孫《廣雅疏證》卷六"拳拳、區區、款款,愛也"條云:"《漢書·劉向傳》云:'忠臣雖在畎畝,猶不忘君惓惓之義也。'《賈捐之傳》云:'敢昧死竭卷卷。'《貢禹傳》云:'臣禹不勝拳拳。'並字異而義同。"也就是說,"惓惓"、"卷卷"和"拳拳"實際上是同一個詞。

在上古漢語中,重言詞可以再帶詞尾,或者放在別的形容詞後面。例如:

> 朝,與下大夫言,侃侃如也。(《論語·鄉黨》)
> 言必行,行必果,硜硜然小人哉!(《論語·子路》)
> 子曰:"周監於二代,郁郁乎文哉!吾從周。"(《論語·八佾》)
> 芳菲菲其難虧兮,芬至今猶未沫。(《楚辭·離騷》)
> 杳冥冥兮羌晝晦,東風飄兮神靈雨。(《楚辭·九歌·山鬼》)
> 君子坦蕩蕩,小人長戚戚。(《論語·述而》)

另外,有些重言詞還可以經過疊加構成四音節的重疊形式,即 AA 式和 BB 式經過疊加而形成 AABB 式①。如:

> 濟濟蹌蹌,絜爾牛羊。(《詩經·小雅·楚茨》)
> 戰戰兢兢,如臨深淵,如履薄冰。(《詩經·小雅·小旻》)
> 赫赫炎炎,云我無所。(《詩經·大雅·雲漢》)

五、派生詞

派生詞是在詞根(實語素)上通過添加詞綴(虛語素)而構成的新詞。詞綴本身沒有或很少詞彙意義,它不能單獨使用,衹能用作詞內的構成成分,起湊足雙音節、標明詞性和表示一定附加意義的作用。根據詞綴與詞根的相對位置,可以把詞綴分爲詞頭(也叫"前綴")、詞尾(也叫"後綴")兩種。在上古漢語中,派生詞的數量非常少,主要是名詞、代詞、動詞、形容詞或副詞。

(1) 加詞頭

【有】在先秦古籍中,"有"字經常出現在邦國名、部族名、朝代名等專有名詞之前,如"有夏"、"有殷"、"有周"、"有苗"、"有窮"、"有虞"、"有扈"等,一般認爲是沒有詞彙意義的詞頭。如王引之《經傳釋詞》卷三:"有,語助也。一字不成詞,則加'有'字以配之。若虞、夏、殷、周皆國名,而曰有虞、有夏、有殷、有周是也。"楊

---

① 這類 AABB 式相當於現代漢語的"熙熙攘攘"一類,但不同於本是雙音節 AB 式而重疊形成的 AABB 式,如"乾乾浄浄"。

樹達《詞詮》"有"字條云:"語首助詞。用在名詞之前,無義。"有人認爲先秦古籍中的"有"字當作"國"解,不是詞頭。這種解釋的問題是,對於"有邦"、"有方"等,如果前面的"有"當"國"講,後面的"邦"、"方"在意思上就重複了。

"有"字除了位於專有名詞之前,也可位於普通名詞(包括方位詞)之前,如"有王"、"有正"、"有居"、"有衆"、"有僚"、"有家"、"有廟"、"有梅"、"有司"、"有北"等。在《詩經》這樣的作品中,詞頭"有"還可以用於動詞或形容詞之前,這種用法的"有"跟名詞詞頭"有"不一定有關係,如"有行"(《詩經·鄘風·蝃蝀》)、"有鳴"(《詩經·豳風·七月》)、"有忡"(《詩經·邶風·擊鼓》)、"有爛"(《詩經·鄭風·女曰雞鳴》)等。位於單音節狀態形容詞之前的"有"字重在描摹事物的情貌,以增加形象性和具體性。

詞頭"有"主要出現在《尚書》、《詩經》、《周易》等兩周時期的典籍中,到了戰國以後,"有"已經消亡。後世文獻中的"有漢"、"有唐"、"有明"、"有清"之類,明顯是仿古而已。

【於(于)、句】詞頭"於(于)"和"句"用例較少,祇見於國名、族名前,可能是外族語的音譯。如:

於越入吳。(《春秋·定公五年》)
于越戎貉之子,生而同聲,長而異俗者,教使之然也。(《大戴禮記·勸學》)
太伯之犇荆蠻,自號句吳。(《史記·吳太伯世家》)

【伊】詞頭"伊"用於疑問代詞"誰"、"何"之前,主要出現在韻文作品中,其作用可能是爲了構成雙音節,起協調韻律或節奏的作用。如:

有皇上帝,伊誰云憎?(《詩經·小雅·正月》)
伊誰云從?維暴之云。(《詩經·小雅·何人斯》)
有頍者弁,實維伊何?(《詩經·小雅·頍弁》)

【阿】詞頭"阿"從漢代開始產生,大概是從詞頭"伊"轉變而來的。如曹操小字"阿瞞",劉禪小字"阿斗",《漢武故事》說漢武帝"后名阿嬌"[①]。又如:

永初六年,封恭子阿奴爲竹邑侯。(《後漢書·靖王恭傳》)
道逢鄉里人,家中有阿誰?(漢樂府《十五從軍征》)
阿母謂阿女:"汝可去應之。"(漢樂府《孔雀東南飛》)

[①] 《史記·扁鵲倉公列傳》:"故濟北王阿母自言足熱而懣。"這個"阿"是乳養、保育之義,"阿母"相當於"保母",不是詞頭。

【第】詞頭"第"從漢代開始產生,表示順序。如:

作《夏本紀》第二。(《史記·太史公自序》)

光武帝,建平元年十二月甲子生於濟陽宮後殿第二內中。(《論衡·吉驗》)

云有第三郎,窈窕世無雙。(漢樂府《孔雀東南飛》)

(2) 加詞尾

【乎、如、然、焉、爾、而、若】這一組詞尾的共同特點是:前面的成分是表示狀態的動詞性、形容詞性或副詞性詞根,詞尾並不改變詞根的語法性質。"乎"、"如"、"然"等對於不同的詞根有一定的選擇性,詞根可以是單音節的,也可以是雙音節的。如:

拜而後稽顙,頹乎其順也。稽顙而後拜,頎乎其至也。(《禮記·檀弓上》)

周監於二代,郁郁乎文哉,吾從周。(《論語·八佾》)

六二,屯如邅如,乘馬班如。(《周易·屯》)

孔子三月無君,則皇皇如也。(《孟子·滕文公下》)

天油然作雲,沛然下雨,則苗浡然興之矣。(《孟子·梁惠王上》)

夫子循循然善誘人,博我以文,約我以禮,欲罷不能。(《論語·子罕》)

簡公喟焉太息曰:"余不能用鞅之言,以至此患也。"(《呂氏春秋·慎勢》)

穆穆焉,皇皇焉,濟濟焉,將將焉,信天下之壯觀也。(張衡《東京賦》)

夫子莞爾而笑,曰:"割雞焉用牛刀?"(《論語·陽貨》)

婉兮孌兮,總角丱兮。未幾見兮,突而弁兮。(《詩經·齊風·甫田》)

桑之未落,其葉沃若。(《詩經·衛風·氓》)

這些詞尾的意義相當於"……的樣子"、"……的"。其中"然"、"爾"、"而"、"若"等詞尾是由指示詞虛化而來的,"然"、"爾"、"若"做指示詞時都有"這"、"這樣"的意思。而詞尾"如"是從動詞虛化而來的。"如"本是"相像"義動詞,當它用在狀態動詞或形容詞之後時,由於複合形式的意義主要由前面的狀態動詞或形容詞承擔,它的意義便逐漸弱化,最終虛化爲一個詞尾。

【子】詞尾"子"用以構成名詞,是一種小稱①。如:

---

① 《詩經·小雅·斯干》"乃生男子……乃生女子",這裏的"子"有孩子義("男子",男孩子;"女子",女孩子);《後漢書·班超傳》"不入虎穴,不得虎子",這裏的"子"指禽獸蟲類的初生者;《漢書·五行志》"山陽、濟陰雨雹如雞子",這裏的"子"有鳥卵、雞卵義;《孟子·梁惠王上》"夫子言之,於我心有戚戚焉",這裏的"子"用作尊稱;這一類的"子"有實義,都不是詞尾。

胸中正,則眸子瞭焉。(《孟子·離婁上》)
如我死,則必大爲我棺,使吾二婢子夾我。(《禮記·檀弓下》)
舜目蓋重瞳子,又聞項羽亦重瞳子。(《史記·項羽本紀》)
文帝免冠謝曰:"教兒子不謹。"(《漢書·張釋之傳》)
巨象、師子、猛犬、大雀之群食於外囿。(《漢書·西域傳》)
却與小姑別,淚落連珠子。(漢樂府《孔雀東南飛》)

六、複合詞

古漢語的複合詞大多數是雙音節詞,下文主要依據雙音節複合詞來敍述。複合詞由兩個語素按一定的語法規則結合而成,複合詞的詞義與組成它的兩個語素有聯繫,但是並不等於這兩個語素意義的簡單相加,而是在這兩個語素意義的基礎上形成一個新的意義。例如《論語·子路》"居處恭,執事敬",其中"執事"意爲執掌事務,是"執"和"事"兩個單音節詞的意義的簡單相加,因此是短語,而不是複合詞;而《國語·吳語》"王總百執事,以奉其社稷之祭",其中"執事"指的是管理具體事務的官吏,其意義與"執"和"事"這兩個單音節詞連用的意義已有不同,所以不是短語,而是動賓式複合詞了。

(1) 聯合式。聯合式複合詞由兩個地位相等,意義相同、相關或相反的語素構成。在複合詞中,聯合式複合詞產生較早、所佔比例較大,比如《詩經》中約有900個複合詞,其中聯合式複合詞有200多個。構成聯合式的兩個語素之間是並列關係,具體來説有以下四種情況。

一是同義或近義語素並列。如"朋友"、"鴻雁"、"宗族"、"庖厨"、"教誨"、"離別"、"拯救"、"休息"、"供給"、"艱難"、"恭敬"、"乾燥"、"豐盛"、"忠貞"等。這種複合詞最初時候兩個語素的順序並不穩定,後來纔逐漸穩定下來。穩定後的語序一般是平聲在前,其他聲調在後,或者陰聲韻、陽聲韻在前,入聲韻在後。試比較:

人民(《詩經·大雅·抑》)/民人(《詩經·大雅·桑柔》)
朋友(《詩經·大雅·既醉》)/友朋(《左傳·莊公二十二年》)
危險(《韓非子·有度》)/險危(《韓非子·用人》)
空虛(《孟子·盡心下》)/虛空(《漢書·匈奴傳下》)
敏捷(《漢書·酷吏傳》)/捷敏(《韓非子·難言》)
離別(《漢書·外戚傳上》)/別離(《漢書·元帝紀》)

二是意義相關的語素並列。如"社"和"稷"分別指土地神和穀神,複合成詞後指國家;"骨"和"肉"分別指骨頭和肌肉,複合成詞後喻指父母、兄弟、子女等至親;"兵"和"革"分別指兵器和甲冑,複合成詞後泛指軍隊、軍備,又指戰爭;"春"和"秋"分別指春季和秋季,複合成詞後爲一年的代稱,也用來指人的年歲、編年體史書,以及泛指史冊、歷史;"丹"和"青"分別指用作顏料的丹砂和青臒,複合成詞後指繪畫用的顏色,又指史籍;"跋"和"涉"分別指踏草而行和步行渡水,複合成詞後表示爬山涉水,形容旅途艱辛;"清"和"明"分別指潔淨和明亮,複合成詞後表示政治上有法度條理,或指二十四節氣之一;"再"和"三"分別指兩次和三次,複合成詞後表示動作行爲多次重複。

三是反義語素並列。如"雄"和"雌"意爲雄性和雌性,複合成詞後泛指成對的事物,也喻指勝負、強弱、高下;"旦"和"暮"意爲早晨和黄昏,複合成詞後表示從早到晚、整天,又指時間短;"左"和"右"意爲左邊和右邊,複合成詞後指近侍、近臣,又表示支配、幫助;"俯"和"仰"意爲低頭和抬頭,複合成詞後指舉動、舉止,又表示周旋應付;"動"和"静"意爲行動和止息,複合成詞後指消息、情況;"消"和"息"本來分別指減少、消失和增加、產生,複合成詞後指音訊;"本"和"末"本來分別指樹根和樹梢,複合成詞後指事情的原委;"是"和"非"分別指對和不對,複合成詞後表示糾紛、爭執,又表示褒貶、評論;"黑"和"白"分別指黑色和白色,複合成詞後喻指是非、善惡。

值得注意的是,有一種聯合式複合詞,其中所包含的並列語素,本來意義是相同、相關或相反的,但是後來其中一個語素的意義淡化乃至消失,整個詞的意義祇落實在另一個語素上,這樣的複合詞一般稱爲"偏義複詞"。清顧炎武《日知錄》卷二十七"通鑑注"條云:

> 愚謂"愛憎",憎也,言憎而並及愛。古人之辭寬緩不迫故也。又如"得失",失也,《史記·刺客傳》:"多人,不能無生得失。""利害",害也,《史記·吳王濞傳》:"擅兵而別,多佗利害。""緩急",急也,《史記·倉公傳》:"緩急無可使者。"《游俠傳》:"緩急,人之所時有也。""成敗",敗也,《後漢書·何進傳》:"先帝嘗與太后不快,幾至成敗。""同異",異也,《吳志·孫皓傳》:"蕩異同如反掌。"《晉書·王彬傳》:"江州當人強盛時,能立異同。""贏縮",縮也,《吳志·諸葛恪傳》:"一朝贏縮,人情萬端。""禍福",禍也,晉歐陽建臨終詩:"潛圖密已構,成此禍福端。"皆此類。

俞樾《古書疑義舉例》卷二"因此以及彼例"補充云:

> 此皆因此及彼之辭,古書往往有之。《禮記·文王世子篇》"養老幼於東

序",因老而及幼,非謂養老兼養幼也。《玉藻篇》"大夫不得造車馬",因車而及馬,非謂造車兼造馬也。

顧炎武和俞樾所舉例子,大多是意義相對相反的,但偏義複詞也有一些是由意義相同相近的並列語素構成的。如:

鼓之以雷霆,潤之以風雨。(《周易·繫辭上》)
妻子好合,如鼓瑟琴。(《詩經·小雅·常棣》)
二國治戎,臣不才,不勝其任,以爲俘馘。(《左傳·成公三年》)
入人園圃,竊其桃李。(《墨子·非攻上》)
享國日淺,國家無事。(賈誼《過秦論》)

"潤"應該用雨水,所以第一例的"風"字不爲義;"妻"指配偶,"子"指子女,第二例的"妻子"祇有配偶義;晉人知罃祇是被"俘",而未被"馘",所以第三例"馘"字連類而及;園種樹而圃種菜,第四例的"園圃"祇指果園;"天子諸侯曰國,大夫曰家"(段玉裁《説文解字注》),所以第五例的"家"也是連類而及之辭。

(2)偏正式。偏正式複合詞由具有偏正關係的兩個語素構成,一般是前一個語素修飾、限制後一個語素。偏正式複合詞也産生較早,較爲多見,《詩經》中偏正式複合詞約有400個,比聯合式複合詞還多。語法上的偏正結構可以分爲定語式、狀語式和述補式三種,偏正式複合詞同樣可以分爲相應的三種;不過,在先秦兩漢漢語中,述補式的偏正複合詞還没有正式産生①,因而主要是定語式和狀語式兩種。定語式偏正複合詞如"王道"、"四海"、"桃園"、"食邑"、"天子"、"寡人"、"布衣"、"刺客"、"六藝"、"寶器"、"佩玉"、"羝羊"、"鮒魚"、"青蠅"、"百穀"、"千里"。狀語式偏正複合詞如"先生"、"不穀"、"不朽"、"假寐"、"燕居"、"奮擊"、"先進"、"周遊"、"粉飾"、"席捲"、"瓦解"、"囊括"、"蠶食"。

在偏正式複合詞中,如果前後兩個語素之間有種屬關係,大多數中心部分是種,修飾部分是屬。但在上古漢語中有一種"大名冠小名"的構詞法,其中心部分是屬,而修飾部分是種。例如甲骨文的"婦好"、"王亥"、"祖乙"、"母辛"、"丘商"。傳世文獻中,如"草芥"(《孟子·離婁上》)、"草茅"(《楚辭·卜居》)、"蟲螟"(《禮記·月令》)、"蟲蝗"(《吕氏春秋·孟夏》)、"鳥烏"(《左傳·襄公十八年》)、"魚鮪"(《禮記·禮運》)、"弈秋"(《孟子·告子上》)、"匠石"(《莊子·徐無鬼》)、"城濮"(《左傳·僖公二十八年》)、"河漳"(《戰國策·趙策

---

① 述補式,也叫"動補式",由一個用作中心成分的語素和一個用作補充説明成分的語素複合而成。一般認爲,在魏晉南北朝以前述補式還没有正式産生,它的普遍使用是隋唐以後,如"矯正"、"殺害"、"隔絶"、"擊斷"、"摧倒"、"獲得"、"添滿"等。

二》)、"中田"(《詩經·小雅·信南山》)、"中庭"(《禮記·檀弓上》)等①。現在,漢語北方話還有"蟲蟻"的説法,吴語有"人客"、"乳腐"的説法,閩語更有"鞋拖"、"風台"、"雞母"、"貓公"等説法。現在的壯侗語族中,這種構詞法也極爲常見,如雲南羅平的儂語,果實的大名是 ma^5,李子就是 ma^{5}man^3,辣椒是 ma^{5}ma:n^6,桃子是 ma^{5}ta:u^2,石榴是 ma^{5}sa:n^1,廣西龍州壯語,鳥類的大名是 nuk^8,燕子就是 nuk^{8}ʔe:n^5,麻雀就是 nuk^{8}tɕo:k^7。這種特殊的偏正式複合詞,可能反映了原始漢藏語的語序。

(3)動賓式。動賓式也叫"支配式"、"述賓式"。動賓式複合詞由兩個語素按照動賓關係複合而成。這種複合詞在上古漢語中不多,較常見的如官名"司徒"、"司馬"、"司空"、"司寇"、"相國"、"將軍"、"執事",星宿和節氣名"牽牛"、"啓明"、"營室"、"驚蟄",事物名"屏風"、"司南"等。

許多動賓式複合詞一開始恐怕還不能認作一個詞,而祇能是一個動賓結構的短語,到後來纔凝固成複合詞,而且大多是名詞性的。例如"當路"最初的意思是攔路,後用來比喻"身當仕路"、"當權執政",最後轉指掌權的人,這時纔肯定成爲複合詞了:

　　公孫丑問曰:"夫子當路於齊,管仲、晏子之功可復許乎?"(《孟子·公孫丑上》)

　　疇昔之年,當路欲置我於死地。(南宋陳亮《庶弟昭甫墓誌銘》)

又如"持戟"本指手執武器,後來指戰士,成爲複合詞:

　　子之持戟之士,一日而三失伍,則去之否乎?(《孟子·公孫丑下》)
　　今楚地方五千里,持戟百萬,此霸王之資也。(《史記·平原君列傳》)

(4)主謂式。主謂式也叫"陳述式"。主謂式複合詞由兩個語素按照主謂關係複合而成。這種複合詞在上古漢語中很少見,如"冬至"、"地震"、"自殺"、"肢

---

① 但是先秦古籍中,原來許多大名冠小名的詞語都被後人改動了。清王引之《經義述聞》卷十四針對《禮記·月令》中的兩處"蝗蟲"云:'引之謹案,"蝗蟲"皆當爲"蟲蝗"。此言"蟲蝗",猶上言"蟲螟",亦猶《禮》言"草茅"、《傳》言"鳥鳥"、《荀子》言"禽犢",今人言"蟲蟻"耳,《漢書·五行志》引京房《易傳》曰"厥罰微而温,生蟲蝗,害五穀",《説文》曰"禽獸蟲蝗之怪謂之蠥"是也,後人不知而改爲"蝗蟲",謬矣!注及正義作"蝗蟲",《釋文》出"則蝗"二字而無"蟲"字,皆是後人所改,自宋撫州本已然,而各本皆沿其誤。仲冬正義曰:"蟲蝗爲敗,地災也。"唯此一處未改,尚可考正經文。……案唐《月令》石本,孟夏、仲冬兩處皆作"蟲蝗",又《桓五年》穀梁傳注引《月令》曰:"仲冬行春令,則蟲蝗爲敗。"又《玉篇》"蝗"字注引《月令》:"蟲蝗爲災。"《廣韻》"蝗"字注亦曰:"蟲蝗爲災。"《白帖》八十一蝗類出"蟲螟爲害,蟲蝗爲災"八字。又《太平御覽》天部九、咎徵部一併引《月令》曰:"孟夏行春令,則蟲蝗爲災。仲冬行春令,則蟲蝗爲敗。"蟲豸部七引《月令》曰:"仲冬行春令,則蟲蝗爲敗。"又時序部十二引《乙巳占》曰"冬時行春令,則蟲蝗爲災",即本《月令》之文。又《吕氏春秋·孟夏篇》作"蟲蝗",《仲冬篇》作"蟲螟",此皆《月令》作"蟲蝗"之證。'

解"。又如"日中"意謂日居中天,即中午;"齒衰"原意是老年人牙齒脱落,後用來指年老;"屋漏",古代房屋的西北角開有天窗,日光由此射入,故稱房屋的西北角爲"屋漏"。

漢語的複合詞大都是由原來的詞與詞的句法組合逐漸凝固爲詞的,這一歷時演變過程可以稱作"詞彙化"。典型的詞彙化是指語言中某個結構形式,經過長時間的歷時演變,最終變成一個單一的、完全的詞彙單位。例如"睡覺"本來表示從睡眠到醒來的一個過程(白居易《長恨歌》"雲鬢半偏新睡覺"),因此"睡覺"是一個短語,中唐時候"覺"字引申爲表示睡眠一次的量詞,產生了"一覺眠"、"睡一覺"等的説法(如白居易《天竺寺七葉堂避暑》"清宵一覺睡,可以銷百疾"、杜牧《醉後呈崔大夫》"溪頭正雨歸不得,辜負東窗一覺眠"、馮延巳《金錯刀》"祇銷幾覺懵騰睡,身外功名任有無"),到晚唐時"睡覺"就逐漸詞彙化爲祇表睡眠的動詞(如《太平廣記》卷八三《續生》:"續生向夕來卧,冬月飛霜著體,睡覺則汗氣冲發。")。詞彙化的過程往往伴隨着語言使用者對非詞單位的不經意的重新分析,從而造成非詞單位意義的轉變。例如"顏色"最初是一個偏正式複合詞,"顏"修飾"色",義爲面色(《楚辭·漁父》"顏色憔悴,形容枯槁"),後來發生重新分析,變成聯合式複合詞,"顏"和"色"並列(現代漢語有"五顏六色"),義爲色彩(如現代漢語"各種顏色")。

詞彙化主要是針對名詞、動詞、形容詞等而言的。同時,詞彙化程度存在着等級性,有些複合詞的組成成分較完整地保留了原來的意義和語法關係,詞彙化程度較弱;有些複合詞的組成成分原來的意義和語法關係變得模糊,則詞彙化程度較强。就漢語中五大類型的複合詞——聯合式、偏正式、動賓式、主謂式、述補式而言,前四種結構類型的詞彙化程度相對較高,因爲這四種類型由短語詞彙化爲複合詞,儘管外部形態没有發生變化,但它們的語義或語法關係大多發生了明顯或者顯著的變化。例如聯合式的"刀筆",作爲短語分別指刀和筆,複合後指寫成的文章;偏正式的"布衣",作爲短語指布製衣服,複合後指平民;動賓式的"執政",作爲短語指執掌政權,複合後指執政者;主謂式的"肢解",作爲短語指四肢分解,複合後指古代的一種酷刑。而述補式複合詞"助長",在先秦時代既有"助長"形式(如《孟子·公孫丑上》"必有事焉而勿正,心勿忘,勿助長也"),又有"助苗長"、"助之長"用法(如《孟子·公孫丑上》"今日病矣,予助苗長矣"、"助之長者,揠苗者也"),可見當時"助長"仍是兩個單音節詞的連用,它與"助苗長"、"助之長"在意義和語法關係上都基本相同,所以它的詞彙化程度較弱,至少在秦漢以前不能認爲是述補式複合詞。

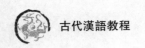

第二節　古今詞義的異同

一、詞義的歷時演變

從殷商甲骨文到現代漢語，漢語有一些詞的意義沒有發生大的變化，這是因爲它們的指稱對象大致沒有改變，而對於它們的本質屬性古人也早就大致認識清楚了。例如單音節詞"天、地、日、月、山、水、風、雨、花、草、父、母、牛、羊、哭、笑、進、退、十、百、東、南、前、後、上、下、黑、白、長、短"，雙音節詞"蟋蟀、鳳凰、芍藥、窈窕、參差、逍遥、踴躍"等，古今辭書的釋義或注家的解釋基本上是相同的，不過這類詞在漢語詞匯中祇佔極少數。

與此相對，漢語中有相當數量詞語的意義發生了很大的變化，這種變化有一些表現爲詞的古義和今義相差甚遠。如：

> 藝麻如之何？衡從其畝。(《詩經·齊風·南山》)
> 二人同心，其利斷金。同心之言，其臭如蘭。(《易·繫辭上》)
> 爲山必因丘陵，爲下必因川澤。(《孟子·離婁上》)
> 弟子曰："是黑牛也而白題。"(《韓非子·解老》)
> 人之性惡，其善者僞也。(《荀子·性惡》)

這裏，"藝"是種植，不是"藝術"、"文藝"；"臭"是氣味，不是"臭味"；"因"是憑藉，不是"因爲"；"題"是額頭，不是"題目"的意思；"僞"，即"爲"，是人爲、作爲，不是"虛僞"的意思。這些詞的詞義古今差别較大，比較容易引起注意並加以區别。

詞義的變化也有一些表現爲古義和今義之間還存在一定的聯繫，這類詞在古代漢語中佔多數。例如：

> 親戚既殁，雖欲孝，誰爲孝？(《大戴禮記·曾子疾病》)
> 人不難以死免其君，我戮之不祥，赦之以勸事君者。(《左傳·成公二年》)
> (蘇秦)將説楚王，路過洛陽，父母聞之，清宮除道。(《戰國策·秦策一》)
> 兒寬既通《尚書》，以文學應郡舉，詣博士受業，受業孔安國。(《史記·儒林列傳》)

這裏，"親戚"原來指父母，"勸"原來是"勉勵"的意思，"宫"指一切房屋，"文學"指文獻典籍。這幾個詞的今義也是從它們的古義發展而來的；從表面上看，這幾個詞如果用今義來解釋，上述句子似乎也能説得通，但是與古人的原意却頗有距離。由此可知，詞義的古今差異越是細微，造成誤解的可能性也就越大，這樣一些詞正是學習中需要重點掌握的。

有的詞還表現爲義項的增加或消失①。例如雙音節詞"行李"在古漢語詞典中有"外交使節"、"外出，行走"、"官府的導從"、"行裝，行囊"等多個義項，這幾個義項及其使用時代如下：

（1）外交使節（先秦祇用此義，後沿用至唐代）。如《左傳·僖公三十年》："行李之往來，共其乏困。"

（2）外出，顛沛流離；行路，行走（此義産生於東漢，沿用至唐代）。如南朝宋鮑照《門有車馬客行》："嘶聲盈我口，談言在君耳。手跡可傳心，願爾篤行李。"

（3）官府的導從人員（祇見於唐代）。如《舊唐書·溫造傳》："臣聞元和、長慶中，中丞行李不過半坊，今乃遠至兩坊，謂之'籠街喝道'。"

（4）行裝，行囊（此義産生於中唐，沿用至今）。如蘇軾《與程德孺》："當遣兒子邁往宜興取行李，某當泊船瓜洲以待之。"

由此，可以把"行李"詞義的歷時層次圖示出來：

由此可知，如果我們要考察歷史上"行李"一詞的詞義變化，有時需要分別不同的義項，這樣纔能得到準確的結論。

二、詞義的深化、擴大、縮小和轉移

（1）詞義的深化

詞義的深化指義位的指稱對象、指稱範圍没有發生變化，但是義位對該對象

---

① "義項"即詞典中各詞目下分條列出的注釋項目，在詞彙學上也叫"義位"。詞典有時也可能把同形詞放在同一詞目下，如"花朵"的"花"與"花錢"的"花"實際上是兩個詞，有的詞典却放在同一詞目下，但是這兩個詞的義項互相並不能聯繫在一起。

本質屬性的反映發生了一些變化,由不夠科學變得比較科學,由不夠深刻準確變得比較深刻準確。這種變化並未導致 A 變爲 B,但是 A 本身有了一些改變,可表示爲 A→A′。例如:

【天】古人把"天"看作與"地"相對的詞,指土地上面的天空。但古人同時還認爲天是宇宙萬物的主宰,是有意志的神,這種認識在西周時極爲突出,後來還在一定程度上延續了很久。如《尚書·泰誓上》:"天祐下民,作之君,作之師,惟其克相上帝,寵綏四方。"到了後來,"天"衹指天空,而"天空",《現代漢語詞典》的解釋是"地面以上很高很遠的廣大空間",已經不認爲它有意志了。

【月】《説文》的解釋是:"闕也,大陰之精。"而《現代漢語詞典》把"月"解釋爲"月球",所謂"月球"則是:"地球的衛星,表面凹凸不平,本身不發光,衹能反射太陽光,直徑約爲地球直徑的1/4,引力相當於地球的1/6。"《説文》的解釋衹是不準確的形狀描寫和簡單的陰陽理論,而《現代漢語詞典》則對月亮的特徵和性質作出了科學而深入的說明。

【人】《説文》說:"人,天地之性最貴者也。"這一解釋雖然觸及了人的本質屬性,但不夠準確清楚。《現代漢語詞典》的釋義是:"能製造工具並使用工具進行勞動的高等動物。"這個解釋對人的本質屬性就解釋得較爲準確和清楚了。

【石】《説文》說:"山石也。"這一解釋衹是描寫了"石"的典型的外觀形態,其實平原上、河海湖泊裏也有石頭,並不僅限於山上。《現代漢語詞典》對"石"的解釋是:"構成地殼的堅硬物質,是由礦物集合而成的。"這一詞義顯然是深化了。

(2) 詞義的擴大、縮小和轉移

詞義的擴大、縮小和轉移是指義位的指稱對象、指稱範圍發生了變化,這種變化有擴大、縮小和轉移之分,可以分別表示爲:A<B、A>B、A→B。詞義的擴大是指變化後義位指稱的範圍包含並大於原先的指稱範圍;詞義的縮小與詞義的擴大相反,指的是演變後義位指稱的範圍小於原先的指稱範圍並被包含在原先的範圍之內;詞義的轉移指的是義位指稱範圍轉移而意義上仍有聯繫。

a. 詞義的擴大

部分<整體。如"臉"最初指雙頰,與"頰"同義,指婦女搽胭脂的地方,所以一個人可以有兩個臉(如宋晏殊《破陣子》詞:"笑從雙臉生。"),後來變爲指整個面部,一個人也衹有一個臉了。又如"眼"本指眼球(如《戰國策·韓策》:"聶政大呼,所擊殺者數十人。因自皮面、抉眼、屠腸,遂以死。"),後來指整個眼部,包括眼瞼。

小類<大類。如"嘴"最初指鳥喙,到泛指人、動物或器皿的口。"門"原來是

指兩個門扇的門,一個門扇的門叫"户",後來"門"也可指一個門扇的門了。"菜",據《説文》的解釋,最初指"草之可食者",即植物性蔬菜,後來肉類、蛋類都可以稱作"菜"。"響"本指回聲(如《吕氏春秋·有始》:"日中無影,呼而無響。"),至西漢末可以泛指各種聲響,如揚雄《劇秦美新》:"炎光飛響。"李善注:"炎光,日景也;飛響,震聲也。"揚雄時候"響"已經是聲響義,所以東漢許慎《説文》的解釋也就是詞義擴大以後的"響,聲也"了。

個體＜同類。如"江"最初專指長江(《尚書·禹貢》:"江、漢朝宗於海。"),"河"最初專指黄河(如《論語·子罕》:"鳳鳥不至,河不出圖。"),後來演變爲指一般的江與河,原來的江、河祇好改稱"長江"、"黄河"。又如"阿斗"本爲蜀漢後主劉禪的小名,後泛指庸碌無能的人;"西施"本指春秋時期越國的一個美女,後成爲美女的代稱。

夥伴域小＜夥伴域大。如"洗",《説文》的解釋是"洒足也",所以它的本義是洗腳(如《史記·黥布列傳》:"淮南王至,上方踞牀洗。"),後來泛指各種洗滌,不限於腳。又如"理"本來專指治玉,雕琢的意思(如《韓非子·和氏》:"王乃使玉人理其璞而得寶焉,遂命曰'和氏之璧'。"),後來泛指各種治理、整理。"醒"最初指酒醒(如《左傳·僖公二十三年》:"姜與子犯謀,醉而遣之。醒,以戈逐子犯。"),中古以後也指睡醒、醒悟。

b. 詞義的縮小

整體＞部分。如"腳"最初指小腿(《説文》:"腳,脛也。"《釋名·釋形體》:"腳,卻也,以其坐時卻在後也。"),《漢書·東方朔傳》:"臣觀其舌齒牙,樹頰胲,吐脣吻,擢項頤,結股腳,連雁尻。"這裏"股"和"腳"連用,就是指大腿和小腿。到中古以後,"腳"就漸漸地祇指腳踝以下的部分了。《晉書·陶潛傳》:"潛無履,王弘顧左右爲之造履。左右請履度,潛便於坐伸腳令度焉。"伸出腳來讓人量鞋的尺寸,這個"腳"應該祇是腳踝以下的部分。又如"趾"最初指腳(如《詩經·豳風·七月》:"三之日于耜,四之日舉趾。"),後來指腳趾(漢焦贛《易林》:"興役不休,與民争時,牛生五趾,行危爲憂。")。

大類＞小類。如"子"最初指子女(如《禮記·曲禮下》:"子於父母,則自名也。"鄭玄注:"言子者,通男女。"《戰國策·趙策》:"鬼侯有子而好,故入之於紂。"),"子"的今義則縮小了,專指兒子。又如"瓦",古代指一切陶製品(《説文》:"瓦,土器已燒之總名。"段玉裁注:"凡土器未燒之素皆謂之坯,已燒謂之瓦。"),到現代變爲祇指房頂上的瓦片。"宫"最初指各種房屋、住宅(如《墨子·號令》:"父母妻子,皆同其宫。"),後來就專指宫殿(宋費袞《梁谿漫志·古者居室皆稱宫》:"古者居室貴賤皆通稱宫,初未嘗分別也。秦漢以來始以天子所居爲宫矣。"）。又如"蟲"最初是各種動物的總稱（《大戴禮記·易本命》："有羽之蟲三百六十，而鳳皇爲之長；有毛之蟲三百六十，而麒麟爲之長；有甲之蟲三百六十，而神龜爲之長；有鱗之蟲三百六十，而蛟龍爲之長；裸之蟲三百六十，而聖人爲之長。此乾坤之美類，禽獸萬物之數也。"），現代漢語則主要指昆蟲。衹是在方言中古義仍有保存，如吴方言把老鼠叫作"老蟲"，北方方言把蛇叫作"長蟲"，《水滸傳》中把老虎叫作"大蟲"。又如"金"在先秦泛指金屬，《説文》："金，五色金也，黄爲之長。"《史記·平準書》："金有三等，黄金爲上，白金爲中，赤金爲下。"後來詞義縮小，專指黄金，其古義衹在"五金"、"合金"、"金屬"等詞語中留存。"丈人"原來指年長的人（如《論語·微子》："子路從而後，遇丈人以杖荷蓧。"），南北朝以後是妻父的專稱（《三國志·蜀書·先主傳》："獻帝舅車騎將軍董承辭受帝衣帶中密詔。"南朝宋裴松之注："董承，漢靈帝母董太后之姪，於獻帝爲丈人。蓋古無丈人之名，故謂之舅也。"）。

同類＞個體。如"穀"，《説文》的解釋是："百穀之總名。"《孟子·滕文公上》："樹藝五穀，五穀熟而民人育。"東漢趙岐注："五穀謂稻、黍、稷、麥、菽也。"由此可見，上古各種穀物都可以叫"穀"，到現代就衹有水稻的籽實叫"穀"了。

夥伴域大＞夥伴域小。如"喫"是進食的意思，這個意思上古時候是用"食"來表示，大概到唐代產生了"喫"。開始時，"喫"的對象既可以是固體食物（如南朝宋劉義慶《世説新語·任誕》："白羊肉美，一生未曾得喫。"），也可以是液態食物（如唐杜甫《狂歌行·贈四兄》："樓頭喫酒樓下臥，長歌短詠還相酬。"），但是到現代北方話中，其對象就衹能是固體食物了。又如"畜養"，最初既指養活人（《韓詩外傳》卷七："夫爲人父者，必懷慈仁之愛，以畜養其子。"），也指養活動物（如《韓非子·難二》："務於畜養之理，察於土地之宜，六畜遂，五穀殖，則入多。"），到後來衹指養活動物。"報復"，最初既指報恩（如《漢書·朱買臣傳》："悉召見故人與飲食諸嘗有恩者，皆報復焉。"），也指報仇（如《三國志·蜀書·法正傳》："外統都畿，內爲謀主。一湌之德，睚眦之怨，無不報復。"），到後來就衹指報仇了。

c. 詞義的轉移

例如"葷"的古義，《説文》云："葷，臭菜也"，《倉頡篇》云："葷，辛菜也。"所以"葷"是葱、蒜、韭菜之類有辛辣味道的蔬菜（《説文》："蒜，葷菜也。"《儀禮·士相見禮》："夜侍坐，問夜，膳葷，請退可也。"鄭玄注："葷，辛物，葱、薤之屬。"），到現代漢語中，"葷菜"轉指肉食。又如"湯"本指熱水、開水，《論語·季氏》："見善如不及，見不善如探湯。"後來指菜湯、米湯、肉湯等。又如"涕"本指眼淚，《詩經·陳風·澤陂》："寤寐無爲，涕泗滂沱。"毛傳："自目曰涕，自鼻曰泗。"到漢代"涕"

開始轉指鼻涕，王褒《僮約》："目淚下，鼻涕長一尺。"人們漸漸不説"涕泗滂沱"，而改説"涕淚交加"。又如"聞"本指聽見，《説文》："聞，知聲也。从耳，門聲。"《孟子·梁惠王上》："聞其聲，不忍食其肉。"後來轉指用鼻子嗅，《韓非子·十過》："共王駕而自往，入其幄中，聞酒臭而還。"又如"兵"，本指兵器，《説文》："兵，械也。"《荀子·議兵》："古之兵，戈、矛、弓、矢而已。"後來轉指使用兵器的士兵，《左傳·昭公十四年》："楚子使然丹簡上國之兵於宗丘，且撫其民。"唐孔穎達疏："兵者，戰器之名。戰必令人執兵，因即名人爲兵也。"這個詞義轉移上古就發生了，但其古義至今保留在成語"兵不血刃"、"棄甲曳兵"等當中。又如"府"本來指藏文書財物的地方，《漢書·郊祀志》："史書而藏之府。"唐顔師古注："府，藏書之處。"漢魏以後指高級官員及諸王治事之所，後來泛指一般官署。《説文》："府，文書藏也。"段玉裁注："文書所藏之處曰府，引申之，爲府史、胥徒之府。"又如"寺"原指官署，《後漢書·劉般傳》："官顯職閑，而府寺寬敞。"古代有太常寺、大理寺、鴻臚寺等。《左傳·隱公七年》"發幣於公卿"，唐孔穎達疏："自漢以來，三公所居謂之府，九卿所居謂之寺。"東漢後期，隨着佛經傳入我國，建白馬寺置經，"寺"就逐漸成爲佛寺的稱呼。又如"樂府"本指官署，是漢代採詩的一種音樂機構（《漢書·禮樂志》："內有掖庭材人，外有上林樂府。"），樂府詩原來是配樂的，故歸其管轄，後來轉指所採集的詩及其詩體。

　　需要注意的是，有時詞義的變化不是單純的擴大、縮小或轉移，而是綜合了這三種變化，有時還會反復，甚至摻有其他變化。例如許慎把"臭"的本義解釋爲嗅（《説文》："臭，禽走臭而知其跡者，犬也，从犬自。"），即"用鼻子聞氣味"，是可信的（如《荀子·榮辱》："彼臭之而嗛於鼻，嘗之而甘於口。"）。後來，由"用鼻子聞氣味"（動詞）這一意義演變爲"鼻子聞到的氣味"（名詞），這顯然是詞義的轉移。這一意義在春秋戰國時期很常見，如《詩經·大雅·文王》："上天之載，無聲無臭。"（東漢鄭玄箋："耳不聞聲音，鼻不聞香臭。"）不過，隨着"香"字逐步成爲表示好聞的氣味的專用字，"臭"字也越來越頻繁地用來表示惡臭，"臭"字的詞義範圍開始縮小了（如《莊子·知北遊》："其所美者爲神奇，其所惡者爲臭腐。"），這種情況一直延續到現代漢語。又如"齒"，古義是"門牙"（《詩經·衛風·碩人》："領如蝤蠐，齒如瓠犀。"）、"牙齒"（《左傳·哀公六年》："女忘君之爲孺子牛而折其齒乎？"）、"年齒"（《孟子·公孫丑下》："天下有達尊三：爵一、齒一、德一。"）等，今義是"牙齒"，所以是詞義縮小。但是"齒"這個字殷墟卜辭中就已經出現，字形作 ᘜ，指的正是門牙。可見"齒"從門牙義引申到牙齒義，乃至年齒義，是一個詞義擴大的過程，但是到現代，"齒"又祇指牙齒，也就是説，詞義又縮小了（可是又沒有縮小到祇指門牙）。這一過程可以圖示爲：

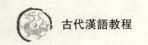

$$\text{門牙} \underset{\text{(擴大)}}{\longleftarrow} \text{門牙(特指)、牙齒(泛指)、年齒} \underset{\text{(縮小)}}{\longrightarrow} \text{牙齒}$$

同時,"齒"的門牙義引申出牙齒義以後,門牙義仍有使用①。也就是説,從門牙義到牙齒義,可以説是義項的增加,尤其是當"齒"引申出年齒義時,更明顯地屬於新的義項的增加,這就不止是一個義位的指稱對象、指稱範圍的變化了。

三、詞義的輕重和感情色彩的變化

(1) 詞義輕重的變化

"輕"和"重"指的是一種程度,詞義輕重的變化可以分爲詞義加重和詞義減輕兩種情況。

a. 詞義加重

【誅】"誅"的詞義由"指責、譴責"加重爲"懲罰、責罰",又進一步加重爲"誅殺"。《論語·公冶長》:"宰予晝寢。子曰:'朽木不可雕也,糞土之牆不可杇也;於予與何誅?'"這裏"誅"意爲譴責。《韓非子·飾邪》:"當魏之方明《立辟》,從憲令行之時,有功者必賞,有罪者必誅,强匡天下,威行四鄰。"又《外儲説右下》:"吾秦法,使民有功而受賞,有罪而受誅。"這裏"賞"、"誅"對舉,"賞"指獎賞,"誅"指懲罰。又《内儲説下》:"叔向之讒萇弘也,爲書曰:'萇弘謂叔向曰:子爲我謂晉君,所與君期者時可矣,何不亟以兵來?'因佯遺其書周君之庭而急去行,周以萇弘爲賣周也,乃誅萇弘而殺之。"這裏"誅"字顯然還没有"誅殺"之義,應該仍然是"懲罰"義。而《孟子·梁惠王下》:"殘賊之人謂之'一夫'。聞誅一夫紂矣,未聞弑君也。"這裏"誅"與"弑"對舉,"誅"就是"誅殺"之義了,可以説這是最重的懲罰了。到現代漢語,"誅"字除了在成語"口誅筆伐"等當中還留有"譴責"義以外,一般的使用中就祇有"誅殺"義了。

【聖】"聖"的詞義由"通曉事理,聰明睿智"加重爲"無所不知,崇高神聖"。《説文》:"聖,通也。"段玉裁注:"凡一事精通,亦得謂之聖。"因此,所謂"聖"就是指通曉事理。《文子·道德》:"文子問'聖'、'智'。老子曰:'聞而知之,聖也;見而知之,智也。'"楊樹達《積微居讀書記·讀後漢書劄記》:"聖與聰義近,故從

---

① 在上古,"齒"和"牙"是有所區別的。《説文》:"牙,壯齒也。"段玉裁注:"壯齒者,齒之大者也。統言之,皆稱齒、稱牙;析言之,則前當唇者稱齒,後在輔車者稱牙,牙較大於齒。……《詩》:'誰謂雀無角?''誰謂鼠無牙?'謂雀本無角,鼠本無牙,而穿屋穿牆,似有角牙者然。鼠齒不大,故謂無牙也。東方朔説騶牙曰:'其齒前後若一,齊等無牙。'此爲齒小牙大之明證。"

耳,……《文子》猶用本義。"可見,"聖"在當初也就是指耳聰目明一點的人。《詩經·邶風·凱風》:"母氏聖善,我無令人。"毛傳:"聖,叡也。"孔穎達正義:"叡、聖義同。此母氏聖善,人之齊聖,皆以明智言之,非必要如周孔。"詩中稱頌母親明智善良,並非說她已經到達周公、孔子的文化和道德的高度。不過,到後來"聖"的詞義加重,就祇能指品格最高尚、智慧最高超的人,甚至祇用於稱頌封建社會的最高統治者皇帝。

【恨】"恨"的詞義由"遺憾,後悔"加重爲"憎恨,懷恨"。上古時候"憾"和"恨"是同義詞,都表示"遺憾",先秦多用"憾",漢代以後多用"恨"。如《史記·淮陰侯列傳》:"大王失職入漢中,秦民無不恨者。"又《李將軍列傳》:"羌嘗反,吾誘而降,降者八百餘人,吾詐而同日殺之。至今大恨獨此耳。"兩句中的"恨"都是"遺憾,後悔"的意思。到魏晉時候,"恨"雖然大多保持本義,如諸葛亮《出師表》"先帝在時,每與臣論此事,未嘗不歎息痛恨於桓靈也",但是也已開始產生"憎恨,懷恨"義。如《晉書·石季龍傳》:"(石)閔益有恨色,準等咸勸誅之。"孟準等要求石遵誅殺石閔,可見石閔的"恨"已經不是遺憾,而是憎恨了。到現代漢語,"恨"的本義仍有所保留,如"引爲恨事",但就多數使用而言,主要是表示仇視,語義上比本義要強烈得多。

b. 詞義減輕

【賊】"賊"字的詞義由指殺人劫貨、犯上作亂的人,後減輕爲指搶劫、偷竊財物的人,再到後來,就僅指偷竊財物的人,即小偷。《周禮·秋官·士師》:"二曰邦賊。"東漢鄭玄注:"爲逆亂者。"這裏"賊"指犯上作亂的人。《荀子·正論》:"故盜不竊,賊不刺,狗豕吐菽粟,而農賈皆能以貨財讓。"唐楊倞注:"盜賊,通名。分而言之,則私竊謂之盜,劫殺謂之賊。"這裏"賊"指搶劫財物的人。宋釋道原《景德傳燈錄·法瑫宗一禪師》:"僧曰:'若不遇於師,幾成走作。'師曰:'賊去後關門。'"這個"賊"就祇能是小偷了。

【購】"購"原來指懸賞徵求、重金收買,而且所購的東西也往往不是商品,後來祇指購買物品。《戰國策·韓策二》:"韓取聶政屍於市,縣購之千金。"《史記·刺客列傳》:"今聞購將軍首金千斤,邑萬家,將奈何?"這裏的"購"都是懸賞徵求。《漢書·高帝紀下》:"問豨將,皆故賈人。上曰:'吾知與之矣。'乃多以金購豨將,豨將多降。"《魏書·楊播傳》:"蕭衍豫州刺史裴邃治合肥城,規相掩襲,密購壽春郭人李瓜花、袁建等令爲內應。"這裏的"購"是重金收買。清龔自珍《病梅館記》:"予購三百盆,皆病者,無一完者。"這裏的"購"就不再是重金,而是一般意義上的購買了。

【餓】"餓"的詞義最早是指嚴重的飢餓,後來演變爲指一般的餓。《左傳·宣公二年》:"初,宣子田於首山,舍于翳桑,見靈輒餓,問其病。"餓得像生病一樣,顯然這是嚴重的飢餓。《韓非子·飾邪》:"語曰:家有常業,雖饑不餓。國有常法,雖危不亡。"《淮南子·說山訓》:"寧一月飢,無一旬餓。"這兩例都是說"飢"和"餓"不同,前者相當於今天所說的飢餓,後者則要嚴重得多。《韓非子·八說》還說:"不能具美食而勸餓人飯,不爲能活餓者也。"對於"餓人",不能一下子給他吃很多食物,那是因爲嚴重飢餓的人一下子吃得太多,會有生命危險。可見,"餓"確實不是一般的飢餓。但是到東漢時候,"飢"和"餓"恐怕已經是同義詞了,因爲《說文》的解釋是"飢,餓也"、"餓,飢也"。

(2) 感情色彩的變化

詞義的感情色彩是指褒義、貶義和中性,在歷史上有些詞的意義會從褒義或中性演變爲貶義(或從褒義演變爲中性),也有些詞會從貶義或中性演變爲褒義(或從貶義演變爲中性)。

a. 從褒義或中性演變爲貶義,或從褒義演變爲中性

【爪牙】"爪牙"最早是"勇士,武臣,得力助手"的意思,後來演變指"黨羽,幫兇,走狗"。《詩經·小雅·祈父》:"祈父,予王之爪牙!"鄭玄箋:"此勇力之士。"《國語·越語上》:"夫雖無四方之憂,然謀臣與爪牙之士,不可不養而擇也。"《漢書·陳湯傳》:"趙有廉頗、馬服,強秦不敢窺兵井陘;近漢有郅都、魏尚,匈奴不敢南鄉沙幕。由是言之,戰克之將,國之爪牙,不可不重也。"以上數例的"爪牙"都用作褒義,不過到西漢,"爪牙"已經略具貶義了。《史記》全書"爪牙"共出現六次,其中五次都在《酷吏列傳》中用指黨羽、幫兇。如"王溫舒……擇郡中豪敢任吏十餘人,以爲爪牙,皆把其陰重罪,而縱使督盜賊"、"杜周者,南陽杜衍人。義縱爲南陽守,以爲爪牙,舉爲廷尉史"。再到後來,"爪牙"就完全是貶義的了。

【謗】"謗"原來是指公開議論,無所謂褒貶,可謂中性詞。朱駿聲《說文通訓定聲》:"謗者,道人之實事,與'誣''譖'不同。大言曰謗,小言曰誹、曰譏。"《左傳·襄公十四年》:"自王以下各有父兄子弟以補察其政。史爲書,瞽爲詩,工誦箴諫,大夫規誨,士傳言,庶人謗,商旅於市,百工獻藝。""庶人謗"就是庶人議論、提意見。《國語·周語上》:"厲王虐,國人謗王。"《戰國策·齊策一》:"能謗譏於市朝,聞寡人之耳者,受下賞。"這裏的"謗王"、"謗譏"當然也不是詆謗。但是後來"謗"就引申爲"說別人的壞話",變成了貶義詞。如《史記·孝文本紀》:"古之治天下,朝有進善之旌、誹謗之木,所以通治道而來諫者。今法有誹謗妖言之罪,是使衆臣不敢盡情,而上無由聞過失也。"傳說堯時建有誹謗之木,讓百姓書寫諫言,這個"誹謗"應該不是貶義的,但孝文帝所立"誹謗妖言"的罪名,這個"誹謗"

應該就是貶義的了。

【征】"征"字當它義爲"出兵攻打"、"出征"時,最初衹用於上攻下(天子攻諸侯等),有道攻無道,語義附有褒揚色彩。如《孟子·盡心下》:"征者,上伐下也,敵國不相征也。"又如《墨子·七患》:"故倉無備粟,不可以待凶饑;庫無備兵,雖有義,不能征無義。"後來不管是否上對下、有道對無道,衹要是出兵攻打,都可用"征",語義上中性化了。如《隋書·北狄·突厥傳》:"都藍與達頭可汗有隙,數相征伐。"《南史·夷貊下·滑》:"魏之居代都,滑猶爲小國,屬蠕蠕。後稍强大,征其旁國波斯、盤盤、罽賓、焉耆、龜兹、疏勒、姑墨、于闐、句般等國,開地千餘里。"

b. 從貶義或中性演變爲褒義,或從貶義演變爲中性

【祥】本指吉凶的預兆,是中性詞。如《左傳·僖公十六年》:"是何祥也?吉凶焉在?"晉杜預注:"祥,吉凶之先見者。"《論衡·異虛篇》:"善惡同實,善祥出,國必興;惡祥見,朝必亡。"這兩例的"祥"都指吉凶的預兆。當時即使是凶兆,也可用"祥"。如《史記·殷本紀》:"帝太戊立伊陟爲相,亳有祥桑榖共生於朝,一暮大拱。"孔安國注:"祥,妖怪也。二木合生,不恭之罰。"有時則在"祥"字前加上定性的修飾語。如《漢書·張敞傳》:"地大震裂,火生地中,天文失度,妖祥變怪,不可勝記。"大概到東漢,"祥"就引申爲衹指善的、吉利的兆頭,含有褒義,所以許慎《説文》云:"祥,福也。"

【深刻】本指嚴峻刻薄、殘忍不仁,具有貶義。如《漢書·張湯傳》:"所治即上意所欲罪,予監吏深刻者;即上意所欲釋,予監吏輕平者。"又如《史記·商君列傳》:"商君,其天資刻薄人也。"唐司馬貞索隱:"謂天資其人爲刻薄之行。刻,謂用刑深刻;薄,謂棄仁義,不惘誠也。"可見,直到唐代"深刻"仍是貶義的。不過,在唐代這個詞褒義的用法也開始出現。如《南史·循吏傳·郭祖深》:"又言'廬陵年少,不宜鎮襄陽;左僕射王暕在喪,被起爲吳郡,曾無辭讓。'其言深刻。"而到現代,"深刻"則用來形容對事理的理解或闡釋達到精闢透徹、深入本質,完全是褒義的了。

【乖】本義是違背、不和諧、不順利,具有貶義。如《韓非子·八説》:"暴人在位,則法令妄而臣主乖,民怨而亂心生。"《荀子·天論》:"父子相疑,上下乖離,寇難並至。"唐韓愈《贈崔立之評事》詩:"時命雖乖心轉壯,技能虛富家逾窘。"後來指人機智靈活,雖違背原意而能取得好的結果,從而引申爲乖巧、機靈,具有褒義。如唐李廓《上令狐舍人》詩:"宿客嫌吟苦,乖童恨睡遲。"《全元雜劇·逞風流王煥百花亭》:"早是俺乖,倘或這妮子跟着王煥走了,可怎了也!"

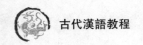

第三節　詞的本義和引申義

一、什麽是詞的本義和引申義

所謂"詞的本義",就是一個詞本來的意義,一個詞被人們創造出來時所具有的意義。不過由於漢語的歷史十分悠久,對於那些發端於遠古漢語的詞,我們已經很難確認它們"本來的意義"了;所以對於這樣一些詞來説,它們的"本義",祇能是我們借助各種材料和方法所能追溯到的最早的意義。所謂"詞的引申義",是指在詞的本義的基礎上引申發展出來的意義。引申義既可能是從本義直接引申出來,也可能是從引申義再一次引申出來。

一般來説,一個詞往往不止一個意義,當它有兩個或兩個以上的意義時,其中一個應該是本義,其他的則是引申義。也就是説,一個詞的衆多意義,是以本義爲起點的各引申義貫串在一起的有規律可循的意義系統。如果我們知道了某個詞的本義,那麽就可以順藤摸瓜,把這個詞的引申義的來龍去脈辨別清楚;並由此出發,對古書中的同字異詞、同詞異字等現象作出正確的判斷。例如當我們知道"莫"的本義是日暮(《説文》:"莫,日且冥也。从日在茻中。"),就可以確定意義爲"没有誰,没有什麽"的"莫"是另一個詞,兩字之間是假借的關係,因爲它們在意義上没有引申的關係;同時也可以確定"暮"是爲日暮義的"莫"所造的後起本字。又如當我們知道"策"的本義是馬鞭(《説文》:"策,馬箠也。从竹朿聲。"),引申爲"策籌"、"計策","册"的本義是編簡、簡册(《尚書·多士》:"殷先人有册有典。"),就可以確定《戰國策》書名中的"策"是"册"字的通假字,同時也可以確定《漢書·趙充國傳》"選擇良吏知其俗者,拊循和輯,此全師保勝安邊之册"中的"册"是"策"字的通假字。

探究詞的本義和引申義,可以利用漢字的字形。由於漢字具有六千多年的歷史,同時它又往往是表意的象形文字,所以漢字在當初被創造出來的時候,其字形與它當時所記錄的詞的意義之間總有一些聯繫,這就給後人通過分析漢字的形體結構來辨明詞的本義創造了十分有利的條件。對於象形字、指事字、會意字,經過字形分析後,我們比較容易領悟它所記錄的那個詞的本義;而對於形聲字,由於它的形符顯示了意義的類屬,那麽它所記錄的詞的本義在意義範疇上也有了一定的歸屬[①]。例如"向"在古書上有"朝北的窗"(《詩經·豳風·七月》:

[①] 根據右文説理論,有許多形聲字的聲符也是表義的,那麽分析這樣的聲符,也將有助於判斷詞的本義。參第四節關於同源詞的敍述。

"穹窒熏鼠,塞向墐户。")、"朝向,對着"(《莊子‧秋水》:"於是焉河伯始旋其面目,望洋向若而歎曰")、"向往,奔向"(《韓非子‧外儲説左下》:"今西伯昌,人臣也,修義而人向之")等意思,而"向"字的字形,甲骨文寫作𤖕、𠆢,分明畫的是房子和窗户,這説明"向"這個詞的本義正是"朝北的窗",後來由"朝北的窗"引申爲"朝向,對着",又由"朝向,對着"引申爲"向往,奔向"。又如"造"在古書上有"前往,到"(《左傳‧哀公八年》:"景伯負載,造於萊門。")、"達到某一境界"(《孟子‧離婁下》:"君子深造以道。")、"製作,做"(《禮記‧玉藻》:"大夫不得造車馬。")、"成就"(《詩經‧大雅‧思齊》:"肆成人有德,小子有造。")等意思,而"造"字的字形是從辵告聲,"辵"有行走的意思,這説明"造"這個詞的本義應該是"前往,到",由"前往,到"引申爲"達到某一境界",又由"達到某一境界"引申爲"成就",同時"達到某一境界"又引申爲"製作,做"。

　　探究詞的本義和引申義,也可以依據詞義發展的一般規律,這種規律主要有從個别到一般、從具體到抽象,聯想和類比。

　　(1)從個别到一般,從具體到抽象。人們對客觀世界的認識往往從個别對象開始,然後逐步擴大到同類的物件,往往從具體事物入手,然後慢慢把握抽象事物的特徵;認識活動的這一過程也反映在詞義的發展演變中。例如"權"在古書中的義項有:① 權勢。《荀子‧議兵》:"權出一者强,權出二者弱。" ② 秤錘。《吕氏春秋‧仲春紀》:"日夜分,則同度量,鈞衡石,角斗桶,正權概。"高誘注:"稱錘曰權。" ③ 稱量。《孟子‧梁惠王上》:"權,然後知輕重。" ④ 權宜。《孟子‧離婁上》:"嫂溺,援之以手者,權也。"其中"秤錘"是具體事物,這是本義,後來由"秤錘"引申爲"稱量",又由"稱量"引申爲較爲抽象的"權勢",同時又由"稱量"引申爲更爲抽象的"權宜"。

　　(2)聯想和類比。人們在認識客觀世界的過程中,對於相似相關的事物、相似相關的特徵,也往往會產生心理上的聯想和類比,並反映在詞義的發展演變中。例如"要",在古書中的義項有:① 人體的腰。《墨子‧兼愛》:"昔楚靈王好士細要。" ② 中間。《戰國策‧秦策》:"是王之地一經兩海,要絶天下也。" ③ 中途攔截。《左傳‧襄公三年》:"吴人要而擊之。" ④ 要脅。《論語‧憲問》:"雖曰不要君,吾不信也。" ⑤ 求得。《孟子‧公孫丑上》:"非所以要譽於鄉黨朋友也。"⑥ 邀請。《詩經‧鄘風‧桑中》:"期我乎桑中,要我乎上宫。"其中"人體的腰"是本義,由人體的腰處於身體的中部而聯想到與之相似的其他物體的中部,從而引申爲"中間",同時也由抓住人體的腰就可以控制整個人體,從而聯想到與之相似的人類利益衝突中的控制手法,而引申爲"要脅"。又如"翼",在古書中的義項有:① 鳥的翅膀。《莊子‧逍遥遊》:"有鳥焉,其名爲鵬,背若泰山,翼若垂天之雲。"②用翼遮蔽。《詩經·大雅·生民》:"誕寘之寒冰,鳥覆翼之。"③輔佐。《孟子·滕文公上》:"勞之來之,匡之直之,輔之翼之。"④戰陣的兩側,軍隊的兩翼。《史記·廉頗藺相如列傳》:"李牧多爲奇陳,張左右翼擊之。"⑤恭敬整肅貌。《詩經·小雅·六月》:"有嚴有翼,共武之服。"其中"鳥的翅膀"是本義,由翅膀在鳥身的兩旁而聯想到與之相似的戰陣和軍隊,從而引申爲"戰陣的兩側,軍隊的兩翼",又由鳥的兩翼必定整齊劃一而聯想到與之相似的社會生活狀態,從而引申爲"恭敬整肅貌"①。又如"金玉",在古書中的義項有:①珍寶。《禮記·儒行》:"儒有不寶金玉,而忠信以爲寶。"②貴重。《詩經·小雅·白駒》:"毋金玉爾音。"③美好。劉基《賣柑者言》:"又何往而不金玉其外,敗絮其中也哉!"其中"珍寶"是本義,由於擁有珍寶就能擁有美好的生活、其他美麗的事物,兩者相關,於是人們又用"金玉"來比喻美好的事物,因此引申爲"美好"。又如"年",在古書中的義項有:①年成,收成。《春秋·桓公三年》:"有年。"《穀梁傳·桓公三年》:"五穀皆熟,爲有年也。"②包含十二個月的時間單位。《莊子·秋水》:"湯之時,八年七旱。"③年齡,年歲。《左傳·襄公九年》:"晉侯以公宴於河上,問公年。"其中"年成,收成"是本義,由於古代每逢十二個月一年纔收穫一次,兩者相關,於是人們就借用義爲"年成,收成"的"年"來代表包含十二個月的時間單位,從而引申爲時間義的"年"②。

　　探究詞的本義和引申義,還可以根據詞義在古代文獻中出現的先後來判斷。這對於那些表示文明社會中纔出現的抽象概念的詞來說,尤其如此。例如"信",在古書中的義項有:①言語真實。《墨子·修身》:"言不信者行不果。"②對人真誠,不虛偽。《論語·學而》:"爲人謀而不忠乎?與朋友交而不信乎?"③信從,相信。《孟子·盡心下》:"盡信《書》,則不如無《書》。"④符契,憑證。《史記·刺客列傳》:"今行而毋信,則秦未可親也。"⑤使者,信使。《史記·韓世家》:"命戰車滿道路,發信臣,多其車,重其幣。"⑥消息,音訊。晉王徽之《書》:"得信,承嫂疾不減,憂灼寧可復言。"⑦書信。梁元帝蕭繹《玄覽賦》:"報蕩子之長信,送仙人之短書。"按照從個別到一般、從具體到抽象的詞義引申規律,"信"的本義似乎應該是"符契,憑證",然後由"符契,憑證"引申爲"使者,信使",同時又由"符契,憑證"引申爲"言語真實"。但是,從古代文獻看,"符契,憑證"義

---

　　①《説文》:"翼,翅也。"段玉裁注:"翼必兩相輔,故引申爲輔翼。"《卷阿》傳曰:'道可馮依,以爲輔翼也。'《行葦》鄭箋云:'在前曰引,在旁曰翼。'又凡敬者,必如兩翼之整齊,故毛傳曰'翼,敬也',鄭箋云'小心翼翼,恭慎皃'。"
　　②《説文》:"年,穀孰也。"段玉裁注:"《爾雅》曰:'夏曰歲,商曰祀,周曰年,唐虞曰載。'年者,取禾一孰也。"

是西漢時候纔產生的,而"言語真實"義早在春秋戰國時就已經有了。所以,"信"的本義應該是"言語真實",由"言語真實"引申爲"對人真誠,不虛僞"、"信從,相信",又由"言語真實"引申爲"符契,憑證",由"符契,憑證"引申爲"使者,信使",由"使者,信使"引申爲"消息,音訊",由"消息,音訊"引申爲"書信",這是文明社會中先有抽象概念,然後從抽象概念引申出具體概念的例子。又如"圖",在古書中的義項有:① 考慮,謀劃。《詩經·大雅·崧高》:"我圖爾居,莫如南土。" ② 設法謀取。《左傳·隱公元年》:"無使滋蔓,蔓,難圖也。" ③ 料想,猜測。《論語·述而》:"不圖爲樂之至於斯也。" ④ 圖畫。《莊子·田子方》:"宋元君將畫圖,衆史皆至,受揖而立。" ⑤ 地圖,圖表。《戰國策·燕策》:"軻既取圖奉之,發圖,圖窮而匕首見。"按照從個別到一般、從具體到抽象的詞義引申規律,"圖"的本義似乎應該是"圖畫",然後從"圖畫"引申爲"考慮,謀劃",但是從古代文獻看,"考慮,謀劃"義早在春秋時代已經有,所以"考慮,謀劃"應該是本義,引申爲"設法謀取"、"料想,猜測",又由"考慮,謀劃"引申爲"圖畫"、"地圖,圖表"等①。"考慮,謀劃"當然要比"圖畫"抽象一些,所以這也是從抽象概念引申爲具體概念的例子。

在利用上述方法探究詞的本義和引申義時,有三個問題是必須注意的。(1) 所採用的字形必須是比較古老的。比如人們常說有兩個漢字正好造顛倒了,寸身的"射"應該是"矮"字,委矢的"矮"纔是"射"字。這就是根據後代的字形來說字義了。在甲骨文、金文中,"射"字寫作⟨⟩、⟨⟩,正是張弓搭箭射擊之形,字中的弓箭部分後來訛爲"身";而"矮"字是從矢委聲的形聲字,古代從矢之字多有矮小義,如"短"、"矨"(短小貌)、"䫂"(短尾犬)、"矬"(短)。又如"降"字,《說文》的解釋是:"下也。从阜夅聲。"但是這個字甲骨文、金文寫作⟨⟩、⟨⟩,正象人的兩腳從山巖上往下走,應該是會意字,並不是形聲字。(2) 要注意區分字的本義和詞的本義。字的本義和詞的本義有一致的,如"要",古文字從兩手叉腰,字的本義是人體的腰,詞的本義也是"人體的腰";也有不一致的,如"權",《說文》指出字的本義是一種開黃花的樹,但這一字義並沒有古漢語的實際用例,從實際用例看,詞的本義應該是秤砣。又如"其",甲骨文、金文寫作⟨⟩、⟨⟩,字形象簸箕,因此字的本義應該是"簸箕"②,詞的本義也應該是"簸箕",但是在古代它也被借來表示讀音爲 qí 的人稱代詞(如《詩經·周南·桃夭》:"之子於歸,宜其室家。"),所謂本無其字的假借,那麼這個詞的本義又是"他的,他們的";也就是說

---

① 《說文》:"圖,畫計難也。"段玉裁注:"畫計難者,謀之而苦其難也。……謂先規畫其事之始終曲折,歷歷可見,出於萬全,而後行之也。故引伸之義謂繪畫爲圖。"

② 在這個意義上,"其"的後起本字是"箕"。

"其"字代表了不止一個詞①,不同的詞,本義也不同,而字的本義祇是"簸箕"。
(3)要注意有的字是依據引申義造出來的,並不反映詞的本義。例如"貫"在古書中的義項有:① 貫穿,串連。《左傳·成公二年》:"自始合,而矢貫余手及肘。"② 穿錢之繩。《史記·平準書》:"京師之錢累巨萬,貫朽而不可校。"③ 經歷,經過。《禮記·禮器》:"故貫四時而不改柯易葉。"④ 事情,事例。《論語·先進》:"仍舊貫,如之何?"從字形看,此字從貝,《說文》也說"貫,錢貝之貫",由此判斷"貫"這個詞的本義似是"穿錢之繩",由"穿錢之繩"引申爲"貫穿,串連"等。但是甲骨文有一個 ⊕ 字,簡省爲 ⊕,正象貫穿、串連之意,《說文》也有"毌"字,釋爲"穿物持之也。从一橫囗,囗象寶貨之形。……讀若冠。"段玉裁注:"古貫穿用此字,今貫行而毌廢矣。"這樣看來,"貫"這個詞最早是寫作"毌",其本義當是"貫穿,串連",引申爲"穿錢之繩",而"貫"字是依據引申義所造的字。

二、詞義的引申方式

一個多義詞的衆多義項之間並不是雜亂無章的,沒有頭緒的,而是互相有或遠或近關係的一張意義的網。一個詞一定有一個本義,也祇有一個本義;本義是一個多義詞的詞義系統的源頭,是詞義引申發展的起點。一個詞的引申義有從本義直接引申出來的,也有與本義沒有直接的關係,而是從引申義再引申出來的。那麼詞義的引申方式究竟如何呢?我們認爲,歸納起來主要有連鎖式引申、輻射式引申,以及由這兩者交錯在一起而成的綜合式引申三種。

(1)連鎖式引申

連鎖式引申是詞義的綫性引申,即甲義引申出乙義,又由乙義引申出丙義,如此環環相扣,向一個方向引申發展。例如"朝"在古書中的義項有:① 早晨。《論語·里仁》:"朝聞道,夕死可矣。"② 朝拜。《韓非子·五蠹》:"割地而朝者三十有六國。"③ 朝廷。《孟子·梁惠王上》:"今王發政施仁,使天下仕者皆欲立於王之朝。"④ 朝代。韓愈《答劉正夫序》:"漢朝人莫不能爲文,獨司馬相如、太史公、劉向、揚雄爲之最。"其引申方式可圖示如下:

 早晨 ⟶ 朝拜 ⟶ 朝廷 ⟶ 朝代

---

① "其"字在古代不僅有人稱代詞的用法,還有指示代詞、語氣詞等用法,所以它代表了好幾個詞。

"朝",甲骨文寫作𦩻,象日月同在草中,爲下弦月時太陽剛出而月亮尚可見的景象,所以本義是"早晨"。由早晨聯想到早晨朝見帝王,引申爲"朝拜";又由朝拜聯想到朝拜之地,引申爲"朝廷";又由朝廷的興盛替代,引申爲"朝代"。又如"責"在古書中的義項有:① 債務。《戰國策·齊策四》:"誰習計會,能爲文收責於薛者乎?" ② 索取。《左傳·桓公十三年》:"宋多責賂於鄭。" ③ 要求。《論語·衛靈公》:"躬自厚,而薄責於人,則遠怨矣。" ④ 詰問。《史記·絳侯周勃世家》:"吏薄責條侯。" ⑤ 責備。《管子·大匡》:"文姜通於齊侯,桓公聞,責文姜。"其引申方式可圖示如下:

債務 ⟶ 索取 ⟶ 要求 ⟶ 詰問 ⟶ 責備

"責",《説文》解釋其字形是"从貝束聲",貝殼在古代用作貨幣,凡從"貝"之字多與財貨有關,所以"責"的本義是"債務"。有債務,就會要求償還,故引申爲"索取";有索取,就會有要求,故又引申爲"要求";又由要求他人回答問題,引申爲"詰問";詰問他人到嚴厲程度,就是責備、譴責,故又引申爲"責備"。由此可見,連鎖式引申是單向的,其中每一個引申義祇跟與自己相鄰的兩個義項有直接聯繫,而跟其他的義項相距較遠。當然,連鎖式引申的起點並不限於本義,從某一引申義出發也可以形成連鎖式。例如這裏所說的"責",如果考慮到在古書中的義項還有:⑥ 責任。《尚書·金縢》:"若爾三王,是有丕子之責於天。"這是從"要求"引申出來的,這樣的話,其引申方式就是:

債務 ⟶ 索取 ⟶ 要求 ⟶ 詰問 ⟶ 責備
       ↓
      責任

也就是説,從"要求"到"詰問"、"責備"是連鎖式引申,而"要求"引申爲"詰問"和"責任"則是輻射式引申。

(2) 輻射式引申

輻射式引申是指以詞的某一個意義爲中心,直接引申出多個不同的意義。如果説連鎖式引申是綫性的引申,那麼輻射式引申就可以説是平面的甚至立體的引申。例如"引"在古書中的義項有:① 開弓。《説文》:"引,開弓也。"《孟子·盡心下》:"君子引而不發,躍如也。" ② 拉。《史記·廉頗藺相如列傳》:"左右或欲引相如去。" ③ 引導。《管子·法法》:"引而使之,民不敢轉其力。" ④ 延長,伸長。《左傳·成公十三年》:"我君景公引領西望。" ⑤ 取過來。《戰國策·齊策二》:"一人蛇先成,引酒且飲之。"其引申方式可圖示如下:

"引"的本義是"開弓",開弓需要把弓弦往後拉,這時著眼於人手的動作,就引申爲"拉",著眼於弓弦受到人手的導向,就引申爲"引導";同時,開弓把弓弦拉長了,由此引申爲"延長,伸長",而開弓時需要用手拿住弓弦,並引向自身,由此又引申爲"取過來"。由此可見,輻射式引申是多向的,其中每一個引申義都祇跟作爲中心的義項有直接聯繫,而跟其他的義項相距較遠。輻射式引申的起點也不限於本義,從某一引申義出發也可以形成輻射式。例如下文"封"字一例,其"堆土築墳"是引申義,但是也輻射引申出"大"和"厚"兩個義項。

(3) 綜合式引申

在一個詞的引申過程中,既有連鎖式引申,又有輻射式引申,那麼這個詞就屬於綜合式引申。古漢語的單音節詞大多義項較多,所以綜合式引申較爲普遍。例如"封"在古書中的義項有:① 培土。《左傳·昭公二年》:"宿敢不封殖此樹,以無忘《角弓》,遂賦《甘棠》。" ② 堆土築墳。《左傳·文公三年》:"遂自茅津濟,封殽尸而還。" ③ 厚。《國語·楚語上》:"是聚民利以自封而瘠民也。" ④ 大。《左傳·定公四年》:"吳爲封豕長蛇,以薦食上國。" ⑤ 邊界,疆界。《左傳·僖公三十年》:"既東封鄭,又欲肆其西封。" ⑥ 授予土地,賜給食邑。《史記·周本紀》:"封尚父於營丘,曰齊。" ⑦ 授予封號,賜給爵位。《史記·魏公子列傳》:"安釐王即位,封公子爲信陵君。" ⑧ 築壇祭祀天地。《史記·封禪書》:"古者封泰山禪梁父者七十二家。" ⑨ 封合,封閉。《史記·李斯列傳》:"書已封,未授使者,始皇崩。" ⑩ 量詞。《漢書·陳遵傳》:"書數百封,親疏各有意。"其引申方式圖示如下:

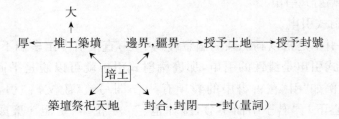

三、詞義感染、同步引申和相因生義

由於詞義一般不是孤立地存在的,而是成系統的,所以詞義的演變也往往不是孤立地進行的,某個詞的意義演變往往會受到具有聚合關係(同義關係、反義關係、類義關係等)的其他詞的影響或制約,或者會受到具有組合關係的其他詞的影響或制約。這種情況主要表現爲詞義感染、同步引申和相因生義。

(1) 詞義感染

所謂"詞義感染",是指本來意義不同的兩個詞由於經常組合在一起,結果導致其中一個詞的意義感染另一個詞,使得另一個詞也獲得了與它相同的意義。比如"顏色","顏"的本義是指眉上髮下、兩個額角之間的部分(《左傳·僖公九年》:"天威不違顏咫尺。"孔穎達疏:"顏,謂額也。"),以後引申爲臉面(《詩經·小雅·巧言》:"巧言如簧,顏之厚矣。"《呂氏春秋·達鬱》:"臣嘗聞相人於師,敦顏而土色者忍醜。")。"色"字的本義,《説文》説是"顏氣也",也就是臉上的表情、臉色,如《論語·公冶長》:"令尹子文三仕爲令尹,無喜色;三已之,無愠色。""色"字另有一個"色彩,顏色"義,如《論語·鄉黨》:"色惡,不食。臭惡,不食。"這個意義是"顏"字所没有的。但是由於在實際使用中"顏色"二字經常連用(如《戰國策·楚策》:"襄王聞之,顏色變作,身體戰慄。"),於是"色"字就把"色彩,顏色"義傳染給"顏"字,在後來的"顏色"一詞中,作爲詞素的"顏"也具有了"色彩,顏色"義,如唐代于鵠《過淩霄洞天謁張先生祠》:"折松掃藜床,秋果顏色鮮。"而且即使"顏"字單用也具有這樣的意義,如唐孟郊《濟源春》"濟濱花異顏,枋口雲如裁"、成語"五顏六色"等。

又如"漪"字,本作"猗",是句末語氣詞(《尚書·秦誓》:"如有一介臣,斷斷猗,無他伎。"唐孔穎達疏:"猗者,足句之辭,不爲義也。《禮記·大學》引此作'斷斷兮','猗'是'兮'之類,《詩》云'河水清且漣猗'是也。")。由於"猗"字經常與表示水波的詞連用,如《詩經·魏風·伐檀》"河水清且漣猗"、"河水清且直猗"、"河水清且淪猗",漸漸地"猗"也有了水波的意義,字形上也加了水旁,如晉左思《吴都賦》:"剖巨蚌於回淵,濯明月於漣漪。"南朝梁劉勰《文心雕龍·情采》:"夫水性虚而淪漪結,木體實而花萼振。"唐陳陶《飛龍引》:"長洲茂苑朝夕池,映日含風結細漪。"

又如"媳婦",本作"息婦","息"是兒子的意思(《戰國策·趙策》:"老臣賤息舒祺,最少,不肖。"南朝梁徐防《長安有狹邪行》:"大息登金馬,中息謁承明,小息偏愛幸,走馬曳長纓。"),"息婦"就是子婦(兒子的妻子),如宋莊綽《雞肋編》卷中:"諺有'巧息婦做不得没面飥飥'與'遠井不救近渴'之語。"由於"息婦"長期連用,後來"息"也産生了"子婦"義,字形上也受到"婦"的感染,變成了"媳婦",並且"媳"單用也是"子婦"義,如宋孟元老《東京夢華録·娶婦》:"凡娶媳婦,先起草帖子,兩家允許,然後起細帖子。"宋劉跂《學易集》卷八:"女嫁唐誦,我姑之媳。"

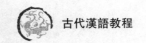

(2) 同步引申

所謂"同步引申",是指兩個或兩個以上的同義詞(或反義詞),由於引申的思路類同,而各自在原有意義上進行方向類同的引申,産生出相同(或相反)的引申義①。比如"族"的本義爲叢聚(《説文》:"族,矢鋒也,束之族族也。"《莊子·在宥》:"雲氣不待族而雨,草木不待黄而落。"),事物叢聚則多,所以引申爲衆多(《韓非子·喻老》:"有形之類,大必起於小;行久之物,族必起於少。"),事物衆多則平常,所以又引申爲一般(《莊子·養生主》:"族庖月更刀,折也。")。"衆"的本義爲人多(《説文》:"衆,多也。"《國語·周語上》:"夫獸三爲群,人三爲衆,女三爲粲。"),由此引申爲事物之衆多(《韓非子·外儲説左上》:"曩者曰車輮,今又曰車輮,是何衆也?"),衆多的事物必平常,所以又引申爲一般(《孟子·告子下》:"君子之所爲,衆人固不識也。"宋王安石《傷仲永》:"則泯然衆人矣。")。"列"的本義爲分解(《説文》:"分解也。"《史記·韓信盧綰列傳》:"遭漢初定,故得列地,南面稱孤。"),物體分解後容易排列,所以引申爲行列(《左傳·僖公二十二年》:"寡人雖亡國之餘,不鼓不成列。"),成爲行列的事物必多,所以引申爲衆多(《荀子·天論》:"列星隨旋,日月遞炤。"),衆多必平常,所以又引申爲一般(《史記·廉頗藺相如列傳》:"今臣至,大王見臣列觀,禮節甚倨。")。由此可見,"族"、"衆"、"列"三個同義詞沿着類同的方向進行引申,並産生出相同的引申義。

又如"基",本義爲建築物的根基、牆基(《説文》:"基,牆始也。"《詩經·周頌·絲衣》:"自堂徂基,自羊徂牛。"),引申爲事物、事情的開始(《漢書·枚乘傳》:"福生有基,禍生有胎。"),又因事情的開始往往是謀劃,所以又引申爲謀劃(《尚書·康誥》:"周公初基,作新大邑於東國洛。"《爾雅·釋詁》:"基,謀也。")。"肇",本義爲窗户始開(《説文》:"肇,始開也。"段玉裁注:"引申爲凡始之稱。"),引申爲事物、事情的開始(《楚辭·離騷》:"皇覽揆余初度兮,肇錫余以嘉名。"),又引申爲謀劃(《詩經·大雅·江漢》:"肇敏戎公,用錫爾祉。"毛傳:"肇,謀。")。可見,同義詞"基"與"肇"詞義同步引申。

又如"厚",本指扁平物體上下兩面之間的距離大,與"薄"相對(《詩經·小雅·正月》:"謂地蓋厚?不敢不蹐。"),由此引申出"重"義(《左傳·宣公二年》:"晉靈公不君,厚斂以彫牆。")、"大"義(《戰國策·秦策》:"大王又并軍而致與戰,非能厚勝之也。")、"多"義(《周禮·考工記·弓人》:"厚其液,而節其帤。"鄭玄注:"厚,猶多也。")、"深"義(《韓非子·六反》:"故母厚愛處,子多敗,推愛也。")、

---

① "同步引申"概念中的"同步"並不是説幾個詞的引申義是同時産生的,它們可能是有先後的,所以也有人改稱爲"類同引申"。

"濃"義(《韓非子·揚權》:"香美脆味,厚酒肥肉,甘口而病形。")。而"厚"的反義詞"薄",本指扁平物體上下兩面之間的距離小(《詩經·小雅·小旻》:"戰戰兢兢,如臨深淵,如履薄冰。"),由此也相應引申出"輕"義(《孟子·盡心上》:"易其田疇,薄其稅歛,民可使富也。")、"小"義(《史記·匈奴列傳》:"薄物細故,謀臣計失,皆不足以離兄弟之驩。")、"少"義(《史記·高祖本紀》:"吾非敢自愛,恐能薄,不能完父兄子弟。")、"淺"義(《韓非子·六反》:"父薄愛教笞,子多善,用嚴也。")、"淡"義(《莊子·胠篋》:"魯酒薄而邯鄲圍。")。可見,反義詞"厚"與"薄"詞義同步引申。

(3) 相因生義

所謂"相因生義",是指甲詞有 a、b 兩個義項,乙詞有 a 一個義項,由於甲 a 與乙 a 同義(或反義),漸漸地乙詞也產生了一個與甲 b 同義(或反義)的乙 b 義項。比如"謂"的意義是"對……說"(《左傳·哀公十一年》:"陳僖子謂其弟舒:'爾死,我必得志。'"),引申爲"稱,稱爲"(《詩經·王風·葛藟》:"終遠兄弟,謂他人父。"),又引申爲"認爲,以爲"(《孟子·梁惠王上》:"宜乎百姓之謂我愛也。")。"呼"的意義是"叫,對……說"(《左傳·哀公十一年》:"吴子呼叔孫曰:'而何事也?'"),引申爲"稱,稱爲"(《齊民要術·地榆》:"地榆一名玉豉……其實黑如豉,北方呼豉爲鼓,當言玉豉。")。由於"呼"的兩個詞義與"謂"的前兩個詞義幾乎完全相同,而且在使用第二個詞義時,"謂"和"呼"都可以出現在固定結構"謂 X 爲 Y"中,即"謂"和"呼"可以互換,正因如此,到六朝時候"呼"也產生了"認爲,以爲"義,如陸雲《與平原書》:"文適多體,便欲不清,不審兄呼爾不?"當時還有"謂""呼"連用的,如《經律異相》卷四十七引《賢愚經》:"獼猴得蜜,盛滿蜜以奉世尊。世尊不受,令其水净。獼猴不解,謂呼有蟲,將至水邊洗缽。"這很明顯地反映出人們把"呼"看成了"謂"的同義詞。

又如"反",本義是"覆,翻轉"(《說文》:"反,覆也。"《孟子·公孫丑上》:"以齊王,由反手也。"),引申爲"還,返回"(《尚書·五子之歌》:"畋於有洛之表,十旬弗反。")。"反"另外又從本義引申爲"正反"之"反",並由此引申爲副詞"却,反而"(《詩經·邶風·谷風》:"不我能慉,反以我爲讎。")。"顧",本義是"回頭看"(《說文》:"顧,還視也。"《詩經·檜風·匪風》:"顧瞻周道,中心怛兮。"),引申爲"還,返回"(《穆天子傳》:"萬民平均,吾顧見汝。"郭璞注:"顧,還也。")。由於"顧"與"反"都有"還,返回"義,成爲同義詞,所以後來"顧"也相因產生了副詞"却,反而"的用法(《戰國策·秦策》:"今三川周室,天下之市朝也,而王不爭焉,顧爭於戎狄,去王業遠矣。")。《戰國策·齊策》:"夫韓魏之兵未敝,而我救之,我代韓而受魏之兵,顧反聽命於韓也。""顧""反"連用,説明當時人們確實把它們看作同義詞。除了"顧"以外,"反"可能還影響了"還"和"却"。"還",本義爲"返回"(《説文》:"還,復也。"《左傳·隱公四年》:"諸侯之師敗鄭徒兵,取其禾而還。"),引申爲"却,反而"(《漢書·刑法志》:"(秦)窮武極詐,士民不附,卒隸之徒,還爲敵仇,焱起雲合,果共軋之。")。"却",本義爲"後退,退却"(《商君書·農戰》:"敵不敢至,雖至必却。"),引申爲"回轉,返回"(晉陳壽《益部耆舊雜記》:"忽馳思未盡其意,遂却馳騎還見亮。"),又引申爲"却,反而"(唐司空圖《漫書五首》:"逢人漸覺鄉音異,却恨鶯聲似故山。")。

又如"既"的意義有"窮盡"(《莊子·應帝王》:"吾與汝既其文,未既其實。")、"已經"(《尚書·堯典》:"九族既睦,平章百姓。"),"既"又虛化爲連詞,與"又"、"且"連用(《詩經·豳風·破斧》:"既破我斧,又缺我斨。")。"終"的意義有"窮盡"(《荀子·勸學》:"吾嘗終日而思矣,不如須臾之所學也。")、"已經"(《詩經·王風·葛藟》:"終遠兄弟,謂他人父。")。"既"與"終"前兩個意義相同,因爲類推,"終"後來也有了相同的連詞用法,如《詩經·邶風·北門》:"終窶且貧,莫知我艱。"①

相因生義與同步引申有同有異,相同的是它們都是因聚合關係而形成的,不同的是,前者是由於類推而產生的(乙詞的新義受甲詞的影響而產生),後者是由於引申思路類同而產生的(乙詞的新義是從自身引申出來的);相因生義與詞義感染也有同有異,相同的是它們的新義都是受另一個詞的影響而產生的,不同的是,前者是因聚合關係而形成的,後者是因組合關係而形成的。

練習三

一、何謂聯綿詞?聯綿詞在語音形式上有何特點?

二、詞義引申方式有幾種?請舉例説明。

三、從詞的意義結構出發,替下面的詞分類。須説明合成詞的構造方式和單純詞的語音形式。

   國家 純粹 寡人 有周 莞爾 欣欣 依稀
   參差 阿爺 裕如 霜降 社稷 撲朔 流離
   荒唐 黔首 幡然 執事 嘹亮 科斗 春分

---

① 王引之《經傳釋詞》卷九云:"《詩·終風》曰:'終風且暴。'毛傳曰:'終日風爲終風。'《韓詩》曰:'終風,西風也。'此皆緣詞生訓,非經文本義。'終',猶'既'也,言既風且暴也。《燕燕》曰:'終溫且惠,淑慎其身。'言既溫且惠也。《北門》曰:'終窶且貧,莫知我艱。'言既窶且貧也。《伐木》曰:'神之聽之,終和且平。'言既和且平也。《甫田》曰:'禾易長畝,終善且有。'言既善且有也。《正月》曰:'終其永懷,又窘陰雨。'言既長憂傷,又仍陰雨也。'終'與'既'同義,故或上言'終'而下言'且',或上言'終'而下言'又',説者皆以'終'爲'終竟'之'終',而經文上下相因之指,遂不可尋矣。"

苜蓿　蜘蛛　蕭蕭　葡萄　扶搖　布衣　知心
四、根據所給的材料，説明"北"、"字"、"造"的本義、引申義以及詞義引申的方式。
　　北：①《説文》："北，乖也。从二人相背。"
　　　　②《尚書·舜典》："分北三苗。"鄭注："猶别也。"
　　　　③《戰國策·齊策六》："食人炊骨，士無反北之心。"
　　　　④《韓非子·五蠹》："魯人從君戰，三戰三北。"
　　　　⑤《列子·愚公移山》："投諸渤海之尾，隱土之北。"
　　字：①《説文》："字，乳也。从子在宀下，子亦聲。"
　　　　②《山海經·中山經》："其實如蘭，服之不字。"
　　　　③《左傳·成公十一年》："又不能字人之孤而殺之。"
　　　　④《説文·敍》："蓋依類象形，故謂之文；其後形聲相益，即謂之字。字者，言孳乳而浸多也。"
　　　　⑤《史記·陳涉世家》："陳勝者，陽城人也，字涉。"
　　造：①《孟子·公孫丑下》："不幸而有疾，不能造朝。"
　　　　②《孟子·離婁下》："君子深造之以道。"
　　　　③《禮記·玉藻》："大夫不得造車馬。"
　　　　④《詩經·鄭風·緇衣》："緇衣之好兮，敝予又改造兮。"

第四節　同義詞、同源詞、類義詞

一、同義詞

　　什麽是同義詞？一般的説法是意義相同或相近的詞。可是語言中的詞往往是多義的，在這種情况下，所謂"同義"，是説一個詞的某一意義與另一個詞的某一意義相同或相近，而不是説一個詞的所有意義與另一個詞的所有意義都相同相近。也就是説，同義關係是以義位爲單位，而不是以詞爲單位的。比如上古漢語中"池"和"沼"在"水塘"這一義位上是同義詞，但"池"又指護城河，"沼"没有這個義位；又如上古漢語中動詞"誅"有責備、懲罰、誅殺三個義位，"誅"在這三個義位上分别與"責"、"罰"、"殺"構成同義關係。
　　同義詞中有一類是等義詞。等義詞指的是兩個詞的意義没有任何差别，在任何情况下都可以互相替换，但這類詞實際上是很少的，大多是名物詞，如先秦時候的"燕"和"玄鳥"、"菱"和"芰"。同義詞中還有一類是近義詞，所謂"近義"是指這樣的詞總會有一些區别性的義素。如"犬"和"狗"指同一種哺乳動物，是人類最早馴化的家畜之一,然析言之,大的叫"犬",小的叫"狗"①;又如"完"和"備"都有全的意思,但"完"重在表示完好無損,沒有殘缺,"備"重在表示數量、品類方面應有盡有,沒有遺漏,兩者所表示的概念內涵有所不同,它們並不是任何時候都可以互相替換的。

　　同義詞的產生原因,首先是由於社會的發展,人們認識的發展。如《禮記·曲禮上》:"天子死曰崩,諸侯曰薨,大夫曰卒,士曰不祿,庶人曰死。"同樣的死,因地位身份的不同而説法不同,由此產生了"崩、薨、卒、不祿、死"幾個同義詞。又如《禮記·檀弓下》:"臣弒君,凡在官者殺無赦;子弒父,凡在官者殺無赦。"《荀子·正論》:"誅紂,斷其首。"同樣的殺,因為褒貶的不同而説法不同,由此產生了"殺"、"弒"、"誅"幾個同義詞。其次,方言詞的進入也促進了同義詞的產生。如《方言》卷八:"鸝黃,自關而東謂之鶬鶊。自關而西謂之鸝黃,或謂之黃鳥,或謂之楚雀。""鸝黃"(後人稱"黃鸝")與"鶬鶊"、"黃鳥"後來都成了共同語中的同義詞。又如《方言》卷九:"舟,自關而西謂之船,自關而東,或謂之舟,或謂之航。""船"後來作為方言詞而進入共同語,成為"舟"的同義詞。有的方言詞最初實際上是異族語的詞,如"哥哥"的"哥",最初是鮮卑語,隋唐時進入漢語華北方言,以後成為漢語共同語的詞,與漢語固有詞"兄"形成同義詞。再次,外來詞的進入也是同義詞的產生原因之一。如"般若"、"悉曇"是梵文的音譯,作為外來詞而進入共同語,成為漢語固有詞"智慧"、"成就"的同義詞。最後,詞義的引申也是同義詞的產生原因之一。如《説文解字》:"屨,履也。"清段玉裁注:"晉蔡謨曰:'今時所謂履者,自漢以前皆名屨。《左傳》"踴貴屨賤",不言"履賤"。《禮記》"户外有二屨",不言"二履"。賈誼曰"冠雖敝,不以苴履",亦不言"苴屨"。《詩》曰"糾糾葛屨,可以履霜"。屨、舃者,一物之別名;履者,足踐之通稱。'按蔡説極精,《易》、《詩》、三《禮》、《春秋傳》、《孟子》皆言屨不言履,周末諸子、漢人書乃言履。《詩》、《易》凡三履,皆謂踐也。然則履本訓踐,後以為屨名,古今語異耳。""履"本來是踐踏之意,後引申出鞋子義,而跟"屨"形成同義詞。

　　我們在談論同義詞的時候,總是在同一個共時平面上的。許多同義詞因詞義的演變而形成,這樣兩個或兩個以上的非同義詞各自經過一個詞義引申階段,在某一歷史時期就變成了同義詞;同時,兩個或兩個以上的同義詞各自經過一個詞義引申階段,在某一歷史時期也會變成非同義詞。這種意義由異而同和由同而異的情況,是我們學習古代漢語時要加倍注意的,也就是説,要有歷史觀點。

---

① 《禮記·曲禮上》:"效馬效羊者右牽之,效犬者左牽之。"唐孔穎達疏:"通而言之,狗、犬通名;若分而言之,則大者為犬,小者為狗。"

這裏再看幾個具體的例子。

（1）詞義由異而同。如"領"和"頸"，"領"是脖子（《詩經·衛風·碩人》："領如蝤蠐，齒如瓠犀。"），"頸"是脖子的前部（《左傳·定公十四年》："使罪人三行，屬劍於頸。"），兩字意義有別。《説文》釋"領"爲"頸也"（依段注），釋"頸"爲"頭莖也"，毛亨傳"領如蝤蠐"之"領"爲"頸也"，《釋名》釋"領"爲"頸也"，釋"頸"爲"徑也，徑挺而長也"，看來到漢代，在頭頸義上人們已經不分"領"與"頸"。又如"徐"和"慢"，兩字本義不同。"徐"的本義是慢行（《説文》："徐，安行也。"），引申爲緩慢（《韓非子·外儲説右上》："教歌者，先揆以法，疾呼中宮，徐呼中徵。"），與"疾"相對；"慢"的本義是傲慢（《説文》："慢，惰也。""惰，不敬也。"），引申爲怠慢、懈怠（《三國志·蜀志·諸葛亮傳》："若無興德之言，則責攸之、禕、允等之慢，以彰其咎。"），又引申爲緩慢（唐白居易《長恨歌》："緩歌慢舞凝絲竹，盡日君王看不足。"），於是與"徐"形成同義關係。又如"貧"和"窮"，"貧"是"缺少財物，貧困"的意思（《説文》："貧，財分少也。"），與"富"相對；"窮"是"盡頭，終端"的意思（《説文》："窮，極也。"《楚辭·九歌·雲中君》："覽冀州兮有餘，橫四海兮焉窮？"），引申指走投無路、不得志（《墨子·非儒下》："孔某窮於蔡陳之間。"），與"達"相對，它們原來不是同義詞。後來"窮"引申爲經濟困窘、貧苦，就與"貧"形成了同義關係。

（2）詞義由同而異。如"后"最初是"君主，帝王"的意思，與"王"同義。這種用例在《尚書》中甚多，經常"后"、"王"互用，所指相同，如既有"我王"、"古我先王"，又有"我后"、"古我先后"。後來"后"引申爲"君王的正妻，皇后"的意思，不再表示"君主，帝王"了，於是"后"和"王"不再是同義詞了。又如"愛"和"憐"，"愛"的本義是親愛、疼愛（《左傳·隱公元年》："愛其母。"），"憐"的本義喜愛、愛惜（《戰國策·趙策》："丈夫亦愛憐其少子乎？"），與"愛"爲同義詞；"憐"以後引申爲憐憫、哀憐（《説文》："憐，哀也。"《漢書·武帝紀》："哀夫老眊孤寡鰥獨，或匱於衣食，甚憐潜焉。"），再到後來，它的喜愛、愛惜義完全消失，於是"憐"和"愛"不再是同義詞。又如"訪"和"謀"，"訪"的本義是諮詢，即向人徵求意見（《説文》："訪，汎謀曰訪。"《左傳·僖公三十二年》："穆公訪諸蹇叔。"），"謀"的本義也是諮詢，不過是因爲遇到困難而向人徵求意見（《左傳·襄公四年》："臣聞之，訪問於善爲諮，諮親爲詢，諮禮爲度，諮事爲諏，諮難爲謀。"），兩字上古同義。後來"謀"引申爲商議（《詩經·衛風·氓》："氓之蚩蚩，抱布貿絲，匪來貿絲，來即我謀。"）、考慮（《左傳·莊公十年》："肉食者鄙，未能遠謀。"）、謀劃（《史記·秦始皇本紀》："韓王患之，與韓非謀弱秦。"），"訪"引申爲探訪、尋求（《晉書·儒林傳序》："於是傍求蠹簡，博訪遺書。"），又引申爲拜訪、探望（唐杜甫《贈衛八處士》："訪舊半爲鬼，驚呼熱中腸。")等,兩字就不同義了。

更有意思的是,在詞義演變的歷史長河中,還有詞義"異→同→異"的例子。例如"美"和"好",《說文》:"美,甘也。从羊从大。"段玉裁注:"羊大則肥美。""美"的本義爲味道美(《孟子·盡心下》:"膾炙與羊棗孰美?")。《說文》:"好,媄也。从女、子。""媄,色好也。"所以"好"的本義是容貌美麗(《戰國策·趙策》:"鬼侯有子而好。")。"美"和"好"本來不是同義詞,但它們各自引申後,産生了共同點,段玉裁在《説文》"好"字下注:"好本謂女子,引伸爲凡美之稱。"又"美"字下注:"甘者五味之一,而五味之美皆曰甘,引伸之凡好皆謂之美。"這樣,兩個詞就變成了同義詞。但是後來"好"的詞義繼續發生變化,"容貌美麗"義逐漸消失了,祇保留了引申義"良、善",而"美"則保留了"容貌美麗"義,於是在這一意義上,這兩個詞又變成了非同義詞了。又如"文"和"字"原來不是同義詞,"文"的本義是花紋,《説文》:"文,錯畫也。"甲骨文中"文"爲人體上畫有交錯花紋的象形。"字"的本義是生孩子,《説文》:"字,乳也。"段玉裁注:"人及鳥生子曰乳。"先秦時候,"文"已有文字義,《左傳·昭公元年》:"於文皿蟲爲蠱。"而"字"尚未有文字義,段玉裁注《説文解字·叙》:"《左傳》'反正爲乏'、'止戈爲武'、'皿蟲爲蠱'皆言'文',六經未有言'字'者。秦刻石'同書文字',此言'字'之始也。"可見"字"的文字義在秦始皇兼併天下時期纔産生,而秦刻石"文字"連用,顯然"文"和"字"已經成爲同義詞。此後,"文"的文字義漸漸消失,"字"的文字義仍然保留,逐漸地"文"和"字"又由同而異了。

二、同源詞

兩個或兩個以上讀音和意義都相同或相近,並且具有同一語源的詞,叫作"同源詞"。在一種語言的初創時期,什麼事物叫什麼名稱,本没有一定的必然的聯繫,世界上許多民族的語言稱呼同一事物的語音往往不能相同,就是一個明證。但是在同一語言中,當語言體系建立起來之後,對於意義、類别、特徵相似的事物,人們往往會用相同相近的名稱來表示。例如"句",《説文》:"曲也。"指彎折之物。"鈎(鉤)",《古今韻會舉要》:"曲鈎也。"指彎折之鈎。"笱",《説文》:"曲竹捕魚具也。"指彎折的漁具。"痀",《説文》:"曲脊也。"指曲腰駝背的人。"朐",《儀禮·士虞禮》"朐在南"鄭玄注:"乾肉之屈也。"指彎折的乾肉。"軥",《説文》:"軛下曲者。"指車上彎折的部件。"曲",《釋名·釋言語》:"局也。"指彎折。"跔",《玉篇》:"蹉跔不伸也。"指屈曲不伸。以上"句、鈎、笱、痀、朐、軥、曲、跔"的現代讀音分别爲 gou、qu 和 ju,但是在上古它們的讀音都相同或相近,同時它們的意義也都相近,都有彎折屈曲之義,因此這些詞應當有一個共同的來源,它們是同源詞。又如"棱",《通俗文》:"木四方曰棱。"指有棱角的木頭。"菱",《字林》:"楚人名蔆曰芰,《國語》屈到所嗜。俗云菱角是也。"指菱角。"淩",《廣韻》:"冰淩。"指有棱角的冰。"陵",指有山脊的大山。"鯪",《康熙字典》引《異魚圖贊》:"吞舟之魚,其名曰鯪,背腹有刺,如三角菱。"指背脊有棱角之魚。"綾",《釋名•釋采帛》:"綾,淩也,其文望之如冰淩之理也。"指花紋如冰淩的織物。以上"棱、蔆、淩、陵、鯪、綾",上古讀音相同或相近,意義都是指有棱角之物,因此這些詞應當有一個共同的來源,它們也是同源詞。又如"附婁",《說文》:"小土山也。"這是指圓圓的小土丘。字又作"部婁",《左傳•襄公二十四年》:"部婁無松柏。"晉杜預注:"部婁,小阜。"又作"培塿",《晉書•劉元海載記》:"當爲崇岡峻阜,何能爲培塿乎。""苻婁",《爾雅•釋木》:"瘣木,苻婁。"晉郭璞注:"謂木病,尪傴瘦腫無枝條。"這是指病樹上圓圓突起的瘤子。"蒲蠃",《國語•吳語》:"大荒薦饑,市無赤米,而囷鹿空虛,其民必移就蒲蠃於東海之濱。"這是指生長在海邊的圓圓的軟體動物,如蚌蛤之屬。字又作"蚹蠃",《爾雅•釋魚》:"蚹蠃,蜾蝓。"郭璞注:"即蝸牛也。"以上"附婁"(部婁、培塿)、"苻婁"、"蒲蠃"(蚹蠃),並音近義通,都指圓而隆起之物,應當來自一個共同的語源,它們是同源詞。

  關於同源詞,我們的古人很早就已經注意到了。晉代楊泉《物理論》云:"在金曰堅,在草木曰緊,在人曰賢。"[①]意思是金屬的性能稱爲"堅",草木的性能稱爲"緊",人的才能稱爲"賢",這幾個字都用了聲符"臤"。以後沈括《夢溪筆談》卷十四記載了宋人王聖美的看法:

    王聖美治字學,演其義爲右文。古之字書,皆從左文。凡字,其類在左,其義在右。如木類,其左皆從木。所謂右文者,如戔,小也,水之小者曰淺,金之小者曰錢,歹而小者曰殘,貝之小者曰賤,如此之類,皆以戔爲義也。

即認爲凡是同一聲符的形聲字具有相同相近的意義,這一意義是由聲符賦予的,而形符祇表示該字的一般事類範圍。由於聲符大都居於形聲字的右側,所以此說被稱爲"右文說"。右文說揭示了漢語同源詞在漢字字形上的一個重要特徵,但其缺點是拘泥於字形,不能徹底做到因聲求義,且誤以爲形聲字的聲符都是表義的。以後到清代乾嘉學派段玉裁、王念孫等學者,就能夠突破字形的束縛,就

[①] 見《藝文類聚•人部》。

古音以求古義,從而使同源詞研究進入了科學的新階段。例如:

  《説文·羽部》"翯,鳥白肥澤兒",段玉裁注:"白部曰:皢,鳥之白也。何晏賦:'皢皢白鳥。'翯與皢音義皆同。賈誼書作'皜皜',《孟子》作'鶴鶴',趙注與毛傳合。"

  《説文·牛部》"㸌,白牛也",段注:"白部曰:皢,鳥之白也。此同聲同義。"

  《説文·馬部》"䮲,馬白額",段注:"鳥之白曰皢,白牛曰㸌。"

段玉裁完全從古音古義相同相近的角度,把不同聲符的"翯"、"皢"、"㸌"和"䮲"幾個字系聯在一起,並指出它們共同的語源是白色。又如《廣雅》"窾、科,空也",王念孫疏證:

  窾者,《莊子·養生主篇》"道大窾",崔譔注云:"窾,空也。"《漢書·司馬遷傳》"實不中其聲者,謂之款",服虔注云:"款,空也。"款與窾通。《爾雅》"鼎款足者謂之鬲",郭璞注云:"鼎曲腳也。"案,款足猶空足也。《漢書·郊祀志》"鼎空足曰鬲",蘇林注云"足中空不實者,名曰鬲"是其證矣。空、窾,一聲之轉。空之轉爲款,猶悾之轉爲款。《論語·泰伯篇》云:"悾悾而不信。"《楚辭·卜居篇》云:"吾寧悃悃款款樸以忠乎?"款款亦悾悾也。……科者,《説卦》傳"其於木也,爲科上槁",《釋文》云:"科,空也。"《史記·張儀傳》"虎賁之士,跿跔科頭",集解云:"科頭,謂不著兜鍪入敵也。"亦空之義也。《説文》"窠,空也,一曰鳥巢也。穴中曰窠,樹上曰巢。"《孟子·離婁篇》"盈科而後進",趙岐注云:"科,坎也。"義並相近。科與窾聲亦相近。高誘注《淮南子·原道訓》云:"窾,空也,讀科條之科。"

王念孫同樣不以字形爲限,他根據音義的相同相近,確認"窾"(款)、"科"與"空"爲同源詞。

  語言中的新詞往往在舊詞的基礎上產生,這是同源詞發生的原因。由於古漢語的同源詞大多發生在上古時期,因此判斷古漢語同源詞的讀音是否相同或相近,應該以上古音爲標準,即同源詞的上古聲母和韻部都應該相同或相近,同時,判斷古漢語同源詞的意義是否相同或相近,也應該以古代的詞義爲標準。例如"逆"和"迎",從現代來看語音和詞義都相距甚遠,但在上古"逆"是疑母鐸部字,有迎接義(如《説文》:"逆,迎也。關東曰逆,關西曰迎。"《左傳·成公十四年》:"宣公如齊逆女。"),"迎"是疑母陽部字,陽部和鐸部陽入對轉,兩字音義皆近。又如"剖"和"副",從現代來看音義也相距很遠,但上古"剖"是滂母之部字,

"副"是滂母職部字,有剖分義(如《禮記‧曲禮上》:"爲天子削瓜者,副之,巾以絺。"鄭玄注:"副,析也。"),之部和職部陰陽對轉,兩字音義皆近。當然,也不是所有古代音義相同相近的詞都一定同源,還必須要有一個共同的語源。例如有人主張"境"和"疆"同源,確實"境"和"疆"都是見母陽部字,兩字也都有疆界義(如《呂氏春秋‧贊能》"至齊境",高誘注:"境,界也。"《詩經‧豳風‧七月》:"萬壽無疆。"毛傳:"疆,竟(境)也。")。但是"境"本來寫作"竟"(《左傳‧宣公二年》:"亡不越竟。"),而"竟"字,《説文》解釋爲:"樂曲盡爲竟。从音从人。"可見"竟"是指音樂到了盡頭,引申之,地域到了盡頭就是"境";而"疆"字本來寫作"畺",《説文》對"畺"的解釋是:"界也。从畕,三,其界畫也。疆,畺或从彊土。"這就是說,"畺(疆)"在命名時是就兩個或幾個地塊當中的界綫來說的。由此可見,"境"和"疆"的語源義並不相同,它們並不是同源詞。最後需要注意的是,由於一個漢字可能代表兩個或兩個以上的詞,因此同一個字就可能與兩組或兩組以上的詞有同源關係。如"胡",在"什麽,爲什麽"意義上跟"何"、"曷"、"盍"同源,而在"頸下垂肉"意義上則跟"鬍"同源。又如上面提到的句聲字"句、笱、痀、軥、鉤、朐"是一組同源詞,而同樣也是句聲字的"狗"(小犬)、"豞"(小熊,小虎)、"駒"(小馬)則與"羔"(小羊)組成另一組同源詞,其語源義是小的走獸。

三、類義詞

上面我們已經從語法構造的角度把詞分成單純詞、合成詞、複合詞、派生詞等,又從詞與詞的關係的角度把詞分成同義詞、非同義詞等,還從歷史來源的角度把詞分成同源詞、非同源詞等,這裏我們還要從另外一個角度來劃分,那就是類義詞。所謂"類義詞",是從詞義所表現的概念的類別而進行的詞的分類,比如人體各部分的名稱、自然現象的名稱、植物名稱、動物名稱、人類社會現象名稱等等。例如《爾雅‧釋親》云:

> 父爲考,母爲妣。父之考爲王父,父之妣爲王母。……父之晜弟,先生爲世父,後生爲叔父。男子先生爲兄,後生爲弟。男子謂女子,先生爲姊,後生爲妹。

這裏"父"、"母"、"考"、"妣"、"王父"、"王母"、"世父"、"叔父"、"兄"、"弟"、"姊"、"妹"等,就是屬於親屬名稱一類的類義詞。又如《釋名‧釋山》云:

> 山大而高曰嵩……山小而高曰岑……山鋭而高曰喬……山上大下小曰巘……山多小石曰磝……山多大石曰礐。

這裏"嵩"、"岑"、"喬"、"巍"、"礉"、"礐"等，又是屬於山名一類的類義詞。顯然，通過類義詞，我們可以從另一個角度看到古漢語詞彙的體系，並且通過這一體系，更加系統、清楚地瞭解古代社會、客觀世界中各種現象之間的聯繫和區別。例如上述親屬名稱的體系如下，其聯繫和區別涉及輩分、長幼和性別：

```
[本人以上二代]    王父        王母
[本人以上一代]    世父 ← 考 → 叔父   姒
                  兄(姊) ← 本人 → 弟(妹)
```

古漢語的類義詞有一些我們現在已經不清楚它們之間的區別了，有一些現在意義已經不同了，另有一些現在已經不屬於類義詞了，如果我們不注意辨析，就無法準確理解古代文獻。這裏再舉幾個例子。

《爾雅·釋器》："木豆謂之豆，竹豆謂之籩，瓦豆謂之登。""豆"是古代盛放食物的器皿，形似高腳盤，多用作祭器。因製作的材料有木、竹和陶土的不同，分別稱爲"豆"、"籩"和"登"；同時，"豆"又是這三種器皿的上義詞。《詩經·大雅·生民》："卬盛于豆，于豆于登。"毛傳："木曰豆，瓦曰登。"唐孔穎達正義："木曰豆，瓦曰登，對文則瓦木異名，散則皆名豆。"

《爾雅·釋器》："金謂之鏤，木謂之刻，骨謂之切，象謂之磋，玉謂之琢，石謂之磨。"古代雕刻器具，因雕刻的物件不同而有不同的稱名。《詩經·衛風·淇奧》："有匪君子，如切如磋，如琢如磨。"毛傳："治骨曰切，象曰磋，玉曰琢，石曰磨。"

《爾雅·釋天》："穀不熟爲饑，蔬不熟爲饉。"古代"饑"指五穀不登，"饉"指蔬菜欠收。《詩經·小雅·雨無正》："降喪饑饉，斬伐四國。"毛傳："穀不熟曰饑，蔬不熟曰饉。"①

《爾雅·釋天》："春祭曰祠，夏祭曰礿，秋祭曰嘗，冬祭曰烝。"古代宗廟的祭祀，按季節不同而有不同稱名。《詩經·小雅·天保》："禴祠烝嘗，于公先王。"毛傳："春曰祠，夏曰禴，秋曰嘗，冬曰烝。"②

《爾雅·釋天》："春獵爲蒐，夏獵爲苗，秋獵爲獮，冬獵爲狩。"古代的田獵，也按季節不同而有不同稱名。《左傳·隱公五年》："故春蒐、夏苗、秋獮、冬狩，皆於

---

① 另外，最早時候"饑"與"飢"有別，前者祇用於饑荒，後者祇用於飢餓，《左傳》《公羊傳》《穀梁傳》絕不相混，到《墨子》《孟子》書中，"饑"有時也當飢餓講，但"飢"字絕不作饑荒用。上古音"饑"是見母微部字，"飢"是見母脂部字，兩字韻母不同，大概到漢代，讀音混同，兩字逐漸不分。

② "禴"同"礿"。

農隙以講事也。"所稱與《爾雅》相同。

《爾雅·釋山》："多草木岵，無草木峐。"《釋名·釋山》："山有草木曰岵，岵，怙也，人所怙取以爲事用也。山無草木曰屺，屺也，無所出生也。"山的名字，根據上面生長草木的多少，分別稱爲"岵"和"峐"①。

《爾雅·釋水》："濟有深涉，深則厲，淺則揭。揭者，揭衣也；以衣涉水爲厲，繇膝以下爲揭。"對於徒步過河，根據水的深淺有不同説法。水深僅在膝下，衹需把衣裳提起即可，稱爲"揭"；水深達膝上，衹能連衣涉水，則稱爲"厲"。《詩經·邶風·匏有苦葉》："深則厲，淺則揭。"毛傳："以衣涉水爲厲，謂由帶以上也。揭，褰衣也。"

《爾雅·釋水》："水中可居者曰洲，小洲曰陼，小陼曰沚，小沚曰坻。"對於水中的陸地，根據其大小而有不同的稱名。

《爾雅·釋草》："荷，芙渠。其莖茄，其葉蕸，其本蔤，其華菡萏，其實蓮，其根藕，其中的，的中薏。"對於荷花，除了它的異名"芙渠"以外，它的莖、葉、根、花等不同的部位都有不同的名稱。

《爾雅·釋蟲》："食苗心螟，食葉蟘，食節賊，食根蟊。"蛀食莊稼的害蟲，不同的莊稼部位有不同的害蟲，其名稱也不相同。《詩經·小雅·大田》："去其螟螣，及其蟊賊。"毛傳："食心曰螟，食葉曰螣，食根曰蟊，食節曰賊。"②

《詩經·陳風·澤陂》："寤寐無爲，涕泗滂沱。"毛傳："自目曰涕，自鼻曰泗。"上古時候眼淚叫"涕"，鼻涕叫"泗"。戰國末年開始出現"淚"字，義爲眼淚（《韓非子·和氏》："和乃抱其璞而哭於楚山之下，三日三夜，淚盡而繼之以血。"），到漢末"淚"在口語中逐漸取代"涕"。雖然如此，但是在文言中"涕"字仍經常表示眼淚，即使"涕淚"連用，一般也單指眼淚，而不是指鼻涕和眼淚，如《文選·司馬相如〈長門賦〉》："左右悲而垂淚兮，涕流離而縱橫。"唐李善注："自眼出曰涕。""涕"字在詞彙體系中的位置被"淚"字擠走以後，它又去擠"泗"字，如漢代王褒《僮約》："目淚下落，鼻涕長一尺。"以後鼻涕義的"泗"字在口語中逐漸消失。

《説文》："沐，濯髮也"、"沬，洒面也"、"浴，洒身也"、"澡，洒手也"、"洗，洒足也"③。先秦時候，人的身體的洗浴，不同的部位使用"沐"、"沬"、"浴"、"澡"、

---

① 對於"岵"和"峐"，《詩經·魏風·陟岵》的毛傳有不同的解釋，清段玉裁也支持此説。《説文》"岵"字下段玉裁注："《毛詩·魏風》傳以'山無草木曰岵'、'山有草木曰屺'，與《爾雅》互異。竊謂《毛詩》所據爲長。岵之言瓠落也，屺之言芑滋也。岵有陽道，故以言父，無父何怙也；屺有陰道，故以言母，無母何恃也。"

② "螣"同"蟘"。

③ 這裏"沬"讀 huì，《集韻》呼内切："《説文》：'洒面也。'""洗"讀 xiǎn，《集韻》穌典切："《説文》：'洒足也。'""洒"讀 xǐ，《集韻》小禮切："《説文》：'滌也。'"

"洗"等不同的動詞,除了"洒"是上義詞以外,這幾個動詞並不能互相替換使用。《荀子·不苟》:"故新浴者振其衣,新沐者彈其冠,人之情也。"因爲洗了身體,所以要"振其衣",因爲洗了頭髮,所以要"彈其冠"。《漢書·司馬遷傳》:"然李陵一呼勞軍,士無不起,躬流涕,沫血飲泣,張空弮,冒白刃,北首争死敵。""沫血"是用流血洗臉。《世説新語·紕漏》:"王敦初尚主,如廁⋯⋯既還,婢擎金澡盤盛水,琉璃盌盛澡豆,因倒箸水中而飲之,謂是乾飯,羣婢莫不掩口而笑。""澡盤"是洗手用的水盆,澡豆是以豆粉和香料做成的塊狀物,王敦不懂如廁後要用澡豆在澡盤中洗手,却把澡豆和水喝了,所以鬧出大笑話。《漢書·黥布傳》:"至,漢王方踞牀洗,而召布入見。""洗"是洗腳。

《説文》:"盜,私利物也。"段玉裁注:"周公曰:'竊賄爲盜。'"《説文》:"賊,敗也。"段玉裁注:"《左傳》周公作《誓命》曰:'毁則爲賊。'又叔向曰:'殺人不忌爲賊。'""盜"和"賊"是偷盜劫殺義的類義詞,但是上古"盜"的意思相當於現代的"賊"(小偷),上古"賊"的意思則相當於現代的"盜"(强盜),兩字意義正好相反。如《左傳·僖公二十四年》:"竊人之財猶謂之盜,況貪天之功,以爲己力乎?"《論語·陽貨》:"色厲而内荏,譬諸小人,其猶穿窬之盜也與?"《荀子·儒效》:"故人無師無法而知,則必爲盜,勇則必爲賊。"《荀子·正論》:"故盜不竊,賊不刺。"可見,上古的盜專事偷竊,賊則遠爲惡劣,是違法亂紀、犯上作亂之人。上古"盜"另一個類義詞是"竊",但是"盜"既是名詞,也是動詞,而"竊"祇做動詞,如《莊子·胠篋》:"彼竊鈎者誅,竊國者爲諸侯。"現代"賊"另一個類義詞是"偷",但是上古"偷"祇當"苟且"講,如《荀子·榮辱》:"今夫偷生淺知之屬,曾此而不知也。"直到漢代,"偷"纔有了偷竊義,如《淮南子·道應訓》:"楚將子發好求技道之士,楚有善爲偷者往見。"

漢語中的類義詞在語文的實際運用中,在詞句的排比、對偶等的構成上常常具有重要的作用。例如散文中的例子:

> 安而不忘危,存而不忘亡,治而不忘亂。(《易·繫辭下》)
> 心不在焉,視而不見,聽而不聞,食而不知其味。(《禮記·大學》)

這裏是兩個排比句,前句"安"、"存"、"治"是一組類義詞,"危"、"亡"、"亂"也是一組類義詞;後句"視"、"聽"、"食"是一組類義詞,"見"、"聞"、"知"也是一組類義詞。又如韻文中的例子:

> 兩家求合葬,合葬華山傍。東西植松柏,左右種梧桐。枝枝相覆蓋,葉葉相交通。(《焦仲卿妻》)
> 兩個黃鸝鳴翠柳,一行白鷺上青天。窗含西嶺千秋雪,門泊東吳萬里

船。(杜甫《絶句四首》之一)

這裏有幾個對仗的句子。上面"東西"和"左右"、"松柏"和"梧桐"、"枝"和"葉"、"覆蓋"和"交通"分別是類義詞;下面"兩個"和"一行"、"黄鸝"和"白鷺"、"翠"和"青"、"窗"和"門"、"西"和"東"、"千"和"萬"等也是類義詞。

本節所講的同義詞、同源詞、類義詞,它們三者之間的關係又怎樣呢?

同源詞在詞義上相近似、相聯繫,而在語音形式上又相類相同,同源詞"音近義通"的特點,是同義詞所没有的;同義詞之間往往有構造成分相同的,或者它們所包含的詞根是相同的,也有些可以認爲是有同源關係的詞。但是一般所謂同義詞,祇是就當前詞義應用的範圍内有相同相近的關係來説的,不像同源詞是專就歷史上同源孳乳分化的關係來説的。因此,同義詞和同源詞兩者雖有聯繫,甚至有相互交叉的現象,然而在詞彙學上還是應該把它們區別開來。

類義詞是指内容意義上代表同一類的事物的詞,同義詞是概念相同相近的詞,屬於同一類的事物不必是相同相近的概念,所以類義詞和同義詞是有分別的;但是相同相近的概念,必定是包括在同一類的事物以内,所以同義詞也往往被看作類義詞的一種。

第五節　詞彙方面的常用工具書

一、《爾雅》、《方言》、《釋名》

《爾雅》是用古漢語的詞義來做排比標準的字典辭書,也是我國古代流傳下來的最早的一種閱讀古典作品的工具書,是我國關於古代語文的訓詁方面的代表作。《爾雅》之於"訓詁",猶如《説文》之於"文字"一樣的重要。所謂"訓詁",就是解釋詞義,用當時的共同語的詞來指明古語詞、方言詞等的意義,這叫作"詁",説明各詞的定義、應用范圍以及和別的同義詞、近義詞的分別,這叫作"訓"。"訓"和"詁",表明兩種解釋詞義的方法,並舉對言,往往有別,但單舉混言,也可以互相概括。

《爾雅》這部書的名稱,一般解釋,説"爾"是"昵近"、"依據"的意思,"雅"是指"雅言"、"共同語"、"標準語",也就是説,古典作品裏有許多古語詞、方言詞及其他一般不通行的詞語,要依據當時所謂"雅正之言"來解釋,至於説明各詞的涵義,辨別同義詞、近義詞等,也要應用一般通行的話來講。現在留存的《爾雅》是東晉郭璞的注解本,分十九篇。《釋詁》、《釋言》兩篇,類集古漢語中常見的代詞、動詞、形容詞及虛詞等,以見於《詩經》、《尚書》裏的爲多;《釋訓》一篇,解釋《詩經》中的叠音詞、重叠詞或整個語句;其下《釋親》(親屬)、《釋宮》(宮室)、《釋器》(各種器物)、《釋樂》(音樂、樂器)、《釋天》(包括年歲、四時、節氣、天文、氣象、祭祀、狩獵等)、《釋地》(地理及各地物産)、《釋丘》(丘陵)、《釋山》(山嶽)、《釋水》(泉名、水名及和水有關的事物)、《釋草》、《釋木》、《釋蟲》、《釋魚》、《釋鳥》、《釋獸》、《釋畜》(家畜)十六篇,解釋各個領域的名詞,包括普通名詞、專有名詞、專門用語等。這樣的詞義分類,並不是很科學,而且同一個詞語,在各篇或每篇之中,層見迭出,不一而足。例如《詩經·小雅·十月之交》裏的"山冢崒崩"一句用詞,《爾雅·釋山》加以解釋,説:"山頂冢;崒者厜羲。"指明"冢"就是"山頂","厜羲"就是由"崒"這個單音節詞引延而成的雙音節聯綿詞,也就是"崔嵬"的異文。可是《詩經·周南·卷耳》裏的"陟彼崔嵬"、"陟彼砠矣",也用了這個詞以與"砠"對言,《爾雅·釋山》又加以解釋,説:"石戴土謂之崔嵬,土戴石爲砠。""崔嵬"和"厜羲",文字寫法不同,實在同是一個詞,《爾雅》在同篇裏却把它分成兩處而加以不同的解釋。這樣同一詞語而重複出現的很多,説明《爾雅》是春秋戰國到漢初幾百年間許多人先後編寫,遞相附益而成,最後也沒有經過整理。相傳"《釋詁》一篇蓋周公所作,《釋言》以下,或言仲尼所增,子夏所足,叔孫通所益,梁文所補",這是儒家學者爲這部書表彰的話,並不可靠。

《爾雅》這部訓詁的書,幾乎完全是爲着儒家經典而設置的,特別是把《詩經》、《尚書》、《禮經》中的詞語作爲全書解釋的中心對象,所以郭璞《爾雅序》説它是"九流之津涉,六藝之鈐鍵",它自身後來也成爲"十三經"之一。它完全是爲"讀經"而作,成書也一定在春秋以後儒家經典成型的時候。郭璞説它"興於中古,隆於漢氏"(郭璞所謂中古是指周代),大略地指出是周漢之間,也表明它與儒家學派的密切關係。例如《釋訓》篇解釋《詩經》的叠音詞和整個語句,關於《詩經·小雅·六月》"張仲孝友"一句説:"善父母爲孝,善兄弟爲友。"與毛傳的解釋相同。關於《詩經·衛風·淇澳》這篇説:"如切如磋,道學也;如琢如磨,自脩也;瑟兮僴兮,恂慄也;赫兮烜兮,威儀也;有斐君子,終不可諼兮,道盛德至善,民之不能忘也。"也與《禮記·大學》裏的一段話相同。

《爾雅》一書之所以成爲我國訓詁學的始祖,並不是因爲它的大部分是爲着解釋儒家經典的詞語並且本身也是儒家經典,而是因爲它是古漢語詞彙學、詞義學的發端,是古漢語"義書"的首創者。它一方面把許多同義詞、近義詞類集起來,表明它們之間"同意相受"的關係,並且指明了一些同義詞、近義詞之間的微細差別,使我們對於各個詞語都有了明確的概念;另一方面又表明了"同詞異義"

的現象，往往把同一詞語分列不同意義的各條。（例如《釋詁》篇"始也"一條有"肇"、"基"兩詞，而"謀也"一條也有"肇"、"基"兩詞，疏謂："作事謀始。"又如"往也"一條有"徂"這個詞，而"存也"一條也有"徂"這個詞，注謂："詁訓義有反覆旁通，美惡不嫌同名。"即"反訓"之例），這又使得我們明瞭詞義的引申轉變，一詞多義的現象。多義詞的產生和同義詞、近義詞的增多，以及這兩方面相互的關係，《爾雅》都給我們以明確的啓示。從詞彙的成分來看，《爾雅》又是類集古漢語基本詞、古語詞、方言詞和許多專門用語而編成的，同時它也搜羅當時的一些外來詞，例如《釋天》篇所列的"天干地支"的名目，"閼逢（甲）"、"旃蒙（乙）"、"困敦（子）"、"赤奮若（丑）"等等，當是從別的民族語中輸入的。又從詞的形式和構造來看，《爾雅》不但匯集了許多單音節詞，也搜羅了不少雙音節詞、多音節詞，包括各種複合詞和聯綿詞，特別是《釋訓》一篇的前半部分，包羅了《詩經》中的疊音詞，足以見得當時也根據了聲音的形式來排比詞彙。總之，《爾雅》一書足以顯示古漢語詞彙的豐富性，揭示了我國詞彙上和詞義上各種研究的端倪，繼承它而作的訓詁書，都不能軼出它的範圍之外。

繼承《爾雅》的訓詁書，最著名的有三種：《方言》、《釋名》、《廣雅》。這三種書，以《廣雅》最爲晚出。《廣雅》是三國魏太和年間博士張揖所撰，根據卷首所載張揖《上廣雅表》，原來分上中下三卷，唐以後分成十卷，共一萬八千字。其篇目次序完全因襲《爾雅》，但能博采漢人箋注、《三蒼》、《説文》、《方言》諸書，增廣《爾雅》所未備，所以叫作《廣雅》。《廣雅》只是《爾雅》的續編，體例性質沒有什麼變革。

《方言》全稱《輶軒使者絶代語釋別國方言》，是西漢末年揚雄所撰，根據揚雄和劉歆來往的書信，原來有十五卷，今本祇有十三卷。所記載各地區的方言詞，有的根據古代的典籍和歷朝流傳下來的採訪記錄，有的根據作者當時直接對各地人訪問調查的結果，把同義的方言詞一條一條地類集起來，用當時的"普通話"加以解釋，並分別注明各個方言詞流行的區域。今本的末兩卷裏，對流行方言區域的注明，大部分漏略了，似乎此書是揚雄歷久沒有完成的著作，因之開始時流傳不廣，直到東漢末年纔流行起來。晉時郭璞除了作《爾雅注》外，又作《方言注》，注釋這兩本書，常常應用晉代的方言來解釋古語詞，可見他是深受揚雄這種觀點方法的影響的。方言詞彙的流行區域一般是比較不固定的。《史記·陳涉世家》所說"楚人謂多爲夥"，即"凡物盛多"在漢初的楚地方言叫作"夥"；而揚雄在《方言》卷一裏説："凡物盛多……齊宋之郊楚魏之際曰夥。"可見到了揚雄作《方言》時，"夥"這個詞的流行區域已經和漢初不同了。郭璞《方言注》中所舉的晉代方言，其流行地區也往往和揚雄書

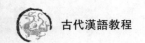

裏所説不同。由於方言詞彙在地區上的流動性和當時調查技術的限制，揚雄作這樣的"方言詞典"是相當艱巨的，其書歷二十七年還没有完成的原因或許在此。

《釋名》，東漢末年劉熙撰，共八卷，分二十七篇，體例仿傚《爾雅》，而專用音同或音近的字來解釋，推究事物命名的由來，所謂以同聲相諧，推論稱名辨物之意。如"邦"和"封"二字，在上古音裏讀成雙唇音聲母 b-，韻母也相近，《釋名》正是用"封"字來解釋"邦"的意義。同樣，"尾"、"微"、"末"三字，在上古音裏都讀成雙唇鼻音聲母 m-，韻母也相近，《釋名》正是用"微"、"末"二字的意義來解釋"尾"字。《釋名》就是把這樣音義並通的字類集起來，可以供我們辨證古音和古義，也用來探求語源。在訓詁學上，用音同或音近的字爲訓，形成了一種訓釋詞義的方法，叫作"聲訓"。在《爾雅》當中聲訓之例是很普遍的，這裏舉出《釋詁》、《釋言》兩篇中的例子：

"誥，告也"；"古，故也"；"扞，扞也"。（以上是聲旁字和形聲字相訓釋）

"胎，始也"；"陪，闇也"；"畛，殄也"；"幕，暮也"。（以上是同聲旁的形聲字相訓釋）

"崇，充也"；"崇，重也"；"晉，進也"；"徂、在，存也"；"迓，迎也"；"逆，迎也"；"復，返也"；"竟，疆也"；"顛，頂也"；"貿，買也"；"貽，遺也"；"樊，藩也"；"逼，迫也"；"爦，火也"。（以上是音同或音近字相訓釋）

聲訓之例，周漢間的訓詁家是常用的。《説文》的説解中也不少，如"羊，祥也"、"馬，武也"等等。可見《釋名》一書，不但體例模仿《爾雅》，它所專用的聲訓方法也源出於《爾雅》。

當然，作爲推求語源的開創之作，《釋名》一書的説解遠不是全都正確的。例如它説："雨，羽也，如鳥羽動則散也。"又説："禮，體也，得其事體也。"頗有牽强附會之感。

《爾雅》一類的義書，根據詞義來分類排次，最不便於查檢，很不宜於作爲一般的工具書。爲着便於查檢，一般人總是喜歡採用音書和形書，即依據部首或韻目來編排的字典辭書。即使關於古典作品裏的雙音詞，一般人也不慣於應用明朝朱謀㙔仿傚《爾雅》體例所作的《駢雅》，而是喜歡應用近人朱起鳳所作的依據詩韻編排的《辭通》和符定一所作的依據部首編排的《聯綿字典》。一九四九年後科學出版社出版的周祖謨所撰《方言校箋》，附有吴曉鈴的《方言校箋通檢》，對於揚雄此書的研究和查考，給予不少的便利。江蘇古籍出版社出版的《廣雅疏證》附有詞目筆畫索引，對於《廣雅》的使用，也甚爲方便。

二、《經籍籑詁》

　　《經籍籑詁》是清代阮元(1764—1849)視學浙江時主編的,他延請了臧鏞堂等數十人,收集唐代以前古書中的訓詁和注解,按平水詩韻一百零六部編排而成,於清嘉慶三年(1798)出版。全書的體例,是把古書中的訓詁和注解匯集在各字下面,又把各字列在各個韻部中,以一個韻部爲一卷,全書共一百零六卷。同一韻部中各字的先後,是按照《佩文韻府》來排列的。按照詩韻編排字頭,這完全是依據當時一般讀書人的習慣,現在看來,很覺不便,但是比起《爾雅》一類的義書來,却還可以查檢。本書的世界書局版,書前附有一個按筆畫排列的目錄索引,我們又可以利用這個索引進行查閱,就更加便利了。我們現在要查考《爾雅》、《廣雅》等書對某個字的解釋,就可以利用這部《經籍籑詁》,其他古代的訓詁和各種古書的注解,也同樣可用此書來查考。王引之序文當中說它"檢一字而諸訓皆存,尋一訓而原書可識"。所以《經籍籑詁》這部書本身就是我國古代訓詁學資料的索引,對於古漢語詞彙學、詞義學的研究提供不少便利,對於我們閱讀唐朝以前的古書也有很大的幫助。

　　《經籍籑詁》不僅收集解釋單字(代表單音節的詞、詞素等)的資料,在各個單字之下也搜羅有關的各種雙音節詞的解釋。它把《爾雅》等書和古書傳注中所解釋的種種雙音節詞列入單字之下。凡是雙音節詞中原來把各個音節分開來解釋的,就分列於各字之下;一般的疊音詞、聯綿詞,兩字同義,不可分訓,就隸屬於第一個字下面。凡例中關於"分韻歸字"有一條說:"歸字以所訓之字歸韻,如'迷,匹也',歸入尤部。雙字如'窈窕','美容曰窈,美心曰窕',分繫篠部'窈'、'窕'二字下;'參差'則歸於侵部'參'下,'崔嵬,則歸於灰部'崔'下。"依據這個條例的規定,"斯須"這個詞,我們在上平聲四支的"斯"字下看到它所收錄的《禮記·祭義》注和《漢書·禮樂志》注,其中解釋說:"斯須,猶須臾也。""須臾"這個詞,我們在上平聲七虞的"須"字下看到它所收錄的《文選·北征賦》注,其中解釋說:"須臾,少時也。"這樣把字和詞結合起來收集古代的訓詁資料,確實對我們閱讀古書幫助不少。

　　《經籍籑詁》最突出的一點就是隱含有"尊孔讀經"的目的。它在包羅古代訓詁的資料當中,從先後排列的次序上來體現尊崇儒家經典的觀念。這種排列的次序,又是受了儒學家訓詁學經典《爾雅》的影響。首先依據各字的本義、引申義、假借義來排次,而每一個字義下所引據的古籍,又首先按照儒家經典的排次,再輪到其他。阮元手訂的凡例中說:"詁以本義前列,其引伸之義展轉相訓者次

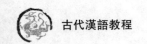

之，名物象數又次之；其詁訓繁多名物叢積者，先後之次，略依《爾雅》十九篇之目。""引用羣經，倣陸氏《釋文》之次，先《易》、《書》、《詩》，次《周禮》、《儀禮》、《禮記》，次《左氏》、《公羊》、《穀梁》，次《孝經》、《論語》等。"作者用這種方法表示所謂"尊經"之意。

又《經籍籑詁》所收集的古書中的訓詁，很多是一些經生有意附會、不合原文的解釋。例如《詩經·魏風·伐檀》"彼君子兮，不素餐兮！"這是反問的語氣，"君子"是指那些貴族老爺們。可是毛傳解釋"素"字，説"空也"，因之孔穎達《疏》謂："彼伐檀之君子，終不肯without空餐兮。"這樣把原文的意思弄顛倒了，完全是由於附會毛傳錯誤的訓詁而引起的。又如《詩經·魏風·碩鼠》"三歲貫女"的"貫"，明明是"豢"字的通假，是説多年豢養了那些大老鼠，那些剝削者。毛傳却把"貫"字解釋成"事也"，怎麼説是"服事大老鼠"了呢？顯然這樣附會的解釋是儒者們所杜撰出來的，而《經籍籑詁》把這些也都搜羅進去，我們現在當然要加以嚴格的鑑別。

又其次，《經籍籑詁》所謂"以本義前列"，引申義、假借義後列，實際它所前列的字義，多是一般的常用義，不是文字學上的本義。例如"元"字，從甲骨文金文看，它的本義是"人首"，《爾雅》、《説文》等書解釋爲"始也"，這是它的引申義。《經籍籑詁》上平聲十三元"元"字，以"始也"解釋放在前列，其後再列"首也"一義。又它所指的本義，不依據於《説文》，關於《説文》的説解僅列入"補遺"中。例如下平聲八庚的"兵"字下面，首列"防也"一義，把"軍事"、"軍政"、"軍備"、"戰爭"等義放在前列，而後再列"兵器"義。又凡例的一條説："詁以聲相近者前列者，如一東：'東，動也'、'風，氾也'、'衷，中也'，三肴：'爻，效也'，……"這就是指用同音字來解釋的聲訓放在前列，把它作爲本義。可見此書注重音義，而忽略形體，所以不講究文字上的本義。總之，《經籍籑詁》這部書，作爲考查古代訓詁和閲讀古典作品的工具，其作用是不言而喻的，但是如能加以批判和整理，就更能適合我們的需要。

三、《辭源》和《辭海》

《辭源》和《辭海》，是近幾十年來最通行的兩部語文工具書。《辭源》，商務印書館編印，出版於一九一五年；《辭海》，中華書局編印，出版於一九三六年。《辭源》又於一九三一年出過一本續編，一九三九年正編、續編合爲一整册印行。這兩部書都用部首筆畫排列法，單字查閲與《康熙字典》大致相同；多音節詞和詞組等繫於單字（字頭）的後面，並按照字數的多少及第二、第三個字的筆畫數目分列先後，少的列前，多的列後。這兩部書解釋字、詞等的體例亦大致相同，先解釋單字的讀音和意義，注音用反切、直音並注明所屬詩韻的韻部；解釋字義，大體上首列各字通行的本義，次列引申義等，如"兵"字，先列"兵器"義，再列"戰士"義等。其次再解釋雙音節詞、多音節詞、詞組、句子等的意義和用法，一般是在詞條下先釋意義，然後引例證明。古典作品中一般應用的字、詞，都有解釋引證，往往引有書文的句子。例如《辭海》"兵"字下，第一個義項："械也，見《說文》収部。按《世本》：'蚩尤以金作兵。'"這樣引用古書作證，對於閱讀古書也有幫助。

《辭源》、《辭海》對於單字這樣先注音，後釋義，釋義時引用古書作證，一定是受到了《康熙字典》的影響，在編製時也一定參考了《康熙字典》。但是《辭源》、《辭海》遠比那些專爲解釋單字的字典，用處要多得多。它們不僅解釋了單字，而且還解釋了大量的多音節詞、成語典故、古今名物制度、古今人名地名，以及現代社會科學和自然科學方面的名詞術語。我們在閱讀古典作品的時候，碰到難懂的多音節詞或詞組，可以查閱這兩部書。又它們對於近二百年來清代學者關於詞義研究的成果，也有所吸收。例如《辭海》"終"字下第四義項："既也。《詩·邶風·燕燕》：'終溫且惠。'"（《辭源》"終"字第九義項同）這是採取了王念孫的研究成果。《辭海》"終風"條下第二義項："西風也。見《詩·邶風·終風》釋文引《韓詩》。王念孫釋'終'爲既，'終風且暴'謂既風且暴也，於義較長。"《辭源》、《辭海》這種比較確當的解釋，對我們閱讀古書，了解古代詞義，實在比《康熙字典》、《經籍籑詁》有更大的用處。又就單字的解釋來說，《康熙字典》等祗是照抄前人的解釋，僅僅做到材料的堆積，沒有經過恰當的安排。《辭源》、《辭海》則在一個字具有幾種意義的地方都用數目字標出，而且往往用作者自己的話來解釋各種字義，這樣就使讀者更容易理解。這是《辭源》、《辭海》的優點。

《辭海》的編印，比《辭源》要晚二十年，在體例上內容上都有比《辭源》改進的地方。最顯著的是引書注明篇名，這樣就便於核對原書；其次釋文比較通俗，也便於普及；又解釋字、詞的意義也往往比較恰當。例如"社稷"條下，《辭源》把這個詞的意義分成"土穀之神"和"國家之代稱"兩種意義來解釋；《辭海》則合成一種意義來解釋，說："社，土神，稷，穀神，爲天子諸侯所祭。……古之有國者必立社稷，以社稷之存亡示國家之存亡。……"把第一種意義作爲這個詞的語源和構造，來說明第二種意義形成的由來。《辭海》這樣處理，是比較妥善的。又引據古書作例證，注明出處，《辭海》也往往比《辭源》注得詳明，這是"後來居上"的緣故。

但這兩部書，都是幾十年前編印的，已不能適應社會發展的要求，而且在思想內容和編製形式等方面也存在不少問題，有必要重新修訂。一九四九年後爲

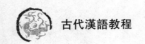

了辭書的分工,決定把《辭海》改編爲中型百科辭書。一九六五年新的《辭海》(未定稿)由中華書局出版,内部發行。後再加修改,一九七九年三卷本的新《辭海》由上海辭書出版社正式出版,以後又經多次修訂,至二〇二〇年出版第七版。一九五八年開始,商務印書館對《辭源》進行修訂,專收古漢語詞語,使之成爲一部較完備的歷史語文詞典,是閱讀古籍用的專科辭書。一九八三年,《辭源》修訂本(四個分册)也已全部完成,正式出版,二〇一五年《辭源》又出版了第三版。

新的《辭海》《辭源》是目前最實用、最方便的詞彙方面的工具書。

練習四

一、解釋下列句中加點的詞。
1. 善爲國者,倉廩雖滿,不偷於農。(《商君書·農戰》)
2. 管仲,桓公賊也。(曹操《舉賢勿拘品行令》)
3. 窮寇勿迫。(《孫子·軍爭》)
4. 宣子驟諫。(《左傳·宣公二年》)
5. 非禮不終年,非義不盡齒。(《國語·晉語一》)
6. 秦人勤我矣。(《國語·晉語二》)
7. 射其左,越於車下;射其右,斃於車中。(《左傳·成公二年》)
8. 穆公訪諸蹇叔。(《左傳·僖公二十二年》)
9. 不速之客。(成語)
10. 臣乃市井鼓刀屠者,而公子親數存之。(《史記·魏公子列傳》)
11. 貪夫徇財,烈士徇名。(《史記·伯夷列傳》)
12. 消息盈虛,終則有始。(《莊子·秋水》)
13. 行李之往來,共其乏困。(《左傳·僖公三十年》)
14. 犧牲玉帛,弗敢加也。(《左傳·莊公十年》)
15. 堯二女不敢以貴驕,事舜親戚,甚有婦道。(《史記·五帝本紀》)

二、分析下列各組句子中的同義詞。
1. 齊師伐我。(《左傳·莊公十年》)
   魏氏之武卒不可以遇秦之銳士。(《荀子·議兵》)
2. 故人無師無法而知(智)則爲盜,勇則爲賊。(《荀子·儒效》)
   彼竊鉤者誅,竊國者爲諸侯。(《莊子·胠篋》)
   盜器爲姦。(《左傳·文公十八年》)
3. (趙太后)持其踵爲之泣。(《戰國策·趙策四》)
   有婦人哭於墓者而哀。(《禮記·檀弓下》)
   老聃死,秦失弔之,三號而出。(《莊子·養生主》)

始卒,主人啼,兄弟哭。(《禮記·喪大記》)
4. 故饑歲之春,幼弟不饟。(《韓非子·五蠹》)
   家有常業,雖飢不餓。(《韓非子·飾邪》)

三、"布"、"敷"、"鋪"、"溥"、"博"、"普"、"旁"、"方"是一組同源詞,都有"分佈"和"廣泛"的意義,試用文獻資料來加以證明。(可首先利用《經籍籑詁》和《辭源》這兩本工具書)

第三章 語　　法

第一節　古漢語的詞類（上）

　　詞類是根據詞的語法功能，即根據詞和詞之間的結合能力而劃分的類。例如根據能夠受數詞、數量詞的修飾（比如"蟹六跪而二螯"、"一尺布，尚可縫"），並且不受程度副詞的修飾（比如不能説"甚螯"、"極布"）的語法功能，我們可以劃分出普通名詞這一個類；又根據能帶賓語（比如"子貢問政"、"飯疏食，飲水"）的語法功能，我們可以劃分出及物動詞這一個類，等等。在劃分詞類的過程中，詞義可以作爲一種不嚴密的，然而是迅速的判定依據。例如一般説來，名詞是表示人和事物的名稱的詞，動詞是表示人和事物的動作行爲、發展變化的詞，形容詞是表示人和事物的性質和狀態的詞，等等。

　　古漢語的詞首先可以根據能否單獨充當結構成分而劃分爲實詞和虛詞兩大類，凡是能夠單獨充當結構成分的，是實詞；反之，是虛詞。從詞義的角度看，實詞主要用來表示詞彙意義，代表事物、性質、狀態、動作、變化、數目等概念；虛詞主要用來表示語法意義，即表示概念間的各種語法關係和句子的語氣。其次，根據不同的語法功能，又可以把實詞劃分爲名詞、動詞、形容詞、代詞、副詞、數詞和量詞等七類，把虛詞劃分爲介詞、連詞、助詞和語氣詞等四類，此外還有一類嘆詞，我們暫時也把它放在虛詞中。同類的詞，因爲語法功能略有區別，所以又可以分成不同的小類，如名詞這一大類中，又可以劃分出普通名詞、時間名詞和方位名詞等，動詞這一大類中，又可以劃分出及物動詞和不及物動詞等。一個詞類，如果範圍很大，也可以按照詞彙意義的不同，劃分出不同的小類，如副詞這一大類中，又可以劃分出時間副詞、情態副詞、範圍副詞、謙敬副詞等。

　　這樣，我們所劃定的古代漢語詞類系統就如下表所示：

```
         ┌ 名詞(普通名詞、專有名詞、時間名詞、方位名詞)
         │ 動詞(及物動詞、不及物動詞、能願動詞)
         │ 形容詞(性質形容詞、狀態形容詞)
         │ 代詞(人稱代詞、指示代詞、疑問代詞)
     實詞 ┤ 副詞(程度副詞、範圍副詞、時間副詞、情態副詞、肯定否定副詞、
         │     謙敬副詞)
         │ 數詞(基數詞、概數詞、序數詞)
         └ 量詞(物量詞、動量詞)
詞類 ┤
         ┌ 介詞(表時間、表處所和方向、表方式和工具、表原因或目的、表對象、
         │     表比較、引出主動者)
         │ 連詞(并列連詞、順承連詞、遞進連詞、選擇連詞、轉折連詞、假設連詞、
     虛詞 ┤     因果連詞、讓步連詞、主從連詞)
         │ 助詞(結構助詞、音節助詞、態助詞)
         │ 語氣詞(表直陳語氣、表測度語氣、表疑問語氣、表反問語氣、表祈使語
         │       氣、表感嘆語氣)
         └ 嘆詞
```

一、名詞

名詞包含有普通名詞、專有名詞、時間名詞和方位名詞四個小類，普通名詞用以表示人和事物的名稱，專有名詞指人名、地名、民族和國家名、朝代名等，時間名詞用以表示時間、年代等，方位名詞用以表示方向、位置等。從語法功能看，時間名詞和方位名詞比起普通名詞和專有名詞來要活躍一些，而時間名詞和方位名詞、普通名詞和專有名詞也略有區別。

1. 普通名詞。例如：

青，取之於藍而青於藍；冰，水爲之而寒於水。(《荀子·勸學》)
雞犬之聲相聞，民至老死不相往來。(《老子》)

2. 專有名詞。例如：

惠子相梁，莊子往見之。(《莊子·秋水》)
冬，晉文公卒。庚辰，將殯於曲沃。(《左傳·僖公三十二年》)

3. 時間名詞。例如：

始吾於人也，聽其言而信其行。(《論語·公冶長》)
鄉爲身死而不受，今爲宮室之美爲之。(《孟子·告子上》)
冬無愆陽，夏無伏陰，春無凄風，秋無苦雨。(《左傳·昭公四年》)

4. 方位名詞。例如：

　　韓厥夢子輿謂己曰："旦辟左右。"(《左傳·成公二年》)
　　覆杯水於坳堂之上,則芥爲之舟。(《莊子·逍遥遊》)
　　昔繆公求士,西取由余於戎,東得百里奚於宛。(李斯《諫逐客書》)

有一些詞從形式上看似乎兼有名詞和動詞,例如：

　　王何必曰利？亦有仁義而已矣。(《孟子·梁惠王上》)
　　此二士弗業,一女不朝,何以王齊國、子萬民乎？(《戰國策·齊策》)

前句"王",名詞,後句"王",動詞。但是傳統的讀音兩者並不相同,前者讀wáng,後者讀wàng,兩者語音形式不同,應視作兩個不同的詞,儘管它們是同源的。這種同字異詞現象,實際上就是上古漢語利用聲調的轉變而孳乳、分化新詞的一種手段,人們稱之爲"讀破",又叫作"四聲別義"。這種聲調的轉變主要是平、上聲轉爲去聲,入聲轉爲去聲,因此讀破、四聲別義主要是"去聲別義"。像這樣的詞還有許多,如"分"、"聞"、"傳"、"藏"、"度"、"騎"、"量"(以上去聲爲名詞)、"衣"、"妻"、"冠"、"膏"、"女"、"雨"、"飯"、"枕"、"左"(以上去聲爲動詞)等等,其中有的詞,在後代不但讀音有別,連字形也分化了,如"分/份"、"左/佐"。這種同字異詞的現象也存在於現代漢語普通話中,如"咽"、"釘"(以上去聲爲動詞)、"背"、"磨"、"擔"(以上去聲爲名詞)。

與此類似,有的詞從形式上看兼有名詞和形容詞,或兼有形容詞和動詞、及物動詞和不及物動詞,等等,我們認爲它們都是同字異詞現象。例如：

　　既飲旨酒,永錫難老。(《詩經·魯頌·泮水》)
　　臨財毋苟得,臨難毋苟免。(《禮記·曲禮上》)
　　夫物之不齊,物之情也。(《孟子·滕文公上》)
　　亨人掌共鼎鑊,以給水火之齊。(《周禮·天官·亨人》)
　　人不知而不愠,不亦君子乎？(《論語·學而》)
　　臧文仲,其不仁者三,不知者三。(《左傳·文公二年》)
　　如惡惡臭,如好好色。(《禮記·大學》)
　　使人屬孟嘗君,願寄食門下。(《戰國策·齊策》)
　　左右以君賤之也,食以草具。(《戰國策·齊策》)
　　子路問曰："子見夫子乎？"(《論語·微子》)
　　殺雞爲黍而食之,見其二子焉。(《論語·微子》)

二、動詞

動詞包含有及物動詞、不及物動詞和能願動詞三類。能够帶受事賓語的動詞叫作"及物動詞",又稱"他動詞";反之,是"不及物動詞",又稱"自動詞"。表示可能、必要和願望的動詞叫作"能願動詞",能願動詞的主要語法特徵是修飾動詞和單説。

1. 及物動詞。例如:

> 季氏將伐顓臾。(《論語·季氏》)
> 齊王使使者問趙威后。(《戰國策·齊策》)

2. 不及物動詞。例如:

> 有朋自遠方來,不亦樂乎?(《論語·學而》)
> 襄王聞之,顔色變作,身體戰慄。(《戰國策·楚策》)

3. 能願動詞。例如:

> 非曰能之,願學焉。(《論語·先進》)
> 朝聞道,夕死可矣。(《論語·里仁》)
> 此車一人殿之,可以集事。(《左傳·成公二年》)
> 是心足以王矣。(《孟子·梁惠王上》)
> 夫子欲之,吾二臣者皆不欲也。(《論語·季氏》)
> 民實瘠矣,君安得肥?(《國語·楚語上》)
> 今大王亦宜齋戒五日。(《史記·廉頗藺相如列傳》)
> 是後,魏王畏公子之賢能,不敢任公子以國政。(《史記·魏公子列傳》)

及物動詞能够帶賓語,這是古今漢語一致的,而在古代漢語中,不及物動詞有時似乎也能帶賓語。例如:

> 迎蹇叔於宋,來丕豹、公孫支於晉。(李斯《諫逐客書》)
> 公能出我,我必厚謝公!(《史記·范雎蔡澤列傳》)

但是不難發現,這裏的謂語動詞的意義已經有所改變,這裏的賓語也不是謂語動詞原來意義上的受事者,這實在是古代漢語中的詞類活用現象,並不能作爲不及物動詞不帶受事賓語的反證。

有一部分及物動詞,如"賜"、"予"、"告"、"語"、"教"、"遺"、"贈"等,能够帶雙賓語。例如:

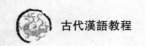

　　　　視爾如荍,貽我握椒。(《詩經·陳風·東門之枌》)
　　　　晉侯賞桓子狄臣千室。(《左傳·宣公十五年》)
　　　　公語之故,且告之悔。(《左傳·隱公元年》)
　　　　我欲中國而授孟子室。(《孟子·公孫丑下》)
　　　　嘗問衡天下所疾惡者。(《後漢書·張衡傳》)
　　　　牽牛以蹊人之田,田主奪之牛。(《左傳·宣公十一年》)
　　　　天生民而立之君,使司牧之。(《左傳·襄公十四年》)

以上前五例直接賓語在後,間接賓語在前,這種情況與現代漢語普通話是一致的。

　　在上古漢語中,黏着在其他動詞後的趨向動詞已經開始出現。例如:

　　　　荆軻坐定,太子避席頓首曰。(《戰國策·燕策》)
　　　　淳于髡說畢,趨出。(《史記·田敬仲完世家》)
　　　　征和二年春,涿郡鐵官鑄鐵,鐵銷,皆飛上去。(《漢書·五行志上》)

　　判斷詞"是"也已經開始出現。例如:

　　　　謂我諸戎是四嶽之裔胄也。(《左傳·襄公十四年》)
　　　　此必是豫讓也。(《史記·刺客列傳》)

不過,這種趨向動詞和判斷詞的運用還是十分罕見的,是新興的語法現象,我們不把它們作爲古代漢語中獨立的詞類。

三、形容詞

　　形容詞包含性質形容詞和狀態形容詞兩類。性質形容詞用以表現事物的屬性,狀態形容詞用以描寫事物的情態。從語法功能看,性質形容詞能夠受時間副詞和程度副詞的修飾,狀態形容詞則不能接受這種修飾;性質形容詞一般不能帶詞綴,狀態形容詞則往往帶前綴或後綴①。在古代漢語,特別是先秦漢語中,性質形容詞包括大部分的單音節形容詞(如"大"、"白"、"美"、"細"、"清"、"直"、"茂"、"難"等)和一部分的雙音節形容詞(主要是複合詞,如"艱難"、"寬綽"、"素樸"、"憔悴"、"困乏"等);狀態形容詞包括少部分的單音節形容詞(如"汎"、"濛"、"愍"、"呱"、"頎"、"姝"等)、一部分的雙音節形容詞(主要是疊音詞和聯綿詞,如

---

　　① 從語法功能看,性質形容詞和狀態形容詞的區別還在於前者可以活用爲動詞,後者不可以活用爲動詞;前者可以充當任何結構成分,後者主要充當謂語和狀語。

"菲菲"、"昭昭"、"冥冥"、"參差"、"滂沱"、"爛漫"等）和多音節形容詞。分別舉例説明如下。

1. 性質形容詞。如：

仰之彌高，鑽之彌堅。（《論語·子罕》）
以小易大，彼惡知之？（《孟子·梁惠王上》）
清濁大小，短長疾徐，哀樂剛柔，遲速高下，出入周疏，以相濟也。（《左傳·昭公二十年》）
是貴能威之，富能禄之，賤能事之，近能親之，美能淫之也。（《管子·任法》）
故與人善言，煖於布帛；傷人以言，深於矛戟。（《荀子·榮辱》）
險阻艱難，備嘗之矣。（《左傳·僖公二十八年》）
軍人見光冠服鮮明，令解衣，將殺而奪之。（《後漢書·任光傳》）

2. 狀態形容詞。如：

遡游從之，宛在水中央。（《詩經·秦風·蒹葭》）
髧彼兩髦，實維我儀。（《詩經·鄘風·柏舟》）
天油然作雲，沛然下雨，則苗浡然興之矣。（《孟子·梁惠王上》）
怊乎若嬰兒之失其母也，儻乎若行而失其道也。（《莊子·天地》）
一之日觱發，二之日栗烈。（《詩經·豳風·七月》）
子之燕居，申申如也，夭夭如也。（《論語·述而》）
剖之以爲瓢，則瓠落無所容。非不呺然大也，吾爲其無用而掊之。（《莊子·逍遥遊》）
言語之美，穆穆皇皇；朝庭之美，濟濟鎗鎗。（《荀子·大略》）

四、代詞

代詞是有稱代和指示作用的一類實詞，根據其意義側重不同，可以分爲人稱代詞、指示代詞和疑問代詞三個小類。主要用於稱代的叫"人稱代詞"，主要用於指示的叫"指示代詞"，而表示未知和詢問的稱代或指示，就叫"疑問代詞"。

1. 人稱代詞。人稱代詞有第一人稱代詞、第二人稱代詞、第三人稱代詞以及己身代詞之別。

（1）第一人稱。例如：

我思古人，實獲我心。（《詩經·邶風·緑衣》）

> 吾日三省吾身。(《論語・學而》)
> 王呼之曰:"余不食三日矣。"(《國語・吳語》)
> 予既烹而食之。(《孟子・萬章上》)
> 朕皇考曰伯庸。(屈原《離騷》)
> 人涉卬否,卬須我友。(《詩經・邶風・匏有苦葉》)
> 非台小子,敢行稱亂。(《尚書・湯誓》)

在先秦漢語中,"我"可以作主語、定語、賓語,"吾"祇作主語、定語,以及前置賓語(如《論語・先進》:"居則曰:不吾知也。"),而不作後置賓語。第一人稱後置賓語往往用"我",如"今者吾喪我"(《莊子・齊物論》)。漢代以後,"吾"也開始用作後置賓語,如"且吾度足下之智不如吾,勇又不如吾"(《史記・酈生陸賈列傳》)。"余"和"予"古音完全相同,是一對古今字,在甲金文和《尚書》中,"余(予)"大多用作主語,"朕"大多用作定語。以上幾個人稱代詞似乎反映了原始漢語的某種格位關係。

(2) 第二人稱。例如:

> 且爾言過矣。(《論語・季氏》)
> 三歲貫女,莫我肯顧。(《詩經・魏風・碩鼠》)
> 汝心之固,固不可徹。(《列子・湯問》)
> 既使我與若辯矣,若勝我,我不若勝。(《莊子・齊物論》)
> 夫差,而忘越王之殺而父乎?(《左傳・定公十四年》)
> 必欲亨乃翁,幸分我一盃羹。(《漢書・項籍傳》)
> 戎雖小子,而式弘大。(《詩經・大雅・民勞》)

在金文和《尚書》、《左傳》等書中,"汝(女)"大多用作主語、賓語,"乃"大多用作定語,在《詩經》、《論語》、《禮記》、屈賦、《墨子》等書中,"汝(女)"也大多祇用作主語、賓語,其區別與第一人稱"余(予)"、"朕"相似。

(3) 第三人稱。例如:

> 公語之故,且告之悔。(《左傳・隱公元年》)
> 先自度其足,而置之其坐。(《韓非子・外儲説左上》)
> 厥父菑,厥子乃弗肯播。(《尚書・大誥》)

在上古漢語中,"其(厥)"大多用作定語,"之"大多用作賓語[①],它們也反映

[①] 在少數場合,"之"相當於"其",作定語。如《戰國策・趙策》:"則連有赴東海而死矣,吾不忍爲之民也。"《韓非子・内儲説下》:"州吁果殺其君而奪之政。"

了原始漢語的格位關係。

有一些"其"看上去很像主語,不像定語,例如"其爲人也好善"(《孟子·告子下》),但實際上這句話等於說"樂正子之爲人也好善","其"相當於"名詞+之"(這個"之"是助詞),因此還是定語①。"之"和"其"的互文,最足以證明這一點,例如:

> 吾見師之出而不見其入也。(《左傳·僖公三十三年》)
> 三代之得天下也以仁,其失天下也以不仁。(《孟子·離婁上》)
> 且夫水之積也不厚,則其負大舟也無力。(《莊子·逍遥遊》)
> 人之少也髮黑,其老也髮白。(《論衡·道虚》)

表第三人稱的"之"、"其",有時實際上代表第一人稱和第二人稱。例如表第一人稱:

> 臣乃市井鼓刀屠者,而公子親數存之。(《史記·魏公子列傳》)
> 幸來告語之,吾亦往送女。(《史記·滑稽列傳》)

表第二人稱:

> 今也父兄百官不我足也,恐其不能盡大事。(《孟子·滕文公上》)
> 方將坐足下,三浴而三熏之。(韓愈《答呂毉山人書》)

從第三人稱代詞祇用作定語和賓語,有時又能代表第一人稱和第二人稱來看,上古漢語第三人稱代詞是發育很不完全的,實際上它們是從指示代詞轉化而來的,因而總是帶有指示的意味。

(4) 己身代詞。例如:

> 不患人之不己知,患不知人也。(《論語·學而》)
> 夫人必自侮,然後人侮之。(《孟子·離婁上》)

上古的人稱代詞中,"我"、"吾"、"爾"、"汝(女)"、"其(厥)"、"之"、"自"等沒有單複數的區别,如:

> 非我一人奉德不康寧。(《尚書·多士》)

---

① 在上古漢語中也有少數"其"用作主語和賓語,用作主語的如《戰國策·楚策》:"鄭袖曰:'其似惡聞君王之臭也。'"《韓非子·外儲說右上》:"上明見,人備之;其不明見,人惑之。"用作賓語的如《左傳·成公七年》:"與其射御,教吳乘車。"《左傳·僖公四年》:"若出於陳鄭之閒,共其資糧屝屨。"這種現象到中古以後就更爲普遍。

143

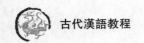

> 我二人共貞。(《尚書·洛誥》)

而"余(予)"、"朕"、"台"、"卬"、"己"則僅用於單數。有時爲了明確表示複數,古人在人稱代詞後加上"儕"、"等"、"曹"、"屬"等名詞①,如:

> 吾儕小人,皆有闔廬,以辟燥濕寒暑。(《左傳·襄公十七年》)
> 吾屬今爲之虜矣!(《史記·項羽本紀》)
> 公等錄錄,所謂因人成事者也。(《史記·平原君虞卿列傳》)
> 上以若曹無益於縣官。(《漢書·東方朔傳》)

2. 指示代詞。指示代詞有近指、遠指、限指之分。

(1) 近指。例如:

> 王如知此,則無望民之多於鄰國也。(《孟子·梁惠王上》)
> 是鳥也,海運則將徙於南冥。(《莊子·逍遥遊》)
> 逝者如斯夫,不舍晝夜。(《論語·子罕》)
> 受茲介福,於其王母。(《易·晉》)
> 滿招損,謙受益,時乃天道。(《尚書·大禹謨》)
> 之子于歸,宜其室家。(《詩經·周南·桃夭》)
> 臣請辟於趙,淹留以觀之。(《戰國策·楚策》)
> 物皆然,心爲甚。(《孟子·梁惠王上》)
> 蜀卓氏寡女亡奔司馬相如,貴土風俗,何以乃爾乎?(《三國志·蜀志·張裔傳》)
> 以若所爲,求若所欲,猶緣木而求魚也。(《孟子·梁惠王上》)

《尚書》多用"茲";《論語》用"斯"七十一見,而不用"此";《禮記·檀弓》用"斯"五十三見,而言"此"僅一見,"茲"、"斯"、"此"的這種分用可能是古代的方言現象。

(2) 遠指。例如:

> 彼君子兮,不素餐兮。(《詩經·魏風·伐檀》)
> 匪風發兮,匪車偈兮。(《詩經·檜風·匪風》)
> 微夫人之力不及此。(《左傳·僖公三十年》)

---

① "儕"、"等"、"曹"、"屬"等不是表複數的詞綴,與現代漢語的"們"並不相當,其意義是"這一批人"、"這一幫人"。比較:"陛下起布衣,以此屬取天下。"《史記·留侯世家》)

>其人弗能應也。(《韓非子·難一》)
>
>率時農夫,播厥百穀。(《詩經·周頌·噫嘻》)

"彼"和"夫"後來又帶有第三人稱代詞的性質,但它們的指示意味還是很重。例如:

>彼,丈夫也;我,丈夫也,吾何畏彼哉?(《孟子·滕文公上》)
>
>彼,君子讎也,天或者將棄彼矣。(《左傳·襄公二十七年》)
>
>昭子曰:"夫非而讎乎?"(《左傳·哀公五年》)

(3) 限指。例如:

>一夫不耕,或受之飢;一女不織,或受之寒。(賈誼《論積貯疏》)
>
>子曰:"莫我知也夫!"(《論語·憲問》)

"或"相當於"有的人"、"有的東西"等等,是肯定的限指;"莫"相當於"沒有人"、"沒有什麼"等等,是否定的限指。

3. 疑問代詞。疑問代詞可分爲問人,問事物、原因和處所等兩種。

(1) 問人。例如:

>遂古之初,誰傳道之?(屈原《天問》)
>
>父與夫孰親?(《左傳·桓公十五年》)
>
>臣夜人定後,爲何人所賊傷,中臣要害。(《後漢書·來歙傳》)

(2) 問事物、原因、處所等。例如:

>禮與食孰重?(《孟子·告子下》)
>
>內省不疚,夫何憂何懼?(《論語·顏淵》)
>
>盍不起爲寡人壽乎?(《管子·小稱》)
>
>即不幸有方二三千里之旱,國胡以相恤?(賈誼《論積貯疏》)
>
>許子奚爲不自織?(《孟子·滕文公上》)
>
>曷爲久居此圍城之中而不去也?(《戰國策·趙策》)
>
>學惡乎始?惡乎終?(《荀子·勸學》)
>
>泰山其頹,則吾將安仰?(《禮記·檀弓上》)
>
>且焉置土石?(《列子·湯問》)

問事物,意爲"什麼";問原因,意爲"爲什麼"、"怎麼";問處所,意爲"哪裏"、"在哪裏"。

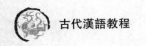

五、副詞

副詞包含有程度副詞、範圍副詞、時間副詞、情態副詞、肯定否定副詞、謙敬副詞等六個小類。

1. 程度副詞。程度副詞用以表示事物性質和動作行爲的程度，其程度大致分爲高、低和加强三種。

(1) 表示程度之高。例如：

  老臣賤息舒祺，最少，不肖。(《戰國策·趙策》)
  卓王孫大怒曰："女至不材，我不忍殺，不分一錢也。"(《史記·司馬相如列傳》)
  李廣軍極簡易。(《史記·李將軍列傳》)
  秦女絶美，王可自取，而更爲太子取婦。(《史記·伍子胥列傳》)
  老臣今者殊不欲食。(《戰國策·趙策》)
  君美甚，徐公何能及君也？(《戰國策·齊策》)
  三月無君則弔，不以急乎？(《孟子·滕文公下》)

(2) 表示程度之低。例如：

  於是項梁乃教籍兵法，籍大喜，略知其意，又不肯竟學。(《史記·項羽本紀》)
  太后之色少解。(《戰國策·趙策》)
  臣願頗采古禮與秦儀雜就之。(《史記·劉敬叔孫通列傳》)

(3) 表示程度之加强。例如：

  衡善機巧，尤致思於天文、陰陽、歷算。(《後漢書·張衡傳》)
  此數者愈善，而離楚愈遠耳！(《戰國策·魏策》)
  若是，則弟子之惑滋甚。(《孟子·公孫丑上》)
  鄰國之民不加少，寡人之民不加多，何也？(《孟子·梁惠王上》)
  居閒，益自刻苦，務記覽。(韓愈《柳子厚墓誌銘》)
  今矯而變之，垂二百祀，大業彌固。(柳宗元《封建論》)

2. 範圍副詞。範圍副詞用以表示事物性質和動作行爲的範圍，其範圍大致有全部、局部、共同和互相三種。

(1) 表示全部。例如：

使吏召諸民當償者,悉來合券。(《戰國策·齊策》)

是故有天下七十一聖,其法皆不同。(《呂氏春秋·察今》)

其妻問所與飲食者,則盡富貴也。(《孟子·離婁下》)

百姓聞王鍾鼓之聲,管籥之音,舉欣欣然有喜色而相告。(《孟子·梁惠王下》)

允釐百工,庶績咸熙。(《尚書·堯典》)

惟戊午,王次於河朔,羣后以師畢會。(《尚書·泰誓中》)

范蠡徧遊天下。(《漢書·李廣蘇建傳》)

陳勝王,凡六月。(《史記·陳涉世家》)

(2) 表示局部。例如:

徒善不足以爲政,徒法不能以自行。(《孟子·離婁上》)

不唯許國之爲,亦聊以固吾圉也。(《左傳·隱公十一年》)

大夫不均,我從事獨賢。(《詩經·小雅·北山》)

直不百步耳,是亦走也。(《孟子·梁惠王上》)

此特羣盜鼠竊狗盜耳,何足置之齒牙閒。(《史記·劉敬叔孫通列傳》)

寡人蠻夷僻處,雖大男子,裁如嬰兒。(《史記·張儀列傳》)

匈奴匿其壯士肥牛馬,但見老弱及羸畜。(《史記·劉敬叔孫通列傳》)

(3) 表示共同和互相。例如:

籍丘子鉏擊之,與一人俱斃。(《左傳·定公八年》)

山東豪傑並起而亡秦族矣。(賈誼《過秦論》)

有能助寡人謀而退吳者,吾與之共知越國之政。(《國語·越語上》)

雞犬之聲相聞,民至老死不相往來。(《老子》第八十章)

不令兄弟,交相爲瘉。(《詩經·小雅·角弓》)

3. 時間副詞。時間副詞用以表示動作發生的時間,其時間大致有已然、將然、正在進行、開始和最末、久暫等五種。

(1) 表示已然。例如:

譬如蓑笠,時雨既至,必求之。(《國語·越語上》)

會天大雨,道不通,度已失期。(《史記·陳涉世家》)

公輸盤曰:"不可,吾既已言之王矣。"(《墨子·公輸》)

吾嘗終日而思矣,不如須臾之所學也。(《荀子·勸學》)

梁王以此怨盎,曾使人刺盎。(《史記·袁盎鼂錯列傳》)

良業爲取履,因長跪履之。(《史記·留侯世家》)

夫士業已屈首受書,而不能以取尊榮,雖多,亦奚以爲?(《史記·蘇秦列傳》)

(2) 表示將然。例如：

其爲人也,發憤忘食,樂以忘憂,不知老之將至云爾。(《論語·述而》)
且秦無已而帝,則且變易諸侯之大臣。(《戰國策·趙策》)
南方老人用龜支牀足,行二十餘歲。(《史記·龜策列傳》)
周公方且膺之,子是之學,亦爲不善變矣。(《孟子·滕文公上》)
巨是凡人,偏在遠方,行將爲人所併。(《資治通鑑·漢紀五十七》)

(3) 表示正在進行。例如：

蚌方出曝,而鷸啄其肉,蚌合而拑其喙。(《戰國策·燕策》)
象鄂不懌,曰："我思舜正鬱陶。"(《史記·五帝紀》)
士尹池歸荆,荆王適興兵而攻宋。(《呂氏春秋·召類》)
天子春秋鼎盛。(《漢書·賈誼傳》)

(4) 表示開始和最末。例如：

虹始見,萍始生。(《禮記·月令》)
今歌唫之聲未絶,傷痍者甫起,而噲欲動摇天下。(《漢書·匈奴傳》)
然韓非知説之難,爲《説難》書甚具,終死於秦,不能自脱。(《史記·老子韓非列傳》)
陳涉雖已死,其所置遣侯王將相竟亡秦。(《史記·陳涉世家》)
曷爲與人俱稱帝王,卒就脯醢之地也?(《戰國策·趙策》)

(5) 表示久暫。例如：

君長有齊,奚以薛爲?(《戰國策·齊策》)
吾亦欲東耳,安能鬱鬱久居此乎?(《漢書·韓信傳》)
眉壽萬年,永受胡福。(《儀禮·士冠禮》)
南陽劉子驥,高尚士也,聞之,欣然規往,未果,尋病終。(陶潛《桃花源記》)
武夫力而拘諸原,婦人暫而免諸國。(《左傳·僖公三十三年》)
我聞忠善以損怨,不聞作威以防怨,豈不遽止?(《左傳·襄公三十一年》)

沛公至軍,立誅殺曹無傷。(《史記·項羽本紀》)

田榮即引兵歸,逐其王假。(《史記·項羽本紀》)

菑川王美人懷子而不乳,來召臣意。臣意往,飲以莨蕩藥一撮,以酒飲之,旋乳。(《史記·扁鵲倉公列傳》)

4. 情態副詞。情態副詞用以表示動作行爲的情貌和狀態,其情貌和狀態大致可分爲素常、疾徐、適逢、頻數、其他五種。

(1) 表示素常。例如：

吳廣素愛人,士卒多爲用者。(《史記·陳涉世家》)

安帝雅聞衡善術學。(《後漢書·張衡傳》)

鄴三老、廷掾常歲賦斂百姓,收取其錢得數百萬。(《史記·滑稽列傳》)

存亡之道,恒由是興。(《左傳·昭公十三年》)

(2) 表示疾徐。例如：

自我爲汝家婦,未嘗聞汝先古之有貴者,今暴得大名,不祥。(《史記·項羽本紀》)

賈姬如廁,野彘卒入廁。(《史記·酷吏列傳》)

若不趣降漢,漢今虜若。(《史記·項羽本紀》)

人乃以嫗爲不誠,欲苦之,嫗因忽不見。(《漢書·高帝紀》)

時政事漸損,權移於下。(《後漢書·張衡傳》)

項王乃疑范增與漢有私,稍奪之權。(《史記·項羽本紀》)

故盜賊寖多。(《史記·酷吏列傳》)

(3) 表示適逢。例如：

我高祖少皞摯之立也,鳳鳥適至。(《左傳·昭公十七年》)

會天大雨,道不通。(《史記·陳涉世家》)

下臣不幸,屬當戎行。(《左傳·成公二年》)

(4) 表示頻數。例如：

屢顧爾僕,不輸爾載。(《詩經·小雅·正月》)

忌不自信,復問其妾。(《戰國策·齊策》)

愛共叔段,欲立之,亟請於武公。(《左傳·隱公元年》)

虞舜側微,堯聞之聰明,歷試諸難。(《尚書·序》)

大將軍鄧騭奇其才,累召不應。(《後漢書·張衡傳》)

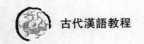

> 趙宣子爲政,驟諫而不入。(《左傳·宣公元年》)
> 是時,地數震裂,衆災頻降。(《後漢書·李雲傳》)
> 晉仍無道而鮮胄,其將失之矣。(《國語·周語下》)
> 先帝在時,每與臣論此事,未嘗不嘆息痛恨於桓靈也。(《三國志·蜀志·諸葛亮傳》)

(5) 其他。例如:

> 余姑翦滅此而朝食。(《左傳·成公二年》)
> 民勞,未可,且待之。(《史記·伍子胥列傳》)
> 及索,兒竟無聲。(《史記·趙世家》)
> 汝心之固,固不可徹,曾不若孀妻弱子。(《列子·湯問》)
> 問今是何世,乃不知有漢,無論魏晉。(陶潛《桃花源記》)
> 足反居上,首顧居下,倒縣如此,莫之能解。(《漢書·賈誼傳》)
> 禹拜稽首,固辭。(《尚書·大禹謨》)
> 將尉醉,廣故數言欲亡,忿恚尉。(《史記·陳涉世家》)

這裏,"姑"、"且"是"姑且"之意,"竟"、"曾"、"乃"是"竟然"之意,"反"、"顧"是"反而"之意,"固"是"堅決"之意,"故"是"故意"之意。

5. 肯定否定副詞。肯定否定副詞用以表示謂語的肯定與否定,大致可分爲肯定、否定、禁止、估量四種。

(1) 表示肯定。例如:

> 民死亡者,非其父兄,即其子弟。(《左傳·襄公十四年》)
> 呂公女乃呂后也。(《史記·高祖本紀》)
> 宋衛實難,鄭何能爲?遂不許。(《左傳·隱公六年》)
> 川雍而潰,傷人必多。(《國語·周語上》)
> 臣誠知不如徐公美。(《戰國策·齊策》)
> 百工之事,固不可耕且爲也。(《孟子·滕文公上》)
> 信能行此五者,則鄰國之民仰之若父母矣。(《孟子·公孫丑上》)
> 古人思秉燭夜遊,良有以也。(曹丕《與吳質書》)
> 天地果無初乎?(柳宗元《封建論》)

(2) 表示否定。例如:

> 不及黃泉,無相見也。(《左傳·隱公元年》)
> 一簞食,一豆羹,得之則生,弗得則死。(《孟子·告子上》)

晉人侵鄭,以觀其可攻與否。(《左傳·僖公三十年》)
子絕四:毋意,毋必,毋固,毋我。(《論語·子罕》)
使百里奚雖賢,無得繆公,必無此名也。(《呂氏春秋·慎人》)
客曰:"鄙臣不敢以死爲戲。"君曰:"亡,更言之。"(《戰國策·齊策》)
罔敢湎於酒。(《尚書·酒誥》)
微獨趙,諸侯有在者乎?(《戰國策·趙策》)
立心勿恒,凶。(《易·益》)
由也,升堂矣,未入於室也。(《論語·先進》)
左右或莫敢射,冒頓立斬之。(《漢書·匈奴傳》)
寧事齊楚,有亡而已,蔑從晉矣。(《左傳·成公十六年》)
靡神不舉,靡愛斯牲。(《詩經·大雅·雲漢》)
登高而招,臂非加長也,而見者遠。(《荀子·勸學》)
我心匪席,不可卷也。(《詩經·邶風·柏舟》)

(3) 表示禁止。例如:

己所不欲,勿施於人。(《論語·衛靈公》)
梁掩其口曰:"毋妄言,族矣!"(《史記·項羽本紀》)
無友不如己者。(《論語·學而》)
秦惠王車裂商君以徇,曰:"莫如商鞅反者!"(《史記·商君列傳》)

(4) 表示估量。例如:

疾者前入坐,見佗北壁縣此蛇輩約以十數。(《三國志·魏書·方技傳》)
古之獻繭者,其率用此與?(《禮記·祭義》)
大宛在匈奴西南,在漢正西,去漢可萬里。(《史記·大宛列傳》)
裹糧就學者成徒,而溺死者幾半。(《列子·說符》)
北山愚公者,年且九十。(《列子·湯問》)
勝好勇而陰求死士,殆有私乎!(《史記·伍子胥列傳》)

6. 謙敬副詞。謙敬副詞用以表示自謙和對他人的恭敬。

(1) 表示恭敬。例如:

楚王曰:"善哉!吾請無攻宋矣。"(《墨子·公輸》)
今上客幸教以明制,寡人聞之,敬以國從。(《戰國策·楚策》)
今君欲一天下,安諸侯,存危國,寡人謹奉社稷以從。(《戰國策·

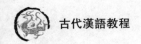

楚策》）

　　君不忘先君之好，辱弔羣臣，又重恤之。（《左傳·襄公十四年》）
　　子惠思我，褰裳涉溱。（《詩經·鄭風·褰裳》）

（2）表示自謙。例如：

　　穎考叔曰："敢問何謂也？"（《左傳·隱公元年》）
　　伏惟聖主之恩，不可勝量。（《漢書·楊惲傳》）
　　今日臣竊聞貴臣之計：舉兵將伐韓。（《韓非子·存韓》）
　　臣受恩偏特，忝任師傅。（《後漢書·楊賜傳》）

以上副詞的分類，其界限並不是絕對分明的，往往有交叉的現象。例如表疾徐的情態副詞，有的又可以歸入時間副詞；而表久暫的時間副詞，有的又可歸入情態副詞。造成這種現象的原因是，副詞內部的分類並非全部依據語法功能，有的是依據意義加以區別的，而意義的分類就不免見仁見智，各有不同。這種現象在其他詞類中也有，而尤以副詞爲甚。

六、數詞

數詞包括基數詞、概數詞和序數詞三類。

1. 基數詞。例如：

　　素絲組之，良馬五之。（《詩經·鄘風·干旄》）
　　夫子欲之，吾二臣者皆不欲也。（《論語·季氏》）
　　晉侯在外十九年矣。（《左傳·僖公二十八年》）
　　割地而朝者三十有六國。（《韓非子·五蠹》）
　　京兆尹，元始二年戶十九萬五千七百二，口六十八萬二千四百六十八。（《漢書·地理志》）
　　晉侯以樂之半賜魏絳。（《左傳·襄公十一年》）

2. 概數詞。例如：

　　子來幾日矣？（《孟子·離婁上》）
　　問鄉之良家其所牧養者幾何人矣。（《管子·問》）
　　數問其家金餘尚有幾所。（《漢書·疏廣傳》）
　　堂高數仞，榱題數尺，我得志弗爲也。（《孟子·盡心下》）
　　問天子之年，對曰：聞之始服衣若干尺矣。（《禮記·曲禮下》）

人之所以異於禽獸者幾希。(《孟子·離婁下》)

年九十餘,耳目聰明。(《三國志·魏書·方技傳》)

十八日所而病愈。(《史記·扁鵲倉公列傳》)

獲首三萬級,赴河死者五萬許人。(《後漢書·皇甫嵩傳》)

3. 序數詞。例如:

七月流火,九月授衣。(《詩經·豳風·七月》)

不祀,一也;耆酒,二也;棄仲章而奪黎氏地,三也;虐我伯姬,四也;傷其君目,五也。(《左傳·宣公十五年》)

蕭何第一,曹參次之。(《史記·蕭相國世家》)

初七及下九,嬉戲莫相忘。(《孔雀東南飛》)

在上古漢語中,序數詞與基數詞在形式上往往沒有分別,"三月不知肉味"的"三月"(三個月)與"七月流火"的"七月"(七月份)在形式上並無二致。

七、量詞

量詞分爲物量詞和動量詞兩類,物量詞又叫"名量詞",用以表示人和事物的單位,動量詞用以表示動作行爲的單位。

1. 物量詞。物量詞又可分爲個體量詞、集合量詞和度量衡量詞。

(1) 個體量詞。例如:

奚馬廿丙虫□。(《殷虛書契前編》2.19.1)

孚馬四匹,孚車卅兩。(小盂鼎)

負服矢五十箇。(《荀子·議兵》)

槍二十枚。(《墨子·備城門》)

子產以幄幕九張行。(《左傳·昭公十三年》)

於是爲長安君約車百乘質於齊。(《戰國策·趙策》)

塞之斥也,唯橋姚已致馬千匹,牛倍之,羊萬頭。(《史記·貨殖列傳》)

乃賜奔戎佩玉一隻。(《穆天子傳》卷三)

成都有桑八百株。(《三國志·蜀書·諸葛亮傳》)

(2) 集合量詞。例如:

卯五牛于二珏。(《殷虛文字乙編》7645)

予光賞貝二朋,子曰:貝唯廿。(《三代吉金文存》第十三卷)
不稼不穡,胡取禾三百廛兮。(《詩經·魏風·伐檀》)
皆賜玉五瑴,馬三匹。(《左傳·莊公十八年》)
郳茅夷鴻以束帛乘韋,自請救於吳。(《左傳·哀公七年》)
凡兵車百乘,歌鐘二肆。(《左傳·襄公十一年》)
若非其左右及他伍捕告者,封之二千家之邑。(《墨子·號令》)

(3) 度量衡量詞。例如:

其禋新鬯二升、一卣。(《殷契粹編》525)
夫尺有所短,寸有所長。(屈原《卜居》)
齊舊四量:豆、區、釜、鍾,四升爲豆,各自其四,以登於釜,釜十則鍾。(《左傳·昭公三年》)
當秦之隆,黃金萬鎰爲用。(《戰國策·秦策》)
吾力足以舉百鈞。(《孟子·梁惠王上》)
今之爲仁者,猶以一杯水救一車薪之火也。(《孟子·告子上》)
太形、王屋二山,方七百里,高萬仞。(《列子·湯問》)
若妻信病,賜小豆四十斛,寬假限日。(《三國志·魏書·方技傳》)

2. 動量詞。例如:

月明星稀,烏鵲南飛。繞樹三匝,何枝可依?(曹操《短歌行》)
出塢上苣火一通,元延二年七月辛未。(《居延漢簡釋文合校》39.20)
讀書百徧,而義自見。(《三國志·魏書·董遇傳》)
傳吏疑其僞,乃椎鼓數十通。(《後漢書·光武帝紀上》)
母乃杖祥背及兩脚百餘下。(《三國志·魏書·北海王傳》)

值得注意的是,漢語的量詞是後起現象,物量詞在先秦時代還很不發達,動量詞的大批出現更要遲至魏晉時代,因此,在上古漢語中數詞直接修飾名詞和動詞的現象十分普遍。例如:

此車一人殿之,可以集事。(《左傳·成公二年》)
騏驥一躍,不能十步。(《荀子·勸學》)

由於上古漢語中量詞的運用并不顯著,因此,在建立詞類系統時,也可以把量詞作爲一個附類,歸屬到名詞中去。

第二節　古漢語的詞類(下)

八、介詞

　　不能充當句子成分,經常跟名詞或動詞、形容詞等組成介詞短語,作爲狀語或補語來修飾動詞、形容詞的虛詞叫"介詞"。從意義的角度,介詞可以分爲表示時間、表示處所和方向、表示方式和工具、表示原因或目的、表示對象、表示比較、引出主動者等多個小類。

　　1. 表示時間。如"自"、"由"、"于"、"於"、"以"、"及"、"當"、"比"等。

　　　　自此,冀之南漢之陰無壟斷焉。(《列子·湯問》)
　　　　有窮由是遂亡,失人故也。(《左傳·襄公四年》)
　　　　自我不見,于今三年。(《詩經·豳風·東山》)
　　　　子於是日哭,則不歌。(《論語·述而》)
　　　　悔納文公,謀作亂,將以己丑焚公宫。(《國語·晉語》)
　　　　彼衆我寡,及其未既濟也,請擊之。(《左傳·僖公二十二年》)
　　　　當是時,項羽兵四十萬。(《史記·項羽本紀》)
　　　　比其反也,則凍餒其妻子,則如之何?(《孟子·梁惠王下》)

　　2. 表示處所和方向。如"於"、"于"、"乎"、"自"、"由"、"從"、"向"等。

　　　　申之以孝悌之義,頒白者不負戴於道路矣。(《孟子·梁惠王上》)
　　　　北戎伐齊,齊使乞師于鄭。(《左傳·桓公六年》)
　　　　楚人生乎楚,長乎楚,而楚言,不知其所受之。(《吕氏春秋·用衆》)
　　　　吾自衛反魯,然後樂正,雅頌各得其所。(《論語·子罕》)
　　　　君子陽陽,左執簧,右招我由房。(《詩經·王風·君子陽陽》)
　　　　舟止,從其所契者入水求之。(《吕氏春秋·察今》)
　　　　東面而視,不見水端,於是焉河伯始旋其面目,望洋向若而嘆。(《莊子·秋水》)

　　3. 表示方式和工具。如"以"、"用"、"因"、"循"、"緣"、"依"等。

　　　　以身教者從,以言教者訟。(《後漢書·第五倫傳》)
　　　　是直用管闚天,用錐指地也。(《莊子·秋水》)

善戰者因其勢而利導之。(《史記·孫子吳起列傳》)
故凡舉事必循法以動。(《呂氏春秋·察今》)
余至大行禮官,觀三代損益,乃知緣人情而知禮,依人性而作儀。(《史記·禮書》)

4. 表示原因或目的。如"用"、"因"、"以"、"坐"、"爲"、"與"等。

魯人皆以儒教,而朱家用俠聞。(《漢書·游俠傳》)
因前使絶國功,封騫博望侯。(《史記·衛將軍驃騎列傳》)
君子不以言舉人,不以人廢言。(《論語·衛靈公》)
天行有常,不爲堯存,不爲桀亡。(《荀子·天論》)
古者大臣有坐不廉而廢者。(《漢書·賈誼傳》)
豈非計長久,爲子孫相繼爲王也哉!(《史記·趙世家》)
今子與我取之,而不與我治之,與我置之,而不與我祀之,焉可?(《韓非子·外儲説左上》)

5. 表示對象。如"爲"、"與"、"及"、"以"等。

夫道,窅然難言哉!將爲汝言其崖略。(《莊子·知北游》)
吾將與楚人戰,彼衆我寡,爲之奈何?(《韓非子·難一》)
德音莫違,及爾同死。(《詩經·邶風·谷風》)
可以樂成,不可與慮始。(《史記·滑稽列傳》)

6. 表示比較。如"于"、"於"、"乎"等。

古我先王,將多于前功。(《尚書·盤庚下》)
季氏富於周公。(《論語·先進》)
城之大者,莫大乎天下矣。(《莊子·盜跖》)

7. 引出主動者。如"于"、"於"、"乎"、"爲"等。

困于酒食。(《易·困》)
勞心者治人,勞力者治於人;治於人者食人,治人者食於人。(《孟子·滕文公上》)
王痍者何?傷乎矢。(《公羊傳·成公十六年》)
然則今有美堯、舜、鯀、禹、湯、武之道於當今之世者,必爲新聖笑矣。(《韓非子·五蠹》)

介詞大多來源於動詞,因此許多介詞又有動詞的用法,如屈原《楚辭·涉江》

"忠不必用兮,賢不必以"中的"以"就是動詞,這是同一個字兼有介詞和動詞兩個詞類。

甲骨文衹有"于",沒有"於",春秋末期的金文纔出現"於";在上古典籍中,"于"見於《尚書》、《詩經》等,"於"則見於《論語》、《孟子》、《墨子》、《莊子》等。所以《説文解字》"于"字下,段玉裁注:"《釋詁》、毛傳皆曰:'于,於也。'凡《詩》、《書》用'于'字,凡《論語》用'於'字,蓋'于'、'於'二字在周時爲古今字。故《釋詁》、毛傳以今字釋古字也。"可見,介詞"于"產生在先,介詞"於"產生在後,它們可能是同一個詞的方言變異,在語法功能上並沒有本質的區別。至於《左傳》"于"、"於"雜用,應該是後人改寫未盡造成的。

介詞"乎"的用法看起來跟"于"、"於"相同,但是"乎"衹能用於補語,"于"、"於"則既能用於補語,也能用於狀語。

九、連詞

用於連接詞、結構、分句和句子,表示一定的語法關係的虛詞叫"連詞"。連詞可以根據所表示的語法關係分爲並列連詞、順承連詞、遞進連詞、選擇連詞、轉折連詞、假設連詞、因果連詞、讓步連詞、主從連詞等多個小類。

1. 並列連詞。並列連詞是表示詞、結構、分句、句子之間是並列關係的連詞,例如:

彊本而節用,則天不能貧。(《荀子·天論》)
夫子之言性與道,不可得而聞也。(《論語·公冶長》)
時日曷喪?予及汝皆亡。(《尚書·湯誓》)
天大雷電以風,禾盡偃。(《尚書·金縢》)
終溫且惠,淑慎其身。(《詩經·邶風·燕燕》)
既東封鄭,又欲肆其西封。(《左傳·僖公三十年》)

2. 順承連詞。順承連詞是表示詞、結構、分句、句子在時間上先後相承或在事理上前後相關的連詞,例如:

是故質的張而弓矢至焉,林木茂而斧斤至焉。(《荀子·勸學》)
侯生視公子色終不變,乃謝客就車。(《史記·魏公子列傳》)
吴王夫差無敵於天下,輕諸侯,凌齊晉,遂以殺身亡國。(《戰國策·秦策》)
水懦弱,民狎而玩之,則多死焉。(《左傳·昭公二十年》)

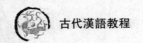

仁遠乎哉?我欲仁,斯仁至矣。(《論語·述而》)

晉侯復假道於虞以伐虢。(《左傳·僖公五年》)

3. 遞進連詞。遞進連詞是表示詞、結構、分句、句子之間語意加強、意義更進一層的連詞,例如:

吾未聞枉己而正人者也,況辱己以正天下者乎?(《孟子·萬章上》)

臣之壯也,猶不如人;今老矣,無能爲也已。(《左傳·僖公三十年》)

民不樂生,尚不避死,安能避罪?(《漢書·董仲舒傳》)

蔓草猶不可除,況君之寵弟乎?(《左傳·隱公元年》)

死馬且買之五百金,況生馬乎?(《戰國策·燕策》)

非徒無益,而又害之。(《孟子·公孫丑上》)

4. 選擇連詞。選擇連詞是表示詞、結構、分句、句子之間具有兩者選一的語法關係的連詞,例如:

王以天下爲尊秦乎,且尊齊乎?(《戰國策·齊策》)

先生老悖乎,將以爲楚國祅祥乎?(《戰國策·齊策》)

不知天之棄魯邪,抑魯君有罪於鬼神,故及此也?(《左傳·昭公二十六年》)

吾寧鬭智,不能鬭力。(《史記·項羽本紀》)

趙孰與秦大?(《戰國策·秦策》)

我與其處而待之見攻,不如先伐之。(《戰國策·秦策》)

此龜者,寧其死爲留骨而貴乎,寧其生而曳尾於塗中乎?(《莊子·秋水》)

5. 轉折連詞。轉折連詞是表示詞、結構、分句、句子之間的語義具有轉折或反轉的連詞,例如:

先生獨未見夫僕乎?十人而從一人者,寧力不勝、智不若耶?(《戰國策·趙策》)

不見子都,乃見狂且。(《詩經·鄭風·山有扶蘇》)

周勃厚重少文,然安劉氏者必勃也。(《史記·高祖本紀》)

荊軻雖游於酒人乎,然其爲人沈深好書。(《史記·刺客列傳》)

若聖與仁,則吾豈敢?抑爲之不厭,誨人不倦,則可謂云爾已矣。(《論語·述而》)

6. 假設連詞。假設連詞是表示詞、結構、分句、句子之間具有在某種條件下就會產生某種結果這樣的語義的連詞，例如：

如可贖兮，人百其身。（《詩經·秦風·黃鳥》）
若使燭之武見秦君，師必退。（《左傳·僖公三十年》）
伯氏苟出而圖吾君，申生受死以至於死，雖死何悔？（《國語·晉語》）
使武安侯在者，族矣！（《史記·魏其武安侯列傳》）
今我在也，而人皆藉吾弟；令我百歲后，皆魚肉之矣！（《史記·魏其武安侯列傳》）
王甚喜人之掩口也，爲近王，必掩口。（《韓非子·內儲說下》）
夫子矢之曰："予所否者，天厭之，天厭之！"（《論語·雍也》）
向使嬰有庸主之才，僅得中佐，山東雖亂，秦之地可全而有。（《史記·秦始皇本紀》）
假令僕伏法受誅，若九牛亡一毛，與螻蟻何以異？（司馬遷《報任安書》）

7. 因果連詞。因果連詞是表示詞、結構、分句、句子之間具有原因和結果關係的連詞，例如：

以吾從大夫之後，不敢不告也。（《論語·憲問》）
用善騎射，殺首虜多，爲漢中郎。（《史記·李將軍列傳》）
然則一羽之不舉，爲不用力焉。（《孟子·梁惠王上》）
鬼侯有子而好，故入之於紂。（《戰國策·趙策》）
仲尼之徒無道桓文之事者，是以後世無傳焉。（《孟子·梁惠王上》）
漢敗楚，楚以故不能過滎陽而西。（《史記·項羽本紀》）
然公子遇臣厚，公子往而臣不送，以是知公子恨之復返也。（《史記·魏公子列傳》）

8. 讓步連詞。讓步連詞是表示詞、結構、分句、句子之間具有先行退讓，後又轉折加強的爭辯色彩關係的連詞，例如：

雖有嘉肴，弗食不知其旨也。（《禮記·學記》）
從有其皮，丹漆若何？（《左傳·宣公二年》）
縱我不往，子寧不來？（《詩經·鄭風·子衿》）
公子即合符，而晉鄙不授公子兵，而復請之，事必危矣。（《史記·魏公子列傳》）

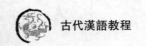

日月星宿,亦積氣中之有光耀者,只使墜,亦不能有所中傷。(《列子·天瑞》)

9. 主從連詞。主從連詞是表示狀語和中心語、整數和零數的關係的連詞,例如:

子路率爾而對曰。(《論語·先進》)
魏惠王兵數破於齊、秦,國內空,日以削。(《史記·商君列傳》)
二十有八載,帝乃殂落。(《尚書·舜典》)

作爲並列連詞,"而"和"且"主要連接動詞和動詞性結構、形容詞和形容詞性結構,"與"和"及"主要連接名詞和名詞性結構。而"而"和"且"之間,"而"既可以用於順接,也可以用於逆接,"且"則祇能用於順接;"而"可以用作主從連詞,"且"不可以用作主從連詞;"而"不可以疊用,"且"則有"且……且……"的疊用形式。至於"與"和"及",雖然都有相當於現代漢語連詞"和"的用法,但"及"另有相當於現代漢語"以及"的用法,如《史記·廉頗藺相如列傳》:"秦王大喜,傳以示美人及左右。"

連詞"以"和"而"的意義、用法比較接近,它們在上古經常通用,如《易·繫辭》"上古結繩而治",《論衡·齊世》作"上古結繩以治",《左傳·襄公十一年》"和諸戎狄以正諸華",《國語·晉語》作"和諸戎狄而正諸華",又經常作爲互文,如屈原《離騷》"濟沅湘以南征兮,就重華而陳詞"、《禮記·聘義》"溫潤而澤,仁也;縝密以栗,知也"。但是連詞"以"主要表示在時間上一先一後的兩種動作行爲的聯繫,其中後一個動作行爲往往是前一個動作行爲的目的或結果。

上古漢語大多數的"然而"不能看作一個詞,如《孟子·梁惠王上》"老者衣帛食肉,黎民不飢不寒,然而不王者,未之有也",這里"然而"的意思是"這樣却",其中的"然"是指示代詞,"而"是轉折連詞。

十、助詞

在結構中用來協調音節、組成名詞性結構、標誌特殊詞序、標志時態的虛詞叫"助詞"。助詞可以分爲結構助詞、音節助詞和態助詞三個小類。

1. 結構助詞。結構助詞用以組成名詞性結構和標誌特殊詞序,例如:

夫子之文章,可得而聞也。(《論語·公冶長》)
智者千慮,必有一失。(《史記·淮陰侯列傳》)

賜我南都之田,狐狸所居,豺狼所嗥。(《左傳·襄公十四年》)

諺所謂"輔車相依,唇亡齒寒"者,其虞、虢之謂也?(《左傳·僖公五年》)

雞鳴而食,唯命是聽。(《左傳·成公十六年》)

2. 音節助詞。音節助詞用來協調音節,例如:

頃之,上行出中渭橋,有一人從橋下走出,乘輿馬驚。(《史記·張釋之馮唐列傳》)

戰於長勺,公將鼓之。(《左傳·莊公十年》)

生則惡可已也,惡可已,則不知足之蹈之,手之舞之。(《孟子·離婁上》)

昔者,瓠巴鼓瑟而沈魚出聽,伯牙鼓琴而六馬仰秣。(《荀子·勸學》)

3. 態助詞。態助詞表示被動態和受動態,例如:

衛太子爲江充所敗。(《漢書·霍光傳》)

國一日被攻,雖欲事秦,不可得也。(《戰國策·齊策》)

吾嘗三仕三見逐於君,鮑叔不以我爲不肖。(《史記·管晏列傳》)

意氣勤勤懇懇,若望僕不相師,而用流俗人之言。(司馬遷《報任安書》)

寡人得寄僻陋蠻夷之鄉,希見教君子之行。(《晏子春秋·外篇第七》)

"所"、"被"和第三例的"見"表示被動態,"相"和第五例的"見"表示受動態。

在古漢語中,也經常把結構助詞"之"放在主語和謂語之間,從而形成一種偏正結構。例如:

君子之愛人也以德,細人之愛人也以姑息。(《禮記·檀弓上》)

北方之畏昭奚恤也,其實畏王之甲兵也。(《戰國策·楚策》)

汝忘君之爲孺子牛而折其齒乎?(《左傳·哀公六年》)

歲寒,然後知松柏之後凋也。(《論語·子罕》)

晉公子重耳之及於難也,晉人伐諸蒲城。(《左傳·僖公二十三年》)

秦之圍邯鄲,趙使平原君求救,合從於楚。(《史記·平原君列傳》)

父母之愛子,則爲之計深遠。(《戰國策·趙策》)

雖我之死,有子存焉。(《列子·湯問》)

第一、二例是這種偏正結構做主語,第三、四例是這種偏正結構做賓語,第五、六例是這種偏正結構做狀語,第七、八例是這種偏正結構做複句的一個分句。古人爲什麽要使用這種語法結構？傳統的解釋是"取消句子的獨立性"。我們認爲句子的形成，不在於是否主謂具備，衹要具備語調，即使單純一個名詞性結構或動詞性結構，也可以成爲句子，因此傳統的解釋是有缺陷的。古人所以要使用這種語法結構，還是爲了在表達上突出和強調時間、狀態、原因、情感等。例如第一句如果沒有"之"，那麽"君子"是主語，"愛人"是謂語的主要部分，"以德"是謂語的次要部分；加上"之"以後，"愛人"是主語的主要部分，"以德"提陞爲謂語。第六句如果沒有"之"，那麽"秦圍邯鄲"和"趙使平原君求救……"就是一個順承複句，兩個分句語意平衡；加上"之"以後，"秦之圍邯鄲"就是"秦圍趙都邯鄲的時候"的意思，"趙使平原君求救……"就變成主要語意所在。

這種偏正結構還有下面這樣的變體：

民之於仁也，甚於水火。（《論語·衛靈公》）
寡人之於國也，盡心焉耳矣。（《孟子·梁惠王上》）
荊之地方五千里，宋之地方五百里，此猶文軒之與敝轝也。（《墨子·公輸》）

由於介詞"于"、"於"、"與"來源於動詞，因此這種結構可能是"于"、"於"、"與"動詞用法的一種遺跡。

助詞"所"原來是表示處所的名詞，如《詩經·鄭風·大叔于田》"襢裼暴虎，獻于公所"中的"所"，以後虛化爲帶有指稱作用的助詞，表示動作行爲發生的地方。例如：

舟車所至，人力所通，天之所覆，地之所載，日月所照，霜露所隊，凡有血氣者，莫不尊親。（《禮記·中庸》）
其北陵，文王之所辟風雨也。（《左傳·僖公三十二年》）

又引申爲表示動作行爲的對象。例如：

魚，我所欲也，熊掌亦我所欲也。（《孟子·告子上》）
始臣之解牛之時，所見無非牛者。（《莊子·養生主》）
和氏璧，天下所共傳寶也。（《史記·廉頗藺相如列傳》）

有時也表示動作行爲的原因和方式。例如：

臣不任受怨，君亦不任受德，無怨無德，不知所報。（《左傳·成公三年》）
他日，子夏、子張、子游以有若似聖人，欲以所事孔子事之。（《孟子·滕文公上》）

由於"所"帶有指稱作用，但是又不能獨立運用，所以有的學者把它叫作"特殊的代詞"。我們認爲"所"不能獨立運用,也不能獨立充當結構成分,把它歸入助詞似乎更合適一些。

助詞"所"還經常跟介詞"以"、"從"、"由"、"自"、"爲"、"與",助詞"者"等結合,置於動詞之前,表示動作行爲的處所、對象、原因、方式和工具等。

(1) 表示處所。例如:

楚人有涉江者,其劍自舟中墜於水,遽契其舟,曰:"是吾劍之所從墜。"(《呂氏春秋·察今》)
吾知其所由來矣,姑少待我。(《左傳·僖公七年》)
兵所自來者久矣。(《呂氏春秋·蕩兵》)

(2) 表示對象。例如:

聖人非所與熙也,寡人反取病焉。(《晏子春秋·內篇雜下》)
其妻問所與飲食者,則盡富貴也。(《孟子·離婁下》)
其所善者,吾則行之;其所惡者,吾則改之。(《左傳·襄公三十一年》)

(3) 表示原因。例如:

梁乃召故所知豪吏,諭以所爲起大事。(《史記·項羽本紀》)
儒以文亂法,俠以武犯禁,而人主兼禮之,此所以亂也。(《韓非子·五蠹》)
古之人所以大過人者,無他焉,善推其所爲而已矣。(《孟子·梁惠王上》)
所爲見將軍者,欲以助趙也。(《戰國策·趙策》)

(4) 表示方式和工具。例如:

吾知所以距子矣,吾不言。(《墨子·公輸》)
君子不以其所以養人者害人。(《孟子·梁惠王下》)

助詞"者"原來是具有指稱作用的代詞,《說文》說:"者,別事詞也。"在它由代詞虛化爲助詞之後,仍然帶有指稱作用,指稱的對象是位於它前面的人或事物,意義相當於"……的人"、"……的東西"。例如:

仁者安仁,知者利仁。(《論語·里仁》)
晉悼夫人食輿人之城杞者。(《左傳·襄公三十年》)
益者三樂,損者三樂。(《論語·季氏》)
一夫作難而七廟墮,身死人手,爲天下笑者,何也?(賈誼《過秦論》)
有顏回者好學,不遷怒,不貳過。(《論語·雍也》)

"者"字又用於判斷句中,以及數詞、狀態形容詞等的後面,其指稱意義顯然更少一些了。例如:

楚左尹項伯者,項羽季父也。(《史記·項羽本紀》)
老而無妻曰鰥,老而無夫曰寡,老而無子曰獨,幼而無父曰孤,此四者,天下之窮民而無告者。(《孟子·梁惠王下》)
皇皇者華,于彼原隰。(《詩經·小雅·皇皇者華》)

"者"字繼續虛化,用於時間名詞、副詞等後面,其指稱意義就完全消失了,這就變成了音節助詞。例如:

今者臣來,過易水,蚌方出曝。(《戰國策·燕策》)
伍奢有二子,不殺者,爲楚國患。(《史記·楚世家》)

十一、語氣詞

在結構轉變爲句子的過程中,語調(又稱句調)起着決定性的作用。祇要一個結構,甚至一個詞,具備了完整的語調,那麼這個結構就轉變成了完整的句子,這個詞也就轉變成了獨詞句①。同時,根據各種不同的語調,我們又可以把句子區分爲各種不同的類型。

從現代漢語看,語調的構成是比較複雜的,包括語音和停頓等因素,而語音又有長短音、輕重音、高低音的變化,停頓也有長短的不同。古代漢語的語調,其實際"調值"究竟如何,現在已經難以確知。不過,由於古漢語中有着豐富的語氣詞,而語氣詞又是表現語調的重要手段,同時,語調是爲表達句子意義服務的,一定意義的句子具有一定的語調,而古漢語的句子意義現在仍然可以知道。因此,我們今天還是可以根據語氣詞,並參照意義,來劃分古漢語的句子類型。

我們認爲古漢語的句子類型有六種:直陳句、測度句、疑問句、反問句、感嘆句、祈使句。這六種句型都有相應的語氣詞。

---

① 我們這裏所説的句子是指語法學上的句子,與一般的概念有所不同。一般所謂的句子,祇是指説話中可以用停頓來劃分的單位,例如人們認爲四言詩是四字一句,五言詩是五字一句,七言詩是七字一句。也有人認爲句子的定義是"表達了一個完整的意思",但意思完整與否,要看所處的語言環境,往往此處不以爲完整,彼處却可以爲完整。還有人認爲主謂結構纔是句子,但這是西方語法的觀念,並不合於古漢語的實際,古漢語中實在存在着大量非主謂結構的句子。我們認爲古漢語語法學上的句子應該根據語調的完整與否來加以判別。

1. 直陳句。直陳句用於一般的敍述、議論和判斷,無論肯定與否,都不帶有特殊的感情色彩。例如:

　　學而不思則罔,思而不學則殆。(《論語·爲政》)
　　多行不義必自斃,子姑待之。(《左傳·隱公元年》)

常用於直陳句的語氣詞有"夫"、"蓋"、"也"、"矣"、"已"、"耳"、"而已"、"爾"、"焉",等等。例如:

　　夫得言不可以不察,數傳而白爲黑,黑爲白。(《呂氏春秋·察傳》)
　　蓋儒者所爭,尤在於名實,名實已明,而天下之理得矣。(王安石《答司馬諫議書》)
　　良庖歲更刀,割也;族庖月更刀,折也。(《莊子·養生主》)
　　謂之君子而射之,非禮也。(《左傳·成公二年》)
　　平原君曰:"勝已泄之矣!"(《戰國策·趙策》)
　　君能補過,袞不廢矣!(《左傳·宣公二年》)
　　古布衣之俠,靡得而聞已!(《史記·游俠列傳》)
　　從此道至吾軍,不過二十里耳。(《史記·項羽本紀》)
　　人盡夫也,父一而已,胡可比也!(《左傳·桓公十五年》)
　　定楚國如反手爾!(《荀子·非相》)
　　勇士入其大門,則無人門焉。(《公羊傳·宣公六年》)
　　君子病無能焉,不病人之不己知也。(《論語·衛靈公》)

"夫"、"蓋"是句首語氣詞,"夫"表示將要發表議論;"蓋"表示陳述原因和理由。"也"表示事態的"本然",是一種靜態的判斷;"矣"表示事態的"已然",是一種動態的判斷,這種"已然"不僅包括過去和現在已經實現的事態,而且包括將來要實現的事態①。"已"用同"矣"。"耳"是"而已"的合音詞,表示事態的"僅然";"爾"用同"耳"。最後兩個例句中,前一個"焉"是"於其間"的合音詞,除表示斷定語氣之外,又隱約之間有一個補語的作用,相當於"於是,於此"之意;後一個"焉"是從合音詞"焉"發展而來,但已是純粹的語氣詞了。

2. 測度句。測度句用於表示懷疑和揣測,無論肯定或否定,都不能確實斷定或完全斷定。常用於測度句的句首和句中語氣詞有"蓋"、"其"、"豈"、"殆"、

---

① "也"、"矣"等也有用於疑問句、測度句等的,如《戰國策·齊策》:"孟嘗君怪之,曰:'此誰也?'"《孟子·梁惠王上》:"德何如則可以王矣?"《左傳·僖公五年》:"諺所謂'輔車相依,脣亡齒寒'者,其虞、虢之謂也。"《論語·憲問》:"微管仲,吾其被髮左衽矣!"但"也"、"矣"的作用仍然是判斷,這裏的疑問語調是由疑問代詞決定的,測度語調是由測度語氣詞決定的。

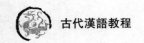

"無乃"、"毋乃"、"得無"、"得微"等,句末語氣詞有"乎"、"與(歟)"、"邪(耶)"、"云"等。例如:

> 舜目蓋重瞳子,又聞項羽亦重瞳子。(《史記·項羽本紀》)
> 余登箕山,其上蓋有許由冢云。(《史記·伯夷列傳》)
> 道不行,乘桴浮於海,從我者,其由與?(《論語·公冶長》)
> 美哉禹功,明德遠矣。微禹,吾其魚乎?(《左傳·昭公元年》)
> 今吾且死,而侯生曾無一言半辭送我,我豈有所失哉?(《史記·魏公子列傳》)
> 吾聞聖人不相,殆先生乎?(《史記·范雎蔡澤列傳》)
> 師勞力竭,遠主備之,無乃不可乎?(《左傳·僖公三十二年》)
> 天則不雨,而望之愚婦人,於以求之,毋乃已疏乎?(《禮記·檀弓下》)
> 今民生長于齊不盜,入楚則盜,得無楚之水土使民善盜耶?(《晏子春秋·內篇雜下》)
> 堂下得微有疾臣者乎?(《韓非子·內儲說下》)

3. 疑問句。疑問句用於提出懷疑和問題,在語意上並且要求解答。疑問句有三種形式:是非問、特指問、選擇問,常用的語氣詞有"乎"、"與(歟)"、"邪(耶)"、"哉"、"爲"等。

(1) 是非問。例如:

> 壯士,能復飲乎?(《史記·項羽本紀》)
> 王之所大欲可得聞與?(《孟子·梁惠王上》)
> 王聞燕太子丹入質秦歟?(《史記·樗里子甘茂列傳》)
> 治亂,天邪?(《荀子·天論》)
> 先生惡能使梁助之耶?(《戰國策·趙策》)
> 樊遲不曉,懿子必能曉哉?(《論衡·問孔》)

(2) 特指問。例如:

> 誰習計會,能爲文收責於薛者乎?(《戰國策·齊策》)
> 虎兕出於柙,龜玉毀於櫝中,是誰之過與?(《論語·季氏》)
> 夷吾曰:"公誰欲歟?"(《列子·力命》)
> 君何不從容爲上言邪?(《史記·季布欒布列傳》)
> 足下何以得此聲於梁楚閒哉?(《史記·季布欒布列傳》)

奚以之九萬里而南爲?(《莊子·逍遥遊》)

(3) 選擇問。例如：

滕,小國也,間於齊楚。事齊乎,事楚乎?(《孟子·梁惠王下》)
公以爲吴興兵,是邪,非邪?(《史記·淮南衡山列傳》)
十人而從一人,寧力不勝,智不若耶?(《戰國策·趙策》)
爲肥甘不足於口與,輕煖不足於體與,抑爲采色不足視於目與,聲音不足聽於耳與,便嬖不足使令於前與?(《孟子·梁惠王上》)
傷心哉! 秦歟,漢歟,將近代歟?(李華《吊古戰場文》)

"與"和"邪"語法功能相同,古音相近。《論語》、《孟子》用"與"不用"邪",《春秋》三傳祇有《左傳》用了一次"邪",相反,《莊子》則用"邪"遠多於用"與",《荀子》也用"邪"多於用"與","與"和"邪"的這種分用大概是古代方言的緣故。

4. 反問句。反問句用於不疑而問,並不一定要求聽者作出答案,而祇是强烈要求聽者承認答案。常用的句首或句中語氣詞有"豈"、"其"、"寧"等,句末語氣詞有"乎"、"邪(耶)"、"哉"、"爲"、"與"等。例如：

求劍若此,不亦惑乎?(《吕氏春秋·察今》)
今子欲以子之梁國而嚇我邪?(《莊子·秋水》)
故有問舍本而問末者耶?(《戰國策·齊策》)
默而識之,學而不厭,誨人不倦,何有於我哉?(《論語·述而》)
君子質而已矣,何以文爲?(《論語·顔淵》)
唯求則非邦也與?(《論語·先進》)
若闕地及泉,隧而相見,其誰曰不然?(《左傳·隱公元年》)
沛公不先破關中,公豈敢入乎?(《史記·陳涉世家》)
王侯將相寧有種乎?(《史記·陳涉世家》)
且帝寧能爲石人邪?(《史記·魏其武安侯列傳》)
時已徙矣,而法不徙,以此爲治,豈不難哉?(《吕氏春秋·察今》)

5. 感嘆句。感嘆句用於抒發强烈的感情,其内容大致有兩種：一種是表示驚奇、歡樂、贊嘆;另一種表示悲傷、厭惡、憤恨。常用的語氣詞有"乎"、"哉"、"夫"等。

(1) 表示驚奇、歡樂、贊嘆。例如：

子曰:"參乎! 吾道一以貫之。"(《論語·里仁》)
僉曰:"於! 鯀哉!"(《尚書·堯典》)

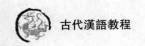

逝者如斯夫！不舍晝夜。（《論語·子罕》）

(2) 表示悲傷、厭惡、憤恨。例如：

天乎！吾無罪。（《史記·秦始皇本紀》）
惜哉！其不講於刺劍之術也。（《史記·刺客列傳》）
操行之不得，悲夫！（《史記·楚世家》）

6. 祈使句。祈使句用於表示請求、命令、勸阻和禁止，例如：

臣有客在市屠中，願枉車騎過之。（《史記·魏公子列傳》）
璧有瑕，請指示王。（《史記·廉頗藺相如列傳》）

常用於祈使句的語氣詞有"唯"、"惟"、"其"、"來"等。例如：

若晉君朝以入，則婢子夕以死，夕以入，則朝以死，唯君裁之。（《左傳·僖公十五年》）
先王無流連之樂、荒亡之行，惟君所行也。（《孟子·梁惠王下》）
吾子其無廢先君之功。（《左傳·隱公三年》）
雖然，若必有以也。嘗以語我來！（《莊子·人間世》）

除此以外，有一些語氣詞用來表示判斷、句中停頓等。

(1) 表示判斷。例如：

君處北海，寡人處南海，唯是風馬牛不相及也。（《左傳·僖公四年》）

(2) 表示停頓。例如：

今由與求也，相夫子，遠人不服，而不能來也。（《論語·季氏》）
今也，父兄百官不我足也。（《孟子·滕文公上》）
君爲政焉，勿鹵莽；治民焉，勿滅裂！（《莊子·則陽》）

還有一些語氣詞專門用於詩歌，例如：

云誰之思？西方美人。（《詩經·邶風·簡兮》）
羌内恕己以量人兮，各興心而嫉妒。（屈原《離騷》）
昔我往矣，楊柳依依；今我來思，雨雪霏霏。（《詩經·小雅·采薇》）
母也天只，不諒人只！（《詩經·鄘風·柏舟》）
狂童之狂也且！（《詩經·鄭風·褰裳》）
肴羞未通，女樂羅些；陳鐘按鼓，造新歌些。（宋玉《招魂》）

最後,在古典作品裏還常常有不同語氣的語氣詞連用的現象,這種連用,正如語法結構大層次包容小層次、大結構包容小結構一樣,也是在表明語調和語意的不同層次。例如:

> 臣之壯也,猶不如人;今老矣,無能爲也已。(《左傳·僖公三十年》)

這裏"已"用同"矣",表示事態的已然,放在句末,是指明句子的外層總調,"已"前面的"也",表示事態的本然,是指明句子的內層基調。這樣,"無能爲也"的意思是"不能有所作爲的",加上"已"就是"不能有所作爲的了"。又如:

> 寡人之於國也,盡心焉耳矣。(《孟子·梁惠王上》)

這裏"盡心焉耳矣"中三個語氣詞連用,是指明三個層次:最內層用"焉",斷定事態發生的所在,意思是"在那裏盡我的心";中間層用"耳",表明事態的僅然,意思是"真是在那裏盡我的心罷了";最外層用"矣",表示事態的已然,意思是"真是在那裏盡了我的心罷了"。又如:

> 豈非計久長,有子孫相繼爲王也哉?(《戰國策·趙策》)

這裏內層用"也",表示判斷,意思是"是爲了考慮得長遠,以便有子孫相繼當國君",外層用"豈……哉",表示反問,意思是:"難道不是爲了考慮得長遠,以便有子孫相繼當國君嗎?"

由此可見,在直陳句的語氣詞連用中,表示靜態的語氣詞往往處於內層,表示動態的往往處於外層,最外層指明全句的總調。而在其他句型的語氣詞連用中,表示直陳語氣的語氣詞往往處於內層,表示其他語氣的語氣詞則往往處於外層,最外層仍然指明全句的總調。

十二、嘆詞

往往游離於句子之外,不跟其他句子成分發生語法關係,用來表示感嘆、痛呼、呼喚和應答的詞叫"嘆詞"。嘆詞大致可以分爲三種:一種表示驚奇、歡樂、贊嘆;另一種表示悲傷、厭惡、憤恨;還有一種表示呼喚和應答。

1. 表示驚奇、歡樂、贊嘆。常用的嘆詞有"嘻"、"惡"、"啞"、"吁"、"於呼"、"於戲",等等,例如:

> 堯觀乎華,華封人曰:"嘻!聖人!請祝聖人。"(《莊子·天地》)
> "然則夫子既聖矣乎?"曰:"惡!是何言也?"(《孟子·公孫丑上》)
> 啞!是非君人者之言也。(《韓非子·難一》)

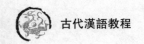

呼！君何見之晚也？(《史記·范雎蔡澤列傳》)
武帝大笑曰："於呼！安得長者之語而稱之！"(《史記·滑稽列傳》)
於戲！小子閎，受茲青社！(《史記·三王世家》)

2. 表示悲傷、厭惡、憤恨。常用的嘆詞有"噫"、"唉"、"呼"、"嗟呼"、"烏乎（嗚呼）"、"於乎"，等等，例如：

噫！天喪予，天喪予！(《論語·先進》)
唉！豎子不足與謀。(《史記·項羽本紀》)
呼！役夫！宜君王之欲殺女而立職也。(《左傳·文公元年》)
嗟呼！燕雀安知鴻鵠之志哉？(《史記·陳涉世家》)
嗚呼！無墜天之降寶命。(《尚書·金縢》)
於乎哀哉！不得成也。(《荀子·樂論》)

3. 表示呼喚和應答。常用的嘆詞有"嗟"、"唯"、"諾"等，例如：

黔敖左奉食，右執飲，曰："嗟！來食！"(《禮記·檀弓下》)
子曰："參乎！吾道一以貫之。"曾子曰："唯。"(《論語·里仁》)
太后曰："諾，恣君之所使之。"(《戰國策·趙策》)

第三節　結構成分和結構類型

　　實詞和實詞依據一定的語法關係結合起來，就形成了結構，處在結構中的實詞都充當一定的結構成分；有時，結構需要借助介詞、連詞、助詞纔能建立，但介詞、連詞、助詞不單獨充當結構成分。
　　結構和句子具有本質的區別，句子的最大特徵是具有語調，結構則沒有語調。結構一旦具備了語調，就變成了句子。

一、結構成分

　　古漢語的結構成分有八種：主語、謂語、賓語、定語、狀語、補語、中心語和並列語。

1. 主語。主語是謂語敘述和說明的對象，一般位於謂語之前。除副詞以外的一切實詞都能充當主語。例如：

人無遠慮，必有近憂。(《論語·衛靈公》)

> 生,好物也;死,惡物也。(《左傳·昭公二十五年》)
> 富貴不能淫,貧賤不能移,威武不能屈。(《孟子·滕文公下》)
> 三十斤爲鈞,四鈞爲石。(《漢書·律曆志》)
> 公曰:"何爲忠貞?"(《左傳·僖公九年》)

這裏五個例句,分別是名詞、動詞、形容詞、數量詞和代詞充當主語。動詞和形容詞充當主語,我們不認爲是名物化的用法。

2. 謂語。謂語是對主語的叙述和説明,一般位於主語之後,一切實詞都能充當謂語。例如:

> 彼吾君者,天子也。(《戰國策·趙策》)
> 邢人潰。(《左傳·僖公元年》)
> 大隧之中,其樂也融融。(《左傳·隱公元年》)
> 夫子之牆數仞。(《論語·子張》)
> 春者何?歲之始也。(《公羊傳·隱公元年》)
> 甚矣,汝之不惠!(《列子·湯問》)

這裏六個例句,分別是名詞、動詞、形容詞、數量詞、代詞和副詞充當謂語。名詞、數量詞和代詞充當謂語,祇限於名詞謂語句;副詞充當謂語,主要是程度副詞、肯定否定副詞和情態副詞等。

3. 賓語。賓語是動詞的支配對象,一般位於動詞之後,除副詞以外的一切實詞都能充當賓語。例如:

> 新沐者必彈冠,新浴者必振衣。(《史記·屈原賈生列傳》)
> 擐甲執兵,固即死也。(《左傳·成公二年》)
> 溫故而知新,可以爲師矣。(《論語·爲政》)
> 吾力足以舉百鈞。(《孟子·梁惠王上》)
> 子無敢食我也。(《戰國策·楚策》)

這裏五個例句,分別是名詞、動詞、形容詞、數量詞和代詞充當賓語。動詞和形容詞充當賓語主要是在表心理活動,表停止、開始和進行的動詞之後。動詞和形容詞充當賓語,我們也不認爲是名物化的用法。

4. 定語。定語是名詞性中心語和處在主語、賓語位置上的動詞性中心語、形容詞性中心語的修飾語,一般位於中心語的前面。除副詞以外的一切實詞都能充當定語。例如:

> 鳥獸之肉,不登於俎。(《左傳·隱公五年》)

楚兵呼聲動天。(《史記·項羽本紀》)
富歲,子弟多賴;凶歲,子弟多暴。(《孟子·告子上》)
五畝之宅,樹之以桑,五十者可以衣帛矣。(《孟子·梁惠王上》)
不患人之不己知,患其不能也。(《論語·憲問》)

這裏五個例句,分別是名詞、動詞、形容詞、數量詞和代詞充當定語。最後一例代詞"其"做動詞性中心語"不能"的定語。

5. 狀語。狀語是動詞性中心語、形容詞性中心語、副詞性中心語,以及處在謂語位置上的名詞性中心語的修飾語,一般位於中心語之前,有時位於句首,成爲全句修飾語,除普通名詞、專有名詞以外的一切實詞都能充當狀語。例如:

初,鄭武公娶于申,曰武姜。(《左傳·隱公元年》)
西和諸戎,南撫夷越,外結好孫權,内修政理。(《三國志·蜀書·諸葛亮傳》)
遍國中無與立談者。(《孟子·離婁下》)
過而能改,善莫大焉。(《左傳·宣公二年》)
少師謂隨侯曰:"必速戰。"(《左傳·桓公八年》)
公輸盤九設攻城之機變。(《墨子·公輸》)
先生又惡能使秦王烹醢梁王?(《戰國策·趙策》)
子非魚,安知魚之樂?(《莊子·秋水》)

這裏八個例句,分別是時間名詞、方位名詞、不及物動詞、能願動詞、形容詞、數詞、代詞和副詞充當狀語。時間名詞可作狀語,直到現代漢語仍然如此;方位名詞做狀語是古漢語的普遍現象,我們不認爲是詞類活用。動詞做狀語主要是能願動詞,代詞做狀語限於疑問代詞。

6. 補語。補語是對於動詞性中心語和形容詞性中心語的補充説明,一般位於中心語之後,一切實詞都能充當補語。例如:

明日,絞人争出,驅楚役徒於山中。(《左傳·桓公十二年》)
荊軻坐定,太子避席頓首曰……(《戰國策·燕策》)
父母之愛子,則爲之計深遠。(《戰國策·趙策》)
子儀在位十四年矣。(《左傳·莊公十四年》)
吾惛,不能進於是矣。(《孟子·梁惠王上》)
君美甚,徐公何能及君?(《戰國策·齊策》)

這裏六個例句,分別是名詞、動詞、形容詞、數量詞、代詞和副詞充當補語。

7. 中心語。中心語是定語、狀語、補語的修飾和補充説明的對象,中心語又

是賓語的支配者,一般位於定語和狀語之後、補語和賓語之前,一切實詞都能充當中心語。例如:

  齊侯以諸侯之師侵蔡。(《左傳·僖公四年》)
  以此衆戰,誰能禦之?(《左傳·僖公四年》)
  臣之壯也,猶不如人。(《左傳·僖公三十年》)
  萊人使正輿子賂夙沙衛以索馬牛,皆百匹。(《左傳·襄公二年》)
  若闕地及泉,隧而相見,其誰曰不然?(《左傳·隱公元年》)
  苟虧人愈多,其不仁茲甚,罪益厚。(《墨子·非攻》)

這裏六個例句,分別是名詞、動詞、形容詞、數量詞、代詞和副詞充當定語、狀語和補語的中心語。又如:

  丈夫亦愛憐其少子乎?(《戰國策·趙策》)

本例動詞是賓語的支配者,充當賓語的中心語。

8. 並列語。並列語是指在結構中語法地位相同、所處位置相鄰的結構成分,一切實詞都可以充當並列語。例如:

  昔者,鬼侯、鄂侯、文王,紂之三公也。(《戰國策·趙策》)
  晉侯使賈華伐屈,夷吾不能守,盟而行,將奔狄。(《左傳·僖公六年》)
  君子有酒,旨且多。(《詩經·小雅·魚麗》)
  安見方六七十如五六十而非邦也者?(《論語·先進》)
  吾與汝畢力平險。(《列子·湯問》)
  少年聞之,愈益慕解之行。(《史記·游俠列傳》)

這裏六個例句,分別是名詞、動詞、形容詞、數詞、代詞和副詞充當並列語。代詞"是"、"此"等可以通過複指而跟其他任何成分組成並列語,例如:

  知之爲知之,不知爲不知,是知也。(《論語·爲政》)
  我騰躍而上,不過數仞而下,翺翔蓬蒿之間,此亦飛之至也。(《莊子·逍遥遊》)

綜上所述,除了副詞不能充當主語、賓語和定語以外,其他各類實詞都可以充當任何結構成分。當然,在各詞類內部,有的小類不能自由充當任何結構成分,這也是值得注意的。

二、結構類型

結構成分組成結構,結構有各種類型。古漢語的結構類型首先可以分成簡單型和複雜型兩大類,簡單型也就相當於一般語法書上所説的單句,複雜型也就相當於一般語法書上所説的複句。衹是我們這裏討論的是不帶語調的結構,所以不直接稱呼爲單句和複句。

因爲我們已經把"結構"定義爲實詞和實詞的結合,並且處在結構中的實詞必定充當一定的結構成分,而一般語法書上所説的"介詞結構"不符合這一定義,所以我們把一般語法書上所説的"介詞結構"改稱爲"介詞短語"。

（一）簡單型結構

古漢語的簡單型結構有主謂結構、動賓結構、偏正結構、並列結構和兼語結構等。

1. 主謂結構。由一個主語和一個謂語組成的結構叫"主謂結構"。主謂結構可以分爲名詞謂語式、動詞謂語式、形容詞謂語式、副詞謂語式和主謂謂語式等五種。

(1) 名詞謂語式。例如：

　　韓,天下之咽喉。（《戰國策·秦策》）
　　南冥者,天池也。（《莊子·逍遙遊》）
　　吕不韋者,陽翟大賈人也。（《史記·吕不韋列傳》）
　　是子也,熊虎之狀而豺狼之聲。（《左傳·宣公四年》）

(2) 動詞謂語式。例如：

　　魯莊公懼。（《史記·刺客列傳》）
　　宋武公生仲子。（《左傳·隱公元年》）
　　朽木不可雕也。（《論語·公冶長》）
　　鄭人游于鄉校。（《左傳·襄公三十一年》）

(3) 形容詞謂語式。例如：

　　老夫耄矣！（《左傳·隱公四年》）
　　葉公子高,微小短瘠。（《荀子·非相》）
　　老臣賤息舒祺,最少,不肖。（《戰國策·趙策》）
　　楚國之食貴於玉,薪貴於桂。（《戰國策·楚策》）

(4) 副詞謂語式。例如：

　　信乎,夫子不言、不笑、不取乎？（《論語·憲問》）
　　吾奪天下必矣！（《史記·高祖本紀》）

固也！不如此,天子不尊,宗廟不安。(《史記·袁盎晁錯列傳》)
不庶幾,不要幸,先其難乎而後幸。(《晏子春秋·內篇問下》)

(5) 主謂謂語式。例如：

夫滕,壤地褊小。(《孟子·滕文公上》)
吾與徐公孰美？(《戰國策·齊策》)
夫顓臾,昔者先王以爲東蒙主。(《論語·季氏》)
漢陽諸姬,楚實盡之。(《左傳·僖公二十八年》)

2. 動賓結構。由一個動詞和一個賓語或兩個賓語組成的結構叫作"動賓結構"。動賓結構可以分爲單賓語式、雙賓語式和前置賓語式三種。

(1) 單賓語式。例如：

秦圍趙之邯鄲。(《戰國策·趙策》)
愛共叔段,欲立之。(《左傳·隱公元年》)
子不悅吾治秦歟？(《史記·商君列傳》)
弟子孰爲好學？(《論語·雍也》)

(2) 雙賓語式。例如：

魏王遺楚王美人。(《戰國策·楚策》)
晉饑,秦輸之粟。(《左傳·僖公十五年》)
反子父母妻子閭里知識。(《莊子·至樂》)
括母問奢其故。(《史記·廉頗藺相如列傳》)

(3) 前置賓語式。例如：

赫赫師尹,民具爾瞻。(《詩經·小雅·節南山》)
臣實不才,又誰敢怨？(《左傳·成公三年》)
丘雖不吾譽,吾獨不自知耶？(《莊子·盜跖》)
子是之學,亦爲不善變矣。(《孟子·滕文公上》)

3. 偏正結構。由定語、狀語或補語跟中心語組成的結構叫作"偏正結構"。偏正結構可以分爲定語式、狀語式和補語式。

(1) 定語式。由定語跟中心語組成的偏正結構叫作"定語式"。例如：

今日之事何如？(《史記·項羽本紀》)
是故無冥冥之志者,無昭昭之明。(《荀子·勸學》)

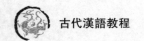

秦稱帝之害將奈何？（《戰國策·趙策》）
季武子以所得於齊之兵作林鐘而銘魯功焉。（《左傳·襄公十九年》）

（2）狀語式。由狀語跟中心語組成的偏正結構叫作"狀語式"。例如：

左右欲刃相如，相如張目叱之。（《史記·廉頗藺相如列傳》）
不義而富且貴，於我如浮雲。（《論語·述而》）
退而省其私，亦足以發，回也不愚。（《論語·爲政》）
四月，鄭祭足帥師取溫之麥。（《左傳·隱公三年》）

（3）補語式。由補語跟中心語組成的偏正結構叫作"補語式"。例如：

西取由余於戎。（李斯《諫逐客書》）
胥後令邯鄲。（《史記·廉頗藺相如列傳》）
待我二十五年，不來而後嫁。（《左傳·僖公二十三年》）
君美甚，徐公何能及君也？（《戰國策·齊策》）

4. 並列結構。由兩個或兩個以上的並列語組成的結構叫作"並列結構"。並列結構可以分爲平列式和連續式兩種。

（1）平列式。例如：

知伯貪而愎。（《左傳·哀公二十七年》）
知可以戰與不可以戰者勝。（《孫子兵法·謀攻》）
徵天下，舉方正、賢良、文學、材力之士。（《漢書·文帝紀》）
許子以釜甑爨以鐵耕乎？（《孟子·滕文公上》）

（2）連續式。例如：

沛公起，如廁。（《史記·項羽本紀》）
周公欲弒莊王而立王子克。（《左傳·桓公十八年》）
鱄設諸寘劍於魚中以進。（《左傳·昭公二十七年》）
齊人有馮諼者，貧乏不能自存。（《戰國策·齊策》）

5. 兼語結構。一個動賓結構跟一個主謂結構套叠在一起，即動詞帶有一個賓語，而這個賓語同時又是後面主謂結構的主語，這樣的結構叫作"兼語結構"。例如：

既而大叔命西鄙北鄙貳于己。（《左傳·隱公元年》）
從其策，發使使燕，燕從風而靡。（《史記·淮陰侯列傳》）

> 吾以子爲鬼,察子則人也。(《莊子・達生》)
> 解出入,人皆避之,有一人獨箕踞視之。(《史記・游俠列傳》)

此外,某些句子或結構中具有兩個或兩個以上的並列結構,它們的組合成分在語義上分別搭配,構成兩套或兩套以上平行的語義關係。例如:

> 吾聞天有時,地有利。吾盜天地之時利。(《列子・天瑞》)
> 封故御史大夫周苛、周昌孫、子爲列侯。(《漢書・景帝紀》)
> 繁啟蕃長於春夏,畜積收藏於秋冬。(《荀子・天論》)
> 君臣不惠忠,父子不慈孝。(《墨子・兼愛中》)
> 子胥伏劍,屈原自沉:子蘭宰嚭誣讒、吳楚之君冤殺之也。(《論衡・偶會》)

按一般的語序搭配,第一例應爲"天之時,地之利",第二例應爲"周苛孫,周昌子",第三例應爲"繁啟於春,蕃長於夏,畜積於秋,收藏於冬",第四例應爲"君不惠臣不忠,父不慈子不孝",第五例應爲"子胥伏劍,宰嚭誣讒、吳君冤殺之也;屈原自沉,子蘭誣讒、楚君冤殺之也"。不過,從語法上來說,"天地"、"時利"、"君臣"、"惠忠"等仍然可以看作並列結構,從而仍然把"天地之時利"看作偏正關係,把"君臣不惠忠"看作主謂關係,等等。

(二)複雜型結構

古漢語的複雜型結構,就是包含兩個或兩個以上互不包容的主謂結構的結構,這種結構其他語法書上也稱爲"複句"。

由於是"互不包容的主謂結構",所以單個的兼語結構就不屬於複雜型結構;由於是"兩個或兩個以上"的"主謂結構",所以單句中的並列結構也不可能屬於複雜型結構。複雜型結構中的主謂結構,其主語是可以省略的;但是如果省略的主語被補寫出來,則這個複雜型結構仍然應該是兩個或兩個以上的主謂結構。

複雜型結構可以分爲聯合類和偏正類兩大類,聯合類中又可以分爲並列關係、順承關係、遞進關係、選擇關係四種,偏正類中又可以分爲轉折關係、假設關係、因果關係、讓步關係、總分關係五種。

1. 聯合類。聯合類的複雜型結構是由兩個或兩個以上的主謂結構在語義上平等地連接起來,主謂結構之間的關係是並列的,分不出主次。

(1)並列關係。例如:

> 賢者識其大者,不賢者識其小者。(《論語・子張》)

（然則）小固不可以敵大，寡固不可以敵衆，弱固不可以敵強。（《孟子·梁惠王上》）

既破我斧，又缺我斨。（《詩經·豳風·破斧》）

既不受矣，而復緩師，(秦將生心)。（《左傳·文公七年》）

(2) 順承關係。例如：

（故）不登高山，不知天之高也。（《荀子·勸學》）

京叛大叔段，段入于鄢，公伐諸鄢。（《左傳·隱公元年》）

昔者舜欲以樂傳教於天下，乃令重黎舉夔於草莽之中而進之。（《呂氏春秋·察傳》）

民懼而潰，秦遂取梁。（《左傳·僖公十九年》）

(3) 遞進關係。例如：

樊噲，帝之故人也，功多，且又乃呂后弟呂嬃之夫也。（《史記·陳丞相世家》）

非徒知具茨之山，又知大隗之所存。（《莊子·徐無鬼》）

竊人之財猶曰是盜，況貪天之功以爲己力乎？（《史記·晉世家》）

夫以布衣之士，尚猶有刎頸之交，今以四海之大，曾無伏節死誼之臣！（《漢書·諸葛豐傳》）

(4) 選擇關係。例如：

（滕，小國也，間於齊楚。）事齊乎？事楚乎？（《孟子·梁惠王下》）

富貴者驕人乎？且貧賤者驕人乎？（《史記·魏世家》）

人生受命於天乎？將受命於户邪？（《史記·孟嘗君列傳》）

禮，與其奢也，寧儉；喪，與其易也，寧戚。（《論語·八佾》）

2. 偏正類。偏正類的複雜型結構是由兩個或兩個以上的主謂結構按語義有偏有正的方式連接起來，主謂結構之間的關係不是並列的，而是有主有次的。

(1) 轉折關係。例如：

今邯鄲旦暮降秦，而魏救不至。（《史記·魏公子列傳》）

冬有雷電，夏有霜雪，然而寒暑之勢不易。（《淮南子·説林訓》）

夫雖無四方之憂，然謀臣與爪牙之士不可不養而擇也。（《國語·越語上》）

吾困於此，旦暮望若來佐我，乃欲自立爲王！（《史記·淮陰侯

列傳》）

(2) 假設關係。例如：

　　王必無人，臣願奉璧往。（《史記·廉頗藺相如列傳》）
　　公子若反晉國，則何以報不穀？（《左傳·僖公二十三年》）
　　即宮車一日晏駕，非大王當誰立者？（《史記·淮南衡山列傳》）
　　假令僕伏法受誅，若九牛亡一毛，與螻蟻何以異？（司馬遷《報任安書》）

(3) 因果關係。例如：

　　媼之送燕后也，持其踵而爲之泣，念悲其遠也。（《戰國策·趙策》）
　　吾少也賤，故多能鄙事。（《論語·子罕》）
　　先帝屬將軍以幼孤，寄將軍以天下，以將軍忠賢能安劉氏也。（《漢書·霍光傳》）
　　少而習焉，其心安焉，不見異物而遷焉，是故其父兄之教不肅而成。（《國語·齊語》）

(4) 讓步關係。例如：

　　齊國雖小，吾何愛一牛！（《孟子·梁惠王上》）
　　雖有天下易生之物也，一日暴之，十日寒之，未有能生者也。（《孟子·告子上》）
　　縱江東父兄憐而王我，我何面目見之？（《史記·項羽本紀》）
　　善則善矣，未可以戰也。（《國語·吳語》）

(5) 總分關係。例如：

　　吾日三省吾身：爲人謀而不忠乎？與朋友交而不信乎？傳不習乎？（《論語·學而》）
　　殽有二陵焉：其南陵，夏后皋之墓也；其北陵，文王之所避風雨也。（《左傳·僖公三十二年》）
　　解狐得舉，祁午得位，伯華得官：建一官而三物成，能舉善也。（《左傳·襄公三年》）
　　沛公居山東時，貪於財貨，好美姬；今入關，財物無所取，婦女無所幸：此其志不在小。（《史記·項羽本紀》）

現在我們把全部結構類型用圖表排列如下：

```
              ┌ 主謂結構（名詞謂語式、動詞謂語式、形容詞謂語式、副詞謂語式、
              │          主謂謂語式）
簡單型結構    │ 動賓結構（單賓語式、雙賓語式、前置賓語式）
  （單句）    │ 偏正結構（定語式、狀語式、補語式）
              │ 並列結構（並列式、連續式）
              └ 兼語結構

複雜型結構    ┌ 聯合類（並列關係、順承關係、遞進關係、選擇關係）
  （複句）    └ 偏正類（轉折關係、假設關係、因果關係、讓步關係、總分關係）
```

三、結構分析

上面我們介紹結構成分時，所舉的例句都是比較簡單的，實際上，可以充當結構成分的不止是單詞，詞組也可以充當結構成分。換言之，結構是由結構成分組成的，而結構成分本身又可以是一個結構，而由其他結構成分來組成。因此，在實際語言中，各種句子結構往往具有大大小小的層次，大結構包含小結構，大層次包含小層次，顯得十分複雜。我們的分析方法是：從裏到外，從小到大，逐層把排列在一起的直接組成成分結合在一起，直至最大的結構爲止。祇要遵循這一方法，無論怎樣複雜的結構都是可以分析到底的。下面舉一些實例，以爲說明。

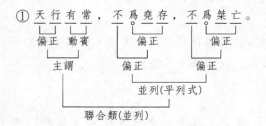

(《荀子・天論》)①

這裏"不爲堯存，不爲桀亡"省略了主語"天行"，所以跟前面"天行有常"一起形成兩個互不包容的主謂結構。

---

① 實詞用下橫畫表示，虛詞用下寫圓圈表示，每個詞一畫或一圈；每一層次均注明結構類型，如"偏正"指偏正結構等，有時爲明確起見，還注明語法關係，如"順承"指順承關係等。

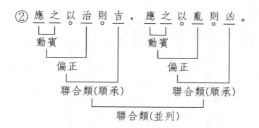

(《荀子·天論》)

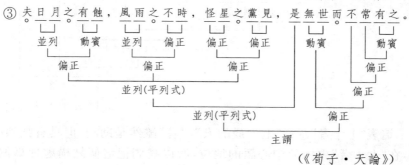

(《荀子·天論》)

這裏"日月之有蝕"、"風雨之不時"、"怪星之黨見"都是偏正化的主謂結構，在分析結構時，它們就作爲一般的偏正結構來看待。

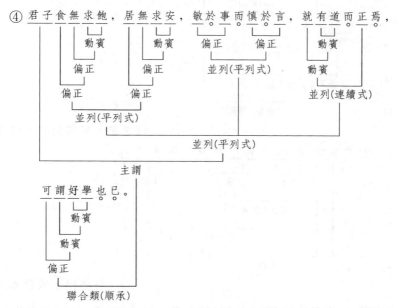

(《論語·學而》)

⑤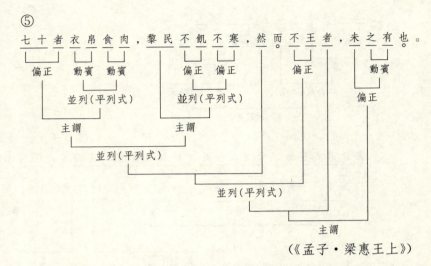

（《孟子·梁惠王上》）

這裏"七十者"意爲"七十歲的人"，"者"雖然是助詞，但具有强烈的指稱作用，在"七十者"中處於中心語的地位，所以我們把這個結構處理爲偏正結構。"七十……不王者"情況相同。"未之有也"的"之"是動詞"有"的前置賓語。

⑥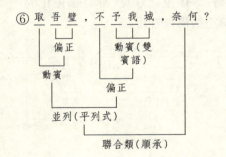

（《史記·廉頗藺相如列傳》）

⑦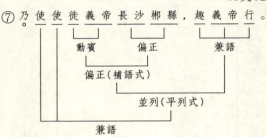

（《史記·項羽本紀》）

這裏"徙義帝長沙郴縣"等於説"徙義帝於長沙郴縣"，有介詞"於"是補語，没有介詞"於"也是補語。

⑧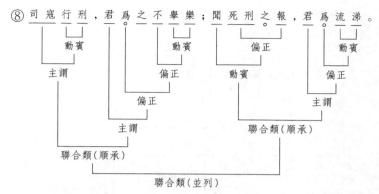

(《韓非子·五蠹》)

這裏"君爲流涕"裏的"爲流涕"實際上是"爲之流涕",句中不用"之"這個代詞,可以說是一種緊縮式的偏正結構。

⑨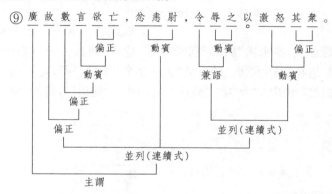

(《史記·陳涉世家》)

這裏"令辱之"實際上是"令之辱之"或"令尉辱之",句中不用"之"或"尉",也是一種緊縮式結構。

⑩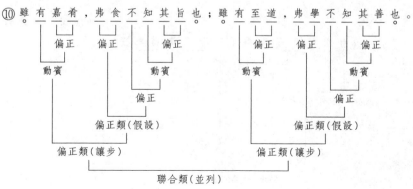

(《禮記·學記》)

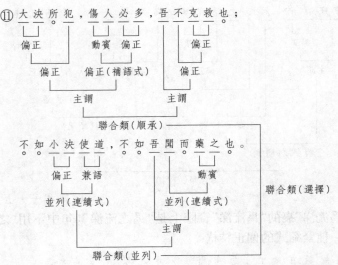

(《左傳·襄公三十一年》)

這裏"不如"是連詞,本來與"與其"前後呼應,造成"與其……不如……"的結構,表示選擇關係,這裏省略了"與其"。又"大決所犯"中的"所",是一個具有指稱作用的助詞,它和動詞組成的"所"字結構具有名詞性。"使道"等於說"使之道"。

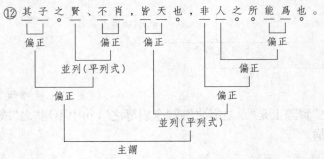

(《孟子·萬章上》)

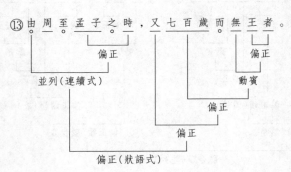

(《論衡·刺孟》)

這裏"由周"和"至孟子之時"是兩個介詞短語組成的並列結構。又"無王者"的"者"也是一個具有指稱作用的助詞，它和實詞組成的"者"字結構具有名詞性。

練習五

一、判別下文加點的詞屬於何種詞類。

　　瓠里子自吳歸粵，相國使人送之曰："使自擇官舟以渡。"送者未至，於是泊舟於滸者以千數，瓠里子欲擇之，而不能識。送者至，問之曰："舟若是多也，惡乎擇？"對曰："甚易也。但視其敝蓬折櫓而破帆者，即官舟也。"從而得之。（《郁離子·靈丘丈人》）

二、判斷下列各句中加點的詞所屬的詞類，並在括號中正確的答案上打上"√"號。

1. 黔無驢，有好事者船載以入。（名詞，動詞，形容詞）
2. 是女子不好，煩大巫嫗為入報河伯，得更求好女，後日送之。（名詞，動詞，形容詞）
3. 百畝之田，勿奪其時，數口之家可以無飢矣。（名詞，動詞，形容詞，數詞）
4. 數罟不入洿池，魚鱉不可勝食也。（名詞，動詞，形容詞，數詞）
5. 今夫弈之為數，小數也。（名詞，動詞，形容詞，數詞）
6. 操吳戈兮被犀甲，車錯轂兮短兵接。（名詞，動詞，形容詞）
7. 凡人操行有賢有愚，及遭禍福，有幸有不幸。（名詞，動詞，形容詞）
8. 彌子之妻，與子路之妻兄弟也。（名詞，動詞，形容詞，副詞）
9. 君弟重射，臣能令君勝。（名詞，動詞，形容詞，副詞）
10. 其為人也，孝弟而好犯上者，鮮矣。（名詞，動詞，形容詞，副詞）

三、分析下列句子的結構成分。

1. 都城過百雉，國之害也。
2. 虎兕出於柙，龜玉毀於櫝中，是誰之過與？
3. 齊人歸女樂，季桓子受之，三日不朝。
4. 當今之時，萬乘之國行仁政，民之悅之，猶解倒懸也。
5. 陳良之徒陳相，與其弟辛，負耒耜而自宋之滕。

四、閱讀下面各句，並在具有代詞的句子前打上"√"號。

1. 孔子過泰山側，有婦人哭於墓者而哀。
2. 學而時習之，不亦說乎？
3. 兵刃既接，棄甲曳兵而走，或百步而後止，或五十步而後止。
4. 積土成山，風雨興焉；積水成淵，蛟龍生焉。
5. 君子食無求飽，居無求安，敏於事而慎於言。
6. 穆公訪諸蹇叔，蹇叔曰："勞師以襲遠，非所聞也。"
7. 寡人不能用先生之言，今事至於此，為之奈何？

8. 魏王使客將軍辛垣衍間入邯鄲,因平原君謂趙王曰。

9. 關關雎鳩,在河之洲。窈窕淑女,君子好逑。

10. 天之蒼蒼,其正色邪?其遠而無所至極邪?

五、在下面各句的括號中填上"之"或"其"。

1. 知之者莫不稱(　)仁厚。

2. 曲而謂(　)直,直而謂(　)曲,惑矣!

3. 孤(　)有孔明,猶魚(　)有水也。

4. 我聞(　)於吾友,吾友嘗業是,知(　)甚審。

5. 物無大小,必有(　)性;事無巨細,必有(　)理。

6. (　)爲人也,發憤忘食,樂以忘憂。

7. 遂散六國之縱,使(　)西面事秦。

8. 知進退存亡而不失其正者,(　)唯聖人乎?

9. 君子(　)愛人也以德,細人(　)愛人也以姑息。

10. 子(　)勉之,吾不復見子矣。

六、閱讀下面的句子,並把使用不當的虛詞加以改正。

1. 太子及賓客知其事皆白衣冠且送之。

2. 不飲則渴,不食則飢;雖然,飲食無節,亦足以傷身。

3. 曹操之衆,遠來疲乏,則北方之人,不習水戰,此所以敗也。

4. 我不欲人之加諸我也,吾亦欲無加諸人。

5. 夫過者,大賢所不免,然不害其卒爲大賢者,即其能改也。

6. 晉師侵曹伐衛,與楚師戰之城濮,楚師敗績。

7. 其子趨而往視之,苗則槁也。

8. 今者項莊舞劍,其意常在沛公也。

9. 愛其山水,而道遠,歲一至耳。

10. 諸將易得耳,至如韓信者,國士無雙。

第四節　古漢語的詞序和省略

一、古漢語的詞序

　　古今漢語的詞序大體上是一致的,從甲骨文開始,主語就處於謂語之前,賓語就處於動詞之後,定語也總是處於它的中心語之前,這反映了幾千年來漢語語法的穩固性。不過,清代學者王引之《經義述聞》曾經指出,"蝗蟲"、"螟蟲"上古都寫作"蟲蝗"、"蟲螟",這種以大名冠小名之例説明原始漢語的構詞法可能與今不同;俞樾《古書疑義舉例》也指出,《左傳·昭公十九年》"諺所謂室於怒市於色者",應理解爲"怒於室、色於市",這種倒句之例又説明原始漢語的詞序可能正與後代相反。可見,從上古乃至前上古直到今天,漢語語法的變化還是相當大的。

古今漢語詞序最大最普遍的差異表現在賓語的位置上。一般來説,賓語作爲動作行爲的支配對象總是放在動詞的後面,但是在古代漢語中却有四種賓語前置的現象。

1. 疑問代詞作賓語,大都置於動詞的前面。例如:

吾誰欺?欺天乎?(《論語·子罕》)
人而無止,不死何俟?(《詩經·鄘風·相鼠》)
衛君待子而爲政,子將奚先?(《論語·子路》)
天下之父歸之,其子焉往?(《孟子·離婁上》)
皮之不存,毛將安傅?(《左傳·僖公十四年》)
居惡在?仁是也;路惡在?義是也。(《孟子·盡心上》)

這種現象在漢代以前有少許例外(如《論語·子張》:"子張曰:'子夏云何?'"),從西漢開始疑問代詞賓語逐漸後移,例如《戰國策·西周策》"公不如謂周君曰:'何欲置?……'"這個句子,疑問代詞賓語"何"前置,到了東漢高誘的注"置,立也。欲立誰爲太子也"中,疑問代詞賓語"誰"則已經後置了。

2. 疑問代詞如果跟某些介詞(如"乎"、"由"、"自"、"以"、"用"、"與"、"爲"等)結合,那麼也大都置於此類介詞的前面。例如:

彼且惡乎待哉?(《莊子·逍遥遊》)
何由知吾可也?(《孟子·梁惠王上》)
水奚自至?(《吕氏春秋·貴直》)
子將何以待吾君?(《戰國策·趙策》)
身將隱,焉用文之?(《左傳·僖公二十四年》)
君誰與守?(《孟子·離婁下》)
曷爲與人俱稱帝王,卒就脯醢之地也?(《戰國策·趙策》)

我們認爲,疑問代詞與此類介詞之間的關係,從來源上説還是一種動賓關係。此外,這種現象在上古漢語中也有少數例外,例如:

哀我人斯,于何從禄?(《詩經·小雅·正月》)
所謂伊人,於焉逍遥?(《詩經·小雅·白駒》)

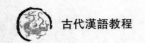

3. 否定句的代詞賓語往往置於動詞的前面。所謂否定句,是指動詞前有否定副詞"不"等、否定的限指代詞"莫"等。例如:

碩鼠碩鼠,無食我黍! 三歲貫女,莫我肯顧。(《詩經·魏風·碩鼠》)
世溷濁而莫余知兮,吾方高馳而不顧。(屈原《九章·涉江》)
不患人之不己知,患不知人也。(《論語·學而》)
我無爾詐,爾無我虞。(《左傳·宣公十五年》)
大道之行也,與三代之英,丘未之逮也。(《禮記·禮運》)

在上古漢語中,否定句的代詞賓語也有部分是後置的,例如:

不知我者,謂我何求?(《詩經·王風·黍離》)
狂而不直,侗而不愿,悾悾而不信,吾不知之矣。(《論語·泰伯》)

這表明在漢語中,否定句的代詞賓語是逐漸由動詞前移到動詞後的。事實上,如果觀察一下《尚書·大誥》"民獻有十夫予翼"、《尚書·多士》"惟我事,不貳適;惟爾王家我適"、《詩經·小雅·節南山》"赫赫師尹,民具爾瞻"、《詩經·周南·葛覃》"是刈是濩,爲絺爲綌",我們就可以知道,不但否定句的代詞賓語是逐漸後移的,即使肯定句,代詞賓語的位置也是逐漸後移的;不過肯定句中這個演變過程在上古時代已經基本完成了,所以在上古典籍中祇有很少前置的例證。

4. 賓語通過助詞"之"或"是"等的幫助置於動詞之前。例如:

吾以子爲異之問,曾由與求之問。(《論語·先進》)
原田每每,舍其舊而新是謀。(《左傳·僖公二十八年》)
我周之東遷,晉鄭焉依。(《左傳·隱公六年》)
鬼神非人實親,惟德是依。(《左傳·僖公五年》)
不念昔者,伊余來墍。(《詩經·邶風·谷風》)
朋酒斯饗,曰殺羔羊。(《詩經·豳風·七月》)
赫赫南仲,玁狁于襄。(《詩經·小雅·出車》)

在少數場合,通過助詞"之"或"是"等的幫助,賓語還可以置於來源於動詞的介詞之前。例如:

叔仲昭伯曰:"我楚國之爲,豈爲一人行也?"(《左傳·襄公二十八年》)
黿鼉魚鱉之與處,而黿鼉之與同渚。(《國語·越語下》)
齊侯曰:"豈不穀是爲? 先君之好是繼。"(《左傳·僖公四年》)
非夫人之爲慟而誰爲?(《論語·先進》)

由於"爲"、"與"等介詞來源於動詞,因此,這種現象實際上還是反映了上古的動賓關係。

除上述四種現象以外,實詞與介詞"以"結合時,也往往置於"以"的前面。例如:

《詩》三百,一言以蔽之,曰:"思無邪。"(《論語·爲政》)
江漢以濯之,秋陽以暴之,皜皜乎不可尚已。(《孟子·滕文公上》)
君若以力,楚國方城以爲城,漢水以爲池。(《左傳·僖公四年》)
是以太山不讓土壤,故能成其大。(李斯《諫逐客書》)

介詞"用"也有相似的現象:

伯夷、叔齊不念舊惡,怨是用希。(《論語·公冶長》)

我們知道,介詞"以"、"用"最早也是動詞,因此,這一現象也是上古動賓關係的一種遺迹。

在古代漢語中,數量詞在與名詞、動詞結合以表示名量和動量時,其詞序也與現代漢語有所不同,請參看本章第七節。至於有時爲了加強表達的語氣,古人把謂語部分提到主語之前,或者甚至把其他結構成分提到句首,例如:

甚矣,汝之不惠!(《列子·湯問》)
若崩,厥角稽首。(《孟子·盡心下》)

這些都是容易理解的,這裏不再贅述。

二、古漢語的省略

任何語言都有省略現象,祇要語言環境允許,有一些內容可以省略而不作交待。有一些省略是屬於文意上的,從語法結構來說並沒有省去什麽。例如:

"郊社之禮,所以事上帝也;宗廟之禮,所以祀乎其先也。"(《禮記·中庸》)鄭玄注:"社,祭地神,不言后土者,省文。"

鄭玄的意思是,"郊"是祭上帝,"社"是祭后土,原文祇說"事上帝",沒有說"事后土",是省略。又如:

左師公曰:"今三世以前,至於趙之爲趙,趙主之子孫侯者,其繼有在者乎?"曰:"無有。"曰:"微獨趙,諸侯有在者乎?"曰:"老婦不聞也。""此其近者禍及身,遠者及其子孫。……"(《戰國策·趙策》)楊樹達《高等國文法》云:

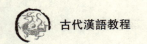

"此其近者以下,觸龍語,上省曰字。"

這兩個例子中的省略都不是語法學上所要研究的。

我們這裏所要說的省略,是指語法上結構成分的缺損,這種缺損的成分,根據上下文的意義和句子結構,能夠進行確定而適宜的補足。例如:

君薨,大夫弔,卿共葬事;夫人,士弔,大夫送葬。(《左傳·昭公三年》)

從語法結構的分析來說,我們一定要認爲"夫人"之後省略了動詞謂語,否則就無法分析。反之,例如:

太叔完聚,繕甲兵,具卒乘,將襲鄭。(《左傳·隱公元年》)

有的書上以爲後面幾個動賓結構都省略主語;但是這幾個動賓結構完全可以視作"完聚"的並列語,並不缺損主語,因此不能算作省略。

古漢語的省略主要有承上省和探下省兩種。

1. 承上省。句子結構中的某一成分因上文已經出現而加以省略。例如:

楚人爲食,吳人及之,□□奔,□□食而從之。(《左傳·定公四年》)

郤子至,請伐齊,晉侯勿許。□□請以其私屬,□□又勿許。(《左傳·宣公十七年》)

吾百姓之不圖,唯舟與車□□。(《國語·越語下》)

於是乃以田忌爲將,而□孫子爲師。(《史記·孫子吳起列傳》)

天子之妃曰后,諸侯□□曰夫人,大夫□□曰孺人。(《禮記·曲禮下》)

多聞,擇其善者而從之;多見,□□□□而識之,知之次也。(《論語·述而》)

君子是以知秦穆公之爲君也:舉人之周也,與人之壹也;□孟明之□臣也:其不解也,能懼思也;□子桑之□忠也:其知人也,能舉善也。(《左傳·文公三年》)

2. 探下省。句子結構中的某一成分因下文將要出現而加以省略。例如:

□□七月在野,八月在宇,九月在戶,十月蟋蟀入我牀下。(《詩經·豳風·七月》)

躬自厚□,而薄責於人,則遠怨矣。(《論語·衛靈公》)

夏后氏五十□而貢,殷人七十□而助,周人百畝而徹。(《孟子·滕文公上》)

女爲惠公來求殺余,命女三宿□,女中宿至。(《左傳·僖公二十四年》)

楊子之鄰亡羊，既率其黨□□，又請楊子之豎追之。(《列子·説符》)
□□夜聞漢軍四面皆楚歌，項王乃大驚曰："漢皆已得楚乎？是何楚人之多也？"(《史記·項羽本紀》)
□□已卻秦存趙，使將將其軍歸魏，而公子獨與客留趙。(《史記·魏公子列傳》)
南與渠勒□，東北與龜茲□，西北與姑墨接。(《漢書·西域傳》)

值得注意的是，在古漢語中有一種緊縮式的偏正結構，這種偏正結構可以看作原來是由帶介詞的狀語和中心語組成，但在實際表達時則往往不説出狀語，而由介詞直接與中心語相結合。例如：

每至於族，吾見其難爲，怵然爲戒，視爲止，行爲遲。(《莊子·養生主》)
衣食所安，弗敢專也，必以分人。(《左傳·莊公十年》)
今操已擁百萬之衆，挾天子而令諸侯，此誠不可與爭鋒。(《三國志·蜀書·諸葛亮傳》)

這裏"爲戒"、"爲止"、"爲遲"可以看作是"爲之戒"、"爲之止"、"爲之遲"，"以分人"可以看作是"以之分人"，"與爭鋒"可以看作是"與之爭鋒"，因而一般的語法書上稱這種情況爲"介詞賓語"的省略。

與此相同，在古漢語中又有一種緊縮式的兼語結構。例如：

有聖人作，搆木爲巢，以避羣害，而民悦之，使王天下，號曰有巢氏。(《韓非子·五蠹》)
既罷歸國，以相如功大，拜爲上卿。(《史記·廉頗藺相如列傳》)

這裏"使王天下"可以看作是"使之王天下"，"拜爲上卿"可以看作是"拜藺相如爲上卿"，因而一般的語法書就認爲是"兼語"的省略。

第五節　詞類活用和特殊的動賓結構

名詞、動詞、形容詞等各類實詞在語法結構中經常充當某種結構成分的語法功能是長期的，不是臨時的，是固有的，不是權宜的。不過，在古漢語中，往往有些詞在語言的實際使用中會越出本詞類的功能範圍，而臨時充當其他詞類纔能充當的結構成分，這叫作"詞類活用"。產生詞類活用現象的詞，其詞義也有一定的變化，這種詞義上的變化跟詞義引申轉變也經常相互發生影響，即詞義的引申

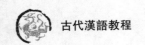

轉變，有時也就是詞性和詞類的轉變，而一些詞在語言的實際使用中經常活用，以致變成固有的功能，這往往也就是詞義的引申轉變。當然從本質上説，這兩者畢竟還不是一回事。詞義的引申轉變，是語言中的同詞異義現象，是多義詞的産生原因，屬於詞彙學、詞義學的範疇；而詞類活用則是語言實際中的臨時用法，一離開實際語言環境，這種用法就不復存在，屬於語法學的範疇。

詞類活用現象在現代漢語中也有，祇是不多罷了，例如"繁榮經濟"、"綠化祖國"、"健全法制"等等。

古漢語裏的詞類活用現象，主要有以下六種。

1. 普通名詞用作狀語①。

在動詞前的普通名詞，如果不做主語而做狀語，一般總有介詞來表示修飾關係，例如："何可廢也？以羊易之。"（《孟子·梁惠王上》）但是在古漢語中，有時並不借助介詞，而把普通名詞直接置於動詞前做狀語，其實際意義跟用介詞表示修飾關係無異，這種情況，我們稱之爲普通名詞活用爲狀語。普通名詞活用爲狀語可以分爲以下四小類。

（1）表示比喻，相當於有介詞"像……"、"如同……"，例如：

豕人立而啼。（《左傳·莊公八年》）

昭王得范雎，廢穰侯，逐華陽，彊公室，杜私門，蠶食諸侯，使秦成帝業。（李斯《諫逐客書》）

治鄭二十六年而死，丁壯號哭，老人兒啼。（《史記·循吏列傳》）

天下雲合而響應，贏糧而景從。（賈誼《過秦論上》）

苻堅將問晉鼎，既已狼噬梁岐，又虎視淮陰矣。（《世説新語·識鑒》）

（2）表示依據，相當於有介詞"按照……"、"依據……"，例如：

今而後知君之犬馬畜伋。（《孟子·萬章下》）

君爲我呼入，吾得兄事之。（《史記·項羽本紀》）

令兩黥徒夾而馬食之。（《史記·范雎蔡澤列傳》）

范、中行氏皆衆人遇我，我故衆人報之；至於智伯，國士遇我，我故國士報之。（《史記·刺客列傳》）

彼秦者，棄禮義而上首功之國也，權使其士，虜使其民。（《戰國策·趙策》）

---

① 一般語法書稱爲"名詞用作狀語"，我們認爲時間名詞和方位名詞用作狀語是它們固有的語法功能，活用爲狀語的祇是普通名詞這一個小類。

(3) 表示處所，相當於有介詞"于(於)"，例如：

夫山居而谷汲者，腊臘而相遺以水。(《韓非子·五蠹》)
童子隅坐而執燭。(《禮記·檀弓上》)
淮陰屠中少年有侮信者，曰："若雖長大，好帶刀劍，中情怯耳。"衆辱之曰："信能死，刺我；不能死，出我袴下。"(《史記·淮陰侯列傳》)
卒廷見相如，畢禮而歸之。(《史記·廉頗藺相如列傳》)
高祖以亭長爲縣送徒驪山，徒多道亡。(《漢書·高帝紀》)

(4) 表示使用的工具和方式，相當於有介詞"以"、"用"，例如：

微子乃持其祭器造於軍門，肉袒面縛，左牽羊，右把茅，膝行而前以告。(《史記·宋微子世家》)
伍子胥橐載而出昭關。(《史記·范雎蔡澤列傳》)
諸侯名士可下以財者，厚遺結之；不肯者，利劍刺之。(《史記·李斯列傳》)
遂率子孫荷擔者三夫，叩石墾壤，箕畚運於渤海之尾。(《列子·湯問》)
今王將東面目指氣使以求臣，則厮役之才至矣。(《説苑·君道》)

2. 動詞的使動用法。

在古代漢語中，經常使用"使"、"命"、"令"等動詞來表示使動的意義，例如："五色使人目盲，馳騁田獵使人心發狂。"(《老子》)但是古漢語還有另一種表示使動的方法，那就是動詞的使動用法。通常動詞表示一種動作行爲，如果帶有賓語，那麼賓語就是這種動作行爲的受事者；動詞的使動用法與此不同，它是指動詞使賓語產生該動詞所表示的動作行爲，即賓語不再是動作行爲的受事者，而是動作行爲的施事者。產生使動用法的動詞主要是不及物動詞，少數是及物動詞。

(1) 不及物動詞用作使動。例如：

龍蛇之蟄，以存身也。(《易·繫辭下》)
小子鳴鼓而攻之，可也。(《論語·先進》)
宋人懼，使華元夜入楚師，登子反之牀，起之。(《左傳·宣公十五年》)
乃與趙衰等謀，醉重耳，載以行。(《史記·晉世家》)
養備而動時，則天不能病。(《荀子·天論》)

最後一例雖未出現賓語，但從語境辨別，仍是使動用法。

(2) 及物動詞用作使動。例如：

然秦以區區之地致萬乘之勢，序八州而朝同列。(賈誼《過秦論上》)

193

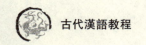

嘗人,人死;食狗,狗死。(《吕氏春秋·上德》)
夫割地包利,五伯之所以覆軍禽將而求也。(《史記·蘇秦列傳》)
夫楚兵雖彊,天下負之以不義之名。(《漢書·黥布傳》)
今尊立其子,將疑衆心。(《後漢書·張步傳》)

及物動詞帶上賓語之後,用作使動和不用作使動,在形式上是完全一樣的,因此祇能根據上下文的語言環境來判斷,捨此別無他法。例如:

王翦遂定荆、江南地,降越君,置會稽郡。(《史記·秦始皇本紀》)
章將軍等詐吾屬降諸侯。(《史記·項羽本紀》)

及物動詞用作使動時,有時還帶有雙賓語,這時動詞後面,前一個賓語是動作行爲的施事者,後一個賓語是動作行爲的受事者。例如:

均之二策,寧許以負秦曲。(《史記·廉頗藺相如列傳》)
王奇孝材能,乃佩之王印,號曰將軍。(《漢書·淮南衡山濟北王傳》)

3. 動詞的爲動用法。所謂爲(wèi)動用法,是指主語爲賓語或者向賓語施行動詞所表示的動作行爲,即賓語既不是動作行爲的受事者,也不是動作行爲的施事者,而是動作行爲的目的和對象。

(1) 主語爲賓語施行動作行爲。例如:

邴夏御齊侯,逢丑父爲右。(《左傳·成公二年》)
文嬴請三帥。(《左傳·僖公三十三年》)
伯氏苟出而圖吾君,申生受賜以至於死,雖死何悔?(《國語·晉語》)
伯夷死名於首陽之下,盜跖死利於東陵之上。(《莊子·駢拇》)
此天下壯士,非爲大惡,爭杯酒,不足引他過以誅也。(《史記·魏其武安侯列傳》)

(2) 主語向賓語施行動作行爲。例如:

請絕頸以白晏子。(《説苑·復恩》)
遂寘姜氏於城潁,而誓之曰:"不及黄泉,無相見也。"(《左傳·隱公元年》)
君三泣臣矣,敢問誰之罪也?(《左傳·襄公二十二年》)
召孟明、西乞、白乙,使出師東門之外,蹇叔哭之。(《左傳·僖公三十三年》)
關羽、張飛等不悦,先主解之曰:"孤之有孔明,猶魚之有水也,願諸君勿

復言。"(《三國志・蜀書・諸葛亮傳》)

及物動詞用作爲動,有時也會帶雙賓語,這時動詞後第一個賓語是動作行爲的目的和對象,第二個賓語是動作行爲的受事者。例如:

天佑下民,作之君,作之師。(《尚書・泰誓上》)
不如早爲之所,無使滋蔓。(《左傳・隱公元年》)
君子疾夫舍曰"欲之"而必爲之辭。(《論語・季氏》)
願歸丞相侯印,乞骸骨歸,避賢者路。(《漢書・萬石君傳》)
諸呂舉兵關中,欲危劉氏而自立。今我破齊還報,是益呂氏資也。(《漢書・高五王傳》)

4. 名詞用作動詞。活用爲動詞的名詞主要是普通名詞、專有名詞和方位名詞,又分爲三種情況。

(1) 名詞活用爲一般動詞,即名詞用作不及物動詞和及物動詞。例如:

假舟楫者,非能水也,而絶江河。(《荀子・勸學》)
夫鼠晝伏夜動,不穴於寢廟,畏人故也。(《左傳・襄公二十三年》)
后妃率九嬪蠶於郊,桑於公田。(《呂氏春秋・上農》)
左右欲刃相如,相如張目叱之,左右皆靡。(《史記・廉頗藺相如列傳》)
宦官懼其毁己,皆共目之。(《後漢書・張衡傳》)
秦師遂東。(《左傳・僖公三十二年》)
奚以之九萬里而南爲?(《莊子・逍遙遊》)
語曰:"騏驥之衰也,駑馬先之;孟賁之倦也,女子勝之。"(《戰國策・齊策》)
項王至陰陵,迷失道,問一田父,田父紿曰"左",左,乃陷大澤中。(《史記・項羽本紀》)
黄帝曰:"日中必蘴,操刀必割。"(《漢書・賈誼傳》)

以上前五例是普通名詞活用爲動詞,後五例是方位名詞活用爲動詞。

(2) 名詞的使動用法。名詞的使動用法是指名詞不但活用爲動詞,而且具有使動意義,即不是名詞所表示的動作行爲去支配賓語,而是名詞使得賓語發生該名詞所表示的動作行爲。例如:

吾見申叔夫子,所謂生死而肉骨也。(《左傳・襄公二十二年》)
公若曰:"爾欲吴王我乎?"(《左傳・定公十年》)
桓公解管仲之束縛而相之。(《韓非子・難一》)

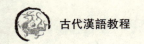

今我在也,而人皆藉吾弟。令我百歲後,皆魚肉之矣!(《史記·魏其武安侯列傳》)

令尹南轅反斾。(《左傳·宣公十二年》)

我疆我理,南東其畝。(《詩經·小雅·信南山》)

前望舒使先驅兮,後飛廉使奔屬。(《楚辭·離騷》)

以上前四例是普通名詞和專有名詞的使動用法,後四例是方位名詞的使動用法。

(3) 名詞的意動用法。名詞的意動用法,是指名詞不但活用爲動詞,而且含有意謂性的意義,也就是說,活用爲動詞的名詞雖然帶有賓語,但並不支配賓語,而是含有這樣的意義,即認爲賓語是該名詞所表示的人或事物。例如:

託地而游宇,友風而子雨。(《荀子·賦》)

夫人之,我可以不夫人之乎?(《穀梁傳·僖公八年》)

賢舜則去堯之明察,聖堯則去舜之德化。(《韓非子·難一》)

扁鵲過齊,齊桓侯客之。(《史記·扁鵲倉公列傳》)

然皆祖屈原之從容辭令,終莫敢直諫。(《史記·屈原賈生列傳》)

5. 形容詞用作動詞。活用爲動詞的形容詞主要是性質形容詞,形容詞用作動詞又可分爲四種情況。

(1) 形容詞用作一般動詞,即形容詞用作及物動詞。例如:

楚左尹項伯者,項羽季父也,素善留侯張良。(《史記·項羽本紀》)

卒使上官大夫短屈原於頃襄王。(《史記·屈原賈生列傳》)

大王必欲急臣,臣頭今與璧俱碎於柱矣!(《史記·廉頗藺相如列傳》)

(2) 形容詞的使動用法。形容詞的使動用法是指形容詞不但活用爲動詞,而且具有使動意義,即不是形容詞所表示的動作行爲去支配賓語,而是形容詞使得賓語發生該形容詞所表示的動作行爲。例如:

欲潔其身而亂大倫。(《論語·微子》)

故明主峭其法而嚴其刑也。(《韓非子·五蠹》)

彊本節用,則天不能貧。(《荀子·天論》)

於是始皇大怒,使刑徒三千人皆伐湘山樹,赭其山。(《史記·秦始皇本紀》)

臣聞之,欲富國者務廣其地,欲強兵者務富其民,欲王者務博其德。(《戰國策·秦策》)

諸侯恐懼,會盟而謀弱秦。(賈誼《過秦論上》)

(3) 形容詞的意動用法。形容詞的意動用法，是指形容詞不但活用爲動詞，而且含有意謂性的意義，也就是說，活用爲動詞的形容詞雖然帶有賓語，但是並不支配賓語，而是含有這樣的意義，即認爲賓語具備該形容詞所表示的性質和狀態。例如：

> 甘其食，美其服，安其居，樂其俗。（《老子》）
> 其家甚智其子，而疑鄰人之父。（《韓非子·說難》）
> 人不難以死免其君，我戮之不祥。（《左傳·成公二年》）
> 今太子遲之，請辭決矣。（《戰國策·燕策》）
> 孔子登東山而小魯，登泰山而小天下。（《孟子·盡心上》）

(4) 形容詞的爲動用法。形容詞的爲（wèi）動用法，是指形容詞不但活用爲動詞，而且表示爲賓語或者向賓語產生該形容詞所表示的性質和狀態。例如：

> 諸侯之驕我者，吾不爲臣；大夫之驕我者，吾不復見。（《荀子·大略》）
> 聲公五年，鄭相子產卒，鄭人皆哭泣，悲之如亡親戚。（《史記·鄭世家》）
> 始孟嘗君列此二人於賓客，賓客盡羞之。（《史記·孟嘗君列傳》）
> 魏王怒公子之盜其兵符，矯殺晉鄙。（《史記·魏公子列傳》）
> 武安侯新欲用事爲相，卑下賓客，進名士家居者貴之，欲以傾魏其諸將相。（《史記·魏其武安侯列傳》）

6. 其他詞類的活用。在古漢語中。除了名詞、動詞、形容詞有詞類活用的現象以外，其他詞類也有活用的現象，祇是比較少見。

(1) 數詞活用爲動詞。例如：

> 女也不爽，士貳其行；士也罔極，二三其德。（《詩經·衛風·氓》）
> 彼蒼者天，殲我良人；如可贖兮，人百其身。（《詩經·秦風·黃鳥》）
> 夫金鼓旌旗者，所以一人之耳目也。（《孫子·軍爭》）
> 此三子者，皆布衣之士也，懷怒未發，休祲降於天，與臣而將四矣。（《戰國策·魏策》）

這裏前三例是使動用法。

(2) 代詞活用爲動詞。例如：

> 游雅常衆辱奇，或爾汝之。（《魏書·陳奇傳》）

197

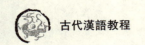

見公卿不爲禮，無貴賤，皆汝之。(《隋書·楊伯醜傳》)

且也相與吾之耳矣，庸詎知吾所謂吾之乎？(《莊子·大宗師》)

這裏最後一例是意動用法。

（3）嘆詞活用爲動詞。

今子欲以子之梁國而嚇我邪？(《莊子·秋水》)

秦王與群臣相視而嘻。(《史記·廉頗藺相如列傳》)

在以上活用現象中，真正因所屬詞類發生變動而稱得上詞類活用的是普通名詞用作狀語、名詞用作動詞、形容詞用作動詞、不及物動詞用作及物動詞等，而使動用法、意動用法、爲動用法，實際上應屬於特殊的動賓結構，即動詞，以及名詞、形容詞等活用爲動詞以後，其動賓關係不是支配關係，而是使動、意動、爲動的關係。不過由於特殊的動賓結構的形成往往與詞類活用現象糾纏在一起，爲敍述方便，我們把它們合在一起了。這裏把這兩種不同的語法現象用圖表加以區別：

詞　類	詞類活用	特殊的動賓結構
普通名詞	用作狀語	
不及物動詞	用作及物動詞	使動用法、爲動用法
及物動詞		
名　詞	用作動詞	（一般動賓關係）
		使動用法、意動用法
形容詞	用作動詞	（一般動賓關係）
		使動用法、意動用法、爲動用法

使動、意動和爲動，這三種特殊的動賓結構之間在形式上並沒有什麼不同，因此，要區別它們，除了依靠語言環境，依靠上下文的語義，別無他法。例如：

匠人斲而小之，則王怒，以爲不勝其任矣。(《孟子·梁惠王下》)

孔子登東山而小魯，登泰山而小天下。(《孟子·盡心上》)

買臣見湯，坐牀上弗爲禮，買臣深怨，常欲死之。(《漢書·朱買臣傳》)

國君死社稷，大夫死衆，士死制。(《禮記·曲禮下》)

這裏，例一、三是使動用法，例二是意動用法，例四是爲動用法。

第六節　判斷句和被動句

一、判斷句

確認判斷對象是(或不是)誰或什麼的句子叫判斷句。古漢語的判斷句往往直接用名詞性結構充當謂語,因此,它大多表現爲名詞謂語句[①]。判斷句的主要形式有以下七種。

(1) 判斷對象＋名詞性結構。例如:

今秦,萬乘之國。(《戰國策·趙策》)
荀卿,趙人。(《史記·孟子荀卿列傳》)
劉備,天下梟雄。(《資治通鑑·漢紀五十七》)

(2) 判斷對象＋名詞性結構＋"也"。例如:

淳于髡,齊人也。(《史記·孟子荀卿列傳》)
楚,天下之強國也。(《戰國策·楚策》)
伯夷、叔齊,孤竹君之二子也。(《史記·伯夷列傳》)

(3) 判斷對象＋"者"＋名詞性結構。例如:

兵者,不祥之器。(《老子》)
陳軫者,游說之士。(《史記·張儀列傳》)
天下者,高祖天下。(《史記·魏其武安侯列傳》)

(4) 判斷對象＋"者"＋名詞性結構＋"也"。例如:

南冥者,天池也。(《莊子·逍遙遊》)
陳勝者,陽城人也。(《史記·陳涉世家》)
夫服者,所以便用也;禮者,所以便事也。(《戰國策·趙策》)

(5) 判斷對象＋"非(匪)"＋名詞性結構。例如:

管仲非仁者與?(《論語·憲問》)

[①] 在古漢語中也有一些判斷句不是由名詞性結構充當謂語,而是由動詞性結構或形容詞性結構來充當。例如《孟子·滕文公上》:"庠者,養也;校者,教也;序者,射也。"《戰國策·韓策》:"韓氏之兵,非削弱也;民,非蒙愚也。"

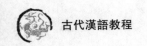

子非魚,安知魚之樂?(《莊子·秋水》)

我心匪石,不可轉也。(《詩經·邶風·柏舟》)

(6) 判斷對象+"非(匪)"+名詞性結構+"也"。例如:

江河之水,非一源之水也;千鎰之裘,非一狐之白也。(《墨子·親士》)

天下非一人之天下也,天下之天下也。(《呂氏春秋·貴公》)

此庸夫之怒也,非士之怒也。(《戰國策·魏策》)

(7) 判斷對象+"者"+"非(匪)"+名詞性結構+"也"。例如:

彼聖人者,天下之利器也,非所以明天下也。(《莊子·胠篋》)

堯禹者,非生而具者也。(《荀子·榮辱》)

以上(1)至(4)是肯定判斷,(5)至(7)是否定判斷。

可以發現,古漢語的判斷句大多不用"是"之類的判斷詞①。有時,雖然在句中出現了"是",但這個"是"是指示代詞,並不是判斷詞,請比較:

和氏之璧,隋侯之珠,三棘六異,此諸侯之所謂良寶也。(《墨子·耕柱》)

而和氏之璧,隋侯之珠,三棘六異,不可以利人,是非天下之良寶也。(同上)

有時,爲了加強肯定或否定的判斷,在名詞性謂語前會出現"唯(惟)"、"乃"、"必"、"即"、"亦"等,但它們是副詞,也不是判斷詞。例如:

若乃梁,則吾乃梁人也。(《戰國策·趙策》)

梁父即楚將項燕。(《史記·項羽本紀》)

奪項王天下者,必沛公也。(同上)

君子曰:"此亦妄人也已矣。"(《孟子·離婁下》)

厥土惟白壤。(《尚書·禹貢》)

與此相同,表示否定判斷的"非(匪)"也是副詞,並不是判斷詞。

此外,還有一個"爲"字,似乎也像判斷詞,例如:

桀溺曰:"子爲誰?"曰:"爲仲由。"(《論語·微子》)

是爲是,非爲非,能爲能,不能爲不能。(《荀子·強國》)

---

① 判斷詞也稱爲繫詞。

但這個"爲"字後面大多跟隨動詞性結構和形容詞性結構,句末也很少有語氣詞"也"來互相呼應,與判斷詞有明顯的不同。例如:

> 萬取千焉,千取百焉,不爲不多矣。(《孟子·梁惠王上》)
> 物皆然,心爲甚。(同上)
> 然則一羽之不舉,爲不用力焉。(同上)

上古漢語的判斷句雖然大多不用判斷詞,但是判斷詞"是"實際上很早就已經產生,例如:

> 公都子問曰:"鈞是人也,或爲大人,或爲小人,何也?"(《孟子·告子上》)
> 問人曰:"此是何種也?"(《韓非子·外儲說左上》)
> 謂我諸戎是四嶽之裔胄也。(《左傳·襄公十四年》)
> 此必是豫讓也。(《史記·刺客列傳》)

不過,當時判斷詞"是"的使用很不普遍,大概到了東漢,比如王充的《論衡》一書,使用就普遍起來了。

二、被動句

所謂被動句和主動句,是對主語和謂語的關係而言,當主語是謂語動詞所表示的動作行爲的施事者時,稱爲主動句;反之,當主語是謂語動詞所表示的動作行爲的受事者時,稱爲被動句。在漢語中,被動關係的表示向來有兩種方法,一是完全依靠語言環境來表示,而不借助於介詞和助詞,例如:

> 昔者龍逢斬,比干剖,萇弘胣,子胥靡。(《莊子·胠篋》)
> 唇竭則齒寒,魯酒薄而邯鄲圍。(同上)
> 宋師敗績,華元虜。(《呂氏春秋·察微》)
> 昔西伯拘羑里,演《周易》。(《史記·太史公自序》)

二是借助介詞和助詞來表示,例如:

> 高祖擊布時,爲流矢所中。(《史記·高祖本紀》)
> 臣誠恐見欺於王而負趙。(《史記·廉頗藺相如列傳》)

這里"爲"、"於"是介詞,"所"、"見"是助詞。顯然,就表意的鮮明准確看,第二種方法明顯優於第一種方法,因此,隨着時間的推移,第二種方法逐漸得到廣泛的應用。

在古漢語中，借助介詞和助詞來表示被動，其形式主要有以下六種。

(1) 動詞＋"于(於)"、"乎"＋施事者。例如：

郤克傷於矢，流血及屨。(《左傳·成公二年》)
伍子胥說聽乎闔閭，故吳王遠迹至於郢。(《戰國策·燕策》)

(2) "爲"＋施事者＋動詞。例如：

不爲酒困。(《論語·子罕》)
身客死於秦，爲天下笑。(《史記·屈原賈生列傳》)

(3) "爲"、"被"、"見"＋動詞。例如：

子聽吾言，與子分國；不聽吾言，身死，妻子爲戮。(《國語·越語下》)
國一日被攻，雖欲事秦，不可得也。(《戰國策·齊策》)
信而見疑，忠而被謗，能無怨乎？(《史記·屈原賈生列傳》)

(4) "爲"、"見"＋動詞＋"于(於)"、"乎"＋施事者。例如：

胥之父兄爲僇於楚，欲自報其仇耳。(《史記·吳太伯世家》)
故子胥見說於闔閭，而惡乎夫差；比干生而惡於商，死而見說乎周。(《呂氏春秋·不苟》)

(5) "爲"＋施事者＋"所"＋動詞。例如：

先即制人，後則爲人所制。(《史記·項羽本紀》)
徵和二年，衛太子爲江充所敗。(《漢書·霍光傳》)

(6) "爲"＋"所"＋動詞。例如：

不者，若屬皆且爲所虜。(《史記·項羽本紀》)
用此，其將兵數困辱，其射猛獸亦爲所傷云。(《史記·李將軍列傳》)

第七節　古漢語的稱數法

從很早時候起，漢語就形成了比較完整的數詞系統，如甲骨文中最大的數已達"三萬"，《詩經》中已出現數詞"億"、"秭"。數詞屬於基本詞彙，幾千年來很少變化，變化較大的乃是稱數法。

一、稱數的基本形式

在古代漢語中,事物和動作行爲的稱數有時單用數詞表示,有時兼用數詞和量詞來表示。數詞和物量詞用來表示事物的稱數,數詞和動量詞則用來表示動作行爲的稱數。

1. 事物稱數法。事物的稱數涉及數詞、物量詞和名詞,它們三者有不同的組合形式,主要有以下四種。

(1) 數詞＋名詞。例如:

此車一人殿之,可以集事。(《左傳·成公二年》)
今齊地方千里,百二十城。(《戰國策·齊策》)

(2) 名詞＋數詞。例如:

齊爲衛故,伐晉冠氏,喪車五百。(《左傳·哀公十五年》)
十餘年間,衆徒數十萬,連結郡國。(《後漢書·皇甫嵩朱儁傳》)

(3) 名詞＋數詞＋量詞。

不稼不穡,胡取禾三百廛兮?(《詩經·魏風·伐檀》)
太形、王屋二山,方七百里,高萬仞。(《列子·湯問》)

(4) 數詞＋量詞＋名詞。

金重於羽者,豈謂一鈎金與一輿羽之謂哉?(《孟子·告子下》)
一簞食,一瓢飲,在陋巷,人不堪其憂,回也不改其樂。(《論語·雍也》)

2. 動作稱數法。動作的稱數涉及數詞、動量詞和動詞,它們三者組合的基本形式有以下三種。

(1) 數詞＋動詞。例如:

逐之,三周華不注。(《左傳·成公二年》)
禹八年於外,三過其門而不入。(《孟子·滕文公上》)

(2) 動詞＋"者"＋數詞。例如:

范增數目項王,舉所佩玉玦以示之者三。(《史記·項羽本紀》)
不匝旬而得異地者二。(柳宗元《鈷鉧潭西小丘記》)

（3）動詞＋數詞＋量詞。例如：

傳吏疑其僞，乃椎鼓數十通。（《後漢書·光武帝紀上》）
母乃杖祥背及兩脚百餘下。（《三國志·魏書·北海王傳》）

二、定數、概數和虛數

當"一"、"二"、"三"……"百"、"千"、"萬"等數字表示事物的確定的數量時，這些數字叫作"定數"，又稱"基數"。當這些數字表示大致確定的數量，與實際數量相去不遠時，它們又叫作"概數"，或稱"約數"。當這些數字表示極多或極少，與字面反映的數量相去甚遠時，它們又叫作"虛數"。

1. 定數。定數的表示有如下特點。

（1）"十"、"百"、"千"、"萬"之前如果是"一"，這個"一"往往省略。例如：

孚人萬三千八十一人。（小盂鼎）
而田忌一不勝而再勝，卒得王千金。（《史記·孫子吴起列傳》）

（2）如果"一＋量詞"所修飾的名詞是賓語，則"一"往往省略。例如：

覆杯水於坳堂之上。（《莊子·逍遥遊》）
項王曰："壯士！賜之卮酒。"（《史記·項羽本紀》）
子華使於齊，冉子爲其母請粟。子曰："與之釜。"（《論語·雍也》）

最後一例"釜"所修飾的名詞"粟"也省略了。值得注意的是，當"一＋量詞"所修飾的名詞是主語時，數詞"一"也能省略，但這種句子大多可用現代漢語"連一……都……"來對譯，表示的是強調意味，不是單純的稱數。例如：

勺飲不入七日。（《左傳·定公四年》）
晉人與姜戎要之殽而擊之，匹馬隻輪無反者。（《公羊傳·僖公三十三年》）

（3）戰國中期以前，定數"二"與"兩"的用法不同，凡是用"兩"的，都是成雙成對的事物或動作，"二"與此不同。例如：

夫子欲之，吾二臣者皆不欲也。（《論語·季氏》）
之二蟲又何知？（《莊子·逍遥遊》）
髧彼兩髦，實維我特。（《詩經·鄘風·柏舟》）
目不能兩視而明，耳不能兩聽而聰。（《荀子·勸學》）

（4）先秦時期用"再"表示接連兩次動作行爲，不用"二"。例如：

> 季文子三思而後行。子聞之，曰："再，斯可矣。"（《論語・公冶長》）
> 一鼓作氣，再而衰，三而竭。（《左傳・莊公十年》）

（5）表示多位數的數字，在兩個位數之間嵌入"有（yòu）"字。這種現象在《尚書》、《周禮》、《論語》、《春秋》等書中沒有例外，到《孟子》、《左傳》等書時逐漸減少。例如：

> 期三百有六旬有六日。（《尚書・堯典》）
> 吾十有五而志於學。（《論語・爲政》）

（6）多位數中的空位不加"零"。例如：

> 孔子純取周詩，上采殷，下取魯，凡三百五篇。（《漢書・藝文志》）
> 鐵二百七萬斤，錫五萬斤。（《新唐書・食貨志》）

2. 概數。概數的表示有下列形式。

（1）用"十"、"百"、"千"、"萬"等整數表示。例如：

> 若有患難，則使百人處於前，數百於後。（《墨子・貴義》）
> 今戰士還者及關羽水軍精甲萬人。（《資治通鑑・漢紀六十五》）

（2）連用"十"以内相近的數字。例如：

> 悲夫！悲夫！事未易一二爲俗人言也。（司馬遷《報任安書》）
> 以人民往觀之者三二千人。（《史記・滑稽列傳》）

（3）使用概數詞。例如：

> 身毒國在大夏東南可數千里。（《漢書・張騫傳》）
> 從弟子女十人所。（《史記・滑稽列傳》）

3. 虛數。虛數的表示有如下形式。

（1）用"三"、"九"、"十二"、"十八"、"三十六"、"七十二"、"三百六十"等表示衆多或極多。例如：

> 吾日三省吾身。（《論語・學而》）
> 公輸盤九設攻城之機變，子墨子九距之。（《墨子・公輸》）

（2）用"十"、"百"、"千"、"萬"表示衆多或極多。例如：

> 之子于歸，百兩御之。（《詩經・召南・鵲巢》）

劍一人敵,不足學,學萬人敵。(《史記·項羽本紀》)

(3) 用"一"、"三"等表示寡少或極少。例如：

假令僕伏法受誅,若九牛亡一毛。(司馬遷《報任安書》)

士別三日,即更刮目相待。(《三國志·吳書·呂蒙傳》注引《江表傳》)

三、倍數和分數

1. 倍數。古代漢語有用數字後加"倍"字來表示倍數的,如"二十倍",這與現代漢語相同。值得注意的是,古漢語又有用"倍"表示一倍,"五"、"蓰"表示五倍,"十"、"什"表示十倍,"百"、"伯"表示百倍,等等。例如：

故用兵之法,十則圍之,五則攻之,倍則分之。(《孫子兵法·謀攻》)
或相倍蓰,或相什伯,或相千萬。(《孟子·滕文公上》)

2. 分數。古漢語分數表示的完整形式是：分母+"分"+名詞+"之"+分子。在這個形式中,除分母、分子一般不能省略外,其他成分都可省略,於是造成多種多樣的省略式。現將完整式和省略式舉例如下。

(1) 分母+"分"+名詞+"之"+分子。

一月之日,二十九日八十一分日之四十三。(《漢書·律曆志》)

(2) 分母+名詞+"之"+分子。

大都不過參國之一。(《左傳·隱公元年》)

(3) 分母+"分"+"之"+分子。

三十里而爭利,則三分之二至。(《孫子兵法·軍爭》)

(4) 分母+"之"+分子。

大都不過參國之一,中五之一。(《左傳·隱公元年》)

(5) 分母+"分"+分子。

子一分,丑三分二。(《史記·律書》)

(6) 分母+分子。

累三而不墜,則失者十一。(《莊子·達生》)

以上最後一種形式，分母限於"十"、"百"、"千"、"萬"等整數。除此以外，在具體語言環境中，還有連分母都省略了的，如："摽有梅，有實七兮。"(《詩經·召南·摽有梅》)另外，表示分數時也不一定用"分"、"之"，而是用其他詞語。如：

  西北之通舟楫，比之東南，十才一二。(《遼史·食貨志》)
  比常歲之價，或三分減二。(司馬光《應詔言朝政闕失事》)

  關於分數的否定表示法，否定詞既可放在分母之前，亦可放在分母之後，分子之前。例如：

  盡予所至，比好遊者不能十一。(王安石《遊褒禪山記》)
  殺人重囚氣傑旺，染此者十不一二。(方苞《獄中雜記》)

第八節　關於虛詞的常用工具書

  專門討論古漢語虛詞用法的著作，有劉淇的《助字辨略》、王引之的《經傳釋詞》、楊樹達的《詞詮》和裴學海的《古書虛字集釋》等。虛詞的運用，是古漢語語法上的一種重要現象，一般的字典辭書也很少有詳盡的描寫，所以這一類關於古漢語虛詞用法的著作，是我們閱讀古典作品的重要工具書，這裏把它們大略地介紹和評論如下。

一、劉淇《助字辨略》

  劉淇，字武仲，號南泉，清康熙年間確山(今屬河南省)人。此書由盧承琰初刻於康熙五十年(1711)，乾隆四十四年(1779)又由國泰重刻，至咸豐五年(1855)又由楊以增、高均儒重刊。國泰序敍述劉淇的生平大略說："《助字辨略》者，確山劉老人所著也。老人世爲濟寧人，博聞強記，生平喜著書。性恬澹，不妄與人交，然亦以此見重於世，當世士大夫莫不知有劉老人者。"看來劉氏似乎沒有應過科舉，也不曾做過官，祇是以著書聞名。

  《助字辨略》一書開始奠定古漢語虛詞研究的基礎，給古漢語語法學提供了不少資料。書中所謂"助字"，就是一般所說的虛詞。作者自序云："構文之道，不過實字虛字兩端，實字其體骨，而虛字其性情也。蓋文以代言，取肖神理，抗墜之際，軒輊異情，虛字一乖，判於燕越，柳柳州所由發哂于杜溫夫者邪！"又云："既取虚用,故'之'訓'往','而'、'若'訓'汝'之屬,雖虛猶實,悉無載焉。"可見他很強調虛詞在語文當中的重要性以及實詞和虛詞的區別。此書博採唐宋以前古書、古文及詩詞中的虛詞共四百多個,依據四聲編排,分爲上平聲、下平聲、上聲、去聲、入聲五卷,每卷中的虛詞又依平水詩韻的韻部順序加以排列。此書把虛詞分成"重言"、"省文"、"助語"、"斷辭"等三十類,並且列出訓釋的方法六種:正訓、反訓、通訓、借訓、互訓、轉訓。因此可以說,這是一部用訓詁學方法來解釋虛詞的意義和用法的巨大述作。作者所分析的虛詞三十類,雖然近於繁瑣,但其中不少分類是很恰當的。例如認爲"也"、"矣"等是"斷辭",即表示直陳句的斷定語氣;認爲"乎"、"哉"等是"疑辭"、"詠嘆辭",即表示疑問的語氣和感嘆的語氣;認爲"者"、"也"等是"頓挫之辭",即表示語氣的提頓;認爲"是故"、"然則"等是"承上","然而"、"抑又"等是"轉下",即表示順接關係和逆接關係;認爲"雖"、"縱"、"使"、"借"等是"設辭",即表示讓步關係和假設關係。又如他在"誒"字下,把"感嘆聲"和"應對聲"加以區別:

　　　　《漢書·韋賢傳》:"在予小子,勤誒厥生。"注云:"誒,嘆聲,許其切。"楊升庵云:"《方言》:楚謂然曰誒;《說文》云:應也。《離騷》:欸秋冬之緒風,《說文》云:欸,應也。二字音義並同,實一字耳,皆楚辭也。"○愚案:《漢書》之誒,《離騷》之欸,並是嘆聲;《方言》之誒,乃答辭也,義各不同。

他把"嘆辭"和"答辭"區別開來,也就是把對答的詞劃出所謂"嘆辭"的範圍之外,因爲兩者是代表不同的語氣的。由此可見,劉淇當時已經很注意虛詞所表示的語氣和關係這兩方面的現象。錢泰吉《曝書雜記》曾經評述此書說:"引據該洽,實爲小學書之創例。……近時王伯申尚書著《經傳釋詞》十卷,其撰著之意略同此書,詁訓益精密。然創始之功,不能不推劉君也。"楊樹達跋文亦謂:"吾人生當訓詁學大明之後,而劉氏生於清學初啓之時,篳路藍縷,其功甚鉅。"因此,一般語法學者總是認爲劉淇爲我國虛詞研究的創始人、奠基人。

　　正因爲劉氏此書是草創之作,所以其中不免有許多缺點和錯誤,其較爲顯著的是:① 關於虛詞和實詞的界限問題。劉氏雖然很重視虛實之別,但事實上却往往把一些實詞摻進他的"助字"之列。例如卷首開頭的"通"、"中"二字,訓"皆"、訓"共"和所謂"總舉之辭"的"通",訓"堪"和所謂"正適之辭"的"中",是屬於範圍、程度方面的概念,在句子中又充當一定的結構成分,實在是實詞,不當列入虛詞。又如自序以爲"而"、"若"訓"汝"之屬,"雖虛猶實,悉無載焉",但書中却又收有所謂"對此之稱"的"彼",訓作"它"、"他"的"佗",訓"誰"、"何"的"孰",這些都是指示、稱代方面的概念,在句中往往充當主語、賓語等結構成分,也都是實詞,不應闌入虛詞的範圍。② 關於疊音詞和複合詞的區別問題。一般所謂"重言疊字",是指疊音詞,多數用作狀態形容詞,即所謂"重言形况字",而劉氏却用"重言"來指同義複合詞和同義詞的連用,如"唯獨(獨唯)"、"庸詎"等。這固然可以說是名稱的不當而已,但問題是劉氏又用複合詞來解釋疊音詞。例如他在"頤"字下說:

> 《史記·陳涉世家》:客曰:"夥頤,涉之爲王沈沈者!"……愚案:……又應劭以"沈沈"爲宮室深邃之貌,非也。陳蔡光黄間人,言如此則云"正樣";其呼"正"字,如"沈"去聲。蓋客驚嘆涉之富貴至於如此也。

劉氏用近代方言俗語"怎樣"、"怎麽"等來解釋"沈"在這裏的用法,當然可以聊備一説。但他沒有注意到"沈沈"這個詞多數用作狀態形容詞,"沈沈"就是"覃覃",《說文》:"覃,長味也。"引申爲"深長、深廣"之義,應劭所説"深邃之貌"並不誤。可見劉氏衹是偏重於個別文字音義的考釋,而忽視了從詞和詞句的結構形式上的考慮。③ 關於虛詞用法的確定和意義的解釋問題。虛詞的用法和意義,應該運用類比的方法從大量的用例中加以概括和提煉,劉氏對此沒有引起深刻的注意,因此多有不審,甚至是誤解的。楊樹達跋文曾經指出此類錯誤達五十多處,這裏摘取其中兩處如下:

> 如卷一引張曲江文:"以誠告示,其或之歸。"韓文:"學者不之能察。"此二"之"字皆代字,乃"其或歸之"、"不能察之"之倒文,而劉氏謂二"之"字並語助辭。
>
> 《魏志·華佗傳》:"又有一郡守病,佗以爲其人盛怒則差,乃多受其貨而不加治。無何,棄去,留書罵之。""無何",義與"無幾"、"居無何"、"居無幾何"義同,所以表時之暫也。而劉氏乃云:"'無何'是'無故'之辭。"

這裏的"之",是倒置的動賓結構裏的賓語,做代詞用,劉淇却認爲是無義的虛詞。這裏的"無何"表時間之短暫,是"無幾何時"的節縮,劉淇却認爲是"無緣故"之義。④ 關於語氣詞的用法問題。劉淇有時把語氣詞的運用和整個句子所具有的語氣混同起來,例如"矣"字下,他說:

> 又《論語》:"甚矣吾衰也。"《史記·楚元王世家》:"甚矣,安危在出令,存亡在所任,誠哉是言也。""甚矣"者,深嘆之也。

依劉氏,好像説"矣"也有表示感嘆語氣的作用。其實,"矣"衹是表示直陳的語氣,由於"甚矣……"這個句子是以直陳語氣作爲內層基調的感嘆句,就容易使人誤解爲"矣"這個語氣詞也表示感嘆的語氣。又如"哉"字下,劉氏説:

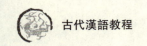

>又《論語》:"有是哉,子之迂也!""有是哉",不足之辭。○《後漢書·列女傳》:"霸起而笑曰:'有是哉!'"此深然之辭,與上義别。

劉氏在列出"哉"字有疑辭、嘆辭兩個義項後,又列出這裏兩個義項,使人誤會"哉"字還有表示"不足"和"深然"兩種語氣,這實在是把整個句子的語氣套在個别語氣詞上,是十分粗疏的做法。這種近代學者解釋虛詞時往往產生的通病,看來是由劉淇開其端了。

至於劉淇此書與王引之的《經傳釋詞》在體例上的比較,劉毓崧跋文曾有論及。他説:

>至於《釋詞》所述者,上自九經三傳,下迄周秦西漢之書,而東漢以還,則概從其略。此書所述者,自經傳、諸子、《史》、《漢》以外,旁涉近代史書、雜説、文字、詩詞。蓋《釋詞》以經傳爲主,故採錄不多;此書以助字標名,故臚陳較廣。緣體裁小異,斯去取有殊耳。

其實兩書的取材範圍大不相同,不僅是由於"體裁小異",而且也是因爲根本的目的不同。《助字辨略》述作的目的,祗是爲了一般人的閲讀古文,使讀者懂得一些"構文之道";而《經傳釋詞》則顯然是爲了尊孔讀經而作,爲了少數人鑽研古代經典而作,兩者的性質是不同的。

二、王引之《經傳釋詞》

王引之,字伯申,江蘇高郵人,嘉慶時進士,做過侍郎和工部尚書等官;繼承其父王念孫的音韻訓詁之學,世稱高郵王氏父子。除《經傳釋詞》外,還著有《經義述聞》等。據王引之於嘉慶三年(1798)寫的自序,他作《經傳釋詞》乃開始於乾隆庚戌(1790)年間。他説:

>引之自庚戌歲入都,侍大人質問經義,始取《尚書》廿八篇紬繹之,而見其詞之發句、助句者,昔人以實義釋之,往往結轖爲病;竊嘗私爲之説,而未敢定也。及聞大人論《毛詩》"終風且暴"、《禮記》"此若義也"諸條,發明意恉,涣若冰釋,益復得所遵循,奉爲稽式,乃遂引而伸之,以盡其義類。自九經、三傳及周、秦、西漢之書,凡助語之文,遍爲搜討,分字編次,以爲《經傳釋詞》十卷,凡百六十字。

由此可知,從乾隆庚戌年間至嘉慶三年,王氏此書歷經七八年纔作成。又據阮元嘉慶二十四年(1819)的序文:

> 高郵王氏喬梓,貫通經訓,兼及詞氣。昔聆其"終風"諸說,每爲解頤,乃勸伯申勒成一書。今二十年,伯申侍郎始刻成《釋詞》十卷。

可見王氏此書作成以後,又經二十年纔刊佈問世。

王引之生當清代乾嘉時期,這是我國傳統語言文字學的鼎盛時期,以顧炎武爲先導,戴震、段玉裁、王念孫等爲代表的乾嘉學派反對宋明理學空談"心、性"的作風,而提倡漢代樸學的實事求是的作風。宋明理學家注解六經,主張"六經皆我注脚"(陸九淵語),就是空憑胸臆,强人就我,利用六經來宣傳自己的思想,這樣往往歪曲了六經的本意。乾嘉學派反其道而行之,主張"讀九經自考文始"(顧炎武語),"小學明而經學明"(王念孫語),也就是主張從文字、聲韻、訓詁入手,先考字義,後通經文,"經學明而古經傳無不可通"(段玉裁語)。清儒的這種思想應該説是正確的,正是由於這一指導思想,清代的學術研究取得了巨大的成功。不過,也正是由於這一指導思想,同時也由於當時封建統治者爲維護自身利益而對經學的提倡,清代學者的目光集中在周秦兩漢的經典著作上,而對魏晉以降則很少注意。職此之故,《經傳釋詞》的取材範圍,也祇限於西漢以前的古籍,主要是九經、三傳,特別是《尚書》二十八篇,不像《助字辨略》那樣包括中古的詩詞和近代的方言俗語。又《經傳釋詞》對於各個虛詞的通常用法,也"因其易曉"而"略而不論",其主要工作在於補正前人的缺漏和誤解,不像《助字辨略》那樣包括各種虛詞的常用義和非常用義,更便於一般的學習古文之用。又《經傳釋詞》對於160個虛字的"分字編次",是按照中古聲母部位的序次來排列的。如第一卷到第四卷是喉音聲母的字,第五卷是牙音聲母的字。宋元以來一般的讀書人因爲撰作近體詩文,習慣於運用平水詩韻,而對於韻圖中的三十六字母,則缺乏瞭解,以致"疊韻易知,雙聲難明"。《經傳釋詞》依據聲母部位分字編次,實在祇供少數專門學者之用,不像《助字辨略》依據平水詩韻的韻目編排,倒顯得十分通俗易知。總之,《經傳釋詞》一書不宜作爲一般閱讀古書的工具,但對於某些虛詞易於誤解和忽略之處,此書則有十分精辟的見解和科學的證明,因此是深入研究古代漢語不可或缺的工具書。

《經傳釋詞》一書的科學精神,大致可分作以下四個方面來説明。① 尊重古漢語發展的客觀事實。虛詞用法的逐漸確定,這是漢語發展史上的一個重要規律,越古的語文,其中虛詞的用法越不確定,實詞與虛詞之間的交叉也越多。《經傳釋詞》所取材的範圍,是周秦兩漢的古籍,其中虛詞的用法和實詞虛化的現象十分複雜,同詞異類、同類異用的情況也特別衆多。例如否定副詞"不"一般用作實詞,而《詩經》、《尚書》中則往往作爲無義的語氣詞。本書在"不"字下,引證了

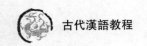

大量的材料來證明《玉篇》"不,詞也"之訓,糾正了毛、鄭諸儒的許多誤解。王氏在引述《詩經·大雅·思齊》"不聞亦式,不諫亦入"兩句之後,下面加注説:

> 《傳》云:"言性與天合也。"《正義》云:"毛以爲言文王之聖德自生知,無假學習。不聞人之道説,亦自合於法;不待臣之諫諍,亦自入於道。"案:"不",語詞。"不聞",聞也;"不諫",諫也。"式",用也;"入",納也。言聞善言則用之,進諫則納之。宣二年《左傳》曰:"諫而不入,則莫之繼也。"是納諫爲"入"也。《傳》説失之。《箋》又云:"有仁義之行而不聞達者,亦用之助祭;有孝悌之行而不能諫諍者,亦得入。"其説尤疏。"亦"字亦語詞。豈謂聞固式,不聞亦式,諫固入,不諫亦入邪?

這裏,王氏把"不"解釋爲"語詞",是作爲"足句"之用,並沒有否定的意義。這樣《詩經》兩句的意思是:"聞即用,諫即納",根據正確的訓詁,古人的義理也就十分顯豁了。關於古書中這種實詞虛化的現象,王氏在《經義述聞》卷三十二有"語詞誤解以實義"一節,專門加以説明,可以參看。② 根據詞句的結構形式來推究虛詞的用法和意義。在語言中,一定的結構形式往往需要一定的虛詞前後呼應,相同的結構形式,其採用的虛詞的用法和意義也往往相同。例如《詩經·邶風·終風》"終風且暴"、《詩經·邶風·燕燕》"終溫且惠"、《詩經·小雅·正月》"終其永懷,又窘陰雨",王氏指出:

> 毛傳曰:"終日風爲終風。"《韓詩》曰:"終風,西風也。"此皆緣詞生訓,非經文本義。"終"猶"既"也,言既風且暴也。……"終"與"既"同義,故或上言"終"而下言"且",或上言"終"而下言"又"。説者皆以"終"爲終竟之終,而經文上下相因之指,遂不可尋矣。……《載馳》曰:"許人尤之,衆穉且狂。""衆"讀爲"終"。"終",既也;"穉",驕也。此承上文而言。女子善懷,亦各有道,是我之欲歸,未必非也。而許人偏見,輒以相尤,則既驕且妄矣。蓋自以爲是,驕也;以是爲非,妄也。毛公不知"衆"之爲"終",而云"是乃衆幼穉且狂",許之大夫豈必人人皆幼邪?

毛傳這樣用實詞的意義來解釋虛詞,就引出了許多笑話;而王氏從詞句的結構來探求虛詞的用法,是可以獲得科學的論斷的。③ 運用類比的方法考察虛詞的作用。王氏《經傳釋詞·序》曾説:"蓋古今異語,別國方言,類多助語之文。凡其散見於經傳者,皆可比例而知,觸類長之。"這就是説,從古籍中抽取大量的語言事實,分類排比,運用歸納類比的方法,總結它們的相同性質,確認它們的語法作用。例如此書"來"字下:

"來",詞之"是"也。《詩·谷風》曰:"不念昔者,伊予來墍。""伊",惟也;"來",猶"是"也。"墍",讀爲"愾","愾",怒也。此承上"有洸有潰"言之,言君子不念昔日之情,而惟我是怒也。《桑柔》曰:"既之陰女,反予來赫!"言我以善言蔭覆汝,而汝反於我是赫怒也。"伊予來墍"、"反予來赫",句法正相近矣。又《四牡》曰:"將母來諗。"言我惟養母是念也。《采芑》曰:"荊蠻來威。"《江漢》曰:"淮夷來求"、"淮夷來鋪"。皆謂荊蠻是威,淮夷是求,淮夷是病也。《江漢》又曰:"王國來極。"亦謂王國是正也,《六月》曰"王于出征,以匡王國"是也。解者皆以"來"爲往來之來,遂結轖爲病矣。

這種類比方法的可靠與否,關鍵在於被類比的語言事實的衆寡多少;王氏在大量用例的基礎上得出最終論斷,從方法論上說,他的做法也是比較科學的。④ 運用聲同義近的原則考察虛詞的用法和意義。王念孫《廣雅疏證·序》曾云:"詁訓之旨本於聲音,故有聲同字異,聲近義同,……今則就古音以求古義,引申觸類,不限形體。"王引之繼承其父這一方法,把 160 個虛詞依據中古三十六字母的部位分別編排,其目的在於貫徹聲近義通的原則。例如此書"啻"、"翅"、"適"字下云:

《說文》:"啻,語時不啻也。"《一切經音義》卷三引《蒼頡篇》曰:"不啻,多也。"《書·多士》曰:"爾不啻不有爾士。"……《多士》釋文曰:"啻,徐本作翅。"《孟子·告子》篇曰:"取食之重者,與禮之輕者而比之,奚翅食重。"《莊子·大宗師》篇曰:"陰陽於人,不翅於父母。""翅"並與"啻"同,字亦作"適"。家大人曰:《說文》:"適,從辵啻聲。""適"、"啻"聲相近,故古字或以"適"爲"啻"。《秦策》曰:"疑臣者不適三人。""不適"與"不啻"同,故高《注》讀"適"爲"翅"。《史記·甘茂傳》作"疑臣者非特三人","非特"猶"不啻"也。

"啻"、"翅"、"適"三字都是齒音聲母字,把它們列在一起,就容易理解其中的原委了。由此可見,《經傳釋詞》確實取得了很大的成就,其科學精神是值得我們繼承和發揚的。

不過,由於時代的局限,王氏此書還不免有許多片面的見解。王氏糾正毛、鄭諸儒把虛詞誤解作實義之弊,又掩蓋了另一種傾向,即把原來應當是實詞的也誤解作虛詞了。章炳麟有《王伯申新定助詞辯》一文,謂其"鹵莽滅裂處亦多,肆意造詞,視爲習貫,且有舊解非誤而以強詞奪之者,亦有本非臆造,而不能援古訓比聲音以自證者"。今人裴學海作《古書虛字集釋》,各條注中很多糾正《經傳釋詞》的錯誤,書末又附有《經傳釋詞正誤》一篇,內中屬實詞誤作虛義之例,與章氏所辨相類。例如《詩經》、《尚書》中的"誥繇"、"誥猷"、"告猷"、"猷告"等,是個同義複合詞,即"告道"、"教導"之義,其中"繇"、"猷"、"猶"爲同詞異字,古訓"道(導)",原來實義是對的,王氏改訓"於也",反而改錯了。章氏、裴氏所舉之外,又如《詩經·商頌·長發》:"幅隕既長。"其中"幅隕"即"幅員",言幅員既廣大,王氏却把"隕"釋作"云",説是"語助"。又如《詩經》中的"逝"字,多借作"誓",朱駿聲《説文通訓定聲》"逝"字下云:

> 假借爲"誓"。按《詩·碩鼠》"逝將去女",《日月》"逝不古處",《桑柔》"逝不以濯",皆要約之辭。

王氏却把這些"逝"説成"皆發聲,不爲義也",這也是將實詞誤作虛義之例。其他關於文字的假借通用(如"於"、"于"訓"爲"、"爲"訓"有",都可以説是音近通假)、詞義的引申轉變(如"以"有以爲義,故得訓"爲";"焉"有於是義,故得訓"於"、訓"是"),以及引申、假借遞相爲用(如"以"訓"爲",故又得訓"謂";"焉"訓於是,故"安"亦得訓於是),等等,都是語文上同詞異類、同類異用產生的原因。王氏在書中往往衹羅列這些虛詞的不確定的現象,没有一一推闡其根本原因,因此可以看出,王氏窮源竟委的工作實在還没有完全做到。

王引之《經傳釋詞》之後,有孫經世的《經傳釋詞補》和《再補》,吴昌瑩的《經詞衍釋》,都對王書加以增廣和補充。有些虛詞的用法,在漢語史上是很重要的現象,却爲王氏所忽略。例如孫氏書"一"字下有一種用法:

> "一",猶"一旦"也。《秦策》:"王一善楚而關内二萬乘之主注地於秦。"言一旦善楚便如此也。

這裏所舉"一"的用法,從結構上"一……而……"來看,就是現代漢語"一……便(就)……"中"一"的來源,原來是一個時間狀語,虛化而爲連詞。這種用法雖然例子不多,却是漢語發展史上很值得注意的。

三、裴學海《古書虛字集釋》

裴學海(1899—1970),河北灤縣人,1928年考取北京清華國學研究院,受業於梁啓超、陳寅恪、趙元任等大師,1932年寫成《古書虛字集釋》,1954年起在河北大學任教。

《古書虛字集釋》一書,1932年由商務印書館印行,1954年由中華書局重印。作者在初版自序中説:

> 夫周秦兩漢之書,所以不可以今人之文法讀之者,要由其虛字之用法,

與今不盡同耳。其不盡同之處，在劉淇《助字辨略》、王念孫《讀書雜志》、王引之《經傳釋詞》《經義述聞》、俞樾《羣經平議》《諸子平議》《古書疑義舉例》、楊樹達《詞詮》《高等國文法》《古書疑義舉例續補》諸書中，皆已詳乎其言之，且均多精確之發明，堪爲定讞者。然千慮一失，智者不免，故劉、王、俞、楊四家之書，雖皆大醇而不無小疵。……然則古書之虛字，固尚有研幾之必要矣。……爰不揣檮昧，剌取周秦兩漢之書，採用劉、王、俞、楊之説，分字編次，以爲《古書虛字集釋》十卷，凡二百九十字。前修及時賢之未及者，補之；誤解者，正之；是而未盡者，申證之。

由此可知此書是博採近代學者虛詞研究的成果，詳細地加以訂補而匯集成功的。其編次的體例，依仿《經傳釋詞》，以喉、牙、舌、齒、唇五音爲次排列；所收錄的字共290個，較《助字辨略》、《詞詮》爲少，但《經傳釋詞》中的字則幾乎全部收入，各字所列的義項，也儘量採用王氏所釋。

裴氏此書的價值首先在於所收虛詞的用法和意義羅列枚舉得十分完備，而且凡採取他人之説，其出自何人何書，均隨文注明，這樣，無論對於古代漢語的學習者還是研究者，都有極大的方便。這裏以此書卷六"獨"字條爲例（例句過多者適當刪除）：

"獨"，"單"也。

論語顏淵篇："人皆有兄弟，我獨無。"

"獨"，"但"也。

説苑雜言篇："不遇時者衆矣，豈獨邱哉?!"

"獨"，猶"爲"也。

荀子王制篇："故周公南征而北國怨，曰：'何獨不來也？'東征而西國怨，曰：'何獨後我也？'"（孟子梁惠王篇："東面而征，西夷怨；南面而征，北狄怨，曰：'奚爲後我？'"文例同此，"何獨"、"奚爲"皆即"何爲"，亦猶言"何故"也。）

"獨"，猶"其"也。

孟子滕文篇："一薛居州，獨如宋王何？"（論語："桓魋，其如予何？"文例同此。）

"獨"，猶"豈"也。（訓見《經傳釋詞》）

禮記樂記篇："且女獨未聞牧野之語乎？"

左傳襄二十六年："夫獨無族姻乎？"

此上二例，並見《經傳釋詞》引。

215

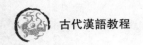

"獨",猶"何"也。(訓見《經傳釋詞》)

呂氏春秋必己篇:"獨如嚮之人?"(見《經傳釋詞》引)

論衡雷虛篇:"物之飲食,天不能知;人之飲食,天獨知之?"

"獨",猶"猶"也。

一爲"猶尚"之義:

說苑雜言篇:"聖人獨見疑,而況於賢者乎?"

楚辭離騷篇:"覽察草木其獨未得兮,豈珵美之能當?"(今本"獨"作"猶",王注云:"猶一作獨",兹從作"獨"本。)

一爲"猶似"之義:

左思魏都賦:"萬邑譬焉,亦獨華黍之與玉都,培塿之與方壺也。"("與"皆訓"比"。《助字辨略》謂"獨"爲語助,失之。)

"獨",猶"定"也。

論衡藝增篇:"夫賁光上書於漢,漢爲今世,增功益美,猶過其實;況上古帝王久遠,賢人從後褒述,失實離本,獨已多矣。"

"獨",猶"乃"也。

漢書東方朔傳:"太公伊尹以如此('以','則'也),龍逢比干獨如彼。"

裴書"獨"字共收義項達九條,而《助字辨略》和《經傳釋詞》僅收三條,《詞詮》收四條,裴書兼容包舉,真不愧其"集釋"之名!

其次,裴書的價值還在於訂正了《助字辨略》、《經傳釋詞》等書中一些誤收和誤解的字。例如《經傳釋詞》有將實詞誤作虛詞的(如《禮記·緇衣》"祁寒"的"祁",王引之誤爲"祈",並訓爲"是";裴氏認爲"祁"訓"大",是實詞,書中因而不收);有將虛詞的用法誤解的(如《詩經·召南·采蘩》"于以采蘩"中的"于以",王引之誤訓作"聿以",裴氏依《詞詮》訓爲"於何");有將一個虛詞的同一種義項誤分爲兩條的(如王書"如"字下,有"當也"一條,又有"將也"一條,實在都是表測度的語氣詞,裴書合併爲"當也"一條;王書"且"字下,有"若也"一條,又有"借也"一條,實在都是表假設的連詞,裴書合併爲"若也"一條);有將一個虛詞的兩個不同的義項誤併爲一條的(如王書"詎"字下,將"豈也"、"何也"這兩種分別表示反問和疑問的意義列在同一條下,裴書把它們分析開來),這些錯誤,《古書虛字集釋》均有糾正。除此以外,裴書最末還附有《經傳釋詞正誤》、《類書引古書多以意改說》等三篇文章。在前一篇文章中,值得注意的是裴氏確定了一些同義複合詞的用法,例如指出《左傳》引夏《書》"允出兹在兹"中的"允出",是進行之義,而王引之誤釋"允"爲"用";《尚書》和《詩經》中的"率服"、"率俾"、"率從"是遵從的意思,而王引之誤釋"率"爲"用",等等。在後一篇文章中,裴氏討論了古書異文在虛詞研究和版本校勘中的作用問題。他說:"古書多古言古義,而虛字爲尤甚。讀之者不能盡解,恒覺其文不成義,於是於稱引時輒以意改。類書所引之古書,其語詞之文,多與原書不同者,即此故也。"他認爲類書所改之字,祇能説明原書虛詞具有所改之字的意義,而不能據此確認原書文字的譌誤,"乃清代諸樸學大師之校勘古書,不知實事求是,反多據類書所引,以訂正不誤之原書,不亦謬乎?"裴氏的這一觀點是正確的,糾正了包括王念孫《讀書雜志》在内的一些著作的錯誤。裴書最末另外所附的一篇文章是《本書説解述要》,文章認爲"實字有本義與引申及假借之義,虛字亦然"。主張依據引申、假借這兩種途徑來推尋同一虛詞有多種意義和用法的原因。又説"關於引申之義則聯以意,關於假借之義則通以聲",這種觀點和方法,顯然也是對於《助字辨略》、《經傳釋詞》等著述的一種補充。

但是《古書虛字集釋》一書也有許多可以商榷的地方。① 所謂依據引申和假借這兩種途徑來推尋虛詞的用法和意義的由來,這種方法本身是有局限性的。虛詞的文字形式,祇有極少數的幾個(如"哉"、"矣"、"兮"、"乎"、"乃"、"只"等)是用其本義、本字的,其他絶大多數是假借的結果。因此,有的虛詞可以求出本義、本字,有的便不可以強求,有的虛詞可能有引申的綫索,有的虛詞就祇能用假借來説明。《本書説解述要》云:

> 其爲引申之義者,如"抑"爲"按",按則有所轉,引申之則爲轉詞;"亦"爲"人之臂亦",臂亦有所承,引申之則爲承上之詞,皆是也。其爲假借之義者,此"爲"訓"用",則借爲"以";"也"爲決詞,則借爲"兮";"焉"爲語已詞,則借爲"矣";"耳"爲語終詞,則借爲"爾";"雖"爲推拓之詞,則借爲"推";"將"爲幾及之詞,則借爲"傍"……

我們知道,"抑"作爲轉詞,具有"或者、還是"之意,完全是假借的緣故,説按抑就必定轉動,引申爲轉詞,實在過於牽強;"亦"作爲承上之詞,具有"也、也是"之意,也是假借的結果,説臂腋有所承接,引申爲承上之詞,也顯得太能附會。裴書"抑"又有發語詞一義,難道可以説按抑必定用手,手爲臂之首端,引申爲句首之發語詞嗎?"亦"又有"又"義,難道可以説人之臂腋有二,因而引申爲"又"嗎?至於裴氏以"兮"爲"也"的本字、"矣"爲"焉"的本字、"雖"爲"推"的本字,也完全是因爲信從了《説文》。其實,"也"表判斷語氣,"兮"表感嘆語氣,兩者本不相干;"焉"爲"於其間"的合音字,也跟"矣"字無關;"雖"早就借爲推拓之詞,而有誰見過"推"作爲推拓之詞?究其本源,裴氏之誤還是没有搞清語言與文字的關係。② 虛詞的訓釋方法問題。裴氏對於虛詞的解釋,同《助字辨略》、《經義述聞》一樣,幾乎全部沿用《爾雅》那種以單音節詞釋單音節詞的方法,像"爰,於也"、"爰,曰也"、"粵,於也"那樣以一個虛詞來訓釋另一個虛詞,很少利用現代語法學的知識,結合詞句的結構來作語法功能的描寫。書中所用"語助"、"發語詞"及"某某之詞"等術語,也比較抽象,祇能使讀者模糊地瞭解大意,不能把握虛詞的各種用法。因爲大量地用單音節詞訓釋單音節詞,而單音節詞本身又有多種意義,一般讀者祇得閱讀下面的例句來求得理解,但他們對於例句本身的意義又有許多不解,那麼掌握虛詞的用法也就如同霧裏看花了。裴氏此書作於楊樹達《詞詮》之後,《詞詮》已經運用現代語法學的知識進行描寫,裴書沒有能夠繼承這一做法實在是很可惜的。③ 虛詞的用法和意義的歸併整理問題。周秦兩漢時代的虛詞,有許多用法和意義未經確定,同詞異類和同類異用的現象十分普遍,實詞和虛詞之間的交叉也比較複雜,因此上古漢語虛詞的用法和意義十分繁多,這是正常的。裴書能夠不厭其煩,儘量收錄種種現象,這也是可敬可佩的。問題是,裴書收錄虛詞的各種用法,有的多至十幾種、幾十種,其紛歧繁雜,使人目迷神眩,而缺乏適當的歸併和系統的整理。例如裴書卷一"與"字,共有二十五種用法,其中"與,及也"(例句是《晏子春秋·問》:"正行則民遺,曲行則道廢,正行而遺民乎,與持民而遺道乎,此二者之於行,何如?")、"與,猶'比'也"(例句是《左傳·襄公二十一年》:"人謂叔向曰:'子離於罪,其爲不知乎?'叔向曰:'與其死亡,若何?'")、"與,猶'去'也"(例句是《莊子·達生》:"夫相收之與相棄,亦遠矣。"),三條實在是同一種用法,即表示選擇比較的關係,可以歸併爲一條。我們覺得,如果能從以上提出的三個方面加以改進的話,那麼《古書虛字集釋》就更加臻於完美了。

四、楊樹達《詞詮》

楊樹達(1885—1956),字遇夫,湖南長沙人。曾留學日本,歷任北京師範大學、清華大學、湖南大學漢語言文字學教授。除《詞詮》以外,又著有《古書疑義舉例續補》、《高等國文法》、《論語疏證》、《漢書窺管》、《積微居小學金石論叢》、《積微居小學述林》、《漢文文言修辭學》等。《詞詮》初版於1928年,由商務印書館印行,1954年由中華書局重印。

當楊氏著《詞詮》的時候,《馬氏文通》已經問世,中國現代語法學已經誕生。楊氏在《詞詮·序例》中説:"余生顓魯,少讀王氏書而好之。弱冠遊日,喜治歐西文字;於其文法,頗究心焉。歸國後,乃得讀馬氏書,未能盡慊。既頗刊其誤,復爲《文法》一書以正之。顧《文法》自有界域,不能盡暢其意,因仿《經傳釋詞》之體,輯爲是書。"這就是説,作者對於傳統的訓詁之學和現代的語法學,都有深刻的研究,由於《文法》(即《高等國文法》)一書的體例所限,因此又編寫了《詞詮》這一部古漢語虛詞詞典。我們看《詞詮》的全貌,作者替每一個虛詞都劃分了詞類,然後再加訓釋,就可以感覺到,作者確實一方面博採了過去訓詁學上的創獲,另一方面又利用了現代語法學上的知識,把這兩方面比較成功地結合起來了。讀者閱讀此書時,可以依據語法上詞類的區別來理解各種虛詞的性質和功能,比之單純利用訓詁學上的解釋,顯然要容易而且深刻得多。這可以說是《詞詮》一書最大的優點,是遠勝於劉淇、王引之等人的地方。

《詞詮》不但成功地替所有的虛詞劃分了詞類,確定了各個虛詞在詞句結構中的語法作用,而且在訓詁學上也有許多發明。例如《詩經·召南·采蘩》:"于以采蘩?于沼于沚。于以用之?公侯之事。"《經傳釋詞》誤訓"于"爲"聿",《詞詮》訓"以"借爲"台","台",何也,乃疑問代詞,"于以"即"於何"(參楊氏《詩于以采蘩解》一文,載《積微居小學金石論叢》)。又如《詩經·小雅·小明》:"神之聽之,式穀以女。"《經傳釋詞》誤訓"以"爲"與",《詞詮》釋"以"爲"於",裴學海從之,說"式穀以女"乃"言用善於汝也,《經傳釋詞》訓'以'爲'與',失之"。又如《國語·周語》:"其無乃廢先王之訓,而王幾頓乎?"《莊子·徐无鬼》:"君雖爲仁義,幾且偽哉!"王引之並釋"幾"爲語助詞,不爲義。楊樹達在《經傳釋詞》批語中認爲當訓"殆",《詞詮》收有此義。此類例子甚多,足可證明《詞詮》在古漢語虛詞研究上的作用和地位。

此外,《詞詮》一書在體例上也多有可貴之處。① 此書收字約共530字,比《古書虛字集釋》所收還要多;所收的例句,始自經傳諸子,迄於《後漢》、《三國》,間或還有六朝、唐人之作,範圍之廣,數量之多,也是其他著作不能比的。② 王引之《經傳釋詞》對於虛詞的通常用法,說是"常語",一概"略而不論",顯得這部著作是專爲少數研究者而作,不是爲一般讀者閱讀古書服務的。《詞詮》的態度則明顯不同,其《序例》說:"此編意在便於初學,不問用法爲常爲偶,一一詳說。"這對於廣大普通讀者當然增添了不少便利。③ 對於所收五百多字的編次,《詞詮》採用當時通行的注音字母的序次,而不以中古三十六字母爲序。儘管當時的注音字母還沿用老國音的系統,其中"兀"、"广"兩聲母的字和ㄗ、ㄘ、ㄙ三聲母的齊口呼、撮口呼的字不是以北京語音爲標準音,因而這種音序排列和字詞的注音有一些是不合於現代普通話的讀音,但在當時,楊氏毅然採取這種音序排列法,則是他進步的語言觀的表現,是爲一般讀者的使用而考慮的表現。

當然,《詞詮》在虛詞的訓釋方面也有一些偶然的失誤。《古書虛字集釋·自敘》曾經指出:《法言·先知》:"法無限,則庶人田侯田,處侯宅,食侯食,服侯服。"《詞詮》"侯,何也"條不知"侯"爲"公侯"之"侯",而訓"侯"爲"何",從而誤實

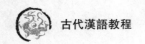

詞爲虛詞。又上文提及的《詩經》、《尚書》中的"誥繇"、"誥猷"等,是同義複合詞,爲"教導"的意思,但楊氏在"繇"、"猷"等字下,仍然沿用王引之說,訓作"於",重蹈"誤實爲虛"之弊。

至於楊氏在語法學方面的失誤,也頗有一些。① 沒有把字和詞嚴格區分開來。其《序例》云:

> 習用之詞,亦偶及其實義:如"則"訓"法",乃名詞;"如"訓"往",乃動詞。本書以治虛爲主,而復及此類實義者,蓋欲示學者以詞無定義,虛實隨其所用,不可執著耳。

這裏所舉"法則"的"則"跟表示承接關係的"則","往及"的"如"跟表示假設關係的"如",它們都是完全不同的詞,祇是語音形式相同,因而在詞彙上是同音詞,在文字上是假借字。我們可以說字無定義,虛實隨其所用,即同一個字,既可以代表實詞,又可以代表虛詞;而實詞、虛詞都各有一定的用法和意義,怎麼能夠說"詞無定義"呢? ② 沒有把實詞和虛詞嚴格區分開來。其《序例》云:

> 字以引申而義變,義變而用法歧。本書爲欲便於初學,於詞之用法之異者,固不惜詳爲分析。然江流萬派,同出岷山。學者既知其所以分,又能知其所以合,則可謂心知其意者矣。

這一段話似乎是指虛詞及其各種用法的形成,是實詞詞義引申轉變的結果,即由實詞虛化而成;如果一切虛詞都是源出於實詞,那麼"既知其所以分,又能知其所以合",虛詞可以隸屬於實詞,兩者就可以併爲一談了。但是,虛詞中除了表示關係的一部分以外,又有表示語氣的一部分,語氣詞的來源終究不能說與實詞有關。③ 沒有把語法上的結構成分跟詞類區分開來。《詞詮》替各個詞確定詞類,完全是依據於各個詞在語法結構中所充當的成分:做主語、賓語用的就叫它名詞,做定語用的就叫它形容詞,做狀語用的就叫它副詞,等等。例如"何"、"安"、"曷"、"孰"、"惡"等,我們認爲是疑問代詞,可以充當主語、賓語、定語或狀語,楊氏卻把它們中的每一個都分做"疑問代名詞"、"疑問形容詞"、"疑問副詞"等,因爲它們有時做主語或賓語,有時做定語,有時做狀語,等等。這樣,同是一個詞,忽而爲名詞,忽而爲形容詞,忽而爲副詞,實際上就是"詞無定類",其錯誤是十分明顯的。不過,這種根據結構成分確定詞類的做法,是我國現代語法學早期著作中的一個通病,是受到當時學術研究水平限制的,也是我們今天所不能苛求於《詞詮》及其作者的。從總體來說,《詞詮》仍然是我們今天學習和研究古代漢語虛詞的最優秀的參考書之一。

練習六

一、説明下面各句中的賓語前置現象。

1. 仲父之病矣,漬甚,國人弗諱,寡人將誰屬國?(《吕氏春秋·貴公》)
2. 前世不同教,何古之法?帝王不相復,何禮之循?(《商君書·更法》)
3. 狂者傷人,莫之怨也;嬰兒詈老,莫之疾也。(《淮南子·説林訓》)
4. 晉居深山,戎狄之與鄰,而遠於王室。(《左傳·昭公十五年》)
5. 俎豆之事,則嘗聞之矣;軍旅之事,未之學也。(《論語·衛靈公》)
6. 仲尼亟稱於水曰:"水哉!水哉!"何取於水也?(《孟子·離婁下》)
7. 使弈秋誨二人弈,其一人專心致志,惟弈秋之爲聽。(《孟子·告子上》)
8. 請問天下之賢人,將何自至乎王公大人之側哉?(《墨子·尚賢中》)
9. 將虢是滅,何愛於虞?(《左傳·僖公五年》)
10. 先君若問與夷,其將何辭以對?(《左傳·隱公三年》)

二、判斷下面各組中的句子,在有詞類活用現象的句子前打上"√"號,並把它們譯成現代漢語。

[第一組]
1. 王不如設戎,約辭行成,以喜其民,以廣侈吳王之心。
2. 客謂主人曰:"曲其堗,遠其積薪;不者,將有火患。"
3. 相如每朝時,常稱病,不欲與廉頗爭列。
4. 君處北海,寡人處南海,唯是風馬牛不相及也。
5. 蚌亦謂鷸曰:"今日不出,明日不出,即有死鷸。"

[第二組]
1. 莫如以吾所長,攻敵所短,操刀挾盾,猱進鷙擊,或能免乎?
2. 及秦軍降諸侯,諸侯吏卒乘勝多奴虜使之。
3. 草行露宿,日與北騎相出没於長淮間。
4. 此人可就見,不可屈致也,將軍宜枉駕顧之。
5. (華)佗行道,見一人病咽塞,嗜食而不得下,家人車載欲往就醫。

[第三組]
1. 齊桓公將立管仲爲仲父,令羣臣曰:"寡人將立管仲爲仲父,善者入門而左,不善者入門而右。"
2. 夫物不産於秦,可寶者多;士不産於秦,而願忠者衆。
3. 管仲,世所稱賢臣,而孔子小之。
4. (衛)青捕虜,知單于所居,乃自以精兵走之。
5. 樂歲終身飽,凶年免於死亡,然後驅而之善,故民從之也輕。

［第四組］
1. 見兔而顧犬，未爲晚也；亡羊而補牢，未爲遲也。
2. 峰回路轉，有亭翼然臨於泉上者，醉翁亭也。
3. 昔齊人有欲金者，清旦，衣冠而之市。
4. 千乘之君與之友而不可得也。
5. 道中迷霧冰滑，磴幾不可登。及既上，蒼山負雪，明燭天南。

［第五組］
1. 衣人之衣者，懷人之憂；食人之食者，死人之事。
2. 楚莊王之時，有所愛馬，……馬病肥死，使羣臣喪之。
3. 使者歸報項王，項王乃疑范增與漢有私，稍奪之權。
4. 魏武將見匈奴使，自以形陋，不足雄遠國，使崔季珪代。
5. 今行數千里，又絕諸侯之地，以襲國，臣不知其可也。

［第六組］
1. 單于壯其節，朝夕遣人候問（蘇）武，而收繫張勝。
2. 今先生儼然不遠千里而庭教之，願以異日。
3. （謝）石聞（苻）堅在壽陽，甚懼，欲不戰以老秦師。
4. 文史星曆近乎卜祝之間，固主上所戲弄，倡優畜之，流俗之所輕也。
5. 公子乃自驕而功之，竊爲公子不取也。

三、判斷下面哪些是被動句，請指出並說明其所屬類型。
1. 趙嘗五戰於秦，二敗而三勝。
2. 或傳（于）嵩有田在亳、宋間，武人奪而有之，嵩將詣州訟理，爲所殺。
3. 西望夏口，東望武昌，山川相繆，鬱乎蒼蒼，此非孟德之困於周郎者乎？
4. 此其患不見於今，而將見於他日。
5. 然則一羽之不舉，爲不用力焉；輿薪之不見，爲不用明焉；百姓之不見保，爲不用恩焉。
6. 吾嘗三仕三見逐於君，鮑叔不以我爲不肖，知我不遭時也。
7. 業精於勤荒於嬉，行成於思毀於隨。

第四章 音　　韻

第一節　漢字讀音的演變

　　世界上萬事萬物都是在不斷地發展變化的，漢語語音也是在不斷地發展變化。漢語語音的發展變化有很多證據，例如日語中的吳音和漢音在相當大的程度上保留了公元6世紀和8世紀漢語的語音特徵，但跟現代漢語語音比較，就有很大的不同；又如現代各地方言中，老年人的發音特點有一些已在青年人當中消失，而青年人則可能又產生出一些新的發音特點。不但漢語語音是在不斷地變化，我們所使用的漢字也是在不斷地變化，可以說，從甲骨文、金文到今天的簡化字，漢字幾乎已經面目全非了。不過，各種事物的發展速度總不會是均衡的，比較起來，在兩千多年中，漢語語音的演變甚爲劇烈，而漢字，除了從篆書到隸書到楷書的字體變化外，形體本身的構造則變化甚微；尤爲重要的是，佔漢字總數五分之四以上的形聲字並沒有隨着自身讀音的改變而改變它們的聲符。由於漢語語音跟漢字的這種演變速度的不均衡性，所以就造成了這樣一種狀況，即對於同一個漢字，古代的讀音和現代的讀音就可能不相同。最明顯的例子是中國歷史上曾經多次重複翻譯印度佛經，其原因之一就是漢字讀音的變動，使得老譯本的音譯詞與原本梵文的讀音距離太大。

　　事情的複雜還不止於此。如果一批漢字，從古代的某一種讀音一律演變爲現代的某一種讀音，另一批漢字，也從古代的另一種讀音一律演變爲現代的另一種讀音，那麼事情就好辦多了。現在的問題在於，事物內部各方面的發展速度和方向也不是均衡的，一批漢字，在古代可能是同聲母或同韻母的字，到了現代就可能不是同聲母或同韻母的字，而另一批漢字，在古代可能是不同聲母或者不同韻母的字，到了現代卻可能是同聲母或者同韻母的字。

　　我們知道，在漢語中有一種單純詞是由雙聲的字音組成的，即雙聲聯綿詞，例如"蒹葭、蜘蛛、鴛鴦、彳亍、荏苒、踟躕、猶豫、陸離、凜冽、黽勉、慷慨、參差、崎嶇、唐突、仿佛、澎湃、倉卒",等等；跟雙聲聯綿詞相對應，在漢語中又有一種單純詞是由疊韻的字音組成的，即疊韻聯綿詞，例如"薜荔、葫蘆、螟蛉、混沌、徘徊、展轉、纏綿、繾綣、蕭條、崔嵬、堂皇、逍遙、蹉跎、窈窕、倉黃、闌干、燦爛"，等等。可是，由於字音的變化，古代的雙聲聯綿詞到了現代就有一部分變爲非雙聲的詞了，即原來兩字的聲母相同，現在不相同了，例如"蕭瑟、憔悴、唐棣、匍匐、玄黃"，等等；古代的疊韻聯綿詞到了現代也有一部分變爲非疊韻的詞了，即原來兩字的韻腹和韻尾都相同，現在不相同了，例如"崢嶸、綽約、倉庚、紛紜、陸續"，等等。

聲調的情況也是如此。比如由於入聲韻尾的消失，原來分別收-p、-t、-k 的入聲字"合、不、穫"等就跟非入聲字"和、布、禍"等完全同音了。

漢字讀音的這種變化，給我們閱讀古書造成了極大的困難。例如由於古今字音的不同，我們既難以判斷古詩詞的韻腳，又難以掌握古詩詞的平仄格律。又如由於古今字音的不同，我們難以識破古書中的通假字、譌誤字，等等。同時，無論在古代還是在現代，漢語都有許多方言存在，因此，對於同一個漢字，即使同一時代的人們，也可能讀音各不相同。這樣，古今漢字的讀音就更加錯綜複雜，給我們閱讀古書就帶來更大的不便了。

對於漢語語音的這種巨大變化，古人在早先並沒有認識到，由此就生出許多誤解來。遠在齊梁時代，沈重創立了"協句"說，主張對於那些位於韻腳，但讀來似乎並不押韻的字音，改讀其他字音，以求協和。例如《詩經·邶風·燕燕》第三章："燕燕于飛，下上其音。之子于歸，遠送于南。瞻望弗及，實勞我心。"《經典釋文》在"南"字下引沈重說："沈云協句，宜乃林反。"沈重的意思是，照當時齊梁時代的讀音，"南"字不能與"音、心"押韻，應該改讀"乃林反"，方可爲韻。這種"協句"（又叫"叶音"、"叶韻"）說，到了宋代朱熹就發展到了頂峰。朱熹在《詩集傳》和《楚辭集注》中大量採用了叶音，結果往往同一個字會改讀成各種不同的音，有時簡直到了隨心所欲的地步。例如《詩經·召南·行露》第二章："誰謂雀無角，何以穿吾屋？誰謂女無家，何以速我獄？雖速我獄，室家不足。"朱注"女無家"之"家"爲"叶音谷"，以與"角、屋、獄、獄、足"押韻。但同篇三章："誰謂鼠無牙，何以穿我墉？誰謂女無家，何以速我訟？雖速我訟，亦不女從。"他又注"家"爲"叶各空反"，以與"墉、訟、訟、從"爲韻。而在《詩經·小雅·常棣》第八章："宜爾室家，樂爾妻帑。是究是圖，亶其然乎？"他又注"家"爲"叶古胡反"，以與"帑、圖、乎"爲韻。這樣，"家"除了本來的字音外，又有三種讀音，而這三種讀音的產生，完全是由於古人不明古今語音的不同，主觀想像的結果。所以明代焦竑《筆乘》批評說：

"如此則'東'亦可以音'西','南'亦可以音'北','上'亦可以音'下','前'亦可以音'後',凡字皆無正呼,凡詩皆無正字矣。"

令人慶幸的是,自從明代陳第提出"時有古今,地有南北,字有更革,音有轉移"的觀點之後,對於古今漢字這種錯綜複雜的語音現象,已經有許多音韻學家進行了長期的研究,他們已經揭示了漢語語音史上大量的演變規律,古書中大量的語音現象已經得到比較完滿的解釋。清代著名學者段玉裁曾經説過:"音均明而六書明,六書明而古經傳無不可通。"(《寄戴東原先生書》)這句話説明,要真正讀懂讀通古書,音韻學的知識是不可或缺的。可以説,音韻學的理論和知識是我們打開中國古代文化寶庫的金鑰匙之一。

根據音韻學家的研究,兩千多年來漢字讀音的演變,大致可以分成四個時期。第一是上古音時期,即周秦兩漢的語音系統,主要是指從公元前 1000 年到公元 200 年間留傳下來的《詩經》、《楚辭》等古典作品中反映出來的語音面貌;第二是中古音時期,即魏晉唐宋間的語音系統,主要是指從公元 200 年到公元 1200 年間留傳下來的韻書、韻圖和其他古典作品中反映出來的語音面貌;第三是近代音時期,即元明清時代的語音系統,主要是指近代六百多年來韻書、韻圖以及詞曲等古典作品所反映出來的語音面貌;第四是現代音時期,即以北京音爲標準音的普通話語音系統。

我們學習漢語音韻的知識,目的在於瞭解漢字的形體構造,認識古代作品中大量存在的通假現象,掌握古代詩詞的格律形式,以及認識古代詞語之間的音義關係等等,以增進閱讀古書時理解的深度。而我們這裏所要瞭解、認識、掌握的這些內容,主要是在上古音時期和中古音時期,因此我們學習的重點也應該是集中在這兩個時期。至於近代音時期的語音系統,已經跟現代音距離不大,人們閱讀這一時期的古代作品所遇到的困難,主要已經不是語音方面的障礙了。

第二節　中古漢語的聲、韻、調及其應用

我們推究中古漢語的聲、韻、調,可以依據於隋、唐、宋時代的人們所編製的字母和韻書。字母和韻書的產生,是依據於反切的注音方法。原來,在漢代以前,我國一般祇採用"直音"的方法,就是利用音同或音近的關係,以一個漢字注明另一個漢字的讀音。以後由於雙聲疊韻的原理逐漸爲一般人所瞭解,同時梵文的拼音學理又隨着佛教文化傳入中國,使一般人得到啓發,於是把直音的方法

改爲拼音的方法，在東漢末年就產生了"反切"。反切的注音方法，就是用上下兩字來切成一個音節，取上字的聲和下字的韻，拼合而成爲被切字的音節。例如"中"字是"陟弓切"，就是取"陟"(zhì)字的聲(zh)和"弓"(gōng)字的韻(ōng)來拼合成"中"字的音節(zhōng)；"國"字是"古或切"，就是取"古"(gǔ)字的聲(g)和"或"(huò)字的韻(uò)來拼合成"國"字的音節(guó)。所以，反切上字跟被切字必定是雙聲的關係，反切下字跟被切字必定是疊韻的關係。反切下字同時又用來表示被切字的聲調，所以，反切下字跟被切字必定又是同調的關係。例如"弓"和"中"在中古同爲平聲(現代同爲陰平)，"或"和"國"在中古同爲入聲(現代"或"變爲去聲，"國"變爲陽平)。反切通行之後，漢字的雙聲和疊韻關係更加爲人所知。於是，類集雙聲的字，成爲聲類；就是把各種雙聲關係的字一類一類地分開，從每一類中各取一字來代表，成爲聲類的標目，並沿用梵文輔音的譯名，稱之爲"字母"。另外又部勒疊韻的字，成爲韻部；就是把各種疊韻關係的字一部一部地分開，從每一部中各取一字來代表，成爲韻部的標目，稱之爲"韻目"。按照各個韻目，類聚反切和被切字，以爲詩文押韻查檢字詞之用，就成爲韻書。由此可知，依據字母，可以知道中古漢語的聲類，依據韻書及其韻部，可以知道中古漢語的韻類和調類。

關於中古漢語的聲類，傳統的代表是守溫三十六字母。守溫是唐末的和尚，他曾經編製過一個聲母表，共三十個聲母，這些聲母用三十個漢字來表示，叫作三十字母，以後又由宋人增益爲三十六字母。三十六字母是[①]：

脣音	重脣音	幫 p	滂 pʻ	並 b	明 m				
	輕脣音	非 pf	敷 pfʻ	奉 bv	微 ɱ				
舌音	舌頭音	端 t	透 tʻ	定 d	泥 n				
	舌上音	知 ṭ	徹 ṭʻ	澄 ḍ	娘 ṇ				
牙音		見 k	溪 kʻ	羣 g	疑 ŋ				
齒音	齒頭音	精 ts	清 tsʻ	從 dz	心 s	邪 z			
	正齒音	照 tɕ	穿 tɕʻ	牀 dʑ	審 ɕ	禪 ʑ			
喉音		影 ʔ	曉 x	匣 ɣ	喻 j				
舌齒音	半舌音	來 l							
	半齒音	日 nʑ							

三十六字母雖然經常被作爲中古漢語的聲類，不過，它可能衹代表宋代的聲

---

① 我們根據傳統方法，把三十六字母按發音部位進行了分類，並且在每個字母旁邊附上國際音標，以表示字母的實際音值。

母系統,而與著名的中古韻書、宋代的《廣韻》所反映的聲母系統不同。據研究,《廣韻》的聲類有三十六個,它們跟三十六字母的關係如下:

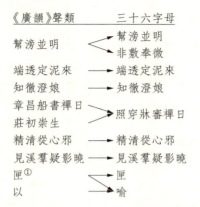

《廣韻》的前身是隋代陸法言在公元 601 年寫成的《切韻》,《廣韻》的語音系統與《切韻》基本一致,因此可以説,《廣韻》的聲類就是隋代漢語的聲類。

關於中古漢語的韻部,傳統的代表是《廣韻》二百零六韻。這二百零六韻,實際上包括平、上、去、入四聲所有的韻,如果不計四聲的區別,那麽祇有六十一個韻。"韻"是韻部的意思,即以詩文押韻爲準,凡經常在一起押韻的字就歸爲同一韻部。這樣,同一韻部的字並不一定屬於同一個韻母,例如 uŋ 和 iuŋ 屬於兩個韻母,an 和 uan 也屬於兩個韻母,但祇要經常在一起押韻,韻腹和韻尾一致,就可以歸納在一個韻部中。

不過,由於漢語語音的不斷簡化,代表隋代語音系統的《切韻》(即後來的《廣韻》),到了唐代初年就有很多文人"共苦其苛細"(唐封演《封氏聞見記》)。於是就陸續有人出來做一番歸併的工作,即根據當時的實際語音,把《廣韻》中有區別的,在早年詩文押韻中分用的韻部,加以適當的歸併,而確認在唐代乃至宋代當時的詩文押韻中可以合用。這樣到了金代又產生了一百零六韻的《平水韻》,即《詩韻》。這是中古後期一直到近代許多文人應付考試、製作詩詞時遵循的依據,同時也成爲一些工具書,例如元代的《韻府羣玉》、清代的《佩文韻府》等排檢字詞的編目。

《廣韻》二百零六韻與《平水韻》一百零六韻之間的關係如下:

---

① 《廣韻》的匣母後來分化爲于母(又稱喻三)和匣母兩類,于母跟以母(又稱喻四)合併爲三十六字母的喻母。

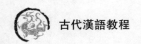

《廣韻》韻目	《平水韻》韻目
東董送屋 →	東董送屋
冬　宋沃 鍾腫用燭 →	冬腫宋沃
江講絳覺 →	江講絳覺
支　紙　寘 脂　旨　至 之　止　志 →	支紙寘
微尾未 →	微尾未
魚語御 →	魚語御
虞麌遇 模姥暮 →	虞麌遇
齊薺霽 　　祭 →	齊薺霽
泰 →	泰
佳蟹卦 皆駭怪 　　夬 →	佳蟹卦
灰賄隊 咍海代 　　廢 →	灰賄隊
真軫震質 諄準稕術 臻　　櫛 →	真軫震質
文吻問物 欣隱焮迄 →	文吻問物
元阮願月 魂混慁没 痕很恨 →	元阮願月
寒旱翰曷 桓緩換末 →	寒旱翰曷
刪潸諫黠 山產襇鎋 →	刪潸諫黠

先銑霰屑 仙獮線薛 →	先銑霰屑
蕭篠嘯 宵小笑 →	蕭篠嘯
肴巧效 →	肴巧效
豪晧號 →	豪晧號
歌哿箇 戈果過 →	歌哿箇
麻馬禡 →	麻馬禡
陽養漾藥 唐蕩宕鐸 →	陽養漾藥
庚梗映陌 耕耿諍麥 清靜勁昔 →	庚梗敬陌
青迥徑錫 →	青迥徑錫
蒸拯證職 登等嶝德 →	蒸職①
尤有宥 侯厚候 幽黝幼 →	尤有宥
侵寢沁緝 →	侵寢沁緝
覃感勘合 談敢闞盍 →	覃感勘合
鹽琰豔葉 添忝㮇帖 嚴儼釅業 →	鹽儼豔葉
咸豏陷洽 銜檻鑑狎 凡范梵乏 →	咸豏陷洽

---

① 拯韻、等韻併入迥韻，證韻、嶝韻併入徑韻。

228

關於中古漢語的調類,問題比較簡單。一般認爲中古分平、上、去、入四聲,同時每一聲的字又依據聲母的清濁各分爲二,這樣一共是四聲八調。這四聲八調到了現代普通話,演變爲陰平、陽平、上聲、去聲四個聲調,大致上中古清平歸於現代陰平、中古濁平歸於現代陽平,中古清上和一部分濁上歸於現代上聲,中古去聲和另一部分濁上歸於現代去聲,中古清入歸於現代陰平、陽平、上聲、去聲四聲,中古濁入歸於現代陽平和去聲。兹列表說明如下:

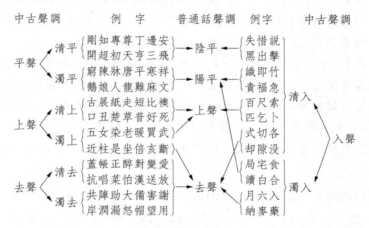

當我們明瞭中古漢語的聲類、韻部和調類之後,就可以用來分析研究中古詩文中的一些語音現象了。這種分析研究大致有以下幾個方面。

1. 正確判斷詩詞、韻文的韻脚。例如唐代王維《鹿柴》詩:

　　　　空山不見人,但聞人語響。返景入深林,獨照青苔上。

有的現代版本認爲"人語響"不通,改爲"人語聲",同時認爲"響"和"上"不押韻,因而懷疑此詩是一、三句"人"和"林"爲韻。其實,"響"並非聲響義,而是回響義,原詩不誤。同時,我們從《廣韻》可以查得,中古"人"是真韻字,"林"是侵韻字,兩字現代讀音雖近,但中古不論《廣韻》還是《詩韻》都不在同一韻部,唐人不可能用爲押韻字。此詩韻脚仍應是"響"和"上",兩字現代讀音雖遠,但中古同爲養韻字,如改爲"聲",反爲不協。

又如杜甫《客至》詩:

　　　　舍南舍北皆春水,但見羣鷗日日來。花徑不曾緣客掃,蓬門今始爲君開。盤飧市遠無兼味,樽酒家貧只舊醅。肯與鄰翁相對飲,隔籬呼取盡餘杯。

從現代普通話看,似乎是"來"、"開"爲韻,"醅"、"杯"爲韻,但《廣韻》"來"、"開"是

229

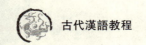

哈韻字，"醅"、"杯"是灰韻字，而這四個字在《詩韻》則合併爲灰韻字，所以這是一韻到底的七言律詩。

又如古體詩的用韻多有轉韻者，李白《夢遊天姥吟留別》詩就經過多次轉韻：

  海客談瀛洲，煙濤微茫信難求。越人語天姥，雲霓明滅或可睹。天姥連天向天橫，勢拔五嶽掩赤城。天台四萬八千丈，對此欲倒東南傾。我欲因之夢吳越，一夜飛度鏡湖月。湖月照我影，送我至剡溪。謝公宿處今尚在，淥水蕩漾清猿啼。脚著謝公屐，身登青雲梯。半壁見海日，空中聞天雞。千巖萬轉路不定，迷花倚石忽已暝。熊咆龍吟殷巖泉，慄深林兮驚層巔。雲青青兮欲雨，水澹澹兮生煙。列缺霹靂，丘巒崩摧。洞天石扇，訇然中開。青冥浩蕩不見底，日月照耀金銀臺。霓爲衣兮風爲馬，雲之君兮紛紛而來下。虎鼓瑟兮鸞迴車，仙之人兮列如麻。忽魂悸以魄動，怳驚起而長嗟。惟覺時之枕席，失向來之煙霞。世間行樂亦如此，古來萬事東流水。別君去兮何時還？且放白鹿青崖間，須行即騎訪名山。安能摧眉折腰事權貴，使我不得開心顏！

這裏的押韻完全符合《詩韻》，其韻脚是：洲、求（尤韻），姥、睹（虞韻），橫、城、傾（庚韻），越、月（月韻），溪、啼、梯、雞（齊韻），定、暝（徑韻），泉、巔、煙（先韻），摧、開、臺（灰韻），馬、下（馬韻），車、麻、嗟、霞（麻韻），此、水（紙韻），還、間、山、顏（刪韻）。

又如白居易《琵琶行》詩：

  自言本是京城女，家在蝦蟆陵下住。十三學得琵琶成，名屬教坊第一部。曲罷曾教善才伏，妝成每被秋娘妒。五陵年少爭纏頭，一曲紅綃不知數。鈿頭銀篦擊節碎，血色羅裙翻酒污。今年歡笑復明年，秋月春風等閒度。弟走從軍阿姨死，暮去朝來顏色故。門前冷落鞍馬稀，老大嫁作商人婦。

這裏帶點的"部"、"婦"兩字是上聲字，其他"住、妒、數、污、度、故"等都是去聲字。從表面上看，似乎這裏是上聲與去聲通押，但是根據中古聲調的演變規則，"部"、"婦"兩字恰恰是已經演變爲去聲，因此這裏仍然是同聲調押韻①。

又如古人寫作散文，也有力求韻文化的。有散文化的韻文，也有韻文化的散文。蘇軾的《前赤壁賦》是散文化的韻文，其句法不太整齊對偶，韻脚距離疏密不

---

① 《廣韻》"部"厚韻字，"婦"有韻字，"住、數"是遇韻字，"妒、污、度、故"是暮韻字，這些字在一起押韻，不但不合《廣韻》，而且不合《詩韻》，這大概反映了白居易當時的方音。

勻,但一經中古音檢查,其押韻還是十分明顯的:

"月明星稀,烏鵲南飛",此非曹孟德之詩乎?(支微合韻)西望夏口,東望武昌,山川相繆,鬱乎蒼蒼,此非孟德之困於周郎者乎?(陽韻)方其破荆州,下江陵,順流而東也,舳艫千里,旌旗蔽空,釃酒臨江,横槊賦詩,固一世之雄也,(東韻)而今安在哉?況吾與子漁樵於江渚之上,侶魚蝦而友麋鹿,駕一葉之扁舟,舉匏樽以相屬,寄蜉蝣於天地,渺滄海之一粟。(屋沃合韻)哀吾生之須臾,羨長江之無窮。挾飛仙以遨遊,抱明月而長終,知不可乎驟得,託遺響於悲風。(東韻)

韓愈的《進學解》是韻文化的散文,文中多有排偶句式,押韻也十分整齊:

先生口不絕吟於六藝之文,手不停披於百家之編;記事者必提其要,纂言者必鈎其玄;貪多務得,細大不捐;焚膏油以繼晷,恒兀兀以窮年:(先韻)先生之業,可謂勤矣。觝排異端,攘斥佛老;補苴罅漏,張皇幽眇;尋墜緒之茫茫,獨旁搜而遠紹;障百川而東之,迴狂瀾於既倒:(皓筱合韻)先生之於儒,可謂有勞矣。沈浸醲郁,含英咀華;作爲文章,其書滿家。上規姚姒,渾渾無涯;周誥殷盤,佶屈聱牙;《春秋》謹嚴,左氏浮夸;《易》奇而法,《詩》正而葩;(麻韻)①下逮《莊》、《騷》,太史所録;子雲、相如,同工異曲:(沃韻)先生之於文,可謂閎其中而肆於外矣。少始知學,勇於敢爲;長通於方,左右具宜:(支韻)先生之於爲人,可謂成矣。然而公不見信於人,私不見助於友;跋前躓後,動輒得咎。(有韻)暫爲御史,遂竄南夷;三年博士,冗不見治;命與仇謀,取敗幾時!冬暖而兒號寒,年豐而妻啼飢;頭童齒豁,竟死何裨?不知慮此,而反教人爲!(支韻)

以上這些韻脚的正確判斷都離不開中古音的知識。

2. 識別通假字。例如唐代秦韜玉《貧女》詩:"誰愛風流高格調?共憐時世儉梳妝",世謂"儉梳妝"爲儉樸的梳妝,誤。《唐會要》卷三十一記載大臣奏折:"婦人高髻險妝,去眉開額,甚乖風俗,破壞常儀,費用金銀,過爲首飾,並請禁斷。"顯然,"儉"通"險"(《廣韻》兩字均琰韻字,聲母亦近),"儉梳妝"當指一種高髻髮型。

又如白居易《琵琶行》詩:"間關鶯語花底滑,幽咽泉流水下灘。"清人盧文弨校本作"水下難",段玉裁《與阮芸臺書》以爲當是"冰下難",日本那波道圓本作"冰下灘"。此詩實以"冰下灘"爲妥,《廣韻》:"瘓,他干切,力極。""瘓"與"灘"同

---

① "涯",中古有麻韻一讀。

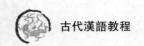

音,"冰下灘"即"冰下疼",謂泉流冰下,水聲嗚咽,仿佛氣力殆盡狀。敦煌變文《破魔變文》:"鬼神類,萬千般,變化如來氣力灘。""氣力灘"爲"氣力盡"之意,可證。

又如元代關漢卿《望江亭·中秋切鱠旦》:"這個是勢劍,衙内見愛媳婦,借與我拿去持三日魚好那!"明代馮夢龍《山歌》卷八"丟磚頭":"正是蓮蓬梗打人,拼子私情斷,我是礱糠裏剮魚剺肚腸。"這裏"持魚"、"剮魚"並爲"治魚"之通假,《詩韻》"持、剮、治"並爲支韻字,"治魚"乃剖魚腹、去魚鱗之意。

又如《太平廣記》卷四百五十二"任氏傳":"任氏又以衣服故弊,乞衣於崟。崟將買全綵與之。任氏不欲,曰:'願得成制者。'""全綵",明本作"金綵",是"全"爲"金"之誤,而"金綵"即"錦綵",音近通假。《陳書·高祖紀》:高祖"乃密具袍數千領,及錦綵金銀,以爲賞賜之具"。《宋史·輿服志》五:"錦綵百匹,金花銀器百兩。"可證。《後漢書·東夷列傳》:"永寧元年,乃遣嗣子尉仇台詣闕貢獻,天子賜尉仇台印綬金綵。""金綵"亦當爲"錦綵"。

又如敦煌變文《舜子變》:

姚王里化之時,日洛千般祥瑞。舜有親阿孃在堂,樂登夫人便是。樂登夫人染疾在床,三年不豈。夫人喚言苦瘦:"立有姑男姑女,流在兒塔手頂,願夫莫令邊恥。"苦噭報言娘子:"問疾病惣有,夫人大須攝治。"道了命終。舜子三年池孝,淡眼十日寡體。

這裏加點的字中,除了"頂"、"眼"是"頭"、"服"的訛誤外,其餘都是通假字,即"姚/堯"、"里/理"、"洛/落"、"豈/起"、"苦瘦/瞽叟"、"姑/孤"、"流/留"、"邊恥/鞭笞"、"苦噭/瞽叟"、"池/持"、"寡/掛"。敦煌變文中通假現象十分普遍,這都是需要中古音知識加以整理和判別的。

3. 校勘古代詩文。例如唐代岑參《走馬川行奉送出師西征》詩首句:"君不見走馬川行雪海邊,平沙莽莽黃入天。""走馬川"與"雪海邊"中間一"行"字殊不可解。其實本詩下文都是三句一換韻,這裏亦應如是,即"川、邊、天"爲韻,三字同在《詩韻》先韻,而"行"字乃因題目誤衍。

又如元本《詐妮子》劇第二折"江兒水曲":"老阿者使將來服侍你,展污了咱身起。"《拜月亭》劇第二折旦白:"男兒呵!如今我父親將我去也,你好生的覷當你身起。"《梨園按試樂府新聲》無名氏《水仙子》曲:"我今日悔懊遲,先輸了花朵般身已。"這裏"身起"、"身已"並爲"身己"之誤,"身己"即己身、自己之義。中古"起",溪母止韻字,"己",見母止韻字,兩字音近而誤;"已"則是"己"的形誤。

又如史達祖《釵頭鳳·寒食飲綠亭》詞:

> 春愁遠,春夢亂,鳳釵一股輕塵滿。江煙白,江波碧,柳戶清明,燕簾寒食,憶憶憶。　　鶯聲曉,簫聲短,落花不許春拘管。新相識,休相失,翠陌吹衣,畫樓橫笛,得得得。

此詩"曉"一作"晚",從押韻看,上闋第三、六、十三字"遠、亂、滿"爲韻,下闋亦應如是,第三、六、十三字爲韻,應以"晚、短、管"爲好,可見"曉"乃"晚"之誤。"曉"一本又作"暖",亦通。

又如《敦煌變文集·金剛般若波羅蜜經講經文》:

> 不揀山河大地,不揀日月星辰,
> 不論三惡道中,不說十方世界。
> 將來打碎作成塵,我仏身似三千界,
> 煩惱由如世上塵,世界本因塵土造。
> 衆生能變作仏身,世界上有塵埃。
> 衆生身上有如來,仏與衆生不塞離,
> 衆生貪變却輪迴。

整理者顯然把這一段文字的押韻關係搞錯了,正確的處理應該是前半押《詩韻》真韻,後半爲灰韻:

> 不揀山河大地,不揀日月星辰,
> 不論三惡道中,不說十方世界,將來打碎作成塵。
> 我仏身似三千界,煩惱由如世上塵,
> 世界本因塵土造,衆生能變作仏身。
> 世界上有塵埃,衆生身上有如來,
> 仏與衆生不塞離,衆生貪變(戀)却輪迴。

又:

> 微塵可得遇着風,當時幅塞滿虛空,
> 信腳夜行迷暗走,不知南北與東西。
> 衆生身分還如此,貪變(戀)無明欲火中,
> 仏與衆生離不遠,無緣隔壁鎮長聾。
> 世間貪變(戀)是凡夫,不悟身中珠明月,
> 當日如來親爲說,都公案上復何如。

這裏"東西"顯然是"西東"之誤,上半首詩以"風、空、東、中、聾"爲韻;"珠明月"顯

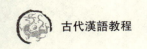

然是"明月珠"之誤,下半首詩以"夫、珠、如"爲韻。

第三節　上古漢語的聲、韻、調及其應用

上古沒有反切,也沒有字母和韻書,我們推究上古漢語的聲、韻、調,主要的辦法是:

1. 利用《詩經》、《楚辭》等韻文的押韻系統。例如《詩經·邶風·緑衣》第四章:"絺兮綌兮,凄其以風。我思古人,實獲我心。"以"風、心"爲韻。又《詩經·秦風·晨風》第一章:"鴥彼晨風,鬱彼北林。未見君子,憂心欽欽。"以"風、林、欽"爲韻。又《詩經·小雅·何人斯》第四章:"彼何人斯?其爲飄風。胡不自北?胡不自南?胡逝我梁?祇攪我心!"以"風、南、心"爲韻。"心、林、欽"是中古侵韻字,"南"是中古覃韻字,"風"是中古東韻字,它們在一起押韻,韻母必定相同或者相近,由此可知,中古的侵韻字、覃韻字的一部分和東韻字的一部分,它們在上古合爲一部。利用這種辦法,進行大量的系聯,就可以得到上古漢語的韻部系統。又如《詩經·小雅·甫田》第二章:"以我齊明,與我犧羊,以社以方。我田既臧,農夫之慶。"以"明、羊、方、臧、慶"爲韻。又《詩經·小雅·裳裳者華》第二章:"裳裳者華,芸其黃矣。我覯之子,維其有章矣。維其有章矣,是以有慶矣。"以"黃、章、章、慶"爲韻。又《易·益·彖傳》:"損上益下,民說無疆。自上下下,其道大光。利有攸往,中正有慶。利涉大川,木道乃行。益動而巽,日進無疆。天施地生,其益無方。凡益之道,與時偕行。"以"疆、光、慶、行、疆、方、行"爲韻。以上押韻字,除了"慶"是中古去聲字,其他都是中古平聲字,"慶"祇與平聲字押韻,由此可知,"慶"在上古與上述平聲字爲同一調類。利用這種辦法,進行大量的系聯,就可以得到上古漢語的調類系統。

2. 利用早期漢字的諧聲系統。例如"旁、滂、膀、傍、榜、謗"中古都是重唇音聲母,"方、芳、妨、防、坊、訪、放、紡、房"中古都是輕唇音聲母,它們屬於同一個諧聲系列,在造字時代不但韻母應當相同或相近,聲母也應當相同或者相近,由此可見,中古的重唇音聲母和輕唇音聲母在上古原來是合爲一類的。利用這種辦法,進行大量的系聯,又可以得到上古漢語的聲類系統。

根據現在的研究,上古漢語的聲母可以分爲單輔音聲母和複輔音聲母兩大類,所謂單輔音聲母,是說一個漢字祇有一個輔音聲母,所謂複輔音聲母,是說一個漢字有兩個或兩個以上的輔音聲母。

跟中古《廣韻》聲類和三十六字母比較,上古單輔音聲母的數量要少一些,其

主要表現在：(1) 古無輕唇音，即中古的幫滂並明、非敷奉微八母，上古合爲幫滂並明四母；(2) 古無舌頭舌上之分，即中古的端透定泥、知徹澄娘八母，上古合爲端透定泥四母；(3) 古人多舌音，即中古的章昌船書禪五母，上古都讀如舌上音，而與端透定等聲母相近；(4) 泥娘合一，日母近泥，即中古的娘母、泥母，上古合而爲一，中古的日母、泥母，上古讀音相近；(5) 莊組歸精，即中古的莊初崇山、精清從心八母，上古合爲精清從心四母；(6) 于母歸匣，即中古的于母、匣母，上古合而爲一；(7) 喻四近定，即中的以母、定母，上古讀音相近。

這樣，我們確定的上古漢語單輔音聲母共有二十八個，它們是：

唇音	幫 p	滂 pʻ	並 b	明 m			
舌音	端 t	透 tʻ	定 d	泥 n		喻四 l	來 r
	章 ȶ	昌 ȶʻ	船 ȡ	日 ȵ	書 ɕ	禪 ʑ	
齒音	精 ts	清 tsʻ	從 dz		心 s	邪 z	
牙音	見 k	溪 kʻ	羣 g	疑 ŋ			
喉音					曉 x	匣 ɣ	影 ʔ

關於上古漢語的複輔音聲母，我們認爲，上古肯定存在這種聲母，其主要依據是：① 諧聲字，例如"京景 k-鯨黥 g-：涼諒掠 l-"、"監鑑 k-檻 ɣ-：藍籃濫覽襤 l-"、"筆 p-：律 l-"、"逵 g-：陸稑 l-"、"變 p-：戀戀變變鸞 l-"、"泣 kʻ-：立笠 l-"等①；② 漢藏系親屬語言的比較，例如"涼"，藏文 graŋ，"藍"，泰語 khraam（靛青），"筆"，藏文 h-brud，"逵"，藏文 h-grul，"鑾"，泰語 phruan（家畜的項鈴），"笠"，壯語 kloop，等等。但是，上古究竟有多少種複輔音聲母的類型，目前還沒有完全搞清楚，祇知道主要有 pr-、pʻr-、br-、mr-、kr-、kʻr-、gr-、ŋr-、mpr-、skr-，等等；同時，哪些字有複輔音聲母，哪些字沒有，有複輔音聲母的話，又屬於什麼類型，以後，它們的演變經過又如何，這些問題更是遠遠沒有搞清楚。

上古漢語的韻部可以分爲三十一個，它們是：

之 əg	職 ək	蒸 əŋ
幽 ug	覺 uk	冬 uŋ
宵 ɔg	藥 ɔk	
侯 og	屋 ok	東 oŋ
魚 ag	鐸 ak	陽 aŋ

---

① 例字後面的音標代表中古聲母。

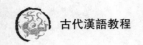

歌 ar	月 at	元 an
祭 ad		
支 eg	錫 ek	耕 eŋ
脂 ed	質 et	真 en
微 əd	物 ət	文 ən
	葉 ap	談 am
	緝 əp	侵 əm

這裏第一豎行都是陰聲韻部，以 g、d、r 爲韻尾，第二豎行都是入聲韻部，以 p、t、k 爲韻尾，最後一豎行都是陽聲韻部，以 m、n、ŋ 爲韻尾。每一橫行的陰聲韻部、入聲韻部和陽聲韻部之間具有對轉的關係。例如諧聲字"儺"從"難"聲，歌元對轉；"特"從"寺"聲，之職對轉。《詩經·邶風·北門》："王事敦我，政事一埤遺我，我入自外，室人交徧摧我。"以"敦"與"遺、摧"爲韻，微文對轉。《論語·顏淵》："人皆有兄弟，我獨亡。"以"亡"通"無"，魚陽對轉。《左傳》地名"夷儀"，《公羊傳》作"陳儀"，"夷"在脂部，"陳"在真部，脂真對轉。又，相鄰兩個橫行的韻部之間具有旁轉的關係。例如諧聲字"裘"從"求"聲，"裘"在之部，"求"在幽部，之幽旁轉。《詩經·邶風·柏舟》："静言思之，寤辟有摽。"毛傳訓"摽"爲拊心，"摽"在宵部，"拊"在侯部，宵侯旁轉。古文字"顛"、"頂"同訓，"顛"在真部，"頂"在耕部，耕真旁轉；"身"、"娠"同訓，"身"在真部，"娠"在文部，真文旁轉。《左傳》人名"提彌明"，《公羊傳》作"祁彌明"，"提"在支部，"祁"在脂部，支脂旁轉。

跟中古二百零六韻比較，上古韻部三十一個似乎十分貧乏，有人因此以爲，從上古到中古又到現代，漢語語音的發展是棗核形的，兩頭小，中間大。但是中古二百零六韻是包括四聲而言，上古三十一韻部則是不包括四聲而言，上古一個韻部的內涵比之中古要大得多，因此，漢語語音的發展總趨勢還是喇叭形的，不斷地由繁趨簡，由大到小，由多變少。

至於上古漢語的調類，從韻部角度看，大致上《詩經》時代已經有平、上、去、入四個調類，衹是少數陰聲韻部和陽聲韻部並非平、上、去三聲都具備，例如冬部、蒸部衹有平聲，没有上聲、去聲，而祭部則衹有去聲，没有平聲、上聲，到了漢代，冬部、蒸部又逐漸產生了上聲、去聲。從具體的字來看，上古絕大多數字的調類與中古相同，也有少數字的調類與中古不同。江有誥《再寄王石臞先生書》曾經舉例説："有古平而誤收入上聲者①，如'享、饗、頸、頟'等字是也；有古平而誤

---

① 這句話的意思是：上古是平聲，但中古《廣韻》誤收進上聲之中。以下各句倣此。不過《廣韻》依中古調類收字，不能對上古調類負責，江氏的指責不妥。

收入去聲者,如'訟、化、震、患'等字是也;有古上而誤收入平聲者,如'偕'字是也;有古上而誤收入去聲者,如'狩'字是也;有一字平、上兩音,而僅收入上聲者,如'怠'字是也;有一字平、上兩音,而僅收入平聲者,如'愆'字是也;有一字平、去兩音,而僅收入去聲者,如'信'字是也;有一字平、去兩音,而僅收入平聲者,如'居'字是也;有一字上、去兩音,而僅收入上聲者,如'喜'字是也;有一字上、去兩音,而僅收入去聲者,如'顧'字是也;有一字去、入兩音,而僅收入去聲者,如'意'字是也;有一字去、入兩音,而僅收入入聲者,如'得'字是也;有一字平、上、去三音,而遺其上、去者,如'時'字是也;有一字平、去、入三音,而遺其去、入者,如'來'字是也;有一字上、去、入三音,而遺其上、入者,如'至'字是也;有一字平、上、去三音,而遺其平聲者,如'上'字是也;有一字平、上、去三音,而遺其平、去者,如'静'字是也。"

當我們瞭解了上古漢語的聲類、韻部和調類之後,就可以用來分析研究上古典籍中的一些語音現象了。這種分析研究主要有以下幾個方面。

1. 判斷上古詩歌韻文中的押韻形式和押韻字。

上古詩歌的用韻有兩大特點,一是押韻形式多種多樣,二是韻脚十分細密。由於這兩大特點,再加上古今語音的巨大變化,上古詩歌用韻的正確判斷,就非利用上古音知識不可。例如《詩經·召南·野有死麕》:"野有死麕,白茅包之;有女懷春,吉士誘之。"這裏"麕、春"文部字為韻,"包、誘"幽部字為韻,這是交韻之例。又《詩經·邶風·谷風》:"習習谷風,以陰以雨;黽勉同心,不宜有怒。采葑采菲,無以下體;德音莫違,及爾同死。"這裏"風、心"侵部字為韻,"雨、怒"魚部字為韻,"菲、違"微部字為韻,"體、死"脂部字為韻,這也是交韻之例。又如《詩經·大雅·大明》:"有命自天,命此文王,于周于京,纘女維莘。"這裏"天、莘"真部字為韻,"王、京"陽部字為韻,這是抱韻之例。又《詩經·小雅·伐木》:"伐木丁丁,鳥鳴嚶嚶,出自幽谷,遷于喬木,嚶其鳴矣,求其友聲。"這裏"丁、嚶、鳴、聲"耕部字為韻,"谷、木"屋部字為韻,這也是抱韻之例。

又如屈原《離騷》:"百神翳其備降兮,九疑繽其並迎。皇剡剡其揚靈兮,告余以吉故。"這裏"迎",陽部字,對轉入魚部,與魚部字"故"為韻,這是對轉為韻之例。又《九辯》六:"何時俗之工巧兮?滅規矩而改鑿。獨耿介而不隨兮,願慕先聖之遺教。處濁世而顯榮兮,非余心之所樂。與其無義而有名兮,寧窮處而守高。"這裏"鑿、樂",藥部字,對轉入宵部,與宵部字"教、高"為韻,這也是對轉為韻之例。

與此相似,上古韻文的押韻字,也需要運用上古音知識纔能準確判斷。例如《韓非子·喻老》:"右司馬御座而於王隱曰:'有鳥止南方之阜,三年不翅,不飛不鳴,默然無聲,此爲何名?'王曰:'三年不翅,將以長羽翼;不飛不鳴,將以觀民則。雖無飛,飛必冲天;雖無鳴,鳴必驚人。子釋之,不穀知之矣。'"這裏"鳴、聲、名"耕部字爲韻,"翼、則"職部字爲韻,"天、人"真部字爲韻。又如《逸周書·周祝》:"故天爲高,地爲下,察汝躬,奚爲喜怒。天爲古,地爲久,察彼萬物名於始。左名左,右名右,視彼萬物數爲紀。紀之行也,利而無方,行而無止,以觀人情利有等。維彼大道,成而弗改。"這裏"下、怒"魚部字爲韻,"久、始、右、紀、止、等、改"之部字爲韻,"等"字是蒸部字,對轉入之部。

2. 識别上古典籍中的通假字。

上古典籍中的通假現象極爲普遍,近年來出土的大批古代文獻中的通假現象更是觸目皆是,通假字的存在是古書閱讀中的主要困難之一,而通假字的識别必須依靠上古音知識。例如《詩經·召南·采蘋》:"于以湘之,維錡及釜。"這裏"湘"的本義是水名,毛傳:"湘,亨也",實借爲"鬺",兩字同在陽部,聲母相近,《史記·封禪書》:"皆嘗亨鬺上帝鬼神。"徐廣注:"鬺,烹煮也。"①又《詩經·邶風·泉水》:"毖彼泉水,亦流于淇。"這裏"毖"通"泌",兩字同爲質部幫母字,《詩經·陳風·衡門》:"泌之洋洋,可以樂飢。"毛傳:"泌,泉水也。"又《詩經·小雅·小宛》:"題彼脊令,載飛載鳴。"這裏"題"的本義是額,毛傳:"題,視也。"鄭箋:"題之爲言視睇也。"是"題"借爲"睇",前者屬支部定母字,後者屬脂部定母字,支、脂相近。又《詩經·小雅·巧言》:"彼何人斯?居河之麋。"這裏"麋"本義爲鹿屬,毛傳:"水草交謂之麋。"當是"湄"的通假,《說文》:"水草交曰湄。"兩字同爲脂部明母字。又《詩經·大雅·公劉》:"何以舟之?維玉及瑤。"這裏"舟"的本義是船,毛傳:"舟,帶也。"實借爲"匊",《說文》:"匊,匝遍也。"今字作"周",兩字同爲幽部章母字。

又如《莊子·山木》:"夫子出於山,舍於故人之家。故人喜,命豎子殺雁而烹之。"這裏"烹"當是"亨"之誤,"亨之"即"享之",上古"亨"、"享"同字;而"享"又通"饗",兩字同爲陽部曉母字,"饗之"即饗莊周也,《呂氏春秋·必己》正作"令豎子爲殺雁饗之"。又"莊周反入,三月不庭,藺且從而問之:'夫子何爲頃間甚不庭乎?'"司馬彪以爲"三月不庭"乃"不出坐庭中三月"之意,誤。如依此說,原文當作"三月不出庭",文意始明;而下文"甚不庭"改作"甚不出庭",則文句欠通。此處"庭"實"逞"之通假,兩字均耕部字,聲母亦相近,《方言》:"逞,曉,快也。""三月不庭",一本作"三日不庭",此句乃謂莊周三日不快是也。

又如《戰國策·秦策》:"甘茂辭不往,蘇秦僞爲齊王曰:'甘茂,賢人也。今秦

---

① 今本徐廣注字句不同,此據《康熙字典》。

與之上卿,以相迎之,茂德王之賜,故不往,願爲王臣。今王何以禮之?'"這裏"僞爲"當是"爲謂"的通假。古書"僞"與"爲"通,兩字同是歌部匣母字,如《左傳·昭公二十五年》:"臧昭伯之從弟會爲讒於臧氏。"《史記·魯周公世家》"爲"作"僞"。《詩經·唐風·采苓》:"人之爲言,苟亦無信。"《釋文》:"爲"本或作"僞"。《荀子·性惡》:"人之性惡,其善者僞也。"《論衡·本性》引此而釋曰:"性惡者,以爲人生皆得惡性也;僞者,長大之後,勉使爲善也。"是"僞"乃借作"爲"。又古書"爲"通"謂"甚多,兩字同爲匣母,韻部亦較近,如《戰國策·楚策》:"賁、諸懷錐刃而天下爲勇,西施衣褐而天下稱美。""爲勇"即"謂勇"。又《孟子·公孫丑上》:"管仲,曾西之所不爲也,而子爲我願之乎?""爲我"即"謂我"。又《墨子·公輸》:"宋所爲無雉兔鮒魚者也。"《戰國策·宋衛策》"爲"正作"謂"。

又如《史記·晉世家》:"尤而效之,罪有甚焉。""有"通"又",上古均爲匣母之部字。古書"有"通"又",其例甚多,如《史記·楚世家》:"處既形便,勢有地利。""有"通"又",與"既"呼應。又《史記·廉頗藺相如列傳》"君有勢,我則從君,君無勢則去,此固其理也,有何怨乎"、《孟子·滕文公上》"逸居而無教,則近於禽獸,聖人有憂之"、《莊子·徐無鬼》"我則勞於君,君有何勞於我","有"並通"又"。《史記·樂毅列傳》:"恐傷先王之明,有害足下之義",《戰國策·燕策》"有"正作"又"。又如《史記·蘇秦列傳》:"臣聞飢人所以飢而不食烏喙者,爲其愈充腹而與餓死同患也。"索隱曰:"謂食烏頭,爲其暫愈飢而充腹,少時毒發而死,亦與飢死同患也。"此以"愈充腹"爲"愈飢充腹",即以"愈"爲"瘉"也,誤。"愈"當是"偷"之通假,兩字並侯部字,聲母亦近,《戰國策·燕策》正作"偷充腹"。"偷",苟且也,言飢人食烏頭,雖苟且充腹,而與餓者同歸於死也。《史記·齊太公世家》:桓公"欲無與魯地而殺曹沫,管仲曰:'夫劫許之,而倍信殺之,愈一小快耳,而棄信於諸侯,失天下之援,不可。'""愈一小快"即"偷一小快"。《韓非子·難一》:"焚林而田,偷取多獸,後必無獸。"《淮南子·人間訓》"偷"作"愈"可證。"愈"字又作"愉",亦通"偷",《詩經·唐風·山有樞》:"宛其死矣,他人是愉。"鄭箋:"愉讀曰偷。"

又如《漢書·韓信傳》:"信曰:'大王自料,勇悍仁彊孰與項王?'漢王默然良久,曰:'弗如也。'信再拜賀曰:'唯信亦以爲大王弗如也。……'"顏師古斷"唯"字爲句,注云:"唯,應辭。"誤,"唯"當是"雖"之通假,兩字均微部字,"唯"以母,"雖"心母,"雖"的上古聲母當是複輔音 sl-,此句言"非獨大王以爲弗如,雖信亦以爲弗如也"。古書"唯"借作"雖",其例甚多,如《禮記·少儀》"雖有君賜"、《禮記·雜記下》"雖三年之喪可也",鄭玄並注:"雖或爲唯"。又《戰國策·秦策》:"弊邑之王所甚説者,無大大王;唯儀之所甚願爲臣者,亦無大大王。弊邑之王所

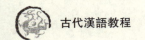

甚憎者,亦無大齊王;唯儀之甚憎者,亦無大齊王。"《史記·楚世家》"唯"並作"雖"。

3. 校勘古籍的字句。

古書頗多韻文韻語,所用的當然是古韻,如果該用韻處而失其韻,則字句必定有誤。例如《管子·七臣七主》:"故設用無度,國家踣,舉事不時,必受其菑。"這裏"時、菑"之部字爲韻,"度、踣"不韻,"踣"乃"路"字之訛,"度、路"魚部字爲韻。從字義角度看,"路",疲敝羸弱之意,《孟子·滕文公上》:"是率天下而路也。"趙岐注:"是率導天下之人以羸路也。"①字又作"露",《左傳·昭公元年》:"勿使有所壅閉湫底,以露其體。"杜預注:"露,羸也。"又作"潞",《呂氏春秋·不屈》:"士民罷潞。"高誘注:"潞,羸也。"

又如《逸周書·時訓》:"雷不始收聲,諸侯淫佚;蟄蟲不培戶,民靡有賴;水不始涸,甲蟲爲害。"此處"賴、害"祭部字爲韻,"佚"不韻。《太平御覽》引作"諸侯淫汰","汰",祭部字,是"佚"乃"汰"之誤。"諸侯淫汰"猶言諸侯放恣。下文"冬虹不藏,婦不專一;天氣不上騰,地氣不下降,君臣相嫉;不閉塞而成冬,母后淫佚","一、嫉、佚"質部字爲韻,今本"諸侯淫佚"乃涉下文"母后淫佚"而誤。以上兩條是校勘古書誤字之例。

又如《荀子·解蔽》:"《詩》曰:鳳凰秋秋,其翼若干,其聲若簫,有鳳有凰,樂帝之心。"這裏,"秋"與"簫"幽部字爲韻,"凰"與"心"失韻。《藝文類聚·祥瑞部》、《太平御覽·人事部》引文均作"有凰有鳳",是,"鳳"與"心"侵部字爲韻。先言"凰"後言"鳳",這是古書變文協韻之例。例如《詩經·衛風·竹竿》:"泉源在左,淇水在右;女子有行,遠兄弟父母。""母"與"右"之部字爲韻,一本作"遠父母兄弟",誤。《詩經·大雅·皇矣》:"帝謂文王,詢爾仇方,同爾弟兄。""兄"與"王、方"陽部字爲韻,今本作"同爾兄弟",誤。《莊子·秋水》:"且彼方趾黃泉而登大皇,無南無北;奭然四解,淪於不測。無西無東,始於玄冥,反於大通。""北、測"職部字爲韻,"東、通"東部字爲韻,今本作"無東無西",誤。《逸周書·周祝》:"故惡姑幽,惡姑明,惡姑陰陽,惡姑短長,惡姑柔剛。""明、陽、長、剛"陽部字爲韻,今本作"剛柔",遂不韻,這是後人不明古音而妄改的結果。

又如《史記·呂后本紀》:"諸呂用事兮劉氏危,迫脅王侯兮彊授我妃。"這裏"危"、"妃"現代音同韻,上古不同韻,"危"在歌部,"妃"在微部。《漢書·高五王傳》"危"作"微",正可與"妃"押韻,是"危"乃"微"之誤。因囿於後代讀音而妄改古書者,此例甚多。如《逸周書·文酌》:"發滯以正民。"趙敬夫校"正民"爲"振民",誤,

---

① 趙注從王念孫讀,見《讀書雜志·管子第二》。

"正"、"振"後代方言有同韻者,上古不同韻,"正"在耕部,"振"在文部。"正"當是"匡"字之形誤,匡民,謂救民也。又如《淮南子·說林訓》:"吠狗無鄉之社,易爲肉黍,無國之稷,易爲求福。"這裏"社、黍"魚部字爲韻,"稷、福"職部字爲韻。後人不知古音,遂改"肉黍"爲"黍肉",以與"福"爲韻,其實反使古書失韻。

又《淮南子·齊俗訓》:"武王伐紂,載尸而行,海内未定,故不爲三年之喪始;禹遭洪水之患,陂塘之事,故朝死而暮葬。"這裏"行、葬"陽部字爲韻。"始"字處句子大停頓處,必有一韻,今不韻,必有誤。高誘注:"三年之喪始於武王",文中"始"字乃涉注文而衍,當是"喪"與"行、葬"爲韻。又"不爲三年之喪"之"不"亦衍,該書《要略訓》、《道應訓》皆言武王治三年之喪可證。又《逸周書·時訓》:"蚯蚓不出,嬖奪后,王瓜不生,困於百姓。"這裏"嬖奪后"文意不明,且與"姓"不韻。《太平御覽·時序部》引作"嬖奪后命","命"與"姓"耕部字爲韻,是"嬖奪后"之後奪一"命"字明矣。這兩條又是以上古音校勘古籍衍字、奪字之例。

4. 鑑別古籍的真偽,判斷古籍的產生年代。

我國歷史上流傳下來的古籍十分豐富,但其中也往往摻雜了不少後人的僞作。在鑑別古籍的真偽,尤其是鑑別上古詩歌、韻文的真偽時,上古音知識往往是一種堅強有力的武器。例如曾經有人認爲《離騷》不是屈原所作,而是西漢淮南王劉安的作品,但是如果把《離騷》的用韻跟編著者肯定是劉安的《淮南子》的用韻加以比較,就可以發現兩者具有極大的差異。在《淮南子》的韻文中,上古魚部字和侯部字、鐸部字和屋部字、陽部字和東部字彼此頻繁通押,如:

　　夫萍樹根於水,木樹根於土;鳥排虛而飛,獸蹠實而走;蛟龍水居,虎豹山處,天地之性也。(《原道訓》)

　　貍頭愈鼠,雞頭已瘻;虻散積血,斲木愈齲,此類之推者也。(《說山訓》)

以上是加點的魚部字與加△的侯部字通押。

　　兵如植木,弩如羊角,人雖衆多,勢莫敢格。(《兵略訓》)
　　予拯溺者金玉,不若尋常之繘索。(《說林訓》)

以上是加點的鐸部字與加△的屋部字通押。

　　不可以合諸侯,起土功;動衆興兵,必有天殃。(《時則訓》)
　　是故五色亂目,使目不明;五聲譁耳,使耳不聰;五味亂口,使口爽傷;趣舍滑心,使行飛揚,此四者天下之所養性也。(《精神訓》)

以上是加點的陽部字和加△的東部字通押。而在《離騷》裏,魚和侯、鐸和屋、陽和東却是界限分明。《九歌》以至《大招》等篇也是如此。同時,《淮南子》的押韻形式多種多樣,如《原道訓》中:

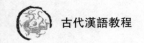

(1) AAAAAA

約而能張,幽而能明,弱而能强,柔而能剛,横四維而含陰陽,紘宇宙而章三光。(陽部字爲韻)

(2) ○A○A○A

包裹天地,禀授無形;原流泉浡,衝而徐盈;混混滑滑,濁而徐清。(耕部字爲韻)

(3) AABB

是故疾而不摇,遠而不勞,四支不勤,聰明不損。(·宵部字爲韻,△文部字爲韻)

(4) ABAB

循天者,與道游者也;隨人者,與俗交者也。(·真部字爲韻,△幽、宵部字合韻)

(5) ABCDABCD

所謂天者,純粹樸素,質直皓白,未始有與雜糅者也;所謂人者,偶䁖智故,曲巧偽詐,所以俛仰於世人而與俗交者也。(·真部字爲韻,△魚部字爲韻,。鐸部字爲韻,×幽、宵部字合韻)

而《離騷》則通篇都是二句一韻,並且往往二韻一組,頻頻轉韻。這種情況不僅見於《離騷》,而且見於《天問》、《惜誦》、《涉江》、《懷沙》等作品。由此可見,《離騷》的作者絕不可能是淮南王劉安,而祇能是屈原。

又如今傳漢末蔡琰詩作有五言體《悲憤詩》、楚辭體《悲憤詩》,以及《胡笳十八拍》,這三篇詩作究竟是否蔡琰所作,歷來懷疑的人不少。今考五言體《悲憤詩》的用韻完全合乎東漢韻部系統,例如:

去去割情戀,遄征日遐邁。悠悠三千里,何時復交會?念我出腹子,胸臆爲摧敗。既至家人盡,又復無中外。城郭爲山林,庭宇生荆艾。白骨不知誰,縱横莫覆蓋。出門無人聲,豺狼號且吠。煢煢對孤景,怛咤糜肝肺。登高遠眺望,魂神忽飛逝。奄若壽命盡,傍人相寬大。爲復强視息,雖生何聊賴!託命於新人,竭心自勖勵。流離成鄙賤,常恐復捐廢。人生幾何時,懷憂終年歲。

這裏以"邁、會、敗、外、艾、蓋、吠、肺、逝、大、賴、勵、廢、歲"共十四個祭部字爲韻,這是後人根本無法作偽的,可見此詩確實產生於漢末魏初,其作者無疑應是蔡琰。又考楚辭體《悲憤詩》的用韻情況亦類此,故作者爲蔡琰亦屬可信。至于《胡笳十八拍》，其用韻往往與漢代韻部系統相違，而與中古音系統相合。如：

> 我生之初尚無爲，我生之後漢祚衰。天不仁兮降亂離，地不仁兮使我逢此時。干戈日尋兮道路危，民卒流亡兮共哀悲。烟塵蔽野兮胡虜盛，志意乖兮節義虧。對殊俗兮非我宜，遭惡辱兮當告誰？笳一會兮琴一拍，心憤怨兮無人知。

這裏句脚"爲、離、危、虧、宜"，上古屬歌部字，中古爲《廣韻》支韻字；"衰、悲、誰"，上古屬微部字，中古爲《廣韻》脂韻字；"時"，上古爲之部字，中古爲《廣韻》之韻字；"知"，上古屬支部字，中古爲《廣韻》支韻字。在上古時代，歌、微、之、支四部字一起通押是根本不能的，到漢末魏初，也不存在通押的可能性；而中古支、脂、之三韻同用正符合《詩韻》的規定。由此可見，《胡笳十八拍》絕不可能產生於漢末魏初，其作者也必不能是蔡琰。

除鑑別古籍真僞以外，古音知識又可以幫助判斷古籍的產生年代。例如《孔雀東南飛》一詩，歷來爭論不休，有以爲此詩產生於六朝，但多數意見則傾向於漢末。今考此詩最早見於徐陵（507—583）的《玉臺新詠》，則其寫作年代不會晚於6世紀。又根據此詩頗有律化的傾向，並將此詩關於近體詩詩律"二四律"、"二四兼平頭律"和"上尾律"的犯規百分比①，與阮籍、謝靈運、沈約、庾信等人的犯規百分比加以比較，得出以下統計數據：

	二四律	二四兼平頭	上尾
孔雀東南飛			
全詩	42％	80％	28％
第1—10句	20％	60％	20％
第236—249句	28％	42％	0％
第342—355句	28％	57％	14％
阮籍(210—263)	—	—	46％
謝靈運(385—433)	51％	82％	34％
沈約(441—513)	33％	73％	0％
庾信(513—581)	7％	28％	—

---

① 二四律：根據詩律平仄相間的原則，五言詩的一句之中第二字與第四字不能同聲調，違背此律者如："冬節南食稻，春日復北翔。"
二四兼平頭律：《文鏡秘府論》云："平頭詩者，五言詩第一字不得與第六字同聲，第二字不得與第七字同聲"，今據"一三五不論，二四六分明"和"二四律"，可以確定"二四兼平頭律"是指：五言詩每句之中第二字與第四字不能同聲調，同時上下兩聯的第二字與第四字不能同聲調。違背此律者如："樹表看猿掛，樹側望熊馳。"
上尾律：據《文鏡秘府論》，上尾是指五言詩的上下兩聯的第五字不能同聲調。違背此律者如："西北有高樓，上與浮雲齊。"

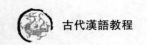

其尤可注意的是《孔雀東南飛》第1至10句、第236至249句和第342至355句，它們的律化程度特別高。以第1至10句爲例：

孔雀東南飛，五里一徘徊。十三能織素，十四學裁衣。十五彈箜篌，十六誦詩書。十七爲君婦，心中常苦悲。君既爲府吏，守節情不移。

十句之中違背二四律的僅兩句，違背上尾律的亦僅兩句。對比阮籍等詩人的犯規百分比，可以認爲《孔雀東南飛》一詩作於謝靈運之後，沈約之前。再加上某些語法方面的證據，例如動量詞"通"的使用，最早見於曹操《船戰令》："雷鼓一通，吏士皆嚴。"《後漢書·光武帝紀》："乃椎鼓數十通。"但開始時祇用於搖鼓，普遍使用於各種動作當更晚，今《孔雀東南飛》中已有"著我繡袷裙，事事四五通"。又如人稱代詞"渠"的使用，最早見於魏晉，《三國志·吳書·趙達傳》："女壻昨來，必是渠所竊。"今《孔雀東南飛》中已有"雖與府吏要，渠會永無緣"。又"卿"字本爲官爵之稱，後爲對人美稱，至南北朝時轉爲夫婦狎暱之稱，《世說新語·規箴》王夷甫諫其妻曰："非但我言卿不可，李陽亦謂卿不可。"今《孔雀東南飛》中又屢見此用法，如"我自不驅卿"、"卿但暫還家"，由此可以認定，《孔雀東南飛》絕非東漢末年產物，此詩誕生當在魏晉六朝之際。

第四節　古書中的特殊讀音

在我國歷史上，曾經有人主張用古音來誦讀古文、古詩。例如清代顧炎武就說過這樣的話："天之未喪斯文，必有聖人復起，舉今日之音而還之淳古者。"(《音學五書·序》)他作《唐韻正》一書，就是以他所考證的上古音來"正"《廣韻》之失。顧氏的這種復古主張實在是行不通的，我們學習古代詩文，主要是爲了繼承前人的文化遺產，在誦讀古代詩文時，一般並沒有必要保留古音之舊。而且，古今語音系統具有很大的差別，古代有全濁聲母，現代普通話沒有；古代有複輔音聲母，現代普通話沒有；古代有複雜的元音和介音，現代普通話則大大簡化了；古代有平、上、去、入四聲，現代普通話則沒有入聲。因此，要求人們保留古音之舊，勢必無法辦到。再說，即使有人一味好古，能夠用古音來誦讀，又有誰能聽懂呢？傳說顧炎武住在傅青主家時，有一天清晨，傅對顧說："汀芒矣！"顧莫名所以，以後纔知道傅所說的是"天明"的古音。由此可知，誦讀古代詩文，不應該也不可能大量使用中古漢語甚至上古漢語的讀音；對於今天的讀者來說，就是應該使用現代漢語普通話的讀音。

不過應當指出，古書中有一些特殊的讀音，儘管是現代漢語普通話中所不具備的，但是在傳統的習慣上却保留下來了。這些特殊讀音主要有以下五種。

一、古今字的讀音

古今字是表示同一詞義而古今形體有異的字。從語音角度看，有一部分古字和今字的現代讀音完全相同，例如"止/趾"、"要/腰"、"采/採"、"匡/筐"、"然/燃"、"益/溢"、"兒/貌"、"竟/境"、"坐/座"、"反/返"、"面/靣"、"頃/傾"、"取/娶"、"昏/婚"、"具/俱"、"辟/闢"、"辟/避"、"與/歟"、"象/像"、"辰/晨"、"舍/捨"、"戚/慼"、"涂/塗"，等等。這些字在現代沒有讀音上的糾葛，在誦讀古書、遇到古字時，都可用這些古字的現代普通話讀音，因此它們不存在特殊讀音的問題。但是另有一部分古字和今字，它們的現代讀音却不相同，例如"共/供"、"豈/愷"、"隶/逮"、"它/蛇"、"責/債"、"莫/暮"、"暴/曝"、"兩/輛"、"立/位"、"賈/價"、"來/徠"、"弟/悌"、"知/智"、"北/背"、"被/披"、"道/導"、"說/悦"、"卒/猝"、"詳/佯"、"女/汝"、"罷/疲"、"信/伸"、"馮/憑"、"干/岸"，等等。這些字在現代有讀音上的糾葛，在誦讀古書、遇到古字時，一般的處理方法是：少數使用該古字的現代普通話的讀音，例如《說文解字》"它"字下："上古草居患它，故相問'無它乎？'"這裏"它"的今字爲"蛇"，但是讀 tā，不讀 shé。又《論語·季氏》："故遠人不服，則修文德以來之。"這裏"來"的今字爲"徠"，但是仍讀 lái，不讀 lài。又《詩經·魏風·伐檀》："坎坎伐檀，寘之河之干兮。"這裏"干"的今字爲"岸"，但是仍讀 gān，不讀 àn。大多數則使用該古字的今字的現代普通話讀音，例如《左傳·僖公四年》："爾貢包茅不入，王祭不共。""共"的今字爲"供"，這裏讀 gōng，不讀 gòng。又《詩經·小雅·魚藻》："王在在鎬，豈樂飲酒。""豈"的今字爲"愷"，這裏讀 kǎi，不讀 qǐ。又《論語·衛靈公》："臧文仲其竊位者與？知柳下惠之賢而不與立也。""立"的今字爲"位"，這裏讀 wèi，不讀 lì。又《孟子·滕文公上》："布帛長短同，則賈相若。""賈"的今字爲"價"，這裏讀 jià，不讀 gǔ。又《論語·學而》："學而時習之，不亦說乎？""說"的今字爲"悦"，這裏讀 yuè，不讀 shuō。又《戰國策·燕策》："羣臣驚愕，卒起不意，盡失其度。""卒"的今字爲"猝"，這裏讀 cù，不讀 zú。這裏兩種不同的處理方法，在何種情況下取前者，何種情況下取後者，完全是根據人們的習慣；不過爲了照顧語義的理解，我們認爲以後一種處理方法爲好。由於後一種處理方法把古字讀成不同於它的現代普通話的讀音，因此，對於這些古字來說，就形成了特殊的讀音。

二、通假字的讀音

通假字的讀音也可以分成兩類,一類是通假字與本字的現代讀音完全一致,這一類沒有讀音上的糾葛。例如"謂/爲"、"芥/介"、"視/示"、"鈞/均"、"奉/俸"、"錯/措"、"式/軾"、"辨/辯"、"以/已"、"豫/預"、"免/娩"、"逝/誓"、"熙/嬉"、"燕/宴"、"誼/義"、"常/嘗"、"爾/邇"、"蚤/早"、"惠/慧"、"無/毋",等等。另一類是通假字和本字的現代讀音不一致,例如"亡/無"、"能/耐"、"有/又"、"屬/囑"、"矜/鰥"、"害/曷"、"爵/雀"、"政/征"、"歸/饋"、"矢/誓"、"干/澗"、"生/性"、"章/彰"、"斂/殮"、"拂/弼"、"適/謫"、"亡/忘"、"繆/穆"、"者/嗜",等等。對於這一類字,傳統的處理是絕大多數通假字按照本字的現代讀音來讀,例如:

> 人皆有兄弟,我獨亡。(《論語·顏淵》)("亡"通"無",讀 wú)
> 食水者善游能寒。(《淮南子·墬形訓》)("能"通"耐",讀 nài)
> 使人屬孟嘗君,願寄食門下。(《戰國策·齊策》)("屬"通"囑",讀 zhǔ)
> 矜寡孤獨廢疾者皆有所養。(《禮記·禮運》)("矜"通"鰥",讀 guān)
> 害澣害否,歸寧父母。(《詩經·周南·葛覃》)("害"通"曷",讀 hé)
> 人不能自止於足,而亡其富之涯乎!(《韓非子·說林下》)("亡"通"忘",讀 wàng)

祇有極少數通假字仍依它們的現代讀音來讀,例如:

> 秩秩斯干,幽幽南山。(《詩經·小雅·斯干》)("干"通"澗",讀 gān)
> 三進及溜,而後視之。(《左傳·宣公二年》)("溜"通"霤",讀 liū,不讀 liù)

這樣,對於絕大多數通假字來說,由於不按照它們自身的現代讀音,而是按照本字的現代讀音來讀,也就形成了特殊的讀音。

三、讀破

"讀破"是利用字詞的讀音變化來表示詞義和詞類的變化,這種讀音變化主要是聲調的變化,即四聲別義,其次也有利用聲母的變化來表示的。例如《廣韻》"朝",陟遥切,早也;直遥切,朝廷也。又"見",古電切,視也;胡甸切,露也。又"著",張略切,服衣於身;直略切,附也。又"解",佳買切,講也,說也;胡買切,曉也。又"樂",五角切,音樂;盧各切,喜樂。讀破所造成的字音變化,有的一直沿用到現代漢語普通話,但是也有大量的讀破音沒有被現代普通話所繼承。其原因主要有二:① 讀破所造成的字詞現代已經廢棄不用,或者已由其他字詞代替。例如《論語·公冶長》:"子謂公冶長:'可妻也。雖在縲絏之中,非其罪也。'以其子妻之。""妻",以女適人也,舊讀 qì,此義今用"嫁"。又《詩經·小雅·黍苗》:"芃芃黍苗,陰雨膏之。""膏",潤物也,舊讀 gào,此義今用"滋潤"。又《孟子·梁惠王上》:"保民而王,莫之能禦也。""王",成就霸業也,舊讀 wàng,此義今已不用。又《尚書·蔡仲之命》:"往即乃封,敬哉!""封",封地,舊讀 fèng,此義今已不用。② 漢語語音的不斷簡化,使原來有異的讀音變得相同了。例如"敗",《廣韻》:補邁切,破他曰敗;薄邁切,自破曰敗。兩音聲母清濁不同,後因全濁聲母清化,兩音合而爲一。又"易",《廣韻》:以豉切,難易也,簡易也;羊益切,變易。兩音爲去聲與入聲之別,後因"入派三聲",兩音合而爲一。又"下",《廣韻》:胡雅切,賤也;胡駕切,行下。兩音有上聲和去聲之分,後因"濁上變去",兩音合而爲一①。

我們在閱讀古書時,對於那些一直沿用到現代漢語普通話的讀破,當然是應該遵從的,而對於那些並不爲現代普通話所繼承的讀破,則可以根據一般的習慣,有的遵從讀破音,有的就依照現代普通話的讀音。例如"王、衣、雨、從、聞、風、間、與、騎、語、解"等,由於在古書中出現頗多,一般都遵從讀破音。而其他一些字,則一般就依照現代普通話的讀音,如"去",《廣韻》丘倨切(qù),離也,羌舉切(qǔ),除也,今一概讀 qù。又"三",《廣韻》蘇甘切(sān),數名,蘇暫切(sàn),三思,今一概讀 sān。又"文",《廣韻》無分切(wén),文章也,《集韻》文運切(wèn),飾也,今一概讀 wén。又"養",《廣韻》餘兩切(yǎng),育也,餘亮切(yàng),供養,今一概讀 yǎng。當然,所謂遵從讀破音,還是要限於現代普通話語音系統可能允許的範圍內,並不是要求我們完全模仿古人的讀音。

四、專有名詞的讀音

古書中還有一些專有名詞,它們的傳統讀音也很特殊,例如:
1. 人名和稱號。

宓羲(伏羲)fúxī　　　　夫差 fūchāi
皋陶(咎繇)gāoyáo　　　伍員 wǔyún

---

① 此外還有一些原因,例如少數讀破因爲犯忌諱而不被沿用。如"操",《廣韻》七刀切(cāo),操持;七到切(cào),志操,舊讀"節操、操行、德操"都讀 cào,可是因爲 cào 容易誤解成髒字眼,今一概讀 cāo。

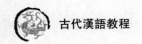

契 xiè 句踐 gōujiàn
尼父 nífú 趙衰 zhàocuī
墨翟 mòdí 角里 lùlǐ
叔孙婼 shūsūnchuò 區冶 ōuyě
且姚 jūyáo 禽滑釐 qíngǔlí
祭仲 zhàizhòng 酈食其 lìyìjī
樊於期 fánwūjī 鉛陵卓子 yánlíngzhuózǐ
召伯 shàobó 亢倉子（亢桑子）gēngsāngzǐ
解張 xièzhāng 咸宣 jiǎnxuān
不準 fǒuzhǔn 牟光 wùguāng
龍且 lóngjū 逢蒙（逢門）pángmén
种暠 chónghào 繁延壽 póyánshòu
汗明 hánmíng 曹大家 cáodàgū
能勝之 nàishèngzhī 可汗 kèhán
万俟卨 mòqíxiè 單于 chányú
尉遲恭 yùchígōng 閼氏（焉提）yānzhī
蓋寬饒 gěkuānrào 冒頓 mòdú
猗頓 yīdùn 呼韓邪 hūhányē
兒寬 níkuān 昆邪（渾耶）húnyē
眭弘 suīhóng 谷蠡 lùlǐ
金日磾 jīnmìdī 金兀朮 jīnwùzhú

2. 地名。

於陵 wūlíng 宛朐 yuānqú
鎬京 hàojīng 龍兌 lóngduó
不羹 bùláng 陽夏 yángjiǎ
會稽 kuàijī 番禺 pānyú
番陽 póyáng 葉 shè
阿房宮 ēpánggōng 費 bì
六合 lùhé 蔚 yù
卷縣 quānxiàn 華不注 huáfūzhù
祝其 zhùjī 天姥山 tiānmǔshān
東阿 dōng'ē 繁峙 fánshì

瀧水 shuāngshuǐ　　黽池 miǎnchí
莘 shēn　　　　　　黽阨 méng'è
台州 tāizhōu　　　　祖厲 juēlì
令狐 línghú　　　　　渦河 guōhé
令居 liánjū　　　　　櫟陽 yuèyáng
犍爲 qiánwèi　　　　蒲姑 bógū
允吾 qiānyá　　　　　休屠 xiūchú
查瀆 zhādú　　　　　烏氏 wūzhī
句瀆 gōudòu　　　　　邏些(邏娑)luósuō

3. 國家和民族名。

龜茲 qiū(或 jiū)cí　　身毒 yuāndǔ
大宛 dàyuān　　　　　烏秅 yāchá
康居 kāngqú　　　　　婼羌 ruòqiāng
月氏 ròu(或 yuè)zhī　且末 jūmò
扜彌 wūmí　　　　　　吐谷渾 tǔyùhún
高句麗 gāogōulí　　　熏育(葷粥)xūnyù
健馱羅 qiántuóluó　　先零 xiānlián
廲夲如 qiánggāorú　　吐蕃 tǔbō(或 fān)

4. 物名。

射干 yègān　　　　　　葱靈 chuānglíng
無射 wúyè　　　　　　莎雞 suōjī
闕翟(屈狄)juédí　　　犧尊 suōzūn
敦弓 diāogōng　　　　扁諸 biānzhū
繁纓(樊纓)pányīng　　仇矛 qiúmáo
毋追(牟追)móuduī　　培塿(部婁、附婁)pǒulǒu
獻豆 suōdòu　　　　　區脫 ōutuō
綠耳(騄耳)lùěr

5. 官職名。

寺人 shìrén　　　　　條狼氏 dílángshì
追師 duīshī　　　　　紅女 gōngnǚ
馮相氏 píngxiàngshì　蜡氏 qùshì

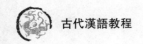

　　卝人 kuàngrén　　庶氏 zhùshì
　　廥夫 sèfū　　洗馬 xiǎnmǎ

　　以上特殊讀音都是在一定程度上保留了古音，例如地名"番禺"的"番"讀 pān，不讀 fān，反映了古無輕唇音的現象；人名"皋陶"的"陶"讀 yáo，不讀 táo，反映了上古以母近定的現象；外語譯名"谷蠡"，讀 lùlǐ，不讀 gǔlǐ，則反映了上古的複輔音聲母。長期以來，這些特殊讀音人們在習慣上仍然保留着，因此，今天仍有必要了解和掌握它們。

五、聯綿詞的讀音

　　除了以上各種特殊讀音以外，聯綿詞的讀音有時也顯得很特殊。一個聯綿詞往往有多種文字形式，可是都記錄了同一個詞，於是它們的讀音也往往相同或相似，而與其中有些字的現代普通話讀音有別，造成了一些特殊的讀音。例如：

　　　　嗚呼、烏嘑、於乎、於呼、於戲、惡乎——wūhū
　　　　魍魎、罔兩、罔閬、方良——wǎngliǎng
　　　　彷徨、仿徨、方皇——pánghuáng
　　　　逶迤、委蛇、逶蛇、逶夷、蜲蛇、威夷——wēiyí
　　　　盤桓、般桓、槃桓——pánhuán
　　　　匍匐、蒲服、蒲伏、扶服——púfú
　　　　婀娜、猗儺、阿那——ē'nuó
　　　　髴沸、渾沸、渾弗、渾淳——bìbó
　　　　反反、昄昄、板板——bǎnbǎn
　　　　誕謾、誕謾、訑謾、誕慢——dànmàn
　　　　躑躅、蹢躅——zhízhú
　　　　虛徐、虛邪——xūxú

　　語言是一個約定俗成的符號系統，以上五種特殊讀音之所以還需要保留和掌握，就是因為人們普遍還在使用它們。如果哪一天人們開始普遍放棄這種讀音，那麼毫無疑問，作為一般的學習者也就不必再使用這種讀音來誦讀古代詩文了。

練習七

一、判斷下列詩歌的韻脚，並注明它們所屬的韻部。

　　1. 太乙近天都，連山到海隅。白雲迴望合，青靄入看無。分野中峰變，陰晴衆壑殊。

欲投人處宿,隔水問樵夫。(王維《終南山》)

2. 漢家煙塵在東北,漢將辭家破殘賊。男兒本自重橫行,天子非常賜顏色。摐金伐鼓下榆關,旌旆逶迤碣石間。校尉羽書飛瀚海,單于獵火照狼山。山川蕭條極邊土,胡騎憑陵雜風雨。戰士軍前半死生,美人帳下猶歌舞。大漠窮秋塞草腓,孤城落日鬭兵稀。身當恩遇恒輕敵,力盡關山未解圍。鐵衣遠戍辛勤久,玉箸應啼別離後。少婦城南欲斷腸,征人薊北空回首。邊庭飄飄那可度,絕域蒼茫更何有!殺氣三時作陣雲,寒聲一夜傳刁斗。相看白刃血紛紛,死節從來豈顧勳。君不見沙場征戰苦,至今猶憶李將軍。(高適《燕歌行》)

二、判斷下面韻文的韻脚。

我思古人,伊鄭之僑。以禮相國,人未安其教。遊於鄉之校,衆口囂囂。或謂子產:"毀鄉校則止。"曰:"何患焉?可以成美。夫豈多言?亦各其志。善也吾行,不善吾避。維善維否,我於此視。川不可防,言不可弭。下塞上聾,邦其傾矣!"既鄉校不毀,而鄭國以理。在周之興,養老乞言;及其已衰,謗者使監。成敗之迹,昭哉可觀。維是子產,執政之式。維其不遇,化止一國。誠率是道,相天下君,交暢旁達,施及無垠。於虖!四海所以不理,有君無臣。誰其嗣之?我思古人。(韓愈《子產不毀鄉校頌》)

三、杜甫《偶題》詩連用"知、垂、斯、爲、規、疲、奇、兒、虧、碑、移、枝、螭、危、卑、池、麾、支、羆、宜、陂、離"二十二個支韻字爲韻,其中一聯云:"漫作潛夫論,虛傳幼婦碑。""碑"一作"詞",試判斷"碑"與"詞"何者爲是?

四、判斷下列詩歌的押韻形式,並指出押韻字所屬的韻部。

1. 彼采葛兮,一日不見,如三月兮。　彼采蕭兮,一日不見,如三秋兮。　彼采艾兮,一日不見,如三歲兮。(《詩經·王風·采葛》)

2. 我心匪石,不可轉也。我心匪席,不可卷也。威儀棣棣,不可選也。(《詩經·邶風·柏舟》)

3. 小東大東,杼柚其空。糾糾葛屨,可以履霜。佻佻公子,行彼周行。既往既來,使我心疚。(《詩經·小雅·大東》)

4. 鶉之奔奔,鵲之彊彊。人之無良,我以爲兄。鵲之彊彊,鶉之奔奔。人之無良,我以爲君。(《詩經·鄘風·鶉之奔奔》)

五、試指出下面韻文的押韻字,並注明韻部。

故曰:毋富人而貸焉,毋貴人而逼焉,毋專信一人而失其都國焉。腓大於股,難以趣走。主失其神,虎隨其後。主上不知,虎將爲狗。主不蚤止,狗益無已。虎成其羣,以弒其母。爲主而無臣,奚國之有!主施其法,大虎將怯。主施其刑,大虎自寧。法刑苟信,虎化爲人,復反其真。(《韓非子·揚權》)

六、在古漢語中,"造"字有兩個義項:1. 到某地去;2. 製造。第一個義項《廣韻》音七到切(cào),第二個義項《廣韻》音昨早切(zào)。請說明爲什麼現代漢語這兩個義項都讀 zào。

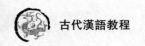

第五節　古代詩歌的格律

我國古代的詩歌,從先秦的《詩經》、楚辭到漢魏的樂府、民歌,又到中古的唐詩、宋詞,近代的元曲,源遠流長,作品浩瀚,影響深廣。從時間的角度看,古代的詩歌大致可以分爲先秦古詩、漢魏六朝古詩、律絶詩(又稱近體詩,或今體詩)、古體詩、詞、曲六大類;從形式的角度看,古代的詩歌又大致可以分成格律詩和非格律詩兩大類,律絶詩、詞和曲屬於格律詩,其他都屬於非格律詩。非格律詩並非一點都不講韻律,祇是比較起格律詩來,它對於韻律的要求要低得多。

觀察古代詩歌的格律,可以從押韻、平仄、對仗、字數這四個方面來進行。

一、押韻

押韻是詩歌韻律要素的一種,所謂押韻,是指把韻腹和韻尾相同或相近的字,排在各個詩句或相隔的幾個詩句的末尾,使相同或相近的字音有間隔、有規律地反復出現,形成一種和諧之美、回旋之美。

1. 韻腳的位置。押韻的字通常稱爲韻字,或者叫韻脚。韻脚大多處於詩句的最後一字的位置上,例如:

桃之夭夭,灼灼其華;之子于歸,宜其室家。(《詩經·周南·桃夭》)

有的則處於詩句倒數第二字的位置上,這常常是因爲最後一字是虛詞的緣故,例如:

參差荇菜,左右流之;窈窕淑女,寤寐求之。(《詩經·周南·關雎》)

這種情況以非格律詩爲多見,格律詩的韻脚大多在最後一字的位置上。在元曲中,另有一種"暗韻",就是在句子中間某一音步處插入韻字,例如:

酒入愁腸怎生言?疎竹瀟瀟西風戰。如年如年似長夜天,正是恰黄昏庭院。(關漢卿《小科門》)

兩個"年"字爲暗韻。

2. 押韻的方式。韻脚之間有一定的間隔,有的間隔多一些,有的間隔少一些,這就形成了不同的押韻方式,其中以連句韻和隔句韻最爲常見。

(1) 連句韻。例如：

秋風蕭瑟天氣涼，草木搖落露爲霜，羣燕辭歸鴈南翔。念君客遊思斷腸，慊慊思歸戀故鄉，君何淹留寄他方？賤妾煢煢守空房，憂來思君不敢忘，不覺淚下霑衣裳。援琴鳴絃發清商，短歌微吟不能長。明月皎皎照我牀，星漢西流夜未央。牽牛織女遙相望，爾獨何辜限河梁？（曹丕《燕歌行》）

(2) 隔句韻。例如：

水光瀲灩晴方好，山色空濛雨亦奇。欲把西湖比西子，淡妝濃抹總相宜。（蘇軾《飲湖上初晴後雨》）

先秦古詩和漢魏六朝古詩以連句韻和隔句韻爲多，律絕詩除了首句入韻而造成連句韻以外，以隔句韻爲常規。

又，律絕詩的用韻必須一韻到底，即使是長篇巨製的排律，有時多達幾十韻甚至一百韻，也不例外。例如：

鳳歷軒轅紀，龍飛四十春。八荒開壽域，一氣轉鴻鈞。霖雨思賢佐，丹青憶老臣。應圖求駿馬，驚代得麒麟。沙汰江河濁，調和鼎鼐新。韋賢初相漢，范叔已歸秦。盛業今如此，傳經固絕倫。豫樟深出地，滄海闊無津。北斗司喉舌，東方領搢紳。持衡留藻鑑，聽履上星辰。獨步才超古，餘波德照鄰。聰明過管輅，尺牘倒陳遵。豈是池中物，由來席上珍。廟堂知至理，風俗盡還淳。才傑俱登用，愚蒙但隱淪。長卿多病久，子夏索居頻。回首馳流俗，生涯似衆人。巫咸不可問，鄒魯莫容身。感激時將晚，蒼茫興有神。爲公歌此曲，涕淚在衣巾。（杜甫《上韋左相二十韻》）

而先秦古詩、漢魏六朝古詩、古體詩則可以隨意換韻。例如：

上邪！我欲與君相知，長命無絕衰。山無陵，江水爲竭，冬雷震震，夏雨雪，天地合，乃敢與君絕。（樂府民歌《上邪》）

詞的用韻，有的詞牌規定一韻到底，中間不能換韻，有的詞牌規定中間必須換韻。例如：

小山重疊金明滅，鬢雲欲度香顋雪。懶起畫蛾眉，弄妝梳洗遲。照花前後鏡，花面交相映。新帖繡羅襦，雙雙金鷓鴣。（溫庭筠《菩薩蠻》）

本詞牌規定第一、二句用仄聲韻，第三、四句換平聲韻，上下闋相同。

曲的用韻也是規定一韻到底，中間不得換韻。

在先秦古詩以及後代的詞當中,還有兩種韻腳互相交叉的情形,這樣就造成了交韻和抱韻。

(1) 交韻。例如:

肅肅兔罝,椓之丁丁;糾糾武夫,公侯干城。(《詩經·周南·兔罝》)

千里玉關春雪,雁來人不來,羌笛一聲愁絶,月徘徊。(溫庭筠《定西番》)

(2) 抱韻。例如:

思文后稷,克配彼天。立我烝民,莫匪爾極。(《詩經·周頌·思文》)

肆皇天弗尚,如彼泉流,無淪胥以亡。夙興夜寐,灑掃廷內,維民之章。修爾車馬,弓矢戎兵。用戒戎作,用遏蠻方。(《詩經·大雅·抑》)

莫聽穿林打葉聲,何妨吟嘯且徐行。竹杖芒鞋輕勝馬,誰怕?一蓑煙雨任平生。(蘇軾《定風波》)

3. 用韻的系統。語言跟隨時代的變化而變化,形成了歷代不同的語音系統;詩歌跟隨時代和語言的變化而變化,形成了歷代不同的詩體。歷代詩歌各自依據自己時代的語音來押韻,歷代的語音系統不同,詩歌的用韻也就不同,這樣,哪些字和哪些字可以押韻,哪些字和哪些字不能押韻,一以歷代語音系統爲準。

先秦古詩的用韻依據《詩經》音系統,與後代的用韻大不相同,例如:

東門之池,可以漚麻;彼美叔姬,可與晤歌。(《詩經·陳風·東門之池》)

這裏"池",中古支韻字,"麻",中古麻韻字,"歌",中古歌韻字,在《詩經》音系統中却同屬於歌部。

漢魏六朝古詩的用韻與先秦古詩的用韻有所不同,而漸漸接近於中古《切韻》系統,例如:

玄冬寂秋夜,天闈靜且閒。亭皋霜氣愴,松宇清風來。高琴時以思,幽人多感懷。幸籍汾陽想,嶺首正徘徊。(謝朓《奉和隨王殿下》)

《詩經》音的之部字"來"和微部字"開"已經合爲一部,以後成爲《切韻》的哈韻字。又:

士爲將軍何可羞,六月重裯被豹裘,不識寒暑斷人頭。雄兒田蘭爲報仇,中夜斬首謝并州。(樂府民歌《并州歌》)

《詩經》音的之部字"裘"又和幽部字"羞、仇、州"合爲一部,以後成爲《切韻》的尤韻字。

到了律絕詩形成之後,其押韻則完全依照《詩韻》一百零六韻①,一般絕對不許鄰韻通押。在《詩韻》中有些韻部收字特少,如江、佳、肴、咸諸韻,它們被稱爲險韻;即使如此,詩人們也絕不敢出韻,例如:

對月那無酒,登樓況有江。聽歌驚白鬢,笑舞拓秋窗。尊蟻添相續,沙鷗並一雙。盡憐君醉倒,更覺片心降。(杜甫《季秋蘇五弟纓江樓夜宴》)

這裏"江、窗、雙、降"都是江韻字。祇有律絕詩的首句入韻時,可以借用鄰韻字,例如:

十二巫山見九峰,船頭彩翠滿秋空。朝雲暮雨渾虛語,一夜猿啼明月中。(陸游《三峽歌》)

"峰",冬韻字,"空、中",東韻字。

與律絕詩相比,古體詩的用韻要稍微寬一些,允許鄰韻通押,例如:

衆人恥貧賤,相與尚膏腴。我情既浩蕩,所樂在畋漁。山澤時晦暝,歸家䬴閑居。滿園植葵藿,繞屋樹桑榆。禽雀知我閒,翔集依我廬。所願在優游,州縣莫相呼。日與南山老,兀然傾一壺。(儲光羲《田家雜興》)

以上是魚韻字(以·爲記)和虞韻字(以△爲記)通押。

詞的用韻,唐代的詞完全依照《詩韻》,從五代以後,漸漸與《詩韻》離異,而接近於當時的實際語音。例如:

酒羣花隊,攀得短轅折,誰憐故山歸夢、千里蓴羹滑,便整松江一棹、點檢能言鴨,故人歡接,醉懷霜橘,墮地金圓醒時覺。　長喜劉郎馬上、肯聽詩書説,誰對叔子風流、直指曹劉壓,更看君侯事業、不負平生學,離觴愁怯,送君歸後、細寫茶經香雪。(辛棄疾《六么令》)

這裏"折、滑、説、雪"是收 t 尾的入聲字,"鴨、接、壓、怯"是收 p 尾的入聲字,"覺、學"是收 k 尾的入聲字,p、t、k 尾混押,説明當時實際語音中入聲字都變成一個 ʔ 尾。

至於曲的用韻,則是根據元代的實際語音,周德清的《中原音韻》一書反映了元曲的用韻情况,這一系統十分接近於現代語音,其最大特點是平分陰陽、濁上

---

① 律絕詩的形成在唐代,而《詩韻》的出現在金代,説律絕詩用韻依照《詩韻》似有語病。但唐宋詩人用韻乃根據《唐韻》、《廣韻》的"同用"、"獨用"之例,其實際韻部與《詩韻》大致不差,故可籠統言之。

變去和入派三聲。例如：

  風擺簷間馬，雨打響碧窗紗，枕剩衾寒莫亂煞，不著我題名兒罵！暗想他，忒情雜，等來家，好生的歹鬭咱！我將那廝臉兒上不抓，耳輪兒揪罷，我問你昨夜宿誰家！（無名氏《三番玉樓人》）

這裏"煞、雜"原來都是入聲字，但現在已和其他陰聲韻字通押，表明入聲已經完全派入其他三聲，和現代漢語一樣了。

4. 押韻與平仄的關係。詩歌一般平仄不通押，先秦古詩大體上平押平、上押上、去押去、入押入，平仄不通押，不過平上去入四聲與後代不盡相同。例如：

  鴻雁于飛，肅肅其羽；之子于征，劬勞于野。爰及矜人，哀此鰥寡。（一章）鴻雁于飛，集于中澤；之子于垣，百堵皆作。雖則劬勞，其究安宅。（二章）鴻雁于飛，哀鳴嗷嗷；維此哲人，謂我劬勞。維彼愚人，謂我宣驕。（三章）（《詩經·小雅·鴻雁》）

這裏一章押上聲韻，二章押入聲韻，三章押平聲韻。

  漢魏六朝古詩也是平押平、上押上、去押去、入押入，平仄不通押。例如：

  行行重行行，與君生別離。相去萬餘里，各在天一涯。道路阻且長，會面安可知？胡馬依北風，越鳥巢南枝。相去日已遠，衣帶日已緩。浮雲蔽白日，游子不顧反。思君令人老，歲月忽已晚。棄捐勿復道，努力加餐飯。（《古詩十九首》）

這裏前半首押平聲韻，後半首押上聲韻。

  古體詩與先秦古詩和漢魏六朝古詩相仿。律絕詩則一般衹用平聲韻，第二、四、六、八等雙數句爲韻，一韻到底，不能換韻，更沒有平仄通押的現象。以平爲收，是韻腳所在；仄收之句，不是韻腳所在。首句可以仄收，也可以平收，平收入韻，仄收不入韻。

  詞由詞牌規定，哪些地方用平聲韻，哪些地方用仄聲韻。一般平仄不能通押，平押平、上去押上去、入押入。在詞裏，上聲和去聲可以通押。例如：

  輕風拂柳冰初綻，細雨銷塵雲未散，紅窗青鏡待粧梅、綠陌高樓催送雁。
  華羅歌扇金蕉醆，記得尋芳心緒慣，鳳城寒盡又飛花、歲歲春光常有限。
  （晏幾道《玉樓春》）

上聲字"醆"與去聲字"慣、限"通押。

  曲由曲牌規定，哪些地方用平，哪些地方用仄，甚至哪些地方用上聲，哪些地方用去聲，都有明確規定。與詞最大的不同，是曲可以平上去三聲通押，例如：

枯藤老樹昏鴉，小橋流水人家，古道西風瘦馬，夕陽西下，斷腸人在天涯。（馬致遠《天净沙》）

"鴉、家、涯"，平聲字，"馬"，上聲字，"下"，去聲字。但是平上去三聲通押，絕不是説每個韻脚都可平可仄，韻脚的平仄仍須遵循曲牌，祇是平聲和上聲韻脚處偶爾可用上聲或平聲字，而去聲韻脚處則絕不可通融。

二、平仄

1. 平仄的實質。平仄的分別，是根據中古平上去入的四聲系統，把平聲仍作爲平聲，把上、去、入聲作爲仄聲，分成平、仄兩大類。在元曲中，入聲已經消失，那麽平仍是平，上、去就是仄。平是長音步，仄是短音步，由平仄構成的詩歌韻律，就是一種長短律。

説平仄律是一種長短律，可以有很多證據。例如唐釋處忠《元和韻譜》説："平聲者哀而安，上聲者厲而舉，去聲者清而遠，入聲者直而促。"又明釋真空《玉鑰匙歌訣》説："平聲平道莫低昂，上聲高呼猛烈强，去聲分明哀遠道，入聲短促急收藏。"這些話説明中古平聲是平調，上聲是升調，去聲是降調，入聲是一個短調。平聲可以延長，延長而調形不變，上、去、入三聲都不可延長，延長了就變成平調，因此平仄律是長短律。在梵漢對音中，梵文的長元音用漢語的平聲字對譯，如果用漢語的仄聲字，則必定加上"引"（延長）、"引去"（去聲延長）等字樣；短元音用漢語的仄聲字對譯，如果用漢語的平聲字，則必定加上"短"（短調）、"上"（上聲）等字樣。如：

	a	ā	i	ī	u	ū
北涼天竺曇無讖譯《大般涅槃經》（公元 414—421 年）	噁	阿	億	伊	郁	優
唐玄應撰《一切經音義》卷二《大般涅槃經》（公元 649 年）	哀 烏可反	阿	壹	伊	塢 烏古反	烏
唐不空譯《瑜伽金剛頂經》（公元 771 年）	阿 上	阿 引去	伊 上	伊 引去	塢	污 引去
大唐山陰沙門智廣撰《悉曇字記》（公元 780—804 年）	短阿 上聲短呼 音近惡引	長阿	短伊 上聲聲近 於翼反	長伊 依字長呼	短甌 上聲聲近屋	長甌 長呼

由此可見，漢語的平聲應當是長調，上、去、入聲是短調，平仄律應是長短律。英語是以輕重音爲要素的語言，英語詩歌的韻律是輕重律，漢語的平仄律即長短律可以説是中國詩歌的一大特點。

2. 平仄的運用。格律詩與非格律詩的主要區別，在於前者要講平仄，後者不講平仄。在格律詩中，詞的平仄由詞牌作出規定，除了指定可平可仄者外，都是平仄不可互易。曲的平仄由曲牌規定，雖然到了元代，中古的平、上、去、入四聲已經演變爲陰平、陽平、上聲、去聲，但陰平、陽平作爲平聲仍屬同類；上聲和去聲雖然同是仄聲，但在元曲中却分別甚嚴，尤其是用於韻脚的時候。

這裏着重談一談律絶詩的平仄。

漢語發展到漢末魏晉時代，雙音節詞逐漸佔據了優勢，這樣，原來《詩經》時代的四言詩漸漸不能適應詩歌韻律的要求，因爲如果容納兩個雙音節詞的話，四言就祇有兩個音步，詩歌的節奏顯著減少。在此情形下，五言詩和七言詩便應運而生。五言至少可以容納兩個雙音節詞和一個單音節詞，每句有三個音步，七言則有四個音步，詩歌的節奏和表現力就有了很大的增加。

五言要容納兩個雙音節詞和一個單音節詞（七言是三個雙音節詞和一個單音節詞），並且要造成"前有浮聲，後須切響"（沈約語）的抑揚頓挫的韻律，那麽其平仄可以是：

甲、（平平）仄仄平平仄；乙、（仄仄）平平仄仄平；

丙、（仄仄）平平平仄仄；丁、（平平）仄仄仄平平。

當然，在保證音步所在處平仄不變的情況下，甲、乙、丙、丁這四種句型中的平仄也應當可以有所變化，但是變化時須注意兩大忌諱。對五言句型來説，就是第一、三字的平仄可以變化，但是，① 不能造成"三平調"，即不能造成句尾三個平聲字連用，這是詩家大忌，這就是説，丁種句的第三字絶對不能換用平聲；② 不能"犯孤平"，即不能造成一句之中，除了韻脚是平聲外，祇剩一個平聲字，這就是説，乙種句的第一字不能換用仄聲。而如果因内容需要，乙種句的第一字已用仄聲，犯了"孤平"，拗了，那麽可以把第三字改用平聲來救，這種辦法叫拗救。對於七言句型來説，就是第一、三、五字的平仄可以變化，所謂"一、三、五不論，二、四、六分明"就是此意。不過，① 丁種句的第五字不能換用平聲；② 乙種句的第三字不能換用仄聲，如果換用，須在第五字救。

這樣，我們可以得到五言律詩（簡稱五律）和七言律詩（簡稱七律）的四種基本句型，即：

甲、(平平)仄仄(平)平仄；乙、(仄仄)平平(仄)仄平；
丙、(仄仄)(平)平(平)仄仄；丁、(平平)仄仄仄平平。

在把以上四種基本句型組成律詩的時候,還須遵循"黏對"的規則。律詩共八句,每兩句組成一聯,每一聯的第一句叫"出句",第二句叫"對句"。所謂黏對,對是指同一聯中出句和對句的第二、四、六字必須平仄相反,黏是指上聯的對句和下聯的出句的第二、四、六字必須平仄相同。

根據以上條件,甲、乙、丙、丁四種基本句型分別做首句,就祇能組成以下四種不同類型的律詩。

(1) 仄起仄收式(七言詩是平起仄收式):

甲、(平平)(仄)仄(平)平仄,乙、(仄仄)平平(仄)仄平。
丙、(仄仄)(平)平(平)仄仄,丁、(平平)仄仄仄平平。
甲、(平平)(仄)仄(平)平仄,乙、(仄仄)平平(仄)仄平。
丙、(仄仄)(平)平(平)仄仄,丁、(平平)仄仄仄平平。

例如:

　　國破山河在,城春草木深。感時花濺淚,恨別鳥驚心。烽火連三月,家書抵萬金。白頭搔更短,渾欲不勝簪。(杜甫《春望》)

　　舍南舍北皆春水,但見羣鷗日日來。花徑不曾緣客掃,蓬門今始爲君開。盤飧市遠無兼味,樽酒家貧只舊醅。肯與鄰翁相對飲,隔籬呼取盡餘杯。(杜甫《客至》)

(2) 仄起平收式(七言詩是平起平收式):

丁、(平平)(仄)仄仄平平,乙、(仄仄)平平(仄)仄平。
丙、(仄仄)(平)平(平)仄仄,丁、(平平)仄仄仄平平。
甲、(平平)(仄)仄(平)平仄,乙、(仄仄)平平(仄)仄平。
丙、(仄仄)(平)平(平)仄仄,丁、(平平)仄仄仄平平。

例如:

　　清旭楚宮南,霜鐘萬嶺含。野人時獨往,雲木曉相參。俊鶻無聲過,饑烏下食貪。病身終不動,搖落任江潭。(杜甫《朝》)

　　昆明池水漢時功,武帝旌旗在眼中。織女機絲虛夜月,石鯨鱗甲動秋風。波漂菰米沈雲黑,露冷蓮房墜粉紅。關塞極天唯鳥道,江湖滿地一漁翁。(杜甫《秋興》)

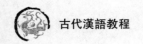

(3) 平起仄收式（七言詩是仄起仄收式）：

丙、（仄仄）平平（仄）仄仄，丁、（平平）仄仄仄平平。
甲、（平平）仄仄（平）平仄，乙、（仄仄）平平（仄）仄平。
丙、（仄仄）平平（仄）仄仄，丁、（平平）仄仄仄平平。
甲、（平平）仄仄（平）平仄，乙、（仄仄）平平（仄）仄平。

例如：

林風纖月落，衣露淨琴張。暗水流花徑，春星帶草堂。檢書燒燭短，看劍引杯長。詩罷聞吳詠，扁舟意不忘。（杜甫《夜宴左氏莊》）

劍外忽傳收薊北，初聞涕淚滿衣裳。卻看妻子愁何在，漫卷詩書喜欲狂。白日放歌須縱酒，青春作伴好還鄉。即從巴峽穿巫峽，便下襄陽向洛陽。（杜甫《聞官軍收河南河北》）

(4) 平起平收式（七言詩是仄起平收式）：

乙、（仄仄）平平（仄）仄平，丁、（平平）仄仄仄平平。
甲、（平平）仄仄（平）平仄，乙、（仄仄）平平（仄）仄平。
丙、（仄仄）平平（仄）仄仄，丁、（平平）仄仄仄平平。
甲、（平平）仄仄（平）平仄，乙、（仄仄）平平（仄）仄平

例如：

華亭入翠微，秋日亂清暉。崩石欹山樹，清漣曳水衣。紫鱗衝岸躍，蒼隼護巢歸。向晚尋征路，殘雲傍馬飛。（杜甫《重題鄭氏東亭》）

風急天高猿嘯哀，渚清沙白鳥飛迴。無邊落木蕭蕭下，不盡長江滾滾來。萬里悲秋常作客，百年多病獨登臺。艱難苦恨繁霜鬢，潦倒新停濁酒杯。（杜甫《登高》）

這四種類型的律詩，實際上祗有兩種，即第1、2兩種可以合併，第3、4兩種可以合併，合併而成的類型內部各以首句是否入韻再加區別。

以上可以稱為律詩的基本類型。在此基礎上，有時為了表達內容的需要，還可以運用拗救的辦法略作變動。這些辦法是：

第一，乙種句第一字（七言第三字）不用平聲而用仄聲，則第三字（七言第五字）改用平聲來救。這一點已見上文。

第二，丙種句第四字（七言第六字）不用仄聲而用平聲，則第三字（七言第五字）改用仄聲來救。

第三，甲種句第四字（七言第六字）不用平聲而用仄聲，其對句乙種句第三字（七言第五字）不用仄聲而用平聲來救。

例如王勃《送杜少府之任蜀州》：

> 城闕輔三秦，風煙望五津。與君離別意，同是宦遊人。海內存知己，天涯若比鄰。無爲在歧路，兒女共霑巾。

此詩屬類型 2，最後第二句當是丙種句平平平仄仄，今第四字"歧"爲平，則第三字改用仄聲"在"來救。又蘇軾《新城道中》：

> 東風知我欲山行，吹斷簷間積雨聲。嶺上晴雲披絮帽，樹頭初日掛銅鉦。野桃含笑竹籬短，溪柳自摇沙水清。西崦人家應最樂，煮葵燒筍餉春耕。

此詩屬類型 2，第六句當是乙種句仄仄平平仄仄平，今第三字"自"爲仄聲，則第五字改用"沙"平聲救。又白居易《賦得古原草送別》：

> 離離原上草，一歲一枯榮。野火燒不盡，春風吹又生。遠芳侵古道，晴翠接荒城。又送王孫去，萋萋滿別情。

此詩屬類型 3，第三句當是甲種句仄仄平平仄，第四句當是乙種句平平仄仄平，今第三句第四字用仄聲"不"，則其對句第三字改用平聲"吹"救。

三、對仗

對仗，又稱對偶，是指同一聯的上下句，各個字詞除了平仄相對外，其意義、詞性須依次相類相同，同時上下句的構詞形式、語法結構也須依次相類相同。例如：

> 出自幽谷，遷于喬木。（《詩經·小雅·伐木》）
> 采薜蘿兮水中，搴芙蓉兮木末。（屈原《九歌·湘君》）
> 草枯鷹眼疾，雪盡馬蹄輕。（王維《觀獵》）
> 兩個黃鸝鳴翠柳，一行白鷺上青天。（杜甫《絕句四首》）

對仗有工對、寬對、借對、流水對、扇面對等等的方式。

1. 工對和寬對。"工"和"寬"是相對而言，對仗嚴格工整爲工對，否則就是寬對。以下是工對的例：

> 見酒須相憶，將詩莫浪傳。（杜甫《泛江送魏十八》）

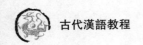

　　雲帶歌聲揚,風飄舞袖翻。(張謂《早春陪崔中丞宴》)
　　繞郭荷花三十里,拂城松樹一千株。(白居易《杭州名勝》)
　　雪蓋青山龍臥處,日臨丹洞鶴歸時。(劉禹錫《麻姑山》)
　　縈迴謝女題詩筆,點綴陶公漉酒巾。(劉禹錫《柳絮》)

以下是寬對的例:

　　不待金門詔,空持寶劍遊。(李白《寄淮南友人》)
　　文章千古事,得失寸心知。(杜甫《偶題》)
　　昔人已乘白雲去,此地空餘黃鶴樓。(崔顥《黃鶴樓》)
　　於今腐草無螢火,終古垂楊有暮鴉。(李商隱《隋宮》)

2. 借對。借對是指利用多義字或同音字來構成對仗。以下是借義的例:

　　漫作潛夫論,虛傳幼婦碑。(杜甫《偶題》,"潛夫"之"夫"借作"夫婦"之"夫")
　　此日六軍同駐馬,當時七夕笑牽牛。(李商隱《馬嵬》,"牽牛"之"牽"借作動詞之"牽")
　　酒債尋常行處有,人生七十古來稀。(杜甫《曲江》,副詞"尋常"借作數詞"尋常")
　　迴日樓臺非甲帳,去時冠劍是丁年。(溫庭筠《蘇武廟》,"丁壯"之"丁"借作"甲乙丙丁"之"丁")

以下是借音的例:

　　野鶴清晨出,山精白日藏。(杜甫《陪鄭廣文遊何將軍山林》,"清"借爲"青")
　　厨人具雞黍,稚子摘楊梅。(孟浩然《裴司士見尋》,"楊"借爲"羊")
　　寄身且喜滄州近,顧影無如白髮何。(劉長卿《江州重別薛六柳八二員外》,"滄"借爲"蒼")
　　翠黛不須留五馬,皇恩只許住三年。(白居易《西湖留別》,"皇"借爲"黃")

3. 流水對。流水對是指出句與對句在語義上是連貫一氣前後相承的。例如:

　　不堪玄鬢影,來對白頭吟。(駱賓王《在獄咏蟬》)
　　野火燒不盡,春風吹又生。(白居易《賦得古原草送別》)
　　請看石上藤羅月,已映洲前蘆荻花。(杜甫《秋興》)
　　可憐荒壟窮泉骨,曾有驚天動地文。(白居易《李白墓》)

4. 扇面對。扇面對也叫隔句對,指上一聯的出句與下一聯的出句相對,上一聯的對句與下一聯的對句相對。例如:

縹緲巫山女,歸來七八年。殷勤湘水曲,留在十三絃。(白居易《夜聞箏中彈瀟湘送神曲感舊》)

昔年共照松溪影,松折溪荒僧已無。今日重思錦城事,雪銷花謝夢何殊!(鄭谷《將之瀘郡旋次遂州遇裴員外謫居於此話舊淒涼因寄二首》)

從先秦古詩到漢魏六朝古詩,有逐漸駢儷化的傾向,因此在這些時代的古詩中,可以看到對仗逐漸增加。到了律詩,就規定中間兩聯,即頷聯、頸聯必須對仗,首聯和尾聯也可以對仗;長律,即排律則要求除首聯和尾聯外,中間無論有多少,一律對仗。

絶句、古體詩和曲可以對仗,也可以不對仗;如果對仗,也不規定在詩中的位置。

詞的對仗比較複雜,主要有以下特點:

1. 對仗沒有固定的位置,大致上字數相同而又相鄰的句子可以對仗。例如:

柳絲長、春雨細,花外漏聲迢遞。驚塞雁、起城烏,畫屏金鷓鴣。(溫庭筠《更漏子》)

照野瀰瀰淺浪、橫空隱隱層霄,障泥未解玉驄驕,我欲醉眠芳草。(蘇軾《西江月》)

燕子來時新社、梨花落後清明,池上碧苔三四點、葉底黄鸝一兩聲,日長飛絮輕。(晏殊《破陣子》)

念腰間箭、匣中劍、空埃蠹、竟何成!時易失、心徒壯、歲將零,渺神京。(張孝祥《六州歌頭》)

胡未滅、鬢先秋、淚空流,此生誰料、心在天山、身老滄州。(陸游《訴衷情》)

水風輕、蘋花漸老、月露冷、梧葉飄黄,遣情傷,故人何在?煙水茫茫。(柳永《玉蝴蝶》)

但是同一詞牌、同一位置,也可以不用對仗,用與不用,一依內容爲定。例如《憶江南》第二、三句,白居易作"日出江花紅勝火,春來江水綠如藍",用對仗,溫庭筠作"過盡千帆皆不是,斜輝脈脈水悠悠",不用對仗。

2. 相鄰的句子,首句除開一字逗,或兩字逗、三字逗之外,其餘部分與後續

句子字數相同,也可對仗。例如:

閒尋舊踪跡,又酒趁哀弦、燈照離席,梨花榆火催寒食,愁一箭風快、半篙波暖、回頭迢遞便數驛,望人在天北。(周邦彥《蘭陵王》)

聽夜鳴黃鶴、樓高百尺,朝馳白馬、筆掃千軍,賈傅才高、岳家軍壯,好勒燕然石上文。(吳文英《沁園春》)

那堪片片飛花弄晚、蒙蒙殘雨籠晴,正銷凝、黃鸝又啼數聲。(秦觀《八六子》)

3. 對仗近於散文的對偶,不限字的平仄。例如:

春悄悄,夜迢迢,碧雲天共楚宮遥。(晏幾道《鷓鴣天》,"悄悄、迢迢"均為平聲)

老夫聊發少年狂,左牽黃,右擎蒼。(蘇軾《江城子》,"左牽黃"仄平平對"右擎蒼"仄平平)

水邊沙外,城郭春寒退,花影亂、鶯聲碎。飄零疏酒盞,離別寬衣帶。(秦觀《千秋歲》,"花、亂"平仄對"鶯、碎"平仄,"疏、盞"平仄對"寬、帶"平仄)

4. 允許同字相對。例如:

人有悲歡離合、月有陰晴圓缺、此事古難全。(蘇軾《水調歌頭》)

牽牛織女,莫是離中,甚霎兒晴、霎兒雨、霎兒風。(李清照《行香子》)

坐玉石、倚玉枕、拂金徽。謫仙何處,無人伴我白螺杯。(黃庭堅《水調歌頭》)

四、字數

1. 各句的字數。漢字一個字一個音節,"字"或稱"言"。先秦古詩以四言為主,代表作是《詩經》。漢魏六朝古詩以五言為主,如《古詩十九首》等。律絕詩,五律五絕,每句五言;七律七絕,每句七言,不得增減。古體詩,以五言七言為主,間有不足五言七言或超出五言七言者,而且長短不一的句子可以混融於一篇之中,例如李白的《蜀道難》、杜甫的《茅屋為秋風所破歌》等。

詞,又稱長短句,每句的字數各有多少,一依詞牌的規定。詞當中又有"攤破"、"減字"等名稱,"攤破"是把原來的詞牌一句破為兩句,字數也有增加,如《攤破浣溪沙》等;"減字"是把原來的詞牌字數減少,如《減字木蘭花》等;但是這種情況等於是新創造詞牌,並非每句字數可以隨意增減之謂。曲的情況,如果不算襯字的話,就與詞差不多,但有的曲牌每句的字數甚至句子都可以增減。

2. 整篇的字數。先秦古詩、漢魏六朝古詩、古體詩,整篇裏句子多少、字數多少没有一定,隨興之所至。

律詩八句,整篇字數:五律四十字,七律五十六字。絕句是截取律詩之半,或截首尾兩聯,或截前半首,或截後半首,或截中間兩聯,因此整篇字數:五絕二十字,七絕二十八字。排律雖然每句七言,但整篇句數不定,故整篇字數亦不能定。

詞可以分爲小令、中調和長調三類,大致字數五十八字以下爲小令,五十九字到九十字爲中調,九十一字以上爲長調。具體每首詞的整篇字數由詞牌規定。

曲可以加襯字,襯字是在規定的字數以外,在句首或句中添加的字,主要用於補足語氣和描繪情態,歌唱時則輕輕帶過。襯字不拘多少,不限平仄,一般來説,小令襯字少,套數襯字多,雜劇襯字更多。例如元關漢卿《不伏老》"黄鍾煞":

> 我却是蒸不爛煮不熟捶不匾炒不爆響噹噹一粒銅豌豆。子弟每誰教你鑽入他鋤不斷斫不下解不開頓不脱慢騰騰千層錦套頭。我頑的是梁園月,飲的是東京酒,賞的是洛陽花,扳的是章臺柳。我也會吟詩,會篆籀,會彈絲,會品竹。我也會唱鷓鴣,舞垂手,會打圍,會蹴鞠,會圍棋,會雙陸。你便是落了我牙,歪了我口,瘸了我腿,折了我手,天與我這幾般兒歹症候,尚兀自不肯休!只除是閻王親令唤,神鬼自來勾,三魂歸地府,七魄喪冥幽,那其間纔不向這煙花路兒上走!

第六節　音韻方面的常用工具書

關於音韻方面的工具書甚多,今將適於一般閱讀、查檢的數種介紹如下。

一、陳彭年等《廣韻》

《廣韻》是宋朝陳彭年、邱雍等人於公元 1007 年至 1008 年間奉皇帝之命,根據前代韻書《切韻》、《唐韻》等修訂而成的,全名是《大宋重修廣韻》。《廣韻》一書收字共 26 194,注文 191 692 字,卷首載有宋景德、祥符二敕牒,又載陸法言《切韻》序、長孫訥言《切韻》箋,以及孫愐的《唐韻》序,書末又附有《雙聲疊韻法》、《六

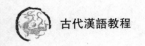

書》、《八體》等。

此書的體例是以四聲爲綱，以韻目爲經。先以聲調分爲五卷，卷一上平聲，卷二下平聲，卷三上聲，卷四去聲，卷五入聲；"上平聲"、"下平聲"，並非陰平、陽平之謂，而是因平聲字多而分爲兩卷。次以韻部分爲二百零六部，卷一載"東、冬、鍾、江"等二十八個平聲韻部，卷二載"先、仙、蕭、宵"等二十九個平聲韻部，合計平聲五十七個韻部，卷三載"董、腫、講、紙"等五十五個上聲韻部，卷四載"送、宋、用、絳"等六十個去聲韻部，卷五載"屋、沃、燭、覺"等三十四個入聲韻部。相應的平、上、去、入四聲的韻部之間具有相承相類的關係，例如東、董、送、屋四韻，東、董、送三韻相承，它們的韻母完全相同，衹是聲調有平、上、去之分，東、董、送三韻與屋韻相類，它們的韻頭、韻腹都相同，衹是韻尾有別，前三者爲ŋ，後者爲k。如此説來，平、上、去、入四聲的韻部數應當相同，今韻部數參差不齊，其原因是：（1）中古音衹有陽聲韻纔有相配的入聲韻，陰聲韻没有相配的入聲韻，《廣韻》陽聲韻三十五個，又痕韻的五個入聲字合併到没韻之中，痕韻没有相配的入聲韻，故入聲韻爲三十四個；（2）與冬韻相承的三個上聲字合併到腫韻之中，冬韻没有相配的上聲韻，臻韻没有相配的上聲韻，因此上聲韻爲五十五個；（3）去聲韻祭、泰、夬、廢没有相配的平、上聲韻，而臻韻又無相配的去聲韻，故去聲韻爲六十個。最後，在各個韻部之中，又以同音字區分爲一個個小韻，各個韻部所包括的小韻數没有一定。每個小韻以"○"爲標誌，並在首字下標注反切讀音，注明本小韻所收録的字數；小韻内的字都與首字完全同音；收入小韻的字大多有釋義，如有異讀，也以"又"或"又音"隨文注出。由此可見，《廣韻》實際上是一種按韻部編排的同音字典，它的編製目的之一，是作爲政府功令而爲當時士人應試作文服務的。

《廣韻》一書雖然修訂於宋代，但其本意是增廣《切韻》，故其語音系統頗與陸法言《切韻》一致，其二百零六韻實在是反映了隋代到唐初的漢語書面語讀音，而與中唐以下乃至宋代的實際口語多有違戾，所以，當時士人共"苦其苛細"，乃奏請皇帝，要求"合而用之"，這就是今本《廣韻》韻目下所注同用獨用之例的來源。這種同用獨用之例，與後來的《詩韻》大致相同。在《廣韻》的第一、二、三、四卷末都有"新添類隔今更音和"的附録，也是因爲實際語音已經有别，而修訂者不願改動原文而附記在這裏的。

陸法言《切韻》序云："欲廣文路，自可清濁皆通；若賞知音，即須輕重有異。"可見《廣韻》一類的韻書，其另一個編製目的是審辨音韻。爲了審辨讀音的異同，必須分析字音的各個要素而一一加以比較，並把這種分析都用反切表現出來。據研究，《廣韻》的一個韻部之中，往往包含一個、兩個、三個乃至四個韻母，其中

張氏澤存堂本《宋本廣韻》

有開、合口的區別,也有一、二、三、四等的區別,這種區別都蘊含在反切之中;同時,根據反切,又可以求得《廣韻》的聲母系統,這種聲母系統不同於傳統的三十六字母。因此,《廣韻》是研究漢語中古音,並進而上溯上古音,下推近代音的重要橋樑,《廣韻》在漢語音韻史上的價值是最爲首要的。

《廣韻》一書的檢字查閱,殊爲不便。今人沈兼士有《廣韻聲系》一書,把《廣韻》所有的字都依照諧聲關係重新排列,書末製有部首筆畫索引,查檢十分迅捷。新出的余迺永《新校互注宋本廣韻》附有部首筆畫檢字表,也可使用。此外,如果查閱常用字的音韻,可以參考丁聲樹、李榮《古今字音對照手冊》。

二、周法高《新編上古音韻表》

1948年,董同龢曾經作《上古音韻表》(載《中央研究院歷史語言研究所集刊》第十八本),以《說文》所收的九千多字爲基礎,再加上先秦典籍所見而《說文》未收的字,然後以聲韻爲經緯,把所有的字都一一列入圖表,這樣,每個漢字的上古音韻地位顯得十分清楚。

近年,周法高在董表的基礎上,又補充了數百個先秦古籍所見字,這樣共收字一萬一千多個,寫成《新編上古音韻表》一書,1974年出版。此書的編排方式仿照董表，全書分三十一個韻部，有陰陽入對轉關係的韻部排列在一起，音值相近的韻部排列在一起；每個韻部各有數張表格，開、合口不同表，一二三四等也不同表；表格的第一橫行注明上古韻部名稱及等呼，第二橫行列出構擬的上古韻母，斜綫後是這一韻母發展到中古的語音形式，並用括號注出其所屬的《廣韻》韻目，第三橫行注明上古的聲調；左方第一縱行列出構擬的上古聲母，其中 st、zd 是複輔音聲母，斜綫後是這一聲母發展到中古的語音形式。書中所收的一萬一千多字，各依其上古音韻地位，分別列入圖表之中，凡與中古來母有諧聲關係的字，用"(l-)"標誌，凡《詩經》中用爲押韻的字，用"△"標誌。例如此書第 17.3a 表。

韻部	東 部 合 三		
韻母	(17.3a) 209* jewng /iuog (鐘)		
聲母\聲調	平	上	去
*p/p	封葑		葑₂
*p'/p'	丰丯绛篷烽嵏蜂縫峯葑₃	捧₁捧	
*b/b	捧莩逢縫橙	奉唪₃	俸捧₃縫₂
*m/m			
*xm/x			
*k/k	鞏龔共。供₁恭	鞏讧篦銘卄快₂拱举苯₂	鞏₂供₂
*k'/k'	銎	恐₁	恐₂
*g/g	邛蛩椰鞏₂銎		共
*ng/ng	喁颙蝺₂		
*x/x	銎₂凶匈胸詾洶兇₁胷	詾₂洶₂兇₂汹₂	
*ɤ/j			
*ʔ/ʔ	邕廱離雍䵡₀䵡廱灉澭	壅₂雍₂擁	壅₃雍₃壅₂
*l/l			
*t/tś	鍾樟₃鐘舯₂従蚣	踵踵腫種₂衝₂	種₃穜₂僮
*t'/tś'	衝臺憧瞳劃韃		
*d/dź	韛	摩㾕	
*n/ń	茸蕋揎聋穠	冗氄軵(-l-)擤䎘䩾	
*stˊ/ś	樁舂惷₂		
*zd/ź			
*ts/ts	従樅縦₂縦₂鏦		瘲縦₂従₃
*ts'/ts'	從₃樅₂蹤鏦		
*dz/dz	从從₃		從₄
*s/s	蚣	悚竦䯩₂諌辣悚₁	
*r/z	蓯₁松		訟頌誦

268

此書最後附有部首筆畫索引,檢字十分方便。

《新編上古音韻表》的價值,主要在於給研究上古漢語的人提供了語音上的依據。上古漢語中的押韻和諧聲現象、通假現象、詞義的引申轉變現象、漢字的音近義通現象、同源詞的孳乳分化現象,等等,無不與漢字的上古語音有關,因此,有《新編上古音韻表》一冊在手,就給研究者帶來無窮的方便。當然,此書所構擬的音值,有一些僅是一家之言,學界不一定都能首肯,對於複輔音聲母的構擬,也欠簡單;但是具體哪個字入哪個韻部,屬哪個聲母,則大多中肯允當,信而有徵。

近年來同類工具書尚有唐作藩《上古音手冊》、郭錫良《漢字古音手冊》、陳復華與何九盈《古韻通曉》、鄭張尚芳《上古音系》等。

三、《詩韻》

《廣韻》之後,宋代江北平水人劉淵曾編有《壬子新刊禮部韻略》(1252),又稱《平水韻》。此書冠以"禮部"字樣,說明是當時政府頒佈、作爲士人應試作文之用的,書中分韻一百零七,是根據《廣韻》等韻書同用獨用之例歸併而成的。此前,金人平水書籍王文郁曾編有《平水韻略》(1229),分韻一百零六。到了元朝,陰時夫又編有《韻府羣玉》,亦分韻一百零六,劉書上聲迥韻獨用,拯韻與等韻通,陰書則全部合併,故少一韻。這些韻書爲人們作詩押韻所習用,故後來又稱爲《詩韻》。

清代康熙年間,張玉書等奉敕編寫《佩文韻府》和《佩文詩韻》。《佩文韻府》是一部詞語匯編式的韻書,目的是讓人們作詩時便於選擇詞藻,查檢典故,此書卷帙浩大,一般人無力購置,使用也頗不便。《佩文詩韻》是前書的編寫本,祇收注釋,不收詞藻。以後在《佩文詩韻》的基礎上,又有人陸續修訂,編寫了一些韻書,最後到了惜陰主人的《詩韻全璧》,在每頁眉上增加了"詩腋"、"賦彙錄要"、"文選解題"、"初學檢韻"、"類聯采新"、"月令粹編"、"賦學指南摘要"、"金壺字考"、"字習正訛"等內容,這樣,一般製作詩文時所需參考的資料就十分齊備了,終於成爲當時深受歡迎的一部

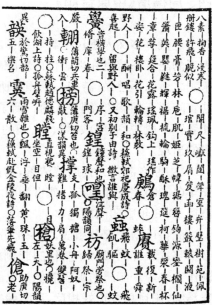

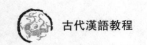

工具書。此書今有上海古籍出版社 1982 年影印本，但已刪去了書眉上的"詩腋"等所有參考資料，改名爲《詩韻》。

《詩韻》首載韻部目錄，正文仿照《廣韻》分爲上平聲、下平聲、上聲、去聲、入聲五卷。上平聲載"東、冬、江、支"等十五個韻部，下平聲載"先、蕭、肴、豪"等十五個韻部，合計平聲三十個韻部，上聲載"董、腫、講、紙"等二十九個韻部，去聲載"送、宋、絳、寘"等三十個韻部，入聲載"屋、沃、覺、質"等十七個韻部。書末附有部首筆畫索引。

《詩韻》釋字的體例有以下幾點可注意。① 此書既爲製作詩文、查檢韻字服務，使用者必定具備相當的文化水準，故常用字大多不列反切注音，而僅在少數僻字後注上反切；② 由於同樣的原因，常用字大多無釋義，僻字附以簡短的釋義；③ 爲便利士人選擇詞藻，書中收錄由字頭組成的詞或詞組，這些詞或詞組既有順序的，又有逆序的；④ 同時，有的字下又收錄了重要的典故或詩句；⑤ 爲醒目起見，對於有異讀的字，不但加注說明，而且在字頭上加六角邊框；⑥ 各項注釋之間，一律用大小圓圈隔開。

《詩韻》在音韻學上具有一定的研究價值，此外，對於一般的文學愛好者來說，可以藉以研究古代律絕詩和古體詩的韻律；同時，如果要學習製作律絕詩，也可以作爲查檢字詞的參考。

四、周德清《中原音韻》

近代許多文人應付考試和製作試賦，總是用《詩韻》作爲標準，但是《詩韻》所表現的語音系統實在與唐代的實際語音比較切近，而與宋代語音已經多有不合。宋詞之所以不遵循《詩韻》，詞韻之所以比《詩韻》更寬更自由，就是因爲宋詞是依據實際語音押韻脚、調平仄的。到了近代，《詩韻》一百零六韻已經成爲"紙上的死語"，一般說話、唱戲，聲、韻、調的系統都已經趨於簡化，於是有《中原音韻》一書的出現。

《中原音韻》，元代周德清著，初稿完成於元泰定元年(1324)，定本於元元統元年(1333)完成並印行。傳世的版本有鐵琴銅劍樓藏本、嘯餘譜本等，今有中華書局 1978 年影印的訥菴本。

此書由兩大部分組成，第一部分是韻譜，收錄了元曲中常作韻脚的五千八百多單字；第二部分是《正語作詞起例》，叙述韻譜的編製體例、審音原則和宮調的創作方法等。韻譜的編製體例是以韻部統轄四聲，與《廣韻》、《詩韻》等韻書以四聲爲綱、韻目爲經正好相反，這種編排應該說是跟元曲的四聲通押有關。全書先分爲十九個韻部：東鍾、江陽、支思、齊微、魚模、皆來、真文、寒山、桓歡、先天、蕭豪、歌戈、家麻、車遮、庚青、尤侯、侵尋、監咸、廉纖；然後在每一韻部中又分爲平聲陰、平聲陽、上聲、去聲四聲。平聲陰、平聲陽，就是現代漢語的陰平、陽平。《中原音韻》無入聲，中古入聲字被分配至陰、陽、上、去四聲中。最後在每一聲調中，又以同音字區分。例如"支思"韻部：

平聲陰

　　支枝肢厎氏榰楮之芝脂胝〇髭訾觜茲孳孜滋資咨淄諮姿秄〇䀹睢差〇施詩師獅鰤尸屍鳲蓍〇斯撕厮澌鷥颸思司私絲偲毸〇雌

陽

　　兒而洏〇慈鶿磁茲餈茨疵玼茈〇時塒鰣匙〇詞祠辭辤

上聲

　　紙砥底旨指止沚芷趾祉阯址徵咫〇爾邇耳餌珥駬〇此玼跐泚〇史駛使弛豕矢始屎箟〇子紫姊梓〇死〇齒

入聲作上聲

　　澁瑟音史 塞音死

去聲

　　是氏市柿侍士仕使示謚蒔恃事施嗜豉試弑筮視噬〇似兕賜姒巳汜祀嗣飼笥耜涘俟寺食思四肆泗駟〇次刺莿〇字漬牸自恣胾剚〇志至誌〇二貳餌〇翅〇厠

《中原音韻》不用反切注音，雖然如此，由於此書採取了類聚同音字的辦法，把各類不同音的字用圓圈隔開，所以後人仍然求得了《中原音韻》的聲類爲二十左右。

《中原音韻》是最早全面論述北曲的體裁、技巧和韻律的著作，在戲曲史上具有很大影響。北曲的創作和演唱以此書爲用韻的典範，後起的北曲韻書亦以此書爲藍本，南曲韻書則承襲了它的編寫體例。《中原音韻》又是根據當時北曲的用韻歸納而成的，它反映了當時北方的活語言，它的分韻與《廣韻》一系的韻書迥異，因此，《中原音韻》在漢語音韻史上又是極其寶貴的資料。

練習八

一、說明《詩經》的押韻特點。

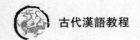

二、判斷下面五首律詩的平仄類型,寫出它們的句型,如有拗救,亦請説明。

1. 空山新雨後,天氣晚來秋。明月松間照,清泉石上流。竹喧歸浣女,蓮動下漁舟。隨意春芳歇,王孫自可留。(王維《山居秋暝》)

2. 渡遠荊門外,來從楚國遊。山隨平野盡,江入大荒流。月下飛天鏡,雲生結海樓。仍憐故鄉水,萬里送行舟。(李白《渡荊門送別》)

3. 腰間羽箭久凋零,太息燕然未勒銘。老子猶堪絕大漠,諸君何至泣新亭?一身報國有萬死,雙鬢向人無再青。記取江湖泊船處,卧聞新雁落寒汀。(陸游《夜泊水村》)

4. 莽莽萬重山,孤城山谷間。無風雲出塞,不夜月臨關。屬國歸何晚?樓蘭斬未還。煙塵一長望,衰颯正摧顏。(杜甫《秦州雜詩》)

5. 一上高城萬里愁,蒹葭楊柳似汀洲。溪雲初起日沉閣,山雨欲來風滿樓。鳥下綠蕪秦苑夕,蟬鳴黃葉漢宮秋。行人莫問當年事,故國東來渭水流。(許渾《咸陽城東樓》)

三、分析下面兩首詩的黏對。

1. 嬌歌急管雜青絲,銀燭金杯映翠眉。使君地主能相送,河尹天明坐莫辭。春城日出人皆醉,野戍花深馬去遲。寄聲報爾山翁道,今日河南勝昔時。(岑參《使君席夜送嚴河南赴長水得時字》)

2. 昔人已乘白雲去,此地空餘黃鶴樓。黃鶴一去不復返,白雲千載空悠悠。晴川歷歷漢陽樹,芳草萋萋鸚鵡洲。日暮鄉關何處是?煙波江上使人愁。(崔顥《黃鶴樓》)

四、下面兩首律詩的句子次序有錯亂,請復原。

1. 渡頭輕雨灑寒梅,夢渚草長迷楚望,夷陵土黑有秦灰,十二碧峰何處所,巴人淚應猿聲落,雲際溶溶雪水來,蜀客船從鳥道迴,永安城外有荒臺。(注:① 夢渚:雲夢澤之渚;② 楚望:猶言楚國的山川;③ 夷陵:縣名。)

2. 誰開湖寺西南路,望海樓明照曙霞,護江堤白踏晴沙,青旗沽酒趁梨花,草綠裙腰一道斜,柳色春藏蘇小家,紅袖織綾誇柿蒂,濤聲夜入伍員廟。(注:① 柿蒂:綾的花紋;② 梨花:酒名。)

272

下編　文　選

第五章　先秦歷史散文

鄭伯克段于鄢　　　　　　　　　　《左傳》

【説明】《左傳》是敍述我國春秋時期歷史的一部編年體史書,又稱《左氏春秋》、《春秋左氏傳》等。《左傳》舊傳爲春秋末期魯國史官左丘明所作,但自唐宋以來不斷有人提出質疑,近現代學者多認爲是戰國初年人根據春秋各國史料編纂而成。

傳統觀點認爲《左傳》是注解《春秋》的著作,所以,儒家學者把它和《公羊傳》、《穀梁傳》一起稱作"《春秋》三傳";但也有人認爲《左傳》是獨立的歷史著作,和《春秋》没有直接的關係。到西晉時,杜預把《左傳》的内容分年附在《春秋》的後邊,成爲我們今天看到的樣子。

《左傳》記事自魯隱公元年(前722)始,至魯悼公十四年(前454)止,共二百六十九年。它比較詳細地記録了春秋時期各國政治、軍事和外交等方面的諸多事件,反映了當時的社會面貌,是研究中國先秦社會的重要歷史文獻。《左傳》反映了先秦漢語的真實面貌,接近於當時的實際口語,同時它善於用簡練的文字描寫紛繁複雜的事件,細膩的筆觸刻畫人物的性格和心理活動,委婉的文筆表達外柔内剛的外交辭令,因而具有很高的語言學和文學價值。《左傳》是古代敍事散文的典範,對後代的語言和文學產生了深遠的影響。

《鄭伯克段于鄢》選自《左傳·隱公元年》,《左傳》原書本無篇名,篇名爲後人所加。《春秋》以魯國紀元編年,魯隱公元年即公元前722年。本篇記述了春秋初期鄭莊公與自己的弟弟、母親之間爭奪君位的鬥爭,表現了當時社會生活的一個側面。全文語言簡潔形象,描寫生動細緻,富有文學色彩。

初,鄭武公娶于申,曰"武姜"①,生莊公及共叔段②。莊公寤生③,

驚姜氏,故名曰"寤生",遂惡之④。愛共叔段,欲立之。亟請於武公⑤,公弗許。及莊公即位,為之請制⑥。公曰:"制,巖邑也,虢叔死焉⑦,佗邑唯命⑧。"請京,使居之,謂之"京城大叔"⑨。

① 申:國名,在今河南省南陽市。武姜:鄭武公從申國娶妻,申國姜姓,史書用夫諡冠本姓的方式來稱呼她,稱作"武姜"。

② 共叔段:鄭莊公之弟,名段。共(Gōng):國名,在今河南省輝縣市。叔:伯、仲、叔、季兄弟排行中表示行三。莊公另有一兄,段是小弟,後來出奔共國,故稱"共叔段"。

③ 寤(wù):通"牾",逆。寤生:猶言逆生,指難產,中醫謂之足先出。

④ 遂:於是,就。惡(wù):厭惡。

⑤ 亟(qì):屢次,一再。

⑥ 制:地名,又稱"虎牢",在今河南省滎陽市汜水鎮西,原屬東虢(Guó)國,東虢國被鄭武公所滅,制遂為鄭地。

⑦ 巖:險要。巖邑:險要的城邑。虢叔:東虢國君。焉:帶有指示意味(相當於"於是"、"於此")的語氣詞。死焉:死在那裏啊。

⑧ 佗:同"他",其他,別的。唯命:聽憑吩咐。

⑨ 京:鄭邑名,在今河南省滎陽市東南,近鄭國國都。大(tài):同"太"。

祭仲曰①:"都城過百雉②,國之害也。先王之制:大都不過參國之一③,中五之一,小九之一。今京不度,非制也,君將不堪④。"公曰:"姜氏欲之,焉辟害⑤?"對曰:"姜氏何厭之有⑥?不如早為之所,無使滋蔓⑦。蔓,難圖也⑧。蔓草猶不可除,況君之寵弟乎⑨!"公曰:"多行不義,必自斃,子姑待之⑩。"

① 祭(Zhài)仲:鄭大夫,字足,亦稱"祭足",祭是其食邑。

② 都:都邑。城:城牆。都城:都邑的城牆。雉:古代計算城牆面積的度量單位,城牆長三丈高一丈為一雉,百雉即長三百丈高一丈。

③ 大都:大的都邑。參:三。國:國都。參國之一:國都的三分之一。"參"是動詞,三分。古制,侯伯之國,國都城牆為三百雉,三分之一即百雉。

④ 度:法度,這裏用作動詞。不度:不依法度。不堪:經受不住,意謂控制不住。

⑤ 欲之:想要這樣。焉:疑問代詞,怎麼,哪裏。辟:同"避"。

⑥ 厭:滿足。何厭之有:有什麼滿足的,"何厭"是賓語前置。

⑦ 為:動詞,安排。之:指共叔段。所:處所。為之所:給他安排合適的處所。無:通"毋",不要。滋蔓:滋長蔓延。

⑧ 圖:圖謀,這裏指設法對付。

⑨ 寵:尊貴,榮耀。

⑩ 斃:倒下,指垮臺。子:古代對男子的尊稱。姑:姑且。

既而大叔命西鄙、北鄙貳於己①。公子呂曰②:"國不堪貳,君將若之何③？欲與大叔，臣請事之④；若弗與，則請除之。無生民心⑤。"公曰："無庸，將自及⑥。"

大叔又收貳以爲己邑，至于廩延⑦。子封曰："可矣，厚將得衆⑧。"公曰："不義不暱⑨，厚將崩。"

① 既而：不久。鄙：邊邑。貳：兩屬，臣屬於兩個君主，這裏用作動詞。命西鄙、北鄙貳於己：使原屬鄭莊公的西鄙、北鄙同時聽命於自己。

② 公子呂：鄭大夫，字子封，鄭莊公叔父。

③ 國不堪貳：國家經受不住兩屬的狀況。之：指兩屬這種情況。若何：奈何，怎麼辦。若之何：拿它怎麼辦，怎樣處置這種情況。

④ 與：給予。臣請事之：（如果想把國家交給大叔，那麼）請允許我去侍奉他。

⑤ 生：使動用法，使……生。無生民心：不要使民衆產生違背之心。

⑥ 庸：用。無庸：用不著（除之）。及：趕上，這裏是"及於禍"的省略。將自及：指將會自取滅亡。

⑦ 貳：指原來大叔命兩屬的西鄙、北鄙之地。以爲己邑：作爲自己的屬地。廩（Lǐn）延：地名，在今河南省延津縣北。

⑧ 厚：這裏指土地廣大。

⑨ 暱（nì）：通"昵"，親昵。不義不暱：指（共叔段）對國君不義，對兄長不親。"不義"和"不暱"是並列關係。一說"不義"和"不暱"是條件關係，意思是：（共叔段）多行不義，別人就不會親近他。

大叔完聚，繕甲兵，具卒乘①，將襲鄭②。夫人將啓之③。公聞其期，曰："可矣！"命子封帥車二百乘以伐京④。京叛大叔段，段入于鄢，公伐諸鄢⑤。五月辛丑，大叔出奔共⑥。

書曰⑦："鄭伯克段于鄢⑧。"段不弟⑨，故不言"弟"。如二君，故曰"克"。稱"鄭伯"，譏失教也⑩，謂之鄭志⑪。不言"出奔"，難之也⑫。

① 完：加固（城牆）。聚：聚集（軍隊）。繕：整治。甲：甲衣。兵：兵器。具：準備。卒：步兵。乘（shèng）：戰車。

② 襲：偷襲。《左傳·莊公二十九年》："凡師，有鐘鼓曰伐，無曰侵，輕曰襲。"

③ 啓：開啓。啓之：爲之（指共叔段）開啓（城門），"啓"是爲動用法。

④ 帥：通"率"，率領。乘（shèng）：戰車的單位，一車四馬爲一乘。一乘戰車配有甲士3人，步卒72人，二百乘共甲士600人，步卒14 400人。以：連詞，表示後一動作是前一動作的目的或結果。

⑤ 鄢：鄭國地名，在今河南省鄢陵縣。諸："之於"的合音字。

⑥ 古人以干支紀日，五月辛丑即魯隱公元年五月二十三日。出奔（bēn）：逃亡到外國避難。

⑦ 書：這裏指《春秋》經。

⑧ 鄭伯：指鄭莊公。春秋時有公、侯、伯、子、男五等爵位，鄭國屬伯爵，故稱鄭伯。克：戰勝。

⑨ 不弟：不遵弟道，就是說對兄長不

恭順。

⑩ 譏：譏刺。失教：指莊公對於其弟疏於教誨，養成其惡。

⑪ 謂之鄭志：說這是鄭莊公本來的意願。此言鄭莊公故意放縱，養成叔段之罪。

⑫ 難：責難。不言出奔，難之也：古時罪人出逃外國大多叫"出奔"，《春秋》不說共叔段"出奔"，是表示鄭莊公也有罪過的意思。

　　遂寘姜氏于城潁而誓之曰①："不及黃泉，無相見也②。"既而悔之③。潁考叔爲潁谷封人④，聞之，有獻於公。公賜之食，食舍肉⑤。公問之。對曰："小人有母，皆嘗小人之食矣，未嘗君之羹。請以遺之⑥。"公曰："爾有母遺，繄我獨無⑦！"潁考叔曰："敢問何謂也⑧？"公語之故⑨，且告之悔。對曰："君何患焉⑩！若闕地及泉，隧而相見⑪，其誰曰不然⑫？"公從之。公入而賦："大隧之中，其樂也融融⑬。"姜出而賦："大隧之外，其樂也泄泄⑭。"遂爲母子如初。

　　君子曰⑮：潁考叔，純孝也⑯。愛其母，施及莊公⑰。《詩》曰："孝子不匱，永錫爾類⑱。"其是之謂乎⑲？

① 寘(zhì)：同"置"，安置，這裏有放逐幽禁之意。城潁：鄭邑名，在今河南省臨潁縣北。誓之：對她(指武姜)發誓。

② 黃泉：地下的泉水，代指墓穴。這句是說不到死就不再相見。

③ 之：指置姜氏於城潁並發誓今生永不相見的事。

④ 潁考叔：鄭國大夫。潁谷：鄭國邊邑，在今河南省登封市西南。封：疆界。封人：管理疆界的官。

⑤ 舍：同"捨"。這裏指留下。

⑥ 遺(wèi)：贈給。

⑦ 繄(yì)：句首語氣詞。

⑧ 敢：表謙敬的副詞。

⑨ 語(yù)：告訴。之：代指潁考叔。語之故：告訴他(潁考叔)事情的緣故。

⑩ 患：擔憂，憂慮。何患：憂慮什麼。

⑪ 闕：通"掘"，挖掘。隧：隧道，這裏用作動詞，挖隧道。

⑫ 其：加強反問語氣的語氣詞，豈，難道。然：這樣，這裏指在黃泉相見。

⑬ 也：句中語氣詞。融融：形容和樂的樣子。"中、融"押韻，上古冬部字。

⑭ 泄泄(yìyì)：形容歡樂的樣子。"外、泄"押韻，上古月部字。

⑮ 君子：作者自己的假託，是《左傳》等書中作者發表評論的習用方式。

⑯ 純：篤厚。純孝：至孝。

⑰ 施(yì)：延伸，擴展。

⑱ 詩見《詩經·大雅·既醉》。匱：窮盡。錫：同"賜"，賜予。爾：你們，指孝子。類：善。這句意爲：孝子代代相傳、不會窮盡，先祖將永遠賜予你們善道。

⑲ 其：表示推測語氣，大概，恐怕。是之謂：即"謂是"，說的就是這種情況。

齊伐楚盟于召陵

《左傳》

【説明】　本篇選自《左傳·僖公四年》。魯僖公四年(前656),齊桓公爲與南方強國楚國爭霸,糾合衛、宋等國軍隊討伐楚國,楚國嚴陣以待,以強大的軍事力量爲後盾,展開了針鋒相對的外交鬥爭,終於迫使齊國訂立盟約。文中把楚使屈完外柔內剛、義正辭嚴的外交辭令表現得十分出色。

　　四年春,齊侯以諸侯之師侵蔡①,蔡潰,遂伐楚。

　　楚子使與師言曰②:"君處北海,寡人處南海③,唯是風馬牛不相及也④。不虞君之涉吾地也⑤,何故?"管仲對曰⑥:"昔召康公命我先君大公曰⑦:'五侯九伯,女實征之⑧,以夾輔周室⑨。'賜我先君履⑩:東至于海,西至于河,南至于穆陵,北至于無棣⑪。爾貢包茅不入,王祭不共⑫,無以縮酒⑬,寡人是徵⑭。昭王南征而不復⑮,寡人是問。"對曰:"貢之不入,寡君之罪也,敢不共給⑯?昭王之不復,君其問諸水濱⑰。"師進,次于陘⑱。

① 四年春:魯僖公四年春天。齊侯:指齊桓公。齊國侯爵,故《左傳》稱"齊侯"。以:率領。諸侯之師:據《春秋》記載,當時隨齊國參與這次戰爭的有魯、宋、陳、衛、鄭、許、曹等國的軍隊。蔡,國名,在今河南省汝南、上蔡等地。

② 楚子:指楚成王。楚國子爵,故《左傳》稱"楚子",其實楚早已自稱爲"王"了。使:派遣(使者)。與:介詞,和,跟。

③ 古人認爲中國的四周都是海。這兩句話極言齊楚兩國相距遥遠。

④ 風:東漢服虔説,馬牛"牝牡相誘謂之風"。風馬牛不相及:即使馬牛牝牡相誘追逐,也不會跑到對方的國境內,譬喻齊楚兩國相隔遥遠,互不相干。一説,"風",放逸,走失。謂齊楚兩地相離甚遠,馬牛不會走失到對方地界。

⑤ 虞:預料。涉:本義是徒步過河,這裏指涉足。不説侵入而説涉足,是委婉的外交辭令。

⑥ 管仲:齊相,姓管,名夷吾,字仲。

⑦ 召(Shào)康公:周成王時太保召公奭(shì),封於召,故稱"召公","康"是他的謚號。先君:對本國已故國君的稱呼。大:同"太"。太公即姜太公,名尚,齊國的始封君。

⑧ 五侯:指五等諸侯,即公、侯、伯、子、男。九伯:九州之長。五侯九伯:泛指所有的諸侯。女:同"汝",你。實:語氣詞,表示命令或祈使。征:征伐。

⑨ 夾輔:在左右輔佐。

⑩ 履:踐踏,這裏指所踐履之界,即可以征伐的範圍。

⑪ 河:黄河。穆陵:地名,指今湖北省麻城市北之穆陵關。無棣:地名,在今河北省盧龍縣一帶。

⑫ 爾:指楚國。包:裹束。茅:菁茅,

279

是楚國的特產。入：納。共：同"供"。王祭不共：周王的祭祀用品供給不上。

⑬ 縮酒：用包茅濾酒，是祭祀儀式之一。祭祀時把酒倒在束茅上，一則濾去酒滓，一則酒滲下去，就像神明飲用了一樣。"縮"，《說文》引作"莤"，從艸從酉，酉是酒的初文，則"莤"為會意字。

⑭ 是：指包茅。作"徵"的前置賓語。徵：責問，問罪。

⑮ 昭王：周昭王，成王之孫。復：返回。周昭王晚年荒於國政，相傳他南征楚國渡漢水時，當地百姓討厭他，故意給他一艘用膠黏成的船，船至江心解體，昭王溺亡。

⑯ 寡君：臣子對別國人謙稱自己的國君為"寡君"。敢：豈敢。

⑰ 其：表示委婉的祈使語氣，相當於"還是"。諸："之於"的合音字。

⑱ 次：駐扎。陘（Xíng）：山名，險要之地，在今河南省漯河市郾城區南。

夏，楚子使屈完如師①。師退，次于召陵②。

齊侯陳諸侯之師③，與屈完乘而觀之。齊侯曰："豈不穀是為④？先君之好是繼。與不穀同好⑤，如何？"對曰："君惠徼福於敝邑之社稷⑥，辱收寡君⑦，寡君之願也。"齊侯曰："以此眾戰，誰能禦之⑧！以此攻城，何城不克！"對曰："君若以德綏諸侯⑨，誰敢不服？君若以力，楚國方城以為城，漢水以為池⑩，雖眾，無所用之！"

屈完及諸侯盟⑪。

① 屈完：楚大夫。如：到……去。
② 召（Shào）陵：地名，在今河南省漯河市召陵區。
③ 陳：陳列，列陣。
④ 不穀：諸侯自謙的稱呼。穀，善。為（wèi）：為了。
⑤ 同：和好。同好：和睦友好。
⑥ 惠：敬詞，表示對方這樣做是對自己的恩惠。徼（yāo）：求。徼福：求福，是當時的常語。敝邑：對自己國家的謙稱。社：土神。稷：穀神。
⑦ 辱：敬詞，意思是您這樣做使您蒙受了恥辱。收：收恤，撫恤。
⑧ 以：介詞，憑藉。禦：抵禦。
⑨ 綏：安撫。
⑩ 方城：方城山。"方城"的具體所指，說法不一。楊伯峻《春秋左傳注》以為"凡今之桐柏、大別諸山，楚統名之曰方城"。池：護城河。這句意為楚國將以方城山為城牆，以漢水為護城河，抵抗齊軍。
⑪ 及：連詞，與，和。

子魚論戰　　　　《左傳》

【說明】　本篇選自《左傳·僖公二十二年》。魯僖公二十二年（前638），宋襄公爲謀求霸業，發兵征伐依附楚國的鄭國，楚出兵救鄭，宋楚兩國在泓水邊交戰。由於宋襄公講求愚蠢的"仁義道德"，不願乘人之危，使宋軍喪失戰機，慘遭大敗。子魚認爲打仗就是要克敵制勝，對待敵人沒有什麼仁愛可講，有力地駁斥了宋襄公的迂腐觀念。

冬十一月己巳朔①，宋公及楚人戰于泓②。宋人既成列，楚人未既濟③。司馬曰："彼衆我寡，及其未既濟也，請擊之④。"公曰："不可。"既濟而未成列，又以告。公曰："未可。"既陳而後擊之，宋師敗績⑤。公傷股，門官殲焉⑥。

① 朔：古人稱陰曆初一爲"朔"或"朔日"。

② 宋公：宋襄公，名茲父。泓：河名，在今河南省柘城縣西北。

③ 既：已經。濟：渡河。

④ 司馬：宋有大司馬之官，簡稱"司馬"，掌管軍政。及：趕上，這裏意爲趁。

⑤ 敗績：大敗，潰敗。

⑥ 股：大腿。門官：沈欽韓《春秋左傳補注》："門官即門子也。卿大夫之子弟衛公，若唐之三衛矣。襄九年《傳》，大夫門子皆從鄭伯。"殲：殺盡，這裏是被殺盡。

國人皆咎公①。公曰："君子不重傷②，不禽二毛③。古之爲軍也，不以阻隘也④。寡人雖亡國之餘，不鼓不成列⑤。"子魚曰⑥："君未知戰。勍敵之人，隘而不列⑦，天贊我也⑧。阻而鼓之⑨，不亦可乎？猶有懼焉⑩。且今之勍者，皆吾敵也。雖及胡耇⑪，獲則取之，何有於二毛⑫？明恥教戰⑬，求殺敵也。傷未及死，如何勿重⑭？若愛重傷，則如勿傷⑮；愛其二毛，則如服焉⑯。三軍以利用也，金鼓以聲氣也⑰。利而用之，阻隘可也；聲盛致志，鼓儳可也⑱。"

① 咎：過失，這裏用作動詞，意爲"歸咎"。

② 重(chóng)：重復。這句意爲君子不攻擊已經受傷的人。

③ 禽：同"擒"。二毛：頭髮花白，代指年紀大的人。

④ 以：動詞，依靠，憑藉。隘：險要處。阻隘：阻於隘，在險要處阻擊。這句意爲：古人打仗，不依靠在險要處阻擊敵人來取勝。

⑤ 亡國之餘：宋是殷商之後，殷商亡於周，宋襄公故此自稱。鼓：擊鼓，意爲發起進攻。不成列：未排好陣的敵軍。

⑥ 子魚：宋公子，名目夷，字子魚，宋襄公庶兄。

⑦ 勍(qíng)：強而有力。隘而不列：因處於險要之地而未能列陣。

⑧ 贊：助。

⑨ 阻而鼓之：爲了阻擊而擊鼓進攻它。

⑩ 猶有懼焉：(即使這樣,)尚且害怕(不能取勝)。

⑪ 胡耇(gǒu)：年老的人。

⑫ 何有：有什麼。這句意爲：對於花白

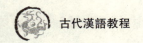

頭髮的老人又有什麼可惜的呢。

⑬ 明恥：使士卒明白兵敗就是恥辱。教戰：教導士卒作戰。

⑭ 如何：奈何，怎麼能。

⑮ 愛：吝惜，捨不得，不忍心。如：應當（參王引之《經傳釋詞》）。這句意爲：如果不忍心傷害已受傷的敵人，那（開始）就應當不傷害他。一説"如"等於"不如"。

⑯ 這句意爲：如果愛惜敵方頭髮花白的老人（而不擒獲），那就應當向他們屈服。

⑰ 以利用：依靠有利條件發揮作用。以聲氣：憑藉聲音來激勵士氣。

⑱ 聲盛致志：鼓聲盛大能致士卒勇武之志。儳(chán)：混亂，不整齊。鼓儳可也：擊鼓進攻還沒列陣的敵軍是可以的。

晉公子重耳之亡　　　《左傳》

【説明】　本篇節選自《左傳·僖公二十三年、二十四年》。魯僖公四年（前656），晉獻公聽信驪姬讒言，逼迫太子申生自殺，晉公子重(chóng)耳出奔，在外流亡十九年。本文記述了重耳流亡各國和返國奪取政權的艱難歷程，也反映了各國的政治、外交等方面的情況。

晉公子重耳之及於難也，晉人伐諸蒲城①。蒲城人欲戰，重耳不可，曰："保君父之命而享其生禄②，於是乎得人。有人而校，罪莫大焉③。吾其奔也。"遂奔狄④。從者狐偃、趙衰、顛頡、魏武子、司空季子⑤。……處狄十二年而行。

① 難：指驪姬禍害申生、重耳之難。蒲城：在今山西省隰縣西北。

② 保：依靠，依仗。生禄：養生的食禄。這句意爲：依靠着君父之命而享受食禄。

③ 校：抵抗。莫：沒有哪一個。罪莫大焉：罪過當中沒有哪一個罪過比這更大。

④ 狄：古代北方民族。重耳生母來自狄。

⑤ 狐偃：重耳的舅父，字子犯，也稱舅犯、咎犯、臼犯。趙衰(cuī)：晉大夫，字子餘。顛頡：晉大夫。魏武子：名犫(chōu)，謚武，晉大夫。司空季子：司空是官名，季子是其字，又稱胥臣，胥是其氏，臣是其名。

過衛，衛文公不禮焉①。出於五鹿②，乞食於野人，野人與之塊③。公子怒，欲鞭之。子犯曰："天賜也。"稽首受而載之④。

及齊，齊桓公妻之⑤，有馬二十乘。公子安之。從者以爲不可，將行，謀於桑下。蠶妾在其上，以告姜氏⑥。姜氏殺之，而謂公子曰："子有四方之志，其聞之者，吾殺之矣⑦。"公子曰："無之。"姜曰："行也！懷與安⑧,實敗名。"公子不可。姜與子犯謀,醉而遣之。醒,以戈逐子犯。

及曹,曹共公聞其駢脅⑨,欲觀其裸。浴,薄而觀之⑩。僖負羈之妻曰⑪:"吾觀晉公子之從者,皆足以相國⑫。若以相,夫子必反其國⑬。反其國,必得志於諸侯。得志於諸侯,而誅無禮,曹其首也⑭。子盍蚤自貳焉⑮?"乃饋盤飱,寘璧焉⑯。公子受飱反璧⑰。

及宋,宋襄公贈之以馬二十乘。

① 衛文公:姬姓,名啟方,又作辟疆,後改名燬。不禮:不以禮相待。
② 五鹿:衛地,在今河南省濮陽縣南。
③ 野人:農夫。塊:土塊。
④ 稽(qǐ)首:古代跪拜禮,跪地拱手,叩頭至地,並有所稽留,是古代最隆重的拜禮。
⑤ 妻(qì):動詞,以女嫁人。
⑥ 姜氏:齊女,重耳之妻,下文又稱"姜"。
⑦ 四方之志:指周遊列國之願。其聞之者:指知情的竈妾。姜氏殺之以滅口,以免洩露秘密。
⑧ 懷:留戀,貪戀。安:貪圖安逸。
⑨ 曹共(gōng)公:名襄。駢脅

(piánxié):脅下肋骨密接若一骨。
⑩ 薄:帷薄,帷幕和簾子。這裏用作動詞,設置帷薄。
⑪ 僖負羈:曹大夫。
⑫ 相:動詞,輔佐。
⑬ 夫(fú):那,那個。子:對男子的尊稱。夫子:指重耳。反:同"返"。
⑭ 其:表示推測語氣,恐怕,大概。
⑮ 盍(hé):"何不"的合音字。蚤:通"早"。貳:意為採取跟其他人不同的態度。
⑯ 饋(kuì):贈送。飱(sūn):古人一日兩餐,朝曰饔,夕曰飱。寘:同"置"。璧:古代玉器,平圓形,中間有孔。
⑰ 反:同"返"。返回,歸還。

及鄭,鄭文公亦不禮焉①。叔詹諫曰②:"臣聞天之所啓③,人弗及也。晉公子有三焉,天其或者將建諸④?君其禮焉⑤。男女同姓,其生不蕃⑥。晉公子,姬出也,而至於今,一也。離外之患,而天不靖晉國,殆將啓之,二也⑦。有三士,足以上人⑧,而從之,三也。晉鄭同儕⑨,其過子弟,固將禮焉,況天之所啓乎!"弗聽。

① 鄭文公:名踕。
② 叔詹:鄭大夫。
③ 啟:開。
④ 建:立。諸:"之乎"的合音字。
⑤ 其:表示委婉的祈使語氣。
⑥ 蕃:蕃殖,子孫繁盛。這句意爲:同姓結婚,子孫必不繁盛。重耳的母親是戎族的狐姬,戎與晉都是姬姓。

⑦ 離:通"罹",遭受。這句意爲:重耳遭受流亡在外的禍患,可是上天卻還是不讓晉國安寧,大概是要爲重耳返國即位開創有利條件吧。
⑧ 三士:指狐偃、趙衰、賈佗。叔詹認爲他們都是足以超越別人之上的人。
⑨ 同儕:同等。

及楚，楚子饗之①，曰："公子若反晉國，則何以報不穀？"對曰："子女玉帛，則君有之；羽毛齒革，則君地生焉。其波及晉國者，君之餘也。其何以報君②？"曰："雖然，何以報我？"對曰："若以君之靈，得反晉國，晉楚治兵，遇於中原③，其辟君三舍④。若不獲命，其左執鞭、弭⑤，右屬櫜、鞬⑥，以與君周旋。"子玉請殺之⑦。楚子曰："晉公子廣而儉⑧，文而有禮。其從者肅而寬，忠而能力⑨。晉侯無親，外內惡之⑩。吾聞姬姓唐叔之後，其後衰者也，其將由晉公子乎⑪！天將興之，誰能廢之？違天，必有大咎。"乃送諸秦。

① 饗：設盛宴招待（賓客）。
② 其：表示推測語氣。
③ 治兵：這裏是外交辭令，指交戰。中原：即原中，指戰場。
④ 辟：同"避"。三舍：古代軍隊行一宿爲一舍，而軍隊日行三十里，故亦以三十里爲一舍。《國語·晉語四》韋昭注引司馬法云："進退不過三舍，禮也。"
⑤ 鞭：馬鞭。弭（mǐ）：一種弓。《爾雅·釋器》："弓，有緣者謂之弓，無緣者謂之弭。"這裏泛指弓。
⑥ 屬（zhǔ）：佩，繫。櫜（gāo）：盛箭矢的器具。鞬（jiān）：盛弓的器具。
⑦ 子玉：楚國執政者，芈（Mǐ）姓，成氏，名得臣，字子玉。
⑧ 廣：指志向遠大。儉：通"檢"，指嚴於律己。
⑨ 力：努力，盡力。
⑩ 晉侯：指當時的晉國國君晉惠公，名夷吾，重耳之同父異母弟。外內：指晉國國內和國外。惡（wù）：憎恨。
⑪ 這句意爲：我聽說姬姓之國中唐叔的後代（指晉國）將會是最後纔衰亡的，（這個預言）恐怕要在晉公子重耳身上得到應驗吧。

秦伯納女五人①，懷嬴與焉②。奉匜沃盥③，既而揮之④。怒曰："秦、晉，匹也⑤，何以卑我？"公子懼，降服而囚⑥。他日，公享之⑦，子犯曰："吾不如衰之文也⑧，請使衰從。"公子賦《河水》，公賦《六月》⑨。趙衰曰："重耳拜賜！"公子降⑩，拜，稽首。公降一級而辭焉⑪。衰曰："君稱所以佐天子者命重耳，重耳敢不拜⑫？"

二十四年春，王正月，秦伯納之⑬。……

及河，子犯以璧授公子，曰："臣負羈絏，從君巡於天下⑭，臣之罪甚多矣。臣猶知之，而況君乎？請由此亡。"公子曰："所不與舅氏同心者，有如白水⑮！"投其璧于河。

① 秦伯：指秦穆公。納女五人：把五個女子嫁給重耳。
② 懷嬴：秦穆公的女兒，曾嫁給在秦當人質的晉公子圉，公子圉就是後來的晉懷公，

故稱"懷嬴"。與:參與,在其中。當時,秦穆公以文嬴妻重耳,懷嬴爲媵。

③ 奉:同"捧"。匜(yí):古人盥洗用具,用以盛水澆灌盥洗者之手,以洗手洗面。沃:澆水。盥:洗手。

④ 揮:甩去手上的水。按照禮節,洗手後應用手巾拭乾。之:指懷嬴。

⑤ 匹:匹敵,對等。

⑥ 降服而囚:脫去上衣,自囚以謝罪。

⑦ 享:通"饗"。

⑧ 文:有文采。

⑨《河水》:即《詩經·小雅·沔水》,"河"爲"沔"之誤。《六月》:即《詩經·小雅·六月》。春秋時宴饗、朝會等場合有賦詩言志的傳統,《沔水》詩有"沔彼流水,朝宗于海"句,重耳藉以表示返國後當朝奉秦國的意思。《六月》詩歌頌尹吉甫輔佐周宣王,其中有"王于出征,以匡王國"、"以佐天子"等句,秦穆公藉以祝願重耳返國以後建立霸業,匡扶天子。

⑩ 降:走下臺階到堂下。

⑪ 降一級:下一級臺階。辭:辭謝,表示不敢接受。

⑫ 稱:舉起。命:動詞,命令。這句意爲:秦穆公把輔佐天子的重任交付給重耳。敢:豈敢。

⑬ 納:入,使……入。納之:送重耳入晉。

⑭ 羈:馬絡頭。絏(xiè):繫人畜的繩子,這裏指馬繮繩。

⑮ 所:假如。"所……(者)有如……"是古人立誓的習用句式。白水:這裏指黃河水。這句話是重耳對着黃河發誓。

濟河,圍令狐①,入桑泉,取臼衰②。

二月甲午,晉師軍于廬柳③。秦伯使公子縶如晉師④。師退,軍于郇⑤。辛丑,狐偃及秦晉之大夫盟于郇。壬寅,公子入于晉師。丙午,入于曲沃⑥。丁未,朝于武宮⑦。戊申,使殺懷公于高梁⑧。……

① 濟:渡過。河:黃河。令(Líng)狐:地名,在今山西省臨猗縣西。

② 桑泉:地名,在今臨猗縣臨晉鎮東北。臼衰(cuī):地名,在今山西省臨猗縣南,運城市西。

③ 二月甲午:按二月無甲午,這一條及以下六條干支記日當有誤。晉師:指當時晉國國君晉懷公所派阻擋重耳返國的軍隊。廬柳:在今山西省臨猗縣西北。

④ 公子縶:秦國公子。

⑤ 郇(Xún):地名,在今山西省臨猗縣西南。

⑥ 曲沃:地名,在今山西省聞喜縣,是晉國別都。

⑦ 武宮:重耳的祖父晉武公的宗廟。

⑧ 懷公:晉懷公,名圉,晉惠公的兒子。高梁:地名,在今山西省臨汾市東。

呂、郤畏逼①,將焚公宮而弒晉侯②。寺人披請見③。公使讓之④,且辭焉,曰:"蒲城之役,君命一宿,女即至⑤。其後余從狄君以田渭濱⑥,女爲惠公來求殺余,命女三宿,女中宿至⑦。雖有君命,何其速也?

夫袪猶在⑧,女其行乎!"對曰:"臣謂君之入也,其知之矣。若猶未也,又將及難⑨。君命無二,古之制也。除君之惡,唯力是視⑩。蒲人、狄人,余何有焉⑪?今君即位,其無蒲、狄乎⑫?齊桓公置射鉤而使管仲相⑬,君若易之,何辱命焉⑭?行者甚衆,豈唯刑臣⑮!"公見之,以難告⑯。三月,晉侯潛會秦伯于王城⑰。己丑,晦⑱,公宮火。瑕甥、郤芮不獲公,乃如河上⑲,秦伯誘而殺之。

晉侯逆夫人嬴氏以歸⑳。秦伯送衛於晉三千人,實紀綱之僕㉑。

① 呂:呂甥。郤(xì):郤芮。這兩人都是晉惠公的舊臣,曾擁立惠公。
② 晉侯:指晉文公重耳。此時重耳已經即位,故稱。
③ 寺人:閹人。披:寺人之名。
④ 讓:責備。
⑤ 這句意爲:蒲城的差事,晉君命令你一夜之後到達蒲城,你却馬上就趕到了。按:重耳所説的就是本篇開頭所敍之事。
⑥ 狄君:狄族君長。田:同"畋",畋獵。
⑦ 三宿:第三夜後第四日。中宿:第二夜後第三日。
⑧ 袪(qū):袖口。寺人披在追殺重耳時曾斬去重耳的衣袖。
⑨ 這兩句意爲:我以爲您既然已經回國爲君,想必已懂得爲君之道了。如果您還是不懂得,恐怕您將會再次遭受災難。
⑩ 這兩句意爲:執行君王的命令毫無二心,這是古代的遺制。除去國君所厭惡的人,看自己有多大力量(就使出多大力量)。寺人披的話是爲自己當年追殺重耳的行爲辯解。
⑪ 這句意爲:蒲人、狄人,對於我來説又有什麽關係呢?

⑫ 這句意爲:現在您即位爲國君,心中大概也沒有蒲人、狄人了吧?
⑬ 置:擱置,不論。齊公子糾與公子小白(即後來的齊桓公)争位,管仲輔佐公子糾,曾射中小白的衣帶鉤。小白即位後,不計射鉤之仇,任管仲爲相。
⑭ 易:改易。易之:指改變做法。辱:敬辭。這兩句意爲:您如果不能像齊桓公那樣不計前嫌,那我自會走開,又何必屈尊您下令驅逐我呢?
⑮ 甚:"其"字之譌。其,表示推測(參王引之《經義述聞》)。刑臣:刑餘之臣。寺人披是閹人,所以這樣自稱。
⑯ 難(nàn):即呂甥、郤芮將焚宮謀害重耳之事。
⑰ 潛:秘密地。王城:秦地名,在今陝西省大荔縣東。
⑱ 晦:陰曆每月的最後一日。
⑲ 瑕甥:即呂甥,瑕、呂都是其封地。如:到……去。
⑳ 逆:迎。嬴氏:指文嬴。
㉑ 衛:衛士。實:通"寔",是。紀綱之僕:幹練得力的僕從。

初,晉侯之豎頭須,守藏者也①。其出也②,竊藏以逃,盡用以求納之③。及入,求見,公辭焉以沐④。謂僕人曰:"沐則心覆,心覆則圖反⑤,宜吾不得見也。居者爲社稷之守,行者爲羈紲之僕,其亦可也,何必罪居者⑥?國君而讎匹夫,懼者甚衆矣⑦。"僕人以告,公遽見之。……

晉侯賞從亡者,介之推不言祿⑧,祿亦弗及。推曰:"獻公之子九人,唯君在矣!惠、懷無親,外內弃之。天未絕晉,必將有主。主晉祀者,非君而誰?天實置之⑨,而二三子以爲己力⑩,不亦誣乎?竊人之財,猶謂之盜,況貪天之功以爲己力乎?下義其罪⑪,上賞其姦,上下相蒙⑫,難與處矣。"其母曰:"盍亦求之⑬?以死,誰懟⑭?"對曰:"尤而效之,罪又甚焉!且出怨言,不食其食⑮。"其母曰:"亦使知之,若何?"對曰:"言,身之文也⑯。身將隱,焉用文之?是求顯也。"其母曰:"能如是乎?與女偕隱。"遂隱而死。晉侯求之不獲,以緜上爲之田⑰,曰:"以志吾過,且旌善人⑱。"

① 豎:宮中供役使的未成年奴僕。藏(zàng):府庫。

② 其出:指重耳之出亡。

③ 這句意爲:把府庫中的財物都用以設法幫助重耳回國了。

④ 焉:代詞,相當於"之"。沐:洗髮。

⑤ 沐則心覆:洗髮要低頭,低頭則心臟朝下。圖:圖謀,這裏指想法、念頭。

⑥ 居者:指未隨重耳出奔的人。行者:指隨重耳出奔的人。罪:用作動詞,怪罪。

⑦ 甚:"其"字之譌(參楊伯峻《春秋左傳注》)。

⑧ 介之推:晉文公微臣。姓介,名推,"之"爲用於人名中的詞綴。據《韓詩外傳》,他在隨從流亡中曾割股以食重耳。

⑨ 置:立。

⑩ 二三子:指因隨從重耳出亡而受到封賞的那些人。

⑪ 義:意動用法,認爲……合理。罪:指"貪天之功以爲己力"。

⑫ 蒙:欺詐。

⑬ 盍:"何不"的合音字。

⑭ 以死:因爲這樣而死。懟(duì):怨恨。

⑮ 尤:罪過,錯誤。這兩句意爲:明知錯誤而去仿效,那罪過就更大了。況且我已經口出怨言,就不能再食其俸祿。

⑯ 文:文飾。

⑰ 緜上:地名,在今山西省介休市東南介山之下。田:封田。

⑱ 志:同"識",記住,記載。這個意義的"志",後來寫作"誌"。旌:表彰。

燭之武退秦師　　　　　《左傳》

【説明】 本篇選自《左傳·僖公三十年》。魯僖公三十年(前630),秦晉圍鄭,鄭國危急。鄭大夫燭之武巧妙地利用秦晉之間的矛盾,終於説服秦穆公,使秦與鄭訂立和約,解除了對鄭國的圍困。本篇中燭之武用簡短的話語把種種利害關係剖析得十分透徹,是《左傳》中又一段非常出色的外交辭令。

　　九月甲午①,晉侯、秦伯圍鄭②,以其無禮於晉,且貳於楚也③。晉軍函陵,秦軍氾南④。佚之狐言於鄭伯曰⑤:"國危矣!若使燭之武見秦君,師必退。"公從之。辭曰:"臣之壯也,猶不如人;今老矣,無能爲也已。"公曰:"吾不能早用子,今急而求子,是寡人之過也⑥。然鄭亡,子亦有不利焉!"許之。

①甲午:十日。
②晉侯:指晉文公。秦伯:指秦穆公。
③以:因爲。無禮於晉:指晉文公重耳當初流亡在外路過鄭國時,鄭文公没有以禮相待。貳於楚:指鄭文公四十一年(魯僖公二十八年,公元前 632 年),鄭助楚擊晉。
④軍:兩"軍"字都用作動詞,屯兵。函陵:在今河南省新鄭市北。氾(Fán):水名,指東氾水,今已消失,故道在今河南省中牟縣南。按函陵與氾南相距甚近。
⑤佚(Yì)之狐:鄭大夫。鄭伯:指鄭文公。
⑥是:指示代詞,這。

　　夜,縋而出①。見秦伯曰:"秦晉圍鄭,鄭既知亡矣②。若亡鄭而有益於君,敢以煩執事③。越國以鄙遠④,君知其難也;焉用亡鄭以陪鄰⑤?鄰之厚,君之薄也⑥。若舍鄭以爲東道主⑦,行李之往來⑧,共其乏困⑨,君亦無所害。且君嘗爲晉君賜矣⑩,許君焦、瑕⑪,朝濟而夕設版焉⑫,君之所知也。夫晉何厭之有?既東封鄭,又欲肆其西封⑬;若不闕秦,將焉取之⑭?闕秦以利晉,唯君圖之⑮。"秦伯説⑯,與鄭人盟。使杞子、逢孫、楊孫戍之⑰,乃還。

①縋(zhuì):用繩子懸人或物下墜。
②既:已經。
③敢:表謙敬的副詞。執事:辦事人員,這裏是外交辭令,實際上指秦伯本人。
④越:跨越。越國:跨越一個國家。鄙:邊邑,這裏用作動詞,使……成爲邊邑。遠:遠方的土地。
⑤焉用:何用,哪裏用得着。陪:增加(土地)。鄰:指晉國。
⑥厚、薄:這裏指國土的擴大與縮小。
⑦舍:同"捨",捨棄,這裏指放過鄭國,不滅掉它。東道主:東方道路上的主人,鄭在秦之東。
⑧行李:即行吏,外交使節。
⑨共:同"供",供應。乏困:行而無資叫乏,居而無食叫困,這裏指使者往來時驛館、資糧等的不足。
⑩嘗:曾經。賜:恩惠。爲晉君賜:給予晉君恩惠。
⑪許:許諾。焦:本爲封國,姬姓,後爲

晉邑。瑕：晉邑名。焦、瑕都在今河南省陝縣附近。

⑫ 濟：渡河。版：打土墙用的夾板，代指版築的土墙。朝濟而夕設版：朝夕對舉，極言時間之短。秦穆公曾助晉惠公渡河返國即位，晉惠公許以焦、瑕之地作爲報答，回國後却反悔了，还修築城墙防禦秦國。

⑬ 封：疆界。封鄭：以鄭國爲其疆界，"封"用作動詞。肆：擴展。

⑭ 闕：通"缺"。闕秦：使秦國受到缺損。焉：疑問代詞，哪裏。

⑮ 唯：表希望的語氣詞。圖：圖謀，考慮。

⑯ 説：同"悦"，高興。

⑰ 杞子、逢(páng)孫、楊孫：皆爲秦將。

子犯請擊之①。公曰："不可。微夫人之力不及此②。因人之力而敝之③，不仁；失其所與，不知④；以亂易整⑤，不武。吾其還也。"亦去之⑥。

① 子犯：即狐偃，晉文公的舅父。
② 微：帶有假設意味的否定副詞，等於説"如果没有……"、"假如不是……"。夫：指示代詞。夫人：那人，指秦穆公。重耳是依靠秦穆公的支持纔返回晉國即位的，所以這樣說。
③ 因：憑藉，依靠。敝：壞，這裏指損害。
④ 與(yǔ)：親附，同盟。所與：所與之國，這裏指秦國。知：同"智"。
⑤ 以亂易整：晉攻秦爲亂，秦晉和爲整。易：改變。
⑥ 去：離開。

晉靈公不君　　《左傳》

【説明】　本篇選自《左傳·宣公二年》。晉靈公名夷皋，是晉襄公之子，文公之孫。他在位十四年，是中國歷史上有名的暴君。晉國正卿趙盾忠於國事，對靈公的暴行敢於直諫，因此而險遭殺害，被迫逃亡，且因爲"春秋筆法"而蒙受"弑君"的惡名。本文敍事簡明，刻畫人物傳神，是《左傳》名篇。

晉靈公不君①，厚斂以彫墙②，從臺上彈人，而觀其辟丸也③。宰夫胹熊蹯不孰④，殺之，寘諸畚⑤，使婦人載以過朝⑥。趙盾、士季見其手⑦，問其故而患之。將諫，士季曰："諫而不入，則莫之繼也⑧。會請先，不入，則子繼之。"

三進，及溜⑨，而後視之⑩。曰："吾知所過矣⑪，將改之。"稽首而對曰："人誰無過？過而能改，善莫大焉。《詩》曰：'靡不有初，鮮克有終⑫.'夫如是⑬,則能補過者鮮矣。君能有終,則社稷之固也⑭,豈惟群臣賴之。又曰:'衮職有闕,惟仲山甫補之⑮.'能補過也。君能補過,衮不廢矣⑯。"

猶不改。宣子驟諫⑰。公患之,使鉏麑賊之⑱。晨往,寢門闢矣⑲。盛服將朝,尚早,坐而假寐⑳。麑退,歎而言曰:"不忘恭敬,民之主也。賊民之主,不忠;棄君之命,不信。有一於此㉑,不如死也。"觸槐而死㉒。

① 君:國君,這裏用作動詞,"不君"即不遵爲君之道。
② 厚:重。斂:聚斂,徵稅。彫:繪飾,圖畫。
③ 辟:同"避"。丸:彈丸。
④ 宰夫:厨子。胹(ér):煮。蹯(fán):獸足。熊蹯:熊掌。孰:同"熟"。
⑤ 諸:"之於"的合音字。畚(běn):用草繩或竹篾等編成的筐類器具。
⑥ 載:用車裝載。過朝:從朝廷上經過。
⑦ 趙盾:晉正卿,謚宣,又稱趙宣子。士季:晉大夫,名會,字季。
⑧ 入:納。不入:即不納,不接受。莫:否定性無指代詞,相當於"没有人"。之:代詞,這裏相當於"我們"。莫之繼也:(如果進諫不被接受,就)没有人繼承我們了。
⑨ 三進:始進爲入門,再進爲由門入庭,三進爲升階當霤。霤:通"溜",本指房頂瓦溝滴水處,這裏指屋檐下。
⑩ 而後視之:士會前進三次,每進都伏地行禮,前兩進晉靈公都假裝没看見,最後士會到達檐下,晉靈公無可迴避,纔正視他。
⑪ 過:過錯,這裏用作動詞。所過:所犯的過錯。
⑫ 詩見《詩經·大雅·蕩》。靡:没有(人)。鮮(xiǎn):少。克:能。這句詩意爲:没有人不向善没有一個好的開始,但很少能堅持到底。
⑬ 夫(fú):句首語氣詞。
⑭ 固:保障。
⑮ 詩見《詩經·大雅·烝民》。衮(gǔn):天子之禮服,這裏代指天子。衮職:天子之職。闕:通"缺",缺失。仲山甫:周宣王的大臣。
⑯ 衮:這裏代指君位。
⑰ 驟:屢次。
⑱ 鉏麑(chúní):晉力士。賊:殺害。
⑲ 闢:開。
⑳ 假寐:不脱衣冠打瞌睡。
㉑ 有一於此:不忠、不信必有一種出現在我身上。
㉒ 觸:撞。

秋九月,晉侯飲趙盾酒,伏甲將攻之①。其右提彌明知之②,趨登曰③:"臣侍君宴,過三爵,非禮也④。"遂扶以下。公嗾夫獒焉⑤。明搏而殺之。盾曰:"棄人用犬,雖猛何爲⑥!"鬭且出⑦。提彌明死之。

初,宣子田於首山⑧,舍于翳桑⑨。見靈輒餓⑩,問其病,曰:"不食三日矣。"食之⑪,舍其半。問之,曰:"宦三年矣⑫,未知母之存否。今近焉，請以遺之。"使盡之，而爲之簞食與肉⑬，實諸橐以與之⑭。既而與爲公介⑮，倒戟以禦公徒而免之⑯。問何故，對曰："翳桑之餓人也。"問其名居⑰，不告而退。遂自亡也⑱。

① 飲(yìn)：使……飲。甲：甲士。
② 右：車右，又稱驂乘。古制，一車乘三人，車右居尊者之右，負責執戈禦敵、保護尊者。提彌明：車右之名。
③ 趨：小步快跑。登：登堂。
④ 爵：古代飲酒器。
⑤ 嗾(sǒu)：人呼喚狗的聲音，用作動詞，嗾使。獒(áo)：猛犬，《爾雅·釋獸》："犬四尺爲獒。"
⑥ 何爲：做什麼，意思是"頂得了什麼"。
⑦ 鬬且出：一邊搏鬬，一邊退出。且：并列連詞。
⑧ 田：同"畋"，畋獵。首山：即首陽山，在今山西省永濟市南。
⑨ 舍：住一宿。翳桑：地名(參王引之《經義述聞》)。
⑩ 靈輒：人名。餓：飢甚。
⑪ 食(sì)之：給他東西喫。
⑫ 宦：貴族的奴僕，這裏用作動詞，給貴族當奴僕。
⑬ 盡：這裏意爲"喫完"。簞(dān)：古代盛飯用的圓形竹器。食(sì)：飯。爲之簞食與肉：給他準備一筐飯和肉。
⑭ 橐(tuó)：口袋。
⑮ 與(yù)：參與，參加。介：甲衣，這裏代指甲士。
⑯ 倒戟：調轉戟頭。禦：抵禦。公徒：指晉靈公的甲士。免之：使趙盾免於禍難。
⑰ 名居：姓名和住處。
⑱ 自亡：(趙盾)自己逃亡。

乙丑①，趙穿攻靈公於桃園②。宣子未出山而復③。大史書曰④："趙盾弒其君。"以示於朝。宣子曰："不然⑤。"對曰："子爲正卿，亡不越竟，反不討賊⑥，非子而誰？"宣子曰："烏呼！'我之懷矣，自詒伊慼⑦'，其我之謂矣！"

孔子曰："董狐，古之良史也，書法不隱⑧。趙盾，古之良大夫也，爲法受惡⑨。惜也，越竟乃免⑩。"

① 乙丑：魯宣公二年(前607)九月二十六日。
② 趙穿：晉大夫，趙盾的堂弟。攻：當作"殺"(見王引之《經義述聞》)。
③ 山：晉國國界處的山。復：返回。
④ 大(tài)史：負責記錄國史的史官，這裏指晉國史官董狐。
⑤ 然：這樣。不然：不是這樣。
⑥ 竟：同"境"，國境。反：同"返"，返回。
⑦ 懷：懷戀。詒：通"貽"，給予。伊：指示代詞，那。慼(qī)：憂。這句詩的意思是：由於我的懷戀祖國，自己給自己招來了憂患。《詩經·邶風·雄雉》："我之懷矣，自詒伊阻。"字句略有不同。
⑧ 書法：記事寫史的法則。不隱：不爲

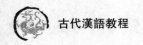

尊者隱諱。

⑨ 爲(wèi):爲了。受惡:承受惡名。

⑩ 越竟乃免:要是走出國境就可以免除弑君的惡名了。

齊晉鞌之戰　　　　《左傳》

【説明】 本篇選自《左傳·成公二年》。魯成公二年(前589)齊侵魯、衛,晉應魯、衛之請求出兵救援。齊、晉在鞌展開激戰。晉軍同仇敵愾,奮勇殺敵,終於大敗驕傲輕敵的齊軍,並幾乎俘獲齊國的國君。本篇通過描寫雙方主要人物在戰爭中的表現,展示了戰場形勢的瞬息萬變,揭示了戰爭勝負的原因,是《左傳》中描寫戰爭的名篇之一。

　　癸酉,師陳于鞌①。邴夏御齊侯②,逢丑父爲右③。晉解張御郤克,鄭丘緩爲右④。齊侯曰:"余姑翦滅此而朝食⑤!"不介馬而馳之⑥。郤克傷於矢,流血及屨⑦,未絶鼓音⑧,曰:"余病矣⑨!"張侯曰⑩:"自始合,而矢貫余手及肘⑪,余折以御,左輪朱殷⑫,豈敢言病?吾子忍之⑬。"緩曰:"自始合,苟有險⑭,余必下推車,子豈識之⑮?——然子病矣!"張侯曰:"師之耳目,在吾旗鼓,進退從之⑯。此車一人殿之,可以集事⑰,若之何其以病敗君之大事也⑱?擐甲執兵,固即死也⑲。病未及死,吾子勉之⑳!"左并轡,右援枹而鼓㉑,馬逸不能止㉒,師從之。齊師敗績。逐之,三周華不注㉓。

① 癸酉:六月十七日。師:指齊、晉兩國軍隊。鞌(ān):齊地名,在今山東省濟南市附近。

② 邴(Bǐng)夏:齊大夫。齊侯:指齊頃公,名無野,桓公之孫。御:駕車。御齊侯:爲齊侯駕車。

③ 逢(Páng)丑父:齊大夫。右:車右。古代軍制,主帥居兵車之中,掌旗鼓,御者居左,車右居右。

④ 解(Xiè)張:晉臣。郤(Xì)克:晉大夫,謚獻,又稱郤獻子,是此戰晉軍主帥。鄭丘緩:晉臣,複姓鄭丘。

⑤ 姑:姑且。翦滅:翦除,消滅。此:

這,指晉軍。朝食:早飯,這裏用作動詞,喫早飯。

⑥ 介:甲衣,這裏用作動詞,披挂甲衣。

⑦ 屨(jù):鞋子。

⑧ 絶:斷絶,停止。

⑨ 病:這裏指傷重。上古漢語病重、傷重或身體極度疲乏等都可以叫"病"。

⑩ 張侯:即解張,張是其字,侯是其名。先秦名字連言,先字後名。

⑪ 合:兩軍交接。貫:貫穿。及:和,連詞。這句是説,解張被一箭貫手,一箭貫肘。

⑫ 殷(yān):暗紅色。

⑬吾子:尊稱,相當於"您",比稱"子"親暱。

⑭苟:如果。險:險要難走的地方。

⑮豈:難道。識:知道。

⑯這句是說,全軍的眼睛耳朵都集中在我們的旗幟和鼓聲上,進退都以此爲準。

⑰殿:鎮守。集:成就,完成。

⑱若之何:奈何,怎麼能。其:語氣詞。敗:毀壞。

⑲擐(huàn):穿。執:拿。兵:兵器。

固:本來。即:動詞,走向。這句意爲:上戰場參加戰鬥,本來就抱定必死的決心。

⑳勉:努力。

㉑轡(pèi):韁繩。援:拿過來。枹(fú):也作"桴",鼓槌。鼓:擊鼓。

㉒逸:狂奔。

㉓周:用作動詞,繞一圈。華不注:山名,因有華泉而得名,在今山東省濟南市東北。

韓厥夢子輿謂己曰①:"旦辟左右②。"故中御而從齊侯③。邴夏曰:"射其御者,君子也④。"公曰:"謂之君子而射之,非禮也。"射其左,越于車下⑤;射其右,斃于車中⑥。綦毋張喪車⑦,從韓厥曰:"請寓乘⑧。"從左右,皆肘之⑨,使立於後。韓厥俛定其右⑩。

①韓厥:晉大夫。子輿:韓厥的父親。己:自己,指韓厥。

②旦:早晨。辟:同"避",避開。這兩句是插敍戰前一天夜裏的事。

③中御:古代軍制,若非帥車,御者居中,尊者居左,車右居右。韓厥爲司馬,非主帥,本應居左,但因父親託夢告誡,所以站在中間駕車。從:追逐。

④君子:對統治者和貴族男子的通稱。邴夏是從韓厥的儀態猜測他是貴族。

⑤越:墜落。

⑥斃:仆倒。

⑦綦(Qí)毋張:晉大夫,複姓綦毋。喪:失。

⑧請:謙敬副詞,義爲"請允許我"。寓:寄居,這裏指搭乘。

⑨肘:用作動詞,用肘碰撞。之:指綦毋張。

⑩俛:同"俯",俯身。右:車右。

逢丑父與公易位①。將及華泉②,驂絓於木而止③。丑父寢於轏中④,蛇出於其下,以肱擊之,傷而匿之⑤,故不能推車而及⑥。韓厥執縶馬前⑦,再拜稽首⑧,奉觴加璧以進⑨,曰:"寡君使羣臣爲魯衛請⑩,曰:'無令輿師陷入君地⑪。'下臣不幸,屬當戎行⑫,無所逃隱,且懼奔辟而忝兩君⑬。臣辱戎士⑭,敢告不敏,攝官承乏⑮。"丑父使公下,如華泉取飲⑯。鄭周父御佐車,宛茷爲右,載齊侯以免⑰。

韓厥獻丑父,郤獻子將戮之。呼曰:"自今無有代其君任患者,有一於此,將爲戮乎⑱!"郤子曰:"人不難以死免其君⑲,我戮之不祥。赦之,以勸事君者⑳。"乃免之。

① 易位:交換位置。逢丑父估計齊侯可能被擒,趁韓厥俯身安頓傷員,與齊頃公交換站位。古代兵服,國君與將佐相同,丑父故有此舉。

② 華泉:泉水名,在華不注山下,流入濟水。

③ 驂:古代戰車用四馬駕車,夾着車轅的兩匹馬稱爲服,服馬左右兩邊的馬稱爲驂。絓:通"掛",絆住。

④ 輚(zhàn):棧車,用竹木編成車箱的輕便車。

⑤ 肱:手臂自肘至肩的部分。匿:隱匿,隱瞞。從"丑父寢於輚中"至此是追述戰前夜間的事。

⑥ 及:趕上,這裏是被趕上。

⑦ 縶(zhì):絆馬索。執縶馬前:戰場上俘獲敵國國君,執縶而見是當時的禮節。

⑧ 再拜稽首:先拜兩次,繼以稽首,是古人最隆重的禮節。

⑨ 奉:同"捧"。觴(shāng):盛酒的大杯。璧:中間有孔的圓形玉器。進:獻。

⑩ 寡君:在別國人面前對本國國君的謙稱。爲魯衛請:爲魯衛兩國請命。

⑪ 無:通"毋",不要。衆:衆多。

⑫ 屬(zhǔ):適值。當:遇上。戎行(háng):軍旅的行列,指齊軍。

⑬ 辟:同"避"。忝:玷辱。兩君:指晉、齊兩國國君。

⑭ 戎士:戰士。辱戎士:使戰士受辱。這句意爲:我是充數在軍隊里,使戰士蒙受了恥辱。

⑮ 敢:謙敬副詞。敏:聰慧。攝:代理。承乏:在人手缺乏的情況下臨時承擔官職。這句意爲:我冒昧地向你稟告,我是不會辦事的,我是臨時擔任職務的。言外之意是我要履行職責,把你齊侯抓起來。

⑯ 如:到……去。飲:喝的水。

⑰ 佐車:副將的戰車。鄭周父、宛茷(fèi):都是齊臣。免:免於被俘。

⑱ 自今:從今以後。爲戮:被殺。乎:表感歎語氣。這句意爲:今後再沒有代替自己國君受難的人了,因爲這兒有一個,就要被殺死啦!

⑲ 難:用作意動,以……爲難。免其君:使其君免於禍患。

⑳ 勸:勉勵。

練習九

一、解釋下面句中加點的詞。

1. 制,巖邑也,虢叔死焉。
2. 姜氏欲之,焉辟害?
3. 君何患焉!若闕地及泉,隧而相見,其誰曰不然?
4. 愛共叔段,欲立之,亟請於武公。
5. 小人有母,皆嘗小人之食矣,未嘗君之羹,請以遺之。
6. 姜氏何厭之有?
7. 宋人既成列,楚人未既濟。
8. 彼衆我寡,及其未既濟也,請擊之。

9. 傷而匿之，故不能推車而及。
10. 屈完及諸侯盟。
11. 若愛重傷，則如勿傷；愛其二毛，則如服焉。
12. 不介馬而馳之。
13. 逐之，三周華不注。
14. 丑父使公下，如華泉取飲。
15. 人不難以死免其君，我戮之不祥。
16. 寡人雖亡國之餘，不鼓不成列。
17. 勍敵之人，隘而不列，天贊我也。
18. 保君父之命而享其生祿，於是乎得人。有人而校，罪莫大焉。
19. 雖然，何以報我？
20. 離外之患，而天不靖晉國，殆將啟之。

二、指出下列句子中"其"字的意義。
1. 天其或者將建諸？君其禮焉。
2. "我之懷矣，自詒伊慼"，其我之謂矣！
3. 若闕地及泉，隧而相見，其誰曰不然？
4. 今君即位，其無蒲、狄乎？
5. 若以君之靈，得反晉國，晉楚治兵，遇于中原，其辟君三舍。

三、替下列句中加點的詞句選擇正確的解釋。
1. 猶不改，宣子驟諫。（A. 急劇；B. 屢次）
2. 公患之，使鉏麑賊之。（A. 殺害；B. 偷盜）
3. 秋九月，晉侯飲趙盾酒。（A. 晉侯喝趙盾的酒；B. 晉侯請趙盾喝酒）
4. 提彌明死之。（A. 提彌明爲此而死；B. 提彌明把犬打死了）
5. 故中御而從齊侯。（A. 跟從；B. 追趕）
6. 郤克傷於矢，流血及屨，未絕鼓音，曰："余病矣！"（A. 生重病；B. 受重傷）

四、標點下文。
晉侯復假道於虞以伐虢宮之奇諫曰虢虞之表也虢亡虞必從之晉不可啓寇不可翫一之謂甚其可再乎諺所謂輔車相依唇亡齒寒者其虞虢之謂也公曰晉吾宗也豈害我哉對曰大伯虞仲大王之昭也大伯不從是以不嗣虢仲虢叔王季之穆也爲文王卿士勳在王室藏於盟府將虢是滅何愛於虞且虞能親於桓莊乎其愛之也桓莊之族何罪而以爲戮不唯偪乎親以寵偪猶尚害之況以國乎公曰吾享祀豐絜神必據我對曰臣聞之鬼神非人實親惟德是依故周書曰皇天無親惟德是輔又曰黍稷非馨明德惟馨又曰民不易物惟德繄物如是則非德民不和神不享矣神所馮依將在德矣若晉取虞而明德以薦馨香神其吐之

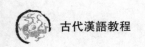

乎弗聽許晉使宮之奇以其族行曰虞不臘矣在此行也晉不更舉矣冬十二月丙子朔晉滅虢虢公醜奔京師師還館于虞遂襲虞滅之(《左傳·僖公五年》)

邵公諫弭謗　　　　　　　　　　　　　　　　《國語》

【説明】《國語》是中國最早的一部國別體史書,記錄了周王室和魯、齊、晉、鄭、楚、吳、越等八國的歷史,上起周穆王西征犬戎(約公元前 947),下至晉國智伯被滅(前 453),包括各國貴族間朝聘、宴饗、諷諫、辯説、應對之辭以及大量歷史事實與傳説。

關於《國語》的作者,現在還沒有定論。司馬遷、班固等説是魯國史官左丘明所作,並把《國語》稱爲《春秋外傳》。晉代以後,許多學者都認爲《國語》不是左丘明所作。現代普遍的看法是,此書是戰國初期学者根據周王室和各諸侯國的史料整理彙編而成的。

《國語》内容上偏重於記敍歷史人物的言論,也記錄了一些重大歷史事件,反映了當時貴族的一些思想,文字樸實簡練,具有一定的史學、文學和語言學價值。

本篇選自《國語·周語上》,原書無篇名,篇名爲後人所加。周厲王殘暴貪婪,不聽大臣邵公的勸諫,堵塞言路,終於激起民憤,引發了"國人暴動",被驅逐到邊遠之地。文章記錄了邵公讓民衆充分發表意見的主張,表現了樸素的民主思想。

厲王虐,國人謗王①。邵公告曰②:"民不堪命矣③。"王怒,得衛巫④,使監謗者。以告⑤,則殺之。國人莫敢言,道路以目⑥。

王喜,告邵公曰:"吾能弭謗矣⑦,乃不敢言!"

邵公曰:"是障之也⑧。防民之口,甚於防川。川壅而潰⑨,傷人必多,民亦如之。是故爲川者決之使導⑩,爲民者宣之使言⑪。故天子聽政,使公卿至於列士獻詩⑫,瞽獻曲,史獻書⑬,師箴,瞍賦,矇誦⑭,百工諫,庶人傳語⑮,近臣盡規,親戚補察⑯,瞽、史教誨,耆、艾修之⑰,而後王斟酌焉,是以事行而不悖⑱。民之有口,猶土之有山川也,財用於是乎出⑲;猶其有原隰衍沃也⑳,衣食於是乎生。口之宣言也,善敗於是乎興㉑。行善而備敗,其所以阜財用衣食者也㉒。夫民慮之於心而宣之於口,成而行之,胡可壅也㉓?若壅其口,其與能幾何㉔?"

王不聽,於是國莫敢出言。三年,乃流王於彘㉕。

① 厲王:周厲王,名胡,夷王之子。公元前878年即位,在位三十七年,後被放逐於彘。國人:居住在國都的人。謗:公開指責、批評。無貶義,不是誹謗之意。

② 邵公:亦作"召公",周王朝卿士,西周初召公奭的后代,名虎,謚穆。因封於召(今陝西省岐山縣南),故稱召公。

③ 不堪:不能忍受。命:指周厲王暴虐的政令。

④ 衛巫:衛國的巫者。厲王認爲巫有神靈,有謗必知之。

⑤ 以告:以謗者告王。

⑥ 道路以目:人們在道路上相遇,祇是用眼睛互相看看,意即敢怒不敢言。

⑦ 弭(mǐ):止息,消除。

⑧ 障:防水堤,這裏用作動詞,堵塞。

⑨ 壅:阻塞。潰:水決堤。

⑩ 爲川者:治水的人。決:排除阻塞物。導:疏導,疏通。

⑪ 宣:宣導。

⑫ 公卿:朝廷高級官員。列士:古代一般官員有上士、中士、下士之分,統稱列士。獻詩:進獻諷諫的詩。

⑬ 瞽(gǔ):有眸子而眼皮閉合的盲人。瞽獻曲:樂官進獻樂曲。古代樂官多由盲人擔任,所獻樂曲多採自民間,在一定程度上反映了人民的意見。史獻書:史官獻書於王。此舉的目的是以史爲鑑。

⑭ 師:少師,一種樂官。箴(zhēn):箴言,規諫勸戒之言。這裏用作動詞,進箴言於王。瞍(sǒu):沒有眸子而眼皮閉合的盲人。

賦:按一定的節奏腔調吟誦(箴言)。矇(méng):有眸子而無所見的盲人。誦:指不配樂曲的朗讀(箴言)。

⑮ 百工:周朝職官名,是管理爲王室服務的各種工匠的官。庶人:平民。傳語:間接地傳達關於政事的意見。

⑯ 近臣:君王左右的侍臣。盡規:盡規勸之責。親戚:指與天子同宗的親屬。補:彌補王之過失。察:監督王之行爲。

⑰ 瞽、史教誨:樂官、史官用歌曲、史事等對王進行教誨。耆、艾修之:六十歲的人叫作耆,五十歲的人叫作艾。耆、艾:這裏指國內的元老。修:儆戒,告誡。

⑱ 不悖(bèi):不違背情理。

⑲ 於:從。是:這,代指山川。乎:語氣詞。這句是說,財物、用度都是從山川中生產出來的。

⑳ 其:指土地。原:高爽而平坦的土地。隰(xí):低下而潮濕的土地。衍:低下而平坦的土地。沃:有河流可資灌溉的土地。

㉑ 這句意爲:人民用口發表各種言論,國家政事的好壞纔能體現出來。

㉒ 備:防備。這句意爲:人民認爲好的就加以推行,認爲壞的就加以防備。阜:增多。

㉓ 成:成熟。行:流露,表達。成而行之:成熟了就要説出來。胡:何,怎麼。

㉔ 與:黨與,同盟者。這句意爲:如果堵住百姓的嘴,那還能有幾個人擁護你呢?

㉕ 彘(zhì):晉地,在今山西省霍州市。

句踐滅吳

《國語》

【説明】 本篇選自《國語·越語上》。魯哀公元年(前494),吳國大敗越國,越王句踐率殘餘退據會稽,向吳國屈辱求和。但句踐不忘恥辱,勵精圖治,經過十年生聚十年教訓,終於在魯哀公二十二年(前473)消滅吳國,報仇雪恥。文章著重表現了越王句踐在逆境中隱忍奮發、不屈不撓的精神,對後世有一定的啓發和教育意義。

越王句踐棲於會稽之上①,乃號令於三軍曰:"凡我父兄昆弟及國子姓②,有能助寡人謀而退吳者,吾與之共知越國之政③。"大夫種進對曰④:"臣聞之:賈人夏則資皮,冬則資絺,旱則資舟,水則資車,以待乏也⑤。夫雖無四方之憂,然謀臣與爪牙之士⑥,不可不養而擇也。譬如蓑笠,時雨既至必求之。今君王既棲於會稽之上,然後乃求謀臣,無乃後乎⑦?"句踐曰:"苟得聞子大夫之言,何後之有⑧?"執其手而與之謀。

① 棲:山處曰棲,這裏指退守山上。會(Huì)稽:指會稽山,在今浙江省紹興市南。
② 昆:兄。昆弟:兄和弟。國子姓:國君的同姓,這裏泛指越國百姓。
③ 知:掌管,主持。
④ 大夫:官職。種:文種,名種,字子禽,楚國人。
⑤ 賈(gǔ)人:商人。資:囤積,蓄藏。絺(chī):細葛布,可做夏衣。乏:缺乏。這句是説,商人能做到未雨綢繆,早作準備。
⑥ 爪牙之士:勇猛的將士。
⑦ 無乃:副詞,表示委婉測度,相當於"恐怕"、"豈非"。
⑧ 苟:如果。子大夫:對大夫的敬稱。何後之有:有甚麼晚的。

遂使之行成於吳①,曰:"寡君句踐乏無所使②,使其下臣種,不敢徹聲聞於天王③,私於下執事曰④:寡君之師徒不足以辱君矣,願以金玉、子女賂君之辱⑤。請句踐女女於王⑥,大夫女女於大夫,士女女於士。越國之寶器畢從,寡君帥越國之衆,以從君之師徒,唯君左右之⑦。若以越國之罪爲不可赦也,將焚宗廟,係妻孥⑧,沈金玉於江⑨。有帶甲五千人將以致死,乃必有偶⑩,是以帶甲萬人事君也⑪,無乃即傷君王之所愛乎?與其殺是人也,寧其得此國也,其孰利乎⑫?"

① 成:和解,媾和。行成:議和。
② 乏無:缺乏,沒有。

③ 徹：到達。
④ 私：私自，私下。
⑤ 辱：屈辱（君王親自前來）。賂：贈送財物。賂君之辱：酬謝大王的屈尊光臨。
⑥ 女於王："女"作動詞，以女嫁人，這裏實際上是獻給吳王作婢妾。下文"女於大夫"、"女於士"倣此。
⑦ 左右：支配，使喚。
⑧ 係：繫，綁縛。妻孥（nú）：妻子兒女。
⑨ 沈：同"沉"。
⑩ 帶甲：指戰士。致死：拼命，拼死。乃必有偶：意爲五千戰士，人人拼命，一人可得二人之用。
⑪ 事君：侍奉君王。這是外交辭令，意爲與君王作戰。
⑫ 與其……，寧其……：選擇複句連詞，相當於"與其……，寧可……"。孰：哪一個。

夫差將欲聽與之成。子胥諫曰①："不可。夫吳之與越也，仇讎敵戰之國也②。三江環之③，民無所移，有吳則無越，有越則無吳，將不可改於是矣④。員聞之：陸人居陸，水人居水。夫上黨之國⑤，我攻而勝之，吾不能居其地，不能乘其車；夫越國，吾攻而勝之，吾能居其地，吾能乘其舟。此其利也，不可失也已，君必滅之。失此利也，雖悔之，必無及已！"

越人飾美女八人，納之太宰嚭⑥，曰："子苟赦越國之罪，又有美於此者將進之。"太宰嚭諫曰："嚭聞古之伐國者，服之而已。今已服矣，又何求焉？"夫差與之成而去之⑦。

① 夫差：吳王。子胥：吳大夫，姓伍，名員（yún），楚人。
② 仇讎：仇敵相對。
③ 三江：指吳江、錢塘江、浦陽江。
④ 是：這。不可改於是：這種局面不可能改變。
⑤ 黨：處，所。上黨之國：指中原地區國家。
⑥ 太宰：官職名。太宰嚭（pǐ）：吳正卿，楚大夫伯州黎之子。
⑦ 去：離開。

句踐說於國人曰①："寡人不知其力之不足也，而又與大國執讎②，以暴露百姓之骨於中原③，此則寡人之罪也。寡人請更④。"於是葬死者，問傷者，養生者；弔有憂，賀有喜；送往者，迎來者；去民之所惡，補民之不足。然後卑事夫差，宦士三百人於吳⑤，其身親爲夫差前馬⑥。

① 說：解釋。
② 執讎：結仇。
③ 中原：原中，指戰場。
④ 更：更改。

299

⑤ 宦：貴族的臣僕。宦士三百人於吳：使越國士人三百人到吳國做貴族的臣僕。

⑥ 前馬：即先(xiǎn)馬，馬前先驅。

句踐之地，南至於句無①，北至於禦兒②，東至於鄞③，西至於姑蔑④，廣運百里⑤。乃致其父母昆弟而誓之曰："寡人聞，古之賢君，四方之民歸之，若水之歸下也。今寡人不能，將帥二三子夫婦以蕃⑥。"令壯者無取老婦⑦，令老者無取壯妻。女子十七不嫁，其父母有罪；丈夫二十不娶，其父母有罪。將免者以告⑧，公令醫守之。生丈夫，二壺酒，一犬；生女子，二壺酒，一豚⑨。生三人，公與之母⑩；生二人，公與之餼⑪。當室者死，三年釋其政；支子死，三月釋其政⑫。必哭泣葬埋之，如其子⑬。令孤子、寡婦、疾疹、貧病者，納宦其子⑭。其達士，絜其居，美其服，飽其食，而摩厲之於義⑮。四方之士來者，必廟禮之⑯。句踐載稻與脂於舟以行，國之孺子之遊者，無不餔也，無不歠也⑰，必問其名。非其身之所種則不食，非其夫人之所織則不衣。十年不收於國，民俱有三年之食。

① 句(gōu)無：地名，在今浙江省諸暨市。

② 禦兒(ní)：地名，在今浙江省桐鄉市。

③ 鄞(yín)：地名，在今浙江省寧波市鄞州區。

④ 姑蔑：地名，在今浙江省衢州市。

⑤ 廣(guǎng)：東西的距離稱廣。運：南北的距離稱運，也作"員"(yùn)。廣運百里：方圓百里。

⑥ 不能：指不能使四方之民來歸。帥：引導，帶頭。二三子：你們，諸位。蕃：生息，繁殖人口。

⑦ 取：同"娶"。

⑧ 將：將要。免：同"娩"。

⑨ 丈夫：男孩子。豚：小豬。

⑩ 生三人：生第三個孩子。母：乳母。

⑪ 生二人：生第二個孩子。餼(xì)：糧食。

⑫ 當室者：嫡長子。釋其政：免除徭役。支子：嫡長子以外的兒子。

⑬ 之：指庶子。子：指嫡子。這句意爲：(如果庶子死了,)一定要哭泣埋葬庶子，就像埋葬自己的嫡子一樣。

⑭ 疹(chèn)：通"疢"，熱病。納宦：授官。納宦其子：把他們的兒子送入官府，由公家給予教育和供給口糧。

⑮ 達士：通達之士。絜：同"潔"。摩厲：磨礪。摩厲之於義：在節義上激勵士人。

⑯ 廟禮之：在朝廷上以禮接待他們。

⑰ 稻與脂：稻米和油脂。孺子：年輕人。餔(bū)：喫，用作使動。歠(chuò)：喝，用作使動。

國之父兄請曰："昔者夫差恥吾君於諸侯之國，今越國亦節矣①，請報之。"句踐辭曰："昔者之戰也，非二三子之罪也，寡人之罪也。如寡人者，安與知恥②？請姑無庸戰③。"父兄又請曰："越四封之内，親吾君也，猶父母也。子而思報父母之仇，臣而思報君之讎，其有敢不盡力者乎？請復戰。"句踐既許之，乃致其衆而誓之，曰："寡人聞古之賢君，不患其衆之不足也，而患其志行之少恥也④。今夫差衣水犀之甲者億有三千⑤，不患其志行之少恥也，而患其衆之不足也。今寡人將助天滅之。吾不欲匹夫之勇也，欲其旅進旅退也⑥。進則思賞，退則思刑，如此則有常賞⑦；進不用命，退則無恥，如此則有常刑。"果行，國人皆勸⑧。父勉其子，兄勉其弟，婦勉其夫，曰："孰是君也，而可無死乎⑨！"是故敗吳於囿，又敗之於没，又郊敗之⑩。

① 節：有節度，走上正軌。
② 安：哪裏。與：參與。這句意爲：像我這樣的人，哪裏配得上知恥。
③ 姑：姑且。無庸：不用。
④ 志行：志向行爲。少恥：少廉寡恥。
⑤ 衣(yì)：穿。水犀之甲：水牛和犀牛皮的甲衣。億：十萬。有：通"又"。
⑥ 匹夫之勇：個人的勇敢。旅：俱，共同。旅進旅退：共同進退。
⑦ 常賞：合乎常規的賞賜。
⑧ 果：實現。果行：意爲軍隊出發。勸：勉勵。
⑨ 孰：何，爲什麼。這句意爲：爲什麼這樣好的國君，而可以不爲他死戰嗎？
⑩ 囿：水名，即笠澤。一説即今吳淞江，一説是今江蘇吳江境内的太湖。没：地名，今地不詳。郊：吳國首都近郊。

夫差行成，曰："寡人之師徒不足以辱君矣，請以金玉、子女賂君之辱。"句踐對曰："昔天以越予吳①，而吳不受命；今天以吳予越，越可以無聽天之命，而聽君之令乎？吾請達王甬句東②，吾與君爲二君乎？"夫差對曰："寡人禮先壹飯矣③。君若不忘周室，而爲弊邑宸宇④，亦寡人之願也。君若曰：'吾將殘汝社稷，滅汝宗廟。'寡人請死。余何面目以視於天下乎？越君其次也⑤！"遂滅吳。

① 予：給予。
② 達：遣送。甬：甬江。句(gōu)：句章，地名，今浙江省慈溪市西南。
③ 禮先壹飯：從禮節上説先有恩於越國，指吳王曾答應越國求和。
④ 不忘周室：吳國與周王室同姓，夫差請求句踐看在周室的情分上，赦免吳國。宸宇：屋檐。爲弊邑宸宇：做屋檐庇護吳國。
⑤ 次：進駐。越君其次也：越君就進駐(吳國)吧。

范雎説秦昭王

《戰國策》

【説明】《戰國策》原是戰國時期各國史料和策士言論的彙編,有《國策》、《國事》、《事語》、《短長》、《長書》等不同名稱。西漢末年,劉向加以校録整理,以國別爲基礎,依時間順序編次,分東周、西周、秦、齊、楚、趙、魏、韓、燕、宋、衛、中山等十二國策,刪除重復,補苴缺漏,共得三十三篇,定名爲《戰國策》。

《戰國策》主要記録了戰國時期二百三四十年間策士們在軍事、政治、外交等方面的頻繁活動和大量言辭,反映了策士階層奔走各國,縱横捭闔,巧言善辯,在複雜尖鋭的社會鬥爭中發揮的重要作用。與此同時,《戰國策》還表現了當時社會劇烈的政治動盪、制度變革,各國間的權謀攻伐概況,並在一定程度上反映了愛民重民、破舊求新、人盡其才等積極的思想觀念。

《戰國策》在語言學、文學上有很高的價值,它的語言大致都是當時的口語,具有犀利流暢、深刻透徹的特點,善於刻畫人物形象,揭示人物的心理活動,描寫生動而細膩,具有很強的説服力和感染力,對後代的語言和文學有着巨大的影響。《戰國策》有一些記述不完全符合歷史事實,頗有誇大虚構之處。

本篇選自《戰國策·秦策》,篇名爲編者所加。范雎原爲魏國大夫須賈家臣,隨須賈出使齊國時得到齊襄王的賞識和饋贈。因須賈的嫉妒挑撥,魏相魏齊懷疑范雎通齊,痛加笞打後棄置厠所之中。范雎説通看守,脱逃至秦,得到秦昭王的優禮相待。針對秦國的内外形勢,范雎建議秦王對外採取"遠交近攻"的策略,與齊國交好,攻擊韓魏;對内廢逐太后和穰侯,奪回旁落的大權。他的獻策對於秦國戰勝六國並進而統一中國起了重要的作用。

范雎至,秦王庭迎①,謂范雎曰:"寡人宜以身受令久矣②。今者義渠之事急③,寡人日自請太后④。今義渠之事已⑤,寡人乃得以身受命。躬竊閔然不敏⑥,敬執賓主之禮。"范雎辭讓。

是日見范雎,見者無不變色易容者⑦。秦王屏左右⑧,宫中虚無人,秦王跪而請曰:"先生何以幸教寡人?"范雎曰:"唯唯⑨。"有間⑩,秦王復請,范雎曰:"唯唯。"若是者三。

① 雎(jū):字叔,因封地在應(今河南省寶豐縣西南),又稱"應侯"。"雎"原作"睢",據《韓非子·外儲説左上》作"范且(jū)"改。秦王:指秦昭王,秦武王異母弟,名則,一

名稷。

② 以身受令：意爲親身受教。
③ 今者：爲"會"字之訛（依王念孫説）。會：適逢。義渠：西戎的一支，活動區域在今甘肅慶陽、涇川一帶。義渠之事：指周赧王四十五年（公元前270）秦滅義渠。
④ 太后：指宣太后，秦昭王生母。
⑤ 已：結束。

⑥ 躬：自身，自己。竊：謙辭，相當於"私下"。閔然：昏昧的樣子。不敏：不敏捷，遲鈍。
⑦ 色：臉色。容：面容。變色易容：這裏表示肅然起敬。
⑧ 屏（bǐng）：屏退。
⑨ 唯唯：應答聲。
⑩ 有間：過了一會兒。

秦王跽曰①："先生不幸教寡人乎？"

范雎謝曰："非敢然也②。臣聞始時呂尚之遇文王也，身爲漁父而釣於渭陽之濱耳③。若是者，交疏也④。已一説而立爲太師，載與俱歸者，其言深也⑤。故文王果收功於呂尚，卒擅天下而身立爲帝王⑥。即使文王疏呂望而弗與深言⑦，是周無天子之德，而文、武無與成其王也⑧。今臣，羈旅之臣也⑨，交疏於王，而所願陳者，皆匡君臣之事⑩，處人骨肉之間⑪，願以陳臣之陋忠，而未知王心也，所以王三問而不對者是也。

① 跽：長跪。跪而聳身直腰，表示恭敬或注意傾聽。
② 然：這樣。
③ 呂尚：即姜太公，名望。傳説他在受到周文王知遇之前垂釣於渭陽之濱，後被周文王聘爲太師，佐周武王滅商。渭陽：渭水之北。文王：周文王姬昌。
④ 交疏：交情疏遠。
⑤ 已：完成，完畢。一説：一席談話。
⑥ 卒：最終。擅：佔有。
⑦ 即使：假使，如果。"即"和"使"都是假設連詞，同義連文。
⑧ 無與：沒有人與（之），沒有人和（周文王、周武王）。王：王業，帝王的大業。
⑨ 羈旅：寄居異鄉。
⑩ 匡：匡正，糾正。皆匡君臣之事：當依《史記・范雎蔡澤列傳》作"皆匡君之事"，"臣"字衍。
⑪ 這句話暗示不便進言。太后是昭王之母，穰侯是昭王之舅，二人都是昭王的骨肉至親，且專擅秦國大權。

"臣非有所畏而不敢言也，知今日言之於前，而明日伏誅於後，然臣弗敢畏也。大王信行臣之言①，死不足以爲臣患，亡不足以爲臣憂，漆身而爲厲②，被髮而爲狂③，不足以爲臣恥。五帝之聖而死④，三王之仁而死⑤，五伯之賢而死⑥，烏獲之力而死⑦，奔、育之勇焉而死⑧。死者，人之所必不免也。處必然之勢⑨，可以少有補於秦，此臣之所大願也,臣何患乎?

① 信行:確實實行。
② 亡:逃亡。癘(lài):通"癩"。《史記·刺客列傳》司馬貞索隱:"凡漆有毒,近之多患瘡腫,若賴(癩)病然。"
③ 被:同"披"。
④ 五帝:傳說中的上古帝王,指黃帝、顓頊(Zhuānxū)、帝嚳(kù)、唐堯、虞舜。
⑤ 三王:三代之王,即夏禹、商湯、周文王。
⑥ 五伯:即五霸。有不同説法,一般指齊桓公、晉文公、宋襄公、楚莊王、秦穆公。
⑦ 烏獲:秦武王的力士。
⑧ 奔、育:戰國時的勇士孟奔、夏育,都是衛國人。
⑨ 必然:必然如此。

"伍子胥橐載而出昭關①,夜行而晝伏,至於陵水②,無以餌其口③,坐行蒲服④,乞食於吳市,卒興吳國,闔廬爲霸⑤。使臣得進謀如伍子胥,加之以幽囚,終身不復見,是臣説之行也,臣何憂乎?箕子、接輿⑥,漆身而爲厲,被髮而爲狂,無益於殷、楚。使臣得同行於箕子、接輿,漆身可以補所賢之主,是臣之大榮也,臣又何恥乎?臣之所恐者,獨恐臣死之後,天下見臣盡忠而身蹶也,是以杜口裹足⑦,莫肯即秦耳⑧。足下上畏太后之嚴,下惑姦臣之態⑨,居深宮之中,不離保傅之手⑩,終身闇惑,無與照姦⑪,大者宗廟滅覆,小者身以孤危。此臣之所恐耳!若夫窮辱之事,死亡之患,臣弗敢畏也。臣死而秦治,賢於生也⑫。"

① 伍子胥:伍員,楚國人。父兄皆被楚平王殺害,他藏於口袋中,裝在車上逃出昭關,投奔吳國,輔佐吳王闔廬伐楚復仇,成就霸業。橐(tuó)載:用口袋裝着載在車上。
② 陵水:即溧水,源出安徽蕪湖,向東流入江蘇境内,匯入太湖。
③ 餌:食(sì),使……吃。
④ 坐行:膝行。蒲服:同"匍匐",爬行。
⑤ 闔廬:又作"闔閭",春秋末吳王,名光。
⑥ 箕子:商紂王的叔父。紂王無道,箕子進諫不聽,於是披髮佯狂。接輿:春秋時楚人,名陸通,隱居不仕,時人稱爲楚狂。
⑦ 蹶:跌倒,這裏指死去。杜口:堵塞嘴巴,即閉口不言。
⑧ 即:接近,靠近。耳:語氣詞,而已。
⑨ 態:通"慝",諂媚,欺詐。
⑩ 保傅:古代保育、教導太子和貴族子弟等的男女官員。
⑪ 闇(àn)惑:昏昧,糊塗。無與:沒有人爲(之),沒有人替(你)。照:洞察。姦:姦邪之人。
⑫ 賢於生:勝過活着。

秦王跽曰:"先生是何言也①!夫秦國僻遠,寡人愚不肖,先生乃幸至此,此天以寡人恩先生②,而存先王之廟也。寡人得受命於先生,此天所以幸先王而不棄其孤也。先生奈何而言若此！事無大小，上及太后，下至大臣，願先生悉以教寡人，無疑寡人也。"范雎再拜，秦王亦再拜。

范雎曰："大王之國，北有甘泉、谷口，南帶涇、渭③，右隴、蜀，左關、阪④，戰車千乘，奮擊百萬⑤。以秦卒之勇，車騎之多，以當諸侯，譬若馳韓盧而逐蹇兔也⑥，霸王之業可致。今反閉關而不敢窺兵於山東者⑦，是穰侯爲國謀不忠⑧，而大王之計有所失也。"

① 是：代詞，這。
② 恩(hùn)：驚動，打擾。
③ 甘泉：山名，即磨石嶺，在今陝西省淳化縣西北。谷口：即古寒門，在今陝西省禮泉縣東北。涇、渭：皆水名，在今陝西省中部。
④ 隴：山名，在今陝西省隴縣西北。蜀：地名，在今四川省。關：指函谷關。阪：指崤山。
⑤ 奮擊：奮擊之士，指將士兵卒。
⑥ 韓盧：韓國出產的黑色猛犬。盧：通"玈"，黑犬。蹇：跛。
⑦ 山東：崤山以東，指除秦之外的其他六國。
⑧ 穰侯：姓魏，名冉，封於穰，秦昭王母宣太后異父弟。

王曰："願聞所失計。"
雎曰："大王越韓、魏而攻强齊，非計也。少出師，則不足以傷齊；多之，則害於秦。臣意王之計欲少出師①，而悉韓、魏之兵，則不義矣②。今見與國之不可親③，越人之國而攻，可乎？疏於計矣！昔者，齊人伐楚，戰勝，破軍殺將，再辟千里，膚寸之地無得者④，豈齊不欲地哉？形弗能有也⑤。諸侯見齊之罷露⑥，君臣之不親，舉兵而伐之，主辱軍破，爲天下笑⑦。所以然者，以其伐楚而肥韓、魏也。此所謂'藉賊兵而齎盜食'者也⑧。王不如遠交而近攻，得寸則王之寸，得尺亦王之尺也。今舍此而遠攻，不亦繆乎⑨？且昔者中山之地方五百里，趙獨擅之，功成、名立、利附，則天下莫能害。今韓、魏，中國之處而天下之樞也⑩。王若欲霸，必親中國而以爲天下樞⑪，以威楚、趙。趙彊則楚附，楚彊則趙附⑫。楚、趙附則齊必懼，懼必卑辭重幣以事秦⑬，齊附而韓、魏可虛也⑭。"

① 意：推測，猜測。
② 義：宜，適宜。
③ 與國：同盟國。指韓、魏兩國。
④ 膚寸：古代長度單位，一指寬爲一寸，四指爲膚，這裏形容微小。
⑤ 形：形势。有：佔有。

⑥ 罷：通"疲"，疲乏。露：羸弱。
⑦ 這句指樂毅率五國之兵伐齊，攻入齊都臨淄，齊閔王奔莒，被齊相淖齒殺害的事。
⑧ 藉：借。賊：強盜。兵：兵器。齎(jī)：送。盜：竊賊。
⑨ 繆：通"謬"，謬誤。
⑩ 中國之處：處於中原地區。
⑪ 親：這裏指靠近。
⑫ 這句意謂，即使楚、趙不能兼得，必有一附。
⑬ 幣：布帛。
⑭ 虛：丘墟。這裏用作動詞，成為丘墟。

王曰："寡人欲親魏。魏，多變之國也，寡人不能親。請問親魏奈何？"

范雎曰："卑辭重幣以事之。不可，削地而賂之。不可，舉兵而伐之。"於是舉兵而攻邢丘①，邢丘拔而魏請附。

曰："秦、韓之地形，相錯如繡②。秦之有韓，若木之有蠹，人之病心腹。天下有變，為秦害者，莫大於韓。王不如收韓。"

王曰："寡人欲收韓，不聽，為之奈何？"范雎曰："舉兵而攻滎陽③，則成皋之路不通④；北斬太行之道，則上黨之兵不下⑤；一舉而攻宜陽⑥，則其國斷而為三。魏、韓見必亡⑦，焉得不聽？韓聽而霸事可成也。"王曰："善。"

① 邢丘：地名，在今河南省溫縣東。
② 錯：交錯。繡：布帛織品上的花紋。
③ 滎陽：韓地，在今河南省滎陽市。
④ 成皋：又名虎牢，古關名，韓地，在今河南省滎陽市汜水鎮西。
⑤ 上黨：韓地，在今山西省東南部。
⑥ 宜陽：韓邑，在今河南省宜陽縣。
⑦ 魏、韓見必亡：當作"韓見必亡"，"魏"字衍。

范雎曰："臣居山東，聞齊之內有田單①，不聞其王。聞秦之有太后、穰侯、涇陽、華陽②，不聞其有王。夫擅國之謂王，能專利害之謂王，制殺生之威之謂王。今太后擅行不顧，穰侯出使不報③，涇陽、華陽擊斷無諱④。四貴備而國不危者⑤，未之有也。為此四者下⑥，乃所謂無王已。然則權焉得不傾，而令焉得從王出乎？臣聞：'善為國者，內固其威，而外重其權。'穰侯使者操王之重，決裂諸侯，剖符於天下⑦，征敵伐國，莫敢不聽。戰勝攻取，則利歸於陶⑧；國弊，御於諸侯⑨；戰敗，則怨結於百姓，而禍歸社稷。詩曰：'木實繁者披其枝，披其枝者傷其心⑩。大其都者危其國，尊其臣者卑其主。'淖齒管齊之權⑪，縮閔王之筋,縣之廟梁,宿昔而死⑫。李兌用趙,減食主父,百日而餓死⑬。今秦,太后、穰侯用事,高陵、涇陽佐之,卒無秦王,此亦淖齒、李兌之類已。臣今見王獨立於廟朝矣⑭,且臣將恐後世之有秦國者⑮,非王之子孫也!"

秦王懼,於是乃廢太后,逐穰侯,出高陵,走涇陽於關外⑯。昭王謂范雎曰:"昔者齊公得管仲,時以爲仲父。今吾得子,亦以爲父。"

① 田單:齊襄王的相,封安平君。
② 涇陽:即涇陽君,名巿,秦昭王同母弟。華陽:即華陽君,姓芈名戎,宣太后弟。《史記·范雎蔡澤列傳》作"太后、穰侯、華陽、高陵、涇陽",當據補"高陵"。高陵:秦昭王同母弟,名悝。
③ 報:報告。
④ 擊斷:刑人斷獄。無諱:毫無忌諱。據《史記·范雎蔡澤列傳》,此句後當脱"高陵進退不請"一句。
⑤ 四貴:當指穰侯、涇陽、華陽、高陵。
⑥ 爲此四者下:《史記·范雎蔡澤列傳》作"爲此四貴者下",應據補"貴"字。
⑦ 決裂諸侯:分割諸侯之地。剖符:剖分符信,指分封官爵。
⑧ 陶:魏冉始封於穰(今河南鄧縣),復益封於陶(今山東定陶縣)。
⑨ 御於諸侯:爲諸侯所制。
⑩ 披:分披,折裂。這句意爲:一棵樹果實長得太多,樹枝就會折裂。心:指果樹的主榦。
⑪ 淖(Zhuō)齒:楚人,齊湣王宰相。管:這裹指專擅。
⑫ 縮:抽。閔王:即齊湣王。淖齒專權,把湣王懸吊在宗廟樑木上,抽他的筋。縣:同"懸"。宿昔:一夜之間。
⑬ 李兌:趙國權臣,先爲司寇,後爲相,封奉陽君。主父:即趙武靈王。趙武靈王傳位於少子何,自號主父。後太子章作亂,爭奪君位,兵敗後逃入主父宮。李兌因圍主父宮,主父被圍三月餘餓死。
⑭ 廟朝:朝廷。
⑮ 有:據有,佔有。
⑯ 出:使動用法,使……出。走:使動用法,使……走。

齊宣王見顔斶

《戰國策》

【説明】 本篇選自《戰國策·齊策》。顔斶(chù),齊國隱士。文章記述了顔斶與齊王及其左右的對話,表現了顔斶"士貴君賤"的思想和不求聞達、視富貴利禄如浮雲的高尚情操,從一個側面反映了士這一階層在當時社會中的地位和作用。

齊宣王見顔斶,曰:"斶前!"斶亦曰:"王前!"宣王不悦。左右曰:

"王,人君也。斶,人臣也。王曰'斶前',斶亦曰'王前',可乎?"斶對曰:"夫斶前爲慕勢,王前爲趨士①。與使斶爲慕勢②,不如使王爲趨士。"王忿然作色③,曰:"王者貴乎?士貴乎?"對曰:"士貴耳,王者不貴。"王曰:"有說乎?"斶曰:"有。昔者秦攻齊,令曰:'有敢去柳下季壠五十步而樵采者④,死不赦。'令曰:'有能得齊王頭者,封萬户侯,賜金千鎰⑤。'由是觀之,生王之頭曾不若死士之壠也⑥。"宣王默然不悦。

① 趨:疾行,奔跑。引申爲趨向,歸附。趨士:這裏表示禮賢下士。
② 與……,不如……:選擇複句連詞,相當於"與其……,不如……"。
③ 作色:臉上變色,板起臉。
④ 柳下季:即春秋時魯國賢人柳下惠,姬姓,展氏,名獲,字禽,一字季,謚惠,柳下是其食邑。壠:墳墓。
⑤ 鎰:古代重量單位,二十兩爲一鎰,一説二十四兩爲一鎰。
⑥ 曾(zēng):竟,竟然。

左右皆曰:"斶來,斶來①!大王據千乘之地②,而建千石鍾,萬石簴③。天下之士仁義皆來役處④。辯知並進⑤,莫不來語。東西南北,莫敢不服。求萬物無不備具,而百姓無不親附。今夫士之高者,乃稱匹夫,徒步而處農畝,下則鄙野,監門閭里⑥,士之賤也,亦甚矣!"

① 來:語氣詞,相當於"啊"。
② 乘(shèng):古以一車四馬爲一乘。千乘:戰國時諸侯國小者稱千乘,大者稱萬乘。這裏"千乘"當爲"萬乘",涉下文"千石"而誤(依金正煒説)。
③ 石:重量單位,一百二十斤爲一石。鍾:同"鐘",樂器。簴(jù):同"簴",懸掛鐘的木架。這句是説齊王鑄了一千石重的大鐘,造了一萬石重的大鐘架,意謂齊王十分重視禮樂。
④ 役:役使,這裏用作被動,爲齊王所役使。處:居於齊王所封的職位。之士仁義:"仁義"二字當在"之士"上(依吳師道説)。
⑤ 知:同"智"。辯知:有才能的辯士、智者。
⑥ 鄙:邊遠的地方。野:郊外。監門:守門。閭里:里巷,平民聚居之處。這句意爲:士人中地位低下者則住在窮鄉僻壤,祇能做個監守里巷之門的役卒。

斶對曰:"不然。斶聞古大禹之時,諸侯萬國。何則①?德厚之道,得貴士之力也②。故舜起農畝,出於野鄙,而爲天子;及湯之時,諸侯三千;當今之世,南面稱寡者,乃二十四。由此觀之,非得失之策與③?稍稍誅滅④,滅亡無族之時,欲爲監門閭里,安可得而有乎哉?是故《易傳》不云乎:'居上位,未得其實,以喜其爲名者⑤,必以驕奢爲行。據慢驕奢⑥,則凶從之。是故無其實而喜其名者削,無德而望其福者約⑦,無功而受其祿者辱,禍必握⑧。'故曰:'矜功不立,虛願不至⑨。'此皆幸樂其名,華而無其實德者也。是以堯有九佐⑩,舜有七友⑪,禹有五丞⑫,湯有三輔⑬,自古及今而能虛成名於天下者,無有。是以君王無羞亟問,不媿下學⑭,是故成其道德而揚功名於後世者,堯、舜、禹、湯、周文王是也。故曰'無形者,形之君也;無端者,事之本也⑮',夫上見其原⑯,下通其流,至聖明學,何不吉之有哉!老子曰:'雖貴,必以賤爲本;雖高,必以下爲基。是以侯王稱孤、寡、不穀,是其賤之本與⑰?'夫孤、寡者,人之困賤下位也,而侯王以自謂,豈非下人而尊貴士與⑱?夫堯傳舜,舜傳禹,周成王任周公旦,而世世稱曰明主,是以明乎士之貴也。"

① 何則:何故,是什麼緣故呢。

② 這句是說,因爲能够貴士,所以德厚。

③ 得失之策:指過去諸侯國多,是由於得策,現在失策,所以諸侯國少了。與:同"歟"。

④ 稍稍:逐漸。誅滅:指諸侯被誅戮消滅。

⑤ 以:用同"而"。爲名:"爲"字涉下"爲行"而衍(依金正煒説)。

⑥ 据:通"倨"。据慢:傲慢。

⑦ 削:指土地削減。約:窮困。

⑧ 握:通"渥",厚,多。

⑨ 矜:自誇。虛願:指徒有願望而無行動。不至:不能達成。

⑩ 九佐:傳説堯的九位官員,舜爲司徒,契爲司馬,禹爲司空,后稷爲田疇(農官),夔爲樂正,倕爲工師,伯夷爲秩宗(禮官),皋陶爲大理(司法官),益掌驅禽。

⑪ 七友:傳説舜有雄陶、方回、續牙、伯陽、東不訾、秦不虛、靈甫七個友人。

⑫ 五丞:傳説禹有益、稷、皋陶、垂、契五位賢佐。

⑬ 三輔:傳説指誼伯、仲伯、咎單。

⑭ 亟:多次。媿:同"愧"。下學:向地位低下的人學習。

⑮ 君:主宰。無端:指事物在未開端之際。

⑯ 原:本源。

⑰ 是其賤之本與:當作"是其以賤爲本也,非與"(依朱謙之説)。所引老子的話見《老子》第三十九章。

⑱ 下人:下於人。這句意爲:這難道不是自居人下而對士表示尊敬嗎?

　　宣王曰:"嗟乎!君子焉可侮哉!寡人自取病耳①。及今聞君子之言,乃今聞細人之行②。願請受爲弟子,且顏先生與寡人游③,食必太牢,出必乘車,妻子衣服麗都④。"

　　顏斶辭去,曰:"夫玉生於山,制則破焉,非弗寶貴矣,然大璞不完⑤。士生乎鄙野,推選則祿焉,非不得尊遂也⑥,然而形神不全。斶願得歸,晚食以當肉⑦,安步以當車,無罪以當貴,清靜貞正以自虞⑧。制言者,王也;盡忠直言者,燭也。言要道已備矣⑨,願得賜歸,安行而反臣之邑屋。"則再拜而辭去也。

君子曰:"燭知足矣,歸反璞⑩,則終身不辱也。"

① 病:窮迫。自取病:意爲自討沒趣。
② 細人:小人。指顔燭所説的無實德、不貴士的人。
③ 顔:當作"願",形近而訛(依金正煒説)。
④ 太牢:一牛、一羊、一豕,三牲具備,稱爲太牢。麗都:華美。
⑤ 制:裁制,裁斷。璞:未經雕琢的玉。
⑥ 禄:用作動詞,得到禄位。尊遂:顯貴,發達。
⑦ 這句意爲:雖然没有肉喫,但是遲一點喫飯,喫起來味道就香了,就當喫肉一樣。
⑧ 虞:通"娱"。自虞:等於説自得其樂。
⑨ 備:完備。
⑩ 反:同"返"。反璞:返歸本真。

趙威后問齊使　　《戰國策》

【説明】　本篇選自《戰國策·齊策》。趙威后,趙惠文王王后,趙孝成王之母。惠文王去世後,她一度臨朝聽政。這篇文章記述了趙威后和齊國使者之間的對話,反映了她的重農和民本思想。

齊王使使者問趙威后①,書未發②,威后問使者曰:"歲亦無恙耶③?民亦無恙耶?王亦無恙耶?"使者不説,曰:"臣奉使使威后④,今不問王而先問歲與民,豈先賤而後尊貴者乎?"威后曰:"不然。苟無歲,何以有民?苟無民,何以有君?故有問舍本而問末者耶⑤?"

① 齊王:指齊襄王,名法章。一説指齊襄王的兒子,名建。問:聘問,遣使問候,是當時天子與諸侯或諸侯與諸侯之間的一種禮節。
② 書:信,齊王給趙威后的信。發:啓封。
③ 歲:年成,年景。恙(yàng):憂患,災難。
④ 使使:前一個"使"是名詞,使命;後一個"使"是動詞,出使。
⑤ 這句意爲:有問情況不問根本問題而問細枝末節的嗎?

乃進而問之曰:"齊有處士曰鍾離子①,無恙耶?是其爲人也②,有糧者亦食③,無糧者亦食;有衣者亦衣④,無衣者亦衣。是助王養其民者也,何以至今不業也⑤?葉陽子無恙乎⑥?是其爲人,哀鰥寡,卹孤獨⑦，振困窮，補不足⑧。是助王息其民者也⑨，何以至今不業也？北宮之女嬰兒子無恙耶⑩？徹其環瑱⑪，至老不嫁，以養父母。是皆率民而出於孝情者也⑫，胡爲至今不朝也⑬？此二士弗業，一女不朝，何以王齊國、子萬民乎⑭？於陵子仲尚存乎⑮？是其爲人也，上不臣於王⑯，下不治其家，中不索交諸侯。此率民而出於無用者⑰，何爲至今不殺乎？"

① 鍾離子：齊國的隱士。鍾離，複姓。
② 是：這，這個人，指鍾離子。其：人稱代詞，他的。
③ 食（sì）：給……喫。
④ 有衣者亦衣：第一個"衣"（yī）是名詞，衣服；第二個"衣"（yì）是動詞，給……穿衣服。
⑤ 是：這，這種行爲。業：功業，這裏用作動詞。不業：不使他成就功業，意謂不重用他。
⑥ 葉（shè）陽子：齊國的隱士。葉陽，複姓。
⑦ 鰥（guān）：年老無妻。寡：寡婦。䘏（xù）：顧憐。孤：年少無父。獨：年老無子。
⑧ 振：同"賑"，救濟。不足：指缺衣少食。
⑨ 息：息養，生殖蕃息。
⑩ 北宮之女：姓北宮的女子。北宮，複姓。嬰兒子是她的名字。她是齊國有名的孝女。
⑪ 徹：去除。環：耳環。瑱（tiàn）：充填耳朵的玉飾。這句是說嬰兒子不事修飾打扮。
⑫ 出於孝情：等於說奉行孝道。
⑬ 胡爲：爲何。不朝：不上朝，古代女子得到封號纔能上朝。這裏是問爲何至今不加封號。
⑭ 王（wàng）：動詞，做王。王齊國：做齊國的王。子：用作動詞。子萬民：把萬民作爲自己的子女。
⑮ 於（wū）陵：齊邑名，在今山東省鄒平縣。子仲：齊國的隱士。
⑯ 臣：用作動詞。不臣於王：不向王稱臣，即不出來做官。索：求。交：交往。
⑰ 出於無用：等於說做無用之事。

莊辛説楚襄王　　　　《戰國策》

【説明】　本篇選自《戰國策·楚策》。莊辛，楚莊王之後，故以"莊"爲氏。楚襄王即楚頃襄王，楚懷王之子，名橫。懷王誤信秦人之言入秦，被秦昭王扣留，最終死在秦國。襄王不思報仇，反而親信小人，奢侈淫逸。本文寫莊辛對楚襄王的諍諫，警闢地説明了大敵當前而親近小人、貪圖奢靡、不理國政必將招致敗亡的道理。文章採取由小及大、層層設譬的方法，具有很强的説服力。

　　莊辛謂楚襄王曰："君王左州侯，右夏侯①，輦從鄢陵君與壽陵君②，專淫逸侈靡③,不顧國政,郢都必危矣④。"襄王曰:"先生老悖乎⑤?將以爲楚國祅祥乎⑥?"莊辛曰:"臣誠見其必然者也⑦,非敢以爲國祅祥也。君王卒幸四子者不衰⑧,楚國必亡矣!臣請辟於趙,淹留以觀之⑨。"

① 州侯、夏侯:都是襄王的寵臣。這句意爲:州侯、夏侯等寵臣終日不離襄王左右。
② 輦:上古用人拉的車,秦漢以後專指帝王后妃的坐車。從(zòng):使動用法,使……跟從。鄢陵君、壽陵君:也是襄王的寵臣。
③ 專:一味地。淫逸:過度縱逸,指行爲放蕩。侈靡:指生活奢侈糜爛。
④ 郢(yǐng):楚的國都,在今湖北省江陵縣北。
⑤ 老悖(bèi):年老昏聵。

⑥ ……將……:選擇複句連詞,相當於"……,還是……"。祅:同"妖",反常怪異。祥:預兆。祅祥:不祥的預兆。
⑦ 誠:確實。
⑧ 卒:最終,這裏指始終。幸:寵幸。四子:指上文所説的州侯、夏侯、鄢陵君、壽陵君。者:帶有指稱作用的助詞,指稱前面的數詞(名詞)所代表的人或事物。衰:衰減。
⑨ 辟:同"避"。淹留:羈留,逗留。

莊辛去,之趙①,留五月,秦果舉鄢、郢、巫、上蔡、陳之地②。襄王流揜於城陽③,於是使人發騶徵莊辛於趙④。莊辛曰:"諾。"

莊辛至。襄王曰:"寡人不能用先生之言,今事至於此,爲之奈何⑤?"莊辛對曰:"臣聞鄙語曰⑥:'見兔而顧犬⑦,未爲晚也;亡羊而補牢⑧,未爲遲也。'臣聞昔湯武以百里昌,桀紂以天下亡⑨。今楚國雖小,絶長續短,猶以數千里,豈特百里哉⑩!

① 去:離開。之:往,到。
② 舉:攻下。鄢:在今湖北省宜城市境。巫:今四川省巫山縣。上蔡:今河南省上蔡縣。陳:在今河南省淮陽縣境。
③ 流揜(yǎn):流亡困迫。城陽:即成陽,在今河南省淮陽縣東南。
④ 發:派遣。騶(zōu):侍從車駕的騎士。徵:徵召。
⑤ 爲之奈何:等於説對於這種情況怎麼辦呢。

⑥ 鄙語:俗語。
⑦ 顧:回頭看。
⑧ 亡:走失。牢:這裏指羊圈。
⑨ 湯:商湯,商朝開國之君。武:周武王。以:憑藉。昌:興盛。桀:夏桀,夏朝最後的國君。紂:商紂王,商朝最後的國君。
⑩ 絶長續短:等於説截長補短。以:有(依王引之説)。特:僅僅。豈特:豈但,豈止。

"王獨不見夫蜻蛉乎①?六足四翼,飛翔乎天地之間②,俛啄蚊虻而食之,仰承甘露而飲之③。自以爲無患,與人無爭也。不知夫五尺童子,方將調飴膠絲④,加己乎四仞之上,而下爲螻蟻食也⑤。

① 獨:豈,難道,表示反問。夫(fú):指示代詞,那,那個。蜻蛉(líng):蜻蜓。
② 乎:介詞,於,在。
③ 俛:同"俯"。虻(méng):一種飛蟲,尖喙,喜螫牲畜。承:接受。
④ 方將:正要。飴:糖漿。膠:黏著。

調飴膠絲:調和糖漿,黏在絲上(準備黏取蜻蛉)。
⑤ 加己:加在自己(指蜻蛉)身上。仞:長度單位,八尺爲一仞,一説七尺爲一仞。螻:螻蛄。蟻:螞蟻。爲螻蟻食:被螻蟻喫掉。

"夫蜻蛉其小者也,黃雀因是以①。俛噣白粒,仰棲茂樹,鼓翅奮翼②。自以爲無患,與人無爭也。不知夫公子王孫③,左挾彈,右攝丸④,將加己乎十仞之上,以其類爲招⑤。晝游乎茂樹,夕調乎酸鹹⑥,倏忽之間墜於公子之手⑦。

① 因:猶,如同。是:指示代詞,這樣。以:通"已",句末語氣詞(依王引之説)。黃雀因是以:黃雀也是這樣啊。
② 噣(zhuó):同"啄"。白粒:指米粒。棲:棲息。鼓:鼓動。奮:振動。
③ 公子:最初指諸侯的子女,後泛指富貴人家的子弟。王孫:王的子孫,泛指貴族子弟。

④ 彈:彈弓。攝:引持。丸:彈丸。
⑤ 類:當作"頸"。招:準的,彈射的目標。(參王念孫《讀書雜志》)
⑥ 鹹:同"鹹"。酸鹹:調味的作料。
⑦ 倏(shū)忽:頃刻,瞬間,極言時間短暫。"倏忽之間"句是錯簡,應在"晝游乎茂樹"之前(依金正煒説)。

"夫黃雀其小者也,黃鵠因是以①。游於江海,淹乎大沼②,俛噣鱔鯉,仰嚙蔆衡③,奮其六翮,而凌清風,飄搖乎高翔④,自以爲無患,與人無爭也。不知夫射者,方將脩其碆盧,治其矰繳⑤,將加己乎百仞之上,被劊磻,引微繳,折清風而抎矣⑥。故晝游乎江河,夕調乎鼎鼐⑦。

① 黃鵠(hú):即天鵝,似雁而大,能高飛且鳴聲大。
② 淹:停留,歇息。沼:水池,池塘。
③ 鱔:鱔魚。王念孫認爲"鱔"當作"鰹",鰹:鮎魚。蔆:同"菱",菱角。衡:即荇,一種水草。
④ 翮(hé):鳥羽的大莖。乎:形容詞詞尾。飄搖乎:等於説"飄飄搖搖地"。

⑤ 脩:同"修",整治。芎(pú):通"蒲",一種蘆葦,可用以製作箭矢,這裏借指箭。盧:黑色的弓。矰(zēng):弋射的箭。繳(zhuó):繫在箭上的絲繩。矰繳:帶絲繩的箭。
⑥ 被:遭受。劊(jiàn):銳利。磻(bō):石製的箭鏃。引:拖着。微繳:細而輕的絲繩。折:彎折,折斷。抎(yǔn):通"隕",

墜落。

⑦調:烹調。鼐(nài):大鼎。鼎鼐:古代烹飪器具。

"夫黃鵠其小者也,蔡靈侯之事因是以①。南游乎高陂,北陵乎巫山②,飲茹溪之流,食湘波之魚③,左抱幼妾,右擁嬖女④,與之馳騁乎高蔡之中⑤,而不以國家爲事。不知夫子發方受命乎靈王,繫己以朱絲而見之也⑥。

① 蔡靈侯:名般,蔡景侯之子,弒父自立,後被楚靈王誘殺。
② 陂(bēi):山坡。陵:升,登上。巫山:在今四川省巫山縣東。
③ 茹溪:水名,在巫山縣北。湘波:湘水,在今湖南省。
④ 嬖(bì):寵幸。
⑤ 高蔡:地名,在今河南省上蔡縣。
⑥ 子發:楚宣王將軍。據《左傳·昭公十一年》,受楚靈王之命圍蔡的不是子發,而是公子棄疾。楚宣王時,蔡國早已滅亡。朱絲:紅繩子。見(xiàn):使……見,這裏是指讓蔡靈侯去朝見。之:指楚靈王。

"蔡靈侯之事其小者也,君王之事因是以。左州侯,右夏侯,輦從鄢陵君與壽陵君,飯封祿之粟①,而載方府之金②,與之馳騁乎雲夢之中③,而不以天下國家爲事。不知夫穰侯方受命乎秦王④,填黽塞之內,而投己乎黽塞之外⑤。"

襄王聞之,顏色變作⑥,身體戰慄。於是乃以執珪而授之爲陽陵君,與淮北之地也⑦。

① 飯:用作動詞,喫。封祿之粟:指從采邑取得的穀物。
② 載:用車裝載。方府:楚國庫名。
③ 雲夢:即雲夢澤,在今湖北省江陵至蘄春之間。
④ 穰侯:秦昭王母宣太后之弟。秦王:指秦昭王。
⑤ 填:通"鎮",鎮守。黽(méng)塞:即平靖關,在今河南省信陽市南。內:秦將白起破楚,兵入黽塞而拔郢都,故言"內"。投:拋擲。己:指楚襄王。外:楚襄王兵敗,被迫出奔城陽,在黽塞之北,故言"外"。
⑥ 變作:改變。
⑦ 執珪(guī):也作"執圭",楚國的爵位名。與:通"舉",攻下。這句是指楚襄王用莊辛之計,收復淮北之地。

燕昭王求士　　《戰國策》

【説明】 本篇選自《戰國策·燕策》。燕昭王,名職,燕王噲之子,燕太子平之弟。燕王噲聽信燕相子之黨羽鹿毛壽的話,把君位禪讓給子之,子之專權三年,燕國大亂,齊國趁機伐燕,燕王噲、太子平及子之在戰亂中被殺。次年,在趙國爲質的燕公子職返國即位,是爲燕昭王。本篇寫燕昭王即位後,爲報齊破國殺父之仇而"卑身厚幣"以求士,賢士郭隗以千里馬爲喻,講述了如何"求士"的道理,昭王聽計而行,終於使燕國富強起來,大破齊國,成爲流傳千古的"禮賢下士"的佳話。

　　燕昭王收破燕後①,即位,卑身厚幣②,以招賢者,欲將以報讎③。故往見郭隗先生曰④:"齊因孤國之亂而襲破燕⑤。孤極知燕小力少,不足以報。然得賢士與共國,以雪先王之恥,孤之願也。敢問以國報讎者奈何⑥?"

　　郭隗先生對曰:"帝者與師處,王者與友處,霸者與臣處,亡國與役處⑦。詘指而事之,北面而受學⑧,則百己者至⑨;先趨而後息,先問而後嘿⑩,則什己者至⑪;人趨己趨,則若己者至⑫;馮几據杖,眄視指使⑬,則廝役之人至⑭;若恣睢奮擊,呴籍叱咄⑮,則徒隸之人至矣⑯。此古服道致士之法也⑰。王誠博選國中之賢者而朝其門下⑱,天下聞王朝其賢臣,天下之士必趨於燕矣。"

　　① 破燕(yān):殘破的燕國。
　　② 卑身厚幣:降低自己的身份,拿出豐厚的禮物。"卑"和"厚"都用作使動。幣:本爲繒帛,古時以帛爲贈禮,稱爲幣。
　　③ 欲、將:都是"想要、準備"的意思,同義連用。讎:同"仇"。報讎:指報齊國之仇。
　　④ 郭隗(wěi):燕國賢人。
　　⑤ 因:趁着。襲破燕:襲而破燕。
　　⑥ 奈何:怎麼辦。
　　⑦ 這四句意爲:成就帝業的國君與賢者像對待老師一樣相處,成就王業的國君與賢者像對待朋友一樣相處,成就霸業的國君與賢者像對待臣子一樣相處,而亡國之君與賢者像對待僕役一樣相處。
　　⑧ 詘(qū):同"屈"。指:通"旨"。詘指:委屈自己的心意。事:侍奉。之:指賢者。北面:面向北,指以師禮待賢者。
　　⑨ 百己者:能力百倍於己的人。
　　⑩ 趨:小步快跑,這裏意爲趨就。息:止息,休息。嘿:同"默"。這句意爲:先於別人趨向賢人,後於別人停息;先於別人請教賢人,後於別人閉口不語。
　　⑪ 什:同"十"。什己者:能力十倍於己的人。
　　⑫ 人趨己趨:別人趨就賢人自己也趨就賢人,意爲跟別人一樣快慢。若己者:能力跟自己相倣的人。
　　⑬ 馮:同"憑"。几:几案。據:拄着。眄(miǎn):斜視。指:用手指。指使:意爲指手劃腳地使喚別人。
　　⑭ 廝役之人:奔走服役的人。
　　⑮ 恣睢(suī):放縱暴戾的樣子。奮擊:發怒打人。呴(xǔ):呼气。籍:通"藉",踐

踏。呴籍：喘氣頓足，即暴跳如雷。叱咄（duō）：大聲呵斥。

⑯ 徒隸之人：本指俘虜或奴隸，這裏指唯命是從的人。

⑰ 服：服事。服道：服事有道之人。一説，服道意爲施行王道。致：羅致。

⑱ 朝：謁見。

　　昭王曰："寡人將誰朝而可？"郭隗先生曰："臣聞古之君人①，有以千金求千里馬者，三年不能得。涓人言於君曰②：'請求之。'君遣之。三月，得千里馬；馬已死，買其首五百金，反以報君③。君大怒曰：'所求者生馬，安事死馬④？而捐五百金⑤！'涓人對曰："死馬且買之五百金，況生馬乎？天下必以王爲能市馬，馬今至矣⑥。'於是不能朞年⑦，千里之馬至者三。今王誠欲致士，先從隗始。隗且見事⑧，況賢於隗者乎？豈遠千里哉！"

① 君人：當作"人君"，即國君。
② 涓人：又稱中涓，宮中主潔除之人，泛指國君近侍。
③ 買其首：買死馬的頭骨。反：同"返"。
④ 事：用。安事：等於説何用。
⑤ 捐：捨棄，浪費。
⑥ 市：動詞，買。今：即，將（依王引之説）。
⑦ 朞(jī)年：一週年。不能朞年：不足一週年。
⑧ 見：表被動。見事：被侍奉。

　　於是昭王爲隗築宮而師之。樂毅自魏往①，鄒衍自齊往②，劇辛自趙往③，士爭湊燕④。燕王弔死問生，與百姓同其甘苦。二十八年，燕國殷富，士卒樂佚輕戰⑤。於是遂以樂毅爲上將軍，與秦、楚、三晉合謀以伐齊⑥。齊兵敗，湣王出走於外⑦。燕兵獨追北，入至臨淄⑧，盡取齊寶，燒其宮室宗廟。齊城之不下者，唯獨莒、即墨⑨。

① 樂毅：魏國名將樂羊之後。入燕後，統兵伐齊，破七十餘城，封昌國君。
② 鄒衍：齊人，戰國時有名的學者、陰陽家。
③ 劇辛：趙人。入燕後，爲燕國策劃破齊之計。後伐趙不勝，爲趙將龐煖所殺。
④ 湊：奔赴，前往。
⑤ 樂佚：生活安樂舒適。輕戰：不怕戰爭。
⑥ 三晉：指戰國時的韓、趙、魏三國，由春秋末期的晉國三分而成。
⑦ 湣王：一作"潛王"，齊宣王之子，名地（一作"遂"）。臨淄被燕將樂毅攻破，湣王奔莒，不久被殺。
⑧ 北：敗北，這裏指敗逃的齊軍。臨淄：戰國時齊國國都，今山東省淄博市東北。
⑨ 莒(jǔ)：地名，今山東省莒縣。即墨：地名，今山東省即墨市。

練習十

一、說明下列几个詞古今詞義有何不同。
    1. 勸   2. 訪   3. 兵   4. 賊   5. 去   6. 謗

二、標點下文。
    1. 平公射鴳不死使豎襄搏之失公怒拘將殺之叔向聞之夕君告之叔向曰君必殺之昔吾先君唐叔射兕于徒林殪以爲大甲以封于晉今君嗣吾先君唐叔射鴳不死搏之不得是揚吾君之恥者也君其必速殺之勿令遠聞君忸怩乃趣赦之(《國語·晉語》)
    2. 趙簡子問於壯馳茲曰東方之士孰爲愈壯馳茲拜曰敢賀簡子曰未應吾問何賀對曰臣聞之國家之將興也君子自以爲不足其亡也若有餘今主任晉國之政而問及小人又求賢人吾是以賀(《國語·晉語》)

三、解釋下面句中加點的詞。
    1. 東西南北，莫敢不服。
    2. 是以君王無羞亟問，不愧下學。
    3. 君子焉可侮哉！寡人自取病耳。
    4. 俯啄白粒，仰棲茂樹，鼓翅奮翼。
    5. 飯封禄之粟，而載方府之金。
    6. 爲民者宣之使言。
    7. 行善而備敗，其所以阜財用衣食者也。
    8. 今夫差衣水犀之甲者億有三千。
    9. 王若欲霸，必親中國而以爲天下樞。
    10. 苟無歲，何以有民？
    11. 吾能弭謗矣，乃不敢言。
    12. 賈人夏則資皮，冬則資絺，旱則資舟，水則資車。
    13. 足下上畏太后之嚴，下惑姦臣之態。
    14. 臣意王之計欲少出師，而悉韓、魏之兵。
    15. 此所謂藉賊兵而齎盜食也。
    16. 諸侯見齊之罷露，君臣之不親。
    17. 木實繁者披其枝，披其枝者傷其心。
    18. 由是觀之，生王之頭曾不若死士之壟也。
    19. 先生老悖乎？將以爲楚國祅祥乎？
    20. 是故無其實而喜其名者削，無德而望其福者約。

第六章　先秦哲理散文

顔淵季路侍　　　　　　　　　　《論語》

【說明】《論語》是有關孔子言行的輯錄。孔子（前551—前479），名丘，字仲尼，魯國陬邑（今山東曲阜東南）人，春秋末期的思想家、政治家、教育家，儒家學派的創始者。先世爲宋貴族，早年聚徒講學，一度從政，年五十而爲魯司寇，後周遊列國，意欲廣其學説，而終不見用。晚年致力教育，編訂《詩》《書》，删修《春秋》。相傳先後有弟子三千，首開私人講學授徒之風。去世後，門弟子及後學輯其言行爲《論語》二十篇。

孔子學説爲兩千年封建文化的正統，其核心是"仁"。認爲"仁"即"愛人"，"己所不欲，勿施於人"，"克己復禮爲仁"。政治上主張"正名"，提倡德治和教化。教育思想體現了"有教無類"、"學而不厭，誨人不倦"的精神。因《論語》撮孔子學説之精要，故唐文宗時被列入經書，宋朱熹又把它與《大學》《中庸》《孟子》合爲"四書"，從而成爲儒家的經典。

《論語》用語録體寫作，文字簡短，但精練質樸，意味深長，亦不乏生動的片段。

漢初所傳《論語》有古論、齊論、魯論之分。今本《論語》係東漢鄭玄混合各本而成。《論語》注本頗多，通行的有魏何晏《論語集解》、宋朱熹《論語集注》、清劉寶楠《論語正義》。今人楊伯峻的《論語譯注》亦可參考。

《論語》原無篇名，後人摘取每篇第一句的幾個字作爲篇名。本文選自《論語·公冶長》。這一章體現了孔子内外一體、人心感通之"仁"境。子路以輕財重義求仁，顔淵以謙恭修身爲仁，孔子則進一步追求人我化一之仁。

　　顔淵、季路侍①。子曰："盍各言爾志②？"子路曰："願車馬衣輕裘與朋友共，敝之而無憾③。"顏淵曰："願無伐善④，無施勞⑤。"子路曰："願聞子之志。"子曰："老者安之，朋友信之，少者懷之。"⑥

① 顏淵：名回，字子淵，孔子弟子。季路：仲由，字子路，一字季路，孔子弟子。侍：卑者陪伴在尊者身旁。《論語》用一"侍"，表示孔子坐着，弟子站着；用"侍坐"則師和弟子皆坐。

② 盍(hé)："何不"的合音字。

③ 唐石經初刻本無"輕"字，此爲後人所加（劉寶楠説）。敝：使之破，使之壞。此句有兩種讀法：一從"共"字斷句，將"共"作動詞；一將"共"看作修飾"敝"字的副詞，而作一句讀（楊伯峻説）。

④ 伐：誇耀。

⑤ 施：顯示，表白。勞：功勞。

⑥ 安之、信之、懷之：皆爲使動用法。這一句意爲，(我的志向是)使老者安逸，使朋友信任我，使年輕人懷念我。

季康子問仲由　　　　　　　　　　《論語》

【説明】　本文選自《論語·雍也》。孔子善於因材施教，故而在選送人才時也强調因材致用。

季康子問①："仲由可使從政也與？"子曰："由也果②，於從政乎何有③？"曰："賜也可使從政也與④？"曰："賜也達⑤，於從政乎何有？"曰："求也可使從政也與⑥？"曰："求也藝⑦，於從政乎何有？"

① 季康子：季孫肥，魯哀公時正卿，爲當時政治上最有權勢的人；"康"是謚號。

② 果：果敢決斷。

③ 何有：有什麼（困難）的。

④ 賜：孔子學生，姓端木，名賜，字子貢，衛人。

⑤ 達：通達情理。

⑥ 求：冉求，字子有。

⑦ 藝：技藝，才能。

子謂顏淵　　　　　　　　　　《論語》

【説明】　本文選自《論語·述而》。子路自恃勇武過顏淵；孔子認爲彼乃粗勇，"懼而好謀"纔是用行舍藏之道。

子謂顏淵曰："用之則行，舍之則藏，惟我與爾有是夫①！"子路曰："子行三軍，則誰與②？"子曰："暴虎馮河③，死而無悔者，吾不與也。必

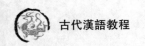

也臨事而懼④,好謀而成者也。"

① 是:代指"用之則行,舍之則藏"之道。
② 三軍:古制,大國有三軍,如晉有上軍、中軍、下軍。行三軍:即出三軍之師。誰與:跟誰(共事)。
③ 暴虎:徒步搏虎。馮(píng)河:徒步涉水。"暴虎馮河"爲典出《詩經》的成語,此處指有粗勇而乏謀略。
④ 懼:指謹慎從事。

季氏將伐顓臾　　　　　《論語》

【説明】　本文選自《論語·季氏》。這是《論語》中較少見的長篇辯難文章。孔子先斷定顓臾之不當伐,繼而引古設喻,駁斥冉有之託辭,最後申明利害所在,表明了反對戰爭動亂,主張和睦安定的態度。

　　季氏將伐顓臾①。冉有、季路見於孔子曰②:"季氏將有事於顓臾③。"孔子曰:"求!無乃爾是過與④?夫顓臾,昔者先王以爲東蒙⑤主⑤,且在邦域之中矣⑥。是社稷之臣也⑦,何以伐爲⑧?"

① 季氏:又稱季孫氏,這裏指季康子,魯大夫。顓臾(zhuānyú):魯之附庸小國,相傳是伏羲之後,風姓;在今山東費縣西北。
② 冉有:冉求,字子有,通稱冉有。冉有、季路皆爲孔子弟子、季氏家臣。
③ 有事:指用兵。
④ 爾是過:責備你。過:動詞,怪罪,責備。"爾"爲"過"的前置賓語。
⑤ 東蒙:即蒙山,在魯東的蒙陰縣南四十里。主:主持祭祀的人。東蒙主:指顓臾受封於東蒙。
⑥ 邦域:指魯國的封域。
⑦ 社稷之臣:國家的臣屬。
⑧ 何以……爲:爲什麼要……呢。

　　冉有曰:"夫子欲之①,吾二臣者皆不欲也。"孔子曰:"求!周任有言曰②:'陳力就列③,不能者止。'危而不持,顛而不扶,則將焉用彼相矣④?且爾言過矣,虎兕出於柙⑤,龜玉毀於櫝中⑥,是誰之過與?"

① 夫子:指季康子。
② 周任:古代史官。
③ 陳:陳列,施展。力:才能,力量。列:行列,位次。陳力就列:度量自己的才力以就其職位。
④ 相(xiàng):攙扶盲人的人。這裏以比喻的説法指責冉有的失職。
⑤ 兕(sì):獨角犀牛。柙(xiá):關閉猛獸的籠子。
⑥ 龜玉:指占卜用的龜甲和祭祀用的玉,皆爲當時的貴重物品。櫝(dú):匣子。此二句以猛獸爲患喻季氏伐顓臾,以寶器被毀喻顓臾受侵伐,再責冉有。

冉有曰："今夫顓臾,固而近於費①。今不取,後世必爲子孫憂。"孔子曰："求！君子疾夫舍曰欲之而必爲之辭②。丘也聞有國有家者③,不患寡而患不均,不患貧而患不安④。蓋均無貧,和無寡,安無傾⑤。夫如是,故遠人不服⑥,則修文德以來之⑦。既來之,則安之⑧。今由與求也,相夫子,遠人不服,而不能來也；邦分崩離析⑨,而不能守也；而謀動干戈於邦內⑩。吾恐季孫之憂,不在顓臾,而在蕭牆之內也⑪。"

① 固：城郭堅固,兵力充實。費(bì)：季氏私邑。顓臾與費相距七十里。
② 疾：憎惡、討厭。舍：同"捨"。舍曰：避而不談。辭：託辭,遁辭。
③ 國：諸侯封地。家：卿大夫封地。
④ 俞樾《羣經平議》說此二句當作"不患貧而患不均,不患寡而患不安"。貧和均是對財富而言,寡和安是對人口而言；故下文有"均無貧,和無寡"。
⑤ 傾：指社稷傾危。
⑥ 遠人：指魯國疆域之外的人。
⑦ 文德：指禮樂之類的德政教化。來：使……來(歸附)。
⑧ 安：使……安。
⑨ 邦分崩離析：魯國當時不統一,有季孫、孟孫、叔孫三家的家臣作亂,四分魯國,季氏取其二,孟孫、叔孫各取其一。
⑩ 干：盾。戈：平頭戟。
⑪ 蕭牆：國君宮門內當門的照壁。人臣至此便肅然起敬,故曰蕭牆(蕭字從肅得聲)。蕭牆之內：指魯國宮廷內部,暗指魯哀公。當時季孫把持魯國政權,和魯哀公矛盾很大,也知道魯哀公想懲治自己、收回主權；因此季孫怕顓臾憑藉有利地形幫助魯哀公,意欲先下手爲強,攻打顓臾。孔子的話正切中季孫隱憂。

寡人之於國也　　　《孟子》

【說明】《孟子》記錄的是孟子的言行。孟子(約前372—前289),名軻,字子輿,鄒(今山東鄒城東南)人,戰國時思想家、政治家、教育家,繼孔子之後的儒學大師,有"亞聖"之稱。受業於孔子之孫子思的門人,曾周遊列國。因主張不見用,退而與弟子萬章等著書立說。今存《孟子》七篇。

孟子主張"法先王"、"行仁政"、"尊賢授能",其"民爲貴,社稷次之,君爲輕"的民本思想尤爲影響深遠。哲學上,孟子主張"性善論"、"天命論",他強調的"萬事皆備於我"的主觀精神作用,對宋儒也有很大影響。《孟子》至宋朝而被編入"四書",奉爲經典。

《孟子》的文章巧於論辯,語句流暢,富有感染力。

《孟子》的通行注本有東漢趙岐《孟子章句》、宋朱熹《孟子集注》、清焦循《孟

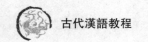

子正義》。今人楊伯峻的《孟子譯注》亦可參閱。

本篇選自《孟子·梁惠王上》。孟子認爲,梁惠王的移民移粟措施,比之鄰國之政,實乃五十步笑百步。唯有行仁政,纔能國泰民安,纔能"天下之民至"。孟子在文章中描繪了他的政治理想圖景。

梁惠王曰①:"寡人之於國也,盡心焉耳矣。河內凶②,則移其民於河東③,移其粟於河內。河東凶亦然。察鄰國之政,無如寡人之用心者。鄰國之民不加少④,寡人之民不加多,何也?"

① 梁惠王:即魏惠王,姓魏名罃,即位後遷都大梁(今開封),故又稱梁惠王。"惠"是諡號。
② 河內:魏地,指今黃河北岸河南省濟源市一帶。凶:荒年。
③ 河東:魏地,指今黃河東面的山西省夏縣西北一帶。
④ 加:更。

孟子對曰:"王好戰,請以戰喻①。填然鼓之②,兵刃既接,棄甲曳兵而走③,或百步而後止④,或五十步而後止。以五十步笑百步,則何如?"曰:"不可,直不百步耳⑤,是亦走也。"

① 請:表敬副詞,"請您允許我"之義。
② 填:形容鼓聲的象聲詞。鼓:用如動詞,擊鼓。之:助詞,用以湊足一個音節。
③ 曳(yè):拖着。走:奔跑。
④ 或:有的人。
⑤ 直:衹是。

曰:"王如知此,則無望民之多於鄰國也①。不違農時,穀不可勝食也②。數罟不入洿池③,魚鱉不可勝食也。斧斤以時入山林④,材木不可勝用也。穀與魚鱉不可勝食,材木不可勝用,是使民養生喪死無憾也⑤。養生喪死無憾⑥,王道之始也⑦。五畝之宅⑧,樹之以桑,五十者可以衣帛矣。雞豚狗彘之畜⑨,無失其時⑩,七十者可以食肉矣。百畝之田,勿奪其時,數口之家可以無飢矣。謹庠序之教⑪,申之以孝悌之義⑫,頒白者不負戴於道路矣⑬。七十者衣帛食肉,黎民不飢不寒⑭,然而不王者⑮,未之有也。狗彘食人食而不知檢⑯,塗有餓莩而不知發⑰,人死,則曰:'非我也,歲也。'是何異於刺人而殺之,曰:'非我也,兵也。'王無罪歲,斯天下之民至焉⑱。"

① 無:通"毋",不要。
② 勝(shēng):盡。
③ 數(cù):密。罟(gǔ):網。洿(wū):大。一說爲深(《廣雅·釋詁》)。

④ 斤:一種斧。時:這裏指草木零落的季節。《禮記·王制》:"草木零落,然後入山林。"

⑤ 喪(sāng)死:安葬死者。

⑥ 憾:恨,不滿。

⑦ 王道:指以仁義治天下,與霸道相對立。這是孟子理想中的政治。

⑧ 五畝之宅:古代丁壯農民一人所受住宅,在田野和在村莊各佔地二畝半,合爲五畝(約合今天一畝二分多)。春天農事開始,農夫出居田野;冬天農事完畢,入居村莊。

⑨ 豚(tún):小豬。彘(zhì):豬。

⑩ 時:指繁殖的時機。《淮南子·主術訓》曰:"魚不長尺不得取,彘不期年不得食。"指不吃未長成的魚禽之類。

⑪ 庠序:古代的地方學校,殷商稱序,周代稱庠。教:教化。

⑫ 申:再三,指反復訓導。悌(tì):敬愛兄長。

⑬ 頒白:同"斑白",頭髮花白。戴:用頭頂東西。

⑭ 黎:衆。黎民:老百姓。

⑮ 王(wàng):動詞,指以仁德政治統一天下。

⑯ 檢:通"斂"。指豐歲收斂穀物於官府,以備凶歲濟民。

⑰ 莩(piǎo):餓死的人。發:指開倉濟民。

⑱ 斯:則,那麼。

有託其妻子於其友而之楚遊者 《孟子》

【説明】 本篇選自《孟子·梁惠王下》。孟子向齊宣王説明君主對於一國的政治責任。認爲君主如果對於國事不能治理,人民應該棄絶他,罷免他,這就像棄絶一個不負責任的朋友一樣,就像罷免一個不能盡職的官吏一樣。

孟子謂齊宣王曰①:"王之臣有託其妻子於其友而之楚遊者②,比其反也③,則凍餒其妻子④,則如之何⑤?"

王曰:"棄之⑥"。

曰:"士師不能治士⑦,則如之何?"

王曰:"已之⑧。"

曰:"四境之内不治,則如之何?"

王顧左右而言他⑨。

① 齊宣王:威王之子,名辟疆。

② 妻子:妻室兒女。之:往,至。

③ 比其反:到了他返回(的時候)。

④ 凍餒其妻子:使其妻室兒女受凍挨餓。

⑤ 如之何:對他怎麼樣。

⑥ 棄:斷絶,絶交。

⑦ 士師:獄官的首長。士:獄吏。

⑧ 已:罷免,撤掉。

⑨ 言他:說其他的事去了。

湯放桀　　《孟子》

【説明】　本篇選自《孟子·梁惠王下》。齊宣王借湯武和桀紂的故事來問孟子，臣子可不可殺君主？孟子説，桀紂這樣的君主只是獨夫民賊，完全失去了君主的資格，湯武是爲民除害，而不是弑君。

　　齊宣王問曰："湯放桀①，武王伐紂②，有諸③？"
　　孟子對曰："於傳有之④。"
　　曰："臣弑其君⑤，可乎？"
　　曰："賊仁者謂之'賊'⑥，賊義者謂之'殘'。殘賊之人謂之'一夫'⑦。聞誅一夫紂矣⑧，未聞弑君也。"

① 湯放桀：湯是殷商的開國之君。夏桀暴虐，湯起兵討伐，將他放逐到南巢（今安徽巢縣東北）。
② 武王伐紂：商紂王殘暴無道，周武王興兵伐罪，紂王大敗，自焚而亡。
③ 有諸：有這事嗎？諸：之乎。
④ 傳（zhuàn）：傳記，文獻。
⑤ 弑：下殺上。
⑥ 賊仁：破壞仁愛。
⑦ 一夫：獨夫，指和羣衆斷絶聯繫的人。
⑧ 誅：殺。"誅"和"弑"有褒貶之別。臣下無理地殺害君主，子女不孝而殺害父母，用"弑"。合乎道義地殺死罪犯，用"誅"。

鄒與魯鬨　　《孟子》

【説明】　本篇選自《孟子·梁惠王下》。君行仁政，纔能使百姓親其上，死其長，爲國效忠。而民心未來歸，則罪在居上位者的怠慢國事，殘害百姓。

　　鄒與魯鬨①。穆公問曰②："吾有司死者三十三人③，而民莫之死也④。誅之，則不可勝誅；不誅，則疾視其長上之死而不救⑤，如之何則可也？"

① 鄒：周朝的小國，《左傳》、《穀梁傳》寫作"邾"，在今山東費縣、鄒城、濟寧一帶。鬨（hòng）：指交戰。
② 穆公：當指鄒穆公。孟子亦爲鄒人，故而穆公有問。
③ 有司：指官吏。古代設官分職，各有職司。
④ 莫之死：即"莫死之"。"之"指"有

司"。

⑤疾視其長上之死而不救：疾，厭惡，憎恨。"視……不救"爲"疾"的賓語。

孟子對曰："凶年饑歲①，君之民老弱轉乎溝壑②，壯者散而之四方者，幾千人矣③；而君之倉廩實，府庫充，有司莫以告，是上慢而殘下也。曾子曰④：'戒之戒之！出乎爾者，反乎爾者也。'夫民今而後得反之也。君無尤焉⑤！君行仁政，斯民親其上死其長矣。"

① 饑：穀不熟爲饑。
② 轉：指棄尸。《淮南子·主術訓》："是故生無乏用，死無轉尸。"壑(hè)：山溝，大水坑。
③ 幾(jī)：近乎。
④ 曾子：孔子的學生曾參。
⑤ 尤：責備，歸罪。

夫子當路於齊 《孟子》

【説明】 本篇選自《孟子·公孫丑上》。管仲、晏子各使其君建立了顯赫的霸業，孟子則以爲不足與論。孟子認爲唯乘勢待時，行仁政而王，纔能無敵於天下，纔能有事半功倍之效。

公孫丑問曰①："夫子當路於齊②，管仲、晏子之功③，可復許乎④？"孟子曰："子誠齊人也，知管仲、晏子而已矣。或問乎曾西曰⑤：'吾子與子路孰賢⑥？'曾西蹴然曰⑦：'吾先子之所畏也⑧。'曰：'然則吾子與管仲孰賢？'曾西艴然不悦⑨，曰：'爾何曾比予於管仲⑩？管仲得君如彼其專也⑪，行乎國政如彼其久也，功烈如彼其卑也⑫；爾何曾比予於是？'"曰⑬："管仲，曾西之所不爲也，而子爲我願之乎⑭？"

① 公孫丑：姓公孫，名丑，孟子的學生。
② 當路：即當道，當政，指居要職。
③ 管仲：姓管，名夷吾，相齊桓公，建立霸業。晏子：名嬰，字子平，曾相齊靈公、齊莊公、齊景公。
④ 許：興起。
⑤ 曾西：《經典釋文·序録》："曾申，字子西，魯人，曾參之子。"
⑥ 子路：即仲由，孔子門生。
⑦ 蹴(cù)然：不安的樣子。
⑧ 先子：古人稱已逝世的前輩，這裏指曾參。畏，敬畏。子路是孔門四友(顔回、端木賜、顓孫師、仲由)之一，曾參自以爲弗如，故深表敬畏。
⑨ 艴(fú)然：神色愠怒的樣子。
⑩ 曾：乃，竟。何曾：等於説"何乃"，表示一種詫異和不願接受的語氣。
⑪ 得君：遇君，指受賞識、被信任。專：

325

專一。

⑫ 功烈：功業。卑：因管仲沒有憑藉得君、行乎國政的有利條件成就王道，而却以霸道佐桓公，故斥之爲卑微不足道。

⑬ 曰：仍是孟子所說。重加一"曰"字，表示說話中的停頓而再换一個話頭（即俞樾說的"更端"）。

⑭ 爲：通"謂"，以爲（參王引之《經傳釋詞》）。

曰："管仲以其君霸①，晏子以其君顯。管仲、晏子猶不足爲與？"曰："以齊王，由反手也②。"曰："若是，則弟子之惑滋甚③。且以文王之德④，百年而後崩，猶未洽於天下⑤；武王、周公繼之⑥，然後大行。今言王若易然⑦，則文王不足法與？"

① 以：使。
② 王：用作動詞。由：通"猶"，如同。
③ 滋：益，更加。
④ 且：表示承上句"管子以其君霸，晏子以其君顯"而遞進一層議論。文王：周文王，"九十七乃崩"，壽命甚長。
⑤ 猶：還，仍然。洽：霑，潤。
⑥ 武王：文王之子。周公：武王之弟，曾助武王伐紂，又助成王定亂，爲魯之始祖。二人皆爲儒家所推崇。
⑦ 易然：很容易的樣子。

曰："文王何可當也①？由湯至於武丁，賢聖之君六七作②，天下歸殷久矣，久則難變也。武丁朝諸侯③，有天下，猶運之掌也。紂之去武丁未久也④，其故家遺俗，流風善政，猶有存者；又有微子、微仲、王子比干、箕子、膠鬲⑤——皆賢人也——相與輔相之，故久而後失之也。尺地，莫非其有也；一民，莫非其臣也；然而文王猶方百里起，是以難也。齊人有言曰：'雖有智慧，不如乘勢⑥；雖有鎡基⑦，不如待時。'今時則易然也：夏后、殷、周之盛⑧，地未有過千里者也⑨，而齊有其地矣；雞鳴狗吠相聞，而達乎四境，而齊有其民矣。地不改辟矣⑩，民不改聚矣，行仁政而王，莫之能禦也。且王者之不作，未有疏於此時者也⑪；民之憔悴於虐政，未有甚於此時者也。飢者易爲食，渴者易爲飲。孔子曰：'德之流行，速於置郵而傳命⑫。'當今之時，萬乘之國行仁政，民之悅之，猶解倒懸也。故事半古之人，功必倍之⑬，惟此時爲然。"

① 當：比并。
② 由湯至於武丁，賢聖之君六七作：《史記·殷本紀》記爲湯、太甲、大戊、祖乙、盤庚、武丁，共六位賢聖之君。孟子說"六七作"，或爲不定之辭。作：相當於"起"。
③ 朝諸侯：使諸侯來朝。
④ 紂之去武丁未久也：《史記·殷本紀》記載，由武丁至紂（帝辛），其中經歷祖庚、

祖甲、廩辛、庚丁、武乙、太丁、帝乙七帝，在位時間都較短。

⑤ 微子：名啓，紂之庶兄。微仲：微子弟，名衍。王子比干：紂叔父，因屢諫紂王而被剖腹觀心。箕子：亦爲紂叔父，見紂無道，比干剖，故裝瘋爲奴，後被紂囚。孔子稱微子、比干和箕子爲三仁。膠鬲(gé)：殷賢人，經亂世而隱居民間，後爲文王臣。此五人皆爲紂時賢臣。

⑥ 勢：時機。"慧"、"勢"押韻，古音同在祭部。

⑦ 鎡(zī)基：鋤頭（王引之說）。"基"、"時"押韻，古音同在之部。

⑧ 夏后：禹治水有功，舜讓位於他，國號夏，亦稱夏后氏。此指夏代。

⑨ 千里："方千里"之省。

⑩ 改：更，重新。

⑪ 疏：指時間相隔久遠。

⑫ 置郵：古代傳遞政令的方法，馬遞爲置，車遞爲郵。後來驛站也叫置、郵。

⑬ 事半古之人，功必倍之：事情比古人少做了一半，而收效高一倍。

無或乎王之不智也　　　　《孟子》

【說明】　本篇選自《孟子·告子上》。要領會仁的精義，須是專心致志，而不能一日暴之，十日寒之。

孟子曰："無或乎王之不智也①。雖有天下易生之物也，一日暴之，十日寒之②，未能有生者也。吾見亦罕矣，吾退而寒之者至矣，吾如有萌焉何哉③？

① 或：同"惑"，疑，怪。
② 暴(pù)：同"曝"，曬。寒：使寒。
③ 如……何：即"奈……何"，"拿……怎麼辦"。

"今夫弈之爲數①，小數也；不專心致志，則不得也。弈秋②，通國之善弈者也。使弈秋誨二人弈，其一人專心致志③，惟弈秋之爲聽④。一人雖聽之，一心以爲有鴻鵠將至⑤，思援弓繳而射之⑥，雖與之俱學，弗若之矣。爲是其智弗若與⑦？曰：非然也。"

① 弈：下圍棋。數：技藝。
② 弈秋："秋"是人名，因善弈，故稱弈秋。
③ 致：極。致志：即用盡心思。
④ 惟弈秋之爲聽：等於說"唯弈秋是聽"，即祇聽弈秋的。
⑤ 鴻鵠(hú)：即天鵝。
⑥ 繳(zhuó)：本指生絲縷，用來繫在箭上，箭發出去，可以靠它收回來。後來便稱繫着絲線的箭爲繳。
⑦ 爲：通"謂"，認爲。

孔子登東山而小魯　　　《孟子》

【説明】　本篇選自《孟子·盡心上》。聖人之道,如海之波瀾,如日月之光輝。有志於此道的,要虛懷若谷,眼光遠大,纔能有所通達。

　　孟子曰:"孔子登東山而小魯①,登泰山而小天下,故觀於海者難爲水②,遊於聖人之門者難爲言。觀水有術,必觀其瀾。日月有明,容光必照焉③。流水之爲物也,不盈科不行④;君子之志於道也,不成章不達⑤。"

　　① 東山:即今山東蒙陰縣南的蒙山,位於春秋時魯國的東面。小魯:意動用法,認爲魯國小。
　　② "觀於海者……"二句:對於看過海洋的人,別的水就難以吸引他了;對於曾在聖人之門學習過的人,別的議論就難以吸引他了。
　　③ 容光必照焉:焦循《孟子正義》説:"苟有絲髮之際可以容納,則光必入而照焉。"容光:指極微細的透光的縫隙。
　　④ 科:空穴。
　　⑤ 成章:《説文》:"樂竟爲一章。"由此引申,事物達到一定階段,具有一定規模,便可稱作成章。達:通達。

民　爲　貴　　　《孟子》

【説明】　本篇選自《孟子·盡心下》。這裏闡述了孟子"民貴君輕"學説的重要觀點。百姓的利益高於君侯,高於社稷。

　　孟子曰:"民爲貴,社稷次之①,君爲輕。是故得乎丘民而爲天子②,得乎天子爲諸侯,得乎諸侯爲大夫。諸侯危社稷,則變置③。犧牲既成④,粢盛既絜⑤,祭祀以時,然而旱乾水溢,則變置社稷。"

　　① 社稷:古代帝王諸侯所祭的土神和穀神,多用作國家的代稱。
　　② 丘:衆。丘民:百姓。
　　③ 變置:改立。
　　④ 犧牲:古代祭祀用牲的通稱。色純爲犧,體全爲牲。
　　⑤ 粢(zī)盛(chéng):六穀(黍、稷、稻、粱、麥、苽)之可以盛於器皿中的叫"粢";已經盛於器皿中的叫"盛"。絜:同"潔",乾净,清潔。

練習十一

一、解釋下面句中加點的詞。

1. 用之則行，舍之則藏。
2. 且在邦域之中矣。
3. 君子疾夫舍曰欲之而必爲之辭。
4. 夫子欲之，吾二臣者皆不欲也。
5. 願車馬衣輕裘與朋友共敝之而無憾。
6. 仲由可使從政也與。
7. 惟我與爾有是夫。
8. 子行三軍，則誰與。
9. 惟我與爾有是夫。
10. 無乃爾是過與。
11. 是社稷之臣也，何以伐爲。
12. 夫如是，故遠人不服，則修文德以來之。
13. 寡人之於國也，盡心焉耳矣。
14. 填然鼓之，兵刃既接，棄甲曳兵而走。
15. 則無望民之多於鄰國也。
16. 五畝之宅，樹之以桑，五十者可以衣帛矣。
17. 然而不王者，未之有也。
18. 壯者散而之四方者。
19. 管仲，曾西之所不爲也，而子爲我願之乎？
20. 爲是其智弗若與？
21. 湯放桀，武王伐紂，有諸？
22. 吾有司死者三十三人，而民莫之死也。
23. 君行仁政，斯民親其上，死其長矣。
24. 不可，直不百步耳，是亦走也。
25. 養生喪死無憾，王道之始也。
26. 王無罪歲，斯天下之民至焉。
27. 或問乎曾西曰。
28. 管仲以其君霸。
29. 武丁朝諸侯，有天下，猶運之掌也。
30. 紂之去武丁未久也。
31. 一日暴之，十日寒之。
32. 孔子登東山而小魯。

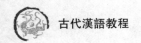

二、把下面的文字譯成現代漢語。

1. 子曰："後生可畏,焉知來者之不如今也? 四十、五十而無聞焉,斯亦不足畏也已。"(《論語·子罕》)

2. 子曰："譬如爲山,未成一簣,止,吾止也。譬如平地,雖覆一簣,進,吾往也。"(同上)

3. 子在川上,曰："逝者如斯夫! 不舍晝夜。"(同上)

4. 狗彘食人食而不知檢,塗有餓莩而不知發,人死,則曰："非我也,歲也。"是何異於刺人而殺之,曰："非我也,兵也。"(《孟子·梁惠王上》)

5. 孟子曰："君子有三樂,而王天下不與存焉。父母俱存,兄弟無故,一樂也;仰不愧於天,俯不怍於人,二樂也;得天下英才而教育之,三樂也。君子有三樂,而王天下不與存焉。"(《孟子·盡心上》)

6. 蚤起,施從良人之所之,徧國中無與立談者。卒之東郭墦間,之祭者,乞其餘;不足,又顧而之他——此其爲饜足之道也。(《孟子·離婁下》)

7. 淳于髡曰："男女授受不親,禮與?"孟子曰："禮也。"曰："嫂溺,則援之以手乎?"曰："嫂溺不援,是豺狼也。男女授受不親,禮也;嫂溺,援之以手者,權也。"曰："今天下溺矣,夫子之不援,何也?"曰："天下溺,援之以道;嫂溺,援之以手——子欲手援天下乎?"(《孟子·離婁上》)

三、標點下文。

1. 子路曾皙冉有公西華侍坐子曰以吾一日長乎爾毋吾以也居則曰不吾知也如或知爾則何以哉子路率爾而對曰千乘之國攝乎大國之間加之以師旅因之以饑饉由也爲之比及三年可使有勇且知方也夫子哂之求爾何如對曰方六七十如五六十求也爲之比及三年可使足民如其禮樂以俟君子赤爾何如對曰非曰能之願學焉宗廟之事如會同端章甫願爲小相焉點爾何如鼓瑟希鏗爾舍瑟而作對曰異乎三子者之撰子曰何傷乎亦各言其志也曰莫春者春服既成冠者五六人童子六七人浴乎沂風乎舞雩詠而歸夫子喟然歎曰吾與點也(《論語·先進》)

2. 孟子曰舜發於畎畝之中傅說舉於版築之間膠鬲舉於魚鹽之中管夷吾舉於士孫叔敖舉於海百里奚舉於市故天將降大任於是人也必先苦其心志勞其筋骨餓其體膚空乏其身行拂亂其所爲所以動心忍性曾益其所不能人恆過然後能改困於心衡於慮而後作徵於色發於聲而後喻入則無法家拂士出則無敵國外患者國恆亡然後知生於憂患而死於安樂也(《孟子·告子下》)

非　　相（節録）　　《荀子》

【説明】 荀子（約前315—前238），名況，時人尊號爲"卿"，漢人避宣帝（名詢）諱，稱爲"孫卿"。戰國末期趙國人。曾游説於齊，三爲祭酒。繼而赴楚，被春申君舉爲蘭陵（今山東棗莊）令。晚年居蘭陵著書立説，終老其地。著有《荀子》三十二篇。李斯和韓非皆出其門下。

荀子雖屬儒家學派，但實際上是集先秦諸子之大成，建立了一個新的思想體系。在自然觀方面，他有樸素的唯物論思想，反天命，反神鬼迷信，認爲"天行有常，不爲堯存，不爲桀亡"，提出要"制天命而用之"。與孟子的性善説相反，他是一位性惡論者，反對"生而知之"，強調後天的環境和教育對人產生的影響。政治上亦主張"法後王"（即效法文、武、周公之道），禮法兼用。

《荀子》的文章説理綿密，分析透辟，善用比喻、排比，結構謹嚴，筆力渾厚。

《荀子》有唐代楊倞的注。現通行的注本是清王先謙的《荀子集解》，今人楊柳橋的《荀子詁譯》亦可參考。

本篇爲《荀子·非相》的節録。荀子對人們樂此不疲的相人之術大加撻伐，他用古今賢惡的形貌，來論證他"長短、大小、善惡形相，非吉凶也"的觀點。他認爲相形不如論心，論心不如擇術，擇術纔是本質之所在。

相人①，古之人無有也，學者不道也。古者有姑布子卿②，今之世，梁有唐舉③，相人之形狀顏色，而知其吉凶妖祥，世俗稱之。古之人無有也，學者不道也。

① 相：視，指相面。王念孫《讀書雜志》認爲"人"是衍字，古有相人，但無相術。
② 姑布子卿：春秋時趙大夫，曾爲趙無恤（趙襄子）看相。姑布，複姓；子卿，名。
③ 梁：魏國。唐舉：戰國時的相人，爲李兑、蔡澤看過相。

故相形不如論心，論心不如擇術①。形不勝心，心不勝術。術正而心順之，則形相雖惡而心術善，無害爲君子也②；形相雖善而心術惡，無害爲小人也。君子之謂吉，小人之謂凶。故長短、大小、善惡形相，非吉凶也③。古之人無有也，學者不道也。

① 術：指行爲。鄭玄《禮記》注："術，猶道也。道，猶行也。"
② 害：妨礙。
③ 非吉凶也：無關於人的吉凶。意謂

不能據以判斷一個人是君子還是小人。

蓋帝堯長,帝舜短;文王長,周公短;仲尼長,子弓短①。昔者,衛靈公有臣曰公孫呂,身長七尺,面長三尺,焉廣三寸②,鼻、目、耳具③,而名動天下。楚之孫叔敖,期思之鄙人也④,突禿長左⑤,軒骹乏下⑥,而以楚霸。葉公子高⑦,微小短瘠,行若將不勝其衣。然白公之亂也⑧,令尹子西、司馬子期皆死焉⑨,葉公子高入據楚,誅白公,定楚國,如反手爾,仁義功名善於後世⑩。故事不揣長⑪,不揳大⑫,不權輕重⑬,亦將志乎爾⑭;長短、小大、美惡形相,豈論也哉⑮?

① 子弓:即仲弓,孔丘弟子,姓冉,名雍。
② 焉:通"顔",指額。
③ 此句意謂鼻、目、耳皆與常人相同。
④ 期思:楚邑名,今河南淮濱東南。鄙人:郊野之人,粗陋之人。
⑤ 突禿:頭頂突高而髮秃。長左:指左脚長。
⑥ 骹(qiāo):脛部近足處的較細部分。軒骹:脛形高大。乏下:指下頦短。
⑦ 葉(shè)公子高:楚大夫,名諸梁,字子高,食邑於葉,故名葉公。楚僭稱王,其大夫便稱公。
⑧ 白公:楚太子建之子,平王之孫,名勝。
⑨ 子西:楚平王長庶子公子申。令尹:官名。子期:楚平王公子結。司馬:官名。
⑩ 善:俞樾《諸子平議》認爲是"蓋"字之誤。
⑪ 揣:估量。
⑫ 揳(xié):同"絜",約計。
⑬ 權:稱量,衡量。
⑭ 將:養。將志:指修養意志。
⑮ 豈論也哉:何須談論呢。

且徐偃王之狀①,目可瞻馬②;仲尼之狀,面如蒙倛③;周公之狀,身如斷菑④;皋陶之狀⑤,色如削瓜⑥;閎夭之狀⑦,面無見膚⑧;傅説之狀⑨,身如植鰭⑩;伊尹之狀⑪,面無須麋⑫。禹跳⑬,湯偏⑭,堯、舜參牟子⑮。從者將論志意⑯、比類文學邪⑰?直將差長短、辨美惡,而相欺傲邪⑱?

① 徐偃王:徐國的國君,其僅能偃仰而不能俯視,故稱爲偃王。
② 瞻馬:指無法俯視細小東西,祇可以在遠處望馬。
③ 蒙倛(qī):蒙,冒;倛,頹頭,即今假面具。
④ 菑(zī):樹木植立而枯死之稱。周公背傴僂,形狀曲折不能直立,故曰如斷菑。
⑤ 皋陶(yáo):相傳爲舜的掌刑法官員。
⑥ 削瓜:如削皮之瓜的青緑色。
⑦ 閎(hóng)夭:周文王之臣。
⑧ 面無見膚:指鬢鬚遮蔽皮膚。
⑨ 傅説:商王武丁之臣。
⑩ 植:立。植鰭(qí):如魚鰭直立,兩

肩上聳,即鳶肩。
⑪ 伊尹:商初的臣。
⑫ 麋:通"眉"。
⑬ 跳:禹治水勞頓,走路邁不開步子,似跳躍。
⑭ 偏:指半身偏枯。
⑮ 參:兩瞳相參。牟:同"眸",瞳人。
⑯ 從者:指信從相術的人。
⑰ 文學:指文章才學。
⑱ 這句意爲:僅僅比較人的長短,分別人的醜俊,而互相凌辱、倨傲。將……直將……:等于說"是……還是……"。

古者,桀、紂長巨姣美①,天下之傑也;筋力越勁②,百人之敵也。然而身死國亡,爲天下大僇③,後世言惡,則必稽焉④。是非容貌之患也,聞見之不衆,論議之卑爾。

① 桀:夏代國王,名履癸。紂(zhòu):商代最後一個君主。
② 越:通"娀",輕。筋力越勁:體力輕捷強健。
③ 僇:通"戮",羞辱。
④ 稽:考證。

今世俗之亂民,鄉曲之儇子①,莫不美麗姚冶②,奇衣婦飾,血氣態度,擬於女子;婦人莫不願得以爲夫,處女莫不願得以爲士③,棄其親家而欲奔之者,比肩並起。然而中君羞以爲臣④,中父羞以爲子,中兄羞以爲弟,中人羞以爲友。俄則束乎有司⑤,而戮乎大市,莫不呼天啼哭,苦傷其今,而後悔其始。是非容貌之患也,聞見之不衆,論議之卑爾。

然則,從者將孰可也?

① 儇(xuān)子:輕薄而有小聰明的人。
② 姚冶:妖豔。姚:美好的樣子。
③ 士:已達結婚年齡的男子,兼指未婚者與已婚者。這裏指未曾娶妻者。
④ 中:中等。
⑤ 俄:不久。

天　　論(節錄)　　《荀子》

【說明】 本文爲《荀子·天論》的節錄。文中表述了荀子的天行有常、人定勝天的唯物主義思想,認爲自然的發展變化是有客觀規律的,人們能够認識它、順應它、運用它,要反對迷信,自強不息,事在人爲。

天行有常①,不爲堯存,不爲桀亡。應之以治則吉②,應之以亂則凶。彊本而節用③,則天不能貧;養備而動時,則天不能病④;循道而不忒⑤,則天不能禍。故水旱不能使之飢,寒暑不能使之疾,祆怪不能使之凶。本荒而用侈,則天不能使之富;養略而動罕,則天不能使之全;倍道而妄行⑥,則天不能使之吉。故水旱未至而飢,寒暑未薄而疾⑦,祆怪未生而凶。受時與治世同⑧,而殃禍與治世異,不可以怨天,其道然也。……

① 天行有常:大自然的運動是有規律的。常:常規。
② 應之以治則吉:用禮義適應自然規律就吉。《荀子·不苟》説:"禮義之謂治,非禮義之謂亂。"
③ 本:指農桑,即生產事業。
④ 養備而動時:養生的衣食周備,勞動適合時宜。病:困苦。
⑤ 循道而不忒(tè):《荀子》原文作"脩道而不貳",這裏據王念孫校勘改。這句的意思是,依着規律去做而没有差錯。忒:差錯。
⑥ 倍:背,違背。
⑦ 薄(bó):迫近。
⑧ 受時:遇到水旱、寒暑之類的天時。

治亂,天邪①?曰:日月星辰瑞曆②,是禹、桀之所同也③;禹以治④,桀以亂,治亂非天也。時邪?曰:繁啓蕃長於春夏,畜積收臧於秋冬⑤,是又禹、桀之所同也;禹以治,桀以亂,治亂非時也。地邪?曰:得地則生,失地則死,是又禹、桀之所同也;禹以治,桀以亂,治亂非地也。……

① 治亂,天邪:治或亂是由天決定的嗎?邪:同"耶"。
② 瑞曆:自然的祥瑞現象。曆:曆象,天體運行的現象。
③ 是:此,這。
④ 禹以治:禹憑藉這樣的天象條件把國家治理得很好。以:因,憑藉。
⑤ 繁:衆多。啓:萌芽。蕃:茂盛。畜:同"蓄"。臧:同"藏"。

星隊木鳴①,國人皆恐。曰:是何也?曰:無何也。是天地之變,陰陽之化,物之罕至者也。怪之可也,而畏之非也。夫日月之有蝕,風雨之不時,怪星之黨見②,是無世而不嘗有之。上明而政平,則是雖並世起③,無傷也。上闇而政險,則是雖無一至者,無益也。夫星之隊,木之鳴,是天地之變,陰陽之化,物之罕至者也。怪之可也,而畏之非也。……

① 星隊:指隕星墜落。隊:古"墜"字。木鳴:即"社鳴"。古代社(神廟)旁有樹木,鳥在樹上叫,迷信的人就認爲是鬼神作祟,因而驚異。
② 怪星之黨見:奇怪的星偶然出現。怪星:指彗星等。黨:同"儻",偶然。見:同"現"。
③ 並世起:在同一時代裏全都發生。

大天而思之,孰與物畜而制之①? 從天而頌之,孰與制天命而用之②? 望時而待之③,孰與應時而使之? 因物而多之,孰與騁能而化之④? 思物而物之,孰與理物而勿失之也⑤? 願於物之所以生,孰與有物之所以成⑥? 故錯人而思天⑦,則失萬物之情。……

① 這句説,把天看得偉大而仰慕天,何如把天當作物來畜養而控制它?
② 這句説,順從天而歌頌天,何如掌握天行的規律而利用它?
③ 時:四時。
④ 這句説,順從物類的自然情況而讓它去繁殖,何如發揮人類的智能而促使它變化增多?
⑤ 這句説,空想萬物而役使它,何如治理好萬物而不失掉它對於人類的功用?
⑥ 這句説,指望萬物自然生長出來,何如掌握其生長規律來幫助它、改造它,使其發展更加完善? 有:通"佑",促進。
⑦ 錯人:放棄人的主觀能動性。錯:通"措",置,放棄。

逍 遙 遊(節録) 《莊子》

【説明】 莊子(約前369—前286),名周,戰國中期宋國蒙邑(今河南省商丘市東北)人。曾爲蒙漆園吏,家境貧寒。莊子是繼老子之後先秦道家學派的代表。今所傳《莊子》三十三篇中,内篇七篇一般認定爲莊子所著;而外篇十五篇、雜篇十一篇,則或爲其門人及後學所託。

莊子繼承和發展了老子"道法自然"的觀點,強調事物的自生自化,否認神的主宰,具有樸素的辯證法思想。但他把與人的主觀精神合而爲一的"道"看成是宇宙的本體,顯然屬於唯心主義思想體系。同時他還認爲,先天地而生的"道"是没有界劃限定的("道未始有封"),萬物也應該齊一而無差别("萬物皆一也"),所以主張齊物我、齊大小、齊生死、齊貴賤。"天地與我並生,而萬物與我爲一",把事物的相對性絶對化,主張"絶聖棄智"、"掊斗折衡",毁棄社會文明而安時處順、逍遥自得,這又倒向了相對主義和宿命論。不過,莊子痛斥當時"竊鉤者誅,竊國者侯"的不合理社會,拒絶與統治者合作,鄙視利禄,否認神鬼,則是有一定的積極意義的。

《莊子》的文章好用寓言故事,極盡想象之能事,語言生動活潑,文筆恣肆灑脱,極富浪漫和幽默色彩。

《莊子》的注本,現存有晉代郭象注本十卷,唐成玄英又爲郭注作疏。清代有王先謙《莊子集解》、郭慶藩《莊子集釋》。今人劉武《莊子集解內篇補正》糾正和

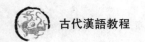

補充了王先謙的注解，陳鼓應《莊子今注今譯》亦可參考。

本篇節錄的是《莊子》內篇《逍遙遊》中的片段。

莊子在本篇中認爲，世上萬物如果一定要有所待纔能運動，那就不能真正到達逍遙遊的境界，祇有毫無所待，纔能自由自在，任意漫遊。不過，莊子所幻想的超越現實，絕對自由，是根本不可能實現的，這祇是他消極厭世、逃避現實思想的一種反映。

北冥有魚，其名爲鯤①。鯤之大，不知其幾千里也；化而爲鳥，其名爲鵬。鵬之背，不知其幾千里也；怒而飛②，其翼若垂天之雲③。是鳥也，海運則將徙於南冥④。南冥者，天池也⑤。《齊諧》者⑥，志怪者也⑦。《諧》之言曰："鵬之徙於南冥也，水擊三千里⑧，摶扶搖而上者九萬里⑨，去以六月息者也⑩。"野馬也⑪，塵埃也，生物之以息相吹也⑫。天之蒼蒼，其正色邪⑬？其遠而無所至極邪⑭？其視下也，亦若是則已矣⑮。且夫水之積也不厚，則其負大舟也無力。覆杯水於坳堂之上⑯，則芥爲之舟。置杯焉則膠⑰，水淺而舟大也。風之積也不厚，則其負大翼也無力。故九萬里則風斯在下矣，而後乃今培風⑱；背負青天而莫之夭閼者⑲，而後乃今將圖南。蜩與學鳩笑之曰⑳："我決起而飛㉑，搶榆枋㉒，時則不至㉓，而控於地而已矣㉔，奚以之九萬里而南爲㉕？"適莽蒼者㉖，三湌而反，腹猶果然㉗；適百里者，宿舂糧㉘；適千里者，三月聚糧。之二蟲又何知㉙？小知不及大知，小年不及大年㉚。奚以知其然也？朝菌不知晦朔㉛，蟪蛄不知春秋㉜：此小年也。楚之南有冥靈者㉝，以五百歲爲春，五百歲爲秋；上古有大椿者㉞，以八千歲爲春，八千歲爲秋。而彭祖乃今以久特聞㉟，衆人匹之，不亦悲乎？

① 冥：通"溟"。北冥：北海，因海水顏色呈黑色而稱。鯤（kūn）：傳說中的大魚。

② 怒而飛：鼓翼奮飛。

③ 垂天之雲：垂掛到天邊的雲彩。

④ 海運：在大海上運行。一說指海水翻騰動蕩。

⑤ 天池：天的池。天以南海爲池，形容其大。

⑥ 齊諧：書名。

⑦ 志：記載。怪：指怪異的事。

⑧ 水擊：指鵬初飛時，翅膀在水面上扇動。

⑨ 摶（tuán）：鼓翅拍擊。扶搖：旋風，狂飆。

⑩ 這一句意爲大鵬鳥離開北海，用六個月的時間飛到南海纔休息。

⑪ 野馬：指春日野外林澤中的霧氣，蒸騰如奔馬，因稱。

⑫ 這一句說野馬、塵埃都是生物用氣息吹拂的結果。

⑬ 蒼蒼：深藍色。其：語氣詞，表推測語氣。正色：真正的顏色。

⑭ 無所至極：沒有到盡頭的地方。

⑮ 這一句說鵬從高空向下看，也像人從地面往上看一樣罷了。

⑯ 坳堂：堂上低窪之處。

⑰ 焉：於此，於是。膠：黏住。

⑱ 而後乃今：然後纔開始。培風：憑風，乘風。（見王念孫《讀書雜志》）

⑲ 夭閼(è)：聯綿詞，遮攔，阻塞。

⑳ 蜩(tiáo)：蟬。學鳩：小鳥名。

㉑ 決(xuè)：迅疾貌。

㉒ 搶(qiāng)：突過。榆枋(fáng)：榆樹和檀樹。

㉓ 有時或者還飛不到那麼高。

㉔ 控：投，指落下。

㉕ 為什麼要飛到九萬里的高空再向南飛呢？為，語氣詞。

㉖ 適：到……去。莽蒼：郊野之色，指近郊田野。

㉗ 三湌：三把飯。古時以手抓飯，所以這裏譯作"把"。反：同"返"。果然：飽的樣子。

㉘ 出發前一宿搗米儲糧。

㉙ 之：這。二蟲：指蜩與學鳩。

㉚ 知(zhì)：同"智"。年：指壽命。

㉛ 朝菌：一種生長期很短的菌類，朝生暮死，故稱。晦：每月的最後一天。朔：每月的最初一天。

㉜ 蟪蛄：一名寒蟬。一種蟬。

㉝ 冥靈：樹名。

㉞ 椿：椿樹。

㉟ 彭祖：傳說中長壽的人，據說活了八百歲。久：指長壽。特：獨特，突出。

湯之問棘也是已①："窮髮之北②，有冥海者，天池也。有魚焉，其廣數千里，未有知其修者③，其名為鯤。有鳥焉，其名為鵬。背若太山，翼若垂天之雲；摶扶搖羊角而上者九萬里④，絕雲氣⑤，負青天，然後圖南，且適南冥也。斥鷃笑之曰⑥：'彼且奚適也？我騰躍而上，不過數仞而下⑦，翱翔蓬蒿之間，此亦飛之至也⑧。而彼且奚適也？'"——此小大之辯也⑨。

① 湯：商湯。棘：湯時的大夫。是已：是也。

② 窮髮：傳說中極遠的北方。

③ 廣：寬。修：長。

④ 羊角：旋風，狂飆。因向上迴旋像羊角，故名。

⑤ 絕：穿過。

⑥ 斥鷃(yàn)：小雀。斥，通"尺"。

⑦ 下：降下。

⑧ 至：極點。

⑨ 辯：通"辨"，分別。

故夫知效一官，行比一鄉，德合一君，而徵一國者①，其自視也亦若此矣。而宋榮子猶然笑之②。且舉世而譽之而不加勸③，舉世而非之而不加沮，定乎內外之分④，辯乎榮辱之境⑤，斯已矣⑥。彼其於世，未數數然也⑦。雖然，猶有未樹也⑧。夫列子御風而行⑨，泠然善也⑩，旬有五日而後反。彼於致福者⑪,未數數然也。此雖免乎行⑫,猶有所待者也⑬。若夫乘天地之正,而御六氣之辯⑭,以遊無窮者⑮,彼且惡乎待哉?故曰:至人无己,神人无功,聖人无名⑯。

① 這一句説,才智能勝任一官之職,品行能適合一鄉人的心意,道德能符合一君之心,能力能取信一國之人。而:通"能",能力。徵:信,取信。

② 宋榮子:戰國時宋人。猶然:笑的樣子。之:指上面"知效一官"等四種人。

③ 這一句説,整個世上的人都贊譽他,但是他並不更受鼓勵。之:指宋榮子。加:更。勸:鼓勵,這裏是被動用法。

④ 定:確定。内:指我。外:指物。分:分别。

⑤ 辯:通"辨",分辨。

⑥ 這是説宋榮子不過如此罷了,還不能達到"無己"的境界。

⑦ 他對於人世,並没有着急的樣子。數數(shuò):努力追求的樣子。

⑧ 樹:樹立。指没有樹立無己之德。

⑨ 列子:名禦寇,鄭人。御風:駕風。

⑩ 泠(líng)然:輕妙的樣子。

⑪ 致:使……至。致福:求福。

⑫ 免乎行:免於走路。

⑬ 有所待:有依靠的東西,指風。

⑭ 若夫:至於。正:正氣。六氣:陰、陽、風、雨、晦、明。辯:通"變",與上文的"正"相對。

⑮ 無窮:指時間的無始無終,空間的無邊無際。

⑯ 無己:忘我,物我不分。無功:順應自然,不立功。無名:不立名。

達　　生(節録)　　　　　　《莊子》

【説明】 本篇爲《莊子》外篇《達生》的節録。

《達生》由十一個寓言故事組成,旨在説明如何以養神來求得"形全精復","與天爲一"。"達生"是暢達生命的意思。達生在於忘利、忘名、忘我、忘勢。

仲尼適楚,出於林中,見痀僂者承蜩①,猶掇之也②。仲尼曰:"子巧乎!有道邪③?"曰:"我有道也。五六月累丸二而不墜④,則失者錙銖⑤;累三而不墜⑥,則失者十一⑦;累五而不墜,猶掇之也。吾處身也,若橛株拘⑧;吾執臂也,若槁木之枝;雖天地之大,萬物之多,而唯蜩翼之知。吾不反不側⑨,不以萬物易蜩之翼,何爲而不得!"孔子顧謂弟子曰:"用志不分,乃凝於神⑩,其痀僂丈人之謂乎⑪!"……

① 痀(gōu)僂(lóu):駝背。承:引取。蜩(tiáo):蟬。承蜩:指以竹竿黏蟬。

②掇：拾取。猶掇之：喻捕蟬技巧嫻熟。
③道：道術，訣竅。
④五六月：指經過五六個月的訓練。累：疊。丸：泥丸。累丸二：指在承蜩的竿頂上累疊兩顆泥丸子。
⑤錙（zī）銖（zhū）：古代以六銖爲一錙，四錙爲一兩。此喻極少。
⑥累三：即累丸三。

⑦十一：十分之一。
⑧橛株枸（jǔ）：即枯樹墩子。
⑨不反不側：形容神思凝静的樣子。反側：變動。
⑩據俞樾説，"凝"當作"疑"。疑，似，好像。
⑪其：大概，恐怕。丈人：古時對老人的尊稱。

紀渻子爲王養鬥鷄①。十日而問："鷄可鬥已乎？"曰："未也，方虛憍而恃氣②。"十日又問，曰："未也，猶應嚮景③。"十日又問，曰："未也，猶疾視而盛氣④。"十日又問，曰："幾矣。鷄雖有鳴者，已无變矣⑤，望之似木鷄矣，其德全矣⑥，異鷄无敢應者，反走矣。"

① 紀渻（shěng）子：姓紀名渻子。王：據《列子·黃帝篇》指周宣王。
② 憍：通"驕"。虛憍：等於説裝腔作勢。
③ 嚮：通"響"。景：同"影"。應嚮景：指聽到别的鷄的叫聲，看到别的鷄的影子，還會有好鬥的反應。
④ 疾視：即嫉視，怒目而視。盛氣：怒氣沖沖。
⑤ 無變：指聽到别的鷄叫而無動於衷。
⑥ 德全：德性完備，指精神凝聚，血氣不虧。

孔子觀於吕梁①，縣水三十仞②，流沫四十里，黿鼉魚鱉之所不能游也③。見一丈夫游之④，以爲有苦而欲死也⑤，使弟子並流而拯之⑥。數百步而出，被髮行歌而游於塘下⑦。孔子從而問焉，曰："吾以子爲鬼，察子則人也⑧。請問，蹈水有道乎⑨？"曰："亡，吾无道。吾始乎故⑩，長乎性⑪，成乎命⑫。與齊俱入⑬，與汩偕出⑭，從水之道而不爲私焉⑮。此吾所以蹈之也。"孔子曰："何謂始乎故，長乎性，成乎命？"曰："吾生於陵而安於陵，故也；長於水而安於水，性也；不知吾所以然而然，命也。"

① 吕梁：在今江蘇省銅山縣東南吕梁洪。一説在今山西省吕梁市離石區。
② 縣：同"懸"。仞：八尺。
③ 黿（yuán）：鱉的一種。鼉（tuó）：鱷魚的一種，俗稱豬婆龍。鱉：甲魚。
④ 丈夫：古時對男子的稱呼。

⑤ 苦：指陷於急流中而感到困苦。欲：將要。
⑥ 並：傍。
⑦ 游：當作"遊"，遊蕩。塘：堤岸。
⑧ 察：細看。
⑨ 蹈：履，踐。蹈水：即今踩水。

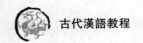

⑩ 故：本然。
⑪ 性：習性。
⑫ 命：自然而然。
⑬ 齊：同"臍"。漩渦如人腹之臍，故稱。
⑭ 汩(gǔ)：上涌的水流。
⑮ 從：順。不爲私：指順從水勢而不按自己意願行事。

梓慶削木爲鐻①，鐻成，見者驚猶鬼神②。魯侯見而問焉，曰："子何術以爲焉？"對曰："臣工人，何術之有！雖然，有一焉。臣將爲鐻，未嘗敢以耗氣也③，必齊以靜心④。齊三日，而不敢懷慶賞爵祿⑤；齊五日，不敢懷非譽巧拙⑥；齊七日，輒然忘吾有四枝形體也⑦。當是時也，無公朝⑧，其巧專而外滑消⑨；然後入山林，觀天性⑩；形軀至矣⑪，然後成見鐻⑫，然後加手焉；不然則已⑬。則以天合天⑭，器之所以疑神者⑮，其是與！"

① 梓(zǐ)：木工。慶：人名。鐻(jù)：通"簴"，懸掛鐘鼓的架子。
② 驚猶鬼神：驚歎其精巧猶如鬼斧神工而絕非人之所能爲。
③ 氣：指精氣。耗氣則心動，心動則神不專一。
④ 齊：通"齋"，齋戒。
⑤ 慶賞爵祿：指功名利祿之利。
⑥ 非譽巧拙：指是非美惡之名。
⑦ 輒(zhé)然：不動的樣子。枝：通"肢"。忘四肢形體，是一種忘我的境界。
⑧ 無公朝：不知有朝廷，指忘勢。
⑨ 巧專：專意於工巧。滑：亂，指外界擾亂。
⑩ 天性：指樹木的自然形態。一說指自然界鳥獸情狀。
⑪ 形軀：指樹木的形貌軀幹。至：極適合，恰到好處。一說"形軀至"指找到了需要的鳥獸情狀。
⑫ 成：形成，構成。見：同"現"，現成。
⑬ 已：停止。
⑭ 則：即。以天合天：以我心性順乎自然的主觀態度來合樹木客觀上的自然形態。
⑮ 疑神：似神工所做一樣。"疑"通"擬"。

至　　樂（節錄）　　　《莊子》

【説明】　本篇爲《莊子》外篇《至樂》的節錄。
　　《至樂》論述人生的快樂和對待生死的態度。如何纔能得到至極的快樂呢？如何纔能擺脫生老病死的煩擾呢？作者認爲，把死亡和疾病看作氣的聚散，安順自然所化，就能擺脫人生的拖累患苦，達乎至極快樂。

莊子妻死,惠子弔之,莊子則方箕踞鼓盆而歌①。惠子曰:"與人居②,長子③,老,身死,不哭亦足矣④,又鼓盆而歌,不亦甚乎!"莊子曰:"不然。是其始死也,我獨何能无概然⑤!察其始而本无生⑥,非徒无生也而本无形,非徒无形也而本无氣。雜乎芒芴之間⑦,變而有氣,氣變而有形,形變而有生,今又變而之死,是相與爲春秋冬夏四時行也⑧。人且偃然寢於巨室⑨,而我嗷嗷然隨而哭之⑩,自以爲不通乎命⑪,故止也。"……

① 方:正在。箕踞:像簸箕似的兩腿伸直岔開席地而坐。這是一種不拘禮節的坐法。
② 人:指莊子妻。
③ 長(zhǎng)子:生育兒女。長:使……長。
④ 足:够(不合情理的)。
⑤ 概:通"慨",感歎哀傷。
⑥ 察:考察,推究。始:原先。
⑦ 芒芴:恍惚,渾沌。
⑧ 是:這,指莊妻的生死變化。相與:指一步挨一步地。爲:如同。
⑨ 偃:通"宴",安。巨室:指天地之間。
⑩ 嗷嗷(jiào):哭聲。
⑪ 命:指生命的實情。

莊子之楚,見空髑髏①,髐然有形②,撽以馬捶③,因而問之,曰:"夫子貪生失理而爲此乎④?將子有亡國之事⑤、斧鉞之誅而爲此乎?將子有不善之行、愧遺父母妻子之醜而爲此乎⑥?將子有凍餒之患而爲此乎⑦?將子之春秋故及此乎⑧?"於是語卒,援髑髏,枕而臥。夜半,髑髏見夢曰⑨:"子之談者似辯士。視子所言,皆生人之累也,死則无此矣。子欲聞死之說乎⑩?"莊子曰:"然。"髑髏曰:"死,无君於上,无臣於下,亦无四時之事,從然以天地爲春秋⑪,雖南面王樂,不能過也。"莊子不信,曰:"吾使司命復生子形⑫,爲子骨肉肌膚⑬,反子父母妻子閭里知識⑭,子欲之乎?"髑髏深矉蹙頞曰⑮:"吾安能棄南面王樂而復爲人閒之勞乎!"

① 髑(dú)髏(lóu):死人頭骨。
② 髐(xiāo)然:空枯的樣子。
③ 撽(qiào):敲擊。捶:通"箠",鞭子。
④ 爲此:等於說"落到這一步"、"成了這副樣子"。
⑤ 將:抑,還是……。
⑥ 遺(wèi):留給。
⑦ 餒(něi):餓。
⑧ 春秋:年壽。故:固,本來。
⑨ 見(xiàn):同"現",顯現。
⑩ 説:同"悦"。
⑪ 從:同"縱"。從然:放縱自然的樣

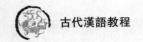

子。以:因,循。

⑫司命:執掌生命的神。生:使……生。復生子形:使你形體復活。

⑬爲:造。

⑭反:同"返",歸還。知識:相知相識的人,指朋友。

⑮矉(pín):通"顰",皺眉。頞(è):額。

五　蠹(節錄)　　　《韓非子》

【説明】　韓非(約前 280—前 233),戰國末年法家的主要代表。出身韓國貴族,與李斯同師事荀卿。韓非兼收道、儒、墨及前期法家之所長,著書十餘萬言,集先秦法家思想之大成。到秦國後,受李斯讒害,自殺於獄中。後人輯其著述爲《韓非子》五十五篇。

韓非的學説,綜合了商鞅的"法"治,申不害的"術"治,慎到的"勢"治,提出以"法"爲中心,"法"、"術"、"勢"三者合一的封建君主統治術,主張"賞厚而信,刑重而必","刑過不避大臣,賞善不遺匹夫",強調法制和君主集權。這一學説,爲以後秦始皇建立中央集權的封建專制制度奠定了理論基礎。韓非反對復古,反對法先王,認爲歷史是發展變化的,要因時制宜,主張"世異則事異"、"事異則備變"的歷史觀。

《韓非子》的文章以説理精密、文筆犀利著稱。

清人王先慎的《韓非子集解》是清末以來通行的注本。近人陳奇猷的《韓非子集釋》、梁啓雄的《韓非子淺解》均可參考。

《五蠹》是《韓非子》中一篇極重要的文章,據《史記·老莊申韓列傳》記載,秦王嬴政看到《孤憤》、《五蠹》後,感歎説:"寡人得見此人,與之遊,死不恨矣!"《五蠹》論證了法治的必然性和合理性,強調治國的方法必須隨著時代的發展變化而進行變革,強調要清除破壞法制、妨礙耕戰的五蠹之民。五蠹就是五種蠹蟲,指學者(儒家)、言談者(縱橫家)、帶劍者(游俠刺客)、患御者(逃避兵役的人)和商工之民(商人和手工業者)。

儒以文亂法,俠以武犯禁;而人主兼禮之,此所以亂也。夫離法者罪①,而諸先生以文學取②;犯禁者誅,而羣俠以私劍養③。故法之所非,君之所取;吏之所誅,上之所養也。法、趣、上、下④,四相反也,而無所定,雖有十黃帝不能治也。故行仁義者非所譽,譽之則害功⑤;工文學者非所用,用之則亂法。楚之有直躬⑥,其父竊羊而謁之吏⑦;令尹曰⑧:"殺之。"——以爲直於君而曲於父,報而罪之。以是觀之,夫君之直臣,父之暴子也。魯人從君戰,三戰三北⑨。仲尼問其故,對曰:"吾有老父,身死莫之養也。"仲尼以爲孝,舉而上之。以是觀之,夫父之孝子,君之背臣也。故令尹誅而楚姦不上聞,仲尼賞而魯民易降北,上下之利若是其異也。而人主兼舉匹夫之行,而求致社稷之福,必不幾矣⑩。

① 離法:犯法。離:同"罹"。
② 諸先生:指儒者。取:被錄用。養:被收養。
③ 私劍:在暗中用劍殺人,指刺客。
④ 法:指法之所非。趣:同"取",指君之所取。上:指上之所養。下:指吏之所誅。
⑤ "故行仁義……"兩句:行仁義的人,是不應加以稱譽的,如果加以稱譽,就要損害耕戰之功。
⑥ 之:疑爲"人"字之誤。直躬:人的渾名,指其身正直。
⑦ 謁:報告。之:指其父竊羊事。
⑧ 令尹:楚國執掌軍政大權的最高長官,即宰相。
⑨ 北:敗走。
⑩ 必不幾矣:決沒有希望了。幾:通"冀",希望。

古者蒼頡之作書也①,自環者謂之"私",背"私"謂之"公"②。公私之相背也,乃蒼頡固已知之矣;今以爲同利者,不察之患也。然則爲匹夫計者,莫如脩仁義而習文學③。仁義脩則見信,見信則受事④;文學習則爲明師,爲明師則顯榮:此匹夫之美也。然則無功而受事,無爵而顯榮,有政如此,則國必亂,主必危矣。故不相容之事,不兩立也。斬敵者受賞,而高慈惠之行;拔城者受爵祿,而信廉愛之説⑤;堅甲厲兵以備難,而美薦紳之飾⑥;富國以農,距敵恃卒,而貴文學之士;廢敬上畏法之民,而養遊俠私劍之屬:舉行如此,治強不可得也。國平養儒俠,難至用介士⑦,所利非所用,所用非所利。是故服事者簡其業⑧,而游學者日衆,是世之所以亂也。

① 蒼頡:黃帝的史官,相傳他創造了文字。
② 私:本字作厶,自相環繞,象徵爲自己打算。公:從八(從厶;)(,猶"背"。
③ 仁義:原作"行義",據王先慎説改,下句同。
④ 受事:指接受國君委任的工作。
⑤ 廉愛:兼愛。
⑥ 薦:通"搢",插。紳:大帶。搢紳:插笏於衣帶,指儒者的服裝。
⑦ 介士:甲士。
⑧ "是故……"句:爲這緣故,從事工作的人簡慢荒廢了自己的事業。

且世之所謂賢者，貞信之行也；所謂智者，微妙之言也。微妙之言，上智之所難知也；今爲衆人法而以上智之所難知①，則民無從識之矣。故糟糠不飽者，不務梁肉②；短褐不完者③，不待文繡。夫治世之事，急者不得，則緩者非所務也④。今所治之政，民間之事，夫婦所明知者不用⑤，而慕上智之論，則其於治反矣。故微妙之言，非民務也。若夫賢貞信之行者⑥，必將貴不欺之士；貴不欺之士者，亦無不欺之術也。布衣相與交，無富厚以相利，無威勢以相懼也，故求不欺之士。今人主處制人之勢，有一國之厚⑦，重賞嚴誅，得操其柄以修明術之所燭⑧，雖有田常、子罕之臣⑨，不敢欺也，奚待於不欺之士！今貞信之士不盈於十，而境內之官以百數；必任貞信之士，則人不足官；人不足官，則治者寡而亂者衆矣。故明主之道，一法而不求智⑩，固術而不慕信⑪，故法不敗而羣官無姦詐矣。今人主之於言也，説其辯而不求其當焉；其用於行也，美其聲而不責其功焉。是以天下之衆，其談言者務爲辯而不周於用⑫，故舉先王、言仁義者盈廷，而政不免於亂；行身者競於爲高而不合於功，故智士退處巖穴，歸祿不受，而兵不免於弱，政不免於亂。此其故何也？民之所譽，上之所禮，亂國之術也。

①"今爲……"句：現在以最聰明的人所難以懂得的微妙之言作爲衆人的法則。
②務：專力去追求。梁：原作"粱"，據王先愼説改。
③褐：粗布衣。完：周全。
④"急者……"兩句：急需的事尚不能實行，可以從緩的事就不必考慮。
⑤夫婦："匹夫匹婦"的簡稱，指一般男女百姓。
⑥賢：作動詞用。"賢"下原有"良"字，據顧廣圻説刪。
⑦厚：指財富。
⑧明術：高明的駕馭臣下的權術。燭：照，即明察。這句説，人主得操賞罰大權，講求駕馭臣下的高明技巧，以明察隱微。
⑨田常：即齊國的陳恒，殺齊簡公而立平公，專擅國政。子罕：宋臣，殺宋桓侯，篡奪政權。
⑩一法：專一於用法。
⑪固術：固守其駕馭臣下的手段。
⑫周：合。

　　今境內之民皆言治，藏商、管之法者家有之①，而國愈貧：言耕者衆，執耒者寡也。境內皆言兵，藏孫、吳之書者家有之②，而兵愈弱：言戰者多，被甲者少也。故明主用其力，不聽其言；賞其功，必禁無用，故民盡死力以從其上。夫耕之用力也勞，而民爲之者，曰：可得以富也；

戰之爲事也危,而民爲之者,曰:可得以貴也。今修文學,習言談,則無耕之勞而有富之實,無戰之危而有貴之尊,則人孰不爲也?是以百人事智而一人用力。事智者衆,則法敗;用力者寡,則國貧,此世之所以亂也。故明主之國,無書簡之文③,以法爲教;無先王之語,以吏爲師;無私劍之捍④,以斬首爲勇。是境内之民,其言談者必軌於法⑤,動作者歸之於功⑥,爲勇者盡之於軍。是故無事則國富,有事則兵強,此之謂王資⑦。既畜王資⑧,而承敵國之釁⑨,超五帝、侔三王者⑩,必此法也。

① 商、管:指戰國時秦國的商鞅和春秋時齊國的管仲。他們都是著名政治家,使秦、齊富強。遺書今存《商君書》五卷,《管子》二十四卷。
② 孫、吳:指春秋時吳國的孫武和戰國時衛人吳起。他們都是著名兵法家。遺書今存《孫子》一卷,《吳子》一卷。
③ 書簡:書籍。
④ 捍:通"悍",強悍。
⑤ 軌:動詞,依照,遵循。
⑥ 動作:勞作。功:指農耕。
⑦ 王資:王業的資本。
⑧ 畜:同"蓄"。
⑨ 釁:縫隙。這裏指漏洞、薄弱之處。
⑩ 侔:等齊。

今則不然。士民縱恣於内①,言談者爲勢於外②,外内稱惡③,以待強敵,不亦殆乎?故羣臣之言外事者,非有分於從衡之黨④,則有仇讎之忠,而借力於國也⑤。從者,合衆弱以攻一強也;而衡者,事一強以攻衆弱也——皆非所以持國也。今人臣之言衡者,皆曰:"不事大,則遇敵受禍矣!"事大未必有實⑥,則舉圖而委,效璽而請矣⑦。獻圖則地削,效璽則名卑;地削則國削,名卑則政亂矣。事大爲衡,未見其利也,而亡地亂政矣。人臣之言從者,皆曰:"不救小而伐大,則失天下,失天下則國危,國危而主卑。"救小未必有實⑧,則起兵而敵大矣;救小未必能存,而敵大未必不有疏,有疏則爲強國制矣——出兵則軍敗,退守則城拔。救小爲從,未見其利,而亡地敗軍矣。

① 士民:指儒者、游俠。縱恣於内:放肆橫行於國內。
② 言談者:指主張合縱、連橫的政客。爲勢於外:借敵國的力量來造成自己的勢力。
③ 稱:行。
④ 分(fèn):份,全數的一部分。有分於:在其中佔有一份,從屬於。
⑤ 忠:通"衷",内心。這兩句指爲報私仇而借外國之力,如伍子胥的以吳伐楚。
⑥ 俞樾說,"未"字是衍文,應刪。有實:指實際行動,即下文舉圖、效璽之類。

⑦委：交付。效：呈獻。交付地圖，呈獻印信，也就是割讓土地和主權。

⑧未：俞樾說，"未"字是衍文，應刪。有實：指實際行動，即起兵敵大。

是故事強則以外權市官於內，救小則以內重求利於外①。國利未立，封土厚祿至矣；主上雖卑，人臣尊矣；國地雖削，私家富矣。事成則以權長重，事敗則以富退處。人主之聽說於其臣，事未成則爵祿已尊矣，事敗而弗誅；則游說之士，孰不爲用矰繳之說而徼倖其後②？故破國亡主，以聽言談者之浮說，此其何故也？是人君不明乎公私之利，不察當否之言，而誅罰不必其後也③。皆曰："外事④，大可以王，小可以安。"夫王者能攻人者也，而安則不可攻也⑤。強則能攻人者也，治則不可攻也⑥，治、強不可責於外，內政之有也。今不行法術於內，而事智於外，則不至於治、強矣。

①"是故事強……"兩句：主張連橫者借外力來邀取自己的地位於國內，主張合縱者用國內力量來求利於國外。

②矰（zēng）繳（zhuó）：本是獵人用以射鳥的尾部帶有繩的箭，比喻獵取功名富貴的手段。

③而誅罰不必其後：在事後沒有堅決地對他們進行誅罰。

④外事：猶事外，即致力於國外的事務。

⑤安則不可攻：國家安定就不可能被人攻擊。即不會挨打。

⑥治則不可攻：國家治理得好就不可能被人攻擊。

鄙諺曰："長袖善舞，多錢善賈。"此言多資之易爲工也①。故治強易爲謀，弱亂難爲計。故用於秦者，十變而謀希失②，用於燕者，一變而計希得。非用於秦者必智，用於燕者必愚也，蓋治亂之資異也。故周去秦爲從③，朞年而舉④；衛離魏爲衡⑤，半歲而亡。是周滅於從，衛亡於衡也。使周、衛緩其從衡之計，而嚴其境內之治，明其法禁，必其賞罰，盡其地力以多其積，致其民死以堅其城守；天下得其地則其利少，攻其國則其傷大；萬乘之國，莫敢自頓於堅城之下⑥，而使強敵裁其弊也⑦，此必不亡之術也。舍必不亡之術，而道必滅之事，治國者之過也。智困於內而政亂於外，則亡不可振也。

①工：通"功"，成功。

②用於秦：爲秦所用。希：同"稀"。

③周去秦爲從：《史記·周本紀》載，周赧王五十九年，背秦與諸侯約縱，準備出兵攻秦，乃爲秦昭王所敗，盡獻其邑與秦。

④朞年：一週年。舉：拔，指被秦所滅。

⑤衛離魏爲衡：衛爲小國，後一直依附於魏國。衛懷君三十一年（前253），背離魏

國而和秦國連橫,爲魏擊敗,衛懷君朝魏,被魏誅殺。

⑥頓:困頓,受挫。一説,"頓"同"屯",駐屯,停留。

⑦裁其弊:乘其疲弊而加以攻擊。裁:控制,節制。

民之故計①,皆就安利如辟危窮②。今爲之攻戰,進則死於敵,退則死於誅,則危矣。棄私家之事,而必汗馬之勞③,家困而上弗論④,則窮矣。窮、危之所在也,民安得勿避?故事私門而完解舍⑤,解舍完則遠戰,遠戰則安。行貨賂而襲當塗者則求得⑥,求得則利。安、利之所在,安得勿就?是以公民少而私人衆矣。

①故計:常計,即習慣的打算。故,原作"政",今從盧文弨、顧廣圻校改。

②如:而。辟:同"避"。

③必:同"畢",作盡解。

④論:指論功行賞。

⑤私門:指國中執政的卿大夫。解舍:免除徭賦。

⑥襲:抄近路,指私底下走門路。當塗:即當道,指有權勢的人。

夫明王治國之政,使其商工游食之民少而名卑,以趣本務而外末作①。今世近習之請行②,則官爵可買;官爵可買,則商工不卑也矣。姦財貨賈得用於市③,則商人不少矣。聚斂倍農④,而致尊過耕戰之士⑤,則耿介之士寡⑥,而高價之民多矣⑦。是故亂國之俗:其學者,則稱先王之道以籍仁義⑧,盛容服而飾辯説,以疑當世之法,而貳人主之心⑨。其言談者⑩,爲設詐稱⑪,借於外力,以成其私,而遺社稷之利。其帶劍者,聚徒屬立節操以顯其名,而犯五官之禁⑫。其患御者⑬,積於私門,盡貨賂,而用重人之謁⑭,退汗馬之勞⑮。其商工之民,修治苦窳之器⑯,聚沸靡之財⑰,蓄積待時,而侔農夫之利⑱。——此五者,邦之蠹也。人主不除此五蠹之民,不養耿介之士,則海内雖有破亡之國,削滅之朝,亦勿怪矣。

①趣:同"趨"。本務:指農業。末作:猶言不重要的行業,指工、商。這句説,使人民務農業而疏遠工、商等末業。

②近習:指國君左右親近之人。請:請託。行:流行,行得通。

③姦財:非法的財利。貨賈(gǔ):投機商人。這句説,非法的買賣能在市場上活動。

④致斂:聚括財貨。倍農:比農民收入加倍。

⑤致尊:受到尊重。

⑥耿介:光明正直。

⑦高價之民:應作"商賈之民"。

⑧籍:同"藉",依託,憑藉。

⑨貳人主之心:動搖人主之心,使之猶

347

豫不决。

⑩ 谈：原作"古"，據顧廣圻説改。

⑪ 爲：通"僞"。設：施陳，陳言。

⑫ 五官：指司徒、司馬、司空、司士、司寇。

⑬ 患御者：指"患於任兵役者"，意即逃避兵役者。

⑭ 重人：有權勢之人。謁：請託。

⑮ 退汗馬之勞：摒棄有戰功的人。

⑯ 苦窳(yǔ)之器：粗劣之物，猶今偽劣產品。

⑰ 沸靡：奢侈。

⑱ 侔：同"牟"，求，謀取。

練習十二

一、解釋下面句中加點的詞。

1. 天之蒼蒼，其正色邪？
2. 奚以之九萬里而南爲？
3. 且舉世而譽之而不加勸。
4. 雖天地之大，萬物之多，而唯蜩翼之知。
5. 未也，猶應嚮景。
6. 使弟子並流而拯之。
7. 未嘗敢以耗氣也，必齊以靜心。
8. 反子父母妻子閭里知識。

二、把下文譯成現代漢語。

1. 莊子曰："秦王有病召醫，破癰潰痤者得車一乘，舐痔者得車五乘，所治愈下，得車愈多。子豈治其痔邪，何得車之多也？子行矣！"（《莊子·列禦寇》）

2. 楊朱之弟楊布衣素衣而出，天雨，解素衣，衣緇衣而反，其狗不知而吠之。楊布怒，將擊之。楊朱曰："子毋擊也，子亦猶是。曩者使女狗白而往，黑而來，子豈能毋怪哉！"（《韓非子·説林下》）

3. 凡治之大者，非謂其賞罰之當也。賞無功之人，罰不辜之民，非所謂明也。賞有功，罰有罪，而不失其人，方在於人者也，非能生功止過者也。是故禁姦之法，太上禁其心，其次禁其言，其次禁其事。（《韓非子·説疑》）

三、標點下文。

1. 莊周忿然作色曰周昨來有中道而呼者周顧視車轍中有鮒魚焉周問之曰鮒魚來子何爲者邪對曰我東海之波臣也君豈有斗升之水而活我哉周曰諾我且南遊吳越之土激西江之水而迎子可乎鮒魚忿然作色曰吾失我常與我無所處吾得斗升之水然活耳君乃言此曾不如早索我於枯魚之肆（《莊子·外物》）

2. 故禮義法度者應時而變者也今取猨狙而衣以周公之服彼必齕齧挽裂盡去而後慊觀古今之異猶猨狙之異乎周公也故西施病心而

矉其里其里之醜人見之而美之歸亦捧心而矉其里其里之富人見之堅閉門而不出貧人見之挈妻子而去走彼知矉美而不知矉之所以美惜乎而夫子其窮哉(《莊子·天運》)

3. 夫珠玉人主之所急也和雖獻璞而未美未爲主之害也然猶兩足斬而寶乃論論寶若此其難也今人主之於法術也未必和璧之急也而禁羣臣士民之私邪然則有道者之不僇也特帝王之璞未獻耳主用術則大臣不得擅斷近習不敢賣重官行法則浮萌趨於耕農而游士危於戰陳則法術者乃羣臣士民之所禍也人主非能倍大臣之議越民萌之誹獨周乎道言也則法術之士雖至死亡道必不論矣(《韓非子·和氏》)

4. 子夏見曾子曾子曰何肥也對曰戰勝故肥也曾子曰何謂也子夏曰吾入見先王之義則榮之出見富貴之樂又榮之兩者戰於胸中未知勝負故臞今先王之義勝故肥是以志之難也不在勝人在自勝也故曰自勝之謂強(《韓非子·喻老》)

第七章　兩　漢　文

刺　客　列　傳（節錄）　　　　　　　《史記》

【説明】《史記》是西漢史學家、文學家司馬遷的名著。司馬遷字子長，夏陽（今陝西省韓城南）人，生於漢景帝中元五年（前145），卒年不詳，據王國維《太史公行年考》，大約在漢昭帝始元元年（前86）。

司馬遷三十八歲時繼承其父司馬談之職，任太史令，綴集整理國家圖書資料。四十二歲，遵從父親遺命，開始撰著《史記》。四十七歲時，漢將李陵投降匈奴，司馬遷推言陵功，加以迴護，觸怒漢武帝，被下獄治罪，遭受宮刑，蒙受了極大的恥辱和痛苦。五十歲出獄任中書令，執掌文書奏事。同時繼續發憤著書，把自己的喜怒愛憎和滿腔悲憤傾注於筆端。經過長達十餘年的努力，終於完成了五十萬言的偉大巨著《史記》。

《史記》共一百三十篇，其中本紀十二篇、表十篇、書八篇、世家三十篇、列傳七十篇。這是我國第一部紀傳體的通史，它開創的體例對後代史書的撰著產生了深遠的影響。《史記》所載的大量傳記，不僅有極高的史學價值，同時也是精美的文學作品，在語言學上，也極具研究價值。

今本《史記》共一百三十卷，與司馬遷自序所説相符。但《漢書·司馬遷傳》説其中"十篇缺，有錄無書"，很可能有些沒有寫完或者散失了。西漢元帝、成帝間博士褚少孫補缺數篇，今本都標明"褚先生曰"，易於辨識。

現存《史記》舊注主要有三家，即劉宋裴駰的《史記集解》、唐司馬貞的《史記索隱》和張守節的《史記正義》。通行的中華書局二十四史標點本將三家注散列在正文之下，極便觀覽。

《刺客列傳》是春秋戰國時五位刺客的傳記，這五人即魯之曹沫、吳之專諸、晉之豫讓、軹之聶政和燕之荊軻,本文祇節錄了荊軻的傳記。

　　這篇傳記介紹荊軻身世經歷十分簡略,主要著力表現他報答燕太子丹的知遇之恩和奉命刺殺秦始皇的俠義精神。文中對事件的來龍去脈鋪陳得井井有條,對送別場面的描寫悲壯感人,對刺殺情景和細節的敍述生動緊張、扣人心弦。傳記篇幅不長,但成功地刻畫了荊軻視死如歸的俠客形象,也反映了作者本人"士爲知己者死"的思想和愛憎情感。

　　荊軻者,衛人也。其先乃齊人①,徙於衛,衛人謂之慶卿②。而之燕③,燕人謂之荊卿。

　　荊卿好讀書擊劍,以術説衛元君④。衛元君不用。其後秦伐魏⑤,置東郡⑥,徙衛元君之支屬於野王⑦。

　　荊軻嘗游過榆次⑧,與蓋聶論劍⑨,蓋聶怒而目之。荊軻出,人或言復召荊卿。蓋聶曰:"曩者吾與論劍有不稱者⑩,吾目之;試往⑪,是宜去⑫,不敢留。"使使往之主人⑬,荊卿則已駕而去榆次矣。使者還報,蓋聶曰:"固去也,吾曩者目攝之⑭!"

　　荊軻游於邯鄲,魯句踐與荊軻博⑮,爭道⑯,魯句踐怒而叱之。荊軻嘿而逃去⑰,遂不復會。

① 先:祖先。
② 慶卿:齊國有慶氏,荊軻可能本姓慶,"卿"是對人的敬稱。(司馬貞《史記索隱》説)
③ 之:往,赴。燕(yān):燕國。
④ 術:技藝,方術。衛元君:衛國君主,公元前251年即位。
⑤ 秦伐魏:魏景湣王元年(前242),秦將蒙驁伐魏,攻佔二十城。
⑥ 東郡:秦郡名,在今山東西部和毗鄰的河北南端。
⑦ 支屬:近支家屬。野王:春秋時晉邑,今河南省沁陽市。
⑧ 榆次:戰國時趙邑,今山西榆次。
⑨ 蓋(gě)聶:人名。論劍:議論劍術。
⑩ 不稱(chèng):不相符合,指意見不投合。
⑪ 試往:去(找荊卿)一趟試試。
⑫ 是:此,這會兒。宜去:應該已經離開了。
⑬ 主人:指荊軻寄居客舍的主人。
⑭ 攝:通"懾",恐懼。目攝:怒視荊軻,使他害怕。
⑮ 魯句踐:人名,精通劍術。博:賭博。
⑯ 爭道:爭奪賭局上的贏路。
⑰ 嘿:同"默",悄悄地。

　　荊軻既至燕,愛燕之狗屠及善擊筑者高漸離①。荊軻嗜酒,日與狗屠及高漸離飲於燕市。酒酣以往②,高漸離擊筑,荊軻和而歌於市中,相樂也③。已而相泣,旁若無人者。荊軻雖游於酒人乎④,然其爲人沈

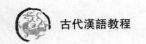

深好書⑤；其所游諸侯⑥，盡與其賢豪長者相結⑦。其之燕，燕之處士田光先生亦善待之，知其非庸人也。

① 狗屠：以宰狗爲業的人。筑（zhú）：一種古樂器，似琴，有弦，用竹擊奏。
② 以往：以後。
③ 相樂：彼此以醉酒高歌相娛樂。
④ 酒人：酒徒。乎：語氣詞，此處表示語氣停頓跌宕。
⑤ 沈深：沉著持重。
⑥ 諸侯：指衛、趙、燕等諸侯國。
⑦ 賢豪：俊賢豪傑。長者：年高德劭的人。結：交結。

居頃之，會燕太子丹質秦亡歸燕①。燕太子丹者，故嘗質於趙，而秦王政生於趙，其少時與丹驩②。及政立爲秦王，而丹質於秦。秦王之遇燕太子丹不善，故丹怨而亡歸。歸而求爲報秦王者③，國小，力不能。

其後，秦日出兵山東以伐齊、楚、三晉④，稍蠶食諸侯，且至於燕。燕君臣皆恐禍之至。太子丹患之，問其傅鞠武。武對曰："秦地徧天下，威脅韓、魏、趙氏。北有甘泉、谷口之固⑤；南有涇渭之沃，擅巴、漢之饒⑥；右隴、蜀之山；左關、殽之險；民衆而士厲⑦，兵革有餘⑧。意有所出⑨，則長城之南⑩，易水以北⑪，未有所定也⑫。奈何以見陵之怨⑬，欲批其逆鱗哉⑭！"丹曰："然則何由⑮？"對曰："請入圖之⑯。"

① 會：適逢，正好碰上。燕太子丹：燕王喜之子。質：抵押，做人質。
② 驩：同"歡"。指相處歡洽。
③ 爲報秦王者：爲他報復秦王的人。
④ 日：日益。山東：戰國秦漢時以陝西崤山、函谷關以東爲山東，也稱關東。三晉：即韓、趙、魏。
⑤ 甘泉：山名，在今陝西省淳化縣西北。谷口：涇水出山處，在今陝西省涇陽縣西北、醴泉縣東北。
⑥ 巴、漢：巴郡和漢中郡，秦郡名，在今四川東部一帶。
⑦ 民衆：人口衆多。士厲：士卒勇武。
⑧ 兵：兵器。革：皮製的護身衣。兵革指軍備。
⑨ 意：意圖。有所出：有所顯露。
⑩ 長城：指燕國北邊防範胡人的長城，燕國的北界。
⑪ 易水：水名，源出今河北易縣附近，燕國的南界。
⑫ 未有所定：不會有穩定太平的。
⑬ 見：被。陵：欺凌，欺負。
⑭ 批：排擊，觸動。逆鱗：傳說龍喉下有倒生的鱗片，人若觸動它，必遭龍殺害。這裏指觸怒強秦。
⑮ 何由：從何處下手。
⑯ 入：深入。圖：考慮。

居有閒，秦將樊於期得罪於秦王①，亡之燕，太子受而舍之②。鞠武諫曰："不可。夫以秦王之暴而積怒於燕，足爲寒心③，又況聞樊將軍之所在乎④？是謂委肉當餓虎之蹊也⑤，禍必不振矣⑥！雖有管、晏，不能爲之謀也⑦。願太子疾遣樊將軍入匈奴以滅口⑧。請西約三晉⑨，南連齊、楚，北購於單于⑩，其後迺可圖也。"太子曰："太傅之計，曠日彌久⑪，心惽然⑫，恐不能須臾⑬。且非獨於此也：夫樊將軍窮困於天下，歸身於丹，丹終不以迫於彊秦而棄所哀憐之交⑭，置之匈奴，是固丹命卒之時也⑮。願太傅更慮之！"鞠武曰："夫行危欲求安⑯，造禍而求福⑰，計淺而怨深⑱，連接一人之後交⑲，不顧國家之大害，此所謂資怨而助禍矣⑳。夫以鴻毛燎於爐炭之上㉑，必無事矣㉒。且以鵰鷙之秦㉓，行怨暴之怒，豈足道哉！燕有田光先生，其爲人智深而勇沈㉔，可與謀。"太子曰："願因太傅而得交於田先生，可乎？"鞠武曰："敬諾。"出見田光先生，道"太子願圖國事於先生也㉕"。田光曰："敬奉教㉖。"乃造焉㉗。

① 居有閒(jiàn)：過了一段時候。樊於期(wūjī)：秦將，奉命伐趙兵敗，畏罪逃奔燕國。
② 舍：館舍，此處作動詞用。舍之：讓他住下來。
③ 寒心：膽戰心寒。
④ 所在：所存身的地方，指燕國。
⑤ 委：丢給。蹊：蹊徑，小路。
⑥ 振：救。不振：無救。
⑦ 爲之謀：爲這件事謀劃解救的辦法。
⑧ 滅口：消除秦侵燕的藉口。
⑨ 約三晉：與韓、趙、魏三國締約。
⑩ 購：通"媾"，媾和。
⑪ 彌久：長久。
⑫ 惽(hūn)：同"惛"，憂愁煩悶。
⑬ 須臾：片刻。這句是説自己憂愁煩悶到了極點，恐怕不能再多等一會兒了。
⑭ 所哀憐之交：所同情、憐惜的朋友。
⑮ 命卒之時：生命結束的時候。
⑯ 行危：行動危險。
⑰ 造禍：招惹禍端。
⑱ 計淺：謀劃很淺薄。怨深：仇怨更爲加深。
⑲ 連接：締結。後交：新交，指與樊於期的交誼。
⑳ 資怨：增加了仇怨。
㉑ 鴻毛：飛鴻的羽毛。比喻力量微弱的燕國。爐炭：比喻勢力強大的秦國。
㉒ 無事：沒有什麼大事。這句隱喻秦滅燕是輕而易舉的。
㉓ 鵰鷙：猛禽，這裏形容秦王像鵰鷙一樣兇猛。
㉔ 智深：智謀深藏。勇沈：勇氣潛伏。
㉕ 圖國事：謀劃國家大事。
㉖ 奉教：遵奉您的指教。
㉗ 造：拜訪。

太子逢迎，卻行爲導①，跪而蔽席②。田光坐定，左右無人，太子避席而請曰③："燕秦不兩立，願先生留意也！"田光曰："臣聞騏驥盛壯之時，一日而馳千里；至其衰老，駑馬先之。今太子聞光盛壯之時，不知臣精已消亡矣④！雖然，光不敢以圖國事，所善荊卿可使也⑤。"太子曰："願因先生得結交於荊卿，可乎？"田光曰："敬諾。"即起，趨出。太子送至門，戒曰⑥："丹所報⑦，先生所言者，國之大事也，願先生勿泄也！"田光俛而笑曰："諾。"僂行見荊卿⑧，曰："光與子相善，燕國莫不知。今太子聞光壯盛之時，不知吾形已不逮也⑨，幸而教之曰：'燕秦不兩立，願先生留意也。'光竊不自外⑩，言足下於太子也，願足下過太子於宮⑪。"荊軻曰："謹奉教。"田光曰："吾聞之，長者爲行⑫，不使人疑之。今太子告光曰：'所言者國之大事也，願先生勿泄！'是太子疑光也。夫爲行而使人疑之，非節俠也⑬。"欲自殺以激荊卿，曰："願足下急過太子，言光已死，明不言也⑭。"因遂自刎而死。

① 卻行：倒退着走。
② 蔽(piē)：通"撇"，拂拭，抹。
③ 避席：離開坐席，表示尊重。
④ 精：精力。消亡：消耗完了。
⑤ 所善：要好的朋友。
⑥ 戒：叮嚀。
⑦ 報：告知，訴說。
⑧ 僂(lǚ)：彎腰駝背，形容田光年邁

體衰。
⑨ 形：這裏指身體。不逮：不及從前。
⑩ 不自外：不把自己當作外人。
⑪ 過(guō)：拜訪。
⑫ 爲行：做出某種行爲。
⑬ 節俠：有節操、講義氣的人。
⑭ 明不言：表明自己不泄漏機密。

荊軻遂見太子，言田光已死，致光之言。太子再拜而跪，膝行流涕，有頃而后言曰："丹所以誡田先生毋言者，欲以成大事之謀也。今田先生以死明不言，豈丹之心哉！"荊軻坐定，太子避席頓首曰①："田先生不知丹之不肖，使得至前②，敢有所道，此天之所以哀燕而不棄其孤也③。今秦有貪利之心，而欲不可足也。非盡天下之地，臣海內之王者④，其意不厭。今秦已虜韓王⑤，盡納其地。又舉兵南伐楚，北臨趙；王翦將數十萬之衆距漳、鄴⑥；而李信出太原、雲中⑦。趙不能支秦，必入臣⑧；入臣則禍至燕。燕小弱，數困於兵，今計舉國不足以當秦。諸侯服秦，莫敢合從。丹之私計⑨，愚以爲誠得天下之勇士使於秦，闕以重利⑩，秦王貪，其勢必得所願矣⑪。誠得劫秦王⑫，使悉反諸侯侵地⑬，若曹沫之與齊桓公⑭，則大善矣。則不可⑮，因而刺殺之。彼秦大將擅兵於外⑯，而內有亂，則君臣相疑，以其閒諸侯得合從⑰，其破秦必矣。此丹之上願⑱，而不知所委命⑲，唯荊卿留意焉！"久之，荊軻曰："此國之大事也。臣駑下^⑳,恐不足任使^㉑。"太子前頓首,固請毋讓。然後許諾。於是尊荊卿爲上卿,舍上舍^㉒。太子日造門下^㉓,供太牢,具異物^㉔,閒進車騎美女^㉕,恣荊軻所欲^㉖,以順適其意。

① 頓首:叩首跪拜。
② 使得至前:使我得以到您面前(説話)。這是客氣話。
③ 孤:孤單窮困。
④ 臣海内之王:臣服海内的諸侯。"臣"作動詞用。
⑤ 韓王:名安,韓國末代君主。秦滅韓在公元前 230 年。
⑥ 距:到,抵達。漳、鄴:趙國南部,今河北臨漳和河南安陽一帶。
⑦ 李信:秦將領。出:出兵。太原:秦郡,在今山西太原西南。雲中:秦郡,在今内蒙古。
⑧ 支:支撑,抵敵。入臣:降秦稱臣。
⑨ 私計:個人的計謀。
⑩ 闚:同"窺",使……看見。
⑪ 必得所願:一定能得到我心裏想得到的東西了。
⑫ 劫:威脅,威逼。
⑬ 悉:完全。反:歸還。
⑭ 曹沫:魯將,與齊三戰皆敗。當齊桓公和魯莊公簽訂盟約時,曹沫手執匕首劫持齊桓公,迫使齊桓公歸還侵地。事見《史記・刺客列傳》。
⑮ 則:若,如果。
⑯ 擅兵於外:在國境外執掌兵權。
⑰ 以其閒:趁着這個機會。閒:閒隙。
⑱ 上願:最高的願望。
⑲ 所委命:所委託使命的人。意爲該把使命委託給誰。
⑳ 駑下:才能低下。
㉑ 任使:委任使用。
㉒ 舍上舍:住上等館舍。前"舍"爲動詞,後"舍"爲名詞。
㉓ 造:造訪。門下:指荊軻住處。
㉔ 具:備辦。異物:珍異的物品。
㉕ 閒進:隔一些時候就進獻。
㉖ 恣:放縱。意思是充分滿足。

　　久之,荊軻未有行意。秦將王翦破趙,虜趙王^①,盡收入其地,進兵,北略地至燕南界^②。太子丹恐懼,乃請荊軻曰:"秦兵旦暮渡易水^③,則雖欲長侍足下,豈可得哉!"荊軻曰:"微太子言^④,臣願謁之^⑤。今行而毋信^⑥,則秦未可親也。夫樊將軍,秦王購之金千斤,邑萬家。誠得樊將軍首,與燕督亢之地圖^⑦,奉獻秦王,秦王必説見臣,臣乃得有以報^⑧。"太子曰:"樊將軍窮困來歸丹,丹不忍以己之私而傷長者之意^⑨。願足下更慮之!"

　　荊軻知太子不忍,乃遂私見樊於期,曰:"秦之遇將軍可謂深矣^⑩,父母宗族皆爲戮没^⑪。今聞購將軍首金千斤,邑萬家,將奈何?"於期仰天太息流涕曰:"於期每念之,常痛於骨髓;顧計不知所出耳!"荊軻曰:

"今有一言可以解燕國之患,報將軍之仇者,何如?"於期乃前曰:"爲之奈何?"荊軻曰:"願得將軍之首以獻秦王。秦王必喜而見臣,臣左手把其袖,右手揕其匈⑫。然則將軍之仇報,而燕見陵之愧除矣。將軍豈有意乎?"樊於期偏袒搤腕而進曰⑬:"此臣之日夜切齒腐心也⑭,乃今得聞教!"遂自刎。太子聞之,馳往,伏屍而哭,極哀。既已不可奈何,乃遂盛樊於期首,函封之⑮。

① 虜趙王:秦王政十九年(前228),秦將王翦大破趙軍,虜趙王遷於邯鄲。公子嘉自立爲王,第二年秦將王賁虜嘉,秦滅趙。
② 略地:攻佔土地。
③ 旦暮:早晚。
④ 微:没有。微太子言:即使没有你這番言語。
⑤ 臣願謁之:我也要來拜見你了。
⑥ 行:指到秦國去。信:信物。
⑦ 督亢(gāng):燕國地名,在今河北涿州、固安一帶。
⑧ 報:報效。
⑨ 長者:指樊於期。
⑩ 遇:對待。深:刻毒。
⑪ 戮没:殺戮或没入官署爲奴。
⑫ 把:抓住。揕(zhèn):用刀刺。匈:同"胸"。
⑬ 偏袒:解開衣襟,袒露半面肩膊。搤(è)腕:同"扼腕",握緊手腕,形容憤激的情態。
⑭ 切齒:上下牙齒咬緊磨搓。腐心:即"拊心",捶胸。
⑮ 函:匣子。封:封藏。

於是太子豫求天下之利匕首①,得趙人徐夫人匕首②,取之百金,使工以藥焠之③。以試人,血濡縷④,人無不立死者。乃裝,爲遣荊卿⑤。燕國有勇士秦舞陽⑥,年十三,殺人,人不敢忤視⑦。乃令秦舞陽爲副。荊軻有所待,欲與俱⑧;其人居遠未來,而爲治行⑨。頃之,未發。太子遲之⑩,疑其改悔,乃復請曰:"日已盡矣⑪,荊卿豈有意哉?丹請得先遣秦舞陽。"荊軻怒,叱太子曰:"何太子之遣!往而不返者⑫,豎子也⑬!且提一匕首入不測之彊秦,僕所以留者,待吾客與俱。今太子遲之,請辭決矣⑭!"遂發。

① 於是:在這時。豫求:預先尋求。
② 徐夫人:人名。
③ 焠(cuì):把經煅製的熾熱金屬浸入液體,使之堅硬。
④ 血濡縷:刺傷出血,僅能沾濡絲縷,此言傷口很小。
⑤ 裝:置備行裝。
⑥ 秦舞陽:燕國勇士,又作"秦武陽"。
⑦ 忤視:逆視,對視。
⑧ 俱:一起(同行)。
⑨ 爲:替(荊軻)。治行:整治行裝。
⑩ 遲之:認爲他遲延時間。

⑪ 日已盡矣：時間已經快沒有了。
⑫ 往而不返：祇知冒失前往而不能成事後順利歸來。
⑬ 豎子：小子，無知小人。
⑭ 決：同"訣"，訣別。

　　太子及賓客知其事者，皆白衣冠以送之①。至易水之上，既祖②，取道，高漸離擊筑，荊軻和而歌，爲變徵之聲③，士皆垂淚涕泣。又前而爲歌曰："風蕭蕭兮易水寒④，壯士一去兮不復還！"復爲羽聲忼慨⑤，士皆瞋目，髮盡上指冠。於是荊軻就車而去，終已不顧⑥。

① 白衣冠：喪服。穿着喪服送行，表示訣別。
② 祖：祭名。古人遠行之前，祭祀路神。後來稱餞行送別爲祖道。
③ 變徵(zhǐ)：古代音律有宫、商、角、變徵、徵、羽、變宫七調，變徵音調蒼涼悲壯。
④ 蕭蕭：風聲。
⑤ 羽聲：此調高亢激昂。
⑥ 終已：直到最後。顧：回頭。

　　遂至秦，持千金之資幣物①，厚遺秦王寵臣中庶子蒙嘉②。嘉爲先言於秦王曰："燕王誠振怖大王之威③，不敢舉兵以逆軍吏④，願舉國爲内臣⑤，比諸侯之列⑥，給貢職如郡縣⑦，而得奉守先王之宗廟。恐懼不敢自陳⑧，謹斬樊於期之頭，及獻燕督亢之地圖，函封，燕王拜送於庭，使使以聞大王，唯大王命之。"秦王聞之大喜，乃朝服設九賓⑨，見燕使者咸陽宫⑩。荊軻奉樊於期頭函⑪，而秦舞陽奉地圖柙⑫，以次進。至陛，秦舞陽色變振恐，羣臣怪之。荊軻顧笑舞陽，前謝曰⑬："北蕃蠻夷之鄙人⑭，未嘗見天子，故振慴⑮。願大王少假借之⑯，使得畢使於前。"秦王謂軻曰："取舞陽所持地圖。"軻既取圖奏之，秦王發圖⑰，圖窮而匕首見⑱。因左手把秦王之袖，而右手持匕首揕之。未至身，秦王驚，自引而起⑲，袖絶。拔劍，劍長，操其室⑳。時惶急，劍堅㉑，故不可立拔。荊軻逐秦王，秦王環柱而走，羣臣皆愕㉒，卒起不意㉓，盡失其度㉔。而秦法：羣臣侍殿上者不得持尺寸之兵㉕；諸郎中執兵皆陳殿下㉖，非有詔召不得上。方急時，不及召下兵，以故荊軻乃逐秦王。而卒遑急，無以擊軻，而以手共搏之。是時，侍醫夏無且以其所奉藥囊提荊軻也㉗。秦王方環柱走，卒惶急，不知所爲。左右乃曰："王負劍㉘！"負劍，遂拔以擊荊軻，斷其左股。荊軻廢，乃引其匕首以擿秦王㉙，不中，中銅柱。秦王復擊軻，軻被八創。軻自知事不就㉚，倚柱而笑，箕踞以罵曰㉛："事所以不成者,以欲生劫之,必得約契以報太子也。"於是左右既前殺軻,秦王不怡者良久㉜。已而論功,賞羣臣及當坐者各有差㉝,而賜夏無且黃金二百溢㉞,曰:"無且愛我,乃以藥囊提荆軻也。"

① 資:資財。千金之資:資財價值千金。幣物:禮物。
② 厚遺:厚贈。中庶子:秦漢時官名,是太子屬官。
③ 振怖:震驚恐懼。
④ 舉兵:發兵。逆:迎敵。軍吏:指秦將士。
⑤ 舉國:全國。内臣:歸附隷屬的臣子。
⑥ 比:比照。比諸侯之列:比照諸侯各國。
⑦ 給:供給,供應。貢職:貢物和差役。
⑧ 自陳:自己直接向秦王陳述。
⑨ 九賓:九種不同地位的禮賓人員。
⑩ 咸陽宫:秦宫廷,在秦都咸陽北陵。
⑪ 奉:同"捧"。
⑫ 柙(xiá):同"匣"。
⑬ 前謝:向前謝罪。
⑭ 北蕃:北方蕃屬。鄙人:粗鄙的人。
⑮ 振慴(zhé):震動恐懼。
⑯ 少:稍。假借:寬容。
⑰ 發圖:打開地圖。
⑱ 圖窮:卷在軸上的地圖展開到盡頭。見(xiàn):現。
⑲ 自引:自己奮力脱身。
⑳ 操其室:用手帶住劍鞘。室:刀劍的鞘。
㉑ 劍堅:劍插得很牢。
㉒ 愕:驚愕,驚慌失措。
㉓ 卒:同"猝",倉猝,事起突然。
㉔ 度:常態。
㉕ 尺寸之兵:微小的兵器。
㉖ 郎中:宿衛之官,守衛宫禁的近侍武官。
㉗ 侍醫:隨侍君主的醫官。夏無且(jū):醫官名。提(dǐ):擲擊。
㉘ 負劍:把劍推到背後。古人佩劍上端較長,不易拔出劍鞘,把劍推到身後,便於拔劍。
㉙ 引:提舉。擿(zhí):投擲。
㉚ 事不就:刺殺事不能成功。
㉛ 箕踞:伸開兩脚坐在地上,形狀似簸箕。這是倨傲不敬的樣子。
㉜ 不怡:不愉快。
㉝ 當坐者:應當治罪的人。差(cī):參差,區别。
㉞ 溢:通"鎰",二十兩爲一鎰。

　　於是秦王大怒,益發兵詣趙,詔王翦軍以伐燕。十月而拔薊城①。燕王喜、太子丹等盡率其精兵東保於遼東②。秦將李信追擊燕王急,代王嘉乃遺燕王喜書曰③:"秦所以尤追燕急者,以太子丹故也。今王誠殺丹獻之秦王,秦王必解,而社稷幸得血食④。"其後李信追丹,丹匿衍水中⑤,燕王乃使使斬太子丹,欲獻之秦。秦復進兵攻之。後五年,秦卒滅燕,虜燕王喜。

① 薊城：又名薊門、薊丘，燕國都城，故址在今北京市德勝門外。
② 保：守，防守。遼東：今遼寧省東南一帶。
③ 代王嘉：趙悼襄王的嫡子，悼襄王廢嫡子嘉而立趙王遷，公元前 228 年秦虜遷，趙國逃亡的大夫共立嘉爲代王，公元前 222 年秦進兵破嘉。
④ 血食：宰殺犧牲祭祀社稷（土神、穀神）。
⑤ 匿：藏匿。衍水：地名，在今瀋陽市附近。

其明年①，秦并天下，立號爲皇帝。於是秦逐太子丹、荆軻之客②，皆亡。高漸離變名姓爲人庸保③，匿作於宋子④。久之，作苦⑤，聞其家堂上客擊筑⑥，傍偟不能去⑦。每出言曰："彼有善有不善⑧。"從者以告其主，曰："彼庸乃知音，竊言是非。"家丈人召使前擊筑⑨，一坐稱善，賜酒⑩。而高漸離念久隱畏約無窮時，乃退，出其裝匣中筑與其善衣⑪，更容貌而前。舉坐客皆驚，下與抗禮⑫，以爲上客。使擊筑而歌，客無不流涕而去者。宋子傳客之⑬，聞於秦始皇。秦始皇召見，人有識者，乃曰："高漸離也。"秦皇帝惜其善擊筑，重赦之⑭，乃矐其目⑮。使擊筑，未嘗不稱善。稍益近之，高漸離乃以鉛置筑中，復進得近，舉筑朴秦皇帝⑯，不中。於是遂誅高漸離，終身不復近諸侯之人。

魯句踐已聞荆軻之刺秦王，私曰："嗟乎！惜哉其不講於刺劍之術也⑰！甚矣吾不知人也！曩者吾叱之，彼乃以我爲非人也⑱！"

① 其明年：秦王政二十六年（前 221）。
② 逐：追逐，搜捕。
③ 庸保：傭工。也作"傭保"。
④ 匿作：隱姓埋名地做工。宋子：地名，原爲趙邑，在今河北趙縣北。
⑤ 作苦：做工辛苦。
⑥ 堂上客：客廳上的賓客。
⑦ 傍偟：同"徬徨"，來回走動，猶豫不決。去：離開。
⑧ 彼：那些客人。有善有不善：有的彈奏得好，有的彈奏得不好。
⑨ 家丈人：家中主人。丈人是對年長者的尊稱。
⑩ 畏約：畏懼退縮。
⑪ 出：取出。裝：行裝。與：和，以及。善衣：好衣服。
⑫ 抗禮：行對等的、不分尊卑的禮節。
⑬ 傳客之：遞相把他當作客人款待。
⑭ 重（zhòng）：甚，著實。重赦之：特別赦免了他。
⑮ 矐（huò）：失明，把眼睛弄瞎。
⑯ 朴：通"扑"，打擊。
⑰ 講：論習，精研。
⑱ 這句是說，過去我呵叱過他，他肯定認爲我不是跟他一樣有血氣的人了。

淮陰侯列傳

《史記》

【説明】 淮陰侯韓信出身貧賤，初隨項羽，後歸劉邦。他與張良、蕭何都是漢王朝的開國功臣，史稱"漢興三傑"。在秦末天下分崩之時，他轉戰南北，頻出奇謀，屢建戰功，先後破魏、舉趙、降燕、平齊、敗楚，漢五年發兵與漢師會合，圍項羽於垓下，終於平定天下，爲劉漢王朝建立了卓著的功勳。由於韓信戰功累累，威勢顯赫，劉邦對韓信的猜忌也日益加深。漢六年，劉邦僞遊雲夢，縛韓信，隨即將韓信爵位由楚王降爲淮陰侯。漢十一年，韓信終被呂后殺害，夷滅三族。本文藉韓信之口引用成語"狡兔死，良狗亨；高鳥盡，良弓藏；敵國破，謀臣亡"，概括地反映了最高封建統治者的狡猾奸詐、殘忍毒辣。這篇傳記不僅爲我們提供了秦末漢初的豐富歷史知識，塑造了韓信這個英武將領的鮮明形象，而且也爲我們認識封建統治者的本質提供了有益的思想資料。

淮陰侯韓信者，淮陰①人也。始爲布衣時，貧無行②，不得推擇爲吏③，又不能治生商賈④，常從人寄食飲⑤，人多厭之者。常數從其下鄉南昌亭長寄食⑥，數月，亭長妻患之，乃晨炊蓐食⑦。食時信往，不爲具食⑧。信亦知其意，怒，竟絕去⑨。

① 淮陰：秦縣名，故城在今江蘇省淮安市淮陰區。
② 無行：無善行，行爲惡劣。此言韓信行爲不檢，鄉里不屑。
③ 推擇：推舉選拔。
④ 治生：謀生。商賈：行商坐賈，做買賣。
⑤ 從人：跟隨人家。寄：寄生、依附，此處意爲乞討。
⑥ 常：通"嘗"。數（shuò）：多次。下鄉：淮陰縣的屬鄉。南昌：下鄉的亭名。亭長：主亭之吏，秦漢時每十里爲一亭，設亭長一人，掌管治安、訴訟等事。
⑦ 晨炊：早晨做好飯。蓐食：厚食，飽餐。
⑧ 具食：準備食物。
⑨ 竟：終。絕去：絕交而去。

信釣於城下，諸母漂①，有一母見信飢，飯信②，竟漂數十日③。信喜謂漂母曰："吾必有以重報母。"母怒曰："大丈夫不能自食④，吾哀王孫而進食⑤，豈望報乎！"

① 母：古代對老年婦女的通稱。漂（piǎo）：《史記集解》引韋昭曰："以水擊絮爲漂。"即在水中拍洗絲帛麻絮。
② 飯信：給韓信飯吃。"飯"是動詞。

③ 竟漂：直到把漂絮工作做完。
④ 自食（sì）：自己養活自己。
⑤ 哀：憐，憐憫。王孫：猶言公子，表示尊重。

　　淮陰屠中少年有侮信者，曰："若雖長大①，好帶刀劍，中情怯耳②。"眾辱之曰③："信能死，刺我；不能死，出我袴下④！"於是信孰視之⑤，俛出袴下⑥，蒲伏⑦。一市人皆笑信，以爲怯。

① 若：你。長大：高大。
② 中情：内心。怯：怯懦。
③ 眾辱之：在眾人面前侮辱他。眾：當眾，作狀語用。
④ 袴：通"胯"。出我袴下：從我兩腿之間爬出去。
⑤ 孰：同"熟"。孰視：盯着看。
⑥ 俛：同"俯"。俛出：低頭鑽過去。
⑦ 蒲伏：同"匍匐"，爬行。

　　及項梁渡淮①，信杖劍從之②，居戲下③，無所知名。項梁敗，又屬項羽，羽以爲郎中④。數以策干項羽⑤，羽不用。漢王之入蜀⑥，信亡楚歸漢⑦，未得知名，爲連敖⑧。坐法當斬⑨，其輩十三人皆已斬，次至信⑩，信乃仰視，適見滕公⑪，曰："上不欲就天下乎⑫？何爲斬壯士！"滕公奇其言，壯其貌⑬，釋而不斬。與語，大説之。言於上，上拜以爲治粟都尉⑭，上未之奇也。信數與蕭何語⑮，何奇之。

① 項梁：秦末楚人，項羽的叔父。渡淮：項梁在吳中（今江蘇、浙江一帶）起兵後，曾由東陽（今江蘇寶應縣西北）西行，渡淮北上。
② 杖劍：持劍，帶着兵器。
③ 戲（huī）下：麾下，部下。
④ 郎中：官名，掌管車、騎、門户等守衛之職。
⑤ 干：求。此言以策謀求進用。
⑥ 漢王：漢高祖劉邦，項羽曾封劉邦爲漢王，治巴、蜀、漢中三郡。
⑦ 亡：逃亡。亡楚：從楚地逃出。
⑧ 連敖：糧官，官職甚微。
⑨ 坐法：因犯法而獲罪。
⑩ 次：依次。
⑪ 滕公：夏侯嬰，劉邦故交，從劉邦起義，爲太僕。劉邦即帝位後，封嬰爲汝陰侯。因曾任滕縣令，故號滕公。
⑫ 上：對皇帝的通稱，此處指劉邦。就：成就。就天下：成就天下的功業。
⑬ 奇：認爲奇特。壯：認爲雄壯。"奇"、"壯"在這兒是意動用法。
⑭ 拜：委任，授予官職。治粟都尉：管糧餉的軍官。
⑮ 蕭何：劉邦爲漢王時，以蕭何爲丞相。平定天下後，封蕭何爲鄼侯，論功行封，蕭何第一。

　　至南鄭①，諸將行道亡者數十人②。信度何等已數言上③，上不我用，即亡。何聞信亡，不及以聞④，自追之。人有言上曰："丞相何亡。"

上大怒,如失左右手。居一二日,何來謁上,上且怒且喜,罵何曰:"若亡,何也?"何曰:"臣不敢亡也,臣追亡者。"上曰:"若所追者誰?"何曰:"韓信也。"上復罵曰:"諸將亡者以十數⑤,公無所追;追信,詐也。"何曰:"諸將易得耳。至如信者,國士無雙⑥。王必欲長王漢中,無所事信⑦;必欲爭天下,非信無所與計事者⑧。顧王策安所決耳⑨。"王曰:"吾亦欲東耳⑩,安能鬱鬱久居此乎?"何曰:"王計必欲東⑪,能用信,信即留;不能用,信終亡耳。"王曰:"吾爲公以爲將⑫。"何曰:"雖爲將,信必不留。"王曰:"以爲大將!"何曰:"幸甚!"於是王欲召信拜之。何曰:"王素慢無禮⑬,今拜大將,如呼小兒耳,此乃信所以去也。王必欲拜之,擇良日,齋戒⑭,設壇場⑮,具禮,乃可耳。"王許之。諸將皆喜,人人各自以爲得大將⑯。至拜大將,乃韓信也,一軍皆驚。

① 南鄭:今陝西省南鄭市,漢王都南鄭。
② 行(háng):輩。將行:將軍一類。
③ 度(duó):揣測,猜想。
④ 不及以聞:來不及把韓信逃亡之事報告劉邦。聞:使……聞,使動用法。
⑤ 以十數:以十計數,意即幾十人。
⑥ 國士:國之奇士。無雙:沒有成雙的,意即無人可以相比。
⑦ 事:猶"用"。無所事:無所用,意即"用不著"。
⑧ 非信:除了韓信。無所與計事者:沒有能夠跟他謀劃國家大事的人。
⑨ 顧:祇,祇不過。安所:怎樣。
⑩ 東:作動詞用,向東發展,指出關與項羽爭奪天下。
⑪ 計:打算。
⑫ 爲公:爲你,意爲看在你的情分上。以爲將:封他做將領。
⑬ 素慢無禮:一向怠慢失禮。
⑭ 齋戒:古代禮儀,一般要沐浴更衣,戒除酒葷,表示虔誠。
⑮ 壇場:顏師古說:"築土爲壇,除地爲場。"壇:土臺。場:場地,廣場。
⑯ 得:得到,獲得。

信拜禮畢,上坐①。王曰:"丞相數言將軍,將軍何以教寡人計策?"信謝②,因問王曰:"今東鄉爭權天下③,豈非項王邪?"漢王曰:"然。"曰:"大王自料勇悍仁彊孰與項王④?"漢王默然良久,曰:"不如也。"信再拜賀曰⑤:"惟信亦爲大王不如也⑥。然臣嘗事之,請言項王之爲人也。項王暗噁叱咤⑦,千人皆廢⑧,然不能任屬賢將⑨,此特匹夫之勇耳⑩。項王見人恭敬慈愛,言語嘔嘔⑪;人有疾病,涕泣分食飲⑫。至使人有功當封爵者,印刓敝⑬,忍不能予⑭。此所謂婦人之仁也。項王雖霸天下而臣諸侯,不居關中而都彭城⑮。有背義帝之約⑯,而以親愛王⑰,諸侯不平。諸侯之見項王遷逐義帝置江南⑱,亦皆歸逐其主而自王善地⑲。項王所過,無不殘滅者,天下多怨,百姓不親附,特劫於威⑳,彊耳㉑。名雖爲霸,實失天下心。故曰其彊易弱。今大王誠能反其道,任天下武勇,何所不誅!以天下城邑封功臣,何所不服!以義兵從思東歸之士㉒,何所不散㉓!且三秦王爲秦將㉔,將秦子弟數歲矣,所殺亡不可勝計,又欺其衆降諸侯㉕。至新安㉖,項王詐阬秦降卒二十餘萬㉗,唯獨邯、欣、翳得脫,秦父兄怨此三人,痛入骨髓。今楚彊以威王此三人㉘,秦民莫愛也。大王之入武關,秋豪無所害㉙,除秦苛法,與秦民約,法三章耳㉚,秦民無不欲得大王王秦者。於諸侯之約,大王當王關中,關中民咸知之。大王失職入漢中㉛,秦民無不恨者㉜。今大王舉而東,三秦可傳檄而定也㉝。"於是漢王大喜,自以爲得信晚。遂聽信計,部署諸將所擊㉞。

① 上:指劉邦。此言韓信拜受大將之禮完畢,劉邦纔歸落座。
② 謝:謙謝,謙讓。
③ 鄉:同"嚮",向。爭權天下:爭奪霸權於天下。
④ 勇悍:勇敢,慓悍。仁彊:精良,強盛。
⑤ 賀:嘉許,贊揚。
⑥ 惟:通"雖"。(依王念孫説)亦爲:一本作"亦以爲"。
⑦ 喑噁(yìnwù):發怒聲。叱咤(chìzhà):呵斥聲。
⑧ 廢:偃伏,癱瘓。
⑨ 任:任用。屬(zhǔ):委託。
⑩ 匹夫:一般男子,普通人。
⑪ 嘔嘔(xūxū):和悅的樣子,形容言語和氣。
⑫ 涕泣:因同情別人的疾患而流淚。
⑬ 印:印章。刓(wán):通"玩",摩弄。敝:損壞。刓敝:意爲磨損。
⑭ 忍不能予:不忍授予,捨不得給。

⑮ 彭城:今江蘇省徐州市。
⑯ 義帝:楚懷王心。項羽分封諸王前,尊懷王爲義帝。懷王曾與諸侯約:"先破秦入咸陽者王之。"劉邦先攻入咸陽,項羽背約將咸陽以西分封給章邯,以東分封給司馬欣。
⑰ 親愛:親信、偏愛的人。王(wàng):封王。
⑱ 項羽分封諸王後,將義帝遷徙驅逐,安置在大江以南(湖南郴州)。
⑲ 歸逐其主:回去將自己的君主逐走。自王(wàng)善地:揀好的地方自己稱王。
⑳ 特:祇是,不過。劫:脅迫。劫於威:被威勢脅迫。
㉑ 彊(qiǎng):勉強。《漢書》作"彊服",意爲勉強服從。
㉒ 義兵:指劉邦率領的起義官兵。從(zòng):使……跟隨,使動用法。思東歸之士:思念東歸的士卒。《史記·高祖本紀》:"(劉邦)至南鄭,諸將及士卒多道亡歸,士卒皆歌思東歸。"
㉓ 散:潰散,打散。

㉔ 三秦王：指分封在秦地的三個王，即雍王章邯、塞王司馬欣、翟王董翳。
㉕ 又欺騙所部兵衆投降起義的諸侯（指項羽）。
㉖ 新安：今河南省澠池縣東。
㉗ 項王詐阬事見《項羽本紀》。詐：欺騙。阬：活埋。
㉘ 彊：勉強。以威：憑藉威力脅迫（秦民）。王（wàng）此三人：封章邯等三人在秦地爲王。
㉙ 秋豪："豪"通"毫"，喻細小。
㉚ 法三章：指"殺人者死，傷人及盜抵罪"。
㉛ 失職：失去應得的爵位，指王關中。
㉜ 恨：憾，遺憾。
㉝ 三秦：指章邯、司馬欣、董翳所轄地區。檄：文書。
㉞ 部署：佈置。所擊：所要攻打的目標。

　　八月，漢王舉兵東出陳倉①，定三秦。漢二年，出關，收魏、河南②，韓、殷王皆降③。合齊、趙共擊楚④。四月，至彭城，漢兵敗散而還。信復收兵與漢王會滎陽⑤，復擊破楚京、索之間⑥，以故楚兵卒不能西⑦。

① 八月：漢元年（前206）八月。陳倉：秦縣名，今陝西省寶雞市東。
② 魏：指魏王豹，都平陽（今山西省臨汾市西南）。河南：指河南王申陽，都雒陽（今河南洛陽東北）。
③ 韓、殷王：指韓王鄭昌、殷王司馬卬。
④ 齊：指齊王田榮。趙：指趙王歇。
⑤ 滎陽：秦郡名，今河南省滎陽市東北。
⑥ 京、索：地名，秦末楚漢兩軍決戰的地區。今河南滎陽一帶。
⑦ 卒：終，終於。

　　漢之敗卻彭城①，塞王欣、翟王翳亡漢降楚，齊趙亦反漢與楚和。六月，魏王豹謁歸視親疾②，至國③，即絶河關反漢④，與楚約和。漢王使酈生説豹⑤，不下⑥。其八月，以信爲左丞相，擊魏。魏王盛兵蒲坂⑦，塞臨晉⑧，信乃益爲疑兵⑨，陳船欲渡臨晉，而伏兵從夏陽以木罌缻渡軍⑩，襲安邑⑪。魏王豹驚，引兵迎信⑫，信遂虜豹，定魏爲河東郡。漢王遣張耳與信俱⑬，引兵東，北擊趙、代⑭。後九月⑮，破代兵，禽夏説閼與⑯。信之下魏破代，漢輒使人收其精兵⑰，詣滎陽以距楚⑱。

① 敗卻彭城：從彭城敗退。
② 謁歸：請假回家。視親疾：探視母病（依顔師古説）。
③ 至國：到了自己的封國。
④ 絶：斷絶，封鎖。河關：蒲津關，在今山西省永濟市西蒲州，地處黃河東岸。
⑤ 酈生：酈食其，劉邦的謀士。
⑥ 不下：勸降不成。
⑦ 盛兵：屯駐重兵。蒲坂：今山西省永濟市，地扼蒲津關口。
⑧ 塞：堵塞，封鎖。臨晉：黃河渡口，在今陝西省大荔縣黃河西岸，與蒲津關相對。

⑨ 益：增加。益爲疑兵：增設使敵人疑惑的軍隊。指虛張旌旗，迷惑敵人。
⑩ 夏陽：秦縣名，今陝西省韓城市南。罌瓿（yīngfǒu）：甕盆一類器具。木罌瓿：木製的形似罌瓿的器物。
⑪ 安邑：縣名，今山西省夏縣西北。
⑫ 迎信：迎戰韓信。
⑬ 張耳：大梁人，陳涉起義後，張耳與陳餘從武臣北定趙地。武臣自立爲趙王後，張耳爲右丞相。後投漢，漢封耳爲趙王。
⑭ 趙：指趙王歇。代：指代王陳餘。
⑮ 後九月：漢二年的閏九月。
⑯ 禽：同"擒"。夏説（yuè）：代王陳餘的相國。閼與（yùyǔ）：地名，今山西省和順縣西北。
⑰ 收：收調，調走。收其精兵，表明劉邦對韓信有戒心。
⑱ 詣：往。距：通"拒"，拒敵。

信與張耳以兵數萬，欲東下井陘擊趙①。趙王、成安君陳餘聞漢且襲之也，聚兵井陘口，號稱二十萬。廣武君李左車説成安君曰②："聞漢將韓信涉西河③，虜魏王，禽夏説，新喋血閼與④，今乃輔以張耳，議欲下趙，此乘勝而去國遠鬭，其鋒不可當⑤。臣聞千里餽糧⑥，士有飢色，樵蘇後爨⑦，師不宿飽⑧。今井陘之道，車不得方軌⑨，騎不得成列⑩，行數百里，其勢糧食必在其後。願足下假臣奇兵三萬人，從閒道絶其輜重⑪。足下深溝高壘，堅營勿與戰⑫。彼前不得鬭，退不得還，吾奇兵絶其後，使野無所掠⑬，不至十日，而兩將之頭可致於戲下。願君留意臣之計！否，必爲二子所禽矣。"成安君，儒者也⑭，常稱"義兵不用詐謀奇計"，曰："吾聞兵法：'十則圍之⑮，倍則戰。'今韓信兵號數萬，其實不過數千，能千里而襲我，亦已罷極⑯。今如此避而不擊，後而大者⑰，何以加之！則諸侯謂吾怯，而輕來伐我⑱。"不聽廣武君策。

① 井陘（xíng）：井陘口，"太行八陘"之一，今河北省井陘縣東北。
② 廣武君李左車：趙國的謀臣，廣武君是李的封號。
③ 西河：指黄河流經山西、陝西間的一段。
④ 喋（dié）：通"蹀"，踐，踩。喋血：段玉裁説："謂流血滿地，污足下也。"
⑤ 當：抵擋。
⑥ 餽（kuì）：通"饋"，送。餽糧：運送糧食供士兵食用。
⑦ 樵：打柴。蘇：割草。爨（cuàn）：點火燒飯。
⑧ 宿飽：晚餐吃得多，至次晨仍飽，俗稱隔夜飽。
⑨ 方軌：兩車並排行駛。
⑩ 成列：排成行列。
⑪ 閒道：偏僻的小路。絶：攔截。輜重：指武器、糧草等。
⑫ 堅營：堅守營壘。
⑬ 野無所掠：野外沒有任何東西可以搶奪。
⑭ 儒者：書生，《史記·張耳陳餘列傳》稱陳餘"好儒術"。

⑮ 十：十倍，指相當於敵人兵力的十倍。

⑯ 能：通"乃"，竟然。罷(pí)：通"疲"。極：疲乏。《漢書・王褒傳》："匈喘膚汗，人極馬倦。"罷極：疲憊。

⑰ 後而大者：往後有(比韓信)更強大的敵人。

⑱ 輕：輕易。

廣武君策不用。韓信使人間視①，知其不用，還報，則大喜，乃敢引兵遂下②。未至井陘口三十里，止舍③。夜半傳發④。選輕騎二千人⑤，人持一赤幟，從間道萆山而望趙軍⑥。誡曰："趙見我走，必空壁逐我⑦，若疾入趙壁⑧，拔趙幟，立漢赤幟。"令其裨將傳飧⑨，曰："今日破趙會食⑩。"諸將皆莫信，詳應曰⑪："諾。"謂軍吏曰："趙已先據便地為壁⑫，且彼未見吾大將旗鼓，未肯擊前行，恐吾至阻險而還。"信乃使萬人先行，出，背水陳⑬。趙軍望見而大笑。平旦⑭，信建大將之旗鼓，鼓行出井陘口。趙開壁擊之⑮，大戰良久。於是信、張耳詳棄鼓旗，走水上軍⑯。水上軍開入之⑰。復疾戰。趙果空壁爭漢鼓旗，逐韓信、張耳。韓信、張耳已入水上軍，軍皆殊死戰⑱，不可敗。信所出奇兵二千騎，共候趙空壁逐利⑲，則馳入趙壁，皆拔趙旗，立漢赤幟二千。趙軍已不勝，不能得信等，欲還歸壁，壁皆漢赤幟，而大驚，以為漢皆已得趙王將矣⑳。兵遂亂，遁走，趙將雖斬之，不能禁也。於是漢兵夾擊，大破虜趙軍，斬成安君泜水上㉑，禽趙王歇。

① 間視：悄悄偵察。
② 遂下：徑直走下去。
③ 舍：軍隊行軍途中宿夜。止舍：停止行軍，過夜。
④ 傳發：傳令進發。
⑤ 輕騎：輕裝的騎兵。
⑥ 萆：通"蔽"，隱蔽。萆山：在山上隱蔽。
⑦ 壁：營壘。空壁：士兵全部從營壘中出來。
⑧ 若：你們。
⑨ 裨將：副將。飧：本義是晚飯，引申為點心。
⑩ 會食：會餐。破趙會食：攻破趙軍後再一道會餐慶祝。
⑪ 詳：通"佯"，假裝。
⑫ 便：便利。便地：有利的地形。
⑬ 陳：同"陣"。背水陳：背向河水列陣。
⑭ 平旦：清晨天亮時。
⑮ 開壁：打開營壘的大門。
⑯ 走水上軍：逃跑到水邊的軍隊那兒。
⑰ 開入之：打開營門讓韓信所帶軍隊進入。
⑱ 殊：決絕。殊死戰：拚死作戰。
⑲ 空壁逐利：軍隊全部出營追逐戰利。

⑳皆已得趙王將：已經擒獲趙王的全部將領。　㉑泜(chí)：水名，在井陘口附近。

　　信乃令軍中毋殺廣武君，有能生得者購千金①。於是有縛廣武君而致戲下者，信乃解其縛，東鄉坐②，西鄉對，師事之。

①生得：活捉。購：購求，懸賞徵求。表示尊重。
②鄉：同"嚮"，向。東鄉：面向東，向東

　　諸將效首虜①，休②，畢賀，因問信曰："兵法：'右倍山陵，前左水澤③。'今者將軍令臣等反背水陳，曰'破趙會食'，臣等不服。然竟以勝，此何術也？"信曰："此在兵法，顧諸君不察耳。兵法不曰'陷之死地而後生，置之亡地而後存④'？且信非得素拊循士大夫也⑤，此所謂驅市人而戰之⑥，其勢非置之死地，使人人自爲戰⑦；今予之生地，皆走，寧尚可得而用之乎⑧？"諸將皆服，曰："善！非臣所及也。"

①效：呈獻。首虜：即"虜首"，敵人的首級。
②休：完畢，結束。
③倍：通"背"。"右倍山陵"二句：右面背面靠山，前面左面臨水。語見《孫子·行軍》："丘陵堤防，必處其陽，而右背之。"
④"陷之死地而後生"二句：語見《孫子·九地》："投之亡地然後存，陷之死地然後生。"
⑤素：平素。拊：通"撫"，撫慰。循：依循，順從。拊循：撫慰而加以調度。士大夫：指將吏士卒。
⑥市人：街市上的人，指訓練不精良的士兵。
⑦非：意爲"非……不可"。自爲戰：爲自己作戰。
⑧寧：豈，難道。

　　於是信問廣武君曰："僕欲北攻燕，東伐齊，何若而有功①？"廣武君辭謝曰："臣聞'敗軍之將，不可以言勇；亡國之大夫，不可以圖存②'。今臣敗亡之虜，何足以權大事乎③？"信曰："僕聞之，百里奚居虞而虞亡④，在秦而秦霸，非愚於虞而智於秦也，用與不用，聽與不聽也。誠令成安君聽足下計，若信者亦已爲禽矣⑤；以不用足下，故信得侍耳⑥。"因固問曰："僕委心歸計⑦，願足下勿辭！"廣武君曰："臣聞'智者千慮，必有一失；愚者千慮，必有一得'，故曰'狂夫之言⑧，聖人擇焉'。顧恐臣計未必足用，願效愚忠。夫成安君有百戰百勝之計，一旦而失之，軍敗鄗下⑨，身死泜上。今將軍涉西河，虜魏王，禽夏說閼與，一舉而下井陘，不終朝破趙二十萬衆⑩，誅成安君，名聞海內，威震天下。農夫莫不輟耕釋耒⑪，褕衣甘食⑫，傾耳以待命者⑬。若此，將軍之所長也。然而衆勞卒罷，其實難用。今將軍欲舉倦獘之兵，頓之燕堅城之下⑭，欲戰，恐久力不能拔，情見勢屈⑮，曠日糧竭⑯。而弱燕不服，齊必距境以自彊也⑰。燕齊相持而不下，則劉項之權未有所分也⑱。若此者，將軍所短也。臣愚，竊以爲亦過矣⑲。故善用兵者不以短擊長，而以長擊短。"韓信曰："然則何由⑳？"廣武君對曰："方今爲將軍計，莫如案甲休兵㉑，鎮趙㉒，撫其孤㉓。百里之內，牛酒日至㉔，以饗士大夫醳兵㉕。北首燕路㉖，而後遣辯士奉咫尺之書㉗，暴其所長於燕㉘，燕必不敢不聽從。燕已從，使諠言者東告齊㉙，齊必從風而服㉚，雖有智者，亦不知爲齊計矣。如是，則天下事皆可圖也。兵固有先聲而後實者㉛，此之謂也。"韓信曰："善！"從其策。發使使燕㉜，燕從風而靡㉝。乃遣使報漢，因請立張耳爲趙王，以鎮撫其國。漢王許之，乃立張耳爲趙王。

① 何者：如何。
② "亡國"二句：意思是亡國的臣子不可以考慮國家的長治久安。
③ 權：權衡。這裏意爲謀劃。
④ 百里奚：春秋時人，原爲虞國大夫，晉獻公滅虞虜奚，作爲秦穆公夫人的陪嫁之臣，奚從秦國逃跑，爲楚人所執。穆公以五羖羊皮贖去，並委以國政。
⑤ 爲禽：被擒捉。
⑥ "故信"句：所以我韓信纔得以侍奉你，陪你談話。
⑦ 委心：傾心。歸計：依從你的計策。
⑧ 狂夫：知識淺薄的妄人。
⑨ 鄗(hào)：地名，今河北高邑縣。
⑩ 不終朝：不到一個上午。
⑪ 輟耕釋耒：放下農具，停止耕作。
⑫ 褕(yú)：美。褕衣：美衣。
⑬ 傾耳：側耳聆聽。待命：等待命令。意思是農民們都停止耕作，放下農具，祇圖吃好的穿好的，側耳靜候您的命令。
⑭ 倦獘：勞倦疲敝。頓：困頓，使動用法。
⑮ 情：軍情。見(xiàn)：同"現"，顯露。勢屈：形勢被動。
⑯ 曠日：曠延時日。
⑰ 距境：堅守國境而拒兵於外。
⑱ 權：秤錘，比喻輕重。
⑲ 竊：私下，謙詞。過：錯。這句說"我私心以爲你也錯了"。
⑳ 何由：從哪裏。意爲"該從哪條路走呢"。
㉑ 案：通"按"。甲：盔甲，此處指甲兵、士兵。案甲休兵：按兵不動。
㉒ 鎮：鎮定，安定。
㉓ 撫：安撫。孤：遺孤，指趙國的遺孤。
㉔ 牛酒日至：每天送牛和酒來慰勞軍隊。
㉕ 饗：宴饗。醳(yì)：醉酒，這裏是使動用法。
㉖ 首：朝，向。北首燕路：朝北對著通往燕國的道路。
㉗ 咫：八寸。咫尺：古時書簡的長度。

㉘ 暴(pù)：顯露，顯示。
㉙ 諛："通"諓"，欺詐。諛言者：巧言善辯的人，辯士。
㉚ 從風：順風，意爲聽到風聲。
㉛ 聲：聲勢。先聲：先張聲勢。
㉜ 發：派遣。發使使燕：派使者出使燕國。
㉝ 靡：披靡，倒下。

　　楚數使奇兵渡河擊趙，趙王耳、韓信往來救趙，因行定趙城邑①，發兵詣漢②。楚方急圍漢王於滎陽，漢王南出，之宛、葉間③，得黥布④。走入成臯⑤，楚又復急圍之。六月，漢王出成臯，東渡河，獨與滕公俱，從張耳軍脩武⑥。至，宿傳舍⑦。晨自稱漢使，馳入趙壁。張耳、韓信未起，即其臥內上奪其印符⑧，以麾召諸將⑨，易置之⑩。信、耳起，乃知漢王來，大驚。漢王奪兩人軍，即令張耳備守趙地⑪，拜韓信爲相國⑫，收趙兵未發者擊齊⑬。

① 行定：一邊行軍，一邊安定。此句說在往來救趙的行軍途中把所經過的趙國城邑安定下來。
② 發兵：派兵。詣漢：往劉邦那裏去。
③ 宛：地名，今河南省南陽市。葉(shè)：地名，今河南葉縣南。
④ 黥布：姓英，因犯罪受黥刑，故稱黥布。此時黥布叛楚降漢，漢封爲淮南王，後謀反被殺。
⑤ 成臯：春秋時鄭邑，又名虎牢，在今河南省滎陽市。
⑥ 脩武：小修武，在今河南省獲嘉縣東。
⑦ 宿：住。傳(zhuàn)：傳舍，客館，驛站供人住宿的房舍。
⑧ 即其臥內：就在張耳、韓信的臥室內。上：指劉邦。
⑨ 麾：旌旗，大將的旗幟。
⑩ 易置之：變動諸將的職位。
⑪ 備守：防備，守衛。
⑫ 相國：丞相，這裏指趙的相國。
⑬ 收：收集，集攏。趙兵未發者：未派遣到滎陽去的趙兵。

　　信引兵東，未渡平原①，聞漢王使酈食其已說下齊②，韓信欲止。范陽辯士蒯通說信曰③："將軍受詔擊齊，而漢獨發間使下齊④，寧有詔止將軍乎？何以得毋行也！且酈生一士，伏軾掉三寸之舌⑤，下齊七十餘城，將軍將數萬衆，歲餘乃下趙五十餘城，爲將數歲，反不如一豎儒之功乎？"於是信然之⑥，從其計，遂渡河。齊已聽酈生，即留縱酒，罷備漢守禦⑦。信因襲齊歷下軍⑧，遂至臨菑⑨。齊王田廣以酈生賣己，乃亨之⑩，而走高密⑪，使使之楚請救。

① 平原：古縣名，今山東省平原縣南。渡平原：從平原渡黃河。

② 酈食其(lìyìjī)：劉邦的謀臣。説：游説。下齊：使齊降漢。

③ 范陽：秦縣名，今河北省定興縣南。蒯通：原名徹，因漢武帝諱，史書改稱"通"。

④ 獨：衹不過。閒使：密使。

⑤ 軾：車前橫木。伏軾：俯身軾上，表示敬意。掉：摇動，擺弄。

⑥ 然之：認爲蒯通的話是對的。

⑦ 罷：罷除，撤走。守禦：守衛的軍隊。

⑧ 歷下：今山東省濟南市。

⑨ 臨菑：齊國都城，今山東臨淄。

⑩ 亨：同"烹"，烹殺。

⑪ 高密：齊邑，今山東省高密縣。

　　韓信已定臨菑，遂東追廣至高密西。楚亦使龍且將，號稱二十萬，救齊。齊王廣、龍且并軍與信戰。未合①，人或説龍且曰："漢兵遠鬬窮戰②，其鋒不可當。齊楚自居其地戰③，兵易敗散。不如深壁④，令齊王使其信臣招所亡城⑤。亡城聞其王在，楚來救，必反漢。漢兵二千里客居⑥，齊城皆反之，其勢無所得食，可無戰而降也。"龍且曰："吾平生知韓信爲人，易與耳⑦。且夫救齊，不戰而降之，吾何功！今戰而勝之，齊之半可得⑧，何爲止！"遂戰，與信夾濰水陳⑨。韓信乃夜令人爲萬餘囊，滿盛沙，壅水上流⑩，引軍半渡⑪，擊龍且。詳不勝，還走。龍且果喜曰："固知信怯也。"遂追信渡水。信使人決壅囊，水大至，龍且軍大半不得渡，即急擊，殺龍且。龍且水東軍散走⑫。齊王廣亡去。信遂追北至城陽⑬，皆虜楚卒⑭。

① 龍且(jū)：項羽手下猛將。未合：尚未交鋒。

② 遠鬬：遠征。窮：盡。窮戰：盡全力作戰。

③ 自居其地戰：在自己的鄉土作戰。

④ 深壁：深溝高壘，加固防禦工事。

⑤ 信臣：親信的大臣。招：招撫。所亡城：淪陷的城邑。

⑥ 客居：遠居客地。

⑦ 易與：容易打交道，意爲容易對付。

⑧ 齊之半可得：言當受封齊國的一半。

⑨ 濰水：山東省濰河，流經濰坊市。

⑩ 壅水：堵塞河水。上流：上游。

⑪ 引軍半渡：率領一半軍隊渡河。

⑫ 水東軍：未渡而留在濰河東岸的軍隊。

⑬ 北：敗北。追北：追擊敗兵。城陽：今山東莒縣。

⑭ 楚卒：指龍且所部士卒。

　　漢四年，遂皆降①。平齊。使人言漢王曰②："齊僞詐多變，反覆之國也。南邊楚③，不爲假王以鎮之④，其勢不定。願爲假王便⑤。"當是時，楚方急圍漢王於滎陽，韓信使者至，發書，漢王大怒，罵曰："吾困於此，旦暮望若來佐我，乃欲自立爲王！"張良、陳平躡漢王足⑥，因附耳語曰："漢方不利，寧能禁信之王乎！不如因而立，善遇之，使自爲守⑦；不然,變生。"漢王亦悟,因復罵曰:"大丈夫定諸侯,即爲真王耳,何以假爲!"乃遣張良往立信爲齊王,徵其兵擊楚⑧。

① 皆降:齊國軍隊都降漢。
② 使人:指韓信派人。
③ 邊:邊界,這裏用作動詞。
④ 假王:臨時代理的王。
⑤ 願爲假王便:希望給予做假王的權力。
⑥ 躡(niè):踩。
⑦ 使自爲守:讓韓信自己守住齊國。
⑧ 徵:徵用,調用。

　　楚已亡龍且,項王恐,使盱眙人武涉往説齊王信曰①:"天下共苦秦久矣,相與戮力擊秦②。秦已破,計功割地,分土而王之,以休士卒③。今漢王復興兵而東,侵人之分④,奪人之地;已破三秦,引兵出關,收諸侯之兵以東擊楚,其意非盡吞天下者不休,其不知厭足如是甚也。且漢王不可必⑤,身居項王掌握中數矣⑥,項王憐而活之⑦;然得脱,輒倍約⑧,復擊項王,其不可親信如此。今足下雖自以與漢王爲厚交,爲之盡力用兵,終爲之所禽矣⑨。足下所以得須臾至今者⑩,以項王尚存也。當今二王之事,權在足下⑪。足下右投則漢王勝⑫,左投則項王勝。項王今日亡,則次取足下。足下與項王有故⑬,何不反漢與楚連和,參分天下王之?今釋此時⑭,而自必於漢以擊楚,且爲智者固若此乎?"韓信謝曰⑮:"臣事項王,官不過郎中,位不過執戟⑯,言不聽,畫不用⑰,故倍楚而歸漢。漢王授我上將軍印,予我數萬衆,解衣衣我,推食食我⑱,言聽計用,故吾得以至於此。夫人深親信我⑲,我倍之不祥,雖死不易。幸爲信謝項王!"

① 盱眙(xū yí):秦邑,今江蘇省盱眙縣東北。
② 相與:一道。戮力:合力,并力。
③ 休士卒:使士卒得到休息。
④ 分(fèn):同"份",指封王劃定的區域。
⑤ 必:確信,執拗地信賴。
⑥ 數(shuò):多次。
⑦ 活之:使之活,讓他活了下來。
⑧ 倍:通"背"。
⑨ 爲:被。之:指劉邦。禽:同"擒"。
⑩ 須臾:猶"從容"(依王念孫説),遲延,拖延。
⑪ 權:秤錘,此處意爲輕重。
⑫ 右:指西方。左:指東方。
⑬ 故:舊。有故:有交情。
⑭ 釋:放,放棄。
⑮ 謝:辭謝,婉拒。
⑯ 執戟:持戟。郎中是宿衞執戟的武官。
⑰ 畫:畫策,計謀。
⑱ 衣(yì)我:給我穿。食(sì)我:給

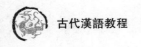

我吃。　　　　　　　　　　　　　⑲夫：彼。夫人：彼人，指劉邦。

　　武涉已去，齊人蒯通知天下權在韓信，欲爲奇策而感動之，以相人說韓信曰①："僕嘗受相人之術。"韓信曰："先生相人何如？"對曰："貴賤在於骨法②，憂喜在於容色③，成敗在於決斷④，以此參之⑤，萬不失一。"韓信曰："善。先生相寡人何如？"對曰："願少閒⑥。"信曰："左右去矣！"通曰："相君之面，不過封侯，又危不安。相君之背⑦，貴乃不可言。"韓信曰："何謂也！"蒯通曰："天下初發難也，俊雄豪桀建號壹呼⑧，天下之士雲合霧集，魚鱗雜遝⑨，熛至風起⑩。當此之時，憂在亡秦而已。今楚漢分争，使天下無罪之人肝膽塗地⑪，父子暴骸骨於中野⑫，不可勝數。楚人起彭城，轉鬭逐北，至於滎陽，乘利席卷，威震天下。然兵困於京、索之間，迫西山而不能進者⑬，三年於此矣。漢王將數十萬之衆，距鞏、雒⑭，阻山河之險，一日數戰，無尺寸之功，折北不救⑮，敗滎陽，傷成皋，遂走宛、葉之間，此所謂智勇俱困者也⑯。夫鋭氣挫於險塞，而糧食竭於内府⑰，百姓罷極怨望⑱，容容無所倚⑲。以臣料之，其勢非天下之賢聖，固不能息天下之禍。當今兩主之命縣於足下⑳。足下爲漢則漢勝㉑，與楚則楚勝㉒。臣願披腹心㉓，輸肝膽㉔，效愚計㉕，恐足下不能用也。誠能聽臣之計，莫若兩利而俱存之㉖，參分天下，鼎足而居，其勢莫敢先動㉗。夫以足下之賢聖，有甲兵之衆，據彊齊，從燕趙，出空虛之地而制其後㉘，因民之欲㉚，西鄉爲百姓請命㉛，則天下風走而響應矣㉜，孰敢不聽！割大弱彊㉝，以立諸侯；諸侯已立，天下服聽而歸德於齊。案齊之故㉞，有膠、泗之地㉟，懷諸侯之德㊱，深拱揖讓㊲，則天下之君王相率而朝於齊矣。蓋聞'天與弗取，反受其咎；時至不行，反受其殃'㊳。願足下孰慮之！"韓信曰："漢王遇我甚厚，載我以其車，衣我以其衣，食我以其食。吾聞之，乘人之車者載人之患，衣人之衣者懷人之憂，食人之食者死人之事㊴；吾豈可以鄉利倍義乎？"蒯生曰："足下自以爲善漢王，欲建萬世之業，臣竊以爲誤矣。始常山王、成安君爲布衣時㊵，相與爲刎頸之交㊶。後争張黶、陳澤之事㊷，二人相怨。常山王背項王，奉項嬰頭而竄㊸，逃歸於漢王。漢王借兵而東下㊹，殺成安君泜水之南，頭足異處，卒爲天下笑㊺。此二人相與，天下至驩也㊻；然而卒相禽者，何也？患生於多欲，而人心難測也。今足下欲行忠信以交於漢王，必不能固於二君之相與也(47)，而事多大於張黶、陳澤(48)。故臣以爲足下必漢王之不危己，亦誤矣。大夫種、范蠡存亡越(49)，霸句踐(50)，立功成名而身死亡，野獸已盡而獵狗亨(51)。夫以交友言之，則不如張耳之與成安君者也；以忠信言之，則不過大夫種、范蠡之於句踐也；此二人者，足以觀矣。願足下深慮之！且臣聞勇略震主者身危(52)，而功蓋天下者不賞。臣請言大王功略：足下涉西河，虜魏王，禽夏説，引兵下井陘，誅成安君，徇趙(53)，脅燕(54)，定齊，南摧楚人之兵二十萬，東殺龍且，西鄉以報(55)。此所謂功無二於天下(56)，而略不世出者也(57)。今足下戴震主之威(58)，挾不賞之功，歸楚，楚人不信，歸漢，漢人震恐。足下欲持是安歸乎(59)？夫勢在人臣之位而有震主之威，名高天下，竊爲足下危之！"韓信謝曰："先生且休矣，吾將念之(60)。"

① 相人：給人相面。以相人：藉相人之機。

② 骨法：骨相，骨骼的形象。

③ 容色：面容氣色。

④ 決斷：指性情有無決斷。

⑤ 參：驗，參驗。

⑥ 閒(jiàn)：間隔，指與周圍衆人隔開，即屏退衆人。

⑦ 背：語含雙關，表面説背脊，言外指背叛。

⑧ 桀：通"傑"。建號：建立名號，自稱侯王。壹呼：一聲號召。

⑨ 魚鱗雜遝(tà)：像魚鱗似的比次集聚。

⑩ 熛(biāo)：火花飛迸。

⑪ 無罪之人：指無辜百姓。肝膽塗地：比喻慘死。

⑫ 中野：田野之中。

⑬ 迫：近。西山：成皋以西山地。

⑭ 距：通"拒"。鞏：鞏縣。雒：洛陽。距鞏雒：據鞏雒以拒楚兵。

⑮ 折：挫折。北：敗。折北：挫敗。

⑯ 智：指劉邦一方。勇：指項羽一方。

⑰ 内府：指倉庫。

⑱ 怨望：怨恨。

⑲ 容容：即"顒顒"(顧炎武説)，仰望的樣子。

⑳ 縣：同"懸"，掛。

㉑ 爲(wèi)漢：助漢，替漢出力。

㉒ 與：跟……友善，動詞。

㉓ 披：剖開。

㉔ 輸：獻納。

㉕ 效：貢獻。

㉖ 兩利：楚漢雙方均得利。

㉗ 莫敢先動：楚漢兩方誰也不敢先動武。

㉘ 從：使……服從，使動用法。

㉙ 出：出兵。空虚之地：劉項兵力空虚的地方。制其後：牽制他們的後方。

㉚ 因民之欲：順着百姓的企望。

㉛ 鄉(xiàng)：向。西鄉：齊在東，劉項在西，所以説西鄉。請命：請求活命。

㉜ 風走：像風一樣地迅跑。響應：像回聲響一樣地應從。

㉝ 割大：切割大國的地盤。弱彊：削弱彊國的勢力。

㉞ 案：據。故：故地，原有的地盤。

㉟ 膠：膠河。泗：泗水，在今山東東部和南部。

㊱ 懷：安撫。之：當作"以"（依王念孫説）。

㊲ 深拱：高拱，高高地拱手，比喻不必做事。揖讓：作揖謙讓。

㊳ 這是諺語。與：賜與。咎：災禍。行：施行。"取"與"咎"押韻，"行"與"殃"押韻。

㊴ 死人之事：爲人家的事情而死。

㊵ 常山王：即張耳。成安君：即陳餘。

㊶ 相與：相結交。刎頸之交：割頭無悔之交。

㊷ 秦將章邯曾圍趙王歇、張耳於鉅鹿，張耳召陳餘前來援救，陳因兵力不足，不敢出兵。張耳便派張黶（yǎn）、陳澤責備陳餘，陳於是讓二人率五千兵試攻秦軍，結果全軍覆没。章邯兵敗後，張耳追問張黶、陳澤下落，陳餘氣憤，解印出走，二人從此結怨。

㊸ 奉項嬰頭：猶言捧頸抱頭，即抱頭鼠竄。

㊹ 借兵而東下：指劉邦借重張耳、韓信的兵力向東進軍。

㊺ 卒：終，終於。

㊻ 驩：通"歡"。至驩：最深的交情。

㊼ 固：鞏固。

㊽ 多：多半。大：重大。

㊾ 大夫種：即文種。文種和范蠡都是越國大臣。存亡越：使已滅亡的越國存留振興。

㊿ 霸句踐：使越王句踐稱霸於諸侯。

(51) 身死亡：文種被迫自殺，范蠡逃亡。亨：同"烹"。

(52) 勇略：勇武和謀略。

(53) 徇（xùn）：奪取。徇趙：攻佔趙國土地。

(54) 脅燕：脅迫燕國投降。

(55) 西鄉：向西。指向劉邦（報捷）。

(56) 無二：没有第二個。

(57) 不世出：不再每世出現。"世"用作狀語。

(58) 戴：負荷。

(59) 持：持有，拿着。是：此，指上文所述功略。安歸：歸向何處。

(60) 念：考慮。

後數日，蒯通復説曰："大聽者①，事之候也②；計者，事之機也③；聽過計失而能久安者④，鮮矣。聽不失一二者⑤，不可亂以言⑥；計不失本末者，不可紛以辭⑦。夫隨廝養之役者⑧，失萬乘之權⑨；守儋石之禄者⑩，闕卿相之位。故知者，決之斷也⑪；疑者，事之害也。審毫氂之小計，遺天下之大數⑫，智誠知之⑬，決弗敢行者⑭，百事之禍也。故曰：'猛虎之猶豫，不若蜂蠆之致螫⑮；騏驥之跼躅⑯，不如駑馬之安步⑰；孟賁之狐疑⑱，不如庸夫之必至也⑲；雖有舜禹之智，吟而不言⑳，不如瘖聾之指麾也㉑。'此言貴能行之。夫功者難成而易敗，時者難得而易失也。時乎時，不再來。願足下詳察之。"韓信猶豫，不忍倍漢。又自以爲功多，漢終不奪我齊。遂謝蒯通。蒯通説不聽，已詳狂爲巫㉒。

①聽：聽取計謀。
②候：徵兆，迹象。事之候，事情成功的徵兆。
③機：樞機，關鍵。
④聽過：聽話失誤。計失：定計失算。
⑤一二：猶言一五一十，前前後後。
⑥亂：迷亂，迷惑。
⑦紛：紛擾，擾亂。
⑧隨：安心於。厮養之役：奴僕的差使。
⑨萬乘之權：國君的權勢。
⑩儋：通"擔"，意同"石"。石：十斗爲石。
⑪此句應作"決者，知之斷也"，意爲"做事堅決不疑，是智者果斷的表現"（王念孫説）。
⑫大數：大計，大局。
⑬智：智慧。知：預知，認識（事理）。
⑭決弗敢行：決斷不够而不敢去做。
⑮蠆（chài）：蝎子。螫（shì）：用毒刺刺人。
⑯踞躅（júchú）：躑躅，徘徊不行。
⑰安步：穩步前進。
⑱孟賁：古代勇士名。
⑲必至：一定達到目的。
⑳吟：通"噤"，閉口不言。
㉑瘖（yīn）：啞。麾：通"揮"。指麾：用手勢比劃。
㉒已：後來。詳：通"佯"。詳狂：假裝瘋癲。巫：以巫術爲人祈福的人。

漢王之困固陵①，用張良計召齊王信②，遂將兵會垓下③。項羽已破，高祖襲奪齊王軍④。漢五年正月，徙齊王信爲楚王⑤，都下邳⑥。

①固陵：地名，在今河南省淮陽縣西北。漢五年，劉邦與韓信、彭越約定會師共擊項羽，劉邦至固陵，而韓信、彭越兵不會，楚擊敗漢軍，劉邦困守固陵。
②張良計：張良勸劉邦將從陳（今河南省淮陽縣）以東至海邊地盤劃歸韓信，使韓信爲自己的利益打仗，劉邦借此滅楚。
③垓下：地名，在今安徽省靈壁縣東南。
④襲奪齊王軍：乘機奪去韓信的軍權。
⑤徙：改封。
⑥下邳：縣名，在今江蘇省邳縣東。

信至國①，召所從食漂母，賜千金。及下鄉南昌亭長，賜百錢，曰："公，小人也，爲德不卒②。"召辱己之少年令出胯下者，以爲楚中尉③。告諸將相曰："此壯士也，方辱我時，我寧不能殺之邪？殺之無名④，故忍而就於此⑤。"

①至國：到封地的國都去。
②卒：終。爲德不卒，做善事有始無終。
③中尉：武官，掌管巡城捕盗。
④無名：没有名堂，理由不充分。
⑤忍：隱忍。就：成。就於此：成就現在的功名。

项王亡將鍾離眛家在伊廬①,素與信善。項王死後,亡歸信。漢王怨眛,聞其在楚,詔楚捕眛。信初之國,行縣邑②,陳兵出入③。漢六年,人有上書告楚王信反。高帝以陳平計,天子巡狩會諸侯④,南方有雲夢⑤,發使告諸侯會陳⑥:"吾將游雲夢。"實欲襲信,信弗知。高祖且至楚,信欲發兵反,自度無罪;欲謁上⑦,恐見禽。人或說信曰:"斬眛謁上,上必喜,無患。"信見眛計事⑧,眛曰:"漢所以不擊取楚,以眛在公所。若欲捕我以自媚於漢,吾今日死,公亦隨手亡矣⑨!"乃罵信曰:"公非長者!"卒自剄。信持其首謁高祖於陳,上令武士縛信,載後車⑩。信曰:"果若人言:'狡兔死,良狗亨;高鳥盡,良弓藏;敵國破,謀臣亡。'天下已定,我固當亨!"上曰:"人告公反。"遂械繫信⑪。至雒陽,赦信罪,以爲淮陰侯。

① 亡將:逃亡的將領。鍾離眛(mò):楚將名,鍾離是複姓。
② 行縣邑:巡視所轄縣邑。
③ 陳兵:布設兵衛。
④ 巡狩:天子親往諸侯境內巡視。
⑤ 雲夢:即雲夢澤,戰國時楚國畋獵之地。
⑥ 陳:在今河南省淮陽縣。
⑦ 上:指劉邦。
⑧ 計事:商議這件事。
⑨ 隨手:緊接着。
⑩ 後車:皇帝出行時隨侍在後的副車。
⑪ 械繫:用刑具鎖縛。

信知漢王畏惡其能,常稱病不朝從①。信由此日夜怨望②,居常鞅鞅③,羞與絳、灌等列④。信嘗過樊將軍噲⑤,噲跪拜送迎,言稱臣,曰:"大王乃肯臨臣⑥!"信出門笑曰:"生乃與噲等爲伍⑦!"上常從容與信言諸將能不⑧,各有差⑨。上問曰:"如我,能將幾何?"信曰:"陛下不過能將十萬。"上曰:"於君何如?"曰:"臣多多而益善耳⑩。"上笑曰:"多多益善,何爲爲我禽?"信曰:"陛下不能將兵而善將將,此乃信之所以爲陛下禽也。且陛下所謂天授,非人力也。"

① 朝:朝見。從:從行,皇帝出行時大臣要隨侍。
② 怨望:怨恨。
③ 居:平日家居。鞅鞅:同"怏怏",愁悶失意的樣子。
④ 絳:絳侯周勃。灌:潁陰侯灌嬰。二人都是劉邦開國的功臣。等列:同列。
⑤ 過:過訪,拜訪。樊噲:劉邦的武將,封舞陽侯。
⑥ 臨:臨視,光臨。
⑦ 生:一生。伍:同列,同等。
⑧ 從容:無拘無束、隨隨便便的樣子。

能：有才幹。不：通"否"。

⑨ 差（cī）：參差。各有差：各有參差，各有高低。

⑩ 多多而益善：愈多就愈好。

　　陳豨拜爲鉅鹿守①，辭於淮陰侯②。淮陰侯挈其手③，辟左右④，與之步於庭。仰天歎曰："子可與言乎？欲與子有言也。"豨曰："唯將軍令之！"淮陰侯曰："公之所居，天下精兵處也⑤；而公，陛下之信幸臣也。人言公之畔⑥，陛下必不信；再至，陛下乃疑矣；三至，必怒而自將⑦。吾爲公從中起⑧，天下可圖也。"陳豨素知其能也，信之，曰："謹奉教⑨！"漢十年，陳豨果反。上自將而往，信病不從。陰使人至豨所，曰："弟舉兵⑩，吾從此助公。"信乃謀與家臣夜詐詔赦諸官徒奴⑪，欲發以襲呂后、太子⑫。部署已定，待豨報。其舍人得罪於信⑬，信囚，欲殺之。舍人弟上變⑭，告信欲反狀於呂后。呂后欲召，恐其黨不就⑮，乃與蕭相國謀，詐令人從上所來⑯，言豨已得死⑰，列侯羣臣皆賀。相國紿信曰⑱："雖疾，彊入賀。"信入，呂后使武士縛信，斬之長樂鍾室⑲。信方斬⑳，曰："吾悔不用蒯通之計，乃爲兒女子所詐㉑，豈非天哉！"遂夷信三族㉒。

① 陳豨：漢將，因功封陽夏侯，爲代（在今河北蔚縣一帶）相國。劉邦疑陳豨謀反，召陳，陳於是舉兵叛漢，後被樊噲斬殺。鉅鹿：郡名，在今河北平鄉一帶。守：郡守。

② 辭：辭行。

③ 挈（qiè）：拉着。

④ 辟：同"避"。辟左右：命左右侍從迴避。

⑤ 精兵處：精兵所在的地方。鉅鹿是戰略要地，駐有重兵。

⑥ 畔：通"叛"。

⑦ 自將：劉邦親自率兵攻打。

⑧ 中：指京城中。從中起：從京城中起兵內應。

⑨ 奉教：接受教誨。

⑩ 弟：通"第"，但，祇管。

⑪ 徒：罪犯。奴：奴隸。官徒奴：沒入官中的犯人和奴隸。

⑫ 呂后：劉邦妻，名雉。太子：劉邦子，名盈，後爲漢惠帝。

⑬ 舍人：門客。

⑭ 上：上書報告。變：急變非常之事。

⑮ 黨：通"儻"，儻或，萬一。就：就範。

⑯ 上所：皇帝那兒。

⑰ 得：擒獲。得死：被擒殺死。

⑱ 紿（dài）：欺騙。

⑲ 長樂：長樂宮。鍾：通"鐘"。鍾室：懸鐘（樂器）的屋子。

⑳ 方斬：臨斬時。

㉑ 兒女子：小女子，對婦人的蔑稱。

㉒ 夷：滅。三族：父族、母族、妻族。

　　高祖已從豨軍來，至，見信死，且喜且憐之，問："信死亦何言？"呂后曰："信言恨不用蒯通計。"高祖曰："是齊辯士也。"乃詔齊捕蒯通。蒯通至，上曰："若教淮陰侯反乎①？"對曰："然，臣固教之。豎子不用臣之策②，故令自夷於此。如彼豎子用臣之計，陛下安得而夷之乎？"上怒曰："亨之！"通曰："嗟乎！冤哉，亨也！"上曰："若教韓信反，何冤？"對曰："秦之綱絕而維弛③，山東大擾④，異姓並起，英俊烏集。秦失其鹿⑤，天下共逐之，於是高材疾足者先得焉。蹠之狗吠堯⑥，堯非不仁，狗因吠非其主。當是時，臣唯獨知韓信，非知陛下也。且天下銳精持鋒⑦，欲爲陛下所爲者甚衆⑧，顧力不能耳，又可盡亨之邪？"高帝曰："置之⑨！"乃釋通之罪⑩。

① 教：教唆，唆使。
② 豎子：小子，罵人的話，指韓信。
③ 綱：網上粗繩，用以張網。絕：斷。維：結物的大繩。綱維：比喻法度。
④ 山東：崤山以東，此指六國故地。大擾：大亂。
⑤ 鹿：獵取的對象，這裏比喻帝位。
⑥ 蹠：通"跖"，盜跖，古代傳説中的大盜。
⑦ 銳：利，磨礪使銳利，使動用法。精：純鐵。鋒：鋒刃。精、鋒在此指武器。
⑧ 爲陛下所爲：做陛下所做的事業。
⑨ 置：放，放掉。
⑩ 釋：解除，赦除。

太史公曰："吾如淮陰①，淮陰人爲余言：韓信雖爲布衣時，其志與衆異；其母死，貧無以葬，然乃行營高敞地②，今其旁可置萬家③。余視其母冢，良然。假令韓信學道謙讓④，不伐己功⑤，不矜其能⑥，則庶幾哉⑦，於漢家勳可以比周、召、太公之徒⑧，後世血食矣⑨！不務出此，而天下已集⑩，乃謀畔逆；夷滅宗族，不亦宜乎！"

① 如：往。
② 行：行走。營：求。高敞地：又高又寬的葬地。
③ 可置萬家：可以安置萬户人家，意即用萬户守冢。
④ 學道謙讓：學習謙讓之道。
⑤ 伐：誇耀。
⑥ 矜：驕傲，自負。
⑦ 庶幾：差不多。
⑧ 周：周公旦。召：召公奭。太公：太公望，即姜尚。
⑨ 血食：得到祭享。祭享先祖要殺牲，故稱"血食"。
⑩ 集：成就，安定。

練習十三

一、把下文譯成現代漢語。

項羽至鴻門下，欲擊沛公。項伯乃夜馳入沛公軍，私見張良，欲與俱去。良曰：

"臣爲韓王送沛公,今事有急,亡去不義。"乃具以語沛公。沛公大驚,曰:"爲將奈何?"良曰:"沛公誠欲倍項羽邪?"沛公曰:"鯫生教我距關無内諸侯,秦地可盡王,故聽之。"良曰:"沛公自度能卻項羽乎?"沛公默然良久,曰:"固不能也,今爲奈何?"良乃固要項伯,項伯見沛公。沛公與飲,爲壽,結賓婚。令項伯具言沛公不敢倍項羽;所以距關者,備他盜也。(《史記·留侯世家》)

二、指出下面句中詞類活用的詞,並說明它們的意思。

1. 公子聞之,意驕矜而有自功之色。
2. 因自皮面決眼,自屠出腸,遂以死。
3. 此子材,吾受其賜;不材,吾怨子。
4. 入轅門,無不膝行而前,莫敢仰視。
5. 故齊冠帶衣履天下,海岱之閒斂袂而往朝焉。
6. 竇嬰亦薄其官,因病免。
7. 顧自以爲身殘處穢,動而見尤,欲益反損,是以獨鬱悒而誰與語。
8. 大王必欲急臣,臣頭今與璧俱碎於柱矣!
9. 天下不多管仲之賢,而多鮑叔能知人也。

三、標點下文。

　　范蠡浮海出齊變姓名自謂鴟夷子皮耕于海畔苦身戮力父子治產居無幾何致產數十萬齊人聞其賢以爲相范蠡喟然嘆曰居家則致千金居官則至卿相此布衣之極也久受尊名不祥乃歸相印盡散其財以分與知友鄉黨而懷其重寶閒行以去止于陶以爲此天下之中交易有無之路通爲生可以致富矣於是自謂陶朱公復約要父子耕畜廢居候時轉物逐什一之利居無何則致貲累巨萬天下稱陶朱公(《史記·越王句踐世家》)

蘇　武　傳　　　　　　　　《漢書》

【說明】《漢書》是我國第一部斷代史,作者是班固。班固(32—92),字孟堅,扶風安陵(今陝西咸陽東北)人,東漢史學家、文學家。班固父班彪博採舊事異聞,作《史記後傳》六十五篇,以補《史記》之缺,但未完稿。班彪死後,班固繼承父業,在《史記後傳》基礎上編纂《漢書》。明帝時,被人告發私改國史,被捕下獄。其弟班超上書力辯,說明班固著書意圖;郡吏也將班固書稿呈上。明帝得知後十分賞識,任命班固爲蘭臺令史,不久陞遷爲郎,掌管皇家圖籍,典校祕書,並續寫《漢書》。和帝永元元年(89),班固隨大將軍竇憲出征匈奴,任中護軍職。

公元92年竇憲因擅權而賜死,班固連坐免官,並被仇家洛陽令种(chóng)兢拘捕入獄而亡。班固死時,《漢書》尚缺八表和《天文志》,和帝命其妹班昭和馬續綴補完成。

《漢書》記事起於漢高祖元年(前206),止於王莽地皇四年(23)。全書共一百篇,體例仿《史記》,有十二帝紀、八表、十志和七十列傳。作爲斷代史,《漢書》在我國史學上有很高的地位和價值。《漢書》中有許多傳記是膾炙人口的名篇佳作,用詞考究,語言凝練,對於後代語言和文學的發展有重要影響。

《漢書》比較難讀,歷代注本很多。唐顏師古的《漢書注》、清王先謙的《漢書補注》爲較好的注本。

本篇選自《漢書·李廣蘇建傳》。蘇建是蘇武之父,《蘇武傳》附在《蘇建傳》之後。天漢元年(前100),漢武帝派遣蘇武出使匈奴,匈奴扣留了蘇武,逼他投降。傳中記述了蘇武在匈奴的艱難處境和忠於國家民族的高尚節操。文章敘述生動感人,流露了作者對蘇武的敬重讚美之情。

武,字子卿。少以父任,兄弟並爲郎①。稍遷至栘中廄監②。時漢連伐胡,數通使相窺觀③。匈奴留漢使郭吉、路充國等,前後十餘輩④。匈奴使來,漢亦留之,以相當⑤。

天漢元年⑥,且鞮侯單于初立⑦,恐漢襲之。迺曰:"漢天子,我丈人行也⑧。"盡歸漢使路充國等。武帝嘉其義,迺遣武以中郎將使持節送匈奴使留在漢者⑨,因厚賂單于⑩,答其善意。

武與副中郎將張勝及假吏常惠等⑪,募士斥候百餘人俱⑫。既至匈奴,置幣遺單于⑬,單于益驕,非漢所望也。方欲發使送武等,會緱王與長水虞常等謀反匈奴中⑭。——緱王者,昆邪王姊子也⑮。與昆邪王俱降漢,後隨浞野侯没胡中⑯。——及衛律所將降者⑰,陰相與謀劫單于母閼氏歸漢⑱。會武等至匈奴,虞常在漢時素與副張勝相知,私候勝曰⑲:"聞漢天子甚怨衛律,常能爲漢伏弩射殺之。吾母與弟在漢,幸蒙其賞賜。"張勝許之,以貨物與常。後月餘,單于出獵,獨閼氏子弟在⑳。虞常等七十餘人欲發,其一人夜亡,告之。單于子弟發兵與戰,緱王等皆死,虞常生得㉑。

① 以父任:因爲父親職位的關係而任官。漢制,年俸二千石以上的官員,其子弟可

爲郎。蘇武的父親蘇建曾爲代郡太守,蘇武和兄蘇嘉、弟蘇賢,皆因此得官。郎:官名,皇帝近侍。

② 稍遷:逐漸陞遷。栘(yí):指漢宫廷中的栘園。廐:馬棚。栘中廐監:栘園中掌管鞍馬、鷹犬、射獵用具的官。

③ 數(shuò)通使:屢次派遣使者。窺觀:窺探、觀察對方的情况。

④ 輩:批。

⑤ 當:抵。以相當:以相抵償。

⑥ 天漢:漢武帝年號。天漢元年:公元前100年。

⑦ 單(chán)于:匈奴稱其君主爲單于。且(jū)鞮(dī)侯:單于之號。

⑧ 丈人:家長。行:行輩。這句説,漢朝的皇帝乃是我的長輩。

⑨ 中郎將:官名。節:使臣所持的信物,亦稱旄節,以竹爲之,柄長八尺,其上綴以牦牛尾的裝飾品,共三層。

⑩ 賂:餽送。

⑪ 假吏:兼吏,有固定職務的官吏,而臨時充任使臣的屬吏。

⑫ 斥候:軍中偵察人員。這句説,招募人充當士卒和斥候,凡百餘人,同往匈奴。

⑬ 置:準備,安排。遺(wèi):贈送。這句説,準備了禮物贈給且鞮侯。

⑭ 會:適逢,恰值。緱(gōu)王:匈奴的一個貴族。長水:在今陝西省户縣東,漢派遣"胡騎"(歸化的胡人所組成的騎兵)屯聚於此。虞常:爲長水的"胡騎",後降匈奴。

⑮ 昆(hún)邪王:匈奴貴族,統率所部居於匈奴西方,於武帝元狩二年(前121)降漢。

⑯ 浞野侯:漢將趙破奴。太初元年(前104),匈奴左大都尉欲殺單于降漢,武帝於太初二年遣趙破奴統兵前往接應。事被單于發覺,殺死左大都尉,發兵襲擊破奴。破奴被俘,其軍皆没於匈奴。緱王當時隸屬於破奴軍,亦投降匈奴。

⑰ 衛律:其父爲長水胡人。衛律生長於漢,與協律都尉李延年相善,因李延年推薦,被派遣出使匈奴。衛律自匈奴還時,李延年因罪全家被捕,衛律遂逃奔匈奴,匈奴封爲丁零王。

⑱ 閼氏(yānzhī):匈奴稱單于妻爲閼氏。這句連上句説,緱王、虞常以及衛律所帶來投降匈奴的人們在暗中策劃,打算把單于的母親閼氏劫掠到漢朝去請功。

⑲ 私候:偷偷地拜訪。

⑳ 閼氏子弟:閼氏及單于的子弟。

㉑ 生得:活捉。

單于使衛律治其事①。張勝聞之,恐前語發,以狀語武②。武曰:"事如此,此必及我③。見犯迺死,重負國④。"欲自殺。勝、惠共止之。虞常果引張勝。單于怒,召諸貴人議,欲殺漢使者。左伊秩訾曰⑤:"即謀單于,何以復加⑥?宜皆降之。"單于使衛律召武受辭⑦。武謂惠等:"屈節辱命,雖生,何面目以歸漢?"引佩刀自刺。衛律驚,自抱持武,馳召醫⑧。鑿地爲坎,置熅火⑨,覆武其上,蹈其背以出血⑩。武氣絶,半日復息。惠等哭,輿歸營⑪。單于壯其節,朝夕遣人候問武,而收繫張勝。

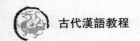

① 治：審理。
② 發：泄露。狀：情況。
③ 及：連及。
④ 見犯：被侵犯，被凌辱。重：更加。
⑤ 左伊秩訾：匈奴王號。王號有左、右之分。
⑥ 何以復加：怎樣來加重對他們的處分呢？這兩句說，如果他們想謀害單于，也不過判處死罪罷了。意謂處分過重。
⑦ 受辭：受審，取口供。
⑧ 毉：古"醫"字。
⑨ 煴(yūn)火：火之無燄者。一說，其煙聚而不散之火。
⑩ 蹈：通"搯(tāo)"，叩，擊。
⑪ 輿歸營：以車載蘇武回返營幕。

武益愈。單于使使曉武會論虞常①，欲因此時降武。劍斬虞常已，律曰："漢使張勝謀殺單于近臣，當死，單于募降者赦罪。"舉劍欲擊之，勝請降。律謂武曰："副有罪，當相坐②。"武曰："本無謀，又非親屬，何謂相坐？"復舉劍擬之，武不動。律曰："蘇君！律前負漢歸匈奴，幸蒙大恩，賜號稱王，擁衆數萬，馬畜彌山③，富貴如此。蘇君今日降，明日復然。空以身膏草野④，誰復知之！"武不應。律曰："君因我降⑤，與君為兄弟。今不聽吾計，後雖欲復見我，尚可得乎？"武罵律曰："女為人臣子，不顧恩義，畔主背親⑥，為降虜於蠻夷，何以女為見⑦？且單于信女，使決人死生，不平心持正，反欲鬪兩主⑧，觀禍敗。南越殺漢使者，屠為九郡⑨；宛王殺漢使者，頭縣北闕⑩；朝鮮殺漢使者，即時誅滅⑪。獨匈奴未耳。若知我不降明⑫，欲令兩國相攻，匈奴之禍，從我始矣！"律知武終不可脅，白單于。單于愈益欲降之。迺幽武置大窖中⑬，絕不飲食⑭。天雨雪，武卧齧雪與旃毛并咽之⑮，數日不死，匈奴以為神。乃徙武北海上無人處⑯，使牧羝，羝乳乃得歸⑰。別其官屬常惠等，各置他所。

① "單于……"句：單于派人通知蘇武，要蘇武和衛律一起來判決虞常。
② 相坐：相連坐。古代法律，凡犯謀反等大罪者，其親屬也要處罪，稱為連坐。
③ 彌：滿。
④ 膏：肥沃，此處做動詞用。
⑤ 因我降：依靠我的引薦而投降。
⑥ 女：汝，你。畔：通"叛"。
⑦ 何以女為見：王念孫説，"見"字當在"女"字上。何以見女為：為什麼要見你？
⑧ 鬪兩主：使單于和漢天子相争鬪。
⑨ "南越……"兩句：漢武帝元鼎五年（前112），南越王相呂嘉殺死南越王、王太后及漢使者，武帝遣將討之。六年，南越降，呂嘉被俘。武帝乃以南越之地，設置儋耳、珠厓、南海、蒼梧、鬱林、合浦、交阯、九真、日南九郡。屠：猶"夷"，平定。
⑩ 縣：同"懸"。北闕：漢宮的北闕。漢

武帝曾派使者往大宛求良馬，大宛不予，並令其東邊之郁成王攻殺漢使於歸途。太初元年（前104），漢武帝遣李廣利率兵征大宛。太初四年，大宛遭到漢兵圍攻，其國中貴人殺死國王毋寡，漢軍乃立貴人昧蔡爲王。毋寡的頭終於懸掛在漢朝的宮闕之下。

⑪ 元封二年（前109），武帝遣涉何出使朝鮮。涉何派御者刺死伴送自己的朝鮮人，僞稱殺死朝鮮將領。武帝封何爲遼東東部都尉。朝鮮發兵襲擊涉何，殺之。漢武帝遣將攻朝鮮。第二年，朝鮮尼谿相參殺死朝鮮王右渠，降漢。

⑫ 若知我不降明：你明知我不會投降。若：你。

⑬ 幽：幽囚。大窖：空的糧窖。

⑭ 絕不飲食：斷絕其生活供應，不予飲食。

⑮ 齧（niè）：咬。旃（zhān）：通"氈"。

⑯ 北海：即今俄羅斯西伯利亞的貝加爾湖，爲當時匈奴的北境。

⑰ 羝乳：公羊生育出小羊。

　　武既至海上，廩食不至①，掘野鼠去中實而食之②。杖漢節牧羊，卧起操持，節旄盡落。積五六年，單于弟於靬王弋射海上③。武能網紡繳④，檠弓弩⑤，於靬王愛之，給其衣食。三歲餘，王病，賜武馬畜、服匿、穹廬⑥。王死後，人衆徙去。其冬，丁令盜武牛羊⑦，武復窮厄。

　　初，武與李陵俱爲侍中⑧。武使匈奴明年，陵降，不敢求武⑨。久之，單于使陵至海上，爲武置酒設樂。因謂武曰："單于聞陵與子卿素厚⑩，故使陵來説足下，虛心欲相待。終不得歸漢，空自苦亡人之地，信義安所見乎⑪？前長君爲奉車⑫，從至雍棫陽宮⑬，扶輦下除⑭，觸柱折轅，劾大不敬⑮，伏劍自刎，賜錢二百萬以葬。孺卿從祠河東后土⑯，宦騎與黃門駙馬爭船⑰，推墮駙馬河中溺死。宦騎亡，詔使孺卿逐捕，不得，惶恐飲藥而死。來時大夫人已不幸⑱，陵送葬至陽陵⑲。子卿婦年少，聞已更嫁矣。獨有女弟二人，兩女一男，今復十餘年，存亡不可知。人生如朝露，何久自苦如此？陵始降時，忽忽如狂，自痛負漢，加以老母繫保宮⑳。子卿不欲降，何以過陵？且陛下春秋高，法令亡常㉑，大臣亡罪夷滅者數十家，安危不可知，子卿尚復誰爲乎？願聽陵計，勿復有云㉒。"武曰："武父子亡功德，皆爲陛下所成就，位列將，爵通侯㉓，兄弟親近㉔，常願肝腦塗地。今得殺身自效，雖蒙斧鉞湯鑊㉕，誠甘樂之。臣事君，猶子事父也。子爲父死，無所恨。願勿復再言。"

　　陵與武飲數日，復曰："子卿壹聽陵言㉖。"武曰："自分已死久矣㉗。王必欲降武㉘，請畢今日之驩，效死於前㉙。"陵見其至誠，喟然歎曰："嗟

383

乎，義士！陵與衛律之罪，上通於天。"因泣下霑衿，與武決去㉚。陵惡自賜武，使其妻賜武牛羊數十頭㉛。

① 廩(lǐn)食：指匈奴當局所應供給蘇武的糧食。

② 去：同"弆"，藏。中：古"草"字。這句說，蘇武掘取野鼠所儲藏的草實而食。一說，"掘野鼠"下當加頓號，意爲掘取野鼠、收藏草實而食。

③ 於(wū)靬(qián)王：單于弟封爲王者。

④ 武能網紡繳：據《太平御覽》所引，"能"下有"結"字。結網：編結狩獵所用的網。繳(zhuó)：箭的尾部所繫的絲繩。

⑤ 檠：矯正弓弩的器具。此處作動詞用，指以檠矯正弓弩。

⑥ 服匿：盛酒酪的瓦器，狀如甖，小口大腹方底。穹廬：大型的圓頂帳篷。

⑦ 丁令：即"丁零"，匈奴族的別支。當時衛律爲丁零王，丁零盜蘇武牛羊，是衛律指使。

⑧ 李陵：李廣孫，字少卿。武帝時爲騎都尉，統兵五千，與匈奴作戰，殺傷匈奴兵甚多，以無接應，力竭而降。侍中：官名，漢時爲加官(即由他官兼任者)，掌管"乘輿服物"。

⑨ 求：訪求。李陵因投降匈奴，感到羞愧，故不敢訪求蘇武。

⑩ 素厚：交誼一向深厚。

⑪ "空自苦……"兩句：白白地自己受苦於無人之地，你的信義又如何能表現於世呢？

⑫ 長君：指蘇武兄蘇嘉。奉車：奉車都尉，官名。

⑬ 雍：地名，春秋秦都，在今陝西省鳳翔縣南。漢置雍縣。棫(yù)陽宮：官名。

⑭ 除：殿階。

⑮ 劾：彈劾。

⑯ 孺卿：蘇武弟蘇賢之字。祠：此處作動詞用，祭祀之意。河東：地名，今山西省夏縣一帶。后土：地神。

⑰ 宦騎：充當騎從的宦官。黃門駙馬：皇帝的騎侍。

⑱ 來時：謂李陵離開長安時。大：同"太"。大夫人：指蘇武母親。不幸：指死亡。

⑲ 陽陵：地名，在今陝西省咸陽市東，蘇氏墓地所在。

⑳ 保宮：漢代官署名。李陵投降後，漢逮捕李陵家屬，其母繫於保宮。

㉑ 春秋：謂年齡。亡常：無一定。

㉒ 勿復有云：不要再說什麼，不要再進行反駁。

㉓ 成就：這裏指栽培，提拔。位列將：指蘇武父親蘇建曾爲右將軍，武爲中郎將，兄嘉爲奉車都尉，弟賢爲騎都尉。爵通侯：指父親蘇建封平陵侯。

㉔ 親近：指爲武帝所親近。

㉕ 蒙：受。鉞(yuè)：大斧。鑊(huò)：大鍋。

㉖ 壹聽陵言：聽一聽我李陵的話罷！

㉗ 分(fèn)：料定。

㉘ 王：指李陵，匈奴封陵爲右校王。

㉙ "請畢……"兩句：請讓我在今日和你盡情歡樂一天，然後死在你的面前。

㉚ 決：訣別。

㉛ 惡(wù)：羞惡，慚愧。其妻：李陵在匈奴的妻子。其妻爲單于貴主(公主)。

第七章　兩漢文

　　後陵復至北海上，語武："區脱捕得雲中生口①，言太守以下吏民皆白服②，曰上崩。"武聞之，南鄉號哭，歐血③。旦夕臨，數月④。

　　昭帝即位⑤，數年，匈奴與漢和親。漢求武等，匈奴詭言武死。後漢使復至匈奴，常惠請其守者與俱⑥，得夜見漢使，具自陳道⑦。教使者謂單于，言天子射上林中⑧，得雁，足有係帛書，言武等在某澤中。使者大喜，如惠語以讓單于⑨。單于視左右而驚，謝漢使曰："武等實在。"

　　於是李陵置酒賀武曰："今足下還歸，揚名於匈奴，功顯於漢室。雖古竹帛所載，丹青所畫，何以過子卿！陵雖駑怯，令漢且貰陵罪⑩，全其老母，使得奮大辱之積志，庶幾乎曹柯之盟⑪，此陵宿昔之所不忘也⑫。收族陵家，爲世大戮⑬，陵尚復何顧乎⑭？已矣，令子卿知吾心耳。異域之人，壹別長絕！"陵起舞，歌曰："徑萬里兮度沙幕⑮，爲君將兮奮匈奴⑯。路窮絕兮矢刃摧⑰，士衆滅兮名已隤⑱。老母已死，雖欲報恩將安歸？"陵泣下數行，因與武決。單于召會武官屬，前以降及物故⑲，凡隨武還者九人。

①　區（ōu）脱：邊地。此處指匈奴與漢交界地區。雲中：漢雲中郡，在今內蒙古自治區。生口：俘虜。

②　白服：指爲漢武帝穿孝服。

③　鄉：通"嚮"。南鄉：向着南方。歐：通"嘔"。

④　臨：哭。這句説，早晚哀哭，數月方止。

⑤　昭帝：漢武帝子弗陵，於公元前87年即位。

⑥　俱：偕，一起。

⑦　具：完全。陳道：陳述。

⑧　上林：漢上林苑。

⑨　讓：責備。

⑩　令：假使。貰（shì）：寬恕。

⑪　曹柯之盟：指曹沫劫齊桓公之事。曹沫，春秋時魯人，爲魯莊公將。齊軍伐魯，曹沫三戰皆敗，莊公獻遂邑之地以求和，與齊盟於柯。曹沫於盟時執匕首劫齊桓公，迫使桓公歸還所侵之地。這句説，希望做出曹沫劫齊桓公一類折服敵國的事。

⑫　宿昔：以前。李陵投降匈奴之初，漢並未誅殺其家屬。後因訛傳李陵爲匈奴訓練軍隊，以與漢爲敵，武帝遂將李陵母親、妻子、兄弟全都處死。此處"宿昔"，指李陵已降、其家屬尚未被殺之時。

⑬　族：族滅。大戮：大恥辱。

⑭　顧：留戀。

⑮　徑：此處作動詞用，猶言行經。幕：通"漠"。

⑯　奮：奮擊之意。

⑰　路窮絕：指李陵及其軍隊被困在狹谷中。矢刃摧：兵器都被損壞。

⑱　隤：墜落，衰敗。

⑲　物：通"歾（mò）"，歿，死。物故：死亡。這句説，除去先前已投降匈奴及死亡者外。

武以始元六年春至京師①。詔武奉一大牢謁武帝園廟②。拜爲典屬國③，秩中二千石④，賜錢二百萬，公田二頃，宅一區。常惠、徐聖、趙終根皆拜爲中郎⑤，賜帛各二百匹。其餘六人老，歸家，賜錢人十萬，復終身⑥。常惠後至右將軍，封列侯，自有傳。武留匈奴凡十九歲，始以彊壯出，及還，須髮盡白。

　　武來歸明年，上官桀、子安與桑弘羊及燕王、蓋主謀反⑦。武子男元與安有謀，坐死。初，桀、安與大將軍霍光爭權，數疏光過失予燕王⑧，令上書告之。又言蘇武使匈奴二十年不降⑨，還，迺爲典屬國，大將軍長史無功勞⑩，爲搜粟都尉⑪，光顓權自恣⑫。及燕王等反誅，窮治黨與，武素與桀、弘羊有舊，數爲燕王所訟⑬，子又在謀中，廷尉奏請逮捕武⑭。霍光寢其奏⑮，免武官。

　　數年，昭帝崩。武以故二千石與計謀立宣帝⑯，賜爵關内侯⑰，食邑三百戶。久之，衛將軍張安世薦武明習故事⑱，奉使不辱命，先帝以爲遺言⑲。宣帝即時召武待詔宦者署⑳，數進見，復爲右曹典屬國㉑。以武著節老臣㉒，令朝朔望㉓，號稱祭酒㉔，甚優寵之。武所得賞賜，盡以施予昆弟故人，家不餘財。皇后父平恩侯、帝舅平昌侯、樂昌侯、車騎將軍韓增、丞相魏相、御史大夫丙吉㉕，皆敬重武。

① 始元：漢昭帝年號。始元六年：即公元前81年。

② 大：同"太"。太牢：以一牛、一豕、一羊爲祭品。園：陵寢，帝后的葬所。廟：古代祀祖先處所。

③ 典屬國：官名，掌管降服於漢朝的外族。

④ 秩：官秩。漢代二千石的官秩分爲三等，最高爲中二千石，次爲二千石，再次爲比二千石。

⑤ 常惠、徐聖、趙終根：皆隨蘇武出使的官吏。中郎：官名。

⑥ 復終身：終身免除徭役。

⑦ 上官桀：武帝末拜左將軍，與霍光、金日（mì）磾（dī）同受武帝遺詔，輔佐昭帝。其子安，於昭帝時拜車騎將軍。桑弘羊：武帝末爲御史大夫。燕王：名旦，漢景帝孫，中山靖王勝之子。蓋（gě）主：昭帝姊，因其夫封爲蓋侯，故稱蓋長公主，亦稱蓋主。

⑧ 疏：分條記錄。

⑨ 二十年：係舉成數而言，實爲十九年。

⑩ 大將軍長史：大將軍的輔佐之官，此處指楊敞。時霍光爲大將軍，楊敞爲其屬官。

⑪ 搜粟都尉：官名，也稱治粟都尉，屬於大司農。大司農爲掌管財政經濟的長官。

⑫ 顓：通"專"。自恣：自己放肆胡爲。

⑬ 訟：上書爲人申雪冤屈。數爲燕王所訟：指燕王數次上書，言蘇武官位太低，朝廷待遇不公。

⑭ 廷尉：主管司法的官。
⑮ 寢其奏：不將此奏章發下，未去逮捕蘇武。
⑯ 宣帝：漢武帝曾孫劉詢。昭帝死後，昌邑王賀即位爲帝，後以賀荒淫，霍光等乃廢賀而立宣帝。這句說，蘇武以前任"二千石"官的身份，參與謀立宣帝的計劃。
⑰ 關內侯：秦漢的一種封爵。關內侯雖有侯的稱號，但無統轄的土地。
⑱ 明習：熟習。故事：朝章典故。
⑲ 先帝：指昭帝。這句說，昭帝遺言曾述及蘇武的"明習故事，奉使不辱命"。
⑳ 待詔：等待皇帝宣詔。宦者署：官署名。宦者令的衙署。
㉑ 右曹：官名。是一種加官（即由擔任其他職務的官員兼任者）。
㉒ 著節：節操卓著。
㉓ 朔：初一日。望：十五日。令朝朔望：令他只在每月的初一和十五日朝見皇帝，其餘時間皆免其朝見。
㉔ 祭酒：指年高望重者。古代大宴會或大祭享時，必推一年高望重之人先舉酒以祭，稱爲祭酒。
㉕ 平恩侯：宣帝后父許廣漢。平昌侯：宣帝母王夫人的哥哥王無故。樂昌侯：王無故的弟弟王武。

武年老，子前坐事死。上閔之①，問左右："武在匈奴久，豈有子乎？"武因平恩侯自白："前發匈奴時②，胡婦適產一子通國③，有聲問來④。願因使者致金帛贖之。"上許焉。後通國隨使者至，上以爲郎，又以武弟子爲右曹。武年八十餘，神爵二年病卒⑤。

甘露三年⑥，單于始入朝⑦。上思股肱之美⑧，迺圖畫其人於麒麟閣⑨，法其形貌⑩，署其官爵姓名。唯霍光不名，曰大司馬大將軍博陸侯姓霍氏，次曰衛將軍富平侯張安世，次曰車騎將軍龍額侯韓增，次曰後將軍營平侯趙充國，次曰丞相高平侯魏相，次曰丞相博陽侯丙吉，次曰御史大夫建平侯杜延年，次曰宗正陽城侯劉德，次曰少府梁丘賀，次曰太子太傅蕭望之，次曰典屬國蘇武。皆有功德，知名當世，是以表而揚之，明著中興輔佐⑪，列於方叔、召虎、仲山甫焉⑫。凡十一人，皆有傳。自丞相黃霸、廷尉于定國、大司農朱邑、京兆尹張敞、右扶風尹翁歸及儒者夏侯勝等，皆以善終，著名宣帝之世，然不得列於名臣之圖。以此知其選矣⑬。

贊曰⑭：……孔子稱："志士仁人，有殺身以成仁，無求生以害仁⑮。""使於四方，不辱君命⑯。"蘇武有之矣。

① 閔：同"憫"，憐憫。
② 發匈奴：從匈奴動身回來時。
③ 通國：胡婦所生之子名。
④ 聲問：音訊。
⑤ 神爵：漢宣帝年號。神爵二年爲公元前60年。

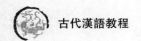

⑥ 甘露：漢宣帝年號。甘露三年爲公元前51年。

⑦ 單于：指呼韓邪單于。時匈奴內亂，呼韓邪單于爲了爭取漢的幫助，遂稱臣於漢，並於甘露三年入朝。

⑧ 股肱：謂輔佐之臣。股：大腿。肱(gōng)：手臂自肘至肩的部分，也泛指胳膊。

⑨ 其人：指股肱之臣。麒麟閣：在漢未央宮中。

⑩ 法：仿效、模仿，此處謂描摹。

⑪ 明：明確地。著：説明，指出。中興：衰而復盛。

⑫ 方叔、召虎、仲山甫：皆輔佐周宣王中興的功臣。這句説，以上諸人與方叔等中興名臣並列。

⑬ 選：選擇。這句説，由此可以知道其所選擇的標準很嚴，入選甚難。

⑭ 贊：評論。在"贊"中，既可對人物加以讚美，亦可加以批判。在本篇的"贊"中，尚有對李廣、李陵的論述，因與蘇武無關，今刪去。

⑮ "志士仁人……"三句：《論語·衛靈公》："子曰：志士仁人，無求生以害仁，有殺身以成仁。"

⑯ "使於四方……"兩句：《論語·子路》："子曰：行己有恥，使於四方，不辱君命，可謂士矣。"

治 安 策　　　　　　賈　誼

【説明】　賈誼（前201—前169），洛陽人。十八歲時因擅長誦詩撰文聞名郡中，河南守吳公召置門下，並薦舉於朝廷。二十多歲時被漢文帝任爲博士，在朝議中才智超人，一年內便陞遷太中大夫。漢初亟須變更秦法，賈誼在律令法制的草擬、制訂過程中建樹頗多，文帝想提拔他任公卿之位，但遭到大臣反對，於是逐漸疏遠他，任他爲長沙王太傅，後改任梁懷王太傅。梁懷王是文帝少子，深受文帝寵愛。後數年，懷王騎馬跌死，賈誼自傷未盡太傅職責，悲泣歲餘，傷感過度而死。

賈誼在朝廷任職期間多次上疏議論朝政，他總結秦朝盛衰興亡的歷史教訓，寫下了不朽名篇《過秦論》，又切中時弊，寫了《治安策》。這些文章反映了賈誼的許多真知灼見。但是賈誼儘管才智出衆，却始終未得朝廷重用，他的一生是不得志的。

賈誼不僅擅寫政論，也是優秀的辭賦家。賈誼賦的代表作是《吊屈原賦》和《鵩鳥賦》。後人將賈誼的政論文章輯爲一編，名爲《新書》。賈誼的著作明人輯有《賈長沙集》，現有上海人民出版社的《賈誼集》（1976）比較完備。《史記》、《漢書》均有賈誼本傳。

《治安策》又名《陳政事疏》，是賈誼的著名政論之一。此文全面地論述了漢文帝時的政治形勢，針對諸侯王的分裂割據，匈奴的入侵掠奪和富商大賈對經濟的破壞作用，提出應當採取的方針政策和具體措施。這裏選錄了全文的一部分，其中心思想是"衆建諸侯而少其力"，通過削弱割據勢力來加強中央集權。這個主張被漢王朝採納並付諸實施，對於鞏固西漢王朝的統治起了積極作用。文章觀點鮮明，事例典型，言辭激切，結構謹嚴，說服力、感染力很強。本文選自《漢書·賈誼傳》。

夫樹國固，必相疑之勢①。下數被其殃②，上數爽其憂③，甚非所以安上而全下也。今或親弟謀爲東帝④，親兄之子西鄉而擊⑤，今吳又見告矣⑥。天子春秋鼎盛⑦，行義未過⑧，德澤有加焉，猶尚如是，況莫大諸侯⑨、權力且十此者乎⑩？然而天下少安何也？大國之王，幼弱未壯；漢之所置傅相，方握其事。數年之後，諸侯之王大抵皆冠，血氣方剛，漢之傅相稱病而賜罷。彼自丞尉以上，徧置私人，如此有異淮南、濟北之爲邪⑪？此時而欲爲治安，雖堯舜不治⑫。黃帝曰："日中必熭⑬，操刀必割。"今令此道順而全安甚易，不肯早爲，已迺墮骨肉之屬而抗刭之⑭，豈有異秦之季世乎？

① 諸侯立國險固，必定與天子有相互猜忌的形勢。

② 上疑下必加捶伐，諸侯就常有禍殃。數：屢次。

③ 下疑上則必反叛，天子就常遭受憂患。爽：爽失，傷敗。爽其憂：傷敗於它的憂患。

④ 指漢文帝弟淮南厲王劉長於文帝六年謀反，未遂，廢王，長不食而死。

⑤ 指漢文帝兄齊悼惠王肥之子濟北王興居，在漢伐匈奴時趁文帝駕幸太原，發兵欲西擊滎陽，兵破被虜。

⑥ 指漢高祖兄劉仲之子吳王濞盜鑄錢，煮海水爲鹽，誘招逃亡者，謀作亂。

⑦ 鼎：始，正當。鼎盛：正當盛壯之時。

⑧ 行義：品行道義。未過：沒有過錯。

⑨ 莫大諸侯：沒有誰的勢力能夠超過的諸侯國。

⑩ 十：十倍。此：指淮南厲王、濟北王和吳王濞三國。

⑪ 這句是說，大國之王的這種作爲跟淮南王、濟北王的作爲有什麼不同呢？

⑫ 王念孫《讀書雜志》認爲"治"當作"能"。

⑬ 熭（huì）：曝曬。

⑭ 墮（huī）：毀。骨肉之屬：骨肉的親屬。抗：舉。刭（jǐng）：以刀割頸。抗刭：舉其頭而割其頸。

夫以天子之位，乘今之時，因天之助，尚憚以危爲安，以亂爲治，假設陛下居齊桓之處①，將不合諸侯而匡天下乎②？臣又以知陛下有所必不能矣③。

假設天下如曩時，淮陰侯尚王楚④，黥布王淮南⑤，彭越王梁⑥，韓信王韓⑦，張敖王趙⑧，貫高爲相⑨，盧綰王燕⑩，陳豨在代⑪。令此六七公者皆亡恙，當是時而陛下即天子位，能自安乎？臣有以知陛下之不能也。

① 居齊桓之處：處在齊桓公的地位。
② 王念孫《讀書雜志》認爲"不"當作"能"。
③ 又：通"有"。
④ 淮陰侯：韓信，漢高祖五年封楚王。
⑤ 黥(qíng)布：即英布，因犯法受黥刑，故稱黥布。原隨項羽，封九江王，後聽從隨何游說歸漢，封淮南王。高祖十一年，黥布謀反，兵敗身亡。
⑥ 彭越：秦末起兵，漢二年歸附劉邦，因戰功封爲梁王，後被告謀反，夷滅三族。
⑦ 韓信：指韓王信，戰國韓襄王孽孫，漢二年因平定韓地有功，封爲韓王。後降匈奴，常犯邊侵擾，被漢軍擊殺。
⑧ 張敖：漢初趙王張耳之子，耳死後，敖嗣立爲趙王。
⑨ 貫高：趙王張敖的相，漢八年貫高等十餘人謀殺高祖，未遂，後被揭發治罪。
⑩ 盧綰：漢豐人，隨漢高祖在沛起事，入漢中爲將軍，後立爲燕王。代王陳豨叛漢時被疑，韓信、彭越被殺後逃奔匈奴。
⑪ 陳豨：漢高祖時爲代相國，與淮陰侯韓信同謀造反，被樊噲擊殺。

天下殽亂，高皇帝與諸公併起，非有仄室之勢以豫席之也①。諸公幸者②，乃爲中涓③，其次廑得舍人④，材之不逮至遠也。高皇帝以明聖威武即天子位，割膏腴之地以王諸公，多者百餘城，少者乃三四十縣，惠至渥也⑤，然其後十年之間，反者九起。陛下之與諸公，非親角材而臣之也⑥，又非身封王之也⑦。自高皇帝不能以是一歲爲安⑧，臣故知陛下之不能也。

然尚有可諉者，曰疏⑨。臣請試言其親者：假令悼惠王王齊，元王王楚⑩，中子王趙⑪，幽王王淮陽⑫，共王王梁⑬，靈王王燕⑭，厲王王淮南⑮，六七貴人皆亡恙，當是時陛下即位，能爲治乎？臣又知陛下之不能也。

① 仄：側。仄室：同"側室"，即庶子，此處指公卿之支子。豫：預先。席：憑藉，倚仗。
② 幸者：徼幸的人。
③ 中涓：皇帝身邊的侍從官。
④ 廑：通"僅"。舍人：公卿的侍從賓客及左右親近的人。
⑤ 惠："德"的古字。渥：厚。
⑥ 角：較量。角材：較量才能的高低。
⑦ 身封王之：親身封他們做王。
⑧ 以是：因此。一歲爲安：有一年的安逸。

⑨ 諉：推諉，推託。疏：疏遠。
⑩ 元王：即楚元王，漢高祖弟劉交。
⑪ 中子：指漢高祖的戚夫人之子如意，封爲趙王。
⑫ 幽王：漢高祖子劉友，封淮陽王，吕太后時徙爲趙幽王。
⑬ 共（gōng）王：漢高祖子劉恢，封梁王，吕太后時徙爲趙共王。
⑭ 靈王：漢高祖子劉建，封燕王。
⑮ 厲王：漢高祖子劉長，封淮南王。

若此諸王①，雖名爲臣，實皆有布衣昆弟之心②，慮亡不帝制而天子自爲者③。擅爵人④，赦死罪，甚者或戴黄屋⑤，漢法令非行也。雖行，不軌如厲王者，令之不肯聽，召之安可致乎？幸而來至，法安可得加？動一親戚，天下圜視而起⑥。陛下之臣，雖有悍如馮敬者⑦，適啓其口，匕首已陷其匈矣⑧。陛下雖賢，誰與領此⑨？故疏者必危，親者必亂，已然之效也。

① 若：如，像。
② 這句説諸王都有跟天子是兄弟同等的心思，而不論君臣之分。昆弟：兄弟。
③ 慮亡不帝制：所慮無不是採用皇帝的禮儀制度。天子自爲：自己做天子。
④ 爵人：以爵禄封人。
⑤ 黄屋：皇帝的車蓋，以黄繒爲蓋裏。
⑥ 圜視：環視。
⑦ 悍：勇武。馮敬：漢文帝時大臣，告發淮南厲王謀反，被刺客所殺。
⑧ 匈：同"胸"。
⑨ 領：治理。

其異姓負彊而動者，漢已幸勝之矣①。又不易其所以然②：同姓襲是跡而動，既有徵矣③，其勢盡又復然。殃䘏之變④，未知所移，明帝處之尚不能以安⑤，後世將如之何？

屠牛坦一朝解十二牛⑥，而芒刃不頓者，所排擊剥割皆衆理解也⑦。至於髖髀之所⑧，非斤則斧。夫仁義恩厚，人主之芒刃也；權勢法制，人主之斤斧也。今諸侯王皆衆髖髀也，釋斤斧之用而欲嬰以芒刃⑨，臣以爲不缺則折，胡不用之淮南、濟北？勢不可也。

① 這兩句指黥布、彭越、韓信、陳豨等被平叛。
② 易：改變。所以然：所以這樣的道理，指負彊而蠢動。
③ 既：已。徵：徵兆。指淮南王長和濟北王興居謀反。
④ 䘏：同"禍"。變：變亂。
⑤ 明帝：聖明的皇帝。
⑥ 屠牛坦：宰牛的人，名坦。
⑦ 理：腠理，皮膚的紋理和肌肉的空隙。解（xiè）：松懈，松弛。
⑧ 髖（huān）：胯骨。髀（bì）：大腿骨，緊接髖骨。
⑨ 嬰：碰，觸。

臣竊跡前事①,大抵彊者先反。淮陰王楚,最彊,則最先反;韓信倚胡,則又反;貫高因趙資②,則又反;陳豨兵精,則又反;彭越用梁,則又反;黥布用淮南,則又反;盧綰最弱,最後反;長沙乃在二萬五千戶耳③,功少而最完④,勢疏而最忠,非獨性異人也,亦形勢然也。曩令樊、酈、絳、灌據數十城而王⑤,今雖已殘亡可也;令信、越之倫,列爲徹侯而居⑥,雖至今存可也。然則天下之大計可知已。

① 跡:推究,察究。
② 因:憑藉,依託。資:資助,幫助。
③ 長沙:長沙王吳芮,非劉姓功臣。在:通"纔"。
④ 完:完好。
⑤ 樊:樊噲,封舞陽侯。酈:酈商,封曲周侯。絳:絳侯周勃。灌:灌嬰,封潁陰侯。四人均爲漢功臣。
⑥ 徹侯:通侯,此處指一般諸侯。

欲諸王之皆忠附,則莫若令如長沙王;欲臣子之勿菹醢①,則莫若令如樊、酈等;欲天下之治安,莫若眾建諸侯而少其力②。力少則易使以義,國小則亡邪心。令海內之勢,如身之使臂,臂之使指,莫不制從③。諸侯之君,不敢有異心,輻湊並進,而歸命天子。雖在細民,且知其安,故天下咸知陛下之明。割地定制,令齊、趙、楚各爲若干國,使悼惠王、幽王、元王之子孫,畢以次各受祖之分地,地盡而止,及燕、梁他國皆然。其分地眾而子孫少者,建以爲國,空而置之,須其子孫生者④,舉使君之⑤。諸侯之地,其削頗入漢者⑥,爲徙其侯國⑦,及封其子孫他所,以數償之⑧。一寸之地,一人之眾,天子亡所利焉,誠以定治而已,故天下咸知陛下之廉。地制壹定,宗室子孫,莫慮不王⑨,下無倍畔之心,上無誅伐之志,故天下咸知陛下之仁。法立而不犯,令行而不逆,貫高、利幾之謀不生⑩,柴奇、開章之計不萌⑪。細民鄉善,大臣致順,故天下咸知陛下之義。臥赤子天下之上而安⑫,植遺腹⑬,朝委裘⑭,而天下不亂。當時大治,後世誦聖。壹動而五業附⑮,陛下誰憚而久不爲此⑯?

① 菹醢:剁爲肉醬的酷刑。
② 眾建諸侯:多封諸侯。
③ 制從:制服聽從。
④ 須:同"顓",等待。
⑤ 舉:推舉。君之:這裏指做諸侯國的國君。
⑥ 諸侯因有罪而削地,入於漢王朝的。頗:悉,皆。
⑦ 徙其侯國:遷徙他的國都。
⑧ 以數償之:按照原來土地的數量償

還給他。

⑨ 莫慮不王：没有人憂慮做不成國王。

⑩ 利幾：原爲項羽的將，項氏敗，利幾降漢高祖，封侯。高祖到洛陽後，徵召諸侯，利幾害怕，於是反叛。

⑪ 柴奇：棘蒲侯柴武之子。開章：在淮南屬王門下。被奪官爵，二人皆參與淮南王謀反。

⑫ 赤子：嬰兒，此處指幼君。

⑬ 植：立。遺腹：指未生下來的君主。

⑭ 朝委裘：把君主服用的裘衣放在皇位上受羣臣的朝見。

⑮ 壹動：一項措施，指"衆建諸侯而少其力"。五業：指上文所述的"明"、"廉"、"仁"、"義"、"聖"五項功業。

⑯ 陛下誰憚：陛下還怕什麼。

　　天下之勢，方病大瘇①。一脛之大幾如要②，一指之大幾如股，平居不可屈信③，一二指搐④，身慮亡聊⑤。失今不治，必爲錮疾⑥，後雖有扁鵲，不能爲已。病非徒瘇也，又苦跂盭⑦。元王之子，帝之從弟也⑧；今之王者，從弟之子也。惠王之子，親兄子也；今之王者，兄子之子也。親者或亡分地以安天下，疏者或制大權以偪天子⑨。臣故曰："非徒病瘇也，又苦跂盭。"可痛哭者，此病是也。

① 瘇：同"腫"。

② 脛（jìng）：小腿。幾：差不多。要：同"腰"。

③ 屈信：屈伸。

④ 搐（chù）：抽搐，抽動受痛。

⑤ 亡聊：無所依賴。

⑥ 錮疾：痼疾，頑固不治之症。

⑦ 病非徒：王念孫《讀書雜志》說應爲"非徒病"。跂盭（zhìlì）：脚掌扭傷，難以行走。

⑧ 從弟：堂弟。

⑨ 制：掌握，控制。偪：同"逼"。

獄中上梁王書

鄒　陽

【説明】　鄒陽（？—前129），西漢臨淄人。吳王濞羅致天下士人，鄒陽和辭賦家枚乘、嚴忌等都是吳王的門客，以文辭知名。吳王濞謀反，鄒陽上書諫阻，不聽，於是離去，投梁孝王門下。他爲人亢直而有智略，慷慨而不苟合，因此遭人忌恨。當時羊勝、公孫詭等嫉妒鄒陽，向梁孝王進讒言，鄒被下獄，蒙冤將死，在獄中寫下這篇文章，文辭懇切，終於獲釋，被梁王待爲上賓。

　　鄒陽的著作今存《上吳王書》和《獄中上梁王書》，另有《西京雜記》所載《酒賦》、《几賦》，後人多疑爲僞作。

　　《獄中上梁王書》雖是在獄中所寫，行文不卑不亢，有拳拳之忠，無乞憐之意。

393

文章徵引大量史實，説明賢明君主和忠信之臣是成就大業不可分離的兩個方面。作者反復强調君主衹有"公聽並觀，垂明當世"、"去驕傲之心，懷可報之意，披心腹，見情素，墮肝膽，施德厚"，繳能使臣下竭忠盡智，赴湯蹈火而在所不辭。通篇文字縱橫酣暢，感情激切真摯，很有感染力。本文選自《史記·魯仲連鄒陽列傳》，參照《漢書》、《文選》訂正。

臣聞"忠無不報，信不見疑"，臣常以爲然，徒虛語耳。昔者荆軻慕燕丹之義①，白虹貫日②，太子畏之③；衛先生爲秦畫長平之事④，太白蝕昴⑤，而昭王疑之。夫精變天地而信不喻兩主⑥，豈不哀哉！今臣盡忠竭誠，畢議願知⑦，左右不明⑧，卒從吏訊⑨，爲世所疑，是使荆軻、衛先生復起，而燕、秦不悟也。願大王孰察之。

① 荆軻：戰國衛人。燕丹：燕太子丹。
② 白虹貫日：古人認爲精誠感動天地的異常天象。
③ 畏之：怕他不願赴秦。荆軻臨行時等待預約同行的人，燕丹見他遲遲不出發，懷疑他反悔。
④ 衛先生：戰國時秦人。長平之事：指秦將白起伐趙，在長平大破趙軍，想趁勢滅趙，派衛先生説服秦昭王增加兵力，被秦相應侯范雎加害，未能成事。
⑤ 太白蝕昴：此言衛先生精誠上達於天，所以太白星爲此而食昴。太白：即金星。昴：昴星，是趙地分野。太白星行至昴星位置，遮住昴星，表明趙地將遭兵禍。
⑥ 精：《文選》作"精誠"。喻：曉，明白，使動用法。喻兩主：使兩主明白。
⑦ 畢議：説盡計議。願知：希望王能知曉。
⑧ 左右：指梁王身邊的諂諛之臣。
⑨ 卒：終於。吏訊：獄吏的審訊。

昔卞和獻寶，楚王刖之①；李斯竭忠，胡亥極刑②。是以箕子詳狂③，接輿辟世④，恐遭此患也。願大王孰察卞和、李斯之意，而後楚王、胡亥之聽⑤，毋使臣爲箕子、接輿所笑。臣聞比干剖心⑥，子胥鴟夷⑦，臣始不信，乃今知之。願大王孰察，少加憐焉。

① 事見《國語》和《吕氏春秋》。卞和得玉璞，獻給楚武王，武王給玉人看，玉人説是石頭，武王就砍了卞和的右脚。武王死後，又獻給文王，玉人還説是石頭，於是又砍斷他的左脚。到成王時，卞和抱着璞在郊外痛哭，成王讓玉人治理，果然得到寶玉。
② 胡亥：即秦二世。二世做皇帝後荒淫奢侈，李斯諫誡，二世反而聽信趙高讒言，將李斯車裂。
③ 箕子：商紂王的叔父。紂王暴虐，箕子諫，不聽，於是箕子披髮佯狂，被紂所囚。詳：通"佯"。
④ 接輿：傳説是春秋時楚國的隱士，因對世道不滿，便佯狂而避世。辟：同"避"。
⑤ 後：用作動詞，把……放在後面。
⑥ 比干：紂王的叔父，因諫諍紂王而獲

罪,被紂剖心。

⑦子胥:伍子胥,春秋時楚人。曾佐吳王夫差攻楚,又把越國打得幾乎亡國。後來夫差想攻齊,子胥勸諫,吳王却聽信讒言,逼子胥自盡,並用皮口袋裹尸投江。鴟夷:用皮革做成的鴟鳥形口袋。

諺曰:"有白頭如新①,傾蓋如故②。"何則③?知與不知也。故昔樊於期逃秦之燕④,藉荊軻首以奉丹之事⑤;王奢去齊之魏⑥,臨城自剄以却齊而存魏。夫王奢、樊於期非新於齊、秦而故於燕、魏也,所以去二國死兩君者,行合於志而慕義無窮也。是以蘇秦不信於天下⑦,而爲燕尾生⑧;白圭戰亡六城⑨,爲魏取中山。何則?誠有以相知也。蘇秦相燕,燕人惡之於王⑩,王按劍而怒,食以駃騠⑪;白圭顯於中山⑫,中山人惡之魏文侯,文侯投之以夜光之璧。何則?兩主二臣,剖心坼肝相信⑬,豈移於浮辭哉!

①白頭如新:意爲相識而不知己,從初交至白頭,還跟結新識一樣。

②傾蓋:兩車相擠,使車蓋傾斜。這句説,路上初遇,停車交談,如同多年的故交。

③何則:什麽原因呢。

④樊於期:本是秦將,因得罪秦王出逃燕國,秦王殺其全家並重金購其首級。樊爲報秦仇燕恩而自殺,以自己的頭作爲荊軻刺秦王的進見之禮。

⑤藉:借。奉:獻。丹:燕太子丹。

⑥王奢:齊人,逃亡至魏,後齊伐魏,王奢登城表示不願苟活連累魏國,自剄身亡。事見《漢書音義》。

⑦蘇秦:縱橫家,以合縱説燕文侯,受到重用,隨後游説諸侯,成爲縱約之長,佩六國相印。但後來失去諸侯信任,唯獨燕國任他爲相。

⑧尾生:傳説中魯國堅守信約的人。尾生與一女子相約橋下會面,女子未到,在大水中他抱橋柱淹死。事見《戰國策·燕策》。

⑨白圭:戰國時中山國將領,丟失六城,將被斬,逃亡入魏,魏文侯厚待,終爲魏攻下中山。事見《戰國策》和《吕氏春秋》。

⑩惡:厭惡而進讒言。

⑪食:給……吃。駃騠(juétí):駿馬。

⑫顯於中山:因拔取中山而尊顯。

⑬剖心坼肝:披肝瀝膽,赤誠相見。坼:裂。

故女無美惡①,入宮見妒②;士無賢不肖,入朝見嫉。昔者司馬喜髕脚於宋③,卒相中山;范雎摺脅折齒於魏④,卒爲應侯。此二人者,皆信必然之畫⑤,捐朋黨之私,挾孤獨之位⑥,故不能自免於嫉妒之人也。是以申徒狄自沈於河⑦,徐衍負石入海⑧,不容於世,義不苟取比周於朝⑨,以移主上之心。故百里奚乞食於路⑩,繆公委之以政;甯戚飯牛車下⑪,而桓公任之以國。此二人者,豈借宦於朝,假譽於左右,然後二主用之哉?感於心,合於行,親於膠漆,昆弟不能離,豈惑於衆口哉?故偏聽生姦,獨任成亂⑫。昔者魯聽季孫之説而逐孔子⑬,宋信子罕之計而囚墨翟⑭。夫以孔、墨之辯,不能自免於讒諛,而二國以危。何則?衆口鑠金⑮,積毀銷骨也⑯。是以秦用戎人由余而霸中國⑰;齊用越人蒙而彊威、宣⑱。此二國豈拘於俗,牽於世⑲,繫阿偏之辭哉⑳?公聽並觀㉑,垂明當世。故意合則胡、越爲昆弟,由余、越人蒙是矣;不合則骨肉出逐不收,朱、象、管、蔡是矣㉒。今人主誠能用齊、秦之明,後宋、魯之聽,則五伯不足稱,三王易爲也。

① 無:無論,不論。
② 見妒:被嫉妒。
③ 司馬喜:戰國時人,在宋國遭髕刑,後來三次做中山國宰相。髕腳:割除膝蓋骨的刑罰。事見《戰國策》和《吕氏春秋》。
④ 范雎:戰國時魏人。曾隨魏大夫須賈出使齊國,魏相魏齊懷疑他通齊,加以笞打。范雎逃到秦國,做了秦相,封爲應侯。事見《史記·范雎蔡澤列傳》。拉(lā):折斷。
⑤ 必然之畫:必定可行的謀劃。
⑥ 挾:持,保有。
⑦ 申徒狄:殷末人,進諫而不用,投黄河而死。事見《莊子》、《新序》。
⑧ 徐衍:周末人,厭惡亂世,投海自盡。事見《莊子》。
⑨ 苟取:馬馬虎虎地採取。比(bì)周:結黨營私。
⑩ 百里奚:原爲春秋時虞國人,晉獻公滅虞虜奚,將其作爲秦穆公夫人的陪嫁之臣。奚以爲恥,出逃後被楚人捉住,秦穆公用五羖羊皮贖回,並委以國政。
⑪ 甯戚:春秋時衛人,家貧爲人挽車。一次在齊國餵牛於車下,敲擊牛角唱歌,齊桓公認爲不同於凡人,任用爲上卿。事見《吕氏春秋》。
⑫ 獨:單獨,一意孤行。任:任用。
⑬ 季孫:指季桓子,魯國上卿。齊人送季桓子女樂,季桓子沉湎於歌舞享樂,孔子便離開了魯國。魯國信任季孫,這就等於放逐孔子。事見《論語·微子》。
⑭ 子罕:指宋國司城(即司空)樂喜。樂喜字子罕,爲宋國貴族戴公之後裔。
⑮ 鑠(shuò):鎔化。
⑯ 積毀:積久的讒毀。銷:鎔化,毀滅。
⑰ 由余:祖先是晉人,入居戎地,曾奉命出使秦地。秦穆公贈戎王女樂,戎王接受了,由余屢諫不聽。穆公又派人從中離間,迫使由余降秦。後來由余爲秦謀劃伐戎,使秦并國十二,闢地千里,稱霸西戎。
⑱ 越人蒙:越國人,名蒙。《漢書》作子臧。威、宣:指齊威王、齊宣王。此事出處不詳。
⑲ 牽:牽制。
⑳ 繫:束縛。阿:奉承,迎合。偏:片面。
㉑ 公聽:公正地聽取。並觀:全面地觀察。
㉒ 朱:丹朱,堯之子,不肖。象:舜的異母弟,曾謀害舜。管、蔡:管叔和蔡叔,周武王弟。武王死後周公攝政時,二人謀反,未遂,管叔被殺,蔡叔被流放。

是以聖王覺寤，捐子之之心①，而能不說於田常之賢②，封比干之後③，修孕婦之墓④，故功業復就於天下。何則？欲善無厭也。夫晉文公親其讎⑤，彊霸諸侯；齊桓公用其仇⑥，而一匡天下。何則？慈仁慇勤，誠加於心，不可以虛辭借也⑦。至夫秦用商鞅之法，東弱韓、魏，兵彊天下，而卒車裂之⑧；越用大夫種之謀⑨，禽勁吴，霸中國，而卒誅其身。是以孫叔敖三去相而不悔⑩，於陵子仲辭三公爲人灌園⑪。今人主誠能去驕慠之心，懷可報之意，披心腹，見情素⑫，墮肝膽⑬，施德厚，終與之窮達⑭，無愛於士⑮，則桀之狗可使吠堯，而蹠之客可使刺由⑯；況因萬乘之權⑰，假聖王之資乎⑱？然則荆軻之湛七族⑲，要離之燒妻子⑳，豈足道哉！

①捐：棄，抛棄。子之：戰國時燕王噲的相。噲聽信大臣的意見，仿效堯讓天下於許由和禹薦舉益的做法，讓國給子之。僅三年，燕國大亂，齊大舉伐燕，燕王噲死。事見《史記·燕召公世家》。

②田常：春秋時齊簡公的大臣，殺簡公，立平公，並任國相五年，獨攬國政。後來齊國姜氏政權終於被田氏取代。事見《史記·齊太公世家》。賢：才幹。

③比干：商紂王的忠臣，因諫諍被商紂殘殺，武王伐紂後，封比干之子。

④紂王曾剖孕婦之腹，後武王爲孕婦修墓。

⑤讎：仇人，指寺人披。他曾奉晉獻公命刺殺公子重耳，後重耳歸國爲晉文公，晉臣吕甥、郤芮密謀弑君，寺人披告密，使晉文公免難。事見《史記·晉世家》。

⑥仇：仇人，指管仲。齊襄公死後，公子小白由莒入齊，公子糾由管仲陪同從魯入齊。管仲發箭射中小白衣鈎，小白佯死，得以先入，立爲齊桓公。桓公伐魯，俘管仲，任爲國相，於是稱霸諸侯。事見《史記·齊太公世家》。

⑦以虛辭借：借用浮辭空話。

⑧車裂：古代酷刑，以牛馬駕車撕裂人體。

⑨大夫種：春秋時越國大夫文種，與范蠡共同輔佐越王句踐消滅吴國，功成後范蠡辭官逃亡，文種被逼自殺。事見《史記·越王句踐世家》。

⑩孫叔敖：楚人，三次相楚莊王。他"三得相而不喜，知其材自得之也；三去相而不悔，知非己之罪也"。事見《史記·循吏列傳》。

⑪於陵子仲：戰國齊人，居住在楚國於陵，號於陵子仲。楚王請他出任楚相，他攜妻逃去，爲人灌園。事跡散見於《孟子·滕文公下》、《戰國策·齊策》等。

⑫見（xiàn）：表現。素：通"愫"，真情。

⑬墮肝膽：猶言把心交出來。墮：輸也。（見《廣雅》）

⑭終：始終。窮：窘困。達：通暢，暢達。這句意思是對待士人始終如一，窮通與共。

⑮愛：吝惜。士：通"仕"，做官，這裏指官職。

⑯蹠：即盜跖。由：許由，傳説堯要把天下讓給他，被他拒絶。這兩句是説厚恩之

下，無不可使。
⑰ 因：憑借。權：權勢。
⑱ 資：資質，才能。
⑲ 湛（chén）：通"沈"，沈没，此處意爲誅殺。七族：親屬統稱。一説爲上至曾祖，下至曾孫。
⑳ 要（yāo）離：春秋時吳人，奉公子光（即吳王闔廬）命刺殺吳王僚之子慶忌。他讓吳王先斬斷右手，燒死妻子，然後僞詐出奔，入衛行刺慶忌。事見《吳越春秋》。

臣聞明月之珠、夜光之璧，以闇投人於道路①，人無不按劍相眄者②，何則？無因而至前也。蟠木根柢③，輪囷離詭④，而爲萬乘器者⑤，何則？以左右先爲之容也⑥。故無因至前，雖出隨侯之珠⑦、夜光之璧，猶結怨而不見德；故有人先談，則以枯木朽株樹功而不忘。今夫天下布衣窮居之士，身在貧賤，雖蒙堯、舜之術，挾伊、管之辯⑧，懷龍逢、比干之意⑨，欲盡忠當世之君，而素無根柢之容，雖竭精思，欲開忠信⑩，輔人主之治，則人主必有按劍相眄之跡，是使布衣不得爲枯木朽株之資也。

① 這句説，當黑暗的時候在道路上投擲到人面前。
② 按劍相眄：拔劍怒目斜視。
③ 蟠木：蟠結屈曲的樹木。根柢（dǐ）：樹根。
④ 輪囷：屈曲的樣子。離詭：盤根錯節的樣子。
⑤ 萬乘：指天子。器：指服玩之類的器物。
⑥ 左右：左右的人。爲之容：爲他雕刻容飾。
⑦ 隨侯之珠：傳説春秋時隨侯曾救活一條受傷的大蛇，後來大蛇從江中銜大珠來報答他。
⑧ 伊、管：伊尹、管仲。
⑨ 龍逢（péng）：關龍逢，傳説是夏代賢臣。桀荒淫奢侈，造酒池糟丘，龍逢極諫，被桀囚禁處死。
⑩ 開：展示，表現出。

是以聖王制世御俗①，獨化於陶鈞之上②，而不牽於卑亂之語，不奪於衆多之口③。故秦皇帝任中庶子蒙嘉之言④，以信荆軻之説，而匕首竊發；周文王獵涇、渭，載吕尚而歸⑤，以王天下。故秦信左右而殺，周用烏集而王⑥。何則？以其能越攣拘之語⑦，馳域外之議⑧，獨觀於昭曠之道也⑨。今人主沈於諂諛之辭，牽於帷裳之制⑩，使不羈之士與牛驥同皁⑪，此鮑焦所以忿於世而不留富貴之樂也⑫。

① 制世御俗：駕馭世俗，治理天下。
② 化：變化，調節。陶鈞：製陶器時用以旋轉的器具。化於陶鈞：比喻對事物的把握和調節。

③ 奪：改變。

④ 中庶子：漢代官名，是太子屬官。蒙嘉：戰國時秦王的寵臣。荆軻入秦後贈蒙嘉千金重幣，通過蒙嘉推薦得以面見秦王。

⑤ 吕尚：姜尚，因先人封於吕，故稱吕尚。吕尚在渭水釣魚，周文王打獵時相遇交談，認爲是賢能的人，便同車而歸。

⑥ 烏集：像烏鴉似的偶然聚合，這裏指萍水相逢的吕尚。

⑦ 越：超越。攣拘：又作"拘攣"，拘束牽制的意思。

⑧ 域外之議：没有疆域界限的議論。

⑨ 昭：光明。曠：空曠，廣闊。

⑩ 帷裳：窗帷衣裳，指左右臣妾。制：牽制、束縛。

⑪ 牛驥：牛馬。皁（zào）：皁棧，牲口槽。

⑫ 鮑焦：傳説中古代的隱士，耕田而食，穿井而飲，後因不滿世道，抱木餓死。

　　臣聞盛飾入朝者，不以利汙義；砥厲名號者①，不以欲傷行。故縣名"勝母"而曾子不入②，邑號"朝歌"而墨子回車③。今欲使天下寥廓之士④，攝於威重之權⑤，主於位勢之貴⑥，回面汙行以事諂諛之人⑦，而求親近於左右，則士伏死堀穴巖藪之中耳⑧，安肯有盡忠信而趨闕下者哉⑨？

① 砥厲：磨刀石，細的爲砥，粗的爲厲。這裏用作動詞，意思是磨練。名號：名譽，名聲。

② 縣名：《漢書》作"里名"，里巷的名稱。曾子很孝順，所以里名爲"勝母"，他就不進去。

③ 朝（zhāo）歌：殷故都，在今河南省湯陰縣南。墨子"非樂"，而"朝歌"意爲早晨唱歌，所以墨子掉轉車子而不入。

④ 寥廓：寬闊無垠。寥廓之士：器度曠達的士人。

⑤ 攝：通"懾"，畏懼。

⑥ 主：轄制，掌管。這裏用作被動。

⑦ 回面：掉轉面孔，意思是一反常態。

⑧ 堀（kū）：同"窟"。巖：崖岸。藪：湖澤。

⑨ 闕下：官闕下面，指朝廷。

報孫會宗書①

楊惲

【説明】 楊惲（？—前54），字子幼，西漢華陰（在今陝西省）人。他是丞相楊敞之子，司馬遷的外孫。漢宣帝時被任爲郎，因素有才幹，好結交豪傑儒生，在朝廷上很有名望。霍光子孫謀反，楊惲告發有功，封平通侯，遷中郎將，官至光禄勳（即郎中令）。楊爲人直率耿介，高大自詡，遭到同僚怨恨。與宣帝近臣太僕戴長樂不和，戴上書告他平時言語不敬，於是被免爲庶人。後來發生日蝕，又有人

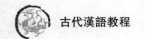

上書謂楊惲驕奢不悔過所致,宣帝乃將其下獄,並搜出其寫給孫會宗的信。宣帝見信極爲不悅,乃判定大逆不道罪名,處以腰斬,妻子流放酒泉(在今甘肅),與楊惲交好者,包括孫會宗在内,一律免官。

《報孫會宗書》見於《漢書》楊惲本傳(附《楊敞傳》後),也收入《文選》。在這篇文章中,楊惲對橫遭冤獄滿懷憤懣,嬉笑怒駡,矛頭直指權貴君主,表現了桀驁不馴的性格。歷來人們認爲本文頗具司馬遷《報任安書》的風格。

惲材朽行穢②,文質無所厎③;幸賴先人餘業,得備宿衛④。遭遇時變,以獲爵位⑤,終非其任,卒與禍會。足下哀其愚蒙⑥,賜書,教督以所不及⑦,殷勤甚厚。然竊恨足下不深惟其終始⑧,而猥隨俗之毀譽也⑨。言鄙陋之愚心,則若逆指而文過⑩;默而息乎,恐違孔氏"各言爾志"之義⑪。故敢略陳其愚,唯君子察焉⑫。

① 孫會宗:西漢時西河(在今内蒙古准格爾旗西南)人,官安定(今甘肅平涼)太守,是楊惲的朋友。楊惲被免爲庶人以後,治産業,起屋宅,以財自娛。孫會宗寫信勸誡他"大臣廢退,當闔門惶懼","不當治産業,通賓客,有稱譽"。楊惲心懷不服,便寫了這封復信。
② 材朽:材料腐朽。行穢:品行卑污。
③ 文質:文采和本質。厎(zhǐ):至,達到。無所厎:意爲没有什麽可用的。
④ 先人:指父親楊敞,官至丞相。備:備位,謙詞,意思是空佔位子,權充其數。宿衛:宫中值宿警衛的官員。
⑤ 時變:指與董忠一道告發故大將軍霍光子霍禹等謀反事。霍氏被誅後,楊惲受封平通侯,董忠受封高昌侯。
⑥ 愚蒙:愚笨蒙昧。
⑦ 教督:教訓督察。
⑧ 恨:遺憾。惟:思,思考。
⑨ 猥:苟且,馬虎。毀譽:此處爲偏義複詞,即詆毀。
⑩ 逆指:拂逆你的意旨。文(wèn)過:文飾自己的過錯。
⑪ 各言爾志:語見《論語·公冶長》。
⑫ 唯:句首語氣詞,表示祈使。君子:對孫會宗的尊稱。

惲家方隆盛時,乘朱輪者十人①,位在列卿②,爵爲通侯③,總領從官④,與聞政事。曾不能以此時有所建明,以宣德化,又不能與羣僚同心并力,陪輔朝廷之遺忘,已負竊位素餐之責久矣⑤。懷禄貪勢,不能自退,遭遇變故⑥,橫被口語⑦,身幽北闕⑧,妻子滿獄。當此之時,自以夷滅不足以塞責⑨,豈意得全其首領,復奉先人之丘墓乎?伏惟聖主之恩⑩,不可勝量。君子游道⑪,樂以忘憂;小人全軀⑫,說以忘罪。竊自私念,過已大矣,行已虧矣,長爲農夫以没世矣⑬。是故身率妻子,戮力耕桑,灌園治産,以給公上⑭,不意當復用此爲譏議也⑮。

① 朱輪：指以朱紅漆輪的車子,古代高官所乘。
② 列卿：九卿之列。九卿是古代中央政府的九個高級官職。
③ 通侯：原作"徹侯",避漢武帝諱,改稱通侯。秦漢時爵位名,用以封異姓功臣。列卿、通侯之稱當指其父楊敞。
④ 從官：皇帝的侍從官。楊惲封侯後,擢陞爲諸吏光祿勳,官中郎官由他管轄。
⑤ 竊位：竊取官位,未盡其職。素餐：語見《詩經·魏風·伐檀》,意爲不勞而食。
⑥ 變故：指與太僕戴長樂鬧矛盾,互相詆毀,以致被論罪失官。
⑦ 被：遭受,蒙受。口語：指別人訾議自己的言語。
⑧ 北闕：宮廷北面的門樓。
⑨ 夷滅：滅族。
⑩ 伏惟：敬詞,俯伏在地上思考。
⑪ 游道：交游行道。
⑫ 小人：自謙之詞。全軀：保全身軀。
⑬ 没世：死。
⑭ 公上：公家官府。給公上：供給公家政府賦税。
⑮ 當復：居然還。用此：以此,因此。

夫人情所不能止者,聖人弗禁,故君父至尊親①,送其終也②,有時而既③。臣之得罪已三年矣。田家作苦④,歲時伏臘⑤,亨羊炰羔⑥,斗酒自勞。家本秦也⑦,能爲秦聲。婦趙女也,雅善鼓瑟⑧。奴婢歌者數人,酒後耳熱,仰天拊缶而呼烏烏⑨。其詩曰："田彼南山⑩,蕪穢不治⑪,種一頃豆⑫,落而爲萁⑬。人生行樂耳,須富貴何時⑭!"是日也,拂衣而喜,奮袖低卬⑮,頓足起舞,誠淫荒無度,不知其不可也。惲幸有餘祿,方糴賤販貴,逐什一之利,此賈豎之事,汙辱之處,惲親行之。下流之人,衆毀所歸,不寒而栗⑯。雖雅知惲者猶隨風而靡⑰,尚何稱譽之有! 董生不云乎⑱："明明求仁義,常恐不能化民者,卿大夫意也；明明求財利,常恐困乏者,庶人之事也⑲。"故"道不同,不相爲謀"⑳,今子尚安得以卿大夫之制而責僕哉？

① 古人以國君爲至尊,以父爲至親。
② 送其終：爲君、父服喪。
③ 既：已,結束。有時而既：指古時臣、子爲君、父服喪三年,除喪後行動不再受限。
④ 田家：種田人家。作苦：勞作辛苦。
⑤ 伏、臘：伏日,臘日,都是祭祀的節日。
⑥ 亨：同"烹"。炰(páo)：一種帶毛烤肉的方法。
⑦ 秦：秦地。楊惲是華陰人,華陰屬秦地。
⑧ 雅：甚,很。
⑨ 缶(fǒu)：瓦器,秦人拍擊瓦器以示唱歌的節奏。烏烏：唱歌的聲音。

⑩ 田：種植。
⑪ 蕪穢：荒蕪。
⑫ 一頃：百畝。
⑬ 其：豆莖。
⑭ 須：等待。
⑮ 褎："袖"的古字。奮褎：用力甩動衣袖，形容激動的樣子。卬：同"昂"。
⑯ 栗：竦懼畏縮。後來寫作"慄"。
⑰ 靡：倒下。此句意爲瞭解楊惲的人也追逐衆議，對他加以詆毀。
⑱ 董生：董仲舒，景帝時博士，武帝時授江都相。
⑲ 引文見董仲舒《對賢良策》三。原文"明明"作"皇皇"，意同"惶惶"，急遽怱忙的樣子。
⑳ 語見《論語·衛靈公》。

　　夫西河魏土①，文侯所興②，有段干木、田子方之遺風③，漂然皆有節槩④，知去就之分。頃者足下離舊土⑤，臨安定⑥。安定山谷之間，昆戎舊壤⑦，子弟貪鄙，豈習俗之移人哉⑧？於今乃睹子之志矣！方當盛漢之隆，願勉旃⑨，毋多談。

① 西河：戰國時魏地，在今陝西東部黄河以西地區。孫會宗是漢西河郡人，跟西河魏土不是一個地方，此處故意張冠李戴，帶有譏諷意味。
② 文侯：魏文侯，是當時的賢君。曾以賢人田子方、段干木爲師，任西門豹治鄴。
③ 段干木：戰國時晉人，隱居不仕。魏文侯訪他，他跳墻躲避，魏文侯便以客禮相待，路過他家門就伏軾致敬。田子方：戰國時魏人，魏文侯曾師事他。
④ 漂然：高遠意。節槩：志節氣概。
⑤ 頃者：近來。舊土：故土，故鄉。
⑥ 安定：漢郡名，在今甘肅平涼一帶。孫會宗當時爲安定太守。
⑦ 昆戎：即昆夷，也就是西戎，殷周時西北地區的少數民族。
⑧ 移：移動，改變。移人：改變人的志節。
⑨ 旃："之焉"的合音。勉旃：勉力去做你的官吧。

練習十四

一、説明下列句中加點部分的句法特點。
　1. 如今人方爲刀俎，我爲魚肉，何辭爲！
　2. 丘也聞不言之言矣，未之嘗言，於此乎言之。
　3. 齊趣下三國，不且見屠。
　4. 貴爲天子，富有天下，而身爲禽者，其救敗非也。
　5. 平陽侯曹參身被七十創，攻城略地，功最多。
　6. 古者民有三疾，今者或是之亡也。
　7. 安之者，是安天下之本也。

二、把下文譯成現代漢語。
　1. 初，兄子嚴、敦，並喜譏論，而通輕俠客，援前在交阯，還書誡之曰："吾欲汝曹聞人過失,如聞父母之名,耳可得聞,口不可得言也。好議論人長短,妄是非正法,此吾所大惡也。寧死不願聞子孫有此行也。汝曹知吾惡之甚矣,所以復言者,施衿結褵,申父母之戒,欲使汝曹不忘之耳。龍伯高敦厚周慎,口無擇言,謙約節儉,廉公有威,吾愛之重之,願汝曹效之。杜季良豪俠好義,憂人之憂,樂人之樂,清濁無所失,父喪致客,數郡畢至,吾愛之重之,不願汝曹效也。效伯高不得,猶爲謹敕之士,所謂刻鵠不成,尚類鶩者也;效季良不得,陷爲天下輕薄子,所謂畫虎不成,反類狗者也。訖今季良尚未可知,郡將下車,輒切齒,州郡以爲言,吾常爲寒心,是以不願子孫效也。"(《後漢書·馬援傳》)

2. 且事本末未易明也。僕少負不羈之才,長無鄉曲之譽。主上幸以先人之故,使得奏薄技,出入周衛之中。僕以爲戴盆何以望天,故絕賓客之知,忘室家之業,日夜思竭其不肖之才力,務一心營職,以求親媚於主上。而事乃有大謬不然者!夫僕與李陵俱居門下,素非能相善也。趣舍異路,未嘗銜杯酒,接慇懃之餘懽。然僕觀其爲人,自守奇士:事親孝,與士信,臨財廉,取與義,分別有讓,恭儉下人,常思奮不顧身,以徇國家之急。其素所蓄積也,僕以爲有國士之風。夫人臣出萬死不顧一生之計,赴公家之難,斯已奇矣。今舉事一不當,而全軀保妻子之臣,隨而媒孽其短,僕誠私心痛之。且李陵提步卒不滿五千,深踐戎馬之地,足歷王庭,垂餌虎口,橫挑彊胡,仰億萬之師,與單于連戰十有餘日,所殺過當。虜救死扶傷不給,旃裘之君長咸震怖。乃悉徵其左右賢王,舉引弓之民,一國共攻而圍之。轉鬥千里,矢盡道窮,救兵不至,士卒死傷如積。然陵一呼勞軍,士無不起,躬自流涕,沬血飲泣,更張空拳,冒白刃,北嚮爭死敵者。陵未沒時,使有來報,漢公卿王侯皆奉觴上壽。後數日,陵敗書聞,主上爲之食不甘味,聽朝不怡,大臣憂懼,不知所出。僕竊不自料其卑賤,見主上慘愴怛悼,誠欲效其款款之愚,以爲李陵素與士大夫絕甘分少,能得人死力,雖古之名將,不能過也。身雖陷敗,彼觀其意,且欲得其當而報於漢。事已無可奈何,其所摧敗,功亦足以暴於天下矣。僕懷欲陳之,而未有路,適會召問,即以此指,推言陵之功。欲以廣主上之意,塞睚眦之辭。未能盡明,明主不曉,以爲僕沮貳師,而爲李陵游說,遂下於理。拳拳之忠,終不能自列,因爲誣上,卒從吏議。家貧,貨賂不足以自贖;交遊莫救,左右親近不爲一言。身非木石,獨與法吏爲伍,深幽囹圄之中,誰可告愬者!此真少卿所親見,僕行事豈不然乎?李陵既生降,隤其家聲,而僕又佴之蠶室,重爲天下觀笑。悲夫!悲夫!事未易一二爲俗人言也。(司馬遷《報任安書》)

三、閱讀下文,在空白處分別正確填入"也"或"矣"。

　　方今之務,莫若使民務農而已__。欲民務農,在於貴粟,貴粟之道,在於使民以粟爲賞罰。今募天下入粟縣官,得以拜爵,得以除罪。如此,富人有爵,農民有錢,粟有所渫。夫能入粟以受爵,皆有餘者__。取於有餘以供上用,則貧民之賦可損,所謂損有餘、補不足,令出而民利者__。順於民心,所補者三:一曰主用足,二曰民賦少,三曰勸農功。今令:"民有車騎馬一匹者,復卒三人。"車騎者,天下武備__,故爲復卒。神農之教曰:"有石城十仞,湯池百步,帶甲百萬,而亡粟,弗能守__。"以是觀之,粟者,王者大用,政之本務。令民入粟受爵,至五大夫以上,乃復一人耳,此其與騎馬之功相去遠__。爵者,上之所擅,出於口而無窮;粟者,民之所種,生於地而不乏。夫得高爵與免罪,人之所甚欲__。使天下人入粟於邊,以受爵免罪,不過三歲,塞下之粟必多__。(鼂錯《論貴粟疏》)

第八章　三國魏晉南北朝文

與曹操論盛孝章書　　　孔融

【説明】　孔融(153—208),字文舉,魯國(今山東曲阜)人。漢末文學家,"建安七子"之一。歷任北海相、少府、大中大夫等職。爲人恃才傲物,終因屢次觸怒曹操被殺。孔融的詩,慷慨激昂;其文,鋒利簡潔,頗多譏嘲之辭。有《孔北海集》。

　　本篇是孔融的推薦書信。盛孝章名憲,三國吳會稽(今浙江紹興)人,曾任吳郡太守,爲人器量高雅宏偉,爲當時名士。孫策平定會稽後,忌其名望而囚禁之。孔融叙述了盛孝章面臨的困境,希望曹操解救任賢。曹操徵爲都尉,徵命未至,盛孝章已被孫權所害。本文言辭恳切流暢,豪邁之氣四溢,深爲後人推重。

　　歲月不居,時節如流,五十之年,忽焉已至。公爲始滿①,融又過二。海内知識②,零落殆盡③,惟會稽盛孝章尚存。其人困於孫氏④,妻孥湮没⑤,單孑獨立⑥,孤危愁苦。若使憂能傷人⑦,此子不得永年矣⑧!

① 公:指曹操。始滿:指剛滿五十歲。
② 知識:指相知相識的人。
③ 零落:指死亡。殆:近。
④ 孫氏:指孫策。
⑤ 孥(nú):兒女。湮没:指喪亡。
⑥ 孑(jié):孤獨無援。
⑦ 若使:假如。
⑧ 永年:指長壽。

　　《春秋傳》曰:"諸侯有相滅亡者,桓公不能救,則桓公恥之①。"今孝章實丈夫之雄也,天下談士依以揚聲②,而身不免於幽縶③,命不期於旦夕,是吾祖不當復論損益之友④,而朱穆所以絶交也⑤。公誠能馳一介之使⑥,加咫尺之書⑦,則孝章可致⑧,友道可弘矣⑨。

① "《春秋傳》曰……"四句:《公羊傳·僖公元年》:"邢已亡矣。孰亡之?蓋狄滅之。曷爲不言狄滅之?爲桓公諱也。曷爲爲桓公諱?上無天子,下無方伯,天下諸侯有相滅亡者,桓公不能救,則桓公恥之。"此以曹操比齊桓公,暗示他解救孝章是義不容辭的事。

② 談士:談論學問的人。揚聲:傳揚名聲。

③ 身:指盛孝章。幽縶(zhí):被囚禁。

④ 吾祖:指孔子。孔融爲孔子後裔,故稱。論損益之友:《論語·季氏》:"孔子曰:益者三友,損者三友。友直,友諒,友多聞,益矣;友便辟,友善柔,友便佞,損矣。"

⑤ 朱穆:字公叔,東漢後期人。他感到世風澆薄,友道不能發揚,作《絕交論》以抨擊之。

⑥ 一介:一個。

⑦ 咫(zhǐ):長八寸曰咫。咫尺之書:指簡短的書信。

⑧ 致:招致。

⑨ 弘:發揚,光大。

今之少年,喜謗前輩,或能譏評孝章。孝章要爲有天下大名①,九牧之人所共稱嘆②。燕君市駿馬之骨③,非欲以騁道里,乃當以招絕足也④。惟公匡復漢室⑤,宗社將絕⑥,又能正之。正之之術,實須得賢。珠玉無脛而自至者⑦,以人好之也,況賢者之有足乎!昭王築臺以尊郭隗⑧,隗雖小才,而逢大遇,竟能發明主之至心,故樂毅自魏往⑨,劇辛自趙往⑩,鄒衍自齊往⑪。嚮使郭隗倒懸而王不解⑫,臨溺而王不拯,則士亦將高翔遠引,莫有北首燕路者矣⑬。凡所稱引⑭,自公所知,而復有云者,欲公崇篤斯義也⑮,因表不悉⑯。

① 要:要之,總之。

② 九牧:指九州。古代九州長官叫牧伯,所以稱九州爲九牧。

③ 燕君市駿馬之骨:《戰國策·燕策》講到,郭隗對燕昭王説,古代有一個國君以五百金買了千里馬的尸骨,天下人知其愛馬,不到一年就獻上了三匹千里馬。市:買。

④ 絕足:指駿馬。絕:獨一無二。

⑤ 惟:表敬語氣詞。匡復:匡救恢復。

⑥ 宗社:宗廟社稷,指國家政權。

⑦ 脛:脛,小腿。"珠玉無脛……"句:《韓詩外傳》:"蓋胥謂晉平公曰:'珠出於海,玉出於山,無足而至者,好之也;士有足而不至者,君不好也。'"

⑧ 昭王:燕昭王。昭王爲郭隗築宮而師事之。

⑨ 樂毅:原爲魏人,仕燕昭王,拜上將軍。爲燕伐齊,下七十餘城,封昌國君。昭王死後,子惠王中齊人反間之計,使騎劫代之,毅乃奔趙。趙封之於觀津,號望諸君。

⑩ 劇辛:戰國時人,有賢才,與樂毅等仕燕。破齊之計,其功居多。

⑪ 鄒衍:齊人,陰陽家。主張大九州說,燕昭王師事之。

⑫ 倒懸:指困苦危急。《孟子·公孫丑上》:"萬乘之國行仁政,民之悦之,猶解倒

懸也。"

⑬ 北首：頭朝向北方。

⑭ 稱引：稱說引述。

⑮ 篤：厚，指重視。

⑯ 因表：因而上表。悉：盡。不悉：不一一盡言。

讓縣自明本志令

曹操

【説明】 曹操(155—220)，字孟德，沛國譙縣(今安徽亳州)人。年二十舉孝廉，徵拜爲議郎。因參加鎮壓黄巾起義，遷爲濟南相。後起兵討董卓，迎獻帝遷都許昌，復擊滅袁術、袁紹，成爲北方的實際統治者。位至丞相及大將軍，封魏王。曹丕稱帝，追尊爲武帝。

曹操的詩氣魄雄偉，慷慨悲涼，散文亦清峻整潔。遺著《魏武帝集》已佚，有明人輯本。又有今人整理排印本《曹操集》。

建安元年(196)，曹操迎獻帝遷都許昌，獻帝以曹操爲大將軍，封武平侯。建安十五年(210)，曹操統一淮河以北的廣大地區，政權逐漸鞏固。針對說他想要篡漢自立的議論，曹操作了這篇令(上告下的文書)，以披露襟懷，並奉還大部分食邑。文章坦率典重，表現了作者非凡的氣度和見識。

孤始舉孝廉①，年少，自以本非巖穴知名之士②，恐爲海内人之所見凡愚③，欲爲一郡守，好作政教，以建立名譽，使世士明知之。故在濟南，始除殘去穢④，平心選舉，違迕諸常侍⑤，以爲彊豪所忿，恐致家禍，故以病還。去官之後，年紀尚少，顧視同歲中⑥，年有五十，未名爲老。内自圖之：從此卻去二十年⑦，待天下清，乃與同歲中始舉者等耳。故以四時歸鄉里⑧，於譙東五十里築精舍，欲秋夏讀書，冬春射獵；求底下之地，欲以泥水自蔽⑨，絶賓客往來之望。然不能得如意。

① 孤：古代侯王的謙稱。孝廉：孝，指善事父母；廉，指清廉方正。漢武帝時始令郡國每年舉孝、廉各一人。後來合稱孝廉。後漢時，郡國二十萬人中每年舉孝廉一人。

② 巖穴：指隱居不做官。

③ "恐爲海内……"句：意思是，恐怕被國人以平凡愚鈍的人看待。

④ 在濟南，始除殘去穢：中平元年(184)，曹操由騎都尉遷爲濟南相。到任後，奏免了阿附貴戚、貪污狼藉的八個官員，使郡内風氣肅然。

⑤ 常侍：中常侍。後漢時中常侍多由宦官充任，權勢很大，地方官多所逢迎。

⑥ 同歲：指同年被舉薦的人。

⑦ 卻去：往後。

⑧ 以：於。

⑨"求底下……"句：指居僻遠之鄉而不欲爲人所知。底：低。

後徵爲都尉，遷典軍校尉①，意遂更欲爲國家討賊立功，欲望封侯作征西將軍，然後題墓道言"漢故征西將軍曹侯之墓②"，此其志也③。而遭值董卓之難，興舉義兵。是時合兵能多得耳④，然常自損，不欲多之。所以然者，兵多意盛，與彊敵爭，倘更爲禍始⑤。故汴水之戰數千⑥，後還到揚州更募⑦，亦復不過三千人，此其本志有限也。後領兖州⑧，破降黃巾三十萬衆。又袁術僭號於九江⑨，下皆稱臣，名門曰"建號門"，衣被皆爲天子之制⑩，兩婦預爭爲皇后。志計已定，人有勸術使遂即帝位，露布天下⑪。答言："曹公尚在，未可也。"後孤討禽其四將，獲其人衆，遂使術窮亡解沮⑫，發病而死。及至袁紹據河北⑬，兵勢彊盛。孤自度勢，實不敵之。但計投死爲國⑭，以義滅身，足垂於後。幸而破紹，梟其二子⑮。又劉表自以爲宗室，包藏姦心，乍前乍卻，以觀世事⑯，據有荆州。孤復定之，遂平天下。身爲宰相，人臣之貴已極，意望已過矣。

① 遷典軍校尉：操自濟南歸鄉後，到中平五年，始爲典軍校尉。
② 墓道：墓前的神道。這裏指神道碑。故：死去的。
③ 其：指曹操自己。
④ 合兵：糾集兵卒。
⑤ 倘：或者。
⑥ 汴(biàn)水之戰：中平六年，董卓廢漢少帝劉辯爲弘農王，立劉協爲獻帝，自爲太尉、相國，專擅國政。初平元年(190)，諸侯討伐董卓，曹操兵敗滎陽汴水。
⑦ 還到揚州更募：汴水之戰曹兵損失頗多，於是和夏侯惇赴揚州招募兵卒三千餘人。
⑧ 領兖(yǎn)州：初平三年，操爲兖州刺史。
⑨ 僭(jiàn)：超越本分，指下級冒用上級名義。僭號：僭用帝王名號。九江：後漢九江郡，在今安徽定遠。
⑩ 衣被：服飾。
⑪ 露布：佈告。
⑫ 解：瓦解。沮(jū)：喪敗。窮亡解沮：指潰敗。
⑬ 河北：黃河以北。袁紹據河北：袁紹據冀、青、幽、并四州，包括今河北、山西兩省及山東、河南一部分。
⑭ 投死：效死，致死力。
⑮ 梟(xiāo)：斬首而懸之示衆。二子：袁譚、袁尚。
⑯ 觀世事：觀察世事之變以漁利。

今孤言此，若爲自大，欲人言盡①，故無諱耳。設使國家無有孤，不知當幾人稱帝，幾人稱王。或者人見孤彊盛，又性不信天命之事，恐私心相評②，言有不遜之志，妄相忖度，每用耿耿③。齊桓、晉文所以垂稱至今日者④，以其兵勢廣大，猶能奉事周室也。《論語》云："三分天下有其二，以服事殷，周之德可謂至德矣⑤。"夫能以大事小也。昔樂毅走趙⑥，趙王欲與之圖燕。樂毅伏而垂泣，對曰："臣事昭王，猶事大王。臣若獲戾⑦，放在他國⑧，沒世然後已⑨，不忍謀趙之徒隸，況燕後嗣乎！"胡亥之殺蒙恬也，恬曰："自吾先人及至子孫，積信於秦三世矣⑩。今臣將兵三十餘萬，其勢足以背叛，然自知必死而守義者，不敢辱先人之教以忘先王也。"孤每讀此二人書，未嘗不愴然流涕也。孤祖、父以至孤身⑪，皆當親重之任，可謂見信者矣，以及子桓兄弟⑫，過於三世矣。孤非徒對諸君説此也⑬，常以語妻妾，皆令深知此意。孤謂之言："顧我萬年之後⑭，汝曹皆當出嫁，欲令傳道我心，使他人皆知之。"孤此言皆肝鬲之要也⑮。所以勤勤懇懇敍心腹者，見周公有《金縢》之書以自明⑯，恐人不信之故。

① 若：好像。欲人言盡：想叫人再没什麽可説的。

② 相評：評論我。

③ 每：常。用：因（此）。耿耿：心中不安。

④ 垂：流傳。

⑤ 見《論語·泰伯》。稱讚周文王其力雖足以取商而代之，却依然服事商紂。

⑥ 樂毅走趙：樂毅率燕昭王，率燕、趙、韓、魏、楚五國之兵伐齊，破臨淄，下齊七十餘城。昭王死，惠王中田單反間計，使騎劫代樂毅為將。樂毅恐，逃往趙國。

⑦ 戾（lì）：罪。

⑧ 放：流放。

⑨ 没世：死。

⑩ 三世：指祖父蒙驁，父蒙武，以及蒙恬。三人皆為秦之名將。

⑪ 孤祖、父以至孤身：操為丞相，其父曹嵩為太尉，祖父曹騰為中常侍大長秋，封費亭侯。嵩為騰之養子。

⑫ 子桓：曹操兒子曹丕的字。

⑬ 徒：單單，祇是。

⑭ 顧：顧念，考慮。

⑮ 鬲（gé）：同"膈"，胸腹間的肌肉膜。肝鬲之要：肺腑之言。

⑯ 《金縢》：《尚書》篇名。縢：封緘。周武王病，周公作策書告神，請代死；然後將策書放在用金屬緘封的匣中。成王即位，謠傳周公欲篡其位。周公退居洛陽。成王見匣中禱詞，方知周公忠誠勤苦，便請周公返回。

然欲孤便爾委捐所典兵衆以還執事①，歸就武平侯國，實不可也。何者？誠恐己離兵為人所禍也。既為子孫計，又己敗則國家傾危，是以不得慕虛名而處實禍，此所不得為也。前朝恩封三子為侯，固辭不受；今更欲受之，非欲復以為榮，欲以為外援為萬安計。孤聞介推之避晉封②，申胥之逃楚賞③，未嘗不舍書而歎，有以自省也。奉國威靈，仗鉞征伐④，推弱以克彊⑤，處小而禽大。意之所圖，動無違事，心之所慮，何向不濟，遂蕩平天下，不辱主命，可謂天助漢室，非人力也。然封兼四縣，食户三萬，何德堪之！江湖未静⑥，不可讓位；至於邑土，可得而辭。今上還陽夏、柘、苦三縣户二萬⑦，但食武平萬户，且以分損謗議，少減孤之責也。

① 便爾：就，立即。委捐：放棄。典：掌管。執事：主管人。

② 介推：介之推，亦作介子推，春秋時人。從晉公子重耳出亡十九年，重耳返晉爲君，介不談禄位，與母隱居綿山。後重耳請他出山不允，焚山以逼，介之推抱木而死。

③ 申胥：申包胥，春秋時楚大夫。伍員引吳兵伐楚，攻入郢都。申包胥於秦廷哭七晝夜，秦王感其誠，遂發兵救楚。吳兵退，楚昭王欲賞賜功臣，申包胥逃而不受。

④ 鉞(yuè)：古代兵器，亦爲儀仗。天子出征時，仗黄鉞。仗鉞征伐：意謂代天子征伐。

⑤ 推：因，就……的條件。

⑥ 江湖未静：天下尚未平定，指尚有孫權、劉備與之抗争。

⑦ 上：進奉。陽夏(jiǎ)：今河南省太康縣。柘(zhè)：今河南省柘城縣。苦：今河南省鹿邑縣。

典論·論文

曹丕

【説明】 曹丕(187—226)，字子桓，沛國譙縣(今安徽亳州)人，曹操次子。操死，嗣位爲丞相、魏王。公元220年，迫漢獻帝禪位，建立魏王朝，謚文帝。曹丕性好文學，創作和理論都頗有成就。詩受民歌影響，語言通俗，描寫細緻。《燕歌行》是最早的文人七言詩，《典論·論文》開文學批評之風氣。有《魏文帝集》。

《典論》共二十篇，討論各種事物的法則。其中《論文》篇爲漢魏文學批評史上最重要的文獻，是我國文學批評史上專篇論文的開始。文中比較公允地評論了建安七子的優劣，肯定了文章具有"經國之大業，不朽之盛事"的功能和價值，指出了奏議、書論、銘誄、詩賦四種文體的作用和特點。文中接觸到了文學的價值問題、作家的個性與作品的風格問題、文體問題、文學批評的態度問題，突破了兩漢以來輕視文學的觀點。

文人相輕，自古而然。傅毅之於班固①，伯仲之間耳②，而固小之，與弟超書曰："武仲以能屬文爲蘭臺令史③，下筆不能自休④。"夫人善於自見，而文非一體，鮮能備善，是以各以所長，相輕所短。里語曰："家有弊帚,享之千金⑤。"斯不自見之患也。

① 傅毅:字武仲,茂陵(今陝西省興平縣)人,漢章帝時爲蘭臺令史,拜郎中,和班固、賈逵等共同掌管政府的珍秘圖書。班固:字孟堅,東漢扶風安陵(今陝西咸陽東北)人,史學家、文學家,《漢書》的作者。
② 伯仲之間:兄弟之間。指不相上下。
③ 屬(zhǔ):連綴。屬文:作文章。
④ 休:息,止。下筆不能自休:指文章寫得冗長散漫。
⑤ 里語:俗語。弊帚:壞掃帚。享:黄侃説:"李善注作'亨'是,言敝帚之值,通於千金,極言重視己物耳。作享無義。然亨享古皆通作亯,特當訓爲通,而不當就享字立訓耳。"

今之文人,魯國孔融文舉①,廣陵陳琳孔璋②,山陽王粲仲宣③,北海徐幹偉長④,陳留阮瑀元瑜⑤,汝南應瑒德璉⑥,東平劉楨公幹⑦:斯七子者,於學無所遺,於辭無所假⑧,咸以自騁驥騄於千里⑨,仰齊足而并馳⑩。以此相服,亦良難矣⑪!蓋君子審己以度人,故能免於斯累,而作論文⑫。

① 魯國:今山東曲阜。孔融(153—208):字文舉,漢獻帝時爲北海相,不久拜太中大夫。後被曹操忌殺。有《孔北海集》。
② 廣陵:今江蘇揚州一帶。陳琳(? —217):字孔璋,曾替袁紹寫信給曹操,陳説操之罪狀。後歸降曹操,爲記室。操愛其才,多使其撰寫軍國公文。
③ 山陽:今山東省金鄉縣。王粲(177—217):字仲宣,漢末避亂荆州,依附劉表。後爲魏侍中。
④ 北海:今山東壽光一帶。徐幹(171—218):字偉長。著《中論》。
⑤ 陳留:今河南省開封市東南。阮瑀(yǔ)(? —212):字元瑜,佐曹操爲司空軍謀祭酒。有《阮元瑜集》。
⑥ 汝南:今河南省汝南縣。應瑒(yáng)(? —217):字德璉,佐曹操,爲丞相掾屬,後爲五官將文學。有《應德璉集》。
⑦ 東平:今山東省東平縣。劉楨(? —217):字公幹,善辭令,仕魏,爲丞相掾屬。
⑧ 假:依傍,因襲。
⑨ 驥(jì)騄(lù):良馬。
⑩ 仰:仗恃。齊足:指同等之才。
⑪ 良:很,甚。
⑫ 君子:曹丕自謂。論文:評論的文章。

王粲長於辭賦;徐幹時有齊氣①,然粲之匹也②。如粲之《初征》《登樓》《槐賦》《征思》,幹之《玄猿》《漏卮》《圓扇》《橘賦》,雖張、蔡不過也③。然於他文,未能稱是④。琳、瑀之章表書記⑤,今之雋也⑥。應瑒和而不壯⑦;劉楨壯而不密⑧。孔融體氣高妙,有過人者;然不能持論⑨,理不勝辭⑩;以至乎雜以嘲戲⑪,及其所善,揚、班儔也⑫。

① 齊氣：齊地的文體舒緩，而曹丕主張遒健，故以齊氣爲嫌。
② 然粲之匹也：但也是王粲的對手。匹：匹敵，彼此相等。
③ 張：張衡。蔡：蔡邕。
④ 稱(chèn)：適合，相當。
⑤ 章、表、書、記：爲四種文體的名稱。
⑥ 雋(jùn)：卓異，特異出衆。
⑦ 和：平和。壯：雄壯。
⑧ 密：精密。
⑨ 持論：指樹立自己的主張。
⑩ 理不勝辭：長於文辭，短於説理。
⑪ 嘲戲：譏嘲戲謔。
⑫ 揚：揚雄。班：班固。儔(chóu)：同類的人。

常人貴遠賤近，向聲背實①；又患闇於自見，謂己爲賢。夫文，本同而末異②。蓋奏議宜雅③，書論宜理④，銘誄尚實⑤，詩賦欲麗⑥。此四科不同，故能之者偏也；唯通才能備其體。文以氣爲主，氣之清濁有體，不可力強而致⑦。譬諸音樂，曲度雖均⑧，節奏同檢⑨，至於引氣不齊⑩，巧拙有素⑪，雖在父兄，不能以移子弟。

① 向聲背實：崇尚虛名，不重實際。
② 本：本源，指一切文章的共同性。末：指不同文體的特殊性。
③ 奏議：臣向君主陳述意見的一種文體。雅：典雅。
④ 書：士大夫寫給國君的書札之類。論：議論文章。
⑤ 銘誄(lěi)：爲哀悼死者稱述死者德行的文字。
⑥ 麗：指詞采華美。
⑦ 強(qiǎng)：勉強。
⑧ 曲度：指樂曲中音調緩急抑揚的法度。
⑨ 同檢：同一法式。
⑩ 引氣：指吹簫管時的運氣。喻指由作家個性導引而來的文章風格。
⑪ 素：本。

蓋文章，經國之大業①，不朽之盛事②。年壽有時而盡，榮樂止乎其身。二者必至之常期，未若文章之無窮。是以古之作者，寄身於翰墨，見意於篇籍，不假良史之辭，不託飛馳之勢③，而聲名自傳於後。故西伯幽而演《易》④，周旦顯而制《禮》⑤，不以隱約而弗務⑥，不以康樂而加思⑦。夫然，則古人賤尺璧而重寸陰⑧，懼乎時之過已！而人多不強力⑨：貧賤則懾於饑寒，富貴則流於逸樂⑩，遂營目前之務，而遺千載之功。日月逝於上，體貌衰於下，忽然與萬物遷化，斯志士之大痛也！融等已逝，唯幹著論⑪，成一家言。

① 經國：治國。
② 不朽之盛事：《左傳·襄公二十四年》："太上有立德，其次有立功，其次有立言，雖久不廢，此之謂不朽。"文章屬立言，故謂不

朽之盛事。
③ 飛馳：等於說"飛黃騰達"，比喻有權勢地位的人。
④ 西伯：西方諸侯的領袖，指周文王。幽：囚禁。演：推演。
⑤ 周旦：周公旦。周公輔佐成王，爲攝政，作《周禮》。
⑥ 隱約：窮困，指西伯幽囚之事。弗務：不努力。
⑦ 加思：改變意圖，指周公不因顯達而取消著書立說的念頭。
⑧ 古人賤尺璧而重寸陰：《淮南子·原道訓》："故聖人不貴尺之璧而重寸之陰，時難得而易失也。"
⑨ 強力：奮發致力。
⑩ 流：放縱。
⑪ 唯幹著論：曹丕《與吳質書》："偉長著《中論》二十餘篇，成一家之言，辭義典雅，足傳於後。"

求自試表 曹植

【說明】 曹植（192—232），字子建，沛國譙縣（今安徽亳州）人，曹操第三子。封陳王，謚"思"，世稱陳思王。因富於才學，早年頗受曹操寵愛，一度欲立爲太子。及曹丕、曹叡相繼爲帝，備受猜忌，鬱悒而死。

曹植前期作品多描寫鄴城的安逸生活及建功立業的抱負，後期則往往用比興抒寫不平，夾雜消極思想。詩長五言，詞采華茂，語言精練。亦善辭賦、散文。宋人輯有《曹子建集》。

曹丕、曹叡相繼稱帝，曹植因受猜忌而鬱悶自痛。《三國志·魏書·陳思王植傳》提到，明帝太和二年（228）"植常自憤怨抱利器而無所施，上疏求自試"，所上之疏即本表。表中多報國立功之志，亦隱含壓抑難伸之苦悶。

臣植言：臣聞士之生世，入則事父，出則事君，事父尚於榮親①，事君貴於興國。故慈父不能愛無益之子，仁君不能畜無用之臣。夫論德而授官者，成功之君也；量能而受爵者，畢命之臣也②。故君無虛授，臣無虛受。虛授謂之謬舉，虛受謂之尸祿③；《詩》之"素餐"所由作也④。昔二虢不辭兩國之任⑤，其德厚也；旦、奭不讓燕、魯之封⑥，其功大也。今臣蒙國重恩，三世于今矣⑦。正值陛下升平之際，沐浴聖澤，潛潤德教⑧，可謂厚幸矣。而位竊東藩⑨，爵在上列，身被輕煖⑩，口厭百味⑪，目極華靡，耳倦絲竹者，爵重祿厚之所致也。退念古之授爵祿者，有異于此，皆以功勤濟國，輔主惠民。今臣無德可述，無功可紀,若此終年,無益國朝,將掛風人"彼己"之譏⑫。是以上慙玄冕⑬,俯愧朱紱⑭。

① 尚:崇尚。

② 畢命:盡命,指奉獻整個生命。"受爵"原作"授爵",據《三國志》改爲"受"。

③ 尸禄:指祗受俸禄而不盡職。等於説"尸位素餐"。

④《詩》之"素餐":指《詩經·魏風·伐檀》"彼君子兮,不素餐兮"。趙岐注《孟子·盡心上》説:"素,空也。無功而食禄,謂之素餐。

⑤ 二虢(guó):周文王弟虢仲封於東虢,虢叔封於西虢。《左傳·僖公五年》:"虢仲虢叔,王季之穆也。爲文王卿士,勳在王室,藏於盟府。"

⑥ 旦:周公旦。奭(shì):召公奭。皆爲文王子,周初功臣。旦封於魯,奭封於燕。

⑦ 三世:指魏武帝曹操,魏文帝曹丕,魏明帝曹叡。

⑧ 潜潤:猶浸潤。

⑨ 東藩:東方藩國。曹植先後被封爲鄄城(今山東鄄城縣北)王和雍丘(今河南杞縣)王。

⑩ 煖:同"暖"。

⑪ 厭:飽足。

⑫ 風人:《詩經》謂各國歌謡爲風,後代因此稱詩人爲"風人"。彼己:《左傳·僖公二十四年》引《詩經》"彼己之子,不稱其服",意謂那人的德行不能與其尊貴的衣服相稱。《詩經·曹風·候人》"己"作"其"。彼其:那,那個。子:人。

⑬ 冕(miǎn):侯王的禮冠。

⑭ 紱(fú):繫印的綬帶。

方今天下一統,九州晏如,顧西尚有違命之蜀,東有不臣之吴,使邊境未得税甲①、謀士未得高枕者,誠欲混同宇内,以致太和也②。故啓滅有扈而夏功昭③,成克商、奄而周德著④。今陛下以聖明統世,將欲卒文、武之功⑤,繼成、康之隆⑥,簡良授能⑦,以方叔、邵虎之臣⑧,鎮衛四境,爲國爪牙者,可謂當矣。然而高鳥未掛於輕繳⑨、淵魚未懸於鈎餌者,恐釣射之術或未盡也。昔耿弇不俟光武⑩,亟擊張步⑪,言不以賊遺於君父也⑫。故車右伏劍於鳴轂,雍門刎首於齊境⑬。若此二子,豈惡生而尚死哉?誠忿其慢主而凌君也⑭。夫君之寵臣,欲以除患興利;臣之事君,必殺身静亂以功報主也。昔賈誼弱冠⑮,求試屬國,請係單于之頸而制其命⑯;終軍以妙年使越,欲得長纓占其王,羈致北闕⑰。此二臣者,豈好爲夸主而曜世俗哉⑱?志或鬱結,欲逞其才力,輸能於明君也⑲。昔漢武爲霍去病治第⑳,辭曰:"匈奴未滅,臣無以家爲㉑!"夫憂國忘家,捐軀濟難㉒,忠臣之志也。

① 稅甲：解甲。稅：通"脫"。
② 太和：指太平和順之世。
③ 啓：夏后啓，夏禹之子。有扈(hù)：夏諸侯，不服從夏。昭：顯。啓伐滅有扈，使天下諸侯皆朝夏。
④ 成：周成王，武王之子。商：指商紂子武庚及商之餘民。奄：古國名，在今山東曲阜。周武王滅商，封其弟鮮於管、度於蔡，使監視武庚及商之餘民。成王時，管叔、蔡叔挾武庚及商之餘民起事，成王命周公討平之。奄亦隨武庚反周朝，為周公所滅。
⑤ 卒：完成。文：周文王。武：周武王。
⑥ 成：周成王。康：周康王。
⑦ 簡：選擇。
⑧ 方叔、邵虎：皆爲周宣王的賢臣。方叔曾率兵車三千攻楚，使楚臣服朝周。邵虎曾戰勝淮夷，後奉命經營謝邑。
⑨ 繳(zhuó)：生絲縷。"高鳥……淵魚……"二句：喻蜀吳尚未平定。
⑩ 耿弇(yǎn)：漢光武帝劉秀的部下。俟(sì)：等待。
⑪ 亟：急。
⑫ "昔耿弇……君父也"三句：耿弇與張步戰，光武率救兵將至。陳俊說："虜兵盛，可閉營休士，以待上來。"耿弇說："乘輿且到，臣子當擊牛釃酒以待百官，反欲以賊虜遺君父邪？"遂出大戰，破張步軍。

⑬ 車右：坐在車子右邊的護衛。轂(gǔ)：車輪中心的插軸的圓木。"車右……齊境"二句：先秦時，齊王出獵，車左轂因製造不良而有鳴聲，車右以為驚擾了齊王而伏劍自盡。後越軍至齊，齊雍門子狄說："今越甲至，其鳴吾君也，豈左轂之下哉？"亦自刎。越聞之，不戰而退。
⑭ 慢：輕侮。慢主：指轂鳴之事。凌：侵犯。凌君：指越軍至齊之事。
⑮ 賈誼：漢文帝時人，年二十而為博士。弱冠：古代男子二十歲成人而行冠禮，因體猶未壯，故稱弱冠。
⑯ "求試……其命"二句：賈誼《陳政事疏》曾說："陛下何不試以臣為屬國之官，以主匈奴，行臣之計，請必係單于之頸而制其命。"屬國：指少數民族部族。
⑰ 終軍：漢人。妙年：少年。"終軍……北闕"三句：終軍年十八上書漢武帝，自請"願受長纓，必羈南越王而致之闕下"。後被派去說服南越王歸附漢朝。羈(jī)：繫住。
⑱ 夸主：自夸於人主之前。曜：炫耀。
⑲ 輸能：貢獻才能。
⑳ 霍去病：漢武帝時大將，六擊匈奴，屢建大功。第：宅第。
㉑ 無以家為：意為不以家事為念。
㉒ 濟：救助。

　　今臣居外①，非不厚也②，而寢不安席，食不違味者③，以二方未剋為念④。伏見武皇帝武臣宿兵⑤，年者即世者有聞矣⑥，雖賢不乏世⑦，宿將舊卒猶習戰也。竊不自量，志在效命⑧，庶立毛髮之功⑨，以報所受之恩。若使陛下出不世之詔⑩，效臣錐刀之用⑪，使得西屬大將軍⑫，當一校之隊⑬，若東屬大司馬⑭，係偏師之任，必乘危蹈險，騁舟奮驪⑮，突刃觸鋒，為士卒先。雖未能擒權馘亮⑯，庶將虜其雄率⑰，殲其醜類⑱，

415

必效須臾之捷,以滅終身之愧。使名掛史筆,事列朝策⑲。雖身分蜀境,首懸吳闕,猶生之年也⑳。如微才弗試,沒世無聞,徒榮其軀而豐其體,生無益於事,死無損於數㉑,虛荷上位而忝重祿㉒,禽息鳥視㉓,終於白首,此徒圈牢之養物㉔,非臣之所志也。

① 居外:指身居藩國。
② 厚:指生活待遇優厚。
③ 違:空暇。
④ 二方:指吳、蜀。尅:同"克",平定。
⑤ 宿:舊。
⑥ 耆(qí):七十曰耆。一說六十歲稱耆。即世:去世。
⑦ 賢不乏世:賢才不乏於世。
⑧ 效命:貢獻生命。
⑨ 庶:幸,希冀之詞。
⑩ 不世:等於說"非常"。
⑪ 錐刀:指錐刀之末,喻微小。
⑫ 大將軍:指曹真。魏太和二年,遣大將軍曹真擊諸葛亮於街亭。
⑬ 一校之隊:指偏師,軍中五百人爲一校。作者自謙不敢當大將。
⑭ 若:或。大司馬:指曹休。魏太和二年,大司馬曹休率諸軍至皖擊吳。
⑮ 驪(lí):純黑色馬。
⑯ 權:孫權。馘(guó):古代戰時割下所斬獲敵人的耳朵,用以計功。亮:諸葛亮。
⑰ 率:帥。
⑱ 醜:衆。醜類:指士卒。
⑲ 朝策:朝廷的書策。
⑳ 猶生之年:意即雖死猶生。
㉑ 數:指國家的運數。
㉒ 荷:承受。忝(tiǎn):辱,自謙之詞。忝重祿:愧食厚祿。
㉓ 禽息鳥視:意謂如同禽鳥般生息和視聽,衹知求食而無他志。
㉔ 圈牢之養物:指牲畜。牢:關牲畜和野獸的欄圈。

流聞東軍失備①,師徒小衄②,輟食棄餐,奮袂攘衽③,撫劍東顧,而心已馳於吳、會矣④。臣昔從先武皇帝⑤,南極赤岸⑥,東臨滄海⑦,西望玉門⑧,北出玄塞⑨,伏見所以行師用兵之勢,可謂神妙矣。故兵者不可豫言⑩,臨難而制變者也⑪。志欲自效於明時,立功於聖世,每覽史籍,觀古忠臣義士,出一朝之命以徇國家之難⑫,身雖屠裂,而功名著於景鍾⑬,名稱垂於竹帛⑭,未嘗不撫心而歎息也。

① 流聞:傳聞。東軍:指伐東吳之軍。備:防備。
② 衄(nù):挫折,敗北。曹休至皖與吳將陸遜戰於石亭,慘敗。
③ 奮袂(mèi):舉袖。攘(rǎng):捋。衽(rèn):衣襟。攘衽:扯開衣襟。
④ 吳:吳郡。會:會稽郡。二郡時屬吳國,今分屬江蘇、浙江兩省。
⑤ 先武皇帝:指魏武帝曹操。
⑥ 赤岸:指赤壁(今湖北省赤壁市)。
⑦ 滄海:指東海。
⑧ 玉門:玉門關。
⑨ 玄塞:指長城。古人以黑色代表北方,所以北方邊塞叫玄塞。一說指黑山。

⑩ 豫：同"預"。
⑪ 制變：指隨機應變。
⑫ 徇：亦作"狥"，以身從物曰徇。
⑬ 鍾：通"鐘"。景鍾：晉景公鍾。春秋時，晉將魏顆退秦師，其功勳被刻在景鍾上。
⑭ 竹帛（bó）：指史書。

　　臣聞明主使臣，不廢有罪。故奔北、敗軍之將用，而秦、魯以成其功①；絕纓、盜馬之臣赦，而楚、趙以濟其難②。臣竊感先帝早崩③，威王棄世④，臣獨何人，以堪長久⑤。常恐先朝露，填溝壑，墳土未乾，而身名並滅。臣聞騏驥長鳴⑥，伯樂昭其能⑦；盧狗悲號⑧，韓國知其才⑨。是以效之齊、楚之路，以逞千里之任；試之狡兔之捷，以驗搏噬之用⑩。今臣志狗馬之微功，竊自惟度⑪，終無伯樂、韓國之舉，是以於悒而竊自痛者也⑫。夫臨博而企竦⑬，聞樂而竊抃者⑭，或有賞音而識道也。昔毛遂趙之陪隸，猶假錐囊之喻，以寤主立功⑮；何況巍巍大魏多士之朝，而無慷慨死難之臣乎！

①"奔北……其功"二句：春秋時，秦穆公大將孟明視、西乞術、白乙丙曾被晉擊敗俘獲。後來秦穆公仍重用他們，並擊敗晉人，報仇雪恥。魯將曹沫曾三次被齊所敗，魯割地求和。後魯莊公與齊桓公在柯地會盟，曹沫執匕首劫桓公，桓公乃允許盡還魯地。

②"絕纓……其難"二句：春秋時，楚莊王與羣臣夜宴。燭滅，有人暗中引楚王美人衣，美人挽絕其纓以告楚王。王命羣臣皆絕纓後纔舉火。後來楚與晉戰，引美人衣者奮力作戰以報效莊王。秦穆公之乘馬走失，爲野人所烹食，穆公不罪野人，又賜酒。後來秦與晉戰，穆公被困，食馬野人三百餘盡力參戰，遂大敗晉人。"趙"疑爲"秦"之誤。

③ 先帝：指文帝。

④ 威王：任城王曹彰的諡號。

⑤ 臣獨何人，以堪長久：文王、威王都是曹植的兄弟，皆早逝，所以曹植說自己也不應久於人世。

⑥ 騏驥：千里馬。《戰國策·楚策》説，騏驥駕鹽車上阪，遇伯樂而長鳴，知伯樂可識其能。

⑦ 伯樂：古代善相馬者。昭：顯揚。

⑧ 盧狗：即韓盧，古代韓國的黑色壯犬，曾逐狡兔，三次環山，騰躍五山。

⑨ 韓國：齊人。韓國相狗於市，聞盧狗號鳴，知爲良犬。

⑩ 搏噬（shì）：搏鬥撕咬。

⑪ 惟度：思量，忖度。

⑫ 於（wū）悒：鬱抑。

⑬ 博：弈棋之類的遊戲。企：踮起脚後跟。竦（sǒng）：立。

⑭ 抃（biàn）：拊，兩手相擊打拍子。

⑮ 隸：賤臣。陪隸：家臣。假：借。寤：通"悟"。戰國時，秦圍趙邯鄲，平原君奉使至楚求救，門客毛遂自請同往。平原君認爲賢士處世，應如錐處囊中其末（錐尖）立見，而毛遂三年於門下，從未聽到他有什麼能耐。毛遂便説："臣乃今日請處囊中耳。使遂早得處囊中，乃穎脱而出，非特其末見而已。"於是偕行，終賴毛遂之力，與楚定合縱抗秦之約。

夫自衒自媒者①,士女之醜行也;干時求進者②,道家之明忌也。而臣敢陳聞於陛下者,誠與國分形同氣③,憂患共之者也。冀以塵霧之微,補益山海;熒燭末光④,增輝日月。是以敢冒其醜而獻其忠,必知為朝士所咲⑤。聖主不以人廢言,伏惟陛下少垂神聽,臣則幸矣。

① 衒:炫耀。自媒:女子自我作媒。
② 干:求。干時:求合於當時。道家以清靜無為為宗,故忌干時求進。
③ 分形:指從同一個身體中分出的形體。同氣:指氣血相同。分形同氣:指自己與魏帝乃骨肉之親。
④ 熒:通"螢"。
⑤ 咲:"笑"的異體字。

陳情表

李密

【説明】 李密(224—287),字令伯,一名虔,西晉犍為武陽縣(今四川彭山東)人。父親早死,母何氏改嫁,當時李密年幼多病,賴祖母劉氏撫養成人。曾仕蜀漢,屢次出使東吳,極富才辯。蜀漢亡後,泰始三年(267),晉武帝徵他為太子洗馬,逼迫甚緊。他以祖母年高、奉養無人為由,辭不應命。祖母死,方至京師洛陽任官,官至漢中太守。後因懷怨免官,老死家中。

本篇即李密不肯應徵,寫給晉武帝的奏章。文中陳述自己的身世,請求晉武帝允許他終養祖母。因他是亡國之臣,恐怕晉武帝誤會他矜守名節,所以特別加以說明。表中拳拳之孝心,使晉武帝深受感動,遂不勉強,並賜予奴婢二人,命郡縣供養其祖母。文章辭意淒惻懇切,筆調委婉動人。

臣密言:臣以險釁①,夙遭閔凶②。生孩六月③,慈父見背④;行年四歲⑤,舅奪母志⑥。祖母劉愍臣孤弱,躬見撫養⑦。臣少多疾病,九歲不行⑧;零丁孤苦,至於成立。既無伯叔,終鮮兄弟⑨;門衰祚薄⑩,晚有兒息。外無朞功强近之親⑪,内無應門五尺之僮⑫,煢煢孑立⑬,形影相弔⑭。而劉夙嬰疾病⑮,常在牀蓐⑯,臣侍湯藥,未曾廢離。

① 險:坎坷。釁(xìn):罪過。險釁:指命運坎坷,罪孽深重。
② 夙(sù):早,指幼年時。閔:同"憫",憂患。凶:指不幸的事。
③ 生孩六月:意謂生下我六個月的時候。
④ 見背:等於說棄我而去。這是對於親喪的委婉說法。
⑤ 行:經。
⑥ 志:指守節之志。奪母志:指改嫁之

事。這是封建時代"爲親諱"的委婉説法。

⑦ 見：指代自己。見撫養：撫養我。

⑧ 九歲不行：指體質柔弱，到九歲時仍行走無力。

⑨ 鮮(xiǎn)：少，這裏指無。

⑩ 祚(zuò)：福。

⑪ 朞(jī)功：古喪服名。朞：服喪一年。功：大功服喪九個月，小功服喪五個月。古代以親屬關係的遠近來制定喪服的輕重。强(qiǎng)近：勉强接近。

⑫ 應門：指開門應接來客。僮：同"童"。

⑬ 煢煢(qióng)：孤單無靠的樣子。孑立：孤立。

⑭ 弔：安慰。

⑮ 嬰：纏繞。

⑯ 蓐(rù)：褥。

逮奉聖朝①，沐浴清化②。前太守臣逵③，察臣孝廉④；後刺史臣榮⑤，舉臣秀才⑥。臣以供養無主⑦，辭不赴命。詔書特下，拜臣郎中⑧；尋蒙國恩，除臣洗馬⑨。猥以微賤⑩，當侍東宮⑪，非臣隕首所能上報。臣具以表聞，辭不就職。詔書切峻，責臣逋慢⑫；郡縣逼迫，催臣上道；州司臨門，急於星火⑬。臣欲奉詔奔馳，則劉病日篤⑭；欲苟順私情，則告訴不許⑮。臣之進退，實爲狼狽⑯。

① 逮：及至，趕到。聖朝：指晉朝，敬詞。

② 清化：清明的教化。

③ 太守：指犍爲郡太守。逵：太守的名字。

④ 察：考察和推舉。孝廉：指善事父母、品行方正的人。

⑤ 刺史：晉代州一級的監察、軍事及行政長官。榮：刺史的名字。

⑥ 秀才：州一級推舉的人才。晉時秀才的選拔不同於後世。

⑦ 主：指主持人。

⑧ 拜：授官或封爵。郎中：尚書曹司的官員。

⑨ 除：拜官授職。洗(xiǎn)馬：太子的侍從官，掌管圖籍等，太子出行則爲先驅。

⑩ 猥：鄙，謙詞。

⑪ 東宮：指太子，太子住東宮。

⑫ 逋(bū)：逃避。慢：輕慢。逋慢：等於説怠慢。指故意逃避，輕視命令。

⑬ 州司：州官。星火：流星的火光。

⑭ 篤(dǔ)：病情沉重。

⑮ 告訴：報告，訴説。

⑯ 狼狽：困頓窘迫。

伏惟聖朝以孝治天下①，凡在故老②，猶蒙矜育③，况臣孤苦，特爲尤甚。且臣少仕僞朝④，歷職郎署⑤，本圖宦達⑥，不矜名節⑦。今臣亡國賤俘，至微至陋，過蒙拔擢，寵命優渥⑧，豈敢盤桓，有所希冀。但以劉日薄西山，氣息奄奄⑨，人命危淺⑩，朝不慮夕。臣無祖母，無以至今日；祖母無臣，無以終餘年。母孫二人更相爲命⑪，是以區區不能廢遠⑫。臣密今年四十有四,祖母劉今年九十有六。是臣盡節於陛下之日長,報養劉之日短也。烏鳥私情⑬,願乞終養。臣之辛苦⑭,非獨蜀之人士及二州牧伯所見明知⑮,皇天后土⑯,實所共鑒。願陛下矜愍愚誠⑰,聽臣微志。庶劉僥倖保卒餘年⑱,臣生當隕首,死當結草⑲。臣不勝犬馬怖懼之情,謹拜表以聞。

① 伏:俯伏。惟:想。伏惟:伏在地上想,敬詞。
② 故老:年高而有德的人。
③ 矜:憐憫。育:養育。
④ 偽朝:指蜀漢。對晉稱被滅的蜀國,不得不如此。
⑤ 歷職郎署:指其曾在蜀漢的衙署裏做過郎一類的官。李密曾任蜀漢尚書郎。
⑥ 宦:官職。達:顯達。
⑦ 矜:自誇。李密原爲蜀臣而堅辭晉命,恐晉武帝疑其以名節自矜,故作此語。
⑧ 寵:恩榮。優渥(wò):優厚。
⑨ 奄奄:氣息短促將絕的樣子。
⑩ 淺:指不長久。
⑪ 更(gēng)相爲命:輪流相依爲命。
⑫ 區區:拳拳,款款,指孝順祖母的私情。廢遠:廢棄不顧而遠離。
⑬ 烏鳥:即烏鴉。據說烏鴉能反哺其親。此喻人之孝心。
⑭ 辛苦:辛酸苦楚。
⑮ 二州:指梁州、益州。二州大致相當於蜀漢所統治的範圍。牧伯:即刺史。上古一州之長稱爲牧,又稱方伯,故後代以牧伯稱刺史。所見:等於說"所"。
⑯ 皇天后土:指天地神明。
⑰ 矜愍:憐惜。
⑱ 保:安。
⑲ 結草:《左傳·宣公十五年》説,春秋時晉卿魏犨有個寵妾無子,魏犨病,要兒子魏顆等他死後把寵妾嫁出去;到病重則又要寵妾殉葬。魏顆認爲父親病重神志不清時的話不足從,仍把寵妾嫁出去了。後來魏顆與秦人交戰,見一老人結草把秦力士杜回絆倒,杜回因此被俘。夜裏魏顆夢見老人自稱是寵妾父,特來報答不殺其女之恩。後世便以結草表示死後報恩。

與山巨源絕交書

嵇 康

【説明】 嵇康(223—262),字叔夜,譙郡銍(今安徽濉溪西南)人。"竹林七賢"之一,曾爲中散大夫。嵇康是曹魏宗室的女婿,因拒絕與司馬氏合作,終爲其所殺。其文見解精闢新穎,筆鋒犀利。有《嵇中散集》。

《與山巨源絕交書》是嵇康的代表作。山巨源即山濤,字巨源,與嵇康同是"竹林七賢"中的人物。當山濤由選曹郎遷官散騎常侍時,想要舉薦嵇康代其原職，嵇康作書拒絕。書中言辭峻切，對當時社會和封建禮法進行了尖銳的批評，對司馬昭陰謀篡魏頗有不滿，因而招致司馬氏的厭惡，埋下被殺的禍根。

康白：足下昔稱吾於潁川①，吾常謂之知言②，然經怪此意尚未熟悉於足下③，何從便得之也。前年從河東還，顯宗、阿都説足下議以吾自代④，事雖不行，知足下故不知之⑤。足下傍通⑥，多可而少怪⑦，吾直性狹中⑧，多所不堪，偶與足下相知耳。閒聞足下遷⑨，惕然不喜⑩，恐足下羞庖人之獨割，引尸祝以自助⑪，手薦鸞刀⑫，漫之羶腥⑬，故具爲足下陳其可否。

① 稱：稱説其不願出仕。潁川：指山濤叔父山嶔。山嶔曾爲潁川太守，遂以任職地名代指其人。
② 知言：相知之言。
③ 經：經常。於：表被動。
④ 顯宗：公孫崇，字顯宗，譙人，曾爲尚書郎。阿都：吕安，字仲悌，小名阿都，東平人。皆與嵇康友善。説：告訴（我）。
⑤ 故：通"固"，本來，原來。
⑥ 傍通：廣博通達。傍（páng）：同"旁"。
⑦ 可：許可。怪：責怪。
⑧ 狹中：指心地狹窄。
⑨ 閒：同"間"，近來。遷：官職遷陞。
⑩ 惕然：恐懼的樣子。
⑪ "恐足下……自助"兩句：《莊子·逍遥遊》："庖人雖不治庖，尸祝不越樽俎而代之矣。"庖人：厨子。尸祝：祭祀時讀祝辭的人。這裏是説，怕山濤像厨子拉尸祝代庖似的要舉薦自己一起當官。
⑫ 薦：舉。鸞刀：祭祀時割犧牲用的環上有鈴的刀。
⑬ 漫：污染。兩句意爲，使我手執屠刀，渾身沾上羶腥之氣。

吾昔讀書，得并介之人①，或謂無之，今乃信其真有耳。性有所不堪，真不可強；今空語同知有達人，無所不堪，外不殊俗，而内不失正，與一世同其波流，而悔吝不生耳②。老子、莊周③，吾之師也，親居賤職；柳下惠、東方朔④，達人也，安乎卑位，吾豈敢短之哉！及仲尼兼愛⑤，不羞執鞭⑥；子文無欲卿相，而三登令尹⑦，是乃君子思濟物之意也⑧。所謂達則兼善而不渝⑨，窮則自得而無悶。以此觀之，故堯、舜之君世，許由之巖栖⑩，子房之佐漢⑪，接輿之行歌⑫，其揆一也⑬。仰瞻數君，可謂能遂其志者也⑭。故君子百行，殊途而同致，循性而動，各附所安。故有處朝廷而不出，入山林而不返之論⑮。且延陵高子臧之風⑯，長卿慕相如之節⑰，志氣所託，不可奪也。

吾每讀尚子平、臺孝威傳⑱,慨然慕之,想其爲人。加少孤露⑲,母兄見驕⑳,不涉經學。性復疏嬾㉑,筋駑肉緩㉒,頭面常一月十五日不洗,不大悶癢,不能沐也㉓。每常小便,而忍不起,令胞中略轉乃起耳㉔。又縱逸來久,情意傲散,簡與禮相背㉕,嬾與慢相成㉖,而爲儕類見寬㉗,不攻其過。又讀莊、老,重增其放,故使榮進之心日頹,任實之情轉篤㉘。此猶禽鹿少見馴育,則服從教制,長而見羈,則狂顧頓纓㉙,赴蹈湯火,雖飾以金鑣㉚,饗以嘉肴,愈思長林而志在豐草也。

① 并:指兼濟天下。介:指耿介孤直。

② 空語:空說,說說罷了。同知:彼此都知道。悔吝:悔恨。吝:同"吝"。

③ 老子:姓李名耳,爲周朝柱下史、守藏史。莊周:曾爲宋國漆園吏。二人職位都很低。

④ 柳下惠:姓展名禽,春秋時魯國賢者。居柳下,卒諡惠,故曰柳下惠。《孟子·公孫丑上》說他"不卑小官","遺佚而不怨,阨窮而不憫"。東方朔:漢武帝時人。《漢書·東方朔傳》說他爲侍郎,曾"著論設客難己,用位卑以自慰論"。

⑤ 兼愛:指博愛無私。

⑥ 不羞執鞭:《論語·述而》:"子曰:富而可求也,雖執鞭之士,吾亦爲之。"

⑦ 子文:春秋楚人,姓鬬,名穀於菟(wūtú)。三登令尹:《論語·公冶長》:"令尹子文,三仕爲令尹,無喜色;三已之,無慍色。"令尹:春秋楚國執政的上卿。

⑧ 濟物:有利於天下萬物,濟世。

⑨ 渝:改變。

⑩ 許由:堯時隱士。堯要把天下傳給他,他不肯接受,隱居箕山之下。

⑪ 子房:張良,字子房,曾助漢高祖劉邦平天下。

⑫ 接輿:春秋楚隱士。孔子遊宦到楚,接輿遇之於途,唱歌譏刺孔子熱衷政治,不識時務。

⑬ 揆(kuí):道理。指上述諸人的處世之道是一致的,皆爲順其本性。

⑭ 遂其志:順從自己心願。

⑮ "故有……之論"二句:《韓詩外傳》:"朝廷之士爲祿,故入而不出;山林之士爲名,故往而不返。"

⑯ 延陵:今江蘇省武進縣。吳季札曾居其地,人稱延陵季子。子臧:曹國公子欣時。曹宣公卒,曹人欲立欣時爲君,拒不受。季札賢,其父兄欲立爲嗣君,季札自比曹公子子臧,拒不受。

⑰ 長卿:《史記·司馬相如傳》:"司馬相如字長卿,其親名之犬子。相如既學,慕藺相如之爲人,更名相如。"節:氣節,氣概。

⑱ 尚子平:《文選》李善注引《英雄記》:"尚子平有道術,爲縣功曹,休歸。自入山擔薪,賣以供食飲。"《後漢書·逸民傳》作"向子平",記他於兒女婚姻事畢後,不問家務,肆意遊五嶽名山,不知所終。臺孝威:《後漢書·逸民傳》說,臺孝威名佟,隱居武安山,鑿穴爲居,採藥爲業。

⑲ 孤露:指父母俱亡,無所蔭庇。

⑳ 母兄:同母兄,指嵇喜。見驕:指爲母兄所溺愛,驕縱。

㉑ 嬾:同"懶"。

㉒ 駑:遲鈍。緩:鬆弛。

㉓能：通"耐"。不耐即不願。兩句意爲，如果不是十分悶癢，我是不願去洗的。
㉔胞：原爲胎衣，這裏指膀胱。
㉕簡：簡略。
㉖慢：怠慢。
㉗儕（chái）：輩，類。儕類：指朋輩。
見寬：寬容我。
㉘任實：指放任本性。轉篤：加強。
㉙見：表示被動。狂顧：發狂似的四顧。頓纓：絕斷繩索。
㉚鑣（biāo）：馬嚼子，馬銜。

阮嗣宗口不論人過①，吾每師之而未能及；至性過人，與物無傷，唯飲酒過差耳②。至爲禮法之士所繩，疾之如讎，幸賴大將軍保持之耳③。吾不如嗣宗之資④，而有慢弛之闕，又不識人情，闇于機宜⑤，無萬石之慎⑥，而有好盡之累。久與事接，疵釁日興⑦，雖欲無患，其可得乎！又人倫有禮⑧，朝廷有法，自惟至熟⑨，有必不堪者七，甚不可者二：卧喜晚起，而當關呼之不置⑩，一不堪也。抱琴行吟，弋釣草野⑪，而吏卒守之，不得妄動，二不堪也。危坐一時，痺不得搖，性復多蝨⑫，把搔無已，而當裹以章服⑬，揖拜上官，三不堪也。素不便書⑭，又不喜作書，而人閒多事，堆案盈机⑮，不相酬答，則犯教傷義，欲自勉強，則不能久，四不堪也。不喜弔喪，而人道以此爲重，已爲未見恕者作怨，至欲見中傷者⑯。雖瞿然自責，然性不可化，欲降心順俗，則詭故不情⑰，亦終不能獲無咎無譽，如此五不堪也。不喜俗人，而當與之共事，或賓客盈坐，鳴聲聒耳⑱，囂塵臭處⑲，千變百伎⑳，在人目前，六不堪也。心不耐煩，而官事鞅掌㉑，機務纏其心，世故煩其慮，七不堪也。又每非湯武而薄周孔㉒，在人閒不止，此事會顯㉓，世教所不容，此甚不可一也。剛腸疾惡，輕肆直言，遇事便發，此甚不可二也。以促中小心之性㉔，統此九患，不有外難，當有內病，寧可久處人閒邪？又聞道士遺言，餌朮黄精㉕，令人久壽，意甚信之；遊山澤，觀魚鳥，心甚樂之；一行作吏，此事便廢，安能舍其所樂而從其所懼哉！

①阮嗣宗：阮籍，字嗣宗，三國魏陳留尉氏（今屬河南）人。阮瑀之子，曾爲步兵校尉，世稱阮步兵。與嵇康齊名，爲"竹林七賢"之一。

②至性：天性。過差：過度，過分。

③"至爲……之耳"三句：《晉陽秋》及《晉書·阮籍傳》載，何曾曾在司馬昭面前説阮籍任性放蕩，壞禮傷教，宜投之四裔，以潔王道。司馬昭説，他素來病弱，應當寬恕。繩：彈正，指責。保持：保護。

④資：材量。

⑤機宜：隨機應對之法。

⑥ 萬石：漢石奮歷事高祖、文帝、景帝，而以謹慎著稱。他和四個兒子皆官至二千石，合爲萬石，所以景帝號石奮爲萬石君。
⑦ 疵：缺點。釁(xìn)：仇隙。
⑧ 人倫：指君臣、父子、夫婦、兄弟、朋友間的關係。
⑨ 惟：考慮。熟：精審，詳明。
⑩ 當關：守門人。不置：不放。
⑪ 弋(yì)：用拖着繩子的箭射取禽鳥。
⑫ 性：通"身"。多蝨：嵇康喜服五石散。五石散中含紫石英、白石英、赤石脂、鐘乳石、硫黄等五石，故名。因服後身體發熱，宜喫冷食，故又稱寒食散。服食者不能常換衣服常洗澡，以免擦傷皮膚，故多蝨。魏晉時名士服此散成風。
⑬ 章服：官服，禮服。

⑭ 不便：不習慣。書：書札。
⑮ 案：几案。机：几案。
⑯ 爲：被。未見恕者：不諒解我的人。
⑰ 詭：違反。故：指本性。不情：不出於真情。
⑱ 聒(guō)：喧擾，嘈雜。聒耳：噪耳。
⑲ 囂塵：喧雜多塵。
⑳ 百伎：多種伎倆。
㉑ 鞅掌：事務煩雜。
㉒ 湯武：商湯和周武王。周孔：周公和孔子。
㉓ 會顯：會當顯著，指爲衆人所知。
㉔ 促中小心：指內心偏窄。
㉕ 餌：服食。术、黄精：藥名，古人認爲久服可輕身延年。

　　夫人之相知，貴識其天性，因而濟之。禹不偪伯成子高，全其節也①；仲尼不假蓋于子夏，護其短也②；近諸葛孔明不逼元直以入蜀③，華子魚不強幼安以卿相④，此可謂能相終始，真相知者也。足下見直木必不可以爲輪，曲木不可以爲桷⑤，蓋不欲枉其天才，令得其所也。故四民有業⑥，各以得志爲樂，唯達者爲能通之，此足下度内耳⑦。不可自見好章甫⑧，強越人以文冕也⑨；己嗜臭腐，養鴛鶵以死鼠也⑩。吾頃學養生之術，方外榮華，去滋味，游心于寂寞，以無爲爲貴。縱無九患⑪，尚不顧足下所好者。又有心悶疾，頃轉增篤，私意自試⑫，不能堪其所不樂。自卜已審，若道盡途窮則已耳⑬，足下無事冤之，令轉于溝壑也⑭。吾新失母兄之歡，意常悽切。女年十三，男年八歲，未及成人，況復多病。顧此恨恨⑮，如何可言？今但願守陋巷，教養子孫，時與親舊敍離闊，陳說平生，濁酒一杯，彈琴一曲，志願畢矣。足下若嬲之不置⑯，不過欲爲官得人，以益時用耳⑰。足下舊知吾潦倒麤疎⑱，不切事情，自惟亦皆不如今日之賢能也⑲。若以俗人皆喜榮華，獨能離之，以此爲快，此最近之，可得言耳。然使長才廣度⑳，無所不淹㉑，而能不營㉒，乃可貴耳。若吾多病困，欲離事自全，以保餘年，此真所乏耳㉓，豈可見黃門而稱貞哉㉔！若趣欲共登王塗㉕，期于相致㉖，時爲歡益㉗，一旦迫之，必發狂疾，自非重怨，不至於此也㉘。野人有快炙背而美芹子者，欲獻之至尊㉙，雖有區區之意，亦已疏矣㉚。願足下勿似之。其意如此，既以解足下㉛，并以爲別㉜。嵇康白。

① "禹不偪……"句：《莊子·天地》説："堯治天下，伯成子高立爲諸侯。堯授舜，舜授禹，伯成子高辭爲諸侯而耕。禹往見之，則耕在野。禹趨就下風，立而問焉，曰：'……敢問何故也?'子高曰：'昔堯治天下，不賞而民勸，不罰而民畏；今子賞罰，而民且不仁。德自此衰，刑自此立，後世之亂自此始矣。夫子闔（盍）行邪，無落（廢）吾事!'俋俋乎耕而不顧。"

② "仲尼不假……"句：《孔子家語·致思》説："孔子將行，雨而無蓋。門人曰：'商也有之。'孔子曰：'商之爲人也，甚怪於財。吾聞與人交，推其長者，違其短者，故能久也。'"假蓋：借遮雨的車蓋。子夏：姓卜名商，字子夏，孔子學生。

③ 元直：姓徐名庶，字元直，與諸葛亮同事劉備。後因母親被曹操俘獲，便歸順曹操，諸葛亮不強留他。

④ 華子魚：姓華名歆，字子魚。幼安：姓管名寧，字幼安。《三國志·魏书·管寧傳》説兩人爲同學好友，魏明帝時華歆爲太尉，曾舉薦管寧接己任，管寧辭不受，華歆不再逼他。

⑤ 桷（jué）：椽子。

⑥ 四民：指士、農、工、商。

⑦ 度内：度量之内，指能料想得到的。

⑧ 章甫：殷朝的冠名。

⑨ 文冕：漂亮的帽子。《莊子·逍遥遊》説："宋人資章甫而適諸越，越人斷髮文身，無所用之。"

⑩ "已嗜臭腐……"句：《莊子·秋水》説："南方有鳥，其名爲鵷鶵……非梧桐不止，非練實不食，非醴泉不飲。於是鴟得腐鼠，鵷鶵過之，仰而視之，曰：'赫!'"

⑪ 九患：即指七不堪和二甚不可。

⑫ 自試：自己設想。

⑬ 卜：考慮。審：明確。已：罷了，算了。若道盡途窮則已耳：意爲至死不變。

⑭ 無事：不要。冤：等於説委屈，勉強。轉于溝壑：流離而死。

⑮ 悢（liàng）悢：悲恨，惆悵。

⑯ 嬲（niǎo）：糾纏。

⑰ 益：助。時用：時世所用。

⑱ 潦倒麤疎：精神不振，行動隨便。

⑲ 賢能：指在朝爲官者。

⑳ 使：如果。長才廣度：指有高才大度者。

㉑ 淹：通達。

㉒ 營：謀求（官職）。

㉓ 此真所乏：這真的是我本性有所欠缺（指無長才廣度）。

㉔ 黃門：指宦官。宦官不淫亂，是因爲喪失生理機能而非有貞節。

㉕ 趣（cù）：急。王塗：仕途。

㉖ 期：希望。致：招致。

㉗ 歡益：歡悦。

㉘ 自非重怨，不至於此：除非非常怨恨我，不會迫我發狂。

㉙ "野人……至尊"二句：《列子·楊朱》説："宋國有田夫，常衣緼黂，僅以過冬。暨春東作，自曝於日，不知天下之有廣廈隩室，綿纊狐貉，顧謂其妻曰：'負日之暄，人莫知者，以獻吾君，將有重賞。'里之富室告之曰：'昔人有美戎菽、甘枲莖芹萍子者，對鄉豪

425

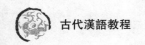

稱之；鄉豪取而嘗之，蜇於口，慘於腹，衆咥而怨之，其人大慙。子此類也。'"

㉚ 疏：不切實際。

㉛ 解足下：意思是説山濤薦己是不相知，故爲此書以曉喻之。

㉜ 別：指絶交往。

蘭亭集序　　王羲之

【説明】　王羲之(321—379)，字逸少，東晉瑯琊臨沂(今山東臨沂)人，出身貴族，官至右將軍、會稽内史，世稱"王右軍"。辭官後定居會稽山陰(今浙江紹興)。是我國最著名的書法家，有"書聖"之稱。

東晉穆帝永和九年(353)，王羲之和謝安、孫綽等四十餘人聚會蘭亭飲酒賦詩，事後匯爲詩集，由王羲之爲之序，並以他絶妙行書書寫，成爲書法史上的著名法帖。本序文清新自然，描繪了聚宴之歡，也反映了感傷人生無常的消極情緒。但他能力駁"一死生""齊彭殤"的虛妄論調，這在崇尚玄學與老莊思想的東晉時代，則是難能可貴的。

永和九年①，歲在癸丑。暮春之初，會于會稽山陰之蘭亭②，脩禊事也③。羣賢畢至，少長咸集。此地有崇山峻嶺，茂林脩竹。又有清流激湍，映帶左右，引以爲流觴曲水④。列坐其次，雖無絲竹管弦之盛，一觴一詠，亦足以暢叙幽情。是日也，天朗氣清，惠風和暢⑤。仰觀宇宙之大，俯察品類之盛⑥，所以遊目騁懷，足以極視聽之娛，信可樂也⑦！

① 永和：東晉穆帝年號。
② 會(kuài)稽：郡名。山陰：縣名。治所皆在今紹興。蘭亭：在山陰西南。
③ 脩：通"修"，治，舉行。禊(xì)：祓禊。自周朝起，每年陰曆三月上旬的巳日，到水邊用香薰草藥沐浴，以祓除不祥。曹魏後固定爲三月初三，到水邊宴飲或郊外春遊。
④ 流觴：修禊時的一種活動。用漆製耳盃盛酒置水上，使隨水漂浮，流到誰面前誰就舉觴銜盃。曲水：迴環的水溪。
⑤ 惠風：和風。
⑥ 品類：指萬物。
⑦ 信：真的，實在。

夫人之相與，俯仰一世①。或取諸懷抱②，悟言一室之内；或因寄所託，放浪形骸之外③。雖趣舍萬殊，静躁不同④，當其欣於所遇，暫得於己，快然自足，不知老之將至。及其所之既倦⑤，情隨事遷，感慨係之矣。向之所欣，俛仰之間，已爲陳迹，猶不能不以之興懷⑥，況脩短隨化⁷,終期於盡⁸?古人云:"死生亦大矣。"豈不痛哉?

① 相與:互相交往。俯仰:俯仰之間,指時間短促。
② 取諸懷抱:指傾吐内心。
③ 所託:所寄託之物。形骸:指身體。
④ 静躁:指性格的恬静或浮躁。
⑤ 之:到,經歷。
⑥ 興懷:指引發感慨。
⑦ 脩短:指人壽命之長短。隨化:由造化決定。
⑧ 終期:過完期限。

每攬昔人興感之由,若合一契①,未嘗不臨文嗟悼②,不能喻之於懷。固知一死生爲虛誕③,齊彭殤爲妄作④。後之視今,亦由今之視昔⑤,悲夫!故列叙時人⑥,録其所述。雖世殊事異,所以興懷,其致一也⑦。後之攬者,亦將有感於斯文。

① 攬:通"覽"。契:符契,古人以爲憑信。
② 嗟悼:嗟嘆悲傷。
③ 固:於是,纔。一死生:《莊子·齊物論》説:"方生方死,方死方生。"又説:"予惡乎知夫死者不悔其始之蘄生乎。"莊子認爲死生同存一體而無别。
④ 齊彭殤:《莊子·齊物論》:"莫壽於殤子,而彭祖爲夭。"齊:等同。彭:彭祖,相傳爲古代長壽者。殤:夭折者。莊子認爲長壽和短命是無區别的。妄作:猶言胡説。
⑤ 由:通"猶",猶如。
⑥ 時人:入會之人。
⑦ 致:情趣。

歸去來兮辭(并序)　　陶　潛

【説明】　陶潛(365—427),一名淵明,字元亮,潯陽柴桑(今江西九江)人。早年曾任江州祭酒、鎮軍參軍、彭澤令等職,後因厭惡官場污濁,遂去職歸隱。卒後友朋私諡"靖節"。

陶潛作品多描繪鄉村閒適生活及自然風光,隱寓了不願同黑暗現實同流合污的高尚情操,但也常有消極遁世、樂天安命的思想。藝術上兼有平淡和爽朗之勝,語言質樸自然,又極爲精練。有《陶淵明集》。注本有清代陶澍的《靖節先生集》。

《歸去來兮辭》是陶潛辭去彭澤令初回故里時所作,寫出了他脱離污濁官場而歸隱的愉快心情,讚美了農村的自然風光和勞動生活。據《宋書》説:"郡遣督郵至縣,吏白應束帶見之。潛嘆曰:'我不能爲五斗米,折腰向鄉里小人!'即日解印綬去職,賦《歸去來》。""辭"是一種文體,一般要押韻,格調與一般的散文不同。

余家貧，耕植不足以自給。幼稚盈室①，缾無儲粟②，生生所資③，未見其術。親故多勸余爲長吏，脫然有懷④，求之靡途。會有四方之事⑤，諸侯以惠愛爲德，家叔以余貧苦⑥，遂見用於小邑。於時風波未靜，心憚遠役。彭澤去家百里⑦，公田之利，足以爲酒，故便求之。及少日⑧，眷然有歸歟之情⑨。何則？質性自然，非矯勵所得⑩；飢凍雖切，違己交病⑪。嘗從人事，皆口腹自役⑫；於是悵然慷慨，深媿平生之志⑬。猶望一稔⑭，當斂裳宵逝。尋程氏妹喪於武昌⑮，情在駿奔⑯，自免去職。仲秋至冬，在官八十餘日。因事順心命篇⑰，曰《歸去來兮》⑱。乙巳歲十一月也⑲。

① 幼稚盈室：孩子滿屋，意思是家裏孩子很多。
② 缾：同"瓶"，儲放糧食的陶器，如甏、甕之類。
③ 生生：維持生活。前一"生"字爲動詞，後一"生"字爲名詞。資：憑藉，所依靠的。
④ 脫然：豁然。懷：念頭，想法。
⑤ 會有四方之事：恰逢奉使之事。語出《論語·子路》："使於四方。"這裏指陶淵明於是年三月間爲建威參軍時自江陵出使京都（建康）事。
⑥ 諸侯：刺史一類的地方官。家叔：指淵明的叔父夔，曾爲太常。
⑦ 彭澤：縣名，在今江西省湖口縣東。
⑧ 少日：沒有多久，日子不多。
⑨ 眷然：依戀的樣子。歸歟之情：懷鄉的感情。語出《論語·公冶長》："子在陳曰：'歸與！歸與！'"
⑩ 非矯勵所得：不是勉強從事所能得到。
⑪ 違己：違反自己的意志。交病：形神俱憂苦。
⑫ "嘗從……"兩句：因圖口腹之飽，而役使自己（出來做官）。
⑬ 平生之志：指隱居。
⑭ 稔(rěn)：穀物成熟叫稔。一稔，指收穫一次。
⑮ 尋：不久。程氏妹：嫁給程家的妹妹。
⑯ 駿奔：急赴之意。
⑰ 因事：就着妹死辭官之事。順心命篇：順隨心意，執筆爲文，即信筆、隨筆的意思。
⑱ 歸去來兮：回去啊！"來"是語氣詞。
⑲ 乙巳歲：晉安帝義熙元年（405），歲當乙巳。

歸去來兮，田園將蕪胡不歸①！既自以心爲形役②，奚惆悵而獨悲③？悟已往之不諫，知來者之可追④。實迷途其未遠，覺今是而昨非。舟遙遙以輕颺⑤，風飄飄而吹衣。問征夫以前路⑥，恨晨光之熹微⑦。

① 胡：爲何。
② 以心爲形役：本心不願做官，但不得不爲生活而奔走，心神爲形體所役使。
③ 奚：何。惆悵：悲愁貌。
④ "悟已往……"二句：認識到過去的錯誤雖不可挽救，而未來的事還來得及補救。語出《論語·微子》："往者不可諫，來者猶可追。"諫：止，猶挽救。
⑤ 颺（yáng）：飛揚。形容船行輕快。"遥遥"一作"搖搖"。
⑥ 征夫：行人。前路：前面的路程。
⑦ 晨光之熹微：清晨天色初明。熹：同"熙"，光明。歸心急切，出發太早，恐不見路，故以晨光熹微爲恨。

乃瞻衡宇①，載欣載奔②。僮僕歡迎，稚子候門。三逕就荒③，松菊猶存。攜幼入室，有酒盈罇。引壺觴以自酌，眄庭柯以怡顏④。倚南牕而寄傲⑤，審容膝之易安⑥。園日涉以成趣⑦，門雖設而常關。策扶老以流憩⑧，時矯首而遐觀⑨。雲無心以出岫⑩，鳥倦飛而知還。景翳翳以將入⑪，撫孤松而盤桓⑫。歸去來兮，請息交以絕游。世與我而相違，復駕言兮焉求⑬！悅親戚之情話，樂琴書以消憂。農人告余以春及⑭，將有事於西疇⑮。或命巾車⑯，或棹孤舟⑰。既窈窕以尋壑⑱，亦崎嶇而經丘。木欣欣以向榮，泉涓涓而始流。善萬物之得時⑲，感吾生之行休⑳。

① 瞻：望見。衡：通"橫"。衡宇：衡門，隱者所居橫木爲門的簡陋居室，此處指舊宅。
② 載欣載奔：且欣且奔。
③ 三逕：《文選》李善注引《三輔決錄》說，漢蔣詡隱居時，於舍前竹下開了三條小路，祇與求仲、羊仲兩人往來。後指隱士居處的林園小路。就荒：已經荒蕪。
④ 眄（miàn）：斜視。庭柯：庭院中的樹木。
⑤ 牕：同"窗"。寄傲：寄託自己的傲世之情。
⑥ 審：明白。容膝：僅可容膝的居室，形容住處的狹小。這句說，明白簡樸生活也易使人安樂。
⑦ "園日涉……"句：每日在園中散步，也是一種雅趣。
⑧ 策：持。扶老：手杖。流：周遊。憩：休息。
⑨ 矯首：舉首。遐觀：遠望。
⑩ 岫（xiù）：山穴。
⑪ 景（jǐng）：日光，這裏指太陽。翳翳：昏暗不明，指日光逐漸暗弱。
⑫ 盤桓：徘徊。
⑬ 駕言：指出遊。用《詩經》"駕言出遊"的意思。駕：駕車。言：語氣詞。焉求：何求。這句說，還要駕車出去追求什麼呢！
⑭ 及：至。
⑮ 疇（chóu）：田畝。
⑯ 巾車：有車篷的車子。一說當作"或巾柴車"，巾：以巾抹拭。
⑰ 棹（zhào）：划船的長槳。此處作動詞用。
⑱ 窈窕：山路幽深之狀。

⑲ 善：喜，羨慕。　　　　　　　⑳ 行休：將要結束，指死亡。

已矣乎①，寓形宇内復幾時②！曷不委心任去留③，胡爲乎遑遑兮欲何之？富貴非吾願，帝鄉不可期④。懷良辰以孤往⑤，或植杖而耘耔⑥。登東皋以舒嘯⑦，臨清流而賦詩。聊乘化以歸盡⑧，樂乎天命復奚疑！

① 已矣乎：猶言"算了吧"。
② 寓形宇内：寄寓形體於宇宙之内。猶言"活在世上"。
③ 曷不：何不。委心：隨心。去留：指死生。
④ 帝鄉：仙境。期：希望。
⑤ 懷良辰以孤往：盼望有個好天氣，以便獨自出遊。

⑥ "或植杖……"句：指放掉手杖，拿起耘田工具耕作。植：豎立。耘：除草。耔(zǐ)：以土培壅苗根。
⑦ 皋：田澤旁邊的高地。舒嘯：放聲長嘯。
⑧ 聊：姑且。乘化：跟隨着大自然的運轉變化。盡：指死亡。

五柳先生傳　　　陶　潛

【説明】　本篇爲作者借第三者口吻，以史傳手法爲自己所作的傳。文中表現了作者不慕榮利、曠達自任、安貧樂道的情趣和性格。既有史傳文學夾叙夾議的特點，又顯示了陶文特有的清淡閒遠筆法。

先生不知何許人也①，亦不詳其姓字。宅邊有五柳樹，因以爲號焉。閒靜少言，不慕榮利。好讀書，不求甚解。每有會意，便欣然忘食。性嗜酒，家貧，不能常得。親舊知其如此，或置酒而招之。造飲輒盡②，期在必醉，既醉而退，曾不吝情去留③。環堵蕭然，不蔽風日。短褐穿結④，箪瓢屢空，晏如也⑤。常著文章自娛，頗示己志。忘懷得失，以此自終。

① 何許：何所，何處。
② 造飲輒盡：前往喝酒，總要盡情喝光。
③ 吝：同"恡"。吝情：捨不得。去留：去，偏義複詞。
④ 褐(hè)：獸毛或粗麻製成的短衣，古時貧賤人所穿。穿：破損。結：指打補釘。
⑤ 晏如：平靜、安逸的樣子。

贊曰：黔婁之妻有言①，不戚戚於貧賤，不汲汲於富貴②。味其言，茲若人之儔乎③？銜觴賦詩④，以樂其志。無懷氏之民歟？葛天氏之民歟⑤？

① 黔婁：春秋魯國清高名士，不求仕進，獨善其身。

② 戚戚：憂傷的樣子。汲汲：心情急切的樣子。這兩句話是黔婁之妻對黔婁的評論，見《列女傳》。

③ 味其言：體味她的話。茲：這，指五柳先生。若人：此人，指黔婁。儔：類。

④ 銜觴（shāng）：口含酒杯，指飲酒。

⑤ 無懷氏、葛天氏：皆爲傳説中上古時代的氏族首領，據説當其時風俗淳厚樸實。

練習十五

一、解釋下面句中加點的詞。

1. 諸侯有相滅亡者，桓公不能救，則桓公恥之。
2. 孝章要爲有天下大名。
3. 孤始舉孝廉，年少，自以本非巖穴知名之士。
4. 故以四時歸鄉里，於譙東五十里築精舍。
5. 但計投死爲國，以義滅身，足垂於後。
6. 奉國威靈，仗鉞征伐，推弱以克彊，處小而禽大。
7. 仁君不能畜無用之臣。
8. 身被輕煖，口厭百味。
9. 方今天下一統，九州晏如。
10. 簡良授能。
11. 東有不臣之吳。
12. 此二臣者，豈好爲夸主而曜世俗哉？
13. 欲得長纓占其王，羈致北闕。
14. 如微才弗試，没世無聞，徒榮其軀而豐其體，……
15. 伏惟陛下少垂神聽，臣則幸矣。
16. 尋蒙國恩，除臣洗馬。
17. 猥以微賤，當侍東宫。
18. 詔書切峻，責臣逋慢。
19. 日薄西山，氣息奄奄。
20. 庶劉僥倖保卒餘年。
21. 吾豈敢短之哉。
22. 又仲尼兼愛，不羞執鞭。
23. 堯舜之君世，許由之巖栖。
24. 延陵高子臧之風，長卿慕相如之節。

25. 頭面常一月十五日不洗，不大悶養，不能沐也。
26. 故使榮進之心日頹，任實之情轉篤。
27. 長而見羈，則狂顧頓纓。
28. 無萬石之慎，而有好盡之累。
29. 危坐一時，痹不得搖。
30. 雖瞿然自責，然性不可化。
31. 自惟至熟，有不堪者七，甚不可者二。
32. 方外榮華，去滋味，游心于寂寞，以無爲爲貴。
33. 又有清流激湍，映帶左右。
34. 向之所欣，俯仰之間，已爲陳迹。
35. 造飲輒盡，期在必醉，既醉而退，曾不吝情去留。

二、把下列句子譯成現代漢語。
1. 海內知識，零落殆盡，惟會稽盛孝章尚存。
2. 是吾祖不當復論損益之友，而朱穆所以絕交也。
3. 珠玉無脛而自至者，以人好之也，況賢者之有足乎。
4. 但計投死爲國，以義滅身，足垂於後。
5. 然自知必死而守義者，不敢辱先人之教以忘先王也。
6. 文人相輕，自古而然。傅毅之於班固，伯仲之間耳，而固小之。
7. 里語曰："家有弊帚，享之千金。"
8. 斯七子者，於學無所遺，於辭無所假，咸以自騁驥騄於千里，仰齊足而並馳。

三、標點下文。
1. 先帝創業未半而中道崩殂今天下三分益州疲弊此誠危急存亡之秋也然侍衛之臣不懈於內忠志之士忘身於外者蓋追先帝之殊遇欲報之於陛下也誠宜開張聖聽以光先帝遺德恢弘志士之氣不宜妄自菲薄引喻失義以塞忠諫之路也宮中府中俱爲一體陟罰臧否不宜異同若有作奸犯科及爲忠善者宜付有司論其刑賞以昭陛下平明之理不宜偏私使內外異法也侍中侍郎郭攸之費禕董允等此皆良實志慮忠純是以先帝簡拔以遺陛下愚以爲宮中之事事無大小悉以咨之然後施行必能裨補闕漏有所廣益將軍向寵性行淑均曉暢軍事試用於昔日先帝稱之曰能是以眾議舉寵爲督愚以爲營中之事悉以咨之必能使行陳和睦優劣得所親賢臣遠小人此先漢所以興隆也親小人遠賢臣此後漢所以傾頹也先帝在時每與臣論此事未嘗不歎息痛恨於桓靈也侍中尚書長史參軍此悉貞良死節之臣願陛下親之信之則漢室之隆可計日而待也臣本布衣躬耕於南陽苟全性命於亂世不求聞達於諸侯先帝不以臣卑鄙猥自枉屈

三顧臣於草廬之中諮臣以當世之事由是感激遂許先帝以驅馳後値傾覆受任於敗軍之際奉命於危難之間爾來二十有一年矣先帝知臣謹慎故臨崩寄臣以大事也受命以來夙夜憂歎恐託付不效以傷先帝之明故五月渡瀘深入不毛今南方已定兵甲已足當獎率三軍北定中原庶竭駑鈍攘除姦凶興復漢室還於舊都此臣所以報先帝而忠陛下之職分也至於斟酌損益進盡忠言則攸之禕允之任也願陛下託臣以討賊興復之效不效則治臣之罪以告先帝之靈若無興德之言則責攸之禕允等之慢以彰其咎陛下亦宜自謀以諮諏善道察納雅言深追先帝遺詔臣不勝受恩感激今當遠離臨表涕零不知所言(諸葛亮《出師表》)

2. 子張學干祿〔鄭曰子弟姓顓孫名師字子張干求也祿祿位也〕子曰多聞闕疑慎言其餘則寡尤〔包曰尤過也疑則闕之其餘不疑猶慎言之則少過〕多見闕殆慎行其餘則寡悔〔包曰殆危也所見危者闕而不行則少悔〕言寡尤行寡悔祿在其中矣〔鄭曰言行如此雖不得祿亦同得祿之道〕〔疏〕子張至中矣○正義曰此章言求祿之法子張學干祿者干求也弟子子張師事孔子學求祿位之法子曰多聞闕疑慎言其餘則寡尤者此夫子教子張求祿之法也尤過也寡少也言雖博學多聞疑則闕之尤須慎言其餘不疑者則少過也多見闕殆慎行其餘則寡悔者殆危也言雖廣覽多見所見危者闕而不行尤須慎行其餘不危者則少悔恨也言寡尤行寡悔祿在其中矣者言若少過行又少悔必得祿位設若言行如此雖偶不得祿亦同得祿之道

(《論語注疏》卷二)

世 説 新 語(八則)　　　　　　　　劉義慶

【説明】 劉義慶(403—444),南朝劉宋王朝的宗室,彭城(今江蘇徐州)人,襲封臨川王,曾任南兗州刺史、都督,加開府儀同三司。《宋書·劉道規傳》説他"愛好文義","招聚文學之士,遠近必至"。《世説新語》可能就是他和招聚的文人雜採編纂而成的。

《世説新語》是筆記小説集。全書分德行、言語、政事、文學等三十六門,每門包括相類的若干則故事,記述漢末到東晉之間士族的軼事和言談,較全面地反映了這一時期士族的放誕生活和清談風氣。由於作者用清談家的觀點來品評人物,其取捨褒貶中頗有消極因素。儘管如此,書中也還是有不少批評黑暗、諷刺奢淫、表彰善良的記述,有助於瞭解當時的社會風貌。《世説新語》記敍精練生動,文字質樸自然,接近於當時的口語,對後世筆記文學影響

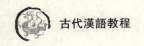

頗大。

《世說新語》原爲八卷，今本作三卷。南朝梁劉孝標注本分爲十卷，注釋引書達四百餘種，資料價值很大。原書無篇名，兹取各篇選文篇首一句爲題。

華歆、王朗俱乘船避難（德行門）

【説明】 本篇通過記敍患難時對待別人的態度，對華、王進行品評。

華歆、王朗俱乘船避難①，有一人欲依附，歆輒難之②。朗曰："幸尚寬，何爲不可？"後賊追至，王欲舍所攜人。歆曰："本所以疑③，正爲此耳。既已納其自託④，寧可以急相棄邪⑤？"遂攜拯如初。世以此定華、王之優劣。

① 華歆：平原高唐（今山東省高唐縣）人，東漢桓帝時任尚書令，入魏，官至太尉。王朗：東海郯（今山東省郯城縣）人，漢末爲會稽太守，入魏，官至司徒。
② 輒（zhé）：立即。難之：對此感到爲難。
③ 疑：遲疑不決。
④ 納：接受。
⑤ 寧：難道。

管寧、華歆共園中鋤菜（德行門）

【説明】 本篇寫管寧見華歆不能無惑於利祿功名，因而表示蔑視。

管寧、華歆共園中鋤菜①，見地有片金，管揮鋤與瓦石不異，華捉而擲去之②。又嘗同席讀書③，有乘軒冕過門者④，寧讀如故，歆廢書出看⑤。寧割席分坐，曰："子非吾友也！"

① 管寧：東漢末北海朱虛（今山東臨朐）人。遭世亂，隱居遼東。
② 捉：持，握。
③ 席：蓆子，用莞草編織的鋪墊物。古人鋪蓆於地，上可坐數人。
④ 乘軒冕：乘軒服冕。軒：大夫乘坐的車。冕：大夫以上官員的禮帽。
⑤ 廢：停止。廢書：放下書本。

孔文舉年十歲（言語門）

【説明】 本篇寫少年孔融智對儁才清稱的事。

孔文舉年十歲①，隨父到洛②。時李元禮有盛名③，爲司隸校尉。詣門者④，皆儁才清稱及中表親戚乃通⑤。文舉至門，謂吏曰："我是李府君親⑥。"既通，前坐。元禮問曰："君與僕有何親⑦？"對曰："昔先君仲尼與君先人伯陽有師資之尊⑧,是僕與君奕世爲通好也⑨。"元禮及賓客莫不奇之。太中大夫陳韙後至⑩,人以其語語之,韙曰:"小時了了⑪,大未必佳。"文舉曰:"想君小時,必當了了。"韙大踧踖⑫。

① 孔文舉:即孔融(153—208),字文舉,魯(今山東曲阜)人,孔子二十世孫。漢末著名文學家,建安七子之一。
② 洛:洛陽。
③ 李元禮:李膺(110—169),字元禮,潁川襄城(今河南襄城)人。曾任司隷校尉,執掌糾察京師百官及所轄附近各郡。
④ 詣(yì):前往,到。
⑤ 清稱:指有清高稱譽的人。中表:古代稱父親的姐妹的兒子爲外兄弟,稱母親的兄弟姐妹的兒子爲內兄弟。外爲表,內爲中,合稱"中表"。通:通報。
⑥ 府君:漢時稱太守爲府君。李府君:即李膺。
⑦ 僕:謙稱,我。
⑧ 先君:指祖先。伯陽:即老子,姓李,名耳,字伯陽,春秋苦(gǔ)縣(今河南鹿邑)人,道家創始者。師資:即"師",孔子曾問禮於老子,故爲孔子師。
⑨ 奕世:累世。通好:關係密切之人。
⑩ 陳韙(wěi):《後漢書·孔融傳》作陳煒。生平不詳。
⑪ 了了:聰明伶俐。
⑫ 踧踖(cùjí):侷促不安貌。

魏 武 常 言(假譎門)

【説明】　本篇寫曹操的機詐心術,爲挫敗謀逆者的行刺,不惜借近侍之頭以威服衆人。

　　魏武常言①:"人欲危己,己輒心動。"因語所親小人曰:"汝懷刃密來我側,我必説'心動',執汝使行刑②,汝但勿言其使③,無他④,當厚相報。"執者信焉,不以爲懼,遂斬之。此人至死不知也⑤。左右以爲實,謀逆者挫氣矣⑥。

① 魏武:魏武帝曹操。常:通"嘗",曾經。
② 執:捉。使:假使。
③ 但:祇要。使:指使的人。
④ 無他:沒有其他什麼事。
⑤ 知:指明白中了詭計。
⑥ 謀逆:圖謀叛逆。挫氣:灰心喪氣。

温 公 喪 婦(假譎門)

【説明】　本篇記敍溫嶠喪妻後,巧娶處於離亂中的從姑之女爲繼室。文字風趣生動,富有喜劇意味。元關漢卿雜劇《玉鏡臺》即以此爲創作素材。

温公喪婦①。從姑劉氏家值亂離散②,唯有一女,甚有姿慧③。姑以屬公覓婚④,公密有自婚意⑤,答云:"佳壻難得,但如嶠比,云何⑥?"姑云:"喪敗之餘,乞粗存活,便足慰吾餘年,何敢希汝比。"卻後少日⑦,公報姑云:"已覓得婚處,門地粗可⑧,壻身名宦盡不減嶠⑨。"因下玉鏡臺一枚⑩。姑大喜。既婚,交禮,女以手披紗扇⑪,撫掌大笑曰:"我固疑是老奴,果如所卜⑫。"玉鏡臺,是公爲劉越石長史⑬,北征劉聰所得⑭。

① 溫公:即溫嶠(288—329),東晉太原祁縣(今屬山西省晉中市)人。初在北方從劉琨爲右長史,公元 317 年南下東晉。王敦專權,嶠爲晉明帝籌劃攻滅王敦。後任江州刺史,鎮武昌。蘇峻、祖約作亂,他又與陶侃聯軍東討之。事平,拜爲驃騎將軍,封始安郡公。
② 從姑:即堂姑母。劉:堂姑母夫家之姓。
③ 慧:聰明。
④ 屬:同"囑"。
⑤ 密:私下裏。
⑥ 壻:同"婿"。但如嶠比:祇是和我相似。云何:怎麼樣。
⑦ 卻後少日:過後沒幾天。
⑧ 門地:指門第。粗可:馬馬虎虎過得去。
⑨ 身:本人。名:聲譽。宦:官職。
⑩ 下:指送去聘禮。玉鏡臺:承托銅鏡的玉製鏡座。
⑪ 披:撥開。紗扇:新娘遮臉的紗障。
⑫ 老奴:老奴才,昵稱溫嶠。卜:預料。
⑬ 劉越石:即劉琨,字越石,晉將。長史:官名,佐吏之長,類似現在的秘書長或參謀長。
⑭ 劉聰:匈奴族人,劉淵子。淵死,聰殺兄奪取帝位(五胡十六國的漢國政權)。

石崇與王愷爭豪(汰侈門)

【説明】 石崇和王愷都是當時的豪門巨富,本篇以他們兩人在奢華侈麗上的爭鬬,寫出社會的糜爛。

石崇與王愷爭豪,並窮綺麗以飾輿服①。武帝②,愷之甥也,每助愷。嘗以一珊瑚樹高二尺許賜愷,枝柯扶疏③,世罕其比。愷以示崇,崇視訖,以鐵如意擊之④,應手而碎。愷既惋惜,又以爲疾己之寶⑤,聲色甚厲。崇曰:"不足恨,今還卿。"乃命左右悉取珊瑚樹,有三尺、四尺、條幹絕世、光彩溢目者六七枚,如愷許比甚衆⑥。愷惘然自失。

① 輿服:車乘、衣冠、禮服。
② 武帝:指晉武帝司馬炎。
③ 柯:枝條。扶疏:繁密的樣子。
④ 如意:器物名。一名搔杖,用以搔背

癢。因能解癢如人意，故名。
⑤ 疾：通"嫉"，妒忌。
⑥ 如愷許比甚衆：意謂像王愷這樣二

尺許的珊瑚樹有很多。許：這樣，如此。比：比倫，相類。

魏文帝忌弟任城王驍壯（尤悔門）

【說明】　本篇寫曹丕心毒手辣、鴆殺胞弟的行徑。

魏文帝忌弟任城王驍壯①，因在卞太后閣共圍棋②，並噉棗③，文帝以毒置諸棗蒂中，自選可食者而進。王弗悟④，遂雜進之。既中毒，太后索水救之，帝預敕左右毀瓶罐⑤，太后徒跣趨井⑥，無以汲⑦，須臾遂卒。復欲害東阿⑧，太后曰："汝已殺我任城，不得復殺我東阿！"

① 魏文帝：即曹丕，卞太后長子。任城王：即曹彰，字子文，卞太后第二子。性剛勇，黃鬚。驍（xiāo）壯：勇捷雄壯。
② 因：趁。卞太后：曹丕母親，公元220年封太后。閣：同"閤"。
③ 並：一起。噉（dàn）：喫。
④ 悟：指覺察。
⑤ 敕（chì）：命令。
⑥ 徒跣（xiǎn）：赤脚步行。趨：疾走。
⑦ 汲：打水。
⑧ 東阿：即曹植，卞太后第三子，封東阿王。

韓　壽　美　姿　容（惑溺門）

【說明】　本篇寫美男子韓壽與上司女兒賈午的一段私情。因賈充害怕家醜外揚，二人遂得結成百年之好。

韓壽美姿容①，賈充辟以爲掾②。充每聚會，賈女於青璅中看③，見壽，說之，恒懷存想，發於吟詠④。後婢往壽家，具述如此，並言女光麗⑤。壽聞之心動，遂請婢潛修音問⑥，及期往宿。壽蹻捷絕人⑦，踰牆而入，家中莫知。自是充覺女盛自拂拭⑧，說暢有異於常⑨。後會諸吏，聞壽有奇香之氣，是外國所貢，一著人則歷月不歇。充計武帝唯賜己及陳騫⑩，餘家無此香，疑壽與女通⑪，而垣牆重密，門閤急峻⑫，何由得爾⑬？乃託言有盜，令人修牆。使反⑭，曰："其餘無異，唯東北角如有人跡，而牆高非人所踰。"充乃取女左右婢考問，即以狀對。充秘之，以女妻壽。

① 韓壽：字德真，晉南陽赭陽（今河南方城）人，官至散騎常侍、河南尹。
② 賈充：字公閭，西晉襄陵（在今山西省襄汾縣）人。魏時任大將軍司馬、右長史，

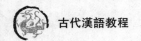

官至尚書令。辟：徵召。掾(yuàn)：僚屬。

③ 賈女：賈充女，名午。青瑣：窗上刻成連環紋、塗以青色的木格，俗稱窗格眼。

④ 說：悅。恒懷存想：常在心中想念。發於吟詠：在吟詩、歌唱之中流露出來。

⑤ 光麗：光彩照人，高潔美麗。

⑥ 潛修音問：秘密傳遞音信。

⑦ 蹻(qiāo)捷：壯健敏捷。

⑧ 拂拭：指打扮。

⑨ 說暢：喜悅舒暢的情緒。

⑩ 武帝：晉武帝司馬炎。陳騫(qiān)：字休淵，臨淮東陽(今江蘇盱眙)人，官至大司馬。

⑪ 通：私通，有私情。

⑫ 閤：小門。急峻：防守嚴密。

⑬ 爾：這樣。

⑭ 使反：派去修牆的人返回。

華佗傳

范曄

【說明】 范曄(398—445)，字蔚宗，南朝宋順陽(今河南省淅川縣)人。晉末爲劉裕子劉義康的參軍，宋代晉，累遷吏部尚書郎，後貶爲宣城太守。在太守任上，鬱鬱不得志，發奮編寫《後漢書》。劉義康和劉義隆(宋文帝)爭權，有人告發范曄與孔熙先等謀立義康爲帝，於元嘉二十二年(445)被殺，時年四十八歲。范曄的《後漢書》原計劃有十紀、十志、八十列傳，范氏生前祇成十紀、八十列傳。因范曄曾褒美晉人司馬彪所撰《續漢書》中的八志，所以梁朝劉昭注《後漢書》時，便用以補范書之缺。

《華佗傳》選自《後漢書·方術列傳》。這篇傳記生動地記述了古代傑出的醫學家華佗的生平事跡和醫學上的卓越成就。華佗在治療內科、婦科、兒科疾病方面具有豐富的經驗。他首創麻醉術，精通針灸，創立"五禽戲"，提倡醫療體育，還培養了一批優秀學生。他熱愛人民，蔑視權貴，但在封建社會中最後却慘遭殺身之禍。

　　華佗，字元化，沛國譙人也①，一名旉②。遊學徐土③，兼通數經④。曉養性之術，年且百歲而猶有壯容，時人以爲仙。沛相陳珪舉孝廉⑤，太尉黃琬辟⑥，皆不就。精於方藥，處劑不過數種。心識分銖，不假稱量⑦。針灸不過數處，裁七八九⑧。若疾發結於內，針藥所不能及者，乃令先以酒服麻沸散⑨，既醉無所覺，因刳破腹背⑩，抽割積聚。若在腸胃，則斷截湔洗，除去疾穢，既而縫合，傅以神膏⑪，四五日創愈，一月之間皆平復。

① 沛國：東漢諸侯國，在今安徽省宿州市西北一帶。譙（qiáo）：今安徽亳（bó）州。
② 勇：同"敷"。
③ 徐土：今江蘇省徐州市一帶。
④ 經：指《周易》、《尚書》、《詩經》、《周禮》、《春秋》等儒家經典著作。
⑤ 沛相：沛國行政長官。漢朝由中央直轄的行政區稱"郡"，郡的長官叫太守。諸侯王的行政區稱"國"。諸侯國除諸侯王外，相是最高行政官，由中央政府委派。
⑥ 太尉：官名，漢代掌握全國軍權的最高官職。辟：徵召，任用。
⑦ "心識……"二句：能辨別判定極細小的分量，（給病人抓藥時）不借助秤量。漢制十黍爲一銖，六銖爲一分，四分爲一兩，十六兩爲一斤。分銖：言分量細小。稱：同"秤"。
⑧ 裁七八九：指針灸時取穴不多。裁：通"纔"。七八九：《三國志》作"七八壯"。壯，量詞，艾絨灸灼一次叫一壯。
⑨ 麻沸散：華佗發明的麻醉劑。
⑩ 因：於是。刳（kū）：剖開。
⑪ 傅：通"敷"，涂。神膏：神奇靈驗的藥膏。

佗嘗行道，見有病咽塞者，因語之曰："向來道隅有賣餅人①，萍齏甚酸②，可取三升飲之，病自當去。"即如佗言，立吐一蛇，乃懸於車而候佗。時佗小兒戲於門中，逆見③，自相謂曰："客車邊有物，必是逢我翁也。"及客進，顧視壁北，懸蛇以十數④，乃知其奇。

又有一郡守篤病久，佗以爲盛怒則差⑤，乃多受其貨而不加功⑥。無何弃去⑦，又留書罵之。太守果大怒，命人追殺佗，不及，因瞋恚⑧，吐黑血數升而愈。

又有疾者，詣佗求療⑨。佗曰："君病根深，應當剖破腹，然君壽亦不過十年，病不能相殺也⑩。"病者不堪其苦，必欲除之。佗遂下療，應時愈，十年竟死。

廣陵太守陳登⑪忽患匈中煩懣⑫，面赤不食。佗脈之曰："府君胃中有蟲⑬，欲成内疽⑭，腥物所爲也。"即作湯二升，再服，須臾吐出三升許蟲⑮，頭赤而動，半身猶是生魚膾，所苦便愈。佗曰："此病後三朞當發⑯，遇良醫可救也。"登至期疾動，時佗不在，遂死。

曹操聞而召佗，常在左右。操積苦頭風眩⑰，佗針，隨手而差。

有李將軍者，妻病，呼佗視脈。佗曰："傷身而胎不去⑱。"將軍言："閒實傷身⑲，胎已去矣。"佗曰："案脉，胎未去也。"將軍以爲不然。妻稍差，百餘日復動，更呼佗。佗曰："脉理如前，是兩胎。先生者去血多⑳，故後兒不得出也。胎既已死，血脉不復歸，必燥著母脊㉑。"乃爲下

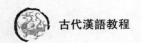

針,并令進湯。婦因欲產而不通。佗曰:"死胎枯燥,勢不自生。"使人探之,果得死胎,人形可識,但其色已黑。

佗之絕技,皆此類也。

① 向來道隅(yú):剛纔經過的路旁。向:剛纔。
② 萍齏:用萍(田字草)切碎製作的醃菜。
③ 逆見:迎見,對面看見。
④ 懸蛇以十數(shǔ):掛着形狀似蛇的寄生蟲要用十位來數,形容其多。數:計算。
⑤ 差:通"瘥",病愈。
⑥ 不加功:沒有進一步給他治療。
⑦ 無何:不多時。弃去:離去,不告而別。
⑧ 瞋恚(chēnhuì):怒目忿恨,憤怒。
⑨ 詣:往,到。
⑩ 相殺:傷害你。指疾病不會影響其壽命。相,這裏有代稱"你"的作用。
⑪ 廣陵:漢代郡名,今江蘇省揚州市。
⑫ 煩懣:煩悶。
⑬ 府君:漢代稱太守爲府君,這裏指陳登。
⑭ 內疽:指腸胃腫塊。
⑮ 許:表約數,左右。
⑯ 三朞(jī):三周年。朞:同"期"。
⑰ 積苦:久患。
⑱ 傷身:傷胎。身:身孕。
⑲ 間實:近來確實。
⑳ 先生者:首先生下來的胎兒。
㉑ 燥著母脊:乾枯而緊附於母脊。

爲人性惡①,難得意,且恥以醫見業。又去家思歸,乃就操求還取方②。因託妻疾,數期不反。操累書呼之,又勅郡縣發遣③。佗恃能厭事④,猶不肯至。操大怒,使人廉之⑤,知妻詐疾,乃收付獄訊,考驗首服⑥。荀彧請曰⑦:"佗方術實工⑧,人命所懸,宜加全宥。"操不從,竟殺之。佗臨死,出一卷書與獄吏曰:"此可以活人。"吏畏法不敢受,佗不強與,索火燒之。

初,軍吏李成苦欬,晝夜不寐。佗以爲腸癰,與散兩錢服之,即吐二升濃血⑨,於此漸愈。乃戒之曰:"後十八歲,疾當發動,若不得此藥,不可差也。"復分散與之。後五六歲,有里人如成先病,請藥甚急。成愍而與之,乃故往譙⑩,更從佗求,適值見收⑪,意不忍言。後十八年,成病發,無藥而死。

① 性惡:脾氣不好,性情壞。
② 求還取方:要求回家拿方藥。
③ 勅:命令。
④ 恃能厭事:憑藉自己有本領,不願意侍候曹操。
⑤ 廉:察看。
⑥ 考驗:用刑逼供。首服:招供,服罪。
⑦ 荀彧(yù):三國時曹操的謀士。

⑧ 實工：確實高明。
⑨ 濃：通"膿"。
⑩ 故：特地。
⑪ 適值見收：恰巧碰上華佗被拘捕。

廣陵吳普、彭城樊阿皆從佗學①。普依準佗療，多所全濟②。佗語普曰："人體欲得勞動，但不當使極耳。動搖則穀氣得銷，血脉流通，病不得生。譬如户樞③，終不朽也。是以古之仙者④，爲導引之事⑤，熊經鴟顧⑥，引挽腰體，動諸關節，以求難老。吾有一術，名五禽之戲⑦：一曰虎，二曰鹿，三曰熊，四曰猨，五曰鳥。亦以除疾，兼利蹏足，以當導引。體有不快，起作一禽之戲，怡而汗出，因以著粉，身體輕便而欲食。"普施行之，年九十餘，耳目聰明，齒牙完堅。

阿善針術。凡醫咸言背及匈藏之間不可妄針，針之不可過四分。而阿針背入一二寸，巨闕匈藏乃五六寸⑧，而病皆瘳⑨。阿從佗求方可服食益於人者，佗授以漆葉青黏散⑩：漆葉屑一斗，青黏十四兩，以是爲率⑪。言："久服去三蟲⑫，利五藏，輕體，使人頭不白。"阿從其言，壽百餘歲。漆葉處所而有⑬，青黏生於豐、沛、彭城及朝歌閒⑭。

① 彭城：漢代郡名，今江蘇徐州一帶。
② 濟：幫助，救助。
③ 樞：門的轉軸。
④ 古之仙者：古代長壽的人。
⑤ 導引：一種使四肢關節得到運動，流通氣血，保持身體健康的鍛煉方法。
⑥ 熊經鴟(chī)顧：模仿熊直立和鴟鳥左顧右盼的運動。鴟：鷂鷹。
⑦ 五禽之戲：指模仿五種禽獸活動姿態，運動頭身四肢，以鍛煉身體，防治疾病的方法。古代鳥獸通稱禽。
⑧ 巨闕：穴位名，在臍上六寸。
⑨ 瘳(chōu)：病愈。
⑩ 漆葉青黏(nián)散：藥方名。漆葉：即漆樹葉，能殺蟲，治虛勞。青黏：黃精的别名，又稱黃芝，益精氣，補脾滋腎潤肺。
⑪ 率(lǜ)：比率。
⑫ 三蟲：泛指人體內的多種寄生蟲。
⑬ 處所而有：到處都有。
⑭ 豐、沛、彭城：今江蘇省徐州市一帶。朝(zhāo)歌：今河南省淇縣。

練習十六

一、標點下文。

1. 劉伶病酒渴甚從婦求酒婦捐酒毀器涕泣諫曰君飲太過非攝生之道必宜斷之伶曰甚善我不能自禁唯當祝鬼神自誓斷之耳便可具酒肉婦曰敬聞命供酒肉於神前請伶祝誓伶跪而祝曰天生劉伶以酒爲名一飲一斛五斗解酲婦人之言慎不可聽便引酒進肉隗然已

醉矣(《世説新語·任誕門》)

2. 王藍田性急嘗食鷄子以筯刺之不得便大怒舉以擲地鷄子於地圓轉未止仍下地以屐齒蹍之又不得瞋甚復於地取内口中齧破即吐之王右軍聞而大笑曰使安期有此性猶當無一豪可論況藍田邪(《世説新語·忿狷門》)

二、標點下文。

　　棗　唐韻 集韻 韻會 灰子皓切音蚤 説文 果名 小爾雅 棘實謂之棗 坤雅 大者棗小者棘于文丛朿爲棘重朿爲棗蓋棗性重喬棘則低矣　又 儀禮士昏禮 婦摯舅用棗栗 疏 以早自謹飭爲義棗早也栗肅也 注 右手執棗左手執栗 疏 棗美故用右手也　　又酸棗地名 前漢地理志 屬陳留郡　又姓出穎川棘子成後避仇改爲棗〇按棗棘字説文別立朿部今併入(《康熙字典》木部)

第九章 唐宋文

答李翊書[①] 韓愈

【説明】 韓愈(768—824),字退之,河南河陽(今河南孟州)人。自謂郡望昌黎(今遼寧義縣),世稱"韓昌黎"。貞元八年(792)進士。貞元十九年(803)任監察御史時,因關中大旱,上書請寬租税,被貶爲陽山(今廣東陽山縣)令。元和十四年(819),憲宗遣使者往鳳翔(今陝西鳳翔縣)迎佛骨,韓愈上表極諫,觸怒憲宗,被貶爲潮州刺史。後召拜國子祭酒等。

韓愈是唐代著名的文學家、哲學家,其哲學思想是尊儒排佛,文學觀念是反駢重散。韓愈是古文運動的倡導者,反對六朝以來形式主義的駢偶文風,力倡恢復先秦兩漢質樸務實的傳統。提出"文以載道"、"詞必己出"、"務去陳言"、"文從字順"等主張,並以自己的寫作實踐爲人們樹立榜樣。文章内容深厚,筆力鋒利,氣勢雄偉,語言精練;詩歌有散文化傾向,開"以文爲詩"的風氣,但有時過於求險。

作品有《昌黎先生集》四十卷,外集十卷。

韓愈在這封信裏總結了自己學習古文的經驗,敍述了自己學文的三個階段,論述了思想内容和文章形式之間的關係。由此可以看出韓愈文學創作上的復古主義與其政治思想上恢復儒家"道統"的主張是完全一致的。

六月二十六日,愈白。李生足下:生之書辭甚高[②],而其問何下而恭也[③]!能如是,誰不欲告生以其道[④]?道德之歸也有日矣,況其外之文乎[⑤]?抑愈所謂望孔子之門牆而不入於其宫者[⑥],焉足以知是且非邪[⑦]?雖然,不可不爲生言之。

① 李翊（yì）：唐貞元十八年（802）進士。
② 辭：指文辭。
③ 下：謙卑。恭：恭敬。
④ 道：指儒家仁義之道。
⑤ 文：指文章。

⑥ 抑：轉折連詞，相當於"可是"。《論語·子張》："夫子之牆數仞，不得其門而入，不見宗廟之美，百官之富。"這裏引此典故，表示自己對於仁義之道所知不多。
⑦ 且：或。

　　生所謂立言者，是也①；生所爲者與所期者②，甚似而幾矣③。抑不知生之志，蘄勝於人而取於人邪④？將蘄至於古之立言者邪⑤？蘄勝於人而取於人，則固勝於人而可取於人矣；將蘄至於古之立言者，則無望其速成，無誘於勢利，養其根而竢其實，加其膏而希其光⑥。根之茂者其實遂⑦，膏之沃者其光曄⑧，仁義之人，其言藹如也⑨。

① "生所謂……"句：你關於"立言"的意見，是對的。
② 期：希望達到。
③ 幾：接近。
④ 蘄（qí）：通"祈"，希望，求得。取於人：被人取用。
⑤ 將：選擇連詞，相當於"還是"。

⑥ 竢（sì）：同"俟"，等待。膏：這裏指燈油。
⑦ 遂：成，成熟。
⑧ 曄（yè）：明亮。
⑨ 藹如：茂盛的樣子，這裏指其立言氣勢充沛。

　　抑又有難者。愈之所爲，不自知其至猶未也。雖然，學之二十餘年矣。始者，非三代兩漢之書不敢觀，非聖人之志不敢存。處若忘①，行若遺②，儼乎其若思③，茫乎其若迷④，當其取於心而注於手也⑤，惟陳言之務去⑥，戛戛乎其難哉⑦！其觀於人⑧，不知其非笑之爲非笑也⑨。如是者亦有年，猶不改，然後識古書之正僞，與雖正而不至焉者⑩，昭昭然白黑分矣⑪，而務去之，乃徐有得也。當其取於心而注於手也，汩汩然來矣⑫。其觀於人也，笑之則以爲喜，譽之則以爲憂，以其猶有人之説者存也。如是者亦有年，然後浩乎其沛然矣⑬。吾又懼其雜也，迎而距之，平心而察之，其皆醇也，然後肆焉⑭。雖然，不可以不養也，行之乎仁義之途，游之乎《詩》、《書》之源⑮，無迷其途，無絶其源，終吾身而已矣⑯。

① 處：居止。
② 遺：遺忘。
③ 儼乎：莊重的樣子。

④ 茫乎：神志迷惘的樣子。這四句是形容學習過程中專心致志、冥思苦想而尚未取得成功的情狀。

⑤ 指把自己的思想寫出來。
⑥ 陳言：陳詞濫調。務：務必。去：去掉。
⑦ 戛戛（jiájiá）乎：很吃力的樣子。
⑧ 觀於人：給人家看。
⑨ 非笑：指責，譏笑。
⑩ 正僞：指以儒家標準所衡量的文章的好壞。不至：指未達到完美的程度。
⑪ 昭昭然：非常明白的樣子。
⑫ 汩汩（gǔgǔ）然：流水聲，這裏譬喻文思如泉湧。
⑬ 浩乎：聲勢浩大的樣子。沛然：水流洶湧的樣子。
⑭ 迎而距之：指對不純正的部分加以排斥。迎：逆。距：通"拒"。肆：指縱筆寫去。
⑮《詩》：《詩經》。《書》：《尚書》。這裏以《詩》、《書》泛指儒家經典著作。
⑯ 終吾身：貫徹於一生的始終。

氣，水也①；言，浮物也。水大而物之浮者大小畢浮。氣之與言猶是也，氣盛則言之短長與聲之高下者皆宜。雖如是，其敢自謂幾於成乎？雖幾於成，其用於人也，奚取焉②？雖然，待用於人者，其肖於器邪③？用與舍屬諸人④。君子則不然。處心有道，行己有方⑤，用則施諸人，舍則傳諸其徒，垂諸文而爲後世法。如是者，其亦足樂乎？其無足樂也？

① "氣，水也"句：人的思想、氣質就像水一樣。
② 用於人：被人採用。奚取焉：人家要從我這裏得到什麼呢？意謂人家不見得會把我當作有用之人。
③ 肖於器：像器物一樣。
④ 舍：捨。這句是說，用我還是不用我都取決於他人。
⑤ 處心：支配自己的思想。行己：指揮自己的行止。道和方都是準則的意思。

有志乎古者希矣①，志乎古必遺乎今，吾誠樂而悲之。亟稱其人②，所以勸之，非敢褒其可褒而貶其可貶也。問於愈者多矣，念生之言不志乎利，聊相爲言之③。愈白。

① 希：稀少。
② 亟：多次。
③ 相爲：爲你。

送李愿歸盤谷序①

韓愈

【説明】　作者通過李愿的口對當時有權勢者作威作福和生活腐化等情況作了一定的揭露，對李愿這樣的知識分子的懷才不遇表示不滿，而對那些阿諛逢迎、一心向上爬的門客之類則表示蔑視和厭惡。

本文歷來受到讀者的喜愛和重視，相傳蘇軾說過："唐無文章，惟韓退之《送李愿歸盤谷序》而已。"

太行之陽有盤谷②，盤谷之間，泉甘而土肥，草木藂茂③，居民鮮少。或曰："謂其環兩山之間，故曰盤。"或曰："是谷也，宅幽而勢阻④，隱者之所盤旋⑤。"友人李愿居之。

① 李愿：韓愈的朋友，與西平忠武王李晟的兒子李愿不是同一人，具體生平不詳。盤谷：地名，在今河南濟源市北。
② 太行(háng)：即太行山。陽：山南為陽，山北為陰。
③ 藂：同"叢"。
④ 宅：用作動詞，處於。幽：深暗之地。
⑤ 隱者：隱居的人。盤旋：留連難捨。

愿之言曰："人之稱大丈夫者，我知之矣。利澤施於人，名聲昭於時，坐於廟朝①，進退百官而佐天子出令。其在外，則樹旗旄，羅弓矢，武夫前呵，從者塞途。供給之人各執其物，夾道而疾馳。喜有賞，怒有刑。才畯滿前②，道古今而譽盛德，入耳而不煩。曲眉豐頰③，清聲而便體④，秀外而惠中⑤，飄輕裾⑥，翳長袖⑦，粉白黛綠者⑧，列屋而閑居，妒寵而負恃，爭妍而取憐。大丈夫之遇知於天子，用力於當世者之所為也。吾非惡此而逃之，是有命焉，不可幸而致也。

① 廟：宗廟。朝：朝廷。廟朝指商議、決定國家大事之地。
② 畯：一本作"俊"。才畯：才能出衆的人。
③ 豐頰(jiá)：臉部豐滿。
④ 便(pián)體：儀態輕盈。
⑤ 惠：通"慧"。秀外而惠中：外表秀美而內心聰明。
⑥ 裾(jū)：衣服的前襟。
⑦ 翳：遮蔽。翳長袖：以長袖遮蔽身體。
⑧ 黛：古代女子用來畫眉的青黑色顔料。

"窮居而野處，升高而望遠，坐茂樹以終日，濯清泉以自潔。採於山，美可茹①；釣於水，鮮可食。起居無時，惟適之安②。與其有譽於前，孰若無毀於其後；與其有樂於身，孰若無憂於其心。車服不維③，刀鋸不加；理亂不知④，黜陟不聞⑤。大丈夫不遇於時者之所為也，我則行之。伺候於公卿之門，奔走於形勢之途⑥，足將進而趑趄⑦，口將言而囁嚅⑧，處穢污而不羞，觸刑辟而誅戮⑨，徼倖於萬一，老死而後止者，其於爲人賢不肖何如也⑩?"

① 茹(rú):食。
② 惟適之安:"適"是"安"的賓語。這句是說怎樣舒適就怎樣起居。
③ 車服:車和官服。古代官職的大小決定車服的不同。維:繫。"車服不維"意即沒有官職。
④ 理亂:即治亂。國家太平爲治,不太平爲亂。"理亂不知"意即不參與治理國家之事。
⑤ 黜(chù):貶官。陟:陞官。這幾句意謂不當官則可免殺身之禍,不參與政事則無貶黜之患。
⑥ 形勢:勢位,權力地位。
⑦ 趑趄(zījū):躊躇不前的樣子。
⑧ 囁嚅(nièrú):欲言又止的樣子。
⑨ 刑辟:即刑法。
⑩ 不肖:不賢。這句話的意思是,他們的爲人是賢還是不賢到底如何呢?(這不是很清楚不過的嗎?)

昌黎韓愈,聞其言而壯之,與之酒而爲之歌曰:"盤之中,維子之宮①;盤之土,可以稼;盤之泉,可濯可沿②;盤之阻③,誰爭子所?窈而深④,廓其有容⑤;繚而曲⑥,如往而復。嗟盤之樂兮,樂且無央⑦!虎豹遠跡兮,蛟龍遁藏;鬼神守護兮,呵禁不祥⑧。飲且食兮壽而康,無不足兮奚所望?膏吾車兮秣吾馬⑨,從子於盤兮,終吾生以徜徉⑩。"

① 宮:住處。
② 沿:這裏指順着流水散步。
③ 阻:險阻。
④ 窈:深幽。
⑤ 廓:空闊的樣子。有容:有所容,即寬闊。
⑥ 繚:纏繞曲折。
⑦ 央:盡。
⑧ 呵(hē)禁:喝止。
⑨ 膏:油脂,這裏作動詞用,意謂給車加油。秣:餵。
⑩ 徜徉(chángyáng):徘徊。

與崔羣書①

韓 愈

【說明】 本文表現了作者對好友崔羣的深厚情誼。他對崔羣羈旅宣州寄予無限的關心,同時對其高尚的人格表示由衷的欽佩。作者慨歎自古以來賢者多不得志,而不賢者則志滿意得,因而發出"不知造物者意竟如何?無乃所好惡與人異心哉"的詰問,可見其積憤之深。

自足下離東都②,凡兩度枉問③,尋承已達宣州④,主人仁賢⑤,同列皆君子⑥,雖抱羈旅之念⑦,亦且可以度日,無入而不自得⑧。樂天知命者⑨，固前修之所以禦外物者也⑩，況足下度越此等百千輩⑪，豈以出處近遠累其靈臺耶⑫！宣州雖稱清涼高爽，然皆大江之南，風土不並以北⑬，將息之道⑭，當先理其心。心間無事，然後外患不入。風氣所宜，可以審備⑮，小小者亦當自不至矣⑯。足下之賢，雖在窮約⑰，猶不能改其樂，況地至近，官榮祿厚，親愛盡在左右者耶！所以如此云云者，以爲足下賢者，宜在上位，託於幕府⑱，則不爲得其所。是以及之，乃相親重之道耳，非所以待足下者也⑲。

①崔羣：字敦詩，貝州武城（今山東省武城縣）人，和韓愈同一年中進士，這時在宣州（今安徽省宣城市）任觀察判官。他是韓愈最知心的朋友之一。
②東都：即洛陽。唐朝以長安爲首都，以洛陽爲東都。
③度：次。問：這裏指書信。"枉問"是對人家來信的客氣說法。
④尋：不久。承：接到。這句是說，不久又接到您已到達宣州的消息。
⑤主人：這裏指宣歙觀察使崔衍。因爲崔羣在他幕下任判官，故稱。
⑥同列：同事。
⑦覉：同"羈"。羈旅：旅居外鄉。
⑧無入而不自得：即無往而不自得，是說一切都很稱心如意。
⑨樂天知命：安於天命而自得其樂。
⑩前修：前代的賢者。
⑪度越：超過。此等：恐是"凡等"之誤（依章第德說）。"凡等"指平庸之輩。
⑫出：出仕。處：退隱。近遠：指離朝廷的近或遠。靈臺：指人的心。
⑬不並以北：不同於北方。
⑭將息：休息與調養。
⑮審備：審慎警戒。
⑯小小：極言其小。
⑰窮約：窮乏貧苦。
⑱幕府：古代出征在外的將帥所居的營帳。後來也泛稱一般衙署。
⑲及之：談到這些。這幾句的意思是，我之所以說出諸如"樂天知命"、注意"將息之道"之類的話，祇是從朋友之間互相關心的角度上說的，並不是說您本該處於這樣的境遇。

僕自少至今，從事於往還朋友間，一十七年矣，日月不爲不久。所與交往相識者千百人，非不多，其相與如骨肉兄弟者，亦且不少。或以事同；或以藝取①；或慕其一善；或以其久故；或初不甚知，而與之已密，其後無大惡，因不復決捨；或其人雖不皆入於善，而於己已厚，雖欲悔之不可。凡諸淺者，固不足道，深者止如此。至於心所仰服，考之言行，而無瑕尤②，窺之閫奧③，而不見畛域④，明白淳粹，輝光日新者，惟吾崔君一人。僕愚陋無所知曉，然聖人之書無所不讀，其精麤巨細⑤，出入明晦⑥，雖不盡識，抑不可謂不涉其流者也⑦。以此而推之，以此而度之,誠知足下出羣拔萃⑧,無謂僕何從而得之也。與足下情義,甯須言而後自明耶⑨?所以言者,懼足下以爲吾所與深者⑩,多不置白黑於胸中耳⑪。既謂能麤知足下,而復懼足下之不我知,亦過也。比亦有人説⑫,足下誠盡善盡美,抑猶有可疑者。僕謂之曰:"何疑?"疑者曰:"君子當有所好惡,好惡不可不明。如清河者⑬,人無賢愚,無不説其善,伏其爲人⑭,以是而疑之耳。"僕應之曰:"鳳皇芝草⑮,賢愚皆以爲美瑞⑯;青天白日,奴隸亦知其清明。譬之食物,至於遐方異味⑰,則有嗜者,有不嗜者;至於稻也,粱也,膾也⑱,炙也⑲,豈聞有不嗜者哉!"疑者乃解。解不解,於吾崔君無所損益也。

① 藝:技藝。這句是説:有的是取其長於某種技藝。
② 瑕尤:缺點與過失。
③ 閫(kǔn):内室。閫奥:室中幽隱之處。這裏指人的内心深處。
④ 畛(zhěn)域:界限,範圍。這兩句是説:考察他的内心深處,也見不到什麽狹隘的存心,其胸襟是非常坦蕩廣闊,没有彼此界限的。
⑤ 麤:同"粗"。
⑥ 晦:昏暗。
⑦ 涉:渡。這句是説自己畢竟是對聖人之書下過一番功夫的。
⑧ 出羣拔萃:即出類拔萃,超過一般人。
⑨ 甯:同"寧",哪裏。
⑩ 與:交往。"所與深者"指交往深的人。
⑪ 白黑:指是非好壞。"不置白黑"指不辨是非好歹。
⑫ 比:近來。
⑬ 清河:即貝州。唐天寶、至德時曾改貝州爲清河郡。清河是崔氏的郡望,用以指崔羣。
⑭ 伏:通"服"。
⑮ 鳳皇:鳳凰。芝草:即靈芝草。
⑯ 美瑞:吉祥之物。
⑰ 遐方:遠方。
⑱ 膾(huì):細切肉。
⑲ 炙(zhì):同"炙"。用火烤熟的肉。

自古賢者少,不肖者多。自省事已來①,又見賢者恒不遇,不賢者比肩青紫②,賢者恒無以自存,不賢者志滿氣得,賢者雖得卑位,則旋而死③,不賢者或至眉壽④。不知造物者意竟如何⑤?無乃所好惡與人異心哉!又不知無乃都不省記,任其死生壽夭耶!未可知也。人固有薄卿相之官、千乘之位,而甘陋巷菜羹者,同是人也,猶有好惡如此之異者,況天之與人,當必異其所好惡無疑也。合於天而乖於人⑥,何害?況又時有兼得者耶!崔君崔君,無怠無怠。

① 省(xǐng)事：懂世事。
② 比肩：並肩。青紫：漢制，丞相、太尉都用金印紫綬（綬是結在印紐上的帶子），御史大夫用銀印青綬，後因用"青紫"稱高官貴人。比肩青紫是說飛黃騰達的人很多。
③ 旋：不久，即。
④ 眉壽：長壽。
⑤ 造物者：創造世界萬物的神，也即下文所說的"天"。
⑥ 乖：背離。

僕無以自全活者，從一官於此①，轉困窮甚，思自放於伊、潁之上②，當亦終得之。近者尤衰憊：左車第二牙③，無故動搖脫去；目視昏花，尋常間便不分人顏色；兩鬢半白，頭髮五分亦白其一，鬚亦有一莖兩莖白者。僕家不幸，諸父諸兄，皆康彊早世④，如僕者又可以圖於久長哉？以此忽忽⑤，思與足下相見，一道其懷。小兒女滿前，能不顧念？足下何由得歸北來？僕不樂江南⑥，官滿便終老嵩下⑦，足下可相就，僕不可去矣。珍重自愛，慎飲食，少思慮，惟此之望！愈再拜。

① 自全活：保全自己而生活。從：任。韓愈寫這封信時任四門館博士。
② 伊、潁：兩河名。伊水源出河南省盧氏縣熊耳山，東北經嵩縣等地流入洛水。潁水出河南省登封市西，東南經禹州市等流入淮水。
③ 左車：左邊的牙床。
④ 諸父：指父親和叔伯。韓愈三歲而孤，受養於長兄韓會。韓愈三個哥哥都是死於中年。早世：早死。
⑤ 忽忽：心神不安和迫不及待的樣子。
⑥ 江南：這裏指宣城。韓氏在宣城買有田宅，韓愈少時在那裏住過。
⑦ 嵩下：嵩山之下。嵩山是五嶽之一，在河南省登封市北。"嵩下"即指上文的"伊、潁之上"。

石渠記

柳宗元

【説明】 柳宗元(773—819)，字子厚，河東解（今山西省運城市西南）人。貞元九年(793)中進士。世稱"柳河東"，因任柳州刺史，後人又稱"柳柳州"。在任禮部員外郎時參加王叔文集團，以圖革新政治。失敗後被貶爲永州司馬，十年後又移任柳州刺史，直至病死。

柳宗元是傑出的思想家，其《天説》、《封建論》等文章以樸素的唯物主義觀點，對封建傳統和封建政治進行了批判。柳宗元與韓愈是唐代古文運動的倡導者，他們在文學上的許多觀點是一致的，而柳宗元的思想比韓愈更爲廣闊和深厚，其作品更能反映勞動人民的疾苦和他們的思想感情。其含意深刻的寓言、栩栩如生的人物傳記、精練清麗的山水散文、清雋明秀的詩歌,都具有很高的藝術水平和思想價值。

作品有《柳河東集》。

作者貶於永州時,寫了不少山水遊記,本篇是著名的"永州八記"之一。作者寫的是一條小石渠,却用短短的二百餘字,描繪出一幅優美、清雅的風景畫,反映了作者對大自然深深的愛。

自渴西南行不能百步①,得石渠。民橋其上②,有泉幽幽然,其鳴乍大乍細。渠之廣或咫尺③,或倍尺,其長可十許步。其流抵大石,伏出其下④。踰石而往,有石泓⑤,菖蒲被之⑥,青鮮環周⑦。又折西行,旁陷巖石下,北墮小潭。潭幅員減百尺⑧,清深多鯈魚⑨。又北曲行紆餘⑩,睨若無窮⑪,然卒入於渴⑫。其側皆詭石怪木、奇卉美箭⑬,可列坐而庥焉⑭。風搖其巔,韻動崖谷⑮。視之既靜,其聽始遠。

① 渴(hé):指袁家渴。《袁家渴記》(也是"永州八記"之一)記道:"楚越之間方言,謂水之反流者爲渴。"不能百步:不滿百步。
② 橋:這裏作動詞,即修橋。
③ 咫:八寸。咫尺:不滿一尺。
④ 伏出其下:從石的下面流過去。
⑤ 石泓:凹石積水而成的小潭。
⑥ 菖蒲:一種長在水邊的草。被:覆蓋。
⑦ 青鮮:是指菖蒲的顏色、生機。
⑧ 幅員:面積。減:少於,不滿。
⑨ 鯈(yóu,又音 tiáo)魚:又名白鰷(tiáo),性好游。
⑩ 紆(yú)餘:緩緩流行的樣子。
⑪ 睨(nì):斜視。
⑫ 卒:終於。
⑬ 箭:箭竹,一種較小的竹。
⑭ 庥(xiū):這裏指依竹木之庇蔭。
⑮ 這兩句是說風吹動竹木的末梢,使得整個崖谷都有了動感。

予從州牧得之①,攬去翳朽②,決疏土石,既崇而焚③,既釃而盈④。惜其未始有傳焉者,故累記其所屬,遺之其人,書之其陽,俾後好事者求之⑤,得以易。元和七年正月八日,蠲渠至大石⑥。十月十九日,踰石得石泓、小潭,渠之美於是始窮也⑦。

① 州牧:這裏指官府。
② 翳朽:腐朽之物。
③ 崇:指加高渠堤。焚:指焚燒渠兩旁蕪雜的草木。
④ 釃(shī,又音 shāi):分流,疏導。
盈:滿。這句說疏導泉流而使石渠水量充沛。
⑤ 俾(bǐ):使。
⑥ 蠲(juān):清理。
⑦ 窮:這裏指完全顯現出來。

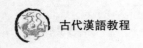

答韋中立論師道書[1]

柳宗元

【説明】 韋中立寫信請求柳宗元做他的老師,本文是柳宗元的覆信。在信中,柳宗元一方面表示在師道衰頹的風氣下不願做名義上的老師,另一方面明確提出"文以明道"的主張,熱情介紹自己學習爲文所經之路和切身體會,誠摯地表示在從師問題上願意"取其實而去其名",雙方互相學習,取長補短。

二十一日宗元白。

辱書云欲相師。僕道不篤[2],業甚淺近,環顧其中,未見可師者。雖常好言論,爲文章,甚不自是也。不意吾子自京師來蠻夷間[3],乃幸見取[4]。僕自卜固無取,假令有取,亦不敢爲人師。爲衆人師且不敢[5],況敢爲吾子師乎?

[1] 韋中立:元和十四年(819)進士。
[2] 篤:深厚。
[3] 京師:指長安。蠻夷:這裏指永州。
[4] 見取:被(你)取法,被(你)重視。
[5] 衆人:指平常的人。

孟子稱"人之患在好爲人師[1]"。由魏晉氏以下,人益不事師。今之世不聞有師。有,輒譁笑之,以爲狂人。獨韓愈奮不顧流俗,犯笑侮,收召後學,作《師説》,因抗顔而爲師[2]。世果羣怪聚罵,指目牽引[3],而增與爲言辭[4]。愈以是得狂名,居長安,炊不暇熟[5],又挈挈而東[6]。如是者數矣[7]。屈子賦曰:"邑犬羣吠,吠所怪也[8]。"僕往聞庸蜀之南[9],恒雨少日,日出則犬吠,余以爲過言。前六七年,僕來南。二年冬[10],幸大雪踰嶺[11],被南越中數州[12]。數州之犬,皆蒼黃吠噬狂走者累日[13],至無雪乃已,然後始信前所聞者。今韓愈既自以爲蜀之日,而吾子又欲使吾爲越之雪,不以病乎[14]?非獨見病,亦以病吾子。然雪與日豈有過哉?顧吠者犬耳[15]。度今天下不吠者幾人?而誰敢衒怪於羣目[16],以召鬧取怒乎?

[1] 語見《孟子·離婁上》。
[2] 抗顔:正色。
[3] 指目:指手劃脚、互遞眼色。牽引:拉拉扯扯。這句是説韓愈成爲人們所注意和議論的對象。
[4] 增與:增加。這句是説增添一些言

辭來誹謗他。

⑤ 炊不暇熟：飯來不及煮熟就提前吃了。形容匆忙。

⑥ 挈挈(qièqiè)：孤獨的樣子。

⑦ 數：屢次。

⑧ 語見《楚辭·九章·懷沙》。

⑨ 往：以前。庸：古國名，在今湖北省竹山縣西南。庸蜀：泛指四川。

⑩ 二年冬：指元和二年冬。

⑪ 踰：越過。嶺南通常是不下雪的。

⑫ 被：覆蓋。南越：泛指今廣東、廣西一帶。

⑬ 蒼黃：同"倉皇"，驚慌的樣子。累日：接連好幾天。

⑭ 以：通"已"，太過。病：不妥當。

⑮ 顧：不過。

⑯ 衒(xuàn)：通"炫"，顯露自己。

僕自謫過以來①，益少志慮。居南中九年，增腳氣病，漸不喜鬧。豈可使呶呶者早暮咈吾耳②、騷吾心？則固僵仆煩憒③，愈不可過矣。平居望外遭齒舌不少④，獨欠爲人師耳！抑又聞之，古者重冠禮，將以責成人之道，是聖人所尤用心者也。數百年來，人不復行。近有孫昌胤者，獨發憤行之。既成禮，明日造朝⑤，至外廷，薦笏言於卿士曰⑥："某子冠畢。"應之者咸憮然⑦。京兆尹鄭叔則⑧，怫然曳笏却立，曰⑨："何預我耶⑩？"廷中皆大笑。天下不以非鄭尹而快孫子，何哉？獨爲所不爲也。今之命師者大類此。

① 謫過：指貶官到永州。

② 呶呶(náonáo)：喧鬧不休。咈(fú)：騷擾。

③ 僵仆：伏處不出。煩憒：心情煩亂。

④ 平居：平常。望外：意料之外。齒舌：口舌，議論。

⑤ 造朝：上朝。

⑥ 薦：插。笏(hù)：古代臣子上朝時所執的手版。薦笏：把笏插在衣帶中。

⑦ 憮(wǔ)然：茫然若失的樣子。

⑧ 京兆尹：官名。京兆是京城所在的州，京兆尹是其行政長官。唐代以雍州(今陝西省西安市西北一帶)爲京兆。

⑨ 怫(fú)然：不高興的樣子。曳：拖。曳笏：指一手拿着笏而垂下。

⑩ 預：干係。這句的意思是，這同我有什麼關係？

吾子行厚而辭深，凡所作，皆恢恢然有古人形貌①，雖僕敢爲師，亦何所增加也？假而以僕年先吾子②，聞道著書之日不後，誠欲往來言所聞，則僕固願悉陳中所得者③。吾子苟自擇之，取某事、去某事則可矣；若定是非，以教吾子，僕材不足，而又畏前所陳者，其爲不敢也決矣。吾子前所欲見吾文，既悉以陳之，非以耀明於子，聊欲以觀子氣色，誠好惡何如也④。今書來，言者皆大過⑤。吾子誠非佞譽誣諛之徒，直見愛甚故然耳⑥。

① 恢恢然：這裏指氣魄宏偉。
② 假而：假如，如果。以：因爲。
③ 中：指胸中。
④ 誠好惡：真正的愛好和憎惡。
⑤ 大過：太過分。
⑥ 直：祇不過，僅僅。見愛：愛我。

　　始吾幼且少，爲文章以辭爲工①。及長，乃知文者以明道，是固不苟爲炳炳烺烺②，務采色③，夸聲音④，而以爲能也。凡吾所陳，皆自謂近道，而不知道之果近乎遠乎？吾子好道而可吾文⑤，或者其於道不遠矣。故吾每爲文章，未嘗敢以輕心掉之，懼其剽而不留也⑥；未嘗敢以怠心易之⑦，懼其弛而不嚴也⑧；未嘗敢以昏氣出之⑨，懼其昧没而雜也⑩；未嘗敢以矜氣作之⑪，懼其偃蹇而驕也⑫。抑之欲其奧⑬，揚之欲其明⑭；疏之欲其通⑮，廉之欲其節⑯；激而發之欲其清⑰，固而存之欲其重⑱。此吾所以羽翼夫道也⑲。本之《書》以求其質⑳，本之《詩》以求其恒㉑，本之《禮》以求其宜㉒，本之《春秋》以求其斷㉓，本之《易》以求其動㉔。此吾所以取道之原也。參之《穀梁氏》以屬其氣㉕，參之《孟》、《荀》以暢其支㉖，參之《莊》、《老》以肆其端㉗，參之《國語》以博其趣㉘，參之《離騷》以致其幽㉙，參之《太史》以著其潔㉚。此吾所以旁推交通㉛，而以爲之文也。

① 辭：文辭，詞藻。這句是說寫文章以講究文辭爲好。
② 炳炳：明亮，華麗。烺烺(lǎnglǎng)：意同"炳炳"。這句是說，因此堅持不輕易寫形式漂亮的文章。
③ 務：追求。采色：指華麗的詞藻。
④ 夸：鋪張。聲音：指文章的聲韻。這句是說，不一味追求文章聲韻上的美。
⑤ 可：認可。
⑥ 剽(piào)：輕浮。留：凝重，莊重。
⑦ 怠：鬆懈。易：簡慢。
⑧ 弛：鬆弛。嚴：嚴謹。
⑨ 昏氣：糊塗不清醒的思想。
⑩ 昧没：不明朗、不清晰的樣子。雜：雜亂。
⑪ 矜氣：驕氣。
⑫ 偃蹇：驕傲的樣子。
⑬ 抑：抑制，控制，指不隨意發揮。奧：含蓄。
⑭ 揚：發揮。明：明快。
⑮ 疏：疏通。通：通暢。
⑯ 廉：收斂。節：簡潔。
⑰ 激：激起。發：蕩去。這句是說除去污濁而使文章清新。
⑱ 固：凝聚。這句是說，集結、保存應有的內容而使文章充實。
⑲ 羽翼：輔助。
⑳ 《書》：《尚書》。質：樸實。
㉑ 《詩》：《詩經》。恒：持久。
㉒ 《禮》：《周禮》、《儀禮》和《禮記》。宜：

合理。
㉓ 斷：決斷。
㉔ 《易》：《周易》。動：變化。
㉕ 《穀梁氏》：《春秋穀梁傳》。厲：磨礪。氣：文氣。
㉖ 《孟》：《孟子》。《荀》：《荀子》。支：指文章的條理。
㉗ 《莊》：《莊子》。《老》：《老子》。肆：放縱。
㉘ 博：使廣博。趣：情趣。
㉙ 致：窮盡。幽：深微。
㉚ 《太史》：指《史記》。著：顯示。潔：精練。
㉛ 交通：交互發生作用。

凡若此者，果是耶？非耶？有取乎？抑其無取乎？吾子幸觀焉，擇焉，有餘以告焉①。苟亟來以廣是道②，子不有得焉，則我得矣，又何以師云爾哉？取其實而去其名，無招越蜀吠怪，而為外廷所笑，則幸矣。宗元白。

① 餘：餘暇，空閒。
② 亟(qì)：屢次。

蝜蝂傳①

柳宗元

【說明】 這篇寓言把自然界的蝜蝂同社會上貪得無厭者之間的共同點作了生動形象的刻畫，給那些貪財的當官者以辛辣的諷刺，並指出他們終將同蝜蝂一樣難免於死亡。

蝜蝂者，善負小蟲也。行遇物，輒持取，卬其首負之②。背愈重，雖困劇不止也③。其背甚澀④，物積因不散，卒躓仆不能起⑤。人或憐之，為去其負，苟能行，又持取如故。又好上高，極其力不已，至墜地死。

① 蝜蝂(fùbǎn)：亦作"負版"，一種喜歡揹東西的黑色小蟲。
② 卬(áng)：通"昂"。
③ 困劇：勞累不堪。
④ 澀：不光滑。
⑤ 躓仆(zhìpū)：跌倒。

今世之嗜取者①，遇貨不避②，以厚其室，不知為己累也，唯恐其不積。及其怠而躓也③，黜棄之④，遷徙之⑤，亦以病矣⑥。苟能起，又不艾⑦，日思高其位，大其祿，而貪取滋甚，以近於危墜，觀前之死亡不知戒。雖其形魁然大者也，其名，人也，而智則小蟲也，亦足哀夫！

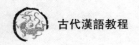

① 嗜取者：貪得無厭的人。
② 貨：財物。
③ 怠：懈怠，疏忽。
④ 黜棄：罷官。
⑤ 遷徙：降職，貶謫遠方。
⑥ 以：通"已"。
⑦ 艾（yì）：停止，悔改。

練習十七

一、指出下列句子中的詞類活用現象。
 1. 人固有薄卿相之官，千乘之位，而甘陋巷菜羹者。
 2. 古有愚公谷，今余家是溪，而名莫能定。
 3. 漱滌萬物，牢籠百態，而無所避之。
 4. 自渴西南行不能百步，得石渠，民橋其上。
 5. 此吾所以羽翼夫道也。
 6. 日思高其位，大其祿，而貪取滋甚。

二、指出下列句子中"乎"的不同用法。
 1. 道德之歸也有日矣，況其外之文乎！
 2. 儼乎其若思，茫乎其若迷。
 3. 如是者亦有年，然後浩乎其沛然矣。
 4. 行之乎仁義之途，游之乎《詩》、《書》之源。
 5. 如是者其足樂乎？其無足樂也？
 6. 志乎古必遺乎今。
 7. 念生之言，不志乎利，聊相為言之。

三、標點下文。
 1. 世有伯樂然後有千里馬千里馬常有而伯樂不常有故雖有名馬祇辱於奴隸人之手駢死於槽櫪之間不以千里稱也馬之千里者一食或盡粟一石食馬者不知其能千里而食也是馬也雖有千里之能食不飽力不足才美不外見且欲與常馬等不可得安求其能千里也策之不以其道食之不能盡其材鳴之而不能通其意執策而臨之曰天下無馬嗚呼其真無馬耶其真不知馬也（韓愈《雜說四》）
 2. 自西山道口徑北踰黃茅嶺而下有二道其一西出尋之無所得其一少北而東不過四十丈土斷而川分有積石橫當其垠其上爲睥睨梁欐之形其旁出堡塢有若門焉窺之正黑投以小石洞然有水聲其響之激越良久乃已環之可上望甚遠無土壤而生嘉樹美箭益奇而堅其疏數偃仰類智者所施設也噫吾疑造物者之有無久矣及是愈以爲誠有又怪其不爲之於中州而列是夷狄更千百年不得一售其伎是固勞而無用神者儻不宜如是則其果無乎或曰以慰夫賢而辱於

此者或曰其氣之靈不爲偉人而獨爲是物故楚之南少人而多石是二者余未信之(柳宗元《小石城山記》)

與高司諫書^①　　歐陽修

【説明】 歐陽修(1007—1072),字永叔,號"醉翁",晚年又號"六一居士",吉州永豐(今江西省永豐縣)人。因吉州原屬廬陵郡,故自稱"廬陵歐陽修"。宋天聖八年(1030)進士。慶曆初年,以右正言(諫官)主管給皇帝起草詔令,敢於諍諫。因站在主張改革弊政的范仲淹一邊,受到以吕夷簡爲首的保守派的排擠打擊,屢遭貶謫,出任地方官多年。後累官至翰林學士、樞密副使、參知政事。晚年在政治上趨於保守,反對王安石新政。卒謚"文忠"。

歐陽修是北宋文學革新運動的領導者,主張既重道又重文,指出"道純則充於中者實,中充實則發爲文者輝光",大力反對浮靡的時文。與尹洙、梅堯臣、蘇舜欽、蘇軾、曾鞏、王安石等同氣相求,互相呼應,形成有理論、有實踐的强大的古文運動,繼承和發展了韓愈、柳宗元的優秀傳統。歐陽修在散文和詩詞等創作上都取得極高的成就,蘇軾稱贊他"論大道似韓愈,論事似陸贄,記事似司馬遷,詩賦似李白"。

著有《歐陽文忠公集》、《六一詞》等,又撰《新五代史》,與宋祁合撰《新唐書》等。

宋景祐三年(1036),范仲淹多次直言論事,譏切時弊,觸犯了宰相吕夷簡。吕夷簡因而詆毁范仲淹務名無實、越職言事、離間君臣、引用朋黨等,范仲淹由是落職,知饒州。余靖、尹洙上疏相救,均遭貶謫。當時位居司諫的高若訥却附和吕夷簡,不爲范仲淹辯解。身爲館閣修勘的歐陽修激於義憤,貽書高若訥,直斥其"不復知人間有羞恥事"。高若訥乃上書攻擊歐陽修,並進一步稱范仲淹"今兹狂言,自取繾辱,豈得謂之無辜",於是歐陽修被貶爲夷陵令。

這篇文章理直氣盛,辭意激切,表現了作者强烈的愛憎感情和鮮明的正義感。

修頓首再拜,白司諫足下:某年十七時,家隨州^②,見天聖二年進士及第牓^③,始識足下姓名。是時予年少,未與人接,又居遠方,但聞今宋舍人兄弟與葉道卿、鄭天休數人者^④,以文學大名,號稱得人^⑤。而足下廁其間^⑥,獨無卓卓可道説者,予固疑足下,不知何如人也。其後更十一年,予再至京師,足下已爲御史裏行⑦,然猶未暇一識足下之面,但時時於予友尹師魯問足下之賢否⑧,而師魯説足下正直有學問,君子人也,予猶疑之。夫正直者不可屈曲,有學問者必能辨是非;以不可屈之節,有能辨是非之明,又爲言事之官,而俯仰默默,無異衆人,是果賢者耶? 此不得使予之不疑也。自足下爲諫官來,始得相識。侃然正色⑨,論前世事,歷歷可聽,褒貶是非,無一謬説。噫,持此辯以示人,孰不愛之? 雖予亦疑足下真君子也。是予自聞足下之名及相識,凡十有四年,而三疑之。今者推其實跡而較之⑩,然後決知足下非君子也。

① 高司諫:名若訥,字敏之,并州榆次(今山西榆次)人,時任左司諫。

② 隨州:今湖北省隨州市。歐陽修自幼喪父,其母帶他投奔叔父隨州推官歐陽曄,遂定居隨州。

③ 天聖二年:公元 1024 年。牓:同"榜"。

④ 舍人:對顯貴子弟的尊稱。宋舍人兄弟:指宋庠、宋祁。宋庠,字公序,雍丘(今河南杞縣)人。初名郊,宋仁宗命改爲庠。宋祁,字子京。天聖初兄弟二人同舉進士,又都以文學著名,人稱"大小宋"。葉道卿:名清臣,長洲(今江蘇蘇州)人,善文學。鄭天休:名戩,吳縣(今江蘇蘇州)人,也以文學知名。

⑤ 得人:取得人才。意謂天聖二年這一年進士考試所錄取的人才很多。

⑥ 厠:置身。

⑦ 御史裏行:也稱"侍御史裏行",是在御史定額之外添派的官職。

⑧ 尹師魯(1001—1047):名洙,天聖二年進士,對政治、軍事甚有見地,在文學方面也很有才能。范仲淹遭貶謫時,他正任太子中允、天章閣待制,上書自稱是范的朋友,願和范同貶,於是貶郢州監酒税。

⑨ 侃然正色:剛正嚴肅的樣子。

⑩ 實跡:實際行動。這句的意思是考察高若訥的行爲,以與其言論相對照。

前日范希文貶官後①,與足下相見於安道家②,足下詆誚希文爲人③。予始聞之,疑是戲言,及見師魯,亦説足下深非希文所爲,然後其疑遂決。希文平生剛正,好學通古今,其立朝有本末④,天下所共知。今又以言事觸宰相得罪,足下既不能爲辨其非辜,又畏有識者之責己,遂隨而詆之,以爲當黜,是可怪也! 夫人之性,剛果懦軟,稟之於天,不可勉強,雖聖人亦不以不能責人之必能。今足下家有老母,身惜官位,懼飢寒而顧利禄,不敢一忤宰相以近刑禍⑤,此乃庸人之常情,不過作一不才諫官爾。雖朝廷君子,亦將閔足下之不能⑥,而不責以必能也。

今乃不然，反昂然自得，了無愧畏⑦，便毀其賢⑧，以爲當黜，庶乎飾己不言之過⑨。夫力所不敢爲，乃愚者之不逮⑩；以智文其過⑪，此君子之賊也⑫。

① 范希文(989—1052)：名仲淹，蘇州吳縣(今江蘇蘇州)人，宋大中祥符八年(1015)舉進士第。官至樞密副使、參知政事。北宋初年著名的政治家。對內積極主張改革政治，曾上書提出十項改革建議，受到守舊派的阻撓而未被採用。對外堅決主張抵抗外族的入侵，並曾守邊數年。爲政清廉，關心人民疾苦。死後賜兵部尚書，謚"文正"。

② 安道：即余靖，韶州曲江(今廣東韶關)人，當時任集賢校理，因反對朝廷貶謫范仲淹，被貶筠州(今江西高安)監酒稅。

③ 詆誚：詆毀譏諷。

④ 本末：指主次、先後。立朝有本末謂善於治政。

⑤ 忤(wǔ)：觸犯。

⑥ 閔：通"憫"，憐憫。

⑦ 了無：毫無。

⑧ 便(pián)毀：以巧言詆毀。

⑨ 庶乎：希望。

⑩ 不逮：不及。這兩句是說有力量却不敢去做，還不如沒有能力的愚人。

⑪ 智：這裏指狡猾的手段。文：文飾，掩蓋。

⑫ 賊：敗類。

且希文果不賢耶？自三四年來，從大理寺丞至前行員外郎、作待制日①，日備顧問②，今班行中無與比者③，是天子驟用不賢之人④。夫使天子待不賢以爲賢，是聰明有所未盡⑤。足下身爲司諫，乃耳目之官⑥，當其驟用時，何不一爲天子辨其不賢，反默默然無一語，待其自敗，然後隨而非之？若果賢耶，則今日天子與宰相以忤意逐賢人，足下何得不言？是則足下以希文爲賢，亦不免責；以爲不賢，亦不免責。大抵罪在默默爾。

① 大理寺丞：中央司法官。范仲淹於天聖七年(1029)任大理寺丞。前行(háng)員外郎：即吏部員外郎。唐、宋時分六部爲前行、中行、後行三等。吏、兵二部爲前行，戶、刑二部爲中行，禮、工二部爲後行。景祐二年(1035)，范仲淹先任禮部員外郎、天章閣待制(皇帝左右侍從之官)，不久遷任吏部員外郎、權知開封府事。前面說"自三四年來"，是大約之數，並非確數。

② 顧問：指皇帝的咨詢。

③ 班行(háng)：朝中同僚。

④ 驟：屢次。因爲數年來皇帝一直重用范仲淹，所以這樣說。

⑤ 聰明：這裏指皇帝靈敏的聽覺和視覺。這句意思是說皇帝的觀察尚有不周之處。

⑥ 耳目之官：指幫助皇帝明辨是非的官員。

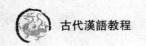

昔漢殺蕭望之與王章①，計其當時之議，必不肯明言殺賢者也，必以石顯、王鳳爲忠臣②，望之與章爲不賢而被罪也。今足下視石顯、王鳳果忠耶？望之與章果不賢耶？當時亦有諫臣，必不肯自言畏禍而不諫，亦必曰當誅而不足諫也。今足下視之果當誅耶？是直可欺當時之人，而不可欺後世也。今足下又欲欺今人，而不懼後世之不可欺耶？況今之人未可欺也！

① 蕭望之：字長倩，東海蘭陵（今山東棗莊嶧城鎮）人。漢宣帝時爲太子太傅，宣帝臨終時，遺詔命輔幼主（元帝），領尚書事。後因受石顯誣告而下獄，飲鴆自殺。王章：字仲卿，泰山鉅平（今山東省寧陽縣）人，元帝時在朝，因指責石顯而免官。成帝時爲司隸校尉、京兆尹，因上章論王鳳專權，被誣下獄而死。

② 石顯：字君房，原爲宦官，漢元帝時爲中書令，成帝時免官回鄉，病死。王鳳：字孝卿，漢成帝時爲外戚，官至大司馬、大將軍，又掌領中書事。石顯和王鳳都曾權重一時。

伏以今皇帝即位以來①，進用諫臣，容納言論，如曹修古、劉越②，雖歿猶被褒稱。今希文與孔道輔③，皆自諫諍擢用④。足下幸生此時，遇納諫之聖主如此，猶不敢一言，何也？前日又聞御史臺牓朝堂⑤，戒百官不得越職言事，是可言者唯諫臣爾。若足下又遂不言，是天下無得言者也。足下在其位而不言，便當去之，無妨他人之堪其任者也。

① 今皇帝：即宋仁宗趙禎。

② 曹修古：字述之，建州建安（今福建省建甌市）人。劉越：字子長，大名（今河北省大名縣）人。仁宗親政前，劉太后臨朝聽政，二人均以敢於直諫得罪太后。仁宗親政時，二人已卒，乃追贈曹修古爲右諫議大夫，劉越爲右司諫。

③ 孔道輔：字原魯，宋仁宗時曾任左正言、御史中丞等。爲人正直敢争。

④ 這句是說兩人都曾當過諫官，然後受到提拔。范仲淹在明道二年（1033）任右司諫。

⑤ 牓：張貼告示。

昨日安道貶官，師魯待罪①，足下猶能以面目見士大夫，出入朝中，稱諫官，是足下不復知人間有羞恥事爾！所可惜者，聖朝有事，諫官不言，而使他人言之。書在史册，他日爲朝廷羞者，足下也。《春秋》之法，責賢者備②。今某區區猶望足下之能一言者③，不忍便絕足下，而不以賢者責也。若猶以謂希文不賢而當逐，則予今所言如此，乃是朋邪之人爾④，願足下直攜此書於朝，使正予罪而誅之，使天下皆釋然知希文之當逐，亦諫臣之一效也⑤。

前日足下在安道家,召予往論希文之事,時坐有他客,不能盡所懷,故輒布區區⑥,伏惟幸察。不宣⑦。修再拜。

① 待罪:聽候處分。
② 備:周全,嚴格。《春秋》的體例,歷來被認爲對賢者的要求十分嚴格,不爲賢者諱。
③ 區區:專心一意。
④ 朋邪:與壞人結黨。"朋"在這裏作動詞用。
⑤ 效:功勞。
⑥ 輒:猶"即"。這句是説把真誠的想法講出來。
⑦ 不宣:舊時書信的套語,意謂言有未盡。

送孫正之序①

王安石

【説明】 王安石(1021—1086),字介甫,號"半山",晚年封荆國公,世稱"王荆公"。臨川(今江西省撫州市)人。宋慶曆二年(1042)進士,歷任鄞縣(今浙江省寧波市)知縣、舒州(今安徽省安慶市)通判等。神宗即位,王安石出知江寧府(今江蘇省南京市),不久召爲翰林學士。熙寧二年(1069)擢陞參知政事,前後兩度任宰相。在其執政期間,大力推行一系列新法,抑制大官僚、大地主和大商人的某些特權,促進生產的發展和國家的富强。但由於保守派的極力反對和投機分子的破壞,新法的推行困難重重,王安石最後被迫去職。死後贈太傅,謚"文"。

王安石不僅是傑出的政治家,而且是卓越的文學家。他重視文章的社會意義,主張爲文須"有補於世"。在散文方面他是唐宋八大家之一,文章説理透徹謹嚴,筆力雄健,語言簡練遒勁。其詩詞也有充實的內容,獨具風格。

著作有《臨川先生文集》、《臨川先生歌曲》等。

本文以"時然而然,衆人也;己然而然,君子也"爲中心,不唯是送別時褒友的文章,更反映了作者本人不隨俗俯仰、與世推移,和敢於變革現實、百折不回、不達目的決不罷休的頑强個性。

時然而然,衆人也②;己然而然,君子也③。己然而然,非私己也④,聖人之道在焉爾⑤。夫君子有窮苦顛跌⑥,不肯一失詘己以從時者⑦,不以時勝道也⑧。故其得志於君,則變時而之道⑨,若反手然,彼其術素修而志素定也⑩。時乎楊、墨⑪,己不然者,孟軻氏而已⑫,時乎釋、老⑬,己不然者,韓愈氏而已⑭。如孟、韓者,可謂術素修而志素定也,不以時

461

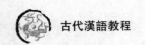

勝道也。惜也,不得志於君⑮,使真儒之效不白於當世⑯,然其於眾人也卓矣。嗚呼!吾觀今之世,圓冠峨如⑰,大裾襜如⑱,坐而堯言⑲,起而舜趨,不以孟、韓之心爲心者,果異眾人乎?

① 孫正之:王安石的朋友,生平不詳。
② "時然……"句:一個人如果世俗的觀點怎麼樣,自己的觀點也怎麼樣,這是平庸的人。
③ "己然……"句:自己的觀點是怎麼樣,就堅持怎麼樣(即不隨世俗觀點而轉移),這種人稱得上君子。
④ 私:偏信。
⑤ "聖人……"句:自己的觀點是有聖人之道作根據的。王安石在文章中常主張行聖人之道,法先王之政。但這與復古派不同,他認爲時代已經發生了變化,所以對聖人之道、先王之政,"當法其意而已",和改易更革是不相矛盾的。
⑥ 顛跌:跌倒,指生活中遭到挫折。
⑦ 失:改變,放棄。詘(qū):屈曲。
⑧ 勝:壓倒。
⑨ 之:到達。
⑩ "彼其……"句:他們的法術在平常就修治好,他們的治國目標在平常就已確定好。
⑪ 楊:戰國時期以楊朱爲代表的學派。墨:戰國時期以墨子爲代表的學派。楊朱主張"爲我",墨家主張"兼愛"。這兩家在當時社會擁有相當的羣眾,然均被儒家斥爲異端。
⑫ 孟子對楊、墨二家的批評可參看《孟子·盡心》。
⑬ 釋:釋迦牟尼,指佛家。老:老子,指道家。唐代尊釋老成爲時尚。
⑭ 韓愈是竭力主張排佛的。
⑮ 不得志於君:孟子和韓愈的主張得不到各自國君的支持,因而不能實現。
⑯ 效:功效。白:顯示。
⑰ 峨如:高高的樣子。
⑱ 裾:下衣。襜(chān)如:搖動的樣子。
⑲ 堯言:像堯一樣說話。

予官於揚①,得友曰孫正之。正之行古之道,又善爲古文,予知其能以孟、韓之心爲心而不已者也。夫越人之望燕爲絕域也②,北轅而首之③,苟不已,無不至。孟、韓之道,去吾黨豈若越人之望燕哉④!以正之之不已,而不至焉,予未之信也。一日得志於吾君,而真儒之效不白於當世,予亦未之信也。正之之兄官於溫⑤,奉其親以行,將從之,先爲言以處予⑥,予欲默,安得而默也?

① 揚:揚州,古州名。王安石寫這篇文章時正任江寧知府,江寧從三國吳以來,歷代多以之爲揚州治所。
② 絕域:極遙遠的地域。
③ 首:向。
④ 吾黨:吾輩。這句是說孟子、韓愈與我們的距離還不至於像燕、越之間那麼遙遠。
⑤ 溫:指溫縣(今河南修武、武陟以西,

黃河以北地區)。

⑥處:安排,約定。這句大意是説孫正之事先囑託作者爲他一家此行作序。

原　　過[①]

王安石

【説明】　本文的論點是:人不能無過,有過則要善改。文中重點批評了認爲人悔而能改是"飾表以疑世",是違背人的天性的看法。作者針鋒相對地指出:改過正合人的本性,提出有過而不改的主張的人,正是"率天下而戕性"。

本文所論是一個老而又老的論題,全文又不足三百字,但是却寫得非常新穎,毫無陳詞濫調,而且行文曲折變化,蘊義無窮,是一篇難得的文字。

天有過乎?有之,陵歷鬭蝕是也[②]。地有過乎?有之,崩弛竭塞是也[③]。天地舉有過,卒不累覆且載者何?善復常也。人介乎天地之間,則固不能無過,卒不害聖且賢者何?亦善復常也。故太甲思庸[④],孔子曰"勿憚改過"[⑤],揚雄貴遷善[⑥],皆是術也。予之朋有過而能悔,悔而能改。人則曰:"是向之從事云爾[⑦]。今從事與向之從事弗類[⑧],非其性也,飾表以疑世也[⑨]。"夫豈知言哉!天播五行於萬靈[⑩],人固備而有之。有而不思則失,思而不行則廢。一日咎前之非[⑪],沛然思而行之[⑫],是失而復得,廢而復舉也。顧曰非其性,是率天下而戕性也。且如人有財,見篡[⑬]於盗,已而得之,曰"非夫人之財,向篡於盗矣",可歟?不可也。財之在己,固不若性之爲己有也。財失復得,曰非其財,且不可;性失復得,曰非其性,可乎?

①原:文體之一,論文的一種。這種論文以"原"字爲題,對某一事物的本原加以探討、推究。如韓愈的《原性》、《原毁》,戴震的《原善》。

②陵歷:超越。這裏指寒暑不當、陰陽失次等現象。鬭蝕:語見《吕氏春秋·明理》:"其日有鬭蝕。"高誘注:"鬭蝕,兩日共鬭而相食。"這句意謂天也有反常的時候,反常也就是過失。

③崩弛竭塞:指山崩地陷、江河枯竭、道路阻塞等現象。

④太甲:商王名。成湯孫。《尚書·太甲》:"太甲既立,不明,伊尹放諸桐,三年復歸於亳,思庸,伊尹作《太甲》三篇。"事見《史記·殷本紀》。思庸:思念常道,指悔過。

⑤勿憚改過:語見《論語·學而》:"過,則勿憚改。"

⑥揚雄(前53—18):字子雲,西漢著名文學家,博通羣籍,長於辭賦。貴遷善:語見揚雄《法言》:"是以君子貴遷善。遷善者,聖

人之徒與?"遷善就是見賢思齊、改過向善的意思。

⑦向:過去,原先。這句是說,他們不過是像過去一樣做事罷了,這些人的本性並沒有改變。

⑧類:相同。這句是說現在他們做事和過去不相同。

⑨"非其……"句:這並非出於他們的本性,他們是有意裝飾外表,以欺騙世人。

⑩五行:這裏指五常,即仁、義、禮、智、信。萬靈:指全人類。

⑪咎:追究,反省。

⑫沛然:充盛的樣子。《孟子·盡心上》:"及其聞一善言,見一善行,若決江河,沛然莫之能禦也。"

⑬篡:強行奪取。

訓儉示康①　　　　　　　司馬光

【說明】 司馬光(1019—1086),字君實,陝州夏縣(今山西夏縣)人。宋寶元初進士,作過諫官,神宗時先後任翰林學士、御史中丞。王安石推行新法,他竭力反對。因神宗支持新法,他請求離開朝廷,於熙寧三年(1070)出知永興軍(今陝西省西安市)。次年退居洛陽,專事編寫《資治通鑑》,凡十五年。元豐八年(1085)哲宗即位,太皇太后臨政,司馬光又被起用,先拜門下侍郎,未久又委以尚書左僕射兼門下侍郎。當政期間,全面廢除新法。居相位八月而卒,贈"太師溫國公",諡"文正"。

司馬光主編的《資治通鑑》是一部編年體通史。此書搜集的史料非常豐富,除正史外,採用的雜史多至三百餘種,在史料的整理和史實的考訂方面,做了細緻的工作。全書結構謹嚴,文字簡明,對我們瞭解和研究從戰國到五代這一時期的歷史,特別是政治、軍事方面的歷史,有重要的參考價值。

本文是作者寫給兒子司馬康的,告誡他崇尚節儉。司馬光一生不喜奢靡,《宋史》說他"於物澹然無所好,於學無所不通"。他的這篇教子文章寫得十分動情,既正反論理,列舉古今事跡,又現身說法,誨之諄諄,很是親切。《宋史》稱司馬康"為人廉潔,口不言財","途之人見其容止,雖不識,皆知其為司馬氏子也",可見司馬光對兒子的影響。

　　吾本寒家②,世以清白相承。吾性不喜華靡③,自為乳兒,長者加以金銀華美之服,輒羞赧棄去之④。二十忝科名⑤,聞喜宴獨不戴花⑥。同年曰⑦:"君賜不可違也。"乃簪一花。平生衣取蔽寒,食取充腹,亦不敢服垢弊以矯俗干名⑧,但順吾性而已。眾人皆以奢靡為榮,吾心獨以儉素爲美⑨。人皆嗤吾固陋，吾不以爲病，應之曰："孔子稱'與其不遜也寧固⑩'，又曰'以約失之者鮮矣⑪'，又曰'士志於道而恥惡衣惡食者，未足與議也⑫'。古人以儉爲美德，今人乃以儉相詬病⑬，嘻，異哉！"

① 康：司馬康，字公休，司馬光子。以明經及第，任校書郎等職，死時年方四十一歲。

② 寒家：清貧之家。據說司馬光的父親居官清廉，家無餘財。

③ 華靡：奢華浪費。

④ 羞赧(nǎn)：因害羞而臉紅。

⑤ 忝(tiǎn)：辱。這句是對自己二十歲時中進士的自謙說法。

⑥ 聞喜宴：宋制，凡新科進士賜"聞喜宴"，並皆賜簪花(插花於帽簷)。

⑦ 同年：指同榜及第者。

⑧ 矯：違背。干：求。這句意思是也不敢故意穿髒破衣服以顯示自己與世俗之人不同，而以此求得名聲。

⑨ 儉素：節儉樸素。

⑩ 孔子這句話出自《論語・述而》。不遜：驕傲。固：固陋。孔子的意思是，與其因奢侈而顯得驕傲，還不如因節儉而顯得固陋。

⑪ 孔子這句話出自《論語・里仁》，意思是因爲儉約而犯過失的，那是很少的。

⑫ 孔子這句話出自《論語・里仁》，意思是，讀書人有志於道，卻又以穿差的衣服、吃差的食物爲羞恥，這種人是不值得跟他談論的。

⑬ 詬(gòu)病：侮辱，譏諷。

近歲風俗尤爲侈靡，走卒類士服①，農夫躡絲履②。吾記天聖中，先公爲羣牧判官③，客至未嘗不置酒，或三行五行④，多不過七行。酒酤於市⑤，果止於梨、栗、棗、柿之類，肴止於脯、醢、菜、羹⑥，器用瓷、漆⑦。當時士大夫家皆然，人不相非也。會數而禮勤⑧，物薄而情厚。近日士大夫家，酒非內法⑨，果肴非遠方珍異，食非多品，器皿非滿案，不敢會賓友。常數月營聚⑩，然後敢發書⑪。苟或不然，人爭非之，以爲鄙吝，故不隨俗靡者蓋鮮矣。嗟乎，風俗頹弊如是⑫，居位者雖不能禁，忍助之乎⑬！

① 走卒類士服：當差的穿上與士人一樣的衣服。

② 躡(niè)：踩。

③ 天聖：宋仁宗的年號(1023—1032)。先公：指司馬光死去的父親司馬池。羣牧判官：官名，羣牧司的判官。羣牧司是主管國家公用馬匹的官署。

④ 行：行酒，即主人向客人斟酒。

⑤ 酤(gū)：買酒。到市場上買酒是說明隨便。

⑥ 脯(fǔ)：肉乾。醢(hǎi)：肉醬。

⑦ 瓷：同"瓷"。漆：漆器。這句是說所

用器皿都是普通的(不用銀、銅等貴重的)。

⑧ 數(shuò)：頻繁。這句是説聚會的次數多而禮意殷勤。

⑨ 内法：皇官内的制法。言其特别講究。

⑩ 營聚：張羅，操辦。

⑪ 發書：發出請柬。

⑫ 頽弊：敗壞。

⑬ "居位……"句：當官的即使不能制止，也不該忍心再助長這種壞透了的風俗。

又聞昔李文靖公爲相①，治居第於封丘門内②，聽事前僅容旋馬③。或言其太隘，公笑曰："居第當傳子孫，此爲宰相聽事誠隘，爲太祝、奉禮聽事已寬矣④。"參政魯公爲諫官⑤，真宗遣使急召之，得於酒家⑥。既入，問其所來，以實對。上曰："卿爲清望官⑦，奈何飲於酒肆？"對曰："臣家貧，客至無器皿、殽果，故就酒家觴之⑧。"上以無隱⑨，益重之。張文節爲相⑩，自奉養如爲河陽掌書記時⑪，所親或規之曰⑫："公今受俸不少，而自奉若此，公雖自信清約⑬，外人頗有公孫布被之譏⑭。公宜少從衆。"公歎曰："吾今日之俸，雖舉家錦衣玉食⑮，何患不能？顧人之常情，由儉入奢易，由奢入儉難。吾今日之俸豈能常存？身豈能常存？一旦異於今日，家人習奢已久，不能頓儉⑯，必致失所，豈若吾居位去位身在身亡常如一日乎？"嗚呼，大賢之深謀遠慮，豈庸人所及哉！

① 李文靖公：李沆(háng)，字太初，洺(míng)州肥鄉(今河北省邯鄲市肥鄉縣)人。宋真宗時宰相。文靖是其謚號。

② 治：修建。居第：住宅。封丘門：汴京(今河南省開封市)的一個城門。

③ 聽事：即廳堂。僅容旋馬：僅够一匹馬轉身。

④ 奉禮：即奉禮郎。太祝和奉禮郎是太常寺(掌管宗廟祭祀的官署)的屬官，級別較低。

⑤ 參政魯公：即魯宗道，字貫之，亳(bó)州譙縣(今安徽亳州)人。宋真宗時爲右正言(諫官)，後爲户部員外郎兼右諭德，又遷左諭德(左、右諭德都是負責教育太子的官)，仁宗時任參知政事。

⑥ 得於酒家：在酒館裏找到他。據《宋史·魯宗道傳》，這件事發生在他做諭德時，與此文有異。

⑦ 清望：清白而有名望。

⑧ 觴：這裏做動詞用，即請人喝酒。

⑨ 無隱：不隱瞞實情。

⑩ 張文節：即張知白，字用晦，滄州清池(今河北省滄州市東南)人，宋真宗時爲河陽(今河南省洛陽市)節度判官，仁宗初年爲宰相。文節是其謚號。

⑪ 掌書記：節度使下屬的官。張知白未當過掌書記一官，大概因爲掌書記和節度判官的職分很近似，都是主管批公文的官，故容易混淆。

⑫ 所親：親近的人。規：規勸。

⑬ 清約：清廉儉約。

⑭ 公孫：公孫弘，漢武帝時爲丞相，封

平津侯。《漢書·公孫弘傳》："汲黯曰：'弘位在三公，奉禄甚多，然爲布被，此詐也。'"

⑮ 錦衣玉食：形容衣食之美。
⑯ 頓：突然。

御孫曰①："儉，德之共也；侈，惡之大也②。"共，同也，言有德者皆由儉來也。夫儉則寡欲。君子寡欲則不役於物③，可以直道而行④；小人寡欲則能謹身節用⑤，遠罪豐家。故曰："儉，德之共也。"侈則多欲。君子多欲則貪慕富貴，枉道速禍⑥；小人多欲則多求妄用，敗家喪身。是以居官必賄，居鄉必盜。故曰："侈，惡之大也。"

① 御孫：春秋時期魯國大夫。
② "儉……"句：這兩句話見《左傳·莊公二十四年》。
③ 不役於物：不受外物所牽制。
④ 直道而行：行正直之道。語見《論語·衛靈公》。
⑤ 謹身節用：約束自己，節約費用。語見《孝經》。
⑥ 枉道速禍：不循正道而招致禍患。

昔正考父饘粥以餬口①，孟僖子知其後必有達人②。季文子相三君③，妾不衣帛，馬不食粟，君子以爲忠。管仲鏤簋朱紘④，山節藻梲⑤，孔子鄙其小器⑥。公叔文子享衛靈公⑦，史鰌知其及禍⑧，及戌⑨，果以富得罪出亡。何曾日食萬錢⑩，至孫以驕溢傾家。石崇以奢靡誇人⑪，卒以此死東市⑫。近世寇萊公豪侈冠一時⑬，然以功業大，人莫之非；子孫習其家風⑭，今多窮困。其餘以儉立名，以侈自敗者多矣，不可徧數，聊舉數人以訓汝。汝非徒身當服行⑮，當以訓汝子孫，使知前輩之風俗云。

① 正考父：春秋時期宋國大夫，是孔子的遠祖。饘（zhān）：稠粥。粥：稀粥。餬口：維持生活。
② 孟僖子：春秋時期魯國大夫。這件事見《左傳·昭公七年》。
③ 季文子：魯國大夫季孫行父。三君：魯文公、魯宣公、魯襄公。
④ 鏤（lòu）：刻。簋（guǐ）：盛食物的器皿。紘（hóng）：在嘴巴下邊打結的帽帶。
⑤ 節：柱子上端的斗拱。山節即於節上雕刻山岳之形。梲（zhuó）：梁上的短柱。藻梲即於梲上畫水藻之形。這是説管仲奢侈。
⑥ 小器：器量狹小。《論語·八佾》："子曰：'管仲之器小哉！'"
⑦ 公叔文子：春秋時期衛國大夫公叔發。享：宴請。
⑧ 史鰌（qiū）：衛國大夫。及禍：遭到禍患。
⑨ 戌：即公叔文子的兒子公叔戌。《左傳·定公十三年》："初，衛公叔文子朝而請享靈公，退見史鰌而告之。史鰌曰：'子必禍矣！子富而君貧，其及子乎？'……及文子卒，衛侯始惡於公叔戌，以其富也。"第二年春，衛侯逐

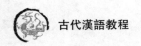

公叔戍,公叔戍奔魯。

⑩ 何曾:字穎考,陳國陽夏(jiǎ)(今河南省太康縣)人。晉武帝時官至太傅。《晉書·何曾傳》:"〔何曾〕性奢豪,務在華侈。食日萬錢,猶曰'無下箸處'。"

⑪ 石崇:字季倫,渤海南皮(今河北省南皮縣)人。晉代有名的富豪。

⑫ 東市:行刑的地方。據《晉書·石崇傳》,石崇有妓名綠珠,美艷善吹笛,孫秀使人求之不得。當時趙王倫專權,而孫秀爲趙王倫所寵。孫秀乃勸趙王倫誅崇。車載至東市,石崇歎曰:"奴輩利吾家財。"執刑者説:"知財致害,何不早散之。"

⑬ 寇萊公:寇準,字平仲,華州下邽(guī)(今陝西省渭南縣)人。宋真宗初年任宰相。抗遼有功,後封萊國公。對寇準的奢華情况《宋史·寇準傳》有所記載。

⑭ 習其家風:習染其家庭侈靡的風氣。

⑮ 服行:實行。

張巡守睢陽①

司馬光

【説明】 本文節選自《資治通鑑》第219卷至第220卷。

唐玄宗天寶十四載(755)冬,安禄山在范陽(今河北懷來、永清,北京房山以東和長城以南地區)起兵叛亂。第二年,洛陽和首都長安相繼失陷,玄宗逃往四川,肅宗在靈武(今寧夏青銅峽市北、永寧縣西南)即位。肅宗至德二載(757),安禄山爲其子慶緒所殺,慶緒繼位,亂軍繼續南侵。張巡和許遠併力死守睢陽(今河南商丘)近一年。本文就是寫張巡領導睢陽軍民與敵人展開殊死鬥爭的壯烈場面。因爲救兵不至,睢陽最終失守。但是由於長時間堅守睢陽,有力地遏制了叛軍勢力的發展,因而這場保衛戰對於平定叛亂起到了十分重要的作用。

慶緒以尹子奇爲汴州刺史、河南節度使②。甲戌③,子奇以歸、檀及同羅、奚兵十三萬趣睢陽④。許遠告急於張巡⑤,巡自寧陵引兵入睢陽⑥。巡有兵三千人,與遠兵合六千八百人。賊悉衆逼城⑦,巡督勵將士,晝夜苦戰,或一日至二十合。凡十六日,擒賊將六十餘人,殺士卒二萬餘,衆氣自倍。遠謂巡曰:"遠懦,不習兵,公智勇兼濟,遠請爲公守,公請爲遠戰。"自是之後,遠但調軍糧,脩戰具,居中應接而已,戰鬭籌畫一出於巡⑧。賊遂夜遁。……

① 張巡(709—759):唐開元進士,歷任清河縣(今屬河北省)令和真源縣(今河南省鹿邑縣)令。安禄山叛亂後,張巡以真源令起兵守雍丘(今河南杞縣),屢立戰功。至德二年(757)率部到睢陽(今河南商丘),與許遠共同死守。同年,官拜御史中丞。睢陽失陷,張巡被捕,不屈被殺。

② 慶緒:安禄山的次子安慶緒。安禄

山叛亂稱帝時,封爲晉王,至德二年春殺安禄山自立爲帝。乾元二年(759)被史思明所殺。尹子奇:安禄山叛軍將領之一。汴州:今河南開封市。刺史:一州的行政長官。河南:唐方鎮名。節度使:官名。節度使統轄若干州,所轄區内的各州刺史均爲其下屬,節度使本身兼任所在州的刺史。這時的河南轄汴、宋、徐、兖等八州,節度使兼領汴州刺史。

③ 甲戌:公元757年2月18日。

④ 歸:當作"媯"(guī)。媯州在今河北省張家口市一帶。檀:檀州,在今北京市密雲縣。同羅、奚:當時我國北方少數民族。同羅在今蒙古國圖勒河北,奚在今内蒙古西拉木倫河一帶。

⑤ 許遠:杭州鹽官(今浙江海寧)人。安史之亂時,拜爲睢陽太守。

⑥ 寧陵:縣名,在今河南省商丘縣西。

⑦ 悉:全部。悉衆:出動全部軍隊。

⑧ 一:一概。

尹子奇復引大兵攻睢陽。張巡謂將士曰:"吾受國恩,所守,正死耳①。但念諸君捐軀命,膏草野②,而賞不酬勳③,以此痛心耳。"將士皆激勵請奮④。巡遂椎牛大饗士卒⑤,盡軍出戰。賊望見兵少,笑之。巡執旗,帥諸將直衝賊陳,賊乃大潰,斬將三十餘人,殺士卒三千餘人,逐之數十里。明日,賊又合軍至城下,巡出戰,晝夜數十合,屢摧其鋒,而賊攻圍不輟。……

① 所守,正死耳:所抱定的决心,就是以死報國。

② 膏草野:給野外草木提供肥料。膏作動詞。

③ 賞不酬勳:獎賞很少,和實際功勳不相稱。

④ 請奮:請戰。

⑤ 椎牛:殺牛。

尹子奇益兵圍睢陽益急,張巡於城中夜鳴鼓嚴隊①,若將出擊者;賊聞之,達旦儆備②。既明,巡乃寢兵絶鼓③。賊以飛樓瞰城中④,無所見,遂解甲休息。巡與將軍南霽雲、郎將雷萬春等十餘將各將五十騎開門突出⑤,直衝賊營,至子奇麾下⑥,營中大亂,斬賊將五十餘人,殺士卒五千餘人。巡欲射子奇而不識,乃剡蒿爲矢⑦,中者喜,謂巡矢盡,走白子奇⑧,乃得其狀。使霽雲射之,喪其左目,幾獲之。子奇乃收軍退還。……

① 嚴隊:整隊。

② 儆:同"警"。

③ 寢:停息。

④ 飛樓:攻城的戰具之一,也可用來窺探城中敵情。瞰(kàn):俯看。

⑤ 南霽(jì)雲:跟從張巡守睢陽的將軍,與張巡同死難。郎將:這裏指偏將。雷萬春:屢隨張巡出戰,非常勇敢,也在睢陽失陷時死難。

⑥ 麾:旗。麾下:部下。

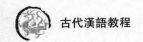

⑦ 剡(yǎn)蒿(hāo)爲矢：剡，銳利，這裏做使動用法。蒿：植物名，即青蒿，這裏指它的莖。剡蒿爲矢即把青蒿的莖削尖成箭狀。
⑧ 白：告訴。

壬子①，尹子奇復徵兵數萬，攻睢陽。先是，許遠於城中積糧至六萬石，號王巨以其半給濮陽、濟陰二郡②，遠固爭之，不能得；既而濟陰得糧，遂以城叛，而睢陽至是食盡。將士人廩米日一合③，雜以茶紙、樹皮爲食，而賊糧運通，兵敗復徵。睢陽戰士死不加益，諸軍餽救不至，士卒消耗至一千六百人，皆飢病不堪鬭，遂爲賊所圍，張巡乃脩守具以拒之。賊爲雲梯，勢如半虹，置精卒二百於其上，推之臨城，欲令騰入。巡豫於城鑿三穴，候梯將至，於一穴中出大木，末置鐵鉤，鉤之使不得退。一穴中出一木，拄之使不得進④；一穴中出一木，木末置鐵籠，盛火焚之，其梯中折，梯上卒盡燒死。賊又以鉤車鉤城上棚閣⑤，鉤之所及，莫不崩陷。巡以大木，末置連鎖，鎖末置大鐶⑥，搨其鉤頭⑦，以革車拔之入城，截其鉤頭而縱車令去⑧。賊又造木驢攻城⑨，巡鎔金汁灌之，應投銷鑠⑩。賊又於城西北隅以土囊積柴爲磴道⑪，欲登城。巡不與爭利，每夜潛以松明、乾藁投之於中⑫，積十餘日，賊不之覺，因出軍大戰，使人順風持火焚之，賊不能救，經二十餘日，火方滅。巡之所爲，皆應機立辨⑬，賊服其智，不敢復攻。遂於城外穿三重壕，立木栅以守巡，巡亦於内作壕以拒之。……

① 壬子：公元757年7月26日。
② 號王巨：李巨，唐高祖李淵第十四子李鳳之後，襲封號王。濮陽：濮陽郡在今河南濮陽、山東鄄城一帶。濟(jǐ)陰：濟陰郡在今山東曹縣一帶。
③ 廩：供給。合：容量單位，十合爲一升。
④ 拄(zhǔ)：支撐，頂住。
⑤ 棚閣：城上的防禦設施。在城上架木爲棚，伸出城外約四五尺，上有屋宇，以蔽風雨，戰士居其間，以抵禦外敵。後來也叫"敵樓"。
⑥ 鐶：同"環"。
⑦ 搨(tà)：套住。
⑧ 革車：一種戰車。
⑨ 木驢：木製驢形的運載工具，多爲攻城時用。
⑩ 應投：義同"應手"，隨即。銷鑠(shuò)：融化，銷毁。
⑪ 磴(dèng)道：登山的石徑。
⑫ 藁：同"稿"，稻、麥的秆子。
⑬ 應機立辨：當機立斷，靈活處事。

睢陽士卒死傷之餘，纔六百人，張巡、許遠分城而守之，巡守東北，遠守西南，與士卒同食茶紙，不復下城。賊士攻城者，巡以逆順説之①，往往棄賊來降,爲巡死戰,前後二百餘人。

是時,許叔冀在譙郡②,尚衡在彭城③,賀蘭進明在臨淮④,皆擁兵不救。城中日蹙⑤,巡乃令南霽雲將三十騎犯圍而出,告急於臨淮。霽雲出城,賊衆數萬遮之⑥,霽雲直衝其衆,左右馳射,賊衆披靡,止亡兩騎。既至臨淮,見進明,進明曰:"今日睢陽不知存亡,兵去何益!"霽雲曰:"睢陽若陷,霽雲請以死謝大夫⑦。且睢陽既拔,即及臨淮,譬如皮毛相依,安得不救!"進明愛霽雲勇壯,不聽其語,強留之,具食與樂,延霽雲坐⑧。霽雲慷慨,泣且語曰:"霽雲來,睢陽之人不食月餘矣!霽雲雖欲獨食,且不下咽。大夫坐擁強兵⑨,觀睢陽陷沒,曾無分災救患之意⑩,豈忠臣義士之所爲乎!"因齧落一指以示進明⑪,曰:"霽雲既不能達主將之意,請留一指以示信歸報。"座中往往爲泣下⑫。

① 逆順:義同"反正",指叛逆而投順。
② 譙郡:今安徽亳州。
③ 彭城:今江蘇省徐州市。
④ 賀蘭進明:唐肅宗時任河南節度使,居臨淮。臨淮:在今江蘇省盱眙市北。
⑤ 蹙(cù):緊迫,危急。
⑥ 遮:阻攔,阻擊。
⑦ 謝:道歉,認錯。
⑧ 延:請。
⑨ 大夫:對賀蘭進明的尊稱。
⑩ 曾:竟然。
⑪ 齧(niè):咬。
⑫ 往往:紛紛。

霽雲察進明終無出師意,遂去。至寧陵,與城使廉坦同將步騎三千人,閏月戊申夜,冒圍且戰且行,至城下,大戰,壞賊營,死傷之外,僅得千人入城。城中將吏知無救,皆慟哭。賊知援絶,圍之益急。……

尹子奇久圍睢陽,城中食盡,議棄城東走。張巡、許遠謀,以爲:"睢陽,江、淮之保障①,若棄之去,賊必乘勝長驅,是無江、淮也。且我衆飢羸②,走必不達。古者戰國諸侯,尚相救恤,況密邇羣帥乎③!不如堅守以待之。"茶紙既盡,遂食馬;馬盡,羅雀掘鼠;雀鼠又盡,巡出愛妾,殺以食士,遠亦殺其奴;然後括城中婦人食之,繼以男子老弱。人知必死,莫有叛者,所餘纔四百人。

① "睢陽……"句:叛軍要奪取長江、淮河一帶,睢陽是個障礙,所以這樣説。
② 飢羸(lěi):飢餓瘦弱。
③ 密邇(ěr):貼近。

癸丑①,賊登城,將士病②,不能戰。巡西向再拜曰:"臣力竭矣,不能全城,生既無以報陛下,死當爲厲鬼以殺賊!"城遂陷,巡、遠俱被執。尹子奇問巡曰:"聞君每戰眥裂齒碎③,何也?"巡曰:"吾志吞逆賊,但力不能耳④。"子奇以刀抉其口視之⑤,所餘纔三四。子奇義其所爲,欲活之。其徒曰:"彼守節者也,終不爲用。且得士心,存之將爲後患。"乃並南霽雲、雷萬春等三十六人皆斬之。巡且死,顔色不亂⑥,揚揚如常⑦。生致許遠於洛陽⑧。

① 癸丑:公元757年11月24日。
② 病:疲敝不堪。
③ 眥(zì):眼眶。
④ 但:祇是。
⑤ 抉(jué):挖出,挖開。
⑥ 顏色:臉色。
⑦ 揚揚:昂然自得的樣子。
⑧ 生致:活的押送。

巡初守睢陽時,卒僅萬人①,城中居人亦且數萬②,巡一見問姓名,其後無不識者③。前後大小戰凡四百餘,殺賊卒十二萬人。巡行兵不依古法教戰陳④,令本將各以其意教之。人或問其故,巡曰:"今與胡虜戰⑤,雲合鳥散,變態不恒⑥,數步之間,勢有同異⑦。臨機應猝⑧,在於呼吸之間⑨,而動詢大將⑩,事不相及⑪,非知兵之變者也。故吾使兵識將意,將識士情,投之而往,如手之使指。兵將相習⑫,人自爲戰,不亦可乎!"自興兵,器械、甲仗皆取之於敵,未嘗自脩⑬。每戰,將士或退散,巡立於戰所,謂將士曰:"我不離此,汝爲我還決之⑭。"將士莫敢不還,死戰,卒破敵。又推誠待人,無所疑隱;臨敵應變,出奇無窮;號令明,賞罰信,與衆共甘苦寒暑,故下争致死力。

① 僅:幾乎,接近。這裏的"僅"不是"纔"、"祇"的意思。
② 且:將近。
③ 識:記,記住。這裏指記住兵、民的姓名。
④ 陳:同"陣"。
⑤ 胡虜:對安禄山叛軍的鄙稱。
⑥ 恒:常,一定。
⑦ 同異:不同。這裏的"同異"是偏義複詞。
⑧ 猝:急,緊急情況。
⑨ 呼吸之間:極言時間之短。
⑩ 動詢大將:動不動就要徵求大將的意見。
⑪ 事不相及:事情來不及。
⑫ 習:熟悉。
⑬ 脩:製造,準備。
⑭ 汝:你們。還:回去。

超然臺記^①

蘇軾

【說明】 蘇軾(1037—1101),字子瞻,號"東坡居士",眉州眉山(今四川省眉山市)人。宋嘉祐二年(1057)進士,曾任鳳翔府簽判、開封府推官等職。因與王安石政見不合,神宗熙寧間出任杭州通判。後歷任密州(今山東諸城)、徐州(今屬江蘇省)、湖州(今屬浙江省)等地知州。因烏臺詩案,被誣作詩訕謗朝廷,謫黃州(今湖北黄岡)團練副使。哲宗即位,被召還朝,累遷至翰林學士兼侍讀,拜龍圖閣學士等。紹聖初,貶寧遠軍節度副使,又貶儋州(今屬海南省)別駕。徽宗立,徙永州(今屬湖南省),建中靖國元年(1101),遇赦內遷,途中卒於常州(今屬江蘇省),諡"文忠"。

蘇軾在政治上傾向於保守派,反對王安石的新法,但他人品端正,清廉自守。他歷任多處地方官,做出許多政績。他也主張限制貴族特權,加強國防力量等。

蘇軾是一位傑出的文學家,散文、詩、詞兼擅,文是"唐宋八大家"之一;詩繼李、杜,開闢宋代詩歌的新境界;詞則打破以婉約爲正宗的傳統,開創了豪放派的詞風,給後世文學以深遠的影響。作品有《東坡全集》、《東坡志林》、《東坡樂府》等。

由於不願捲入朝廷的新舊黨之爭,蘇軾自請外調,於熙寧四年(1071)出任杭州通判,七年移知密州。本文即作者到密州後第二年所寫。文中記述了作者在密州的生活境況,表露他對政治鬥爭的厭倦,對閒適清淡生活的怡然自得,反映了他超然物外、無往而不樂的生活態度。由此可以看出作者深受老莊思想的影響。

凡物皆有可觀。苟有可觀,皆有可樂,非必怪奇偉麗者也。餔糟歠醨^②,皆可以醉;果蔬草木,皆可以飽。推此類也,吾安往而不樂?

夫所謂求福而辭禍者,以福可喜而禍可悲也。人之所欲無窮,而物之可以足吾欲者有盡。美惡之辨戰於中^③,而去取之擇交乎前^④,則可樂者常少,而可悲者常多,是謂求禍而辭福。夫求禍而辭福,豈人之情也哉!物有以蓋之矣^⑤。彼遊於物之內,而不遊於物之外。物非有大小也,自其內而觀之,未有不高且大者也。彼挾其高大以臨我,則我常眩亂反覆^⑥,如隙中之觀鬥,又烏知勝負之所在?是以美惡橫生,而憂樂出焉，可不大哀乎！

① 超然臺：在密州北城上。
② 餔(bǔ)：食。糟：酒糟，濾酒後的渣滓。歠(chuò)：飲。醨(lí)：薄酒。屈原《漁父》："何不餔其糟而歠其醨？"
③ 中：心中。這句是説心中總交織着分辨美惡的問題。
④ 前：眼前。
⑤ 蓋：遮蔽。
⑥ 眩(xuàn)亂：迷亂。

予自錢塘移守膠西①，釋舟楫之安，而服車馬之勞；去雕牆之美，而蔽采椽之居②；背湖山之觀，而行桑麻之野③。始至之日，歲比不登④，盜賊滿野，獄訟充斥，而齋厨索然，日食杞菊⑤，人固疑予之不樂也。處之期年⑥，而貌加豐，髮之白者，日以反黑。予既樂其風俗之淳，而其吏民亦安予之拙也。於是治其園圃，潔其庭宇，伐安邱、高密之木⑦，以修補破敗，爲苟全之計。而園之北，因城以爲臺者舊矣，稍葺而新之⑧，時相與登覽，放意肆志焉。南望馬耳、常山⑨，出沒隱見，若近若遠，庶幾有隱君子乎！而其東則盧山，秦人盧敖之所從遁也⑩。西望穆陵⑪，隱然如城郭，師尚父、齊桓公之遺烈⑫，猶有存者。北俯濰水⑬，慨然太息，思淮陰之功，而弔其不終⑭。臺高而安，深而明，夏涼而冬溫。雨雪之朝，風月之夕，予未嘗不在，客未嘗不從。擷園蔬⑮，取池魚，釀秫酒⑯，瀹脱粟而食之⑰。曰：樂哉遊乎！

方是時，予弟子由適在濟南⑱，聞而賦之，且名其臺曰"超然"，以見予之無所往而不樂者，蓋遊於物之外也。

① 錢塘：今浙江杭州。膠西：今山東膠州、高密等地，這裏指密州。
② 采：通"採"，柞木。《韓非子·五蠹》："堯之王天下也，茅茨不翦，采椽不斲。"以柞木爲屋椽，不經削斲，謂其質樸。
③ 桑麻之野：密州盛產桑、麻，故言。
④ 比：連續，接連。登：收成。
⑤ 杞：枸杞。枸杞和菊花的嫩苗可做菜蔬。
⑥ 期(jī)年：滿一年。
⑦ 安邱：在今山東濰坊市南。高密：在今山東濰坊市東南。
⑧ 葺(qì)：修整。
⑨ 馬耳：山名，在今山東省諸城市南。常山：在馬耳山南。
⑩ 盧敖：燕國人，秦始皇召爲博士，使求仙，後隱居於故山，後故山因更名爲盧山。
⑪ 穆陵：關名，在今山東省臨朐縣南大峴山上。
⑫ 師尚父：即呂尚，因輔佐周武王有功，被尊爲師尚父，封齊地。
⑬ 濰水：源出今山東箕屋山，流經諸城、高密等地，至昌邑入海。
⑭ 淮陰：即韓信，劉邦的大功臣，封淮

陰侯,曾在濰水大敗楚軍。弔:憑弔,憯悼。不終:不得善終。言韓信雖有大功,却爲呂后所害。

⑮ 擷(xié):摘取。

⑯ 秫(shú):糯稻。

⑰ 瀹(yuè):煮。脱粟:僅去掉稃殼的糙米。

⑱ 子由:蘇轍。時蘇轍任齊州(今濟南章丘、禹城一帶)守李師中掌書記。

賈誼論[①]

蘇軾

【説明】 這是宋嘉祐六年(1061)蘇軾的應詔之作,是一篇史論。作者認爲賈誼的悲劇在於"不能自用其才",指出賈誼"志大而量小,才有餘而識不足",不能"默默以待其變",終至夭絶。文中大量引用歷史,層層論證,自成一家之言。當然,作者的這種分析是不夠全面的,作爲主張改革時政的賈誼,當時面臨貴族大臣們的猛烈反對,他個人悲劇的産生是有深刻社會根源的。不過作者寫這篇文章,並非單純爲了論史,文中自始至終隱含着對當時皇上能惜才的期望,這也可以説是作者所要表達的更主要的意思。

非才之難,所以自用者實難[②]。惜乎賈生,王者之佐,而不能自用其才也。夫君子之所取者遠,則必有所待;所就者大,則必有所忍。古之賢人,皆負可致之才[③],而卒不能行其萬一者,未必皆其時君之罪,或者其自取也。愚觀賈生之論,如其所言,雖三代何以遠過?得君如漢文[④],猶且以不用死,然則是天下無堯舜,終不可有所爲耶?

① 賈誼(前201—前169):洛陽人,曾提出一系列改革時政的主張,遭到大臣們的打擊和誣陷,貶謫爲長沙王太傅。後遷梁懷王太傅,梁懷王墮馬而死,賈誼乃過度憂傷而亡。

② "非才……"句:有才並不難,難在怎樣適當地發揮自己的才能。

③ 致:盡,極。可致之才:能夠盡情發揮的才能。

④ 漢文:漢文帝劉恒(前202—前157)。在位時執行"與民休息"的政策,提倡農耕,減輕地税和刑獄,使生產得以發展,政治得到穩定。歷史上把他與其子景帝兩代並稱爲"文景之治"。

仲尼聖人,歷試於天下[①]。苟非大無道之國,皆欲勉强扶持,庶幾一日得行其道。將之荆,先之以子夏,申之以冉有[②]。君子之欲得其君,如此其勤也。孟子去齊,三宿而後出晝[③],猶曰:"王其庶幾召我[④]。"君子之不忍棄其君,如此其厚也。公孫丑問曰:"夫子何爲不豫[⑤]?"孟子曰:"方今天下,舍我其誰哉,而吾何爲不豫⑥?"君子之愛其身,如此其至也。夫如此而不用,然後知天下果不足與有爲,而可以無憾矣。

① 孔子在魯國没能實行自己的政治主張,先後到齊、陳、蔡、衛等國,到處碰壁。
② 荆:楚國的别稱。申:重(chóng)。《禮記·檀弓上》:"昔者夫子失魯司寇,將之荆,蓋先之以子夏,又申之以冉有。"
③ 三宿:歇宿三夜。晝:齊地名,在今山東省臨淄市。
④ "王其……"句:事見《孟子·公孫丑下》,字句有不同。
⑤ 豫:快樂。
⑥ "方今……"句:事見《孟子·公孫丑下》,字句有不同,而問"夫子何爲不豫"者,是充虞而不是公孫丑。

若賈生者,非漢文之不能用生,生之不能用漢文也。夫絳侯親握天子璽而授之文帝①,灌嬰連兵數十萬②,以決劉吕之雌雄,又皆高帝之舊將,此其君臣相得之分,豈特父子骨肉手足哉!賈生洛陽之少年,欲使其一朝之間,盡棄其舊,而謀其新,亦已難矣。爲賈生者,上得其君,下得其大臣,如絳、灌之屬,優游浸漬而深交之③。使天子不疑,大臣不忌,然後舉天下而唯吾之所欲爲,不過十年,可以得志,安有立談之間而遽爲人痛哭哉④!觀其過湘,爲賦以弔屈原,縈紆鬱悶⑤,趯然有遠舉之志⑥,其後卒以自傷哭泣,至於夭絶,是亦不善處窮者也。夫謀之一不見用,則安知終不復用也?不知默默以待其變,而自殘至此。嗚呼!賈生志大而量小,才有餘而識不足也。

① 絳侯:周勃,佐漢高祖劉邦定天下,以功大封絳侯。吕后死後,與陳平等平諸吕之亂,奉天子璽授代王,尊立爲天子,是爲文帝。文帝時周勃爲右丞相,後又免相。
② 灌嬰:從漢高祖平天下有戰功,封潁陰侯。吕后死後,諸吕派灌嬰率兵擊齊,灌嬰反與齊連兵平諸吕。文帝時先後任太尉、丞相。
③ 優游:曲意相從。浸漬:互相親附。
④ "安有……"句:賈誼上文帝《治安策》:"臣竊惟事勢,可爲痛哭者一,可爲流涕者二,可爲長太息者六。"
⑤ 縈紆(yíngyū):指愁思纏繞。
⑥ 趯(tì)然:飄然遠引貌。遠舉之志:向高處遠逝的想法。《弔屈原賦》云:"歷九州而相其君兮,何必懷此都也?鳳皇翔于千仞兮,覽德輝而下之。見細德之險微兮,遥增擊而去之。"這幾句詩寄託着作者自身要遠離細德之君的心情。蘇軾言其"趯然有遠舉之志",大概指此。

古之人有高世之才,必有遺俗之累①,是故非聰明睿智不惑之主,則不能全其用。古今稱苻堅得王猛於草茅之中②,一朝盡斥去其舊臣,而與之謀。彼其匹夫,略有天下之半,其以此哉？愚深悲賈生之志,故備論之,亦使人君得如賈生之臣,則知其有狷介之操③,一不見用,則憂傷病沮④,不能復振。而爲賈生者,亦謹其所發哉。

① 遺俗：爲世人所不容。

② 苻堅（338—385）：十六國時期的前秦皇帝。王猛（325—375）：前秦的大臣。出身貧寒,史書稱其以鬻畚爲業。後受到苻堅重用,累遷至司徒,錄尚書事,後又拜丞相、中書監、尚書令、太子太傅、司隸校尉,對整肅政治,發展生產,加強中央集權起了很大的作用。苻堅常比之爲諸葛亮,始終信任不疑。"草茅之中",言其出身貧賤。

③ 狷（juàn）介：有操守,不願隨俗。

④ 病沮（jǔ）：愁苦沮喪。

答謝民師書①

蘇　軾

【説明】　作者主張文貴自然,認爲文章"大略如行雲流水,初無定質",但應"常行於所當行,常止於所不可不止",使"文理自然,姿態橫生"。他闡述了自己對孔子的"言之不文,行而不遠",與"辭達而已矣"兩個貌似矛盾的意見之間內在聯繫的理解,指出祇有對事物瞭解深刻,纔有可能做到辭達,而"辭達"的要求也就使"文"有了充分發揮的天地。

作者尖銳地批評揚雄"好爲艱深之辭,以文淺易之説",指摘其《太玄》、《法言》之作,在形式上刻意模擬經典,在內容上却毫無新意。他贊揚屈原的辭賦不拘於《風》、《雅》的形式,而其價值却可"與日月爭光"。這種既重視形式而又排斥形式主義的態度,是很可取的。

軾云：近奉違②,亟辱問訊③,具審起居佳勝④,感慰深矣！某受性剛簡⑤,學迂材下,坐廢累年⑥,不敢復齒縉紳⑦。自還海北⑧,見平生親舊,惘然如隔世人⑨,況與左右無一日之雅⑩,而敢求交乎！數賜見臨,傾蓋如故⑪,幸甚過望,不可言也。

① 謝民師：名舉廉,新淦（gàn）（今江西省新干縣）人,宋元豐八年（1085）進士,後爲廣東推官。元符三年（1100）,蘇軾由儋州内調,路過廣州時,兩人建立了友誼,每以文章相切磋。

② 奉違：表示離別的客氣話。作者這封信是離開廣州到内地途中所寫。

③ 亟（qì）：屢次。辱：表謙之詞。這句是説承蒙你多次來信致問。

④ 具：完全。審：明白。這句是説獲知你生活很好。

⑤ 某：作者代稱,表自謙。受性：秉性。

⑥坐廢累年：作者於紹聖元年（1094）以爲文譏斥先朝的罪名，遠謫惠州、儋州，至内調時已有七年之久，故稱。

⑦齒：列。這句是説自己不敢再把自己列於士大夫之林。

⑧自還海北：指從儋州歸來。

⑨惘然：失志貌。

⑩左右：指謝民師。無一日之雅：言非宿素之交。雅：素來，這裏指平素交往。

⑪傾蓋如故：猶言一見如故。傾蓋：停車。《孔子家語·致思》：“孔子之郯，遭程子於塗，傾蓋而語，終日甚相親。”

　　所示書教及詩賦雜文，觀之熟矣，大略如行雲流水，初無定質①，但常行於所當行，常止於所不可不止，文理自然，姿態橫生。孔子曰：“言之不文，行而不遠②。”又曰：“辭達而已矣③。”夫言止於達意，即疑若不文，是大不然。求物之妙，如繫風捕影。能使是物了然於心者，蓋千萬人而不一遇也，而況能使了然於口與手者乎！是之謂辭達。辭至於能達，則文不可勝用矣。

①“大略……”句：這句是説文章没有固定不變的樣式。

②“言之……”句：語見《左傳·襄公二十五年》。

③“辭達……”句：語見《論語·衛靈公》。

　　揚雄好爲艱深之辭，以文淺易之説①。若正言之，則人人知之矣。此正所謂“雕蟲篆刻”者②。其《太玄》、《法言》，皆是類也，而獨悔於賦③，何哉？終身雕篆，而獨變其音節，便謂之“經”，可乎？屈原作《離騷經》，蓋《風》《雅》之再變者④，雖與日月爭光可也，可以其似賦，而謂之雕蟲乎？使賈誼見孔子，升堂有餘矣，而乃以賦鄙之，至與司馬相如同科⑤。雄之陋如此比者甚衆⑥。可與知者道，難與俗人言也⑦，因論文偶及之耳。

①揚雄（前53—18）：字子雲，成都人。西漢文學家、哲學家、語文學家。早年擅長作賦，其形式大致模仿司馬相如；後又鄙薄辭賦，乃仿《論語》作《法言》，仿《易經》作《太玄》，均爲哲學著作。另有語文學著作《方言》行世。文：文飾。

②雕蟲篆刻：指專事雕琢文辭。《法言·吾子》：“或問‘吾子少而好賦。’曰：‘然。童子雕蟲篆刻。’俄而曰：‘壯夫不爲也。’”

③“其……”句：這幾句話的意思是，揚雄的《太玄》、《法言》也同他的辭賦一樣屬於“雕蟲篆刻”之作，可揚雄爲什麼僅僅後悔作賦呢？

④“屈原……”句：這兩句是説屈原的《離騷》並没有簡單地模仿《詩經》，形式上與《詩經》大有不同。

⑤“使賈誼……”句：這幾句也是針對揚雄《法言·吾子》的觀點而説的。揚雄説：“如孔氏之門用賦也，則賈誼升堂，相如入室矣，如其不用何！”蘇軾在這裏不同意揚雄祇

把賈誼看成是辭賦家,同司馬相如並列起來,更不同意揚雄把司馬相如置於賈誼之上。
⑥ 比:相近,類似。
⑦ 知:同"智"。語出司馬遷《報任安書》:"然此可爲智者道,難爲俗人言也。"

歐陽文忠公言①:"文章如精金美玉,市有定價,非人所能以口舌定貴賤也。"紛紛多言,豈能有益於左右,愧悚不已!

所須惠力法雨堂兩字②,軾本不善作大字,強作終不佳,又舟中局迫難寫,未能如教。然軾方過臨江③,當往游焉,或僧有所欲記錄,當爲作數句留院中,慰左右親念之意。今日至峽山寺④,少留即去,愈遠,惟萬萬以時自愛⑤。不宣。

① 歐陽文忠公:歐陽修。
② 惠力:寺廟名,在臨江城南。法雨堂是該寺中堂名。兩字:指"法雨"兩字。作者擅長書法,故謝民師代惠力寺向他求題。
③ 臨江:在今江西省樟樹市,是惠力寺所在之地。
④ 峽山寺:在廣東省清遠市峽山上,古代名刹之一。
⑤ 愈遠:離你更遠了。自愛:自己保重。

練習十八

一、把下列句子譯成現代漢語。
1. 夫力所不敢爲,乃愚者之不逮;以智文其過,此君子之賊也。
2. 足下在其位而不言,便當去之,無妨他人之堪其任者也。
3. 時然而然,衆人也;己然而然,君子也。
4. 財之在己,固不若性之爲己有也,財失復得,曰非其財,且不可,性失復得,曰非其性,可乎?
5. 得君如漢文,猶且以不用死,然則是天下無堯舜,終不可有所爲耶?
6. 嗟乎!風俗頹敝如是,居位者雖不能禁,忍助之乎?
7. 古者戰國諸侯,尚相救恤,況密邇羣帥乎!
8. 臨機應猝,在於呼吸之間,而動詢大將,事不相及,非知兵之變者也。
9. 愚深悲賈生之志,故備論之。亦使人君得如賈生之臣,則知其有狷介之操,一不見用,則憂傷病沮,不能復振。而爲賈生者,亦謹其所發哉。
10. 求物之妙,如繫風捕影。能使是物了然於心者,蓋千萬人而不一遇也,而況能使了然於口與手者乎!是之謂辭達。

二、標點下文。
　　壬戌之秋七月既望蘇子與客汎舟遊於赤壁之下清風徐來水波不興舉酒屬客誦明月之詩歌窈窕之章少焉月出於東山之上徘徊於

斗牛之間白露橫江水光接天縱一葦之所如凌萬頃之茫然浩浩乎如馮虛御風而不知其所止飄飄乎如遺世獨立羽化而登僊於是飲酒樂甚扣舷而歌之歌曰桂櫂兮蘭槳擊空明兮泝流光渺渺兮予懷望美人兮天一方客有吹洞簫者倚歌而和之其聲嗚嗚然如怨如慕如泣如訴餘音嫋嫋不絕如縷舞幽壑之潛蛟泣孤舟之嫠婦蘇子愀然正襟危坐而問客曰何爲其然也客曰月明星稀烏鵲南飛此非曹孟德之詩乎西望夏口東望武昌山川相繆鬱乎蒼蒼此非孟德之困於周郎者乎方其破荊州下江陵順流而東也舳艫千里旌旗蔽空釃酒臨江橫槊賦詩固一世之雄也而今安在哉況吾與子漁樵於江渚之上侶魚蝦而友麋鹿駕一葉之扁舟舉匏樽以相屬寄蜉蝣於天地渺滄海之一粟哀吾生之須臾羨長江之無窮挾飛僊以遨遊抱明月而長終知不可乎驟得託遺響於悲風蘇子曰客亦知夫水與月乎逝者如斯而未嘗往也盈虛者如彼而卒莫消長也蓋將自其變者而觀之則天地曾不能以一瞬自其不變者而觀之則物與我皆無盡也而又何羨乎且夫天地之間物各有主苟非吾之所有雖一毫而莫取惟江上之清風與山間之明月耳得之而爲聲目遇之而成色取之無禁用之不竭是造物者之無盡藏也而吾與子之所共適客喜而笑洗盞更酌肴核既盡杯盤狼籍相與枕藉乎舟中不知東方之既白（蘇軾《赤壁賦》）

第十章　韻　文

　　　　漢　　廣（周南）　　　　　　　　　　　　《詩經》

　　【説明】《詩經》是我國最早的一部詩歌總集。本衹稱"詩"或"詩三百"，漢代開始把它列爲"六藝"（或稱"六經"）之一，稱爲"詩經"。
　　《詩經》共收周初至春秋中葉的詩歌三百零五首，分爲風、雅、頌三大類。其中有相當一部分採自民間歌謡（主要是國風），反映了當時廣闊的社會生活，表現了人民羣衆的勞動、生活、家庭、婚姻和愛情，以及他們的願望和鬥爭。那些出於貴族階級之手的政治詩（主要是大、小雅）和宗廟祭祀詩（頌），也從不同的側面反映了當時社會的政治、經濟、軍事、生產的情況，表現了貴族階級奢侈的生活和内部的矛盾。
　　《詩經》大量應用賦、比、興等表現手法，並通過豐富多彩的語言、和諧的音律，使詩篇富於藝術感染力。《詩經》是我國漢語發展史上一個極其重要的源頭，在漢語語音史、詞彙史，以及文字、訓詁的研究方面佔有重要的地位。
　　從漢代開始，傳《詩經》者有四家，即今文的魯（申培）、齊（轅固）、韓（韓嬰）三家，古文的毛亨、毛萇一家。自東漢鄭玄爲毛詩作箋之後，毛詩的地位大爲提高，而其他三家則日漸衰廢。
　　歷代注《詩經》的書汗牛充棟，通行的本子有《毛詩正義》（東漢毛亨傳，鄭玄箋，唐孔穎達疏）、《詩集傳》（宋朱熹著）、《詩毛氏傳疏》（清陳奂著）、《毛詩傳箋通釋》（清馬瑞辰著）、《詩三家義集疏》（清王先謙著）。
　　"漢廣"是篇名。《詩經》的篇名大多是從詩歌首句中取兩字或三四字而成的，也有少數不是取自首句，如本篇。"周南"約在今陝西、河南之間。這是一首愛情詩，寫一位男子想慕女子却不能如願以償。

南有喬木①,不可休思②。漢有游女③,不可求思。漢之廣矣,不可泳思。江之永矣④,不可方思⑤。

翹翹錯薪⑥,言刈其楚⑦。之子于歸⑧,言秣其馬⑨。漢之廣矣,不可泳思。江之永矣,不可方思。

翹翹錯薪,言刈其蔞⑩。之子于歸,言秣其駒⑪。漢之廣矣,不可泳思。江之永矣,不可方思。

① 喬木:高聳的樹。
② 休:休息。思:語氣詞。因爲喬木上竦而下少枝葉,故樹陰少而不宜於休息。
③ 漢:水名。源出陝西省寧強縣,東流至湖北武漢入長江。游女:善游水的女子。一説漢水女神。
④ 江:長江。永:長。
⑤ 方:用竹或木編排成筏子以渡水。
⑥ 翹翹:高高的樣子。錯薪:雜亂的柴草。
⑦ 言:動詞詞頭。刈(yì):割。楚:植物名,也叫荆。
⑧ 之子:這個女子。歸:出嫁。于:動詞詞頭。
⑨ 秣:喂草料。
⑩ 蔞(lǚ):即蔞蒿,生在水澤中的草類。
⑪ 駒:小馬。

【押韻】 休、求:幽部。廣、泳、永、方:陽部。楚、馬:魚部。廣、泳、永、方:陽部。蔞、駒:侯部。廣、泳、永、方:陽部。

静　　女(邶風) 　　　　《詩經》

【説明】 這首詩寫一對青年男女約會的情形。

静女其姝①,俟我於城隅②。愛而不見③,搔首踟躕④。
静女其孌⑤,貽我彤管⑥。彤管有煒⑦,説懌女美⑧。
自牧歸荑⑨,洵美且異⑩。匪女之爲美⑪,美人之貽。

① 静:貞静,嫻静。姝(shū):美麗的樣子。
② 城隅:城上的角樓。
③ 愛:通"薆",隱蔽,躲藏。不見:不可得見。
④ 搔首踟躕:這句寫男子焦慮的樣子。
⑤ 孌(luán):美好的樣子。
⑥ 貽:贈。彤管:木筆花,即辛夷花,也就是下文"自牧歸荑"中的"荑"。
⑦ 煒(wěi):紅而有光的樣子。有煒:相當於"煒煒","有",詞頭。
⑧ 説(yuè)懌(yì):喜愛。女:同"汝",這裏指彤管。
⑨ 牧:郊外。歸:通"饋",贈送。荑

(tí)：即上文之"彤管"。

⑪ 匪：非。

⑩ 洵：信,確實。異：非同一般。

【押韻】 姝、隅、蹰：侯部。孌、管：元部。煒：微部；美：脂部(微脂合韻)。荑、美：脂部。異、貽：之部。

柏　　舟(鄘風)　　　　　　　　　　《詩經》

【說明】 鄘(yōng),國名,在今河南新鄉西南。這首詩是一個忠於愛情的少女爲了追求婚姻的自由而發出的呼喊。

汎彼柏舟①,在彼中河②。髧彼兩髦③,實維我儀④。之死矢靡它⑤。母也天只⑥！不諒人只⑦！

汎彼柏舟,在彼河側。髧彼兩髦,實維我特⑧。之死矢靡慝⑨。母也天只！不諒人只！

① 汎：即汎汎,飄浮的樣子。柏舟：以柏木造的舟。

② 中河：即河中。

③ 髧(dàn)：頭髮下垂的樣子。兩髦(máo)：毛傳說："兩髦,猶言夾囟兩角也,雙童髻也。"就是夾頂門留的兩個丫角,是男子未成年時的髮式。這裏用以指代女子所愛的人。

④ 實：是,這。維：表肯定的副詞。儀：配偶。

⑤ 之：至。矢：通"誓"。靡它：無二志,沒有他心。

⑥ 母也天只：呼母呼天,表示痛心疾首。只：語氣詞。

⑦ 諒：體諒。人：這裏指女子自己。

⑧ 特：配偶。

⑨ 慝(tè)：同"忒"(tè),改變。

【押韻】 河、儀、它：歌部。天、人：真部。側、特、慝：職部。天、人：真部。

木　　瓜(衛風)　　　　　　　　　　《詩經》

【說明】 衛,國名,在今河南北部和河北南部。這首詩寫情人互相贈答以表愛情。

投我以木瓜①,報之以瓊琚②。匪報也,永以爲好也。
投我以木桃③,報之以瓊瑤。匪報也,永以爲好也。

483

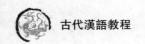

投我以木李，報之以瓊玖。匪報也，永以爲好也。

① 投：這裏指贈送。木瓜：薔薇科落葉灌木，果實呈橢圓形，成熟後爲黃色，有濃烈的芳香。
② 報：回贈。瓊(qióng)琚(jū)：美麗的佩玉。下文"瓊瑤""瓊玖"也都是泛指美玉，爲了叶韻而改換説法。
③ 木桃：就是桃子。下文"木李"就是李子。爲了與上文"木瓜"一律，所以加上"木"字。

【押韻】 瓜、琚：魚部。報、好：幽部。桃、瑤：宵部。報、好：幽部。李、玖：之部。報、好：幽部。

將　仲　子（鄭風） 《詩經》

【説明】 鄭，國名，在今河南新鄭一帶。這首詩寫一個女子因爲懾於家庭的反對和輿論的壓力，拒絶了她的情人而又始終擺脱不了內心的痛苦。

將仲子兮①，無踰我里，無折我樹杞②。豈敢愛之③？畏我父母。仲可懷也，父母之言，亦可畏也！

將仲子兮，無踰我牆，無折我樹桑。豈敢愛之？畏我諸兄。仲可懷也，諸兄之言，亦可畏也！

將仲子兮，無踰我園，無折我樹檀④。豈敢愛之？畏人之多言。仲可懷也，人之多言，亦可畏也！

① 將(qiāng)：請。仲子：對在家中排行第二的男子的尊稱。
② 無折我樹杞：不要折斷我所種的杞柳。這意味着拒絕男子的愛。
③ 愛：吝惜。之：指樹杞。
④ 檀：樹名，皮青，質堅，可造器具與車輛。

【押韻】 子、里、杞、母：之部。懷、畏：微部。牆、桑、兄：陽部。懷、畏：微部。園、檀、言：元部。懷、畏：微部。

子　衿（鄭風） 《詩經》

【説明】 這首詩寫一個女子對情人的思念。

青青子衿①，悠悠我心②。縱我不往，子寧不嗣音③？
青青子佩④，悠悠我思。縱我不往，子寧不來？
挑兮達兮⑤，在城闕兮。一日不見，如三月兮！

① 衿(jīn)：同"襟"，衣領。
② 悠悠：憂思深長的樣子。
③ 嗣音：繼續給以音訊。《韓詩》"嗣"作"詒"，"詒"通"貽"，寄。
④ 佩：佩帶。
⑤ 挑達：獨自徘徊的樣子。

【押韻】 衿、心、音：侵部。佩、思、來：之部。達、闕、月：月部。

陟　　岵（魏風）　　《詩經》

【說明】 魏，國名，在今河南北部和山西西南部。這首詩寫征人對父母、家人的思念。詩不是直接寫征人思家，而是征人想象家人對他的掛念和囑咐，顯得更加動人。

陟彼岵兮①，瞻望父兮。父曰："嗟予子，行役夙夜無已②！上慎旃哉③，猶來無止④！"
陟彼屺兮⑤，瞻望母兮。母曰："嗟予季⑥，行役夙夜無寐⑦！上慎旃哉，猶來無棄⑧！"
陟彼岡兮，瞻望兄兮。兄曰："嗟予弟，行役夙夜必偕⑨！上慎旃哉，猶來無死⑩！"

① 岵(hù)：多草木的山。
② 無已：沒有停止的時候。
③ 上：尚，希望。慎：謹慎，保重。旃(zhān)："之焉"的合音。
④ 猶來無止：還可以回來，可不要滯留在他方。
⑤ 屺(qǐ)：沒有草木的山。
⑥ 季：小兒子。
⑦ 無寐：沒有睡覺的時候。
⑧ 猶來無棄：還可以回來，可不要棄家不歸。
⑨ 偕：同。這句是說服役是不分日夜的。
⑩ 猶來無死：還可以回來，可不要死在他鄉。

【押韻】 岵、父：魚部。子、已、止：之部。屺、母：之部。季、棄：脂部；寐：微部（脂微合韻）。岡、兄：陽部。弟、偕、死：脂部。

鴇　羽(唐風)　　　　　　　　　　　　　　《詩經》

【説明】　唐,國名,在今山西翼城西。這首詩是寫農民在無休止的徭役重壓之下所發出的哀怨呼號。

　　肅肅鴇羽①,集於苞栩②。王事靡盬③,不能藝稷黍④。父母何怙⑤?悠悠蒼天!曷其有所⑥?

　　肅肅鴇翼,集於苞棘。王事靡盬,不能藝黍稷。父母何食?悠悠蒼天!曷其有極⑦?

　　肅肅鴇行⑧,集於苞桑。王事靡盬,不能藝稻粱。父母何嘗⑨?悠悠蒼天!曷其有常⑩?

① 肅肅:鳥羽振動的聲音。鴇(bǎo):一種似雁而大的鳥。
② 苞:草木叢生。栩(xǔ):櫟(lì)樹。
③ 盬(gǔ):停止。
④ 藝:種植。
⑤ 怙(hù):依賴,依靠。
⑥ 曷其有所:什麼時候纔能有安居的處所呢?
⑦ 極:盡頭。
⑧ 行:行列。鴇似雁,羣飛有行列。
⑨ 嘗:同"嚐"。
⑩ 常:正常。

【押韻】　羽、栩、盬、黍、怙、所:魚部。翼、棘、稷、食、極:職部。行、桑、粱、嘗、常:陽部。

黃　鳥(秦風)　　　　　　　　　　　　　　《詩經》

【説明】　本篇是秦國人民輓"三良"的詩。《左傳·文公六年》:"秦伯任好卒,以子車之三子奄息、仲行、鍼虎爲殉,皆秦之良也。國人哀之,爲之賦《黃鳥》。"這首詩是人民對暴虐的殉葬制度的强烈控訴,同時反映了他們對被害者的同情。

　　交交黃鳥①,止於棘②。誰從穆公③?子車奄息④。維此奄息,百夫之特⑤。臨其穴⑥,惴惴其慄⑦。彼蒼者天,殲我良人⑧!如可贖兮⑨,人百其身⑩!

交交黃鳥,止於桑。誰從穆公?子車仲行⑪。維此仲行,百夫之防⑫。臨其穴,惴惴其慄。彼蒼者天,殲我良人!如可贖兮,人百其身!

交交黃鳥,止於楚。誰從穆公?子車鍼虎⑬。維此鍼虎,百夫之禦⑭。臨其穴,惴惴其慄。彼蒼者天,殲我良人!如可贖兮,人百其身!

① 交交:鳥叫聲。黃鳥:黃雀。
② 止:停落。
③ 從:這裏指殉葬。穆公:秦穆公,姓嬴,名任好,春秋五霸之一,公元前621年卒。據《史記·秦本紀》,當時殉葬者共177人。
④ 子車(chē)奄息:人名,子車是姓,奄息是名。
⑤ 特:匹敵,相當。這句是說子車奄息才能超羣。
⑥ 穴:墓穴。
⑦ 惴惴(zhuìzhuì):害怕的樣子。慄:發抖。這兩句是寫殉葬者身臨墓穴時的恐怖。
⑧ 殲:滅。良人:好人,指子車奄息。
⑨ 贖:贖身。
⑩ "如可……"句:如果可以用別人的死來換取子車奄息的不死,那麽,我們願意拿出一百個身體來換。
⑪ 仲行(háng):子車氏的名。
⑫ 防:比,相當,抵得上。
⑬ 鍼(qián)虎:子車氏的名。
⑭ 禦:義同"防"。

【押韻】 棘、息、息、特:職部。穴、慄:質部。天、人、身:真部。桑、行、行、防:陽部。穴、慄:質部。天、人、身:真部。楚、虎、虎、禦:魚部。穴、慄:質部。天、人、身:真部。

伐　　木(小雅)　　　　　　　　《詩經》

【說明】 這是一首貴族燕饗親友的樂歌,反映了貴族生活的一個側面。

伐木丁丁①,鳥鳴嚶嚶②。出自幽谷③,遷于喬木④。嚶其鳴矣,求其友聲。相彼鳥矣⑤,猶求友聲。矧伊人矣⑥,不求友生⑦?神之聽之⑧,終和且平⑨。

伐木許許⑩,釃酒有藇⑪。既有肥羜⑫,以速諸父⑬。寧適不來⑭,微我弗顧⑮。於粲洒埽⑯,陳饋八簋⑰。既有肥牡⑱,以速諸舅⑲。寧適不來,微我有咎。

伐木于阪⑳,釃酒有衍㉑。籩豆有踐㉒,兄弟無遠㉓。民之失德㉔,乾餱以愆㉕。有酒湑我㉖,無酒酤我㉗。坎坎鼓我㉘,蹲蹲舞我㉙。迨我暇矣,飲此湑矣㉚。

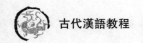

① 丁丁(zhēngzhēng)：伐木聲。
② 嚶嚶(yīngyīng)：鳥鳴聲。
③ 幽谷：深谷。
④ 遷：升。
⑤ 相(xiàng)：看。
⑥ 矧(shěn)：何況。
⑦ 友生：友人。
⑧ 神之聽之：前"之"，語氣詞。後"之"，代詞賓語。
⑨ 終……且……：既……又……。
⑩ 許許(hǔhǔ)：一作"滸滸"，又作"所所"。鋸木聲。(段玉裁說)
⑪ 釃(shī)酒：將酒去糟濾清，引申為醇酒。有藇(xù)：即藇藇，形容酒味美。
⑫ 羜(zhù)：出生五個月的小羊。
⑬ 速：召，延請。諸父：對同姓長輩的尊稱。
⑭ 寧：寧可。適：湊巧。
⑮ 微：無，勿。這兩句是說，寧可湊巧他不來，而不要讓我沒照顧到。
⑯ 於(wū)：歎詞，表贊美。粲：鮮明乾淨。

⑰ 饋：食物。簋(guǐ)：盛食品的器具。
⑱ 牡：雄性的小羊。
⑲ 諸舅：指異姓的長輩。
⑳ 阪：山坡。
㉑ 有衍：即衍衍，形容酒多。
㉒ 籩(biān)豆：盛食物的器具。有踐：即踐踐，陳列整齊的樣子。
㉓ 兄弟無遠：同輩的親友不要互相疏遠。
㉔ 失德：這裏指失去友誼。
㉕ 乾餱(hóu)：乾糧，這裏泛指粗薄的點心。愆：過錯。這兩句意思是：人們之所以失却友情，多因飯菜不周所至。
㉖ 湑(xǔ)：過濾。
㉗ 酤：同"沽"，買酒。句中的"我"泛指"我們"、"人們"。這兩句大意是，咱們有酒把酒篩，沒酒也得把酒買。
㉘ 坎坎：擊鼓聲。
㉙ 蹲蹲(cúncún)：形容跳舞以合樂的姿態。
㉚ "迨我……"句：趁着今天大家有閒暇，喝下這清酒。

【押韻】 丁、嚶：耕部。谷、木：屋部。鳴、聲、聲、生、聽、平：耕部。許、藇、羜、父、顧：魚部。埽、簋、牡、舅、咎：幽部。阪、衍、踐、遠、愆：元部。湑、酤、鼓、舞、暇、湑：魚部。

國　殤①

屈　原

【說明】　屈原(前340?—前278)，名平。曾受到楚懷王的信任，擔任左徒、三閭大夫等官職，參與起草憲令和從事外交活動，對內主張修明法度、任賢舉能，對外主張聯齊抗秦。由於權臣的嫉忌與誹謗，懷王疏遠了屈原，並把他流放到漢水之北。屈原目睹楚國內政腐敗，外交失策，在強秦侵凌之下瀕於敗亡絕境，極度憂憤，終於在絕望之中抱石投汨羅江(在今湖南省東北部)而死。

屈原是我國古代的偉大詩人，代表作有《離騷》、《九歌》、《天問》、《九章》等。他的詩歌強烈地反映了進步的政治理想、對美好事物的熱愛和對黑暗現實的抗爭，反映了無比熾熱的愛國主義精神。他善於運用神話傳説和形象生動的比喻，發揮豐富的想象，並通過絢爛多彩的詞藻和句式，使作品的表現力達到前所未有的高度。

屈原的詩歌，稍後的宋玉，以及漢代東方朔、淮南小山、王褒、劉向等人所寫的辭賦，由劉向輯爲一集，稱爲《楚辭》。這種詩歌形式是在楚地民間樂歌的基礎上加工、創造而成的，它打破了《詩經》以四言爲主的格調，句法參差錯落，篇幅一般也較長，適於反映更加複雜的思想內容。《楚辭》的注本主要有東漢王逸的《楚辭章句》、宋洪興祖的《楚辭補注》、朱熹的《楚辭集注》和清蔣驥的《山帶閣注楚辭》等。

本篇選自《九歌》。《九歌》共十一篇（"九"是泛指，非實數），其中十篇是祭神娛神的樂舞歌詞，末篇《禮魂》是祭祀之後的送神曲。本篇是追悼爲國捐軀的戰士的祭歌。

操吴戈兮被犀甲②，車錯轂兮短兵接③。旌蔽日兮敵若雲④，矢交墜兮士爭先⑤。凌余陣兮躐余行⑥，左驂殪兮右刃傷⑦。霾兩輪兮縶四馬⑧，援玉枹兮擊鳴鼓⑨。天時墜兮威靈怒⑩，嚴殺盡兮棄原壄⑪。

① 國殤（shāng）：指爲國犧牲死於戰場的戰士。
② 操：持。吴戈：吴地出產的戈，指好戈。被（pī）：披。犀甲：以犀牛皮製成的鎧甲。
③ 錯：相交錯。轂（gǔ）：車輪中間橫貫車軸的部件。車錯轂是形容兩方迫近展開混戰。
④ 旌（jīng）：有羽飾的旗幟。
⑤ 交墜：指箭射出後交相墜落在對方的陣地上。
⑥ 凌：侵犯。躐（liè）：踐踏。行（háng）：隊伍。
⑦ 殪（yì）：死。右：右驂。刃傷：被刀砍傷。
⑧ 霾：通"埋"。縶（zhì）：絆住。
⑨ 援：拿起來。枹（fú）：鼓槌。玉枹：有玉飾的鼓槌。
⑩ 墜（duì）：怨恨。威靈：神靈。
⑪ 嚴：壯烈地。殺盡：這裏意思是被殺盡。壄："野"的古字。

【押韻】 甲、接：葉部。雲、先：文部。行、傷：陽部。馬、鼓、怒、壄：魚部。

出不入兮往不反①,平原忽兮路超遠②。帶長劍兮挾秦弓③,首身離兮心不懲④。誠既勇兮又以武⑤,終剛强兮不可凌⑥。身既死兮神以靈⑦,魂魄毅兮爲鬼雄。

① "出不入……"句:這一句寫戰士視死如歸,既已出征,便不存生還的希望。
② 忽:遼闊渺茫的樣子。超遠:遙遠。
③ 秦弓:秦地所產的弓,指好弓。
④ 懲:悔恨。
⑤ 誠:實在是。勇:具有高昂的戰鬥精神。武:具有堅强的戰鬥力。
⑥ 終:到頭,始終。
⑦ 神以靈:意爲精神不死。神:烈士精神。靈:顯赫。

【押韻】　反、遠:元部。弓、懲、凌、雄:蒸部。

橘　　頌
屈　原

【説明】　本篇選自《九章》。一般認爲這是作者早期寫的。詩中歌頌了橘的高潔完美,實際上是用以象徵故國的傳統,同時也是詩人性格的自我表現。

　　后皇嘉樹①,橘徠服兮②。受命不遷③,生南國兮④。深固難徙,更壹志兮⑤。緑葉素榮⑥,紛其可喜兮⑦。曾枝剡棘⑧,圓果摶兮⑨。青黄雜糅,文章爛兮⑩。精色内白⑪,類任道兮⑫。紛緼宜修⑬,姱而不醜兮⑭。

① 后:后土,大地。皇:皇天,上天。這句説,橘生於天地之間,是樹木中美好的品種。
② 徠:同"來"。服:習慣,適應。這句是説橘一生下來就適應於當地的氣候和土壤。
③ 受命:接受天命。遷:這裏指移植。
④ 南國:這裏主要指楚地。
⑤ 更:而且。這兩句説:橘不但根深本固,其體難徙,而且其志專一而不移。
⑥ 榮:花。
⑦ 紛:美盛可愛的樣子。
⑧ 曾:通"層",重疊的樣子。剡(yǎn):尖鋭。棘:指橘枝上的刺。
⑨ 摶(tuán):同"團",果實圓圓的樣子。
⑩ 文章:色彩,顏色。爛:燦爛鮮明的樣子。
⑪ 精色:外觀精美鮮明。内白:内瓤純潔晶瑩。
⑫ 類:貌似。任:抱守。本句意爲,其貌像是抱守其道的賢者一般。
⑬ 紛緼:香味氤氳。宜修:美好。
⑭ 姱:美好。不醜:不羣,超過同類。

【押韻】　服、國：職部。志、喜：之部。摶、爛：元部。道、醜：幽部。

嗟爾幼志①，有以異兮②。獨立不遷，豈不可喜兮？深固難徙，廓其無求兮③。蘇世獨立④，橫而不流兮⑤。閉心自慎，終不失過兮⑥。秉德無私，參天地兮⑦。願歲并謝，與長友兮⑧。淑離不淫⑨，梗其有理兮⑩。年歲雖少，可師長兮⑪。行比伯夷⑫，置以爲像兮⑬。

① 嗟：這裏作表贊美的歎詞。幼志：指與生俱來的特性。
② 異：不同尋常。
③ 廓：指橘心胸寬廣。無求：於世無所求。
④ 蘇世：清醒地處於世上。獨立：不隨人俯仰。
⑤ 橫：這裏指正氣凜然。流：隨波逐流。
⑥ 失過：發生過錯。
⑦ 參天地：指美德可與天地相配。
⑧ 歲：年壽。并謝：同死。長友：長久爲友。橘不彫，故願長與爲友，生共死。
⑨ 淑：善。離：通"麗"。不淫：不惑亂。
⑩ 梗：正直，堅貞。理：橘樹的紋理，喻爲道理。
⑪ 師長：以之爲師長。
⑫ 伯夷：古人心目中的義士。周滅殷後，他恥食周粟，餓死於首陽山。
⑬ 像：榜樣。

【押韻】　異、喜：之部。求、流：幽部。過、地：歌部。友、理：之部。長、像：陽部。

卜　居①

屈　原

【説明】　本篇舊題屈原作，實際上並非出於屈原之手。郭沫若《屈原賦今譯》認爲"可能是深知屈原生活和思想的楚人作品"。文中表現了屈原對黑暗現實的不滿和堅持真理、決不與讒臣同流合污的戰鬥精神。

屈原既放，三年不得復見。竭知盡忠②，而蔽障於讒③。心煩慮亂，不知所從。乃往見太卜鄭詹尹曰④："余有所疑，願因先生決之⑤。"詹尹乃端策拂龜⑥，曰："君將何以教之⑦？"

① 卜：占卦。居：居處（chǔ）。
② 知：智。
③ 蔽障於讒：被讒人阻住了竭忠報國之路。
④ 太卜：掌管國家卜筮的官員。鄭詹尹：太卜的姓名。

⑤因：借助。
⑥策：蓍(shī)草。端策：把蓍草擺正。拂龜：把龜甲拂拭乾淨。端策拂龜都是在占卜前表示虔敬的舉動。
⑦"君將……"句：您將要占卜什麼事呢？

【押韻】疑、之：之部。

屈原曰："吾寧悃悃款款朴以忠乎①？將送往勞來斯無窮乎②？寧誅鋤草茅以力耕乎③？將游大人以成名乎④？寧正言不諱以危身乎？將從俗富貴以媮生乎⑤？寧超然高舉以保真乎⑥？將哫訾栗斯喔咿儒兒以事婦人乎⑦？寧廉潔正直以自清乎？將突梯滑稽如脂如韋以絜楹乎⑧？寧昂昂若千里之駒乎⑨？將氾氾若水中之鳧⑩，與波上下，偷以全吾軀乎⑪？寧與騏驥亢軛乎⑫？將隨駑馬之迹乎？寧與黃鵠比翼乎？將與雞鶩爭食乎⑬？此孰吉孰凶？何去何從？世溷濁而不清⑭：蟬翼爲重，千鈞爲輕；黃鐘毀棄，瓦釜雷鳴⑮；讒人高張⑯，賢士無名。吁嗟默默兮⑰，誰知吾之廉貞！"

①寧……將……：表示"寧可……還是……"的選擇問句。悃(kǔn)悃款款：忠心耿耿的樣子。朴以忠：質樸而忠誠。
②勞(lào)：慰勞，歡迎。送往勞來：送往者，迎來者。指到處周旋逢迎。
③誅：芟除。力耕：努力耕作。
④游：游説，逢迎。大人：指高官。
⑤媮：同"偷"。媮生：安樂苟且地活着。
⑥高舉：指退隱。保真：保全自己固有的節操。
⑦哫(zú)訾(zī)：同"趑趄"。進退維谷的樣子。栗斯：亦作"粟斯"，驚恐的樣子。喔(wò)咿(yī)：説話不清的樣子。儒兒(ní)：強作笑意，阿諛討好的情態。婦人：這裏指後宮中的弄權者鄭袖。
⑧突梯：處事圓滑。滑(gǔ)稽：巧言善辯。脂：膏油。韋：熟皮。如脂如韋：像膏油般的滑，像熟皮般的軟。也就是世故圓滑的意思。絜(xié)：測量。量直的東西叫度，量圓的東西叫絜(依戴震説)。楹：柱。絜楹：測量圓柱。這裏也用以比喻圓滑世故。
⑨昂昂：志行高昂的樣子。
⑩氾氾：同"泛泛"。飄浮不定的樣子。鳧(fú)：野鴨。
⑪偷：苟且。
⑫亢：舉。軛(è)：車轅前部用以駕馬之具。與騏驥亢軛：與好馬一塊駕車。
⑬鶩(wù)：鴨。
⑭溷(hùn)濁：渾濁。
⑮黃鐘：古樂中十二律之一，聲音最爲洪亮。這裏指能奏出最洪亮聲音的編鐘。瓦釜：瓦鍋。這兩句是説，本該用來奏樂的黃鐘被毀棄不用，本來不屬樂器的瓦鍋却用它來作樂器敲打。
⑯高張：飛黃騰達。
⑰吁嗟默默：低聲悲歎的樣子。

【押韻】 忠、窮：冬部。耕、名、生、清、楹：耕部；身、真、人：真部（耕真合韻）。駒、驅：侯部。軛、迹：錫部。翼、食：職部。凶、從：東部。清、輕、鳴、名、貞：耕部。

詹尹乃釋策而謝①，曰："夫尺有所短，寸有所長；物有所不足，智有所不明；數有所不逮②，神有所不通③。用君之心，行君之意，龜策誠不能知此事。"

① 謝：告訴。 不到。
② 數：卜卦所得的卦數。不逮：逮 ③ 這句是説神明也有不能通曉的時候。

【押韻】 長、明：陽部；通：東部（陽東合韻）。意、事：之部。

練習十九

一、解釋下列句中加點的詞。
1. 燕燕于飛，差池其羽。
2. 終溫且惠，淑慎其身。
3. 先君之思，以勖寡人。
4. 彤管有煒，説懌女美。
5. 髧彼兩髦，實維我儀。
6. 母也天只！不諒人只！
7. 豈敢愛之？畏我父母。
8. 將仲子兮，無踰我里，無折我樹杞。
9. 上慎旃哉，猶來無止！
10. 王事靡盬，不能藝稷黍。父母何怙？
11. 伐木于阪，釃酒有衍。
12. 民之失德，乾餱以愆。

二、把下列句子譯成現代漢語。
1. 凌余陣兮躐余行，左驂殪兮右刃傷。
2. 綠葉素榮，紛其可喜兮。
3. 紛緼宜修，姱而不醜兮。
4. 寧正言不諱以危身乎？將從俗富貴以媮生乎？
5. 黃鐘毀棄，瓦釜雷鳴。
6. 數有所不逮，神有所不通。

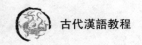

三、標點下文。

1. 北風其涼雨雪其雱_{興也北風寒涼之風雱盛貌箋云寒涼之風病害萬物興者喻君政教酷暴使民散亂○涼音良雨于付反又如字下同雱普康反酷苦毒反}惠而好我攜手同行_{惠愛行道也箋云性仁愛而又好我者與我相攜持同道而去疾時政也○好呼報下及注同行音衡}其虛其邪既亟只且_{虛虛也亟急也箋云邪讀如徐言今在位之人其故威儀虛徐寬仁者今皆以爲急刻之行矣所以當去以此也}[疏]_{北風至只且○正義曰言天既爲北風其寒涼矣又加之雨雪其雱然而盛由涼風盛雪病害萬物以興君政酷暴病害百姓也百姓既見病害莫不散亂故皆云彼有性仁愛而又好我者我與此人攜手同道而去欲以共歸有德我所以去之者非直爲君之酷虐而在位之臣雖先日其寬虛其舒徐威儀謙退者今莫不盡爲急刻之行故已所以去之既盡也只且語助也}（《毛詩正義》卷二）

2. 屈原既放游於江潭行吟澤畔顏色憔悴形容枯槁漁父見而問之曰子非三閭大夫與何故至於斯屈原曰舉世皆濁我獨清衆人皆醉我獨醒是以見放漁父曰聖人不凝滯於物而能與世推移世人皆濁何不淈其泥而揚其波衆人皆醉何不餔其糟而歠其醨何故深思高舉自令放爲屈原曰吾聞之新沐者必彈冠新浴者必振衣安能以身之察察受物之汶汶者乎寧赴湘流葬身於江魚之腹中安能以皓皓之白而蒙世俗之塵埃乎漁父莞爾而笑鼓枻而去歌曰滄浪之水清兮可以濯吾纓滄浪之水濁兮可以濯吾足遂去不復與言（《楚辭·漁父》）

戰 城 南

樂府民歌

【説明】 樂府爲古代音樂官署，始於西漢。後來樂府又成爲詩體名，指樂府官署所採集、創作的樂歌，也用以稱魏晉至唐代可以入樂的詩歌和後人仿效樂府古題的作品。

《戰城南》與下篇《有所思》在《樂府詩集》中屬《鼓吹曲辭·漢鐃歌十八曲》，大約是西漢時的作品。後人取篇中首句爲題。這是一首詛咒戰爭、哀悼陣亡士卒的民歌。

戰城南，死郭北①，野死不葬烏可食②。爲我謂烏："且爲客豪③！野死諒不葬④，腐肉安能去子逃⑤！"水深激激⑥，蒲葦冥冥⑦；梟騎戰鬥死⑧，駑馬徘徊鳴。梁築室⑨，何以南，何以北？禾黍不穫君何食⑩？願爲忠臣安可得？思子良臣⑪，良臣誠可思：朝行出攻，暮不夜歸！

① 郭：外城。
② 烏：烏鴉。相傳烏鴉嗜死屍腐肉。
③ 客：指死難者。死者爲轉戰異鄉之人，故言"客"。豪：同"諕"，即"哀號"的"號"。
④ 諒：揣度之詞，猶言"想必"。
⑤ 子：指烏鴉。詩人要求烏鴉先爲死者招魂，然後喫他的屍體。
⑥ 激激：水清澈貌。
⑦ 冥冥：昏暗幽寂貌。
⑧ 梟：通"驍"，勇猛。

⑨ 梁：橋樑。梁築室：指在橋上蓋起房子，阻礙了交通，説明社會秩序不正常。一説，指戰爭中在橋上構築營壘，亦通。
⑩ 禾黍：泛指田野中生長的穀物。不穫：《宋書·樂志》、《樂府詩集》均作"而穫"，此從丁福保《全漢三國晉南北朝詩》改。指壯丁皆戰死，莊稼無人收割。君：指參戰的士卒。一説，指君主。
⑪ 思：懷念。子：戰死者。良臣：對戰死者的美稱。

【押韻】 北、食：職部。豪、逃：宵部。冥、鳴：耕部。北、食、得：職部。思：之部；歸：微部（之微合韻）。

有　所　思

樂府民歌

【説明】 這是一首情感真摯熱烈的民間情歌。對一癡情女子在愛情遭受挫折前後的情緒，作了生動細緻的描述。

有所思，乃在大海南①。何用問遺君②？雙珠瑇瑁簪③，用玉紹繚之④。聞君有他心，拉雜摧燒之⑤。摧燒之，當風揚其灰。從今以往，勿復相思！相思與君絕！雞鳴狗吠，兄嫂當知之⑥。妃呼狶⑦！秋風肅肅晨風颸⑧，東方須臾高知之⑨。

① 有所思：有一個我所思念的人。
② 何用：以何，用什麼。問遺(wèi)：贈與。問：饋贈，與"遺"同義。君：指情人。
③ 瑇瑁：即玳瑁，龜類，甲殼光滑多文采，可製裝飾品。簪：古人用來連接髮髻和冠，簪身橫穿髻上，兩端出冠外。雙珠：繫在簪端頭的寶珠。
④ 紹繚：纏繞。
⑤ 拉雜：折碎。摧燒：折毀焚燒。
⑥ "雞鳴……"句：女子回憶從前初戀時情景，曾因約會驚動了雞犬，兄嫂當然不可能不知道。想到這裏，決絕之意動搖了，覺得情誼很難斷絕。
⑦ 妃呼狶：嘆息之聲。
⑧ 晨風：鳥名，即鸇(zhān)，飛行迅疾。颸(sī)：疾速。一説，晨風，即雄鳥，"颸"爲"思"之訛。雄鳥常朝鳴以求偶。晨風颸，言晨風鳥慕類悲鳴。
⑨ 須臾：不久。高：通"皓"。東方高：即東方發白，天色漸明。這句大意是：主意不定，等天亮之後，總會知道應該怎麼辦的。

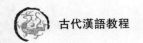

【押韻】 南、簪、心：侵部。繚、燒：宵部。之、灰、思之、颸之：之部。

行行重行行　　《古詩十九首》

【説明】《古詩十九首》是組詩名，其詩大都出於東漢後期，原非一時一人所爲，梁代蕭統因各篇風格相近，合在一起，收入《文選》，後世遂沿用這一名稱。歌詞内容，大多寫夫婦朋友間的離愁別緒和士子徬徨失意的消極情緒。抒情真摯深入，語言樸素自然，表現委婉曲折，是早期文人五言詩的重要作品，對後代產生很大的影響。

本篇是一首思婦之詩，表現女子思念遠行異鄉的情人。先是追敘初別，次説路途遥遠難以相會，傾訴相思之苦，最後以勉強寬慰之辭作結。

行行重行行①，與君生別離②。相去萬餘里，各在天一涯③。道路阻且長④，會面安可知？胡馬依北風，越鳥巢南枝。相去日已遠，衣帶日已緩。浮雲蔽白日⑤，游子不顧反⑥。思君令人老，歲月忽已晚。弃捐勿復道⑦，努力加餐飯⑧。

① "行行……"句：走啊走啊，老是不停地走。有愈走愈遠之意。
② 生別離：活生生地分開。
③ 天一涯：天一方。
④ 阻：艱險。
⑤ "浮雲……"句：這句比喻遊子在外地爲人所惑。
⑥ 顧：念。反：返。
⑦ 捐：棄。道：談説。
⑧ "努力……"句：還是多喫些飯保重身體。這是思婦無可奈何、自我寬慰的話。

【押韻】 離：歌部；涯：支部（歌支合韻）。知、枝：支部。緩、反、晚、飯：元部。

短歌行　　曹操

【説明】《短歌行》，《樂府詩集》入《相和歌辭·平調曲》。這首詩開頭感嘆時光易逝和功業未就，接着抒寫求賢若渴的心情，最後表達建功立業的雄心壯志。全詩感情充沛，帶有濃厚的悲涼情調，是曹操的代表作品之一。

對酒當歌，人生幾何？譬如朝露，去日苦多①。慨當以慷②，憂思難忘。何以解憂？唯有杜康③。青青子衿④，悠悠我心⑤。但爲君故⑥，沉吟至今⑦。呦呦鹿鳴⑧，食野之苹⑨。我有嘉賓，鼓瑟吹笙⑩。明明如月，何時可輟⑪？憂從中來⑫，不可斷絕。越陌度阡⑬，枉用相存⑭。契闊談讌⑮，心念舊恩⑯。月明星稀，烏鵲南飛。繞樹三匝⑰，何枝可依⑱？山不厭高，水不厭深。周公吐哺⑲，天下歸心⑳。

① 去日：過去了的日子。苦多：恨多。
② 慨當以慷：應當慷慨高歌。是"慷慨"的分用。慷慨，形容歌聲激昂不平。
③ 杜康：相傳古代最初造酒的人。這裏作爲酒的代稱。
④ 衿：衣領。青衿是周代學子的服裝。
⑤ 悠悠：長遠貌。形容思慮連綿不斷。以上兩句是《詩經·鄭風·子衿》的成句，用以表示對人才的思念。
⑥ 君：指所思念的賢才。
⑦ 沉吟：低聲吟咏，指低吟《詩經·鄭風·子衿》這首詩。
⑧ 呦呦：鹿鳴聲。
⑨ 苹：艾蒿。
⑩ 以上四句是《詩經·小雅·鹿鳴》的成句，《鹿鳴》本是宴賓客的詩，這裏用以表示招納賢才的意思。
⑪ 輟：停止。一作"掇"，拾取。
⑫ 中：中心，內心。
⑬ 陌、阡：田間的道路。南北叫阡，東西叫陌。這句是説客人遠道來訪。
⑭ 枉用相存：枉勞存問。枉：屈駕。用：以。存：問候。
⑮ 契闊：聚散。這裏是久別重逢的意思。讌：同"宴"。以酒肉款待賓客。
⑯ 舊恩：往日的情誼。
⑰ 匝（zā）：周，圈。
⑱ 以上四句以烏鵲比喻賢才，用以表示客子的無所依託。
⑲ 周公：姬旦，周武王之弟，虛心招納賢才，輔佐成王治理天下。哺：口中咀嚼着的食物。《韓詩外傳》説周公"一沐三握髮，一飯三吐哺，猶恐失天下之士"。
⑳ 以上四句是説人才越多越好，並以周公的求賢若渴來説明自己迫切希望有大批賢能之士來幫助建功立業的心願。

【押韻】 歌、何、多：歌部。慷、忘、康：陽部。衿、心、今：侵部。鳴、苹、笙：耕部。月、輟、絕：月部。阡：真部；存、恩：文部（真文合韻）。稀、飛、依：微部。深、心：侵部。

步出夏門行 曹操

【説明】《步出夏門行》又名《隴西行》，《樂府詩集》入《相和歌辭·瑟調曲》。《步出夏門行》共四章，前有"豔"（前奏曲），以下是"觀滄海"、"冬十月"、"土不同"、"龜雖壽"四章。本篇是第一章，係建安十二年（207）曹操征烏桓經過碣石山

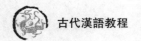

時所作。寫登山望海的景象，描繪了河朔一帶的風光，氣勢雄渾，是詩歌中以寫景爲主題的名作。

東臨碣石①，以觀滄海②。水何澹澹③，山島竦峙④。樹木叢生，百草豐茂。秋風蕭瑟，洪波踊起。日月之行，若出其中⑤；星漢粲爛⑥，若出其裏。幸甚至哉，歌以詠志。

① 碣石：這裏指的是《漢書·地理志》所載右北平郡驪成縣(今河北昌黎西北)大碣石山。
② 滄海：大海。海水色蒼，故曰滄海。這裏指渤海。
③ 澹澹(dàn)：水波搖蕩貌。
④ 竦：同"聳"，高起之狀。峙：挺立。
⑤ 其中：滄海之中。
⑥ 星：星斗。漢：河漢，即銀河。

【押韻】 海、峙、起、裏、志：之部。

其 二

【説明】 本篇是《步出夏門行》的第四章，詩的大意説，人壽有限而壯志無窮，人命不全由天命決定，主觀努力也有積極作用。

神龜雖壽①，猶有竟時②；騰蛇乘霧③，終爲土灰。老驥伏櫪④，志在千里；烈士暮年⑤，壯心不已⑥。盈縮之期，不但在天⑦；養怡之福⑧，可得永年。幸甚至哉，歌以詠志。

① 神龜：《莊子·秋水》篇："吾聞楚有神龜，死已三千歲矣。"龜的壽命很長，古人將它作爲長壽動物的代表。
② 竟：終了。
③ 騰蛇：傳説中一種能乘雲霧而飛的蛇，是和龍同類的神物。一作"螣(téng)蛇"。
④ 驥：一日能行千里的良馬。櫪：馬槽，一説馬廐。
⑤ 烈士：指懷有雄心壯志的正直人士。
⑥ 不已：不止。
⑦ 盈縮：指壽夭。盈：長。縮：短。這兩句説，壽命長短不全然受天的支配。
⑧ 養怡：保養身心健康。

【押韻】 時、灰、里、已、志：之部。天、年：真部。

悲 憤 詩

蔡琰

【説明】 蔡琰(yǎn)，字文姬(一作昭姬)，陳留圉(今河南省杞縣西南)人。生卒年不詳。漢代著名學者蔡邕的女兒，博學能文，精通音律。初嫁河東衛仲道,夫亡無子,歸母家。漢末天下大亂,爲亂兵所擄,輾轉流落南匈奴十二年,生二子。後由曹操用金璧贖回,改嫁同郡董祀。作品現存《悲憤詩》兩章,一爲五言體,一爲騷體,内容大致相同。另有《胡笳十八拍》一篇,不少研究者認爲是後人僞託。

本詩最早見於《後漢書·董祀妻傳》。詩中通過作者自身不幸遭遇的敍述,揭露了軍閥混戰的罪惡、胡兵的殘暴,反映了廣大人民妻離子散的悲慘生活,從而展現了東漢末年混亂的社會面貌,具有强烈的現實主義精神。

漢季失權柄①,董卓亂天常②。志欲圖篡弑③,先害諸賢良④。逼迫遷舊邦⑤,擁主以自彊。海内興義師⑥,欲共討不祥⑦。卓衆來東下⑧,金甲耀日光。平土人脆弱⑨,來兵皆胡羌⑩。獵野圍城邑,所向悉破亡。斬截無孑遺⑪,尸骸相撑拒⑫。馬邊縣男頭⑬,馬後載婦女。長驅西入關⑭,迥路險且阻⑮。還顧邈冥冥⑯,肝脾爲爛腐。所略有萬計⑰,不得令屯聚。或有骨肉俱⑱,欲言不敢語。失意機微間⑲,輒言"斃降虜⑳,要當以亭刃㉑,我曹不活汝㉒!"豈復惜性命,不堪其詈駡。或便加棰杖,毒痛參并下㉓。旦則號泣行,夜則悲吟坐。欲死不能得,欲生無一可。彼蒼者何辜㉔?乃遭此厄禍㉕!

① 漢季:漢末。失權柄:指皇帝失落了權力。

② 董卓亂天常:董卓於漢靈帝中平六年(189)廢漢少帝(劉辯)爲弘農王,次年又殺死弘農王,毒死何太后。天常:天之常道,指君臣上下正常的封建關係。

③ 圖篡弑:打算奪位殺君。

④ 諸賢良:指先後被董卓殺害的丁原、周珌、任瓊、袁隗等大臣。

⑤ 遷舊邦:漢獻帝(劉協)初平元年(190),董卓爲了抵制關東州郡將領的討伐,焚燒洛陽宗廟宫室,挾漢獻帝遷都長安。長安是西漢的首都,故稱舊邦。

⑥ 興義師:初平元年關東州郡將領起兵討伐董卓,共推渤海太守袁紹爲盟主。

⑦ 不祥:不祥之人。指董卓。

⑧ 卓衆來東下:初平三年(192),董卓部下李傕(jué)、郭汜(sì)等出兵關東,大掠陳留、潁川等郡。蔡琰於此時被擄。

⑨ 平土:平原,中原。

⑩ 胡羌:胡是古代漢族對北方少數民族的通稱。羌是東漢時居住在今甘肅省東部一帶的少數民族。董卓、李傕等軍中頗多羌族、氐族士兵。

⑪ 無孑遺:一個都不留。孑:孤獨。

⑫ 撑:"撑"的古字。相撑拒:互相支撑着。

⑬ 縣:同"懸"。

⑭ 關:指函谷關。西入關:董卓部下在東方大掠後又西遷入關。

⑮ 迥路：很遠的路。阻：艱難。
⑯ 邈冥冥：渺遠迷茫貌。
⑰ 略：通"掠"。
⑱ 骨肉：指至親。俱：同在一起。
⑲ 機微：微細。這句説，祇要有一點小事不合他們的心意。
⑳ 輒言：就説。斃降虜：殺死你這俘虜。
㉑ 亭刃：加刀。亭，通"停"。意思是應當讓你挨刀子。
㉒ 我曹：我輩。胡兵自稱。不活汝：不讓你活下去。
㉓ "毒痛……"句：毒罵和痛打交加而下。
㉔ 彼蒼者：指天。這句是説，天啊！我們究竟犯了什麼罪過呢？
㉕ 厄(è)禍：災禍。厄：同"厄"。

【押韻】 常、良、彊、祥、光、羌、亡：陽部。拒、女、阻：魚部。腐、聚：侯部。語、虜、汝、罵、下：魚部。坐、可、禍：歌部。

邊荒與華異①，人俗少義理。處所多霜雪，胡風春夏起。翩翩吹我衣，肅肅入我耳。感時念父母，哀歎無窮已。有客從外來，聞之常歡喜。迎問其消息，輒復非鄉里。邂逅徼時願②，骨肉來迎己③。已得自解免，當復棄兒子④。天屬綴人心⑤，念別無會期，存亡永乖隔⑥，不忍與之辭。兒前抱我頸，問母"欲何之？人言母當去，豈復有還時！阿母常仁惻，今何更不慈⑦？我尚未成人，奈何不顧思！"見此崩五內⑧，恍惚生狂癡。號泣手撫摩，當發復回疑⑨。兼有同時輩⑩，相送告離別，慕我獨得歸，哀叫聲摧裂。馬為立踟躕⑪，車為不轉轍。觀者皆歔欷⑫，行路亦嗚咽⑬。

① 邊荒：邊遠之地，這裏指南匈奴。興平二年(195)，蔡琰輾轉流落到南匈奴左賢王部落。
② 邂逅：不期而遇。徼時願：徼幸實現了平時的願望。
③ 骨肉：喻至親。這裏指曹操派來贖蔡琰回去的使者。使者或許假託其親屬的名義，所以詩中説"骨肉來迎己"。據曹丕《蔡伯喈女賦·序》云："家公(曹操)與蔡伯喈有管鮑之好，乃命使者周近擕玄璧於匈奴贖其女還。"
④ 當復：又得要。棄兒子：蔡琰兩個兒子仍舊留在匈奴，不能帶回。
⑤ 天屬：天然的關係，指直系親屬。綴：聯繫。
⑥ 乖隔：分隔，隔離。
⑦ 更：改變，變得。
⑧ 五內：五臟。
⑨ 發：出發。復回疑：又遲疑不決。
⑩ 同時輩：指同時被擄的人。
⑪ 踟躕：徘徊不前。
⑫ 歔欷：悲泣抽噎。
⑬ 行路：過路的人。

【押韻】 理、起、耳、已、喜、里、己、子、期、辭、之、時、慈、思、癡、疑：之部。別、裂、轍、咽：月部。

　　去去割情戀，遄征日遐邁①。悠悠三千里，何時復交會②？念我出腹子，匈臆爲摧敗③。既至家人盡，又復無中外④。城郭爲山林，庭宇生荊艾⑤。白骨不知誰，縱橫莫覆蓋⑥。出門無人聲，豺狼號且吠。煢煢對孤景⑦，怛咤糜肝肺⑧。登高遠眺望，魂神忽飛逝。奄若壽命盡⑨，旁人相寬大⑩。爲復彊視息⑪，雖生何聊賴⑫？託命於新人⑬，竭心自勖厲⑭。流離成鄙賤，常恐復捐廢⑮。人生幾何時，懷憂終年歲！

① 遄(chuán)征：疾行。日遐邁：一天天走遠了。

② 交會：相會。

③ 匈：同"胸"。

④ 中外：中表親戚。中，指舅父的子女，爲內兄弟；外，指姑母的子女，爲外兄弟。

⑤ 荊艾：荊棘、艾蒿，泛指雜草。

⑥ 縱橫：縱橫。莫：沒有人。

⑦ 煢(qióng)煢：孤獨貌。孤景：自己孤獨的影子。景：同"影"。

⑧ 怛(dá)咤(zhà)：悲痛而驚呼。糜：爛，碎。

⑨ 奄若：忽然好像。

⑩ 相寬大：勸説寬慰。

⑪ 彊視息：勉强生活下去。視息：睜開眼喘過氣來。

⑫ 何聊賴：有什麽意思呢。聊賴：依靠。

⑬ 新人：指董祀。

⑭ 竭心：盡力。勖(xù)厲：勉勵。

⑮ "流離……"句：自己經過流離，成爲被人輕視的卑賤之人，常怕再被新人遺棄。

【押韻】 邁、會、敗、外、艾、蓋、吠、肺、逝、大、賴、厲、廢、歲：祭部。

燕　歌　行

曹丕

【説明】 《燕歌行》屬《相和歌辭·平調曲》。樂府詩題目上冠以地名，是表示樂曲的地方特點，如《燕歌行》、《齊謳行》、《吴趨行》、《隴西行》等。後來曲調失傳，於是使用來歌詠各地風土人情。燕是北方邊地，征戍不絕，所以《燕歌行》大都用來寫離別之情。曹丕此篇是寫婦女秋夜思念在遠方的丈夫，抒情委婉細緻，音節和諧流暢，是我們能見到的最早的完整的七言詩，爲後人所重視。

　　秋風蕭瑟天氣凉，草木搖落露爲霜，羣燕辭歸鴈南翔。念君客遊思斷腸，慊慊思歸戀故鄉①，何爲淹留寄佗方②？賤妾煢煢守空房③，憂來思君不敢忘，不覺淚下霑衣裳。援琴鳴絃發清商④，短歌微吟不能

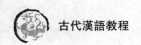

長。明月皎皎照我牀,星漢西流夜未央⑤。牽牛織女遥相望,爾獨何辜限河梁⑥。

① 慊(qiǎn)慊:心不滿足貌。
② 淹留:久留。佗:同"他"。
③ 煢(qióng)煢:孤單無依貌。
④ 清商:樂調名,音節短促激越,不能彈唱舒緩平和的歌曲。

⑤ 未央:未盡。夜未央:指夜深未盡之時。
⑥ 爾:指牽牛、織女。辜:罪。河梁:銀河上的橋。限河梁:指平日銀河上無橋梁相通,牽牛、織女爲此被限止,不能相會。

【押韻】 涼、霜、翔、腸、鄉、方、房、忘、裳、商、長、牀、央、望、梁:陽部。

贈白馬王彪　　曹植

【説明】 本篇是一首較長的抒情詩,全詩共分七章,前有序。詩中寫曹植和異母弟白馬王曹彪在回歸封國途中被迫分手的悲憤情緒,反映了統治階級內部的猜忌和傾軋。詩中的感情真摯而又沉痛,是曹植的代表作品之一。

　　黃初四年五月①,白馬王、任城王與余俱朝京師②,會節氣③。到洛陽,任城王薨④。至七月,與白馬王還國⑤。後有司以二王歸藩⑥,道路宜異宿止,意每恨之⑦。蓋以大別在數日⑧,是用自剖⑨,與王辭焉,憤而成篇。

謁帝承明廬⑩,逝將歸舊疆⑪。清晨發皇邑⑫,日夕過首陽⑬。伊洛廣且深⑭,欲濟川無梁。汎舟越洪濤,怨彼東路長⑮。顧瞻戀城闕,引領情內傷⑯。
太谷何寥廓⑰,山樹鬱蒼蒼。霖雨泥我塗⑱,流潦浩縱橫⑲。中逵絕無軌⑳,改轍登高崗㉑。修坂造雲日㉒,我馬玄以黃㉓。
玄黃猶能進,我思鬱以紆㉔。鬱紆將何念?親愛在離居㉕。本圖相與偕,中更不克俱。鴟梟鳴衡扼㉖,豺狼當路衢。蒼蠅間白黑㉗,讒巧令親疏。欲還絕無蹊㉘,攬轡止踟躕。

① 黃初:魏文帝(曹丕)年號。黃初四年是公元223年。
② 白馬王:曹彪,曹植的異母弟。白馬,在今河南省滑縣東。任城王:曹彰,曹植的同母兄。任城,今山東省濟寧市。
③ 會節氣:參加迎氣之禮而朝會。魏

有朝四節的制度，這年立秋是六月二十四日，依舊制要在立秋前十八天迎氣，所以曹植等人在五月到京師。

④ 薨(hōng)：諸侯死曰薨。據《世説新語》記載，魏文帝忌弟任城王驍勇，用毒棗將他毒死。

⑤ 國：封國，封地。曹丕即位後，規定諸王平時不准留在京師，必須回到封地去。

⑥ 有司：政府官吏。此處指監國使者灌均。曹丕爲了監察諸侯和傳達詔令，設置監國使者，常駐在諸侯藩國。藩：古時建立諸侯是爲了藩衛中央，所以稱諸侯封地爲藩國。

⑦ 恨：怨恨。曹植此時爲鄄城王，鄄城和白馬同屬兗州東郡，本來可以同路回去，現命令他們"異宿止"，故恨之。

⑧ 大別：永別。當時規定藩國之間不能相互往來，曹植自知不能再見，故云"大別"。

⑨ 自剖：把自己心裏話表白出來。

⑩ 謁：進見。承明廬：長安漢宮有承明廬，此處是借用漢事，非實指。

⑪ 逝：發語詞。舊疆：指曹植封地鄄城（在今山東省鄄城縣）。

⑫ 皇邑：指皇城洛陽。

⑬ 首陽：山名，在洛陽東北二十里。

⑭ 伊洛：指伊水、洛水。

⑮ 東路：鄄城在洛陽之東，所以稱回鄄城的路爲東路。

⑯ 引領：伸長脖子極目遠望。

⑰ 太谷：一説關名，一説山谷名。在洛陽東南五十里，舊名通谷。寥廓：高遠空闊貌。

⑱ 霖雨：三日以上的雨爲霖。泥：作動詞用，謂使道路泥濘，阻滯不通。

⑲ 潦(lǎo)：大雨漲水曰潦。

⑳ 中逵：道路交錯處。軌：車跡。

㉑ 改轍：猶改道。

㉒ 修坂：很長的山坡。造：至。造雲日：形容坂高。

㉓ 玄黃：病。《詩經·周南·卷耳》："我馬玄黃。"

㉔ 鬱：憂愁。紆(yū)：屈結。

㉕ 親愛：指白馬王。

㉖ 鴟(chī)梟(xiāo)：猫頭鷹。古人認爲它是惡鳥，此處用來比喻陰險兇惡的小人。扼：通"軛"。衡扼：車轅前端的横木和架在馬頸上的曲木。

㉗ "蒼蠅……"句：《詩經·小雅·青蠅》："營營青蠅止於樊。"鄭玄箋："蠅之爲蟲，汙白使黑，汙黑使白。"李善説："喻佞人變亂善惡也。"這裏比喻小人顛倒黑白。間：製造隔閡、嫌隙。

㉘ 蹊：道路。

【押韻】 疆、陽、梁、長、傷：陽部。蒼、橫、崗、黃：陽部。紆、居、衢、疏：魚部；俱、蹰：侯部（魚侯合韻）。

踟躕亦何留？相思無終極。秋風發微涼，寒蟬鳴我側。原野何蕭條，白日忽西匿。歸鳥赴喬林，翩翩厲羽翼①。孤獸走索羣②，銜草不遑食③。感物傷我懷，撫心常太息。

太息將何爲？天命與我違。奈何念同生④，一往形不歸⑤。孤魂翔故域⑥，靈柩寄京師。存者忽復過，亡没身自衰⑦。人生處一世，去若朝

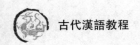

露晞⑧。年在桑榆間,影響不能追⑨。自顧非金石,咄嗟令心悲⑩。

① 厲:奮,疾速。
② 索:尋求。
③ 不遑:沒有閒暇。
④ 同生:同胞兄弟,指任城王曹彰。
⑤ 往:指死亡。
⑥ 故域:指任城。
⑦ "存者……"二句:劉履《選詩補注》以爲"存者"和"亡沒"位置應互調,言死者已矣,存者也難久保。
⑧ 晞:乾,曬乾。
⑨ "年在……"二句:晚年的歲月,就像影子和回聲那樣,一瞬即逝,難以挽留。桑榆:太陽到了桑榆之間,天將晚,借以比喻人的晚年。追:追攀,留住的意思。
⑩ 咄(duō)嗟(jiè):感歎聲。

【押韻】 極、側、匿、翼、食、息:職部。違、歸、衰、晞、追、悲:微部;師:脂部(脂微合韻)。

心悲動我神,棄置莫復陳。丈夫志四海,萬里猶比鄰。恩愛苟不虧①,在遠分日親②。何必同衾幬③,然後展慇懃?憂思成疾疢④,無乃兒女仁⑤!——倉卒骨肉情,能不懷苦辛?

苦辛何慮思?天命信可疑⑥。虛無求列仙,松子久吾欺⑦。變故在斯須⑧,百年誰能持⑨?離別永無會,執手將何時?王其愛玉體,俱享黃髮期⑩。收淚即長路⑪,援筆從此辭⑫。

① 苟:若,倘使。虧:減弱。
② 分(fèn):情分,情意。日親:日益親密。
③ 衾(qīn):大被。幬(chóu):帳子。
④ 疢(chèn):疾病。
⑤ 無乃:豈非。兒女仁:小兒女的脆弱感情。
⑥ 信:誠,的確。
⑦ 松子:赤松子,傳說中的仙人。吾欺:欺我。
⑧ 斯須:須臾。
⑨ 百年:指長命百歲。持:保持。
⑩ 黃髮:長壽的象徵。人年老後頭髮由白變黃。
⑪ 即:就,登。
⑫ 援:取。

【押韻】 神、陳、鄰、親、懃、仁、辛:真部。思、疑、欺、持、時、期、辭:之部。

乞　食

陶　潛

【說明】 本詩大約作於作者青年時代。因斷糧而求貸,形同乞討,故以"乞食"爲題。先寫飢餓乞貸的窘迫,次寫主人的友善殷勤,最後寫解困之後的感激之情。既委婉,又真率。

飢來驅我去,不知竟何之①。行行至斯里,叩門拙言辭。主人解余意,遺贈豈虛來②。談諧終日夕③,觴至輒傾盃④。情欣新知歡,言詠遂賦詩。感子漂母惠⑤,愧我非韓才⑥。銜戢知何謝⑦,冥報以相貽⑧。

① 之:往。
② 遺(wèi):贈送。豈虛來:一本作"副虛期",謂稱心願。
③ 談諧:談話很投機。
④ 觴:進酒勸飲。
⑤ 漂母:在水邊漂洗東西的老婦。
⑥ 韓:指韓信。韓信貧賤時,曾釣於城下,有一漂母見韓信飢,給他飯吃。後韓信封楚王,以千金酬漂母。
⑦ 銜戢(jí):藏斂,這裏指藏在心中,表示感激之深。
⑧ 冥報:死後於幽冥之中還要報答。表示此惠終生不忘,日後定當厚報。

【押韻】 之、辭、來、盃、詩、才、貽:之部。

詠 荆 軻

陶潛

【説明】 本詩描述荆軻刺秦王的事件,歌頌荆軻不畏強暴、義無反顧的俠義壯舉,又對荆軻的失敗表示了無限惋惜之情。

燕丹善養士①,志在報強嬴②。招集百夫良③,歲暮得荆卿④。君子死知己⑤,提劍出燕京。素驥鳴廣陌⑥,慷慨送我行。雄髮指危冠⑦,猛氣衝長纓⑧。飲餞易水上⑨,四座列羣英。漸離擊悲筑⑩,宋意唱高聲⑪。蕭蕭哀風逝,淡淡寒波生。商音更流涕⑫,羽奏壯士驚⑬。心知去不歸,且有後世名⑭。登車何時顧⑮,飛蓋入秦庭⑯。凌厲越萬里⑰,逶迤過千城⑱。圖窮事自至⑲,豪主正怔營⑳。惜哉劍術疎,奇功遂不成。其人雖已没,千載有餘情。

① 燕丹:戰國時燕王喜的太子。
② 強嬴:指秦王嬴政,即後來統一六國的秦始皇。嬴爲秦王的姓。
③ 百夫良:能匹敵百人的良士。
④ 荆卿:即荆軻,戰國時衛人,到燕後,燕人稱之爲荆卿。
⑤ 死知己:爲知己而死。
⑥ 素驥:白色良馬。荆軻出發時燕太子及賓客都穿戴白衣冠送於易水邊上,白色是喪服色,表示決死之心。廣陌:寬闊大道。
⑦ 危冠:高冠。
⑧ 纓:繋帽子的絲繩。
⑨ 易水:在今河北省易縣。
⑩ 漸離:高漸離,戰國時燕人,與荆軻友善。軻刺秦王失敗,後漸離以善於擊筑得親近秦始皇,乃置鉛筑中,伺機擲擊始皇,不

中被殺。

⑪ 宋意：燕國勇士。

⑫ 商音：古稱宫、商、角、徵、羽爲五音，商音比較凄涼。

⑬ 羽奏：羽音比較慷慨。

⑭ 且：將。名：指不畏强暴的俠義之名。

⑮ 何時顧：何曾有時回顧，即不回顧的意思。

⑯ 飛蓋：形容車子奔馳的迅速。蓋：車的頂蓋，代指車乘。

⑰ 凌厲：奮往直前、氣勢迅猛。

⑱ 逶迤：形容路途彎曲遙遠。

⑲ "圖窮……"句：荆軻以燕督亢地圖獻秦王，秦王發圖，圖盡而匕首見。軻乃左手持秦王之袖，右手持匕首擊之。

⑳ 豪主：指秦王嬴政。怔營：驚恐失神貌。

【押韻】 嬴、纓、聲、生、驚、名、庭、城、營、成、情：耕部；卿、京、行、英：陽部（耕陽合韻）。

練習二十

一、標點下文。

陳留董祀妻者同郡蔡邕之女也名琰字文姬博學有才辯又妙於音律適河東衛仲道夫亡無子歸寧於家興平中天下喪亂文姬爲胡騎所獲役於南匈奴左賢王在胡中十二年生二子曹操素與邕善痛其無嗣乃遣使者以金璧贖之而重嫁於祀祀爲屯田都尉犯法當死文姬詣曹操請之時公卿名士及遠方使驛坐者滿堂操謂賓客曰蔡伯喈女在外今爲諸君見之及文姬進蓬首徒行叩頭請罪音辭清辯旨甚酸哀衆皆爲改容操曰誠實相矜然文狀已去奈何文姬曰明公廄馬萬匹虎士成林何惜疾足一騎而不濟垂死之命乎操感其言乃追原祀罪時且寒賜以頭巾履襪操因問曰聞夫人家先多墳籍猶能憶識之不文姬曰昔亡父賜書四千許卷流離塗炭罔有存者今所誦憶裁四百餘篇耳操曰今當使十吏就夫人寫之文姬曰妾聞男女之别禮不親授乞給紙筆真草唯命於是繕書送之文無遺誤《後漢書·董祀妻傳》

二、把下面這首詩譯成現代漢語。

出東門，不顧歸；來入門，悵欲悲。盎中無斗米儲，還視架上無懸衣。拔劍東門去，舍中兒母牽衣啼："他家但願富貴，賤妾與君共餔糜。上用倉浪天故，下當用此黄口兒。今非！""咄！行！吾去爲遲，白髮時下難久居。"《漢樂府·東門行》

送 别

王 維

【説明】 王維（701—761），字摩詰，原籍太原祁州（今山西祁縣）人，其父遷居至蒲（今山西永濟市）。唐開元九年（721）擢進士第，作大樂丞，後歷任右拾遺、監察御史、左補闕、庫部郎中、文部郎中、給事中等職。天寶十五載(756)，安史叛軍陷長安，王維被迫接受偽職。唐軍收復兩京(西京長安、東京洛陽)後，以此定罪貶官，爲太子中允，後屢遷至尚書右丞，世稱"王右丞"。

王維是一個早熟且有多方面才能的文學家、藝術家，他擅長音樂、繪畫、書法，山水畫尤負盛名。早期的詩作表現出積極的人生態度和政治抱負，後期作品在内容上趨於消極，多爲逃避現實、表現山水美景之作。但這些反映自然美的作品具有清新動人的獨特風格，達到極高的藝術境界。著作有《王右丞集》。

這是一首送友歸隱的詩，表現了對朋友的深切關懷和安慰。

下馬飲君酒①，問君何所之？君言不得意，歸卧南山陲②。但去莫復問，白雲無盡時③。

① 飲(yìn)：使動用法，"使……飲"。
② 陲：邊境。
③ "但去……"兩句：你儘管去吧，我不再發問了。那山中的白雲是没有窮盡的，它足以與你爲伴。

【押韻】 之、陲、時：支韻。

酬張少府① 王維

【説明】 作者晚年居輞川别業，過着亦官亦隱的生活。這首酬贈的詩反映他這個時期守靜自樂、迴避現實的人生態度。

晚年惟好靜，萬事不關心。自顧無長策②，空知返舊林。松風吹解帶，山月照彈琴。君問窮通理，漁歌入浦深③。

① 酬：别人有詩相贈，自己寫詩贈答。少府：官名，即縣尉，地位低於縣令。
② 長策：高明的才能。
③ 窮：失意。通：得意。這兩句是説，你問我人生的窮通之理，請聽那江浦遠處的漁歌吧。在世人看來，漁者是低賤的，但他們却不以窮通爲念而怡然自樂。作者在這裏是以漁者自比。

【押韻】 心、林、琴、深：侵韻。

古　風（秦王掃六合） 李白

【説明】 李白(701—762)，字太白，號"青蓮居士"。祖籍隴西成紀(今甘肅静寧西南),先人因罪徙西域,居碎葉城(今吉爾吉斯斯坦北部托克馬克附近),李白即出生於此。幼年隨父遷居綿州昌隆(今四川江油)青蓮鄉。二十六歲起,到江南、湖北等地漫遊。天寶元年(742)應唐玄宗召入京,任翰林供奉,不到三年,因受排擠,再度漂泊於河南、山東及東南等地。安史之亂暴發,至德二載(757)永王李璘起兵,招李白入幕府。不久李璘兵敗,李白被判流放夜郎(今貴州桐梓縣一帶)。乾元二年(759)於流放途中遇赦東還,寶應元年(762)死於當塗(今安徽當塗縣)。

　　李白是我國古代偉大的積極浪漫主義詩人。他的詩歌題材極其廣泛,他寫祖國的大好河山,寫人民的生活,寫社會的黑暗,寫權貴的荒淫橫暴。他的詩篇充滿了民族的自豪感和對理想的強烈追求。不過,由於他受道家、遊俠的思想影響甚深,因而削弱了詩歌反映現實生活的廣度和深度。在藝術上,李白一掃六朝以來的形式主義詩風,以極其充沛的激情、無比豐富的想象力、自由奔放的表達方式、優美動人的語言,使作品臻於高度完美的境界。李白的詩文集有清代王琦輯注的《李太白全集》。

　　這首詩諷刺一代之雄秦始皇追求神仙之藥而終不免於死,隱含着對同樣迷信神仙、同樣追求不老之術的唐玄宗的規勸。

　　　秦王掃六合①,虎視何雄哉②!揮劍決浮雲③,諸侯盡西來。明斷自天啓,大略駕羣才。收兵鑄金人④,函谷正東開⑤。銘功會稽嶺⑥,騁望琅邪臺⑦。刑徒七十萬,起土驪山隈⑧。尚採不死藥,茫然使心哀⑨。連弩射海魚,長鯨正崔嵬⑩。額鼻象五嶽,揚波噴雲雷⑪。鬐鬣蔽青天⑫,何由覩蓬萊⑬?徐巿載秦女,樓船幾時回?但見三泉下⑭,金棺葬寒灰⑮。

① 六合:天地四方,意即天下。
② 虎視:比喻強盛。班固《西都賦》:"周以龍興,秦以虎視。"
③ 決:切斷。《莊子·說劍》:"天子之劍……上決浮雲,下絕地紀。此劍一用,匡諸侯,天下服矣。"
④ 兵:兵器。秦始皇二十六年,盡收天下兵器,鑄成十二個金人,各重千石,置宮廷中。
⑤ 函谷:函谷關,是秦國通往東方各國的重要關口。六國未滅時,秦以函谷爲守禦的要樞,啓閉甚嚴。六國既滅,函谷關可以常開了。

⑥ 銘功:銘刻功德。會稽嶺:即會稽山,在今浙江紹興市。秦始皇三十七年,始皇出游,上會稽,祭大禹,望於南海,而立石刻,頌秦德。

⑦ 騁望:縱目遠望。琅邪(láng yá)臺:亦作"琅琊臺",在今山東膠南市琅邪山上。秦始皇二十八年,始皇南登琅邪,大樂之,留三月。乃徙黔首三萬戶於琅邪臺(春秋時期越王句踐所建)下,作新琅邪臺,立石刻,頌秦

德,明得意。

⑧ 驪山:在今陝西省西安市臨潼區。隈:山的彎曲處。秦始皇三十五年,役使刑徒七十餘萬,在咸陽築阿房官,在驪山修造陵墓。

⑨ "尚採……"句:秦始皇曾多次派人求仙人不死之藥。

⑩ 連弩:能够一連發出好多支箭的弓。崔嵬:高大貌。這兩句和以下六句是寫始皇遣徐市(fú)入海求仙藥事。始皇二十八年,齊人徐市等上書,説海上有蓬萊、方丈、瀛洲三仙山,上居仙人。始皇於是派其攜童男童女數千人,入海求仙。徐市等入海數年無所獲,謊稱:"蓬萊仙藥可得,但因海上有大鮫魚,故不能接近蓬萊山。"始皇便親自帶着連弩,到海邊射巨魚,並在之罘(fú)(在今山東煙臺西北)射死一條。

⑪ 五嶽:這裏泛指大山。這兩句和以下兩句極言魚的巨大。

⑫ 鬐鬣(qíliè):魚脊和魚頜上的羽狀物。

⑬ 覩:同"睹"。

⑭ 三泉:三重之泉,言其深。始皇葬於驪山。他初即位,穿治驪山,及併天下,遣天下刑徒修造陵墓,穿三泉,造銅椁,在陵墓之内作官觀及百官位次,以奇器珍怪藏滿其中。

⑮ 寒灰:指腐朽的屍骨。

【押韻】 哉、來、才、開、臺、哀、萊:咍韻;隈、嵬、雷、回、灰:灰韻(咍灰合韻)。

把 酒 問 月

李 白

【説明】 這首詩是作者應老友之請而作。全詩以極其優美而富於哲理的語言詠月抒懷,表現了詩人開闊豁達的胸襟,也流露出因人生短暫、希望及時行樂的消極情緒。

青天有月來幾時?我今停盃一問之。人攀明月不可得,月行卻與人相隨。皎如飛鏡臨丹闕①,緑烟滅盡清輝發②。但見宵從海上來,寧知曉向雲間没?白兔搗藥秋復春③,嫦娥孤棲與誰鄰④?今人不見古時月,今月曾經照古人。古人今人若流水,共看明月皆如此。唯願當歌對酒時⑤,月光長照金樽裏。

① 丹闕:朱色的宫闕。
② 緑烟:遮擋月光的雲翳。
③ 白兔搗藥:古代神話説月中有白兔搗藥。
④ 嫦娥:古代神話説,后羿的妻子嫦娥,因偷食了不死之藥,成爲仙人,飛昇月中。
⑤ 當歌對酒:在聽歌飲酒的場合。語出曹操《短歌行》:"對酒當歌,人生幾何?"

【押韻】 時、之、隨:支韻。闕、發、没:月韻。春、鄰、人:真韻。水、此、裏:紙韻。

登金陵鳳皇臺①　　　　　　　　　　李　白

【説明】　這是一首弔古之作。金陵作爲古都,鳳凰臺可稱是過去王朝興盛的象徵,詩人登臨於此,既表達對歷史的憑弔,又抒發自己由於朝廷邪臣蔽賢而報國無門的滿腹愁思。

鳳皇臺上鳳皇遊,鳳去臺空江自流。吴宫花草埋幽徑②,晉代衣冠成古丘③。三山半落青天外④,一水中分白鷺洲⑤。總爲浮雲能蔽日,長安不見使人愁⑥。

① 金陵:今南京市。鳳皇:即鳳凰。"凰"古作"皇"。鳳皇臺:在金陵鳳凰山上。傳説南朝劉宋元嘉十六年,有三鳥翔集山間,文彩五色,狀如孔雀,音聲和諧,衆鳥羣附,時人謂之鳳凰。於是起臺於山,謂之鳳凰臺,山曰鳳凰山。
② 吴宫:吴國的王宫。三國時吴國以金陵爲都城。
③ 衣冠:這裏指國家的上層人士。東晉王朝也建都金陵。
④ 三山:山峰名,在金陵城西南長江邊上,三峰排列,南北相連,故號"三山"。這句是説從鳳凰臺遠遠望去,三山或隱或現,看不清楚。
⑤ 白鷺洲:古代長江中的沙洲,後因江水北移,洲陸相連。故址在今南京市水西門外。
⑥ "總爲……"兩句:暗示皇帝被邪臣所蒙蔽,使自己想報效朝廷而不可得。

【押韻】　遊、流、丘、洲、愁:尤韻。

無　家　別　　　　　　　　　　杜　甫

【説明】　杜甫(712—770),字子美,祖籍襄陽(今湖北省襄陽市),曾祖父時移居鞏縣(今河南鞏義市)。二十歲起曾漫遊吴、越、齊、趙故地。唐天寶五載(746)到長安,因進取無門,至天寶十四載(755)方獲右衞率府胄曹參軍小官職。安史亂起,爲叛軍所俘,後逃脱至鳳翔(今陝西省鳳翔縣),謁見肅宗,官左拾遺。因上疏獲罪,出爲華州(今陝西華縣)司功參軍。乾元二年(759),棄官携家入川至成都。一度在劍南節度使嚴武幕中任參謀,並被表爲檢校工部員外郎,後人因稱"杜工部"。晚年挈家出蜀,在往郴州(今湖南省郴州市)途中,病死於耒陽(今湖南耒陽)。

第十章 韻 文

杜甫一生經歷玄宗、肅宗、代宗三朝,正值唐朝由盛轉衰。有着儒學家風、懷着"致君堯舜上"志願的杜甫,一生輾轉於貧窮困頓之中,對人民寄予深厚的同情,對社會的腐敗和統治者的罪惡,給以無情的鞭撻。他的詩篇深刻而寬廣地反映了他所生活的那個時代,因而被稱爲"詩史",而杜甫本人也成爲我國文學史上最偉大的現實主義詩人。杜甫廣泛繼承和發揚了《詩經》以來我國詩歌的優良傳統,在詩歌的語言和形式上都達到了超越前人的高度。

杜甫的詩歌,注本有清代仇兆鰲的《杜少陵集詳注》、楊倫的《杜詩鏡銓》等。

乾元元年(758)冬,官軍收復被安史叛軍佔領的長安、洛陽,乘勝追擊並包圍了鄴郡(今河南安陽)的安慶緒叛軍。但由於肅宗昏庸,指揮失當,貽誤戰機,第二年春天,史思明援軍至,官軍潰敗。朝廷爲補充兵力,在洛陽以西至潼關一帶強行抓丁,正從洛陽到華州任所途中的杜甫,目睹耳聞了人民的種種慘狀,寫成了有名的"三吏"、"三別",《無家別》即其中之一。

這首詩以一個男子自述的口吻,訴說五年前被抓丁服役,因兵敗回到家鄉,家鄉已一片荒涼,慘不忍睹,家中唯一的親人——老母已死。縣吏得知他回鄉,又一次把他抓走。男子最終祇能向天呼告無家可別的哀痛。

寂寞天寶後[①],園廬但蒿藜。我里百餘家,世亂各東西。存者無消息,死者爲塵泥。賤子因陣敗[②],歸來尋舊蹊[③]。久行見空巷,日瘦氣慘悽[④]。但對狐與狸,豎毛怒我啼。四隣何所有?一二老寡妻。宿鳥戀本枝,安辭且窮棲。方春獨荷鋤,日暮還灌畦[⑤]。縣吏知我至,召令習鼓鞞[⑥]。雖從本州役,內顧無所攜。近行止一身,遠去終轉迷。家鄉既盪盡,遠近理亦齊[⑦]。永痛長病母,五年委溝谿[⑧]。生我不得力,終身兩酸嘶[⑨]。人生無家別,何以爲蒸黎[⑩]!

① 天寶後:指安史之亂發生以後。
② 賤子:詩中男子自稱。陣敗:指官軍在鄴郡的失敗。
③ 舊蹊:舊路,這裏指故鄉。
④ 日瘦:日色無光。
⑤ 灌畦:灌漑田園。
⑥ 鞞(pí):同"鼙",騎鼓。習鼓鞞:練習做軍中鼓手,這是從軍服役的形象說法。
⑦ "家鄉……"兩句:反正家鄉已不復存在,隨便到什麼地方去也不存在離家鄉遠近的問題。
⑧ 委:委棄。委溝谿:指死亡後不得安葬。
⑨ "終身……"句:母子二人一直過着辛酸的生活。
⑩ 蒸:衆。蒸黎:平民百姓。

【押韻】 藜、西、泥、蹊、悽、啼、妻、棲、畦、鞞、攜、迷、齊、谿、嘶、黎:齊韻。

古柏行①

杜甫

【説明】 這首詩歌詠了夔州諸葛亮廟的古柏樹,表達了作者對諸葛亮的崇敬心情,也寄託了"古來材大難爲用"的感慨。

孔明廟前有老柏,柯如青銅根如石②。霜皮溜雨四十圍③,黛色參天二千尺④。君臣已與時際會⑤,樹木猶爲人愛惜。雲來氣接巫峽長,月出寒通雪山白⑥。憶昨路繞錦亭東⑦,先主武侯同閟宫⑧。崔嵬枝幹郊原古,窈窕丹青户牖空⑨。落落盤踞雖得地,冥冥孤高多烈風⑩。扶持自是神明力,正直原因造化功⑪。大廈如傾要梁棟,萬牛回首丘山重⑫。不露文章世已驚⑬,未辭翦伐誰能送⑭?苦心豈免容螻蟻,香葉終經宿鸞鳳。志士幽人莫怨嗟⑮,古來材大難爲用!

① 古柏:四川的成都和夔州都有先主廟,成都的先主廟附有武侯祠堂,而夔州的先主廟和諸葛亮廟却是分開的。成都武侯祠堂和夔州諸葛亮廟都有古柏樹。這首詩所詠是夔州古柏,詩中也聯想到成都古柏。

② 柯:樹枝。青銅和石都指其顏色。

③ 霜皮溜雨:指樹幹蒼白而光滑。四十圍是極言其粗大。

④ 黛色:青黑色,指其樹葉。二千尺是極言其高。

⑤ 君臣:指劉備和諸葛亮。際會:遇合。

⑥ 巫峽:在夔州之東。雪山:在今四川省松藩縣南,是岷山的主峰,這裏指岷山。這兩句以誇張手法,進一步形象地寫出古柏的高大。

⑦ 昨:這裏泛指過去。錦亭:即成都錦江亭。這句起至"正直原因造化功"是追憶成都武侯祠古柏。

⑧ 閟(bì)宫:這裏指祠廟。這句是説先主廟和武侯祠連在一起。

⑨ 窈窕:幽深貌。丹青:指廟内的漆繪。户牖空:廟内空無一人。

⑩ 落落:獨立貌。冥冥:高貌。這兩句意思是成都的古柏雖然比之於夔州古柏,得到郊原平地的有利地勢,但因爲古柏實在太高了,一樣地受到大風的侵襲。

⑪ 造化:指大自然的力量。

⑫ 丘山:喻大木。這句説木材太重,連萬牛都難以拉動它。

⑬ 文章:指外表之美。

⑭ 這句是説古柏雖然願被採伐,但又有誰把它送到該用的地方呢?

⑮ 幽人:隱士。

【押韻】 柏、石、尺、惜、白:陌韻。東、宮、空、風、功:東韻。棟、送、鳳:送韻;重:腫韻;用:宋韻(送、腫、宋上去合韻)。

天末懷李白

杜甫

【説明】 李白因永王李璘事於至德二載(757)被判罪流放夜郎,到第二年春夏之交遇赦放還。這首詩是這年秋天作者客居秦州時所寫,他當時還不知李白遇赦的消息,寫此詩表達對李白的深切懷念,對李白的不幸遭遇表示強烈的不平。

涼風起天末①,君子意如何②?鴻雁幾時到③,江湖秋水多。文章憎命達④,魑魅喜人過⑤。應共冤魂語⑥,投詩贈汨羅⑦。

① 天末:天邊,指遥遠之地。
② 君子:指李白。
③ 鴻雁:喻李白,這句是説不知李白何時到夜郎。一説鴻雁指李白的音訊。
④ 文章憎達:以文章著名的人命運往往不好,似乎文章憎恨命運的通達一樣。
⑤ 魑魅:舊説魑魅以食人爲甘美。這句隱喻李白的被流放是遭壞人誣陷所致。
⑥ 共:同,和。冤魂:指屈原。
⑦ 汨羅:汨羅江。江、湘是李白流放必經之地,所以作者在這兩句設想李白詩贈屈原,訴説衷情。

【押韻】 何、多、過、羅:歌韻。

輪臺歌奉送封大夫出師西征①

岑參

【説明】 岑參(cān)(715—770),江陵(今湖北荆州)人,祖籍南陽棘陽(今河南南陽市南)。唐天寶三載(744)進士,天寶八載(749)在安西節度使高仙芝幕中任掌書記。天寶末年,封常清任安西節度使,岑參攝監察御史,充安西、北庭(均在今新疆)節度使判官。肅宗在鳳翔時任右補闕,後出任虢州(今河南靈寶)長史,又遷爲嘉州(今四川樂山)刺史,世稱"岑嘉州"。晚年罷官入蜀,死於成都。

岑參曾數度出塞,對塞外的風光和邊塞戰士的生活有親身的體驗和理解,並在其詩作中有生動具體的表現。他的邊塞詩想象豐富,氣勢磅礴,語言新奇,風格險峻,造意獨特,反映了作者積極樂觀的人生態度和熱愛祖國邊疆的情懷。著作有《岑嘉州集》。

這首詩寫邊塞將士與敵人鬥争的緊張和艱苦場面,表現了他們高昂的戰鬥精神和爲國立功的英雄氣概。

輪臺城頭夜吹角②，輪臺城北旄頭落③。羽書昨夜過渠黎④，單于已在金山西⑤。戍樓西望煙塵黑，漢兵屯在輪臺北。上將擁旄西出征⑥，平明吹笛大軍行。四邊伐鼓雪海湧，三軍大呼陰山動⑦。虜塞兵氣連雲屯⑧，戰場白骨纏草根。劍河風急雪片闊⑨，沙口石凍馬蹄脫。亞相勤王甘苦辛⑩，誓將報主靜邊塵。古來青史誰不見，今見功名勝古人。

① 輪臺：在今新疆輪臺縣，唐時隸北庭都護府。封大夫：封常清，蒲州猗氏（在今山西臨猗南）人。天寶十一載(752)爲安西副大都護，天寶十三載入朝任御史大夫。不久，又權知北庭都護，持節充伊西節度使等。後因敗於安祿山，退守潼關，爲監軍邊令誠所害。

② 角：或稱畫角，軍中樂器，吹奏以報時。

③ 旄頭：星宿名，即昴星，又作"髦頭"。古人以爲旄頭主胡人，"旄頭落"即象徵胡人將要覆滅。

④ 羽書：也叫"羽檄"，軍中緊急文書，插羽毛以示火急。渠黎：也作"渠犁"，漢西域國名，唐設渠黎都督府，其地在輪臺東南。

⑤ 金山：即阿爾泰山。

⑥ 旄：節旄。古時皇帝賜於使臣、大將以爲憑信，唐代賜給節度使節旄以掌管軍事。

⑦ 陰山：這裏泛指邊地匈奴人出沒的山。

⑧ 虜塞：指敵人駐扎的邊境。兵氣：戰爭的氣氛。連雲屯：像成片的雲一樣聚積。

⑨ 劍河：劍水，即今俄羅斯葉尼塞河上游。

⑩ 亞相：指封常清。當時封常清任節度使又加御史大夫，御史大夫在秦漢時曾與丞相、太尉合稱三公，丞相缺位時，往往由御史大夫遞陞，故御史大夫有"亞相"之稱。但唐代御史大夫所擁有的實權已小得多。勤王：爲君王效力。

【押韻】　角：覺韻；落：藥韻（覺、藥合韻）。黎、西：齊韻。黑、北：職韻。征、行：庚韻。湧：腫韻；動：董韻（腫、董合韻）。屯、根：元韻。闊、脫：曷韻。辛、塵、人：真韻。

逢入京使①

岑　參

【說明】　天寶八載(749)，作者到安西節度使高仙芝幕中任掌書記，本篇即作者離長安往邊疆赴任途中所寫。

故園東望路漫漫②，雙袖龍鍾淚不乾③。馬上相逢無紙筆，憑君傳語報平安。

① 京:指長安。使:使者。
② 故園:指在長安的家。
③ 龍鍾:淋漓貌。

【押韻】　漫、乾、安:寒韻。

新豐折臂翁^①　　白居易

【説明】　白居易(772—846),字樂天,晚年號"香山居士",世稱"白香山"。原籍太原(今屬山西),祖上遷韓城(今陝西省韓城市),又遷下邽(guī,在今陝西省渭南市)。唐貞元十六年(800)進士,任翰林學士、左拾遺。因政事構惡當政者,貶爲江州(今江西九江等地)司馬,移忠州(今重慶忠縣等地)刺史。後被召任主客郎中、知制誥,又出任杭州、蘇州刺史。太和年間又任太子賓客分司東都、太子少傅等職,以刑部尚書致仕,閒居洛陽香山。

　　白居易是偉大的現實主義詩人,主張"文章合爲時而著,歌詩合爲事而作",強調文章和詩歌都要有充實的社會内容和教育意義,反對形式主義文風。積極倡導新樂府運動,並在自己的詩歌中努力實踐自己的主張。早期所寫的許多諷諭詩,對社會的黑暗面加以深刻的揭露,對人民的痛苦生活寄予深厚的同情。敘事詩也有極高的成就,像《長恨歌》、《琵琶行》等在當時人民口頭就廣爲傳誦。晚年意志逐漸消沉,所作的閒適詩内容也趨於消極。白居易的詩,語言優美而通俗,平易自然,相傳老嫗也能聽懂。著作有《白氏長慶集》。

　　白居易在元和四年(809)所作的《新樂府》,共五十篇。這些樂府詩揭露了社會的某些陰暗面,指出了國家政治上的缺失。本篇是《新樂府》的第九篇,其主旨是"戒邊功"。它寫一個八十八歲老翁,在二十四歲時爲了逃避徵兵,自斷其臂,六十多年來雖飽嘗骨碎筋傷之苦,但喜得獨全其身,從而控訴了朝廷的窮兵黷武給人民帶來的深重災難。

　　新豐老翁八十八,頭鬢眉鬚皆似雪。玄孫扶向店前行,左臂憑肩右臂折。問翁"臂折來幾年?"兼問"致折何因緣?"翁云"貫屬新豐縣,生逢聖代無征戰。慣聽梨園歌管聲^②,不識旗槍與弓箭。無何天寶大徵兵^③,户有三丁點一丁。點得驅將何處去,五月萬里雲南行。聞道雲南有瀘水^④,椒花落時瘴烟起^⑤。大軍徒涉水如湯,未過十人二三死。村南村北哭聲哀,兒别爺孃夫别妻。皆云前後征蠻者,千萬人行無一回。是時翁年二十四,兵部牒中有名字⑥。夜深不敢使人知,偷將大石鎚折臂。張弓簸旗俱不堪⑦,從茲始免征雲南。骨碎筋傷非不苦,且圖揀退歸鄉土。此臂折來六十年,一肢雖廢一身全。至今風雨陰寒夜,直到天明痛不眠。痛不眠,終不悔,且喜老身今獨在。不然當時瀘水頭,身死魂飛骨不收。應作雲南望鄉鬼,萬人塚上哭呦呦。"老人言,君聽取:君不聞開元宰相宋開府⑧,不賞邊功防黷武?又不聞天寶宰相楊國忠⑨,欲求恩幸立邊功?邊功未立生人怨,請問新豐折臂翁!

① 新豐:古縣名,治所在今西安市臨潼區新豐鎮。
② 梨園:本是唐玄宗時教練宮廷歌舞藝人的地方,後代因稱戲班為梨園,稱戲曲演員為梨園子弟。
③ 無何:沒有多久。天寶大點兵:天寶九載(750),南詔國王閣邏鳳為雲南太守張虔陀所辱,閣邏鳳起兵攻破雲南,殺張虔陀。第二年,劍南節度使鮮于仲通討南詔,閣邏鳳謝罪,不許,戰於西洱河(今雲南洱海),唐軍大敗。楊國忠掩其敗狀,並大募兵丁擊南詔,遣御史分道捕人,連枷送至軍前,百姓愁怨。天寶十三載(754),侍御史、劍南留後李宓將兵七萬擊南詔,全軍覆沒,李宓被擒。這時領劍南節度使的楊國忠又隱其敗而向朝廷告捷,大肆徵兵討之,前後死者約二十萬人。
④ 瀘水:指今雅礱江下游和金沙江會合雅礱江以後的一段。
⑤ 瘴烟:即瘴氣。指南方山林間淫熱蒸鬱致人疾病之氣。
⑥ 兵部:為"六部"之一,掌管全國武官選用和兵籍、軍械、軍令之政,長官是兵部尚書。牒(dié):公文。
⑦ 簸(bǒ):搖動。
⑧ 宋開府:即宋璟(663—737),邢州南和(今屬河北)人,調露年間舉進士,累官至御史臺中丞,為武則天所重。睿宗時陞任宰相,後因事貶職,至玄宗開元四年(716)繼姚崇居相位。他和姚崇先後都采取一系列於國家有利的政治、經濟政策和措施,在和鄰國的關係上,姚崇勸天子不求邊功、宋璟不肯賞邊臣,以免國家長年陷入戰爭消耗國力。唐世賢相,前稱房(玄齡)、杜(如晦),後稱姚(崇)、宋(璟)。開元八年宋璟罷相後為開府儀同三司,故稱宋開府。
⑨ 楊國忠(?—756):蒲州永樂(今山西省永濟市)人,楊貴妃的堂兄。本名釗,因楊貴妃受玄宗寵幸之故,由監察御史陞侍御史等職,並賜名國忠,身兼十五使職,權傾內外。實行黷武政策,兩次發動對南詔的戰爭,遭到慘重失敗。天寶十一載(752)李林甫死後,他代為右相,兼領四十餘使。天寶十四載安祿山發動叛亂,以討楊國忠為名。楊國忠隨玄宗逃蜀,途中在馬嵬坡(在今陝西省興平市西)被將士殺死。

【押韻】雪、折:屑韻。年、緣:先韻。縣、戰、箭:霰韻。丁:青韻;行:庚韻(青庚合韻)。水、起、死:紙韻。哀、回:灰韻;妻:齊韻(齊灰合韻)。四、字、臂:寘韻。堪、南:覃韻。苦、土:麌韻。年、全、眠:先韻。悔、在:賄韻。頭、收、呦：尤韻。取、府、武：麌韻。忠、功、翁：東韻。

輕　　肥①　　　　　　　　　　　　　　　白居易

【説明】　作者寫有《秦中吟十首》，這些詩從不同的側面揭露了社會的弊端，反映了統治階級的驕奢淫逸與貪殘，以及勞動人民的痛苦生活。本篇是第七首，將統治階級和人民的生活作了強烈的對比。

　　意氣驕滿路②，鞍馬光照塵。借問何爲者？人稱是内臣③。朱紱皆大夫，紫綬悉將軍④。誇赴中軍宴⑤，走馬疾如雲。罇罍溢九醖⑥，水陸羅八珍⑦。果擘洞庭橘⑧，膾切天池鱗⑨。食飽心自若，酒酣氣益振⑩。是歲江南旱，衢州人食人⑪！

① 輕肥：語出《論語·雍也》："乘肥馬，衣輕裘。"這裏用以指達官貴人奢侈豪華的生活。
② 意氣驕滿路：形容宦達者意氣揚揚、驕橫不可一世的形態。
③ 内臣：指皇帝的近臣。
④ 紱（fú）、綬：都是繫官印或佩玉的絲帶，官階不同，所用顏色也不同，朱、紫都是高官所用。這兩句是互文，意思是佩帶朱紱、紫綬的，不是大夫就是將軍。
⑤ 誇：大張聲勢。
⑥ 罇（zūn）、罍（léi）：都是盛酒器。九醖（yùn）：美酒名。《西京雜記》卷一："以正月旦作酒，八月成，名曰酎，一名九醖。"這裏泛指美酒。
⑦ 八珍：泛指各種山珍海味。
⑧ 擘（bò）：剖開。洞庭：這裏指今江蘇太湖洞庭山，其地産橘，味美。
⑨ 膾（kuài）：細切的魚肉。天池：海的別稱。鱗：魚。
⑩ 振（zhēn）：盛貌。
⑪ 衢州：今屬浙江。

【押韻】　塵、臣、珍、鱗、振、人：真韻；軍、雲：文韻（真文合韻）。

藍橋驛見元九詩①　　　　　　　　　　　　白居易

【説明】　元和五年（810），作者的摯友元稹貶於江陵（今湖北省荆州市），直到元和十年（815）正月方奉召回京，但到三月又遠謫通州（今四川達州）。這年九月，作者自長安貶江州，道經藍橋驛（今西安市藍田縣東南），讀到元稹從江陵回京時在這裏題下的詩，身世之感和懷友之情頓生，萬端感慨繫之，寫下了這首詩。

藍橋春雪君歸日，秦嶺秋風我去時②。每到驛亭先下馬，循牆繞柱覓君詩③。

① 元九：即元稹（779—831），字微之，河南（今河南洛陽）人。十五歲明經及第，授校書郎，官至監察御史，後因得罪重臣，於元和五年貶爲江陵士曹參軍，後又徙任通州司馬、虢州長史等職，長慶中得召回京，官至同中書門下平章事，最後暴卒於武昌節度使任所。元稹和白居易文學主張相近，同是新樂府運動的倡導者，且兩人頗多唱和之作，世稱"元白"。

② 秦嶺：指今陝西南境的終南山。

③ 這兩句是説作者在往江州（今江西九江等地）途中，每到一處驛亭，總要仔細尋覓元稹的留題。長安到江州或到江陵，有一大段路是相同的，所以這樣説。

【押韻】 時、詩：支韻。

蟬

李商隱

【説明】 李商隱（813—858），字義山，號"玉谿生"，懷州河內（今河南沁陽）人。唐開成二年（837）進士，做過弘農縣（今河南省靈寶市）尉、秘書省秘書郎和工部郎中等職。當時正值政治上牛（僧孺）、李（德裕）派別鬥爭激烈，李商隱被捲入其中，受到排擠，一生鬱鬱不得志。他曾做過幾個大官的幕僚，最後卒於滎陽。

李商隱是晚唐的重要詩人之一，他的詩歌較多弔古傷今的詠史詩和纏綿悱惻的愛情詩，他的"無題詩"以曲折的手法抒寫胸臆，在藝術上具有鮮明的特色。作詩喜歡用典，構思細密，語言優美，音律和諧，具有很大的藝術魅力。

著作有《李義山詩集》，注本以清代馮浩《玉谿生詩集箋注》較爲詳備。

《蟬》是一首詠物詩。作者借寫蟬而感喟自己仕途的困頓和生活的清貧，表達他在不安定的境遇中甘於清高自守的心情。

本以高難飽，徒勞恨費聲①。五更疏欲斷，一樹碧無情②。薄宦梗猶泛③，故園蕪已平④。煩君最相警，我亦舉家清⑤。

① "本以……"句：蟬本來就因爲處於高樹而飲露難飽，因此它發出怨恨之聲也是枉然。

② "五更……"句：蟬從早到夜，從夜到早地叫，在天快亮的時分，那聲嘶力竭、稀疏欲斷的叫聲，却不能唤起碧樹的同情。這裏暗指君王對自己胸懷和境遇都無動於衷。

③ 梗：指桃梗。這裏用了《戰國策·齊策》的典故："孟嘗君將入秦，止者千數而弗聽。蘇秦欲止之……謂孟嘗君曰：'今者臣來，過於淄上，有土偶人與桃梗相與語。桃梗謂土偶人曰："子，西岸之土也，挺子以爲人，

至歲八月,降雨下,淄水至,則汝殘矣。"土偶曰:"不然。吾西岸之土也,土則復西岸耳。今子,東國之桃梗也,刻削子以爲人,降雨下,淄水至,流子而去,則子漂漂者將何如耳。"今秦四塞之國,譬若虎口,而君入之,則臣不知君所出矣。'孟嘗君乃止。"這句是說,當了個小官,祇得像桃梗那樣隨處漂泊。

④ 蕪:指叢生的雜草。平:指草長得很茂盛。這句用了陶淵明《歸去來兮辭》中"田園將蕪胡不歸"的語意,隱含自己對歸隱生活的想慕。

⑤ 君:指蟬。相警:警告,忠告。"煩君……"句:有勞你盡心提醒我,其實我一家也同你一樣的清苦。

【押韻】 聲、情、平、清:庚韻。

淚

李商隱

【說明】 作者一生爲人幕僚,在政治上始終受到壓抑,内心非常痛苦。這首詩以淚爲題,抒發了對身世的感傷。

永巷長年怨綺羅①,離情終日思風波②。湘江竹上痕無限③,峴首碑前灑幾多④?人去紫臺秋入塞⑤,兵殘楚帳夜聞歌⑥。朝來灞水橋邊問⑦,未抵青袍送玉珂⑧!

① 永巷:漢宮中幽閉妃嬪、宮女的地方。綺、羅:都是高級的絲織品,這裏指代以之爲服的妃嬪、宮女。這句是寫宮嬪望幸不得而生怨恨之淚。

② 風波:指旅途的風塵。這句是寫居家者對羈旅在外的親人苦苦思念之淚。

③ "湘江……"句:相傳舜南巡而死於蒼梧,其二妃娥皇、女英趕到南方,痛哭於湘江邊,淚滴於竹,留下斑斑啼痕。這句是寫痛失親人之淚。

④ 峴(xiàn)首:峴首山,在今湖北襄陽縣南。這裏用的是關於羊祜的典故。西晉初年,羊祜都督荆州諸軍事,鎮襄陽,有惠政,遠近歸心。死後,百姓在峴首山羊祜平生遊憩之所建碑立廟,歲時饗祭,凡望其碑者,無不墮淚,杜預因名其碑爲"墮淚碑"。這句是寫追懷仁德者之淚。

⑤ 紫臺:即紫宮,指漢宮廷。這裏用王昭君出塞的典故,寫遠離故國之淚。

⑥ "兵殘……"句:項羽被劉邦困於垓下,兵殘食盡,夜聞漢軍皆楚歌,乃驚起,飲於帳中,悲歌慷慨,泣下數行,左右皆泣,莫能仰視。這句寫英雄末路之淚。

⑦ 灞水:也作"霸水",即今灞河,在今陝西西安。《三輔黄圖》:"霸橋在長安東,跨水作橋。漢人送客至此橋,折柳贈别……唐人以送别者多於此,因亦謂之銷魂橋。"李白也有"年年柳色,霸陵傷别"的詞句,所以灞橋也是自古離人落淚之處。

⑧ 青袍:唐制官八九品服青,指官職低微。玉珂:貝飾的馬鈴,色白如玉,這裏用以指代高官。這兩句意思是:我在清晨來到灞

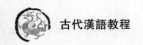

橋這個自古離人傷別的地方提出詢問，纔知道世間一切的傷心事，都比不上青袍寒士含垢忍辱而迎送玉珂貴人的可嘆可悲。作者雖有遠大政治抱負，但終其一生，仍是爲人幕僚，側身於高官之旁，迎送應酬，這是作者精神上最感痛苦的。

【押韻】 羅、波、多、歌、珂：歌韻。

練習二十一

一、解釋下列詩句中加點的詞語。

1. 歸臥南山陲。
2. 麾下偏裨萬戶侯。
3. 秦王掃六合。
4. 起土驪山隈。
5. 紅顏棄軒冕。
6. 一爲遷客去長沙。
7. 縣吏知我至，召令習鼓鞞。
8. 人生無家別，何以爲蒸黎。
9. 柯如青銅根如石。
10. 不露文章世已驚。
11. 力侔分社稷，志屈偃經綸。
12. 雄圖歷數屯。
13. 雙袖龍鍾淚不乾。
14. 大軍徒涉水如湯。
15. 朝來灞水橋邊問，未抵青袍送玉珂。

二、試分析李商隱《晚晴》(五律)的平仄(包括黏對)、押韻和對仗的情況。

三、指出下列六首詩，哪些是近體詩，哪些是古體詩。

1. 夕陽度西嶺，羣壑倏已暝。松月生夜涼，風泉滿清聽。樵人歸欲盡，煙鳥棲初定。之子期宿來，孤琴候蘿徑。(孟浩然《宿業師山房待丁大不至》)
2. 岱宗夫如何？齊魯青未了。造化鍾神秀，陰陽割昏曉。蕩胸生層雲，決眥入歸鳥。會當凌絕頂，一覽衆山小。(杜甫《望岳》)
3. 西陸蟬聲唱，南冠客思深。不堪玄鬢影，來對白頭吟。露重飛難進，風多響易沉。無人信高潔，誰爲表予心？(駱賓王《在獄詠蟬》)
4. 城上高樓接大荒，海天愁思正茫茫。驚風亂颭芙蓉水，密雨斜侵薜荔牆。嶺樹重遮千里目，江流曲似九回腸。共來百粵文身地，猶自音書滯一鄉。(柳宗元《登柳州城樓寄漳汀封連四州刺史》)

5. 相見時難別亦難,東風無力百花殘。春蠶到死絲方盡,蠟炬成灰淚始乾。曉鏡但愁雲鬢改,夜吟應覺月光寒。蓬萊此去無多路,青鳥殷勤爲探看。(李商隱《無題》)
6. 黑雲壓城城欲摧,甲光向日金鱗開。角聲滿天秋色裏,塞上燕脂凝夜紫。半捲紅旗臨易水,霜重鼓寒聲不起。報君黃金臺上意,提攜玉龍爲君死。(李賀《雁門太守行》)

鳳棲梧①(竚倚危樓風細細)　　柳永

【説明】柳永(987？—1053？),原名三變,字耆卿,崇安(今福建省崇安縣)人。生長於士族家庭,天性浪漫,又具音樂才能,追求仕宦而屢試不第,失意無聊,流連在都會坊曲之間,朝歡暮宴,耽溺於歌詞寫作之中。宋仁宗景祐元年(1034),始中進士,後祇做了一個屯田員外郎的小官,世號"柳屯田"。

柳永的詞從內容到形式都很具特色。它大大開拓了詞的題材,不限於反映上層社會的思想感情,而更多地鋪敍了都會的繁華和中下層的市民生活,尤其對於羈旅行役之情,寫得極爲細緻。其聲律優美,語言通俗,且富於藝術性,具有強烈的感人力量。但有些詞作內容較爲庸俗,格調較低。著作有《樂章集》。

這首詞寫對遠方戀人的懷念,把愁思鋪敍得極爲形象。

竚倚危樓風細細②,望極春愁,黯黯生天際③。草色煙光殘照裏,無言誰會憑闌意④？　擬把疏狂圖一醉⑤,對酒當歌,強樂還無味⑥。衣帶漸寬終不悔⑦,爲伊消得人憔悴⑧。

①《鳳棲梧》:也作《蝶戀花》,是同一詞調的別名。
② 竚(zhù):久立。危樓:高樓。
③ 黯黯:傷別貌。
④ 會:理解。這句意思是,有誰能理解我憑闌遠念的心情呢？我祇能默默無言而已。
⑤ 擬:試圖,打算。疏狂:放縱。
⑥ 強樂:勉強作樂。
⑦ 衣帶漸寬:形容人逐漸消瘦。
⑧ 伊:他(她)。消得:值得。(張相説)

【押韻】細、意:霽韻;際:霽韻;裏:紙韻(霽、霽、紙合韻)。醉、悴:霽韻;味:未韻;悔:賄韻(霽、未、賄合韻)。

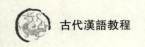

夜 半 樂（凍雲黯淡天氣） 柳 永

【説明】 這首詞寫作者浪跡遠方的傷感。全詞分三闋，先言道途所經，次言目中所見，最後言去國離鄉之感。敍事抒情，層次分明。

凍雲黯淡天氣①，扁舟一葉，乘興離江渚。渡萬壑千巖，越溪深處②。怒濤漸息，樵風乍起③，更聞商旅相呼，片帆高舉。泛畫鷁④，翩翩過南浦⑤。　望中酒斾閃閃⑥，一簇煙村⑦，數行霜樹。殘日下，漁人鳴榔歸去⑧。敗荷零落，衰楊掩映，岸邊兩兩三三，浣紗遊女。避行客，含羞相笑語。　到此因念，繡閣輕拋⑨，浪萍難駐⑩。歎後約丁寧竟何據⑪！慘離懷，空恨歲晚歸期阻。凝淚眼，杳杳神京路⑫。斷鴻聲遠長天暮⑬。

① 凍雲：雲層凝聚而不散開。
② 越溪：即若耶溪，在今浙江紹興市南。這裏泛指越地的河流。這首詩多用越地地名和典故，大概是作者在越地時所作。
③ 樵風：順風。
④ 畫鷁（yì）：即船。鷁是一種水鳥，善飛翔而不怕風，古時便在船頭畫鷁以取吉利。
⑤ 翩翩：船行輕快貌。
⑥ 酒斾（pèi）：酒旗。古時酒店前掛有酒旗以招徠顧客。
⑦ 簇（cù）：束，叢。
⑧ 榔：漁人捕魚時用來敲擊船板以使魚驚嚇入網的長木條。
⑨ 繡閣：婦女所居的閨房。這句意思是輕率離家。
⑩ 浪萍難駐：自己的行止就像隨浪飄泊的浮萍一樣變化不定。
⑪ 後約：約定以後再見的日子。這句意思是原先叮嚀再三，而約定的後會之期是無法實現了。
⑫ 杳杳：遥遠貌。神京：指當時的首都汴京（今河南開封）。
⑬ 斷鴻聲遠：指音書斷絕。

【押韻】 渚、舉：語韻；處：御韻；浦：麌韻（語、御、麌合韻）。樹：遇韻；去：御韻；女、語：語韻（遇、御、語合韻）。駐、路、暮：遇韻；據：御韻；阻：語韻（遇、御、語合韻）。

滿 江 紅（寄鄂州朱使君壽昌）① 蘇 軾

【説明】 這首詞是作者在黃州時所作，它描繪了長江一帶雄偉壯麗的景色，

第十章 韻 文

表達了對友人的深切關心，也流露了因遭貶謫而產生的強烈的不平情緒。

江漢西來②，高樓下③，蒲萄深碧④。猶自帶，岷峨雪浪⑤，錦江春色⑥。君是南山遺愛守⑦，我爲劍外思歸客⑧。對此間，風物豈無情，殷勤説⑨。 《江表傳》⑩，君休讀⑪。狂處士⑫，眞堪惜。空洲對鸚鵡⑬，葦花蕭瑟⑭。獨笑書生爭底事⑮，曹公黄祖俱飄忽⑯。願使君，還賦謫仙詩⑰，追《黄鶴》⑱。

① 鄂州：今湖北武漢長江以南一帶，與黄州（今湖北黄岡）隔江相望。朱使君壽昌：使君是對州郡長官的尊稱。朱壽昌，字康叔，當時任鄂州太守，與蘇軾來往密切。

② 江漢：長江和漢水，兩水在鄂州匯流。

③ 高樓：這裏指黄鶴樓。

④ 蒲萄：葡萄。這句形容江水的淵深澄徹。

⑤ 岷峨：岷山和峨嵋山。它們都是作者故鄉四川西部的山脈，所以他望着長江就聯想起，家鄉的山雪夏日消融之後也匯入大江而東流。

⑥ 錦江：也在四川，是流入長江的岷江的支流。

⑦ 南山：即終南山，在陝州（今河南三門峽一帶）東南，是秦嶺山峰之一。遺愛：留下仁愛的政績。朱壽昌曾做過陝州通守（也稱通判），通守位次太守。這句是頌揚朱壽昌能施德政。

⑧ 劍外：即劍南。蘇軾故鄉是四川，四川在劍門山之南，所以這裏劍南指四川。

⑨ 殷勤：懇切。

⑩ 《江表傳》：記載三國時代吳國人物事跡的史書，已失傳。這裏泛稱三國典籍。

⑪ 君休讀：作者希望朱壽昌不要去讀那些記載三國豪傑活動的史書，因爲其中有太多使人不平而生傷感的故事。

⑫ 狂處士：指禰衡。他少有才辯，而氣尚剛傲，好矯時慢物。孔融把他推薦給曹操，因狂放不見容於曹操，乃送禰衡於劉表，劉表又把他送給江夏太守黄祖，終爲黄祖所殺。

⑬ 空洲對鸚鵡：禰衡寫過《鸚鵡賦》，很是著名。他死後，埋在江邊沙洲裏，人稱"鸚鵡洲"（在今湖北漢陽江邊）。

⑭ 蕭瑟：草木摇落聲。

⑮ 底事：何事。

⑯ 曹公：指曹操。飄忽：指不在人世。

⑰ 謫仙：指李白。唐人稱李白爲李謫仙。

⑱ 《黄鶴》：指唐崔顥的《黄鶴樓》詩。據辛文房《唐才子傳》載："（崔顥）遊武昌，登黄鶴樓，感慨賦詩。及李白來，曰：'眼前有景道不得，崔顥題詩在上頭。'無作而去。"相傳李白後來作《登金陵鳳皇臺》，即有意力追《黄鶴樓》。這幾句是勉勵友人不要以政治風雲爲懷，要全心寄意於文學寫作。

【押韻】 碧、客：陌韻；色：職韻；説：屑韻（陌、職、屑合韻）。讀：屋韻；惜：陌韻；瑟：質韻；忽：月韻；鶴：藥韻（屋、陌、質、月、藥合韻）。

定風波（莫聽穿林打葉聲） 蘇軾

【説明】 這首詞爲作者在黃州（今湖北黃岡）時所作。它通過途中遇雨這樣的小事，反映作者在逆境中能隨遇而安的豁達胸懷，透露出作者在宦途中不斤斤於一時得失，而聽其自然，相信風雨終將過去的人生感受。

三月七日沙湖道中遇雨①。雨具先去，同行皆狼狽，余獨不覺。已而遂晴。故作此。

莫聽穿林打葉聲，何妨吟嘯且徐行②。竹杖芒鞵輕勝馬③，誰怕？一蓑煙雨任平生④。 料峭春風吹酒醒⑤，微冷。山頭斜照卻相迎。回首向來蕭瑟處，歸去，也無風雨也無晴。

① 沙湖：地名，又稱"螺師店"。在今湖北黃岡東南三十里。
② 吟嘯：吟詩、長嘯。表示神態自如。
③ 鞵：同"鞋"。芒鞵：草鞋。
④ "一蓑……"句：煙雨中披着蓑衣，就這樣聽任平生度過。
⑤ 料峭：形容帶有幾分寒意。

【押韻】 聲、行、生：庚韻。馬：馬韻；怕：禡韻（馬、禡合韻）。醒：迥韻；冷：梗韻（迥、梗合韻）。迎、晴：庚韻。處、去：御韻。本調平聲韻和仄聲韻交錯押韻。

江城子（西城楊柳弄春柔） 秦觀

【説明】 秦觀（guān，1049—1100），字少（shào）游，一字太虛，又號"淮海居士"，揚州高郵（今江蘇省高郵市）人。少有文名，元豐八年（1085）進士，官定海（今浙江鎮海）主簿，調蔡州（今河南汝南）教授。元祐年間由蘇軾等人推薦，除太學博士，後兼國史院編修官。哲宗親政後，任用新黨人物，排斥元祐黨人，秦觀亦在其列，歷貶杭州、處州（今浙江麗水）、郴州、橫州（今廣西橫縣）、雷州（在今廣東雷州半島），飽嘗遠謫別離之苦。及徽宗立，召還，死於歸途中。

秦觀是"蘇門四學士"之一，其作品受到蘇軾的影響，然而在藝術上更傾向於柳永。他善於用富於感染力的語言形象地表達情感，刻畫深細而有層次，音律宛轉優美，達到情韻兼勝的境界。但從思想格調來說，他的許多詞作過多地反映失意中的消極感傷情調，顯得纖弱無力。著作有《淮海集》。

這首詞是作者於元豐八年往定海赴任途中所作，以極其形象生動的語言刻畫了離情別緒。

　　西城楊柳弄春柔①，動離憂，淚難收。猶記多情，曾爲繫歸舟②。碧野朱橋當日事，人不見，水空流。　　韶華不爲少年留③，恨悠悠，幾時休！飛絮落花時候，一登樓。便做春江都是淚④，流不盡，許多愁。

　　① 弄：擺弄，作態。春柔：春天荏染多姿的枝條。
　　②"猶記……"句：現今這離別之地，正是當時歸舟所到之處，那多情的楊柳樹正是舟之所繫。
　　③ 韶華：青春年華。
　　④ 便做：即使，縱然。

【押韻】　柔、憂、收、舟、流：尤韻。留、悠、休、樓、愁：尤韻。

千　秋　歲（水邊沙外） 　　　　　　秦　觀

【説明】　這首詞是作者貶於處州（今浙江麗水）時所寫。面對美好的春光，作者産生的是無限惆悵哀傷的情緒，他對美好年華的失去感到痛惜，而爲一切理想的破滅深表絶望。這首詞所表現的思想情緒在一定程度上代表了當時失勢的元祐黨人的共同心境。

　　水邊沙外，城郭春寒退。花影亂，鶯聲碎。飄零疏酒盞①，離別寬衣帶②。人不見③，碧雲暮合空相對④。　　憶昔西池會⑤，鵷鷺同飛蓋⑥。携手處，今誰在？日邊清夢斷⑦，鏡裏朱顔改。春去也，飛紅萬點愁如海。

　　①"飄零……"句：由於身世飄零，連喝酒的興趣也没有了。
　　②"離別……"句：遠離親人，使得人漸漸消瘦。
　　③ 人：這裏指師友同道。
　　④"碧雲……"句：這句化用江淹《休上人怨別》詩"日暮碧雲合，佳人殊未來"，表達了作者空對美景而良友不至的無限惆悵。
　　⑤ 西池：即金明池，在開封城西。作者曾寫有《西城宴集》詩，其小序云："元祐七年三月上巳，詔賜館閣官花酒。以中浣日游金明池、瓊林苑，又會於國夫人園，會者二十有六人。"（《淮海集》卷九）這裏寫的正是詞中所謂的"西池會"。

⑥ 鵷(yuān)：傳説中的一種鳳鳥。鷺：一種水鳥。鵷、鷺二鳥飛行有序，故常以喻百官班次。飛蓋：指朝官們所乘之車的傘蓋在奔馳中的景象，這裏暗示了游宴的貴盛。

⑦ 日邊：喻帝都。清夢：這裏暗寓對仕宦的理想。這句是表示對未來理想的絶望。

【押韻】 外、帶：泰韻；退、碎、對：隊韻（泰隊合韻）。會、蓋：泰韻；在、改、海：賄韻（泰賄合韻）。

一 翦 梅（紅藕香殘玉簟秋） 李清照

【説明】 李清照（1084—1151），號"易安居士"，濟南（今山東省濟南市）人。生於官僚與學者的家庭，自小受到良好的學術熏陶。十八歲與太學生趙明誠結婚，婚後過着幸福美滿的生活，夫妻詩詞唱和，並共同從事古代金石書畫的收集和研究。北宋亡後，逃往江南，未久趙明誠急病而死，李清照飽嘗國破家亡之苦，最後客死江南。

李清照是宋代著名的女詞人。前期詞作以寫閨情爲主，熱情優美。南渡以後，詞風大變，其描寫自己凄苦身世的作品，具有更深廣的社會意義。她的詞善於運用白描的手法，並具有語言與音律的美感，很有感染力，但有些作品情調過於低沉。著作有《漱玉詞》。

這首詞是南渡前作品，寫婚後對負笈遠游的丈夫深深想念的心情。

　　紅藕香殘玉簟秋①，輕解羅裳，獨上蘭舟②。雲中誰寄錦書來③？雁字回時④，月滿西樓⑤。　　花自飄零水自流，一種相思，兩處閒愁。此情無計可消除，纔下眉頭，卻上心頭⑥。

① 玉簟（diàn）：竹蓆的美稱。"玉簟秋"的意思是由竹蓆的偏涼感到秋天的存在。

② 蘭舟：船的美稱。

③ 錦書：書信的美稱。這句是作者盼望丈夫書信的到來。

④ 雁字：雁羣。雁羣飛行時組成行列，其狀如字，故稱"雁字"。傳說中雁能傳書。

⑤ "雁字……"兩句：一直等到天已很晚的時候，纔見到雁羣的到來。但從下闋的內容看，到來的雁羣也並没有給她帶來丈夫的書信。

⑥ 纔下眉頭，卻上心頭：這兩句形象地描寫了滿懷的愁思無論如何也排遣不掉。

【押韻】 秋、舟、樓：尤韻。流、愁、頭：尤韻。

武　陵　春(風住塵香花已盡)　　　　　　　　　李清照

【説明】　這首詞是作者避亂江南時所作,表現了作者流寓異地、物是人非的痛苦心情。

風住塵香花已盡①,日晚倦梳頭。物是人非事事休,欲語淚先流。聞説雙溪春尚好②,也擬泛輕舟。只恐雙溪舴艋舟③,載不動,許多愁。

①"風住……"句:風停了,塵土上散發落花的香氣,而枝頭上的花已是全部凋謝了。
②雙溪:水名,在今浙江金華,爲兩道溪水合流之處,又稱婺港,唐宋時爲詩人吟詠的風景區。
③舴(zé)艋(měng)舟:狀如蚱蜢的小船。

【押韻】　頭、休、流:尤韻。舟、舟、愁:尤韻。

漢　宮　春(初自南鄭來成都作)①　　　　　　　陸　游

【説明】　陸游(1125—1210),字務觀(guàn),自號"放翁",越州山陰(今浙江省紹興市)人。宋紹興二十三年(1153),参加禮部省試,名列第一,因奸相秦檜排斥,殿試被黜落。秦檜死後,始被起用,賜進士出身,任樞密院編修,後出爲鎮江通判、夔州(今重慶奉節一帶)通判等。因遭譏謗,於淳熙五年(1178)被罷官,離蜀東歸。淳熙十五年(1188),回臨安任軍器少監,改任禮部郎中兼實録院檢討官,参加修撰國史。因上書主張抗金和改革政治,爲投降派所不容,再次被罷免。時已六十六歲的陸游回到故鄉,從此退隱不出,直至逝世。

陸游一生的經歷坎坷不平,但始終抱有憂國愛民的情懷,是我國古代著名的愛國主義詩人。詩詞作品豐富,題材廣闊,雄渾奔放。著有《渭南文集》、《劍南詩稿》、《南唐書》、《老學庵筆記》等。

這首詞作於宋乾道九年(1173)春,當時作者正由漢中前綫調任成都路安撫司参議官。詞作反映了前綫和後方兩種不同的生活情況,表達了立功報國的堅強决心。

羽箭雕弓②,憶呼鷹古壘③,截虎平川④。吹笳暮歸野帳⑤,雪壓青氍⑥。淋漓醉墨⑦,看龍蛇,飛落蠻箋⑧。人誤許⑨,詩情將略⑩,一時才氣超然。　　何事又作南來,看重陽藥市⑪,元夕燈山⑫。花時萬人樂處⑬,攲帽垂鞭⑭。聞歌感舊,尚時時,流涕尊前⑮。君記取:封侯事在,功名不信由天⑯。

① 南鄭:今陝西省漢中市。
② 羽箭:即白羽箭,以白羽爲飾。雕弓:雕有紋彩的弓。
③ 呼鷹:指打獵時放鷹追取獵物。古壘:古時戰爭遺留的營壘。這句意爲在古戰場打獵。
④ 截虎平川:在廣闊的原野上攔擊猛虎。陸游在漢中時有射虎的故事。
⑤ 笳:一種樂器,這裏指號聲。野帳:設於野外的營帳。
⑥ 青氍:氍帳,用羊毛等織成的帳幕。
⑦ 淋漓醉墨:趁着酒興盡情酣暢地書寫。
⑧ 龍蛇:形容草書筆勢如龍蛇飛舞。蠻箋:古時四川所產的彩色紙箋,亦稱蜀箋,因古蜀地爲蠻族所居,故稱。
⑨ 誤許:猶言過獎。
⑩ 詩情:做詩的才情。將略:領兵作戰的謀略。
⑪ 重陽藥市:藥市是專門賣藥的集市。宋代行會制度興盛,大城市中許多行業均是集中於一定區域內經營。成都藥市以玉局觀爲中心,時間在秋季,而以重陽節爲高潮。
⑫ 元夕:即元宵節。燈山:把許多的彩燈疊成山形。
⑬ 花時:即花會。成都春天百花盛開,舉行花會,羣集游賞。
⑭ 攲(qī)帽:歪戴着帽。這句是寫騎在馬上閒散自適的樣子。
⑮ 尊:通"樽"。
⑯ "封侯……"兩句:封侯須憑自己建立戰功業績,不相信是由天命來安排的。

【押韻】　川、氍、箋、然:先韻。山:刪韻;鞭、前、天:先韻(刪先合韻)。

訴　衷　情(當年萬里覓封侯)　　　　陸　游

【説明】　這首詞是作者晚年退居家鄉時所作。詞中表達了詩人壯志未酬的悲憤愁苦。

當年萬里覓封侯①,匹馬戍梁州②。關河夢斷何處③,塵暗舊貂裘④。　　胡未滅⑤,鬢先秋⑥,淚空流。此生誰料,心在天山⑦,身老滄洲⑧。

① 覓封侯:尋找立功封侯的機會。
② 梁州:今陝西省漢中市一帶,因梁山得名。
③ "關河……"句:邊塞從軍的生活像

夢一樣消失了。關河：關口和河防。夢斷：夢醒。何處：在哪兒，指無踪跡可尋。

④ "塵暗……"句：灰塵積在貂皮製的軍服上，顏色也褪淡了。指長期閒置，沒有建立軍功的機會。

⑤ 胡：指當時佔據中原的金兵。

⑥ 秋：指像秋天的白霜。

⑦ 天山：在新疆境內。這裏指遠方的抗金前綫。

⑧ 滄洲：古代隱者喜居的濱水之地。這裏指陸游晚年隱居的紹興鏡湖邊的三山。

【押韻】 侯、州、裘：尤韻。秋、流、洲：尤韻。

破 陣 子（爲陳同甫賦壯詞以寄之） 辛棄疾

【說明】 辛棄疾（1140—1207），字幼安，號稼軒，歷城（今山東省濟南市）人。出生時家鄉已被金人所佔領，二十二歲時即聚集兩千餘人，參加山東耿京所領導的抗金隊伍，失敗後率萬餘抗金武裝南渡。歷任建康府通判、江西提點刑獄及湖南、江西安撫使等職，曾屢次上書朝廷，獻收復中原、統一國土之策。在出任地方官期間採取興修水利、安置流民、賑救災區和建立地方武裝等措施。但他的主張不但未能被朝廷採納，反而遭到疑忌和排擠，最後竟被免職，在江西過了二十年的閒居生活。開禧年間，再度被起用，出任浙東安撫使和鎮江知府，但不久又被彈劾落職，憂憤成疾，死於江西鉛山。

辛棄疾是南宋著名的愛國主義詩人。他把收復中原的壯志和對朝廷苟安求和的憤慨之情，都傾注到他的詞作中。他寫了大量奮發激越、悲歌慷慨的作品，同時也不乏委婉清麗、穠纖綿密之作，在詞的內容、意境和藝術手段上都有超越前人的突破。著作有《稼軒詞》，今人鄧廣銘《稼軒詞編年箋注》可參考。

這首詞抒發了作者不忘殺敵報國的豪情壯志，同時因宏願未酬、鬢添白髮而徒增悲慨。

醉裏挑燈看劍，夢回吹角連營①。八百里分麾下炙②，五十絃翻塞外聲③，沙場秋點兵。　　馬作的盧飛快④，弓如霹靂弦驚。了卻君王天下事，贏得生前身後名⑤，可憐白髮生！

① "醉裏……"兩句：醉中還不忘殺敵，夢中醒來耳邊還響着一片軍號聲。

② 八百里：牛的代稱。《世說新語·汰侈》說王愷有一頭心愛的牛，名"八百里駁"。這句是說把牛肉分給部下吃。

③ 五十絃：指瑟。這裏泛指各種樂器。翻：演奏。塞外聲：指反映邊塞戰鬥生活的樂曲。

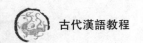

④ 作：如。的盧：良馬名。相傳劉備遇危難，即乘的盧馬躍過檀溪而脫險。

⑤ "了卻……"兩句：希望能完成收復失地，統一中國的大業，以留下爲國立功的美名。

【押韻】 營、聲、兵：庚韻。驚、名、生：庚韻。

南　鄉　子（登京口北固亭有懷）① 　　　　辛棄疾

【説明】 這是一首懷古的詞作。這時作者以66歲高齡任鎮江知府，但身上仍具有一種積極向上的力量。

何處望神州②？滿眼風光北固樓。千古興亡多少事，悠悠③，不盡長江滾滾流。　　年少萬兜鍪④，坐斷東南戰未休⑤。天下英雄誰敵手？曹、劉。生子當如孫仲謀⑥。

① 京口：今江蘇省鎮江市。北固亭：在鎮江市東北北固山上，面臨長江。

② 神州：本指全中國，南宋詞人常用以特指中原淪陷區。

③ 悠悠：連綿不斷的樣子。

④ 兜（dōu）鍪（móu）：即盔，這裏指代戰士。這句是説年少的孫權統率着強大的軍隊。孫權繼承其兄孫策爲吳主時祇有十九歲。

⑤ 坐斷：佔據。

⑥ 孫仲謀：即孫權。《三國志·孫權傳》注引《吳歷》："公（曹操）見舟船、器仗、軍伍整肅，喟然歎曰：'生子當如孫仲謀，劉景昇兒子（劉琮）若豚犬耳。'"孫權當年以京口爲首都，並能打敗來自北方的曹操軍隊，作者在這裏頌揚他，體現了堅決主張抗金、恢復國土的思想。

【押韻】 州、樓、悠、流：尤韻。鍪、休、劉、謀：尤韻。

練習二十二

一、給下列兩首詞加上標點符號並指出其押韻情況。

1. 燈火錢塘三五夜明月如霜照見人如畫帳底吹笙香吐麝更無一點塵隨馬　寂寞山城人老也擊鼓吹簫卻入農桑社火冷燈稀霜露下昏昏雪意雲垂野（蘇軾《蝶戀花·密州上元》）

2. 漠漠輕寒上小樓曉陰無賴似窮秋澹煙流水畫屏幽　自在飛花輕似夢無邊絲雨細如愁寶簾閒掛小銀鉤（秦觀《浣溪沙·漠漠輕寒上小樓》）

二、利用下面的詞句，説明詞的對仗與律詩的對仗的主要異同。

1. 一簇煙村,數行霜樹。
2. 敗荷零落,衰楊掩映。
3. 岷峨雪浪,錦江春色。
4. 君是南山遺愛守,我是劍外思歸客。
5. 飄零疏酒盞,離別寬衣帶。
6. 日邊清夢斷,鏡裏朱顏改。
7. 滿載一船秋色,平鋪十里湖光。
8. 八百里分麾下炙,五十絃翻塞外聲。

後 記

　　本書是中文系古代漢語課程的教材。

　　本書上編爲古代漢語通論（四章），下編爲古代漢語文選（六章）。通論和文選對古代漢語教學來説，像車子的雙輪，不可偏廢。教學時兩部分要互相配合，穿插進行。如果教學時間爲兩個學期，每一個學期可講兩章通論、三章文選。

　　本書通論部分力求重點突出，祇談古代漢語本身的文字、詞彙、語法和音韻四方面問題，其他的文化歷史知識可在別的課程中解決。文選部分以散文爲重點，所選篇目力求避免同中學語文課本和大學一年級所用的《中國歷代文學作品選》（朱東潤主編）互相重復。

　　教材中安排了一些練習。練習是鞏固、深化教學内容，强化學生語言實踐能力的重要環節。任課教師可以根據教學的實際情況作適當增減，也可以另行設計。

　　本書的編寫者是復旦大學中文系漢語教研室的教師。另外，研究生梁保爾在嚴修指導下注釋了部分文選。主編、副主編負責本書的全盤工作，對全書作總體安排。上下編各章的執筆人是：

　　上編：第一章"文字"，葉保民；第二章"詞彙"，葉保民、嚴修（類義詞、第六節）；第三章"語法"，楊劍橋；第四章"音韻"，楊劍橋。

　　下編：第五章"先秦歷史散文"，鍾敬華；第六章"先秦哲理散文"，嚴修、梁保爾；第七章"兩漢文"，孫錫信；第八章"三國魏晉南北朝文"，嚴修、梁保爾；第九章"唐宋文"，林之豐；第十章"韻文"，林之豐。

　　各章初稿完成後由主編、副主編修改定稿。

　　限於水平，書中的缺點和錯誤一定不少，衷心希望大家批評指正，以便今後修改、提高。

編　者
1990 年 5 月

修訂本後記

本書於 1991 年 10 月出版以後,受到學界和社會的歡迎,並於 1995 年獲國家教委第三屆普通高等學校優秀教材二等獎,1996 年獲上海市教委上海普通高等學校優秀教材二等獎。現根據近年來的教學實踐和廣大師生的意見,由嚴修、楊劍橋兩人加以修訂,改版發行。

編　者
2000 年 1 月

重訂本後記

　　根據出版社的要求，我們對修訂本再次進行了修訂，列爲復旦博學・語言學系列教材之一。

　　2000年修訂本出版後，得到多方鼓勵。經過幾年的教學實踐，我們認爲仍需精益求精，進一步加以錘煉，以取得更好的教學效果。

　　爲了與通行的語法體系銜接，重訂本對詞類區分、句子分析等部分作了較多的修改。又爲了適應各高校古代漢語課程的教學時間，重訂本把上下兩册合併爲一册，篇幅也略有縮減。此外，我們將另編一本《古代漢語教學參考與訓練》，把本書原來的練習參考答案、附錄等移置其中，並大量增加各種練習內容，供大家學習本書時參考。

　　這次重訂工作仍由嚴修、楊劍橋兩人承擔。鑒於在本書編寫與修訂過程中，楊劍橋先生做了大量工作，現決定增補楊劍橋爲本書副主編。

編寫組
2005年5月

第四版後記

　　本書作爲復旦大學出版社百年精品圖書之一重新修訂出版。
　　根據近年來漢語言文字學科的發展和科研進展，本次修訂主要集中在第一章文字（董建交同志承擔）、第二章詞彙（梁銀峰同志承擔）和第五章先秦歷史散文（董建交同志承擔）部分，我們希望這一工作能進一步提陞本教材的質量和水平。

編　者
2018 年 6 月

圖書在版編目(CIP)數據

古代漢語教程/張世祿主編. —4 版. —上海：復旦大學出版社, 2020.7（2025.6 重印）
（復旦博學. 語言學系列）
ISBN 978-7-309-15111-4

Ⅰ.①古… Ⅱ.①張… Ⅲ.①古漢語-高等學校-教材 Ⅳ.①H109.2

中國版本圖書館 CIP 數據核字(2020)第 101005 號

古代漢語教程（第四版）
主　　編：張世祿
副 主 編：嚴　修　楊劍橋
責任編輯：宋文濤

復旦大學出版社有限公司出版發行
上海市國權路 579 號　郵編：200433
網址：fupnet@fudanpress.com   http://www.fudanpress.com
門市零售：86-21-65102580　　團體訂購：86-21-65104505
出版部電話：86-21-65642845
常熟市華順印刷有限公司

開本 787 毫米×960 毫米　1/16　印張 34.5　字數 619 千字
2020 年 7 月第 4 版
2025 年 6 月第 4 版第 7 次印刷
印數 34 201—38 300

ISBN 978-7-309-15111-4/H・3006
定價：78.00 圓

如有印裝質量問題,請向復旦大學出版社有限公司出版部調換。
版權所有　　侵權必究